# 독자의 1초를 아껴주는 정성을 만나보세요!

세상이 아무리 바쁘게 돌아가더라도 책까지 아무렇게나 빨리 만들 수는 없습니다.

인스턴트 식품 같은 책보다 오래 익힌 술이나 장맛이 밴 책을 만들고 싶습니다.

땀 흘리며 일하는 당신을 위해 한 권 한 권 마음을 다해 만들겠습니다.

마지막 페이지에서 만날 새로운 당신을 위해 더 나은 길을 준비하겠습니다.

The Cakewalk Series **Sketch**

**스케치+제플린+플린토**로 **와이어프레이밍**
부터 **프로토타이핑**까지 완성한다!

# 스케치

## 무작정 따라하기

**김정원** 지음

길벗

스케치 무작정 따라하기
The cakewalk Series - Sketch

**초판 발행** • 2018년 10월 1일

**지은이** • 김정원
**발행인** • 이종원
**발행처** • (주)도서출판 길벗
**출판사 등록일** • 1990년 12월 24일
**주소** • 서울시 마포구 월드컵로 10길 56(서교동)
**대표 전화** • 02)332-0931 | **팩스** • 02)323-0586
**홈페이지** • www.gilbut.co.kr | **이메일** • gilbut@gilbut.co.kr

**기획 및 책임편집** • 최근혜(kookoo1223@gilbut.co.kr) | **디자인** • 장기춘 | **제작** • 이준호, 손일순, 이진혁
**영업마케팅** • 임태호, 전선하 | **웹마케팅** • 차명환 | **영업관리** • 김명자 | **독자지원** • 송혜란, 정은주

**기획 및 편집진행** • 앤미디어(master@nmediabook.com) | **전산편집** • 앤미디어 | **CTP 출력 및 인쇄** • 벽호인쇄 | **제본** • 벽호제본



**ISBN** 979-11-6050-576-4 (03000)
(길벗 도서번호 006991)

**정가** 24,000원

# 머리말

해외 디자인 커뮤니티를 중심으로 불기 시작한 스케치의 열풍을 지켜보다가, 본격적으로 프로젝트에 적용한 지 3년이 되어갑니다. 스케치는 국내에서도 프로덕트 디자이너라면 당연히 알고 있어야 하는 프로토타이핑 툴로 인식되고 있습니다. 프로젝트를 의뢰하는 스타트업 고객의 80~90%는 스케치, 프론트앤드 참고를 위한 제플린, 그리고 플린토 작업물을 산출물로 함께 요청합니다.

이 책의 원고 작업이 거의 마무리되어갈 즈음에 대기업으로부터 IOT 연동 앱의 프로토타입 제작을 의뢰받았습니다. 다소 보수적인 내부 프로세스 때문에 포토샵 산출물과 함께 인터랙티브 프로토타입이 함께 요구되었습니다. '스케치→제플린→플린토→스케치'로 자연스럽게 연결되었던 워크플로우로 작업하다가 포토샵으로 작업하려니, 약간의 과장을 보태면 워드프로세서로 작업하다가 타자기로 돌아간 것 같은 느낌이었다고 할까요? 오랜만의 포토샵 작업으로 스케치의 가치를 다시 한 번 깨닫게 되었습니다.

스케치로 작업한다고 해서 모든 디자인이 자동으로 이루어지고 편리해지는 것은 아닙니다. 스케치에서 작업한 디자인 요소의 재사용 여부나 적용 범위를 파악해서 심볼 또는 라이브러리화하고, 다양한 디자인 환경을 고려해서 자주 사용하는 디자인을 컴포넌트로 만들어 디자인 시스템을 구축하는 것이 디자이너의 몫으로 주어졌습니다. 디자이너는 프로젝트를 좀 더 넓은 시각으로 바라보고, 프로덕트 개발의 전반적인 과정에서 나오는 피드백에 관한 빠른 디자인 솔루션을 내놓으며, 더 좋은 결과를 내기 위한 작업에 서슴없어야 합니다. 이는 현재 UI/UX 디자이너에게 기대하는 역량이기도 합니다.

디자이너들이 스케치에 열광하는 이유는 바로 변화하는 디자인 프로세스에 맞추어 좀 더 빠르게 최고의 결과를 내놓을 수 있도록 최적의 툴을 제공하기 때문입니다. 디자인 툴 하나 바뀐다고 해서 얼마나 더 빨리 제품이 출시될지는 잘 모르지만, 결국 개발 프로세스와 디자이너의 역량에 많은 변화를 가져오고, 이는 곧 여러분이 속한 그룹이나 회사에 관점의 변화(Mindset Shift; 제프 고델프의 저서 '린 UX : 린과 애자일 그리고 진화하는 사용자 경험'에서 언급)를 가져다줄 것입니다. 이점이 바로 여러분에게 스케치 앱을 소개하는 이유입니다. 앞으로의 발전이 더욱 기대되는 스케치를 조금 먼저 사용해 본 디자이너 입장에서 소개할 수 있게 되어 영광입니다. 자 그럼 준비되셨나요? Ready Play Go!

# 미리보기

스케치와 플러그인의 기능을 쉽게 배울 수 있도록 필수 기능과 기본 실습 및 실무 예제를 담았습니다. 직접 따라하면서 프로토타이핑 툴을 익히세요.

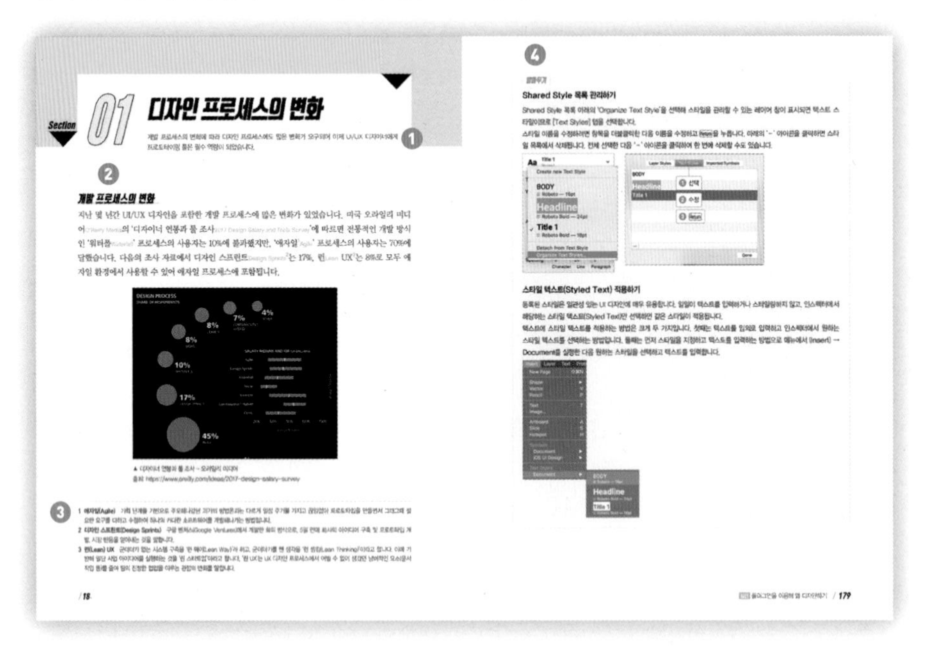
Section 01 디자인 프로세스의 변화

개발 프로세스의 변화

지난 몇 년간 UI/UX 디자인을 포함한 개발 프로세스에 많은 변화가 있었습니다. 미국 오라일리 미디어의 '디자이너 연봉과 툴 조사'에 따르면 전통적인 개발 방식인 '워터폴' 프로세스의 사용자는 10%에 불과했지만, '애자일' 프로세스의 사용자는 70%에 달했습니다. 다음의 조사 자료에서 디자인 스프린트[2]는 17%, 린 UX[3]는 8%로 모두 애자일 환경에서 사용할 수 있어 애자일 프로세스에 포함됩니다.

Shared Style 목록 관리하기

Shared Style 목록 아래의 'Organize Text Style'을 선택해 스타일을 관리할 수 있는 레이어 창이 표시되면 텍스트 스타일이므로 [Text Styles] 탭을 선택합니다.
스타일 이름을 수정하려면 항목을 더블클릭한 다음 이름을 수정하고 Return을 누릅니다. 아래의 '-' 아이콘을 클릭하면 스타일 목록에서 삭제됩니다. 전체 선택한 다음 '-' 아이콘을 클릭하여 한 번에 삭제할 수도 있습니다.

스타일 텍스트(Styled Text) 적용하기

등록된 스타일은 일관성 있는 UI 디자인에 매우 유용합니다. 일일이 텍스트를 입력하거나 스타일링하지 않고, 인스펙터에서 해당하는 스타일 텍스트(Styled Text)만 선택하면 같은 스타일이 적용됩니다.
텍스트에 스타일 텍스트를 적용하는 방법은 크게 두 가지입니다. 첫째는 텍스트를 임의로 입력하고 인스펙터에서 원하는 스타일 텍스트를 선택하는 방법입니다. 둘째는 먼저 스타일을 지정하고 텍스트를 입력하는 방법으로 메뉴에서 (Insert) → Document를 실행한 다음 원하는 스타일을 선택하고 텍스트를 입력합니다.



❶ **도입글** : 해당 섹션에서 다루는 내용을 간략하게 설명하고 학습 방향을 제시합니다.

❷ **이론** : 스케치와 플러그인 프로그램을 다루기 위해 꼭 알아 두어야 할 필수 이론을 설명합니다. 개념을 미리 알아 두면 훨씬 쉽고 재미있게 실습할 수 있습니다.

❸ **주석** : 실무에서 사용하는 용어를 알기 쉽게 풀이합니다.

❹ **알아두기** : 스케치와 플러그인의 활용 폭을 넓히기 위해 예제에서 사용한 기능 및 유의사항에 관해 상세하게 설명합니다.

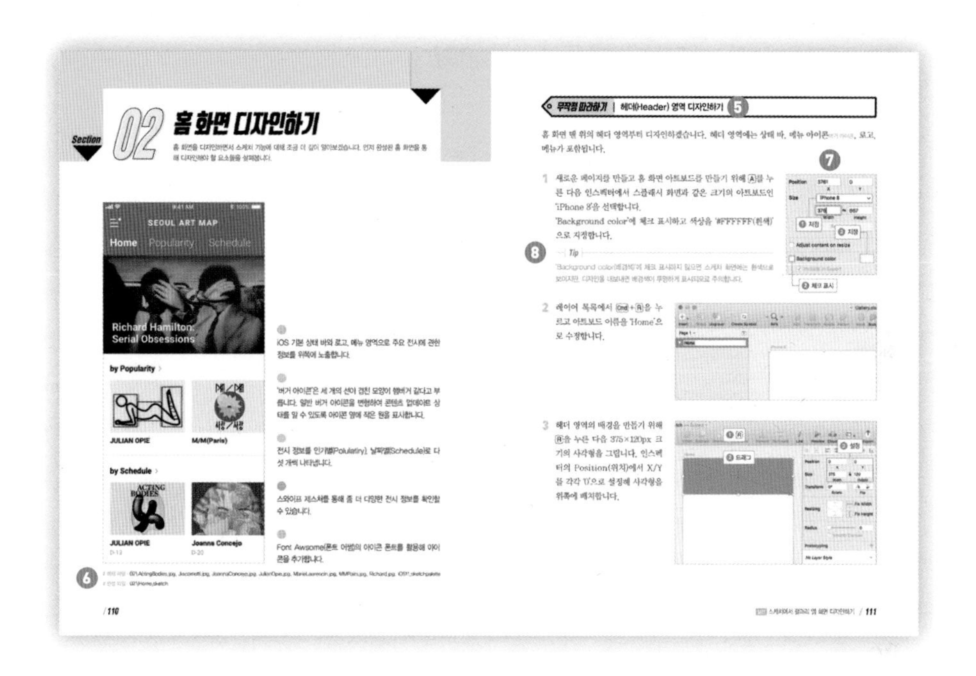

❺ **무작정 따라하기** : 스케치의 주요 기능을 엄선해 실습으로 구성했습니다. 눈으로만 읽지 말고 직접 따라 해 보세요.

❻ **예제 및 완성 파일** : 따라하기를 위한 예제 파일과 결과를 확인할 수 있는 완성 파일을 제공합니다.

❼ **지시선** : 작업 화면에 지시선과 짧은 설명을 넣어 보여줌으로써 예제를 정확하게 따라할 수 있습니다.

❽ **TIP** : 예제에 관한 기본 팁을 제공합니다. 개념에 관한 부연 설명, 관련 정보, 주의할 점 등을 설명해 놓았습니다.

## 목차

# PART 01 / 기능 프로토타이핑에 최적화된 스케치 알아보기

## 목 차

목 차

**예제·완성 파일**

이 책에 사용된 예제 파일과 완성 파일은 길벗 홈페이지(http://www.gilbut.co.kr/)에서 다운로드할 수 있습니다. 홈페이지에 접속 후 검색란에 "스케치 무작정 따라하기"를 입력하고 〈검색〉 버튼을 클릭합니다. 도서소개 항목에 도서가 표시되면 〈부록/학습자료〉 버튼을 클릭합니다. 부록/학습자료 항목에서 부록 데이터를 다운로드하고 압축을 풀어 사용합니다.

## 스케치 설치

스케치는 스케치 웹사이트(https://www.sketchapp.com)에서 〈Free Trial〉 또는 〈Get a License〉 버튼을 클릭해서 시험 버전을 설치하거나 프로그램 라이선스를 구매하여 설치할 수 있습니다. 먼저 시험 버전을 이용한 다음 구매하려면 〈Free Trial〉 버튼을 클릭해서 시험 버전을 내려 받습니다. 시험 버전은 한 달 동안 이용할 수 있습니다.

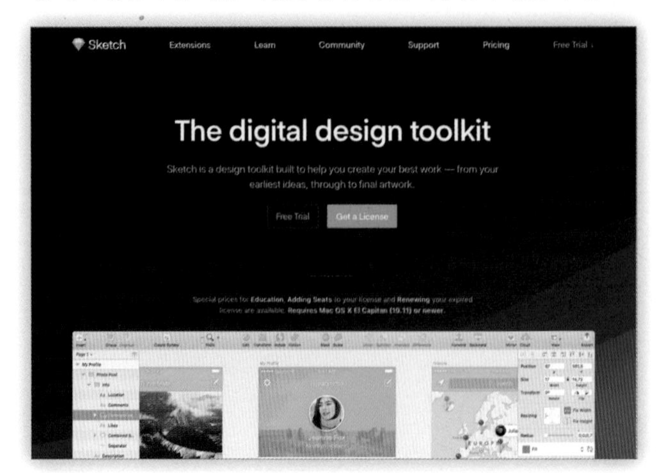


◀ 스케치 웹사이트 시작 화면

### 설치 사양

2018년 8월, 스케치의 버전은 51.2이며, Mac OS Sierra(10.12.2) 또는 그 이상에서 동작하고, 아쉽지만 윈도우 운영체제는 지원하지 않습니다.

### 라이선스 등록 방법

시험 버전의 무료 사용 기간이 지난 후 스케치 앱을 구매하고 싶다면 스케치 웹사이트에서 〈Get a License〉 버튼을 클릭한 다음 결제합니다. 결제 후 등록한 메일로 라이선스 키(License Key) 번호를 받을 수 있습니다. 스케치는 재설치하지 않아도 되며, 스케치를 실행한 다음 메뉴에서 [Sketch] → Registration을 실행합니다. 라이선스 등록 창이 표시되면 라이선스 키 번호를 입력한 다음 〈Register〉 버튼을 클릭해 정식으로 스케치를 사용할 수 있습니다.

◀ 스케치에서 라이선스 키를 등록하는 화면

**라이선스 정책**

일반적으로 라이선스 가격은 99달러이고, 라이선스 등록일로부터 1년의 유효기간이 있습니다. 1년이 지나서 라이선스 업데이트를 원하는 경우 30달러 할인된 가격(69달러)으로 업데이트할 수 있습니다.

단체 또는 교육 할인도 적용됩니다. 학생, 교사 등 교육용의 경우 50%나 할인됩니다. 학생증 등 인증될 만한 서류를 파일로 첨부하고, 교육용 할인 코드는 스케치 웹사이트(https://www.sketchapp.com/store/edu/)에서 신청합니다.

**라이선스 교체**

작업 중에 종종 환경이 바뀌는 경우가 있습니다. 라이선스당 한 대의 컴퓨터만 인증되므로, 다른 컴퓨터에 스케치 라이선스를 등록하려면 메뉴에서 [Sketch] → **About Registration**을 실행하고 새 창에서 〈Unresister〉 버튼을 클릭해 이전 컴퓨터에서 등록을 해지한 다음 새 컴퓨터에서 라이선스를 다시 등록합니다.

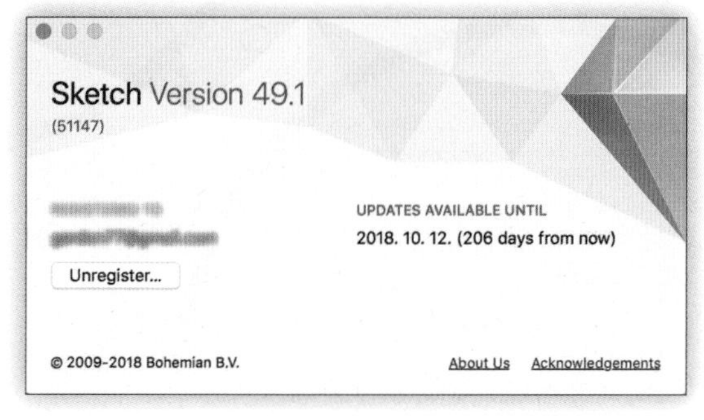

◀ 스케치 라이선스 교체 화면

# PART 01

'The best interface is no interface(최고의 인터페이스는 인터페이스가 없는 것이다)'라는 말이 있습니다. 인터페이스를 이용한 인터랙션이 없어도 알아서 기능을 작동하는 것이 최고의 인터페이스라는 의미입니다. 여기서는 프로토타이핑에 최적화된 스케치에 관해 이해합니다.

기능
프로토타이핑에
최적화된
스케치 알아보기

# 디자인 프로세스의 변화

개발 프로세스의 변화에 따라 디자인 프로세스에도 많은 변화가 요구되어 이제 UI/UX 디자이너에게 프로토타이핑 툴은 필수 역량이 되었습니다.

## 개발 프로세스의 변화

지난 몇 년간 UI/UX 디자인을 포함한 개발 프로세스에 많은 변화가 있었습니다. 미국 오라일리 미디어O'Reilly Media의 '디자이너 연봉과 툴 조사2017 Design Salary and Tools Survey'에 따르면 전통적인 개발 방식인 '워터폴Waterfall' 프로세스의 사용자는 10%에 불과했지만, '애자일Agile[1]' 프로세스의 사용자는 70%에 달했습니다. 다음의 조사 자료에서 디자인 스프린트Design Sprints[2]는 17%, 린Lean UX[3]는 8%로 모두 애자일 환경에서 사용할 수 있어 애자일 프로세스에 포함됩니다.

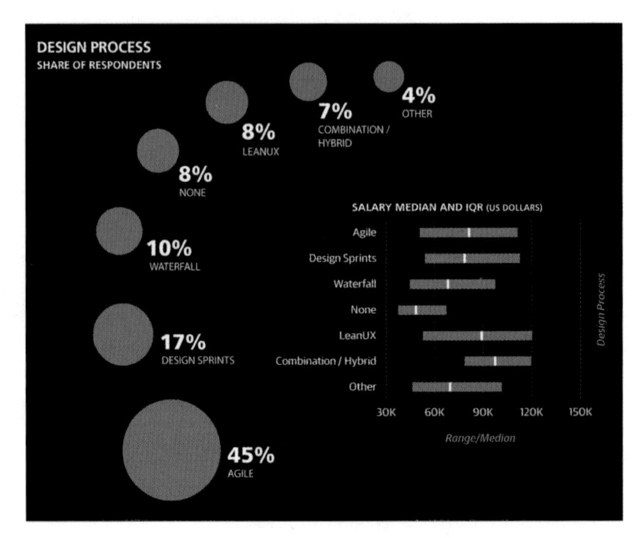


▲ 디자이너 연봉과 툴 조사 – 오라일리 미디어
출처: https://www.oreilly.com/ideas/2017-design-salary-survey

1 **애자일(Agile)** 기획 단계를 기반으로 주도해나갔던 과거의 방법론과는 다르게 일정 주기를 가지고 끊임없이 프로토타입을 만들면서 그때그때 필요한 요구를 더하고 수정하여 하나의 커다란 소프트웨어를 개발해나가는 방법입니다.

2 **디자인 스프린트(Design Sprints)** 구글 벤처스(Google Ventures)에서 개발한 회의 방식으로, 5일 만에 회사의 아이디어 구축 및 프로토타입 개발, 시장 반응을 얻어내는 것을 말합니다.

3 **런(Lean) UX** 군더더기 없는 시스템 구축을 '런 웨이(Lean Way)'라 하고, 군더더기를 뺀 생각을 '런 씽킹(Lean Thinking)'이라고 합니다. 이에 기반해 일단 사업 아이디어를 실행하는 것을 '린 스타트업'이라고 합니다. '린 UX'는 UX 디자인 프로세스에서 어쩔 수 없이 생겼던 낭비적인 요소(문서 작업 등)를 줄여 팀의 진정한 협업을 이루는 관점의 변화를 말합니다.

워터폴 프로세스는 개발 과정에서 오랫동안 사용해온 방식으로, 주로 대규모 소프트웨어를 개발할 때 사용되어 왔고 디자이너와 개발자에게 가장 익숙한 프로젝트 진행 방식입니다. 개발은 '요구 사항 분석' 단계에서 시작해 '설계 → 디자인 → 구현 → 테스트' 등을 거쳐 '유지 보수'까지 순서대로 진행됩니다. 개발 흐름이 폭포수처럼 아래로 흘러간다고 해서 '워터폴'이라고 합니다.

단계별 업무가 명확하게 나뉘어 프로젝트 관리가 쉽지만, 대부분 클라이언트는 프로젝트가 시각화되기 시작하는 시점, 즉 '디자인'과 '구현' 단계에 이르러서야 요구 사항에 맞게 개발이 잘 구현되었는지 확인할 수 있습니다. 클라이언트는 당연히 이 과정에서 많은 수정을 요청하지만, 이미 여러 개발 단계를 거쳤기 때문에 근본적인 기획 방향부터 다시 수정해야 하는 상황이 발생하는 경우 비용과 일정 면에서 무리가 생깁니다.

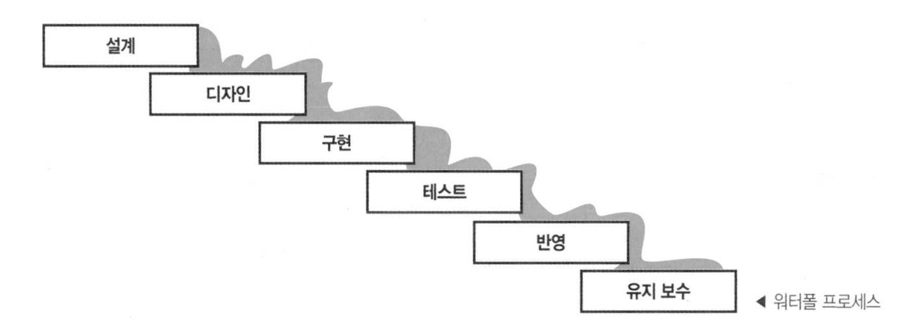

◀ 워터폴 프로세스

워터폴 프로세스의 단점을 보완하기 위해 여러 방법이 제안되었고, 그중 애자일 프로세스는 구글 벤처스[4]를 포함해 해외뿐만 아니라 국내 유망 스타트업에서 많이 이용하는 작업 프로세스입니다. 애자일 프로세스는 '**요구 사항 분석 → 설계 → 디자인 → 구현 → 테스트**'를 기능별로 나누어 빠르게 순환하며 개발합니다. 각각의 단계가 끝날 때마다 추가된 기능을 출시하고 피드백을 받은 다음 다시 피드백을 반영하거나 다음 기능 개발을 위한 단계를 순환합니다.

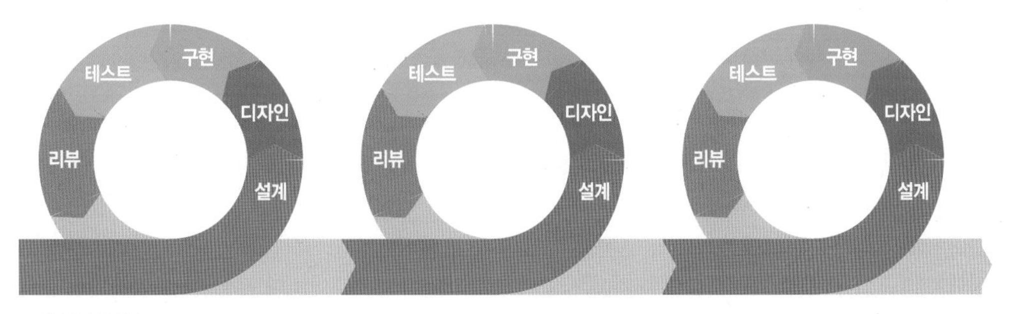

▲ 애자일 프로세스

4 **구글 벤처스(Google Ventures)** 구글이 만든 벤처 투자 회사로 자금뿐만 아니라 디자인, 마케팅, 기술을 지원하는 전문 기업과 협력하며 스타트업에 여러모로 조언하기도 합니다.

애자일 프로세스의 핵심은 개발 및 테스트하는 동안 발생할 수 있는 문제를 초기 단계부터 검토하고, 고객 요청 또는 사용자 반응에 유연하고 빠르게 대응하는 것입니다.

그렇다면 애자일 프로세스의 도입이 디자이너에게 끼치는 영향은 무엇일까요? 디자이너는 테스트 결과와 피드백을 분석해서 빠른 시간 안에 아이디어를 구현하거나 기존 작업을 수정해서 내놓아야 하는 환경에 놓였습니다.

디자이너가 기존에 사용하던 툴은 새로운 방식의 프로세스에 최적화된 툴이 아니기 때문에 반복해서 사용하는 디자인 에셋Asset 관리 및 수정 등의 버전 관리가 힘들고, 가능하다고 해도 노력이 필요해서 종종 디자인보다 피드백 작업을 위해 더 많은 시간을 할애하기도 합니다.

한 번쯤 이러한 경험이 있을 것입니다. 아이콘 하나를 변경하기 위해 수십 개의 포토샵 파일을 열어 해당 아이콘이 있는 레이어를 일일이 찾아 수정했던 경험 말입니다. 프로젝트 규모가 작다면 그리 어려운 일이 아닐 수 있지만, 프로젝트 규모가 크고 변경해야 하는 요소들이 많아지면 포토샵또는 기존 그래픽 툴을 이용하는 것보다 좀 더 생산적인 방법을 찾게 됩니다.

이러한 개발 환경의 변화는 자연스레 디자이너에게 프로토타이핑 툴에 관심을 두도록 하였습니다.

'좀 더 효율적이고, 프로젝트 성격에 맞는 프로토타이핑 툴에는 무엇이 있을까?' 이 물음에 제대로 답하기 위해서는 다양한 프로토타이핑 툴의 성격을 파악해야 합니다.

## UI/UX 디자이너에게 필수 역량이 된 프로토타이핑 툴

변화된 개발 프로세스는 유기적인 팀워크를 기반으로 빠른 테스트와 피드백을 끌어내는 것이 핵심입니다. 이러한 환경 속에서 UI/UX 디자이너들의 작업은 웹 또는 앱 인터페이스를 디자인하거나 아이콘을 만드는 등 시각적인 영역뿐만이 아닌, 간단한 애니메이션이나 인터랙션, 또는 개발에 필요한 가이드에 이르기까지 확대되고 있습니다.

이처럼 UI/UX 디자이너에게 점차 프로토타이핑 툴 사용 능력이 중요해진다는 것은 다음의 사례를 통해 확인할 수 있습니다.

외국 디자이너들의 포트폴리오를 모아둔 비핸스Behance 등 개인 포트폴리오 사이트에 기재된 이력 또는 작업 설명을 자세히 살펴보면 포토샵Photoshop 등의 기본 이미지 편집 툴 외에도 스케치Sketch, 인비전Invision 등 사용하는 프로토타이핑 툴에 관한 정보가 표시되어 있습니다. 또한, 인맥 연결 사이트인 링크드인Linkedin에서 디자이너들의 이력을 살펴봐도 어김없이 프로토타이핑 툴이 함께 기재되어 있습니다.

이것은 디자이너의 역량이 디자인 능력뿐만 아니라 개발 환경에서의 효율적인 커뮤니케이션 및 프로젝트 관리 능력까지 확대되었음을 알려줍니다.

다시 오라일리 미디어의 '디자이너 연봉과 툴 조사'로 돌아가서 와이어프레이밍[5]과 프로토타이핑[6] 통계를 살펴봅시다. 디자이너들이 펜과 종이처럼 전통적인 도구에서부터 다양한 소프트웨어를 디자인 툴로 사용한다는 것을 알 수 있습니다. 사용하는 소프트웨어 툴을 살펴보면 와이어프레이밍 툴에서는 스케치Sketch, 프로토타이핑 툴에서는 인비전Invision의 강세를 확인할 수 있습니다.

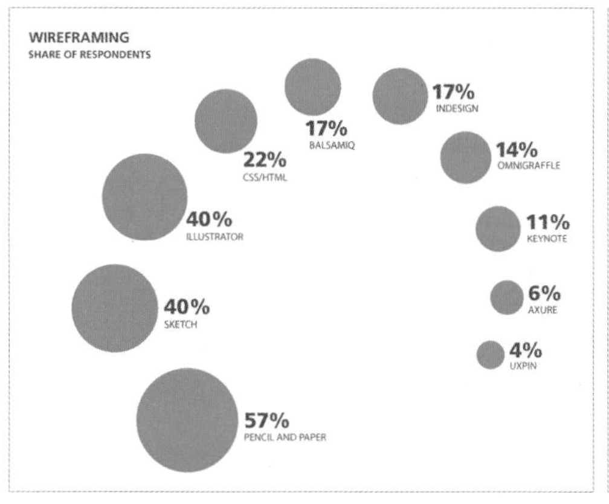


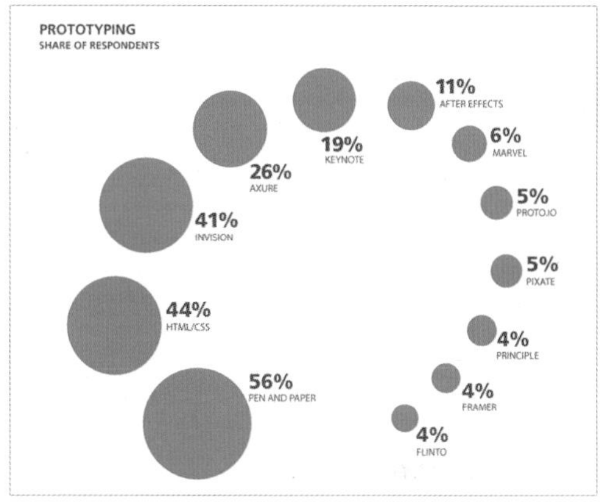


▲ 디자이너 연봉과 툴 조사: 와이어프레이밍과 프로토타이핑 통계 – 오라일리 미디어
출처: https://www.oreilly.com/ideas/2017-design-salary-survey

오라일리 미디어의 디자인 조사에서는 포토샵, 일러스트레이터 사용자와 스케치, 인비전 사용자 사이의 패턴이 발견되었습니다. 디자인 툴로 포토샵과 일러스트레이터만 이용하는 디자이너의 연봉은 평균보다 낮고, 스케치와 인비전을 함께 이용하는 디자이너의 연봉은 평균보다 살짝 높다고 합니다.

두 사용자 그룹의 패턴만으로 '스케치와 인비전을 사용하면 높은 연봉을 받을 수 있겠구나!'라고 간단하게 결론을 내릴 수는 없습니다. 디자이너의 연봉을 결정하는 것은 단순히 특정 툴의 사용 능력이 아니라, 달라지는 개발 환경에 따라 알맞은 툴을 사용할 수 있는 디자이너의 역량이기 때문입니다.

클라이언트라면 누군가에게 기획되어 결정된 내용을 단순하게 디자인만 하는 디자이너보다 개발의 모든 단계에서 빠르게 피드백을 주고받아 더욱 만족스러운 디자인 결과물을 만들어 내는 디자이너에게 높은 연봉을 제시하고 싶어질 테니까요.

5 **와이어프레임(Wire-Frame)** UI 디자인 작업 전에 시각적으로 간단하게 표현한 것을 의미합니다. 세부 디자인에 집중하지 않고 전체적인 흐름, 콘텐츠 종류 등을 검토하기 위해 사용합니다.
6 **프로토타이핑(Prototyping)** UI에 인터랙티브를 부여해서 UI의 상호작용을 시뮬레이션하는 것입니다.

## 작업에 따른 프로토타이핑 툴 선택

사실 프로젝트의 규모나 성격, 그리고 원하는 커뮤니케이션 방식이 모두 다르기 때문에 한 가지 툴로 클라이언트의 다양해진 요청 사항에 효율적으로 대응하기에는 한계가 있습니다.

모든 상황에 맞는 완벽한 툴은 없으므로 프로젝트 성격에 따라 알맞은 툴을 이용하는 것이 좋습니다. 모든 툴을 사용해 보고 그 특성을 파악해서 실제 프로젝트에 적용한다는 것은 결코 쉬운 일이 아닙니다. 그러나 다양한 프로토타이핑 툴의 기능을 여러 가지 기준에 맞춰 비교해주는 재미있는 사이트가 있습니다. Prototyprwww.prototypr.io 사이트에서 비교하는 프로토타이핑 툴의 종류는 20~30여 가지입니다. 속도, 정밀도Fidelity, 인터랙티브Interactivity, 협업Collaborating, 코드 지원 여부부터 구매 비용에 이르기까지 다양한 기준에 의해 툴을 비교할 수 있습니다.

디자이너가 필요한 결과물을 얻을 수 있는 프로토타이핑 툴에는 어떤 것들이 있을까요?

Prototypr 사이트에서 제시하는 정밀도Fidelity 결과를 살펴보면 '높은 수준의 이미지 제어와 시각적 결과물Higher Aesthetic Control+Visual Outcomes' 영역에 위치한 스케치Sketch, 피그마Figma, Adobe XD 등의 툴을 확인할 수 있습니다.

디자인에 인터랙션을 추가한 결과물을 만들 수 있는 적합한 툴로는 '마지막 인터랙션 단계Great for Final Stage Interactions' 영역에 있는 프레이머Framer, 프린시플Principle, 플린토Plinto와 같은 툴 등을 확인할 수 있습니다.

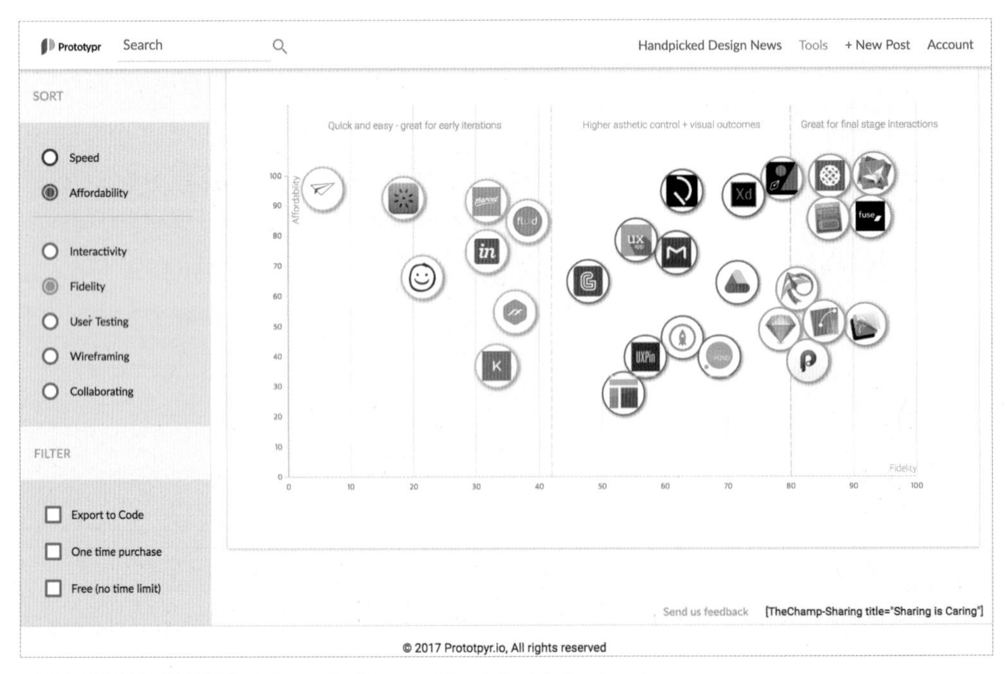


▲ 프로토타이핑 툴 비교 사이트(Prototypr – http://www.prototypr.io/prototyping-tools/)

# 최적의 아이디어 구현 툴, 스케치

프로토타이핑 툴은 아이디어를 빠르게 표현하기 위해 디자이너뿐만 아니라 기획자, 개발자도 쉽게 활용하도록 고안되었습니다. 그중 디자이너의 아이디어를 효과적으로 만들어내는 툴은 바로 스케치입니다.

앞서 살펴본 프로토타이핑 툴을 비교하는 Prototypr 사이트의 결과 화면처럼 높은 수준의 정밀도를 표현하는 툴은 스케치 외에도 많습니다. 그렇다면 UI/UX 디자이너들은 많은 프로토타이핑 툴 중에서 스케치의 어떤 특징 때문에 선택하는 걸까요?

스케치에는 다양한 기능이 있습니다. 자세한 기능은 'Section 03'에서부터 살펴보기로 하고 여기서는 변화된 디자인 환경, 즉 애자일 프로세스에서 스케치가 얼마나 효율적이며 디자이너들이 왜 스케치를 사용하는지에 초점을 맞춰 특징을 알아보겠습니다.

## 벡터 기반의 가벼운 인터페이스 디자인

UI 디자이너에게 다양한 크기의 화면과 해상도에 대응한 디자인 결과물을 만들어내기란 큰 고민 중 하나입니다. 특히 픽셀 기반의 포토샵에서 디자인할 때는 더욱 그렇습니다. 레티나 디스플레이를 포함한 고화질 화면에서도 픽셀이 깨지지 않는 아이콘을 디자인하기 위해 실제 크기의 2배, 3배로 디자인해야 했고, 결국 대용량의 포토샵 파일을 만들기도 합니다.

스케치는 벡터 기반의 툴로 실제 크기의 아트보드Artboard에서 디자인한 요소들을 클릭 한 번에 다양한 크기와 파일 형식으로 내보내기Export 할 수 있습니다. 인터페이스도 UI 디자인에 필요한 요소만 직관적으로 표시하여 복잡하지 않아 작업에 집중할 수 있도록 합니다.

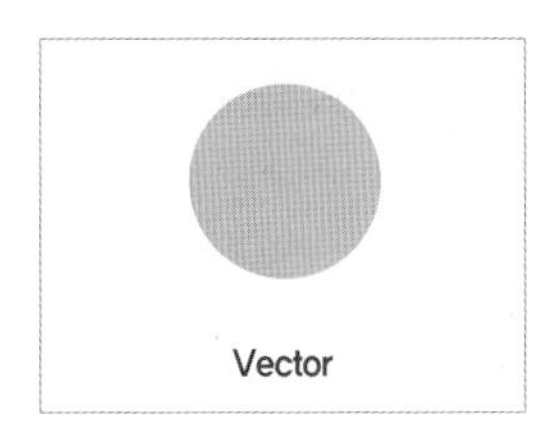

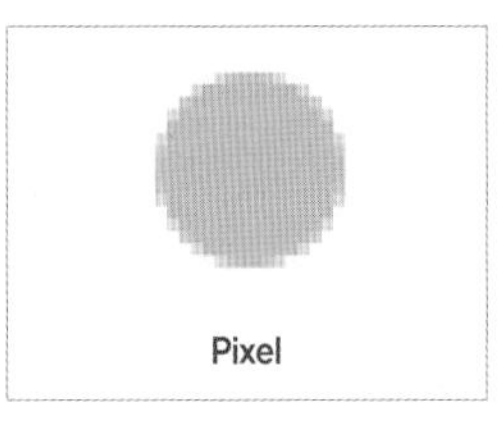


▲ 벡터 기반의 스케치 오브젝트와 픽셀 기반의 포토샵 오브젝트 비교

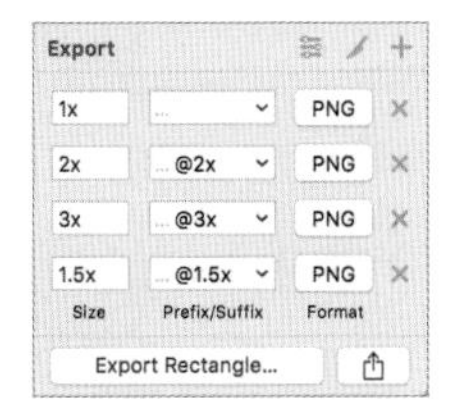


▲ 클릭 한 번에 만들 수 있는 다양한 크기와 파일 형식의 에셋 설정

## 편리한 인스펙터 옵션

인스펙터Inspector는 오브젝트 크기나 위치 값을 설정하고, 수정하는 기능이 모여 있습니다. 인스펙터에서 오브젝트의 세부적인 크기나 위치를 조절하는 영역인 텍스트 입력창Text Field의 오른쪽 위/아래 화살표를 이용해 세밀하게 크기를 조절하거나 이동할 수 있습니다. 텍스트 입력창은 +, −, *, / 등의 사칙연산으로도 값을 입력할 수 있습니다. 예를 들어, 특정 오브젝트의 크기를 2배로 확대하거나 50°만 회전하려면 '128*2' 또는 '30+50'처럼 연산 값을 입력하고 Enter를 누르면 결과 값이 바로 적용됩니다.

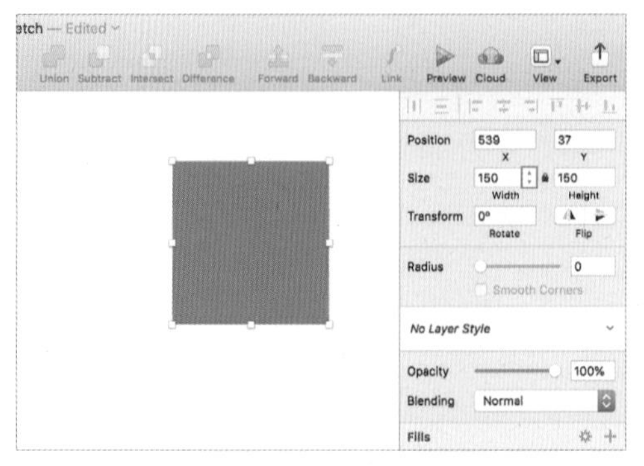


▲ 텍스트 입력창 옆 위/아래 화살표를 클릭해서 1px씩 수정 가능

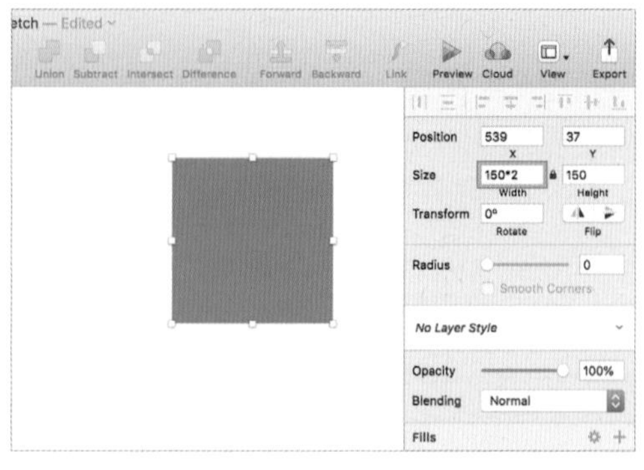


▲ 텍스트 입력창 안에 직접 연산 기호를 넣어 값을 입력 가능

## 자동으로 오브젝트 간격을 측정하는 스마트 가이드

스케치는 작업 중인 인스펙터에서 오브젝트의 크기를 한눈에 보여줄 뿐만 아니라, 오브젝트의 간격을 측정하는 스마트 가이드Smart Guide 기능을 제공합니다. 스마트 가이드는 스케치에서 가장 매력적인 기능으로 Option을 누른 채 오브젝트또는 레이어를 선택한 다음 간격을 확인하고 싶은 오브젝트 위에 커서를 가져가면 두 오브젝트의 간격을 나타냅니다.

## 스타일 코드와 일치하는 텍스트 박스

포토샵에서 지정한 텍스트의 패딩Padding이나 행간Line-Height을 그대로 HTML에 반영했지만, 포토샵 디자인과 브라우저에 표현된 디자인이 달라서 다시 개발자와 수정 작업을 거쳐야 했던 경험이 한 번쯤은 있을 겁니다.

스케치에서 작업한 디자인을 CSS 코드로 추출해 작업 중인 HTML에 바로 적용할 수 있습니다. 스타일css을 확인하려면 스케치에서 텍스트 박스를 선택하고 Ctrl을 누른 채 클릭하여 표시되는 메뉴에서 Copy CSS Attributes를 실행합니다. 다양한 디자인 요소를 담는 '아트보드Artboard'를 선택해서 제플린Zepilin 플러그인으로 내보낸 다음 여러 디자인 요소의 CSS 코드를 한번에 확인할 수도 있습니다.

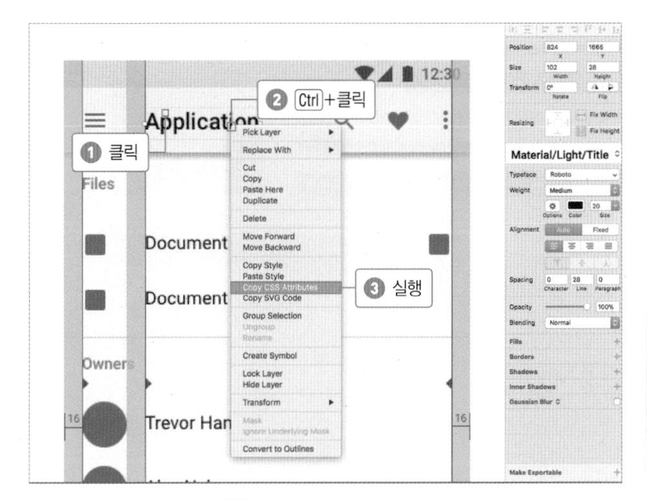


```
/* Document 1: */
font-family: Roboto-Regular;
font-size: 16px;
color: rgba(0,0,0,0.87);
line-height: 24px;
```

▲ 화면의 텍스트를 선택하고 Ctrl을 누른 채 클릭하여 표시되는 메뉴에서 'Copy CSS Arributes'를 실행하여 복사된 코드 값

## 간편하게 지정하는 텍스트 스타일

자주 사용하는 텍스트의 크기, 색상, 행간 등을 스타일로 지정해 두면 텍스트에 일일이 옵션을 지정할 필요가 없습니다. 오른쪽 그림을 살펴보면 인스펙터에서 스타일로 지정한 텍스트의 폰트 스타일, 크기, 색상 등의 정보를 시각적으로 보여주므로 텍스트 정보를 한눈에 자세하게 확인하고 지정할 수 있습니다. 특정 텍스트 스타일을 수정하면 같은 이름의 모든 텍스트 스타일을 한 번에 변경할 수 있어 디자인 요소 수정에 따르는 작업 시간이 획기적으로 줄어듭니다.

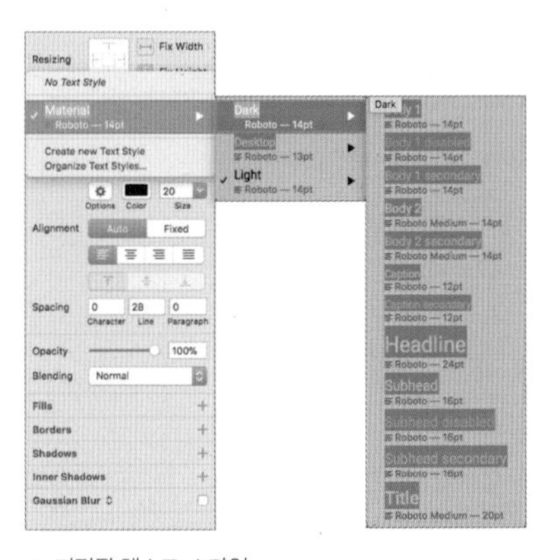


▲ 지정된 텍스트 스타일

## 심볼로 만드는 라이브러리

반복해서 이용하는 아이콘이나 컴포넌트를 심볼로 지정해 라이브러리를 만들 수 있습니다. 이때 심볼로 만들려는 오브젝트를 선택한 다음 툴바의 Create Symbol 도구( )를 선택해 간단하게 등록합니다. 텍스트 스타일과 마찬가지로 심볼 역시 언제든지 수정할 수 있으며, 같은 심볼로 지정된 오브젝트는 마스터 심볼을 수정해서 한 번에 변경도 가능합니다.

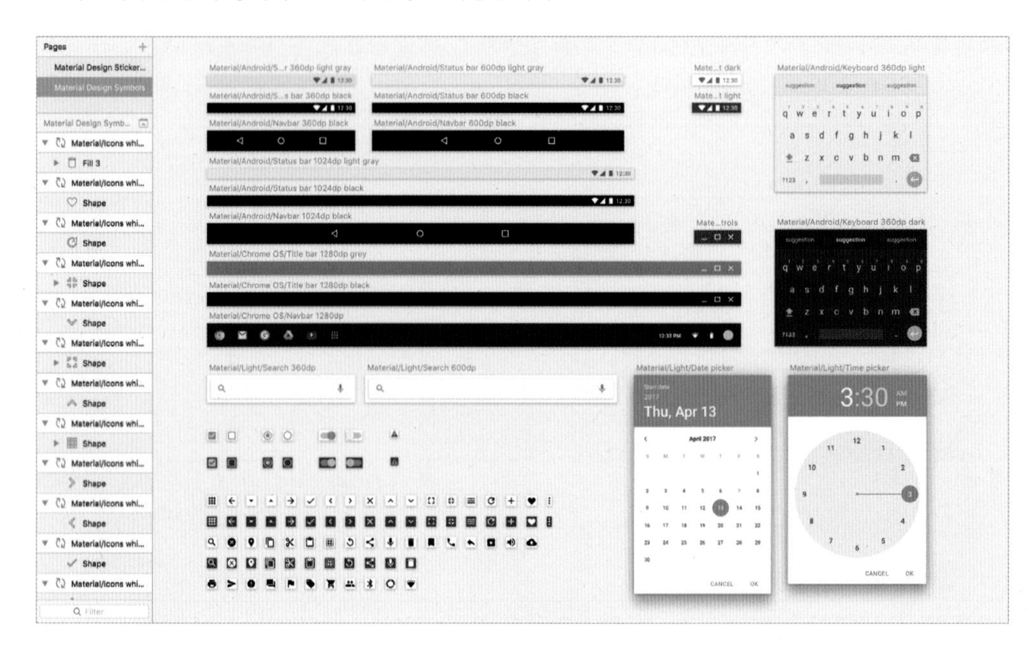


스케치 49 버전부터는 심볼 기능을 더욱 강화하는 오버라이드Overrides와 네스티드 심볼Nested Symbol 기능이 추가되었습니다. 이 기능을 이용하면 워크플로우Workflow[7] 향상에 많은 도움이 됩니다. 예를 들어, 전화번호 목록을 디자인할 때 오버라이드 심볼을 이용하여 텍스트 크기나 색상 등의 고정 스타일 디자인을 남겨두고 이름, 사진 등의 정보를 변경하면 편리합니다.

네스티드 심볼은 간단하게 말해 심볼 안에 심볼을 넣는 것입니다. 어떻게 보면 스케치에서 가장 복잡한 개념이자 효율적인 기능이기도 합니다. UI 디자인은 각각의 심볼과 에셋Asset을 어떻게 관리하느냐에 따라 작업에 많은 영향을 미치므로 기본 개념을 잘 잡고 계획을 세우는 것이 중요합니다.

---

7 **워크플로우(Workflow)** 작업 절차를 통한 정보 또는 업무의 이동을 의미하며, 작업 흐름이라고도 합니다.

## 다양한 템플릿

스케치에는 안드로이드 및 iOS 아이콘, 머티리얼 디자인Material Design 가이드 등 기본 템플릿이 제공됩니다. 각각의 운영체제에서 지켜야 하는 UI 가이드를 일일이 알아두지 않아도 템플릿을 활용하면 디자인을 바로 적용할 수 있고 작업 능률도 높아집니다. 스케치 커뮤니티에서 다양한 템플릿을 무료로 내려 받거나 직접 만든 디자인을 템플릿으로 등록할 수도 있습니다.

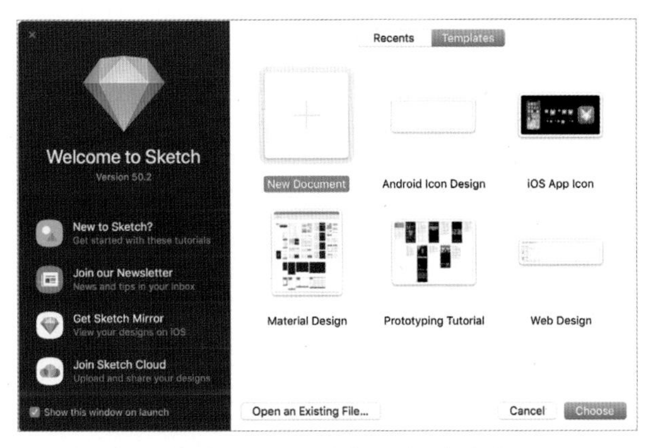


▲ 스케치 시작 화면: 머티리얼 디자인, iOS 아이콘 등 기본 템플릿 제공

## 플러그인을 더해 강력해진 확장성

스케치 커뮤니티에는 셀 수 없을 정도로 많은 플러그인이 있습니다. 스케치는 플러그인 엔진을 내장해 필요에 따라 외부 플러그인을 설치해서 이용할 수 있습니다. 플러그인에 의한 확장성은 템플릿과 함께 스케치 커뮤니티를 활성화했고, 스케치를 더욱 강력한 프로토타이핑 툴의 자리에 자리에 올려놓았습니다.

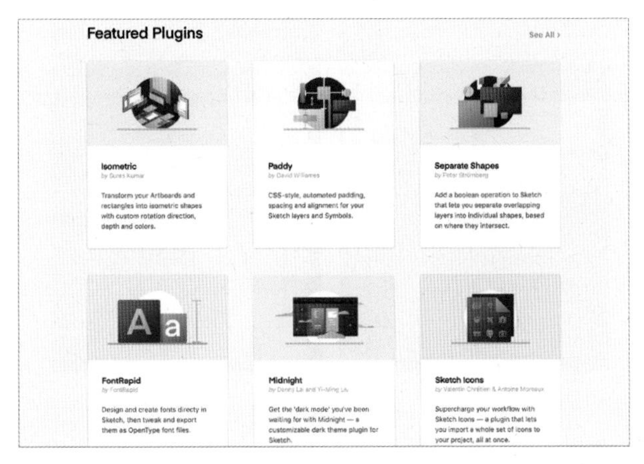


▲ 스케치 사이트의 플러그인 소개(https://www.sketchapp.com/extensions/)

알아두기

## 윈도우 운영체제에 적합한 어도비(Adobe) XD

스케치의 단점을 꼽으라면 맥 운영체제에서만 이용할 수 있다는 것입니다. 윈도우 운영체제를 이용하는 디자이너들에게 추천하는 프로토타이핑 툴 중 하나가 바로 어도비 XD입니다.

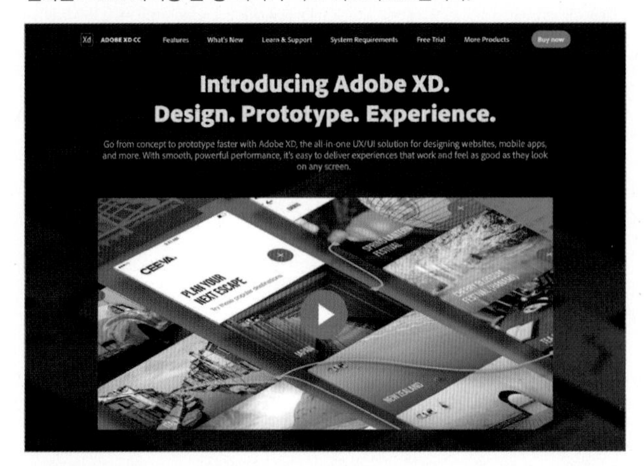


▲ Adobe XD 사이트(https://www.adobe.com/products/xd.html)

어도비 XD는 맥과 윈도우용으로 설계되었으며 운영체제에 상관없이 이용할 수 있습니다. 어도비 포토샵 또는 일러스트레이터를 사용하고 있다면 크리에이티브 클라우드(Creative Cloud) 애플리케이션을 통해 기존 프로그램들과 유사한 인터페이스로 어려움 없이 이용할 수 있으며, 어도비 프로그램 간의 호환성과 통합성을 경험할 수 있다는 장점이 있습니다.

스케치를 포함한 프로토타이핑 툴의 전성시대를 맞이하면서 어도비는 XD(Experience Design CC)를 출시하고 업계에 도전장을 내밀었습니다. 그러나 수많은 템플릿과 더불어 무료 플러그인을 이용할 수 있는 스케치처럼 아직 방대한 커뮤니티가 활성화되지 않았습니다. 꾸준히 업데이트되고 새로운 기능이 출시되고 있지만, 기존의 프로토타이핑 툴에서 기본으로 제공하는 기능도 지원되지 않아 아쉬운 상태입니다.

반면, 어도비 XD는 스케치에서 기본으로 제공하지 않는 꼭 필요하고 중요한 기능들을 탑재하고 있어 장점으로 부각되고 있습니다.

어도비 XD의 장점 중 하나인 '반복 그리드(Repeat Grid)'는 텍스트나 오브젝트를 행(Row) 또는 열(Column)로 반복해서 배열할 때 이용하며 반복할 오브젝트를 클릭하고, 인스펙터의 '반복 그리드(Repeat Grid)' 아이콘을 클릭한 다음 오브젝트의 조절점을 드래그해서 빠르게 복제 및 배열합니다. 열이나 행의 간격도 간단하게 드래그해 조절할 수 있습니다.

▲ 반복 그리드

어도비 XD의 또 다른 장점은 작업 중인 프로토타입 화면에서 오브젝트에 직접 링크와 트랜지션을 적용하는 등의 액션을 적용할 수 있어 간단한 인터랙션을 구현할 수 있다는 것입니다. 구현된 인터랙션에는 파란색 선이 나타나고 이 선을 드래그 하거나 클릭해서 수정도 가능합니다. 스케치에서는 별도의 외부 프로그램을 연동해서 구현할 수 있는 기능입니다.

어도비 XD에서 구현한 인터랙션은 모바일 구글플레이 앱 또는 앱스토어에서 'Adobe XD' 앱을 내려 받아 모바일에서 직접 터치하고, 스와이프해 확인할 수 있습니다. 이 기능은 코딩이나 개발 단계를 거치지 않고도 직접 모바일에서 초기 단계부터 인터랙션을 테스트할 수 있으므로, 이를 통해 받은 피드백을 UI/UX 디자인에 반영하면서 작업할 수 있어 유용합니다.

또한 만들어진 인터랙션을 직접 시연하는 화면을 녹화해 동영상을 만들 수 있고, 동영상을 작업자 또는 클라이언트와 함께 공유해서 빠른 피드백을 얻을 수 있습니다.

이처럼 어도비 XD만의 좋은 기능을 미리 파악해두면 프로젝트를 진행하면서 필요할 때 매우 유용하게 활용할 수 있습니다.

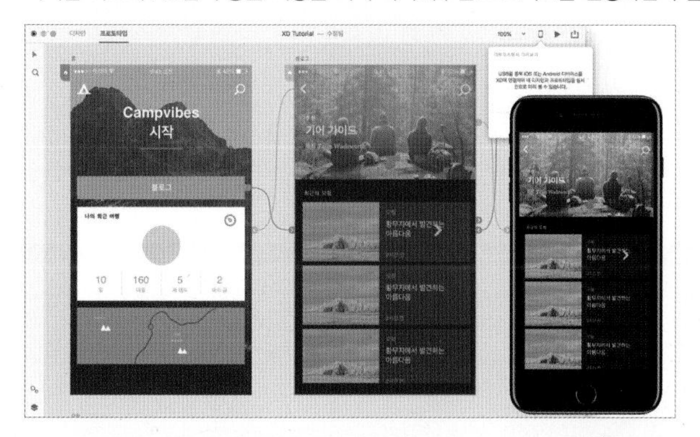


▲ 오브젝트에 직접 링크를 적용해 만드는 프로토타입

▲ 어도비 XD에서 적용한 프로토타입을 직접 모바일에서 확인하는 장면

**Tip**

스케치에서 작업한 내용을 녹화하려면 플린토 플러그인을 이용합니다.
스케치 49 버전부터 별도의 외부 플러그인 없이 인터랙션 프로토타입을 구현할 수 있는 'Link' 기능이 추가되었습니다.
모바일에서 미리 보기를 실행하려면 애플 앱스토어 또는 안드로이드의 구글플레이 앱에서 'Adobe XD'를 내려 받아 설치해야 합니다.

# 스케치 작업 화면 살펴보기

프로토타이핑 툴 중에서 디자이너가 가장 많이 사용하는 앱인 스케치의 인터페이스(작업 화면)에 대해 알아봅니다.

스케치 인터페이스에는 작업에 필요한 항목이 자동으로 나타나고, 사용하지 않는 항목은 자동으로 사라지거나 생략되어 있습니다. 이러한 작업 환경은 디자인을 빠르고 효율적으로 진행할 수 있도록 도와주며 작업에 집중할 수 있게 합니다.

스케치를 실행한 다음 가장 큰 골격인 작업 화면부터 살펴보겠습니다. 스케치의 작업 화면은 다음과 같이 크게 다섯 개의 영역으로 나뉩니다. 여기서는 작업 화면의 각 부분에 대해 소개합니다.

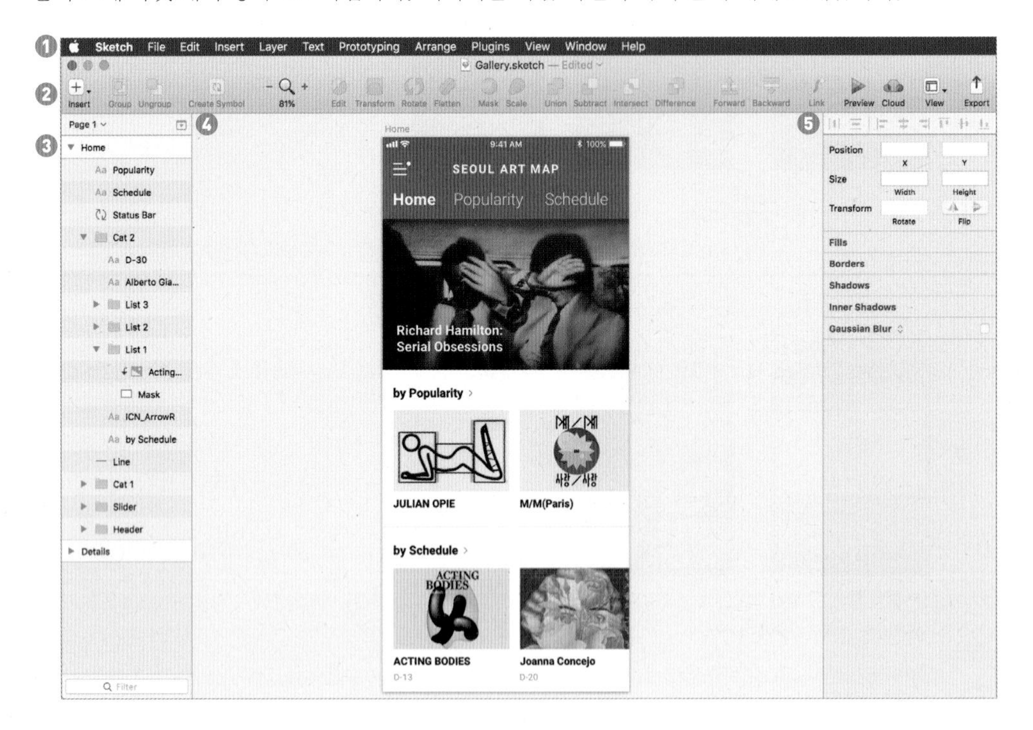


### ❶ 메뉴(Menu)

스케치에서 제공하는 모든 기능에 관한 명령을 실행할 수 있습니다.

Sketch File Edit Insert Layer Text Prototyping Arrange Plugins View Window Help

### ❷ 툴바(Toolbar)

메뉴 아래에 위치하며 작업 중 필요한 도구를 선택하여 해당 기능에 빠르게 접근할 수 있습니다. Group(그룹화), Zoom(확대/축소), Edit(편집), Link(링크), Preview(미리 보기) 등 스케치에서 가장 많이 이용하는 핵심 기능을 포함합니다.

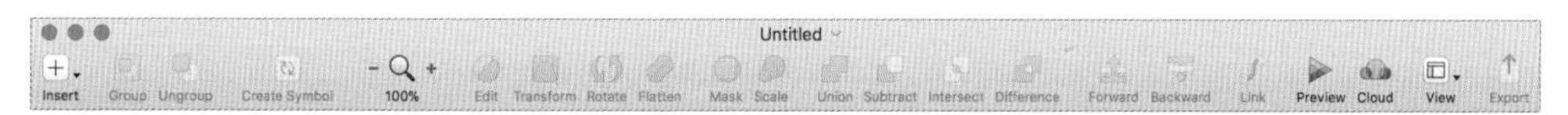


▲ 기본 툴바

### ❸ 레이어 목록(Layer List)

스케치 작업 화면 왼쪽에 위치하며, 포토샵이나 일러스트레이터와 같은 그래픽 프로그램의 레이어 기능과 거의 비슷합니다. 스케치의 레이어 목록은 '아트보드(Artboard)', '페이지(Pages)', 레이어(Layer)'로 구성되며 추가, 삭제, 잠금, 이름 또는 순서 변경 등을 작업할 수 있습니다. 레이어 요소들의 관계를 간단하게 정리하면 다음과 같습니다.

**페이지(Pages) > 캔버스(Canvas) > 아트보드(Artboards) > 레이어(Layers)**

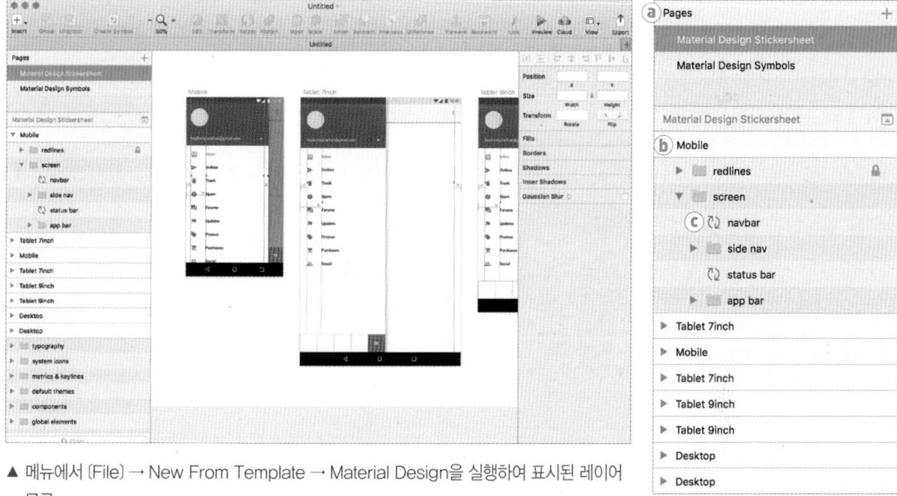


▲ 메뉴에서 [File] → New From Template → Material Design을 실행하여 표시된 레이어 목록

ⓐ **페이지(Pages)**: 캔버스(Canvas)를 포함하며 하나의 파일에서 목적에 따라 여러 개의 페이지를 만들 수 있습니다.

ⓑ **아트보드(Artboard)**: 특정 크기의 화면 프레임을 의미합니다. 보통 캔버스 안에 아트보드를 설정할 때 기기별 화면 크기를 지정하고 프레임에서 디자인합니다.

ⓒ **레이어(Layer)**: 스케치에서 만드는 모든 오브젝트나 도형(Shapes), 문자(Text), 이미지 등은 모두 레이어에 등록되어 아트보드에 속합니다.

### ❹ 캔버스(Canvas)

스케치 작업 화면에서 가장 넓게 보이는 부분으로 도화지와도 같습니다. 캔버스는 무한대의 '아트보드(Artboard)'와 '레이어(Layer)'를 담을 수 있는 작업 공간입니다.

**Tip**

스케치 명령에 관한 단축키를 알아두면 좀 더 간편하게 작업할 수 있습니다. 스케치에서 자주 이용하는 단축키는 이 책의 뒤쪽 부록에서 기능별로 정리해 소개하므로 참고하세요.

### ❺ 인스펙터(Inspector)

스케치 화면 오른쪽에 위치하며 작업 중인 디자인 요소의 속성을 설정하는 영역입니다. 스케치 작업 화면이 깔끔하고, 처음 사용하더라도 기능을 쉽게 이해할 수 있는 이유는 다른 디자인 프로그램과 차별화된 인스펙터 때문입니다. 인스펙터에서는 모든 속성을 나열하는 것이 아니라 선택한 요소에 해당하는 속성만 자동으로 표시하고 필요 없는 속성은 숨깁니다. 이처럼 직관적인 인터페이스는 필요한 속성을 일일이 찾아야 하는 수고를 덜어 작업 시간을 단축합니다.

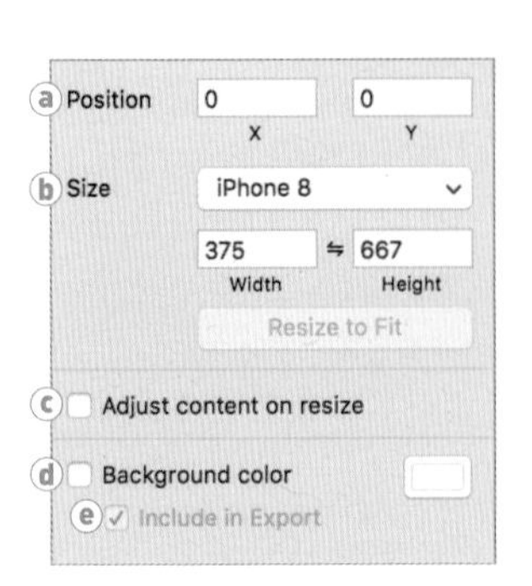


ⓐ **Position**: 아트보드의 위치를 설정합니다.

ⓑ **Size**: 아트보드의 크기를 설정합니다. 다양한 기기별 화면 크기를 설정할 수 있습니다. 기기를 선택하여 화면 크기를 지정하면 현재 적용된 아트보드 크기가 바뀝니다. '⇆' 아이콘을 클릭하여 화면을 가로(Portrait) 또는 세로(Landscape) 방향으로 손쉽게 바꿀 수 있습니다.

ⓒ **Adjust content on resize**: 아트보드 크기가 변경될 때 내부 콘텐츠의 크기도 함께 조정됩니다. 반응형 웹 디자인이나 다양한 크기에 대응하는 앱을 디자인할 때 유용합니다.

ⓓ **Background color**: 아트보드의 배경색을 설정합니다.

ⓔ **Include in Export**: 배경색을 내보낼 때 포함할지 여부를 체크 표시합니다. 모니터에서 확인했을 때 아트보드는 흰색이지만 실제로 아트보드를 내보내서 확인하면 투명하게 보입니다.

**알아두기**

#### 인스펙터를 설정하는 다양한 방법 알아보기

❶ 수치 입력하기

직접 원하는 값을 입력합니다.

❷ 화살표 아이콘을 클릭하여 조절하기

입력창 오른쪽에 커서를 위치시키면 화살표 아이콘이 나타납니다. 세밀하게 위치를 이동할 때 위/아래 화살표 아이콘을 클릭하면서 값을 조절합니다.

❸ 사칙연산 이용하기

스케치 인스펙터의 입력창에는 +, –, /, *와 같은 사칙연산 기호를 넣어 값을 입력할 수 있습니다. 예를 들어, 선 높이를 설정할 때 헤더 높이 '120'과 섬네일 높이 '120'을 더한 '240'을 입력해도 되지만, '120+120'를 입력해도 값이 설정됩니다.
이 책에서 소개하는 예제의 디자인은 복잡하지 않아 연산 값을 입력할 필요는 없지만, 디자인이 조금 더 복잡해지면 연산 값을 입력하는 방식이 유용하기도 합니다.

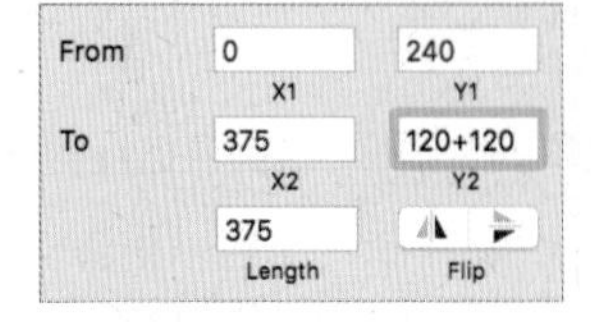

❹ 입력창 아래에서 드래그하기
입력창 아래에 커서를 위치시키면 양방향 화살표가 나타납니다. 이때 왼쪽 또는 오른쪽으로 드래그하면 값이 함께 변경됩니다.

❺ 입력창을 선택한 다음 방향키 누르기
입력창을 클릭한 다음 위/아래 방향키(↑, ↓)를 누르면 값이 함께 변경됩니다.

알아두기

## 캔버스 넓게 이용하기

스케치에서 디자인 작업을 하다 보면 캔버스 영역이 좁아서 불편할 때가 있습니다. 특히 노트북을 이용할 때 작업 공간이 더욱 좁아집니다. 스케치는 필요에 따라 각 인터페이스를 숨기거나 표시해서 작업 공간(캔버스 영역)을 확보할 수 있습니다. 메뉴에서 [View]의 하위 명령을 실행하여 활성화 및 비활성화합니다.

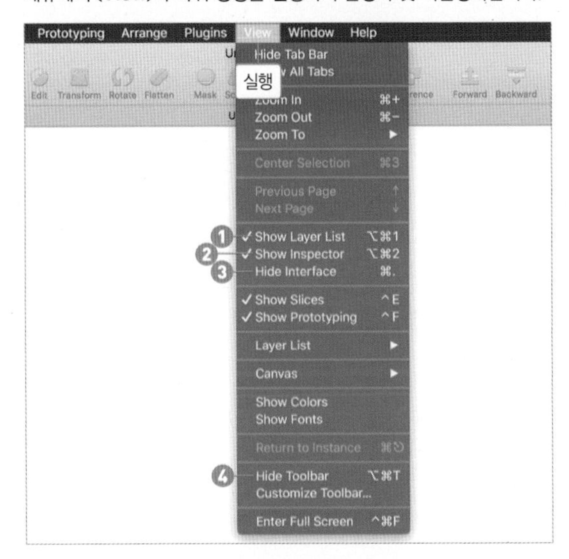


❶ Hide/Show Layer List(Cmd+Option+1): 레이어 목록을 숨기거나 표시합니다.
❷ Hide/Show Inspector(Cmd+Option+2): 인스펙터를 숨기거나 표시합니다.
❸ Hide/Show Interface(Cmd+.): 작업 화면(툴바, 레이어 목록, 인스펙터)을 숨기거나 표시합니다.
❹ Hide/Show Toolbar(Cmd+Option+T): 툴바를 숨기거나 표시합니다.

# 툴바 기능 알아보기

툴바의 기본(Default) 기능에 관해 살펴보면서 자주 이용하는 기능에 관한 도구를 익힙니다.

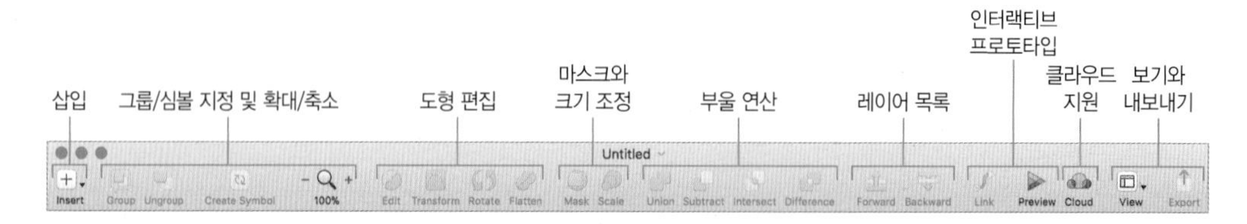


## 삽입 기능

Insert삽입 도구(⊞)는 툴바의 맨 왼쪽에 위치하며 다양한 기능이 있습니다. 스케치에서 와이어프레임 제작 등 디자인 작업 초기에 가장 많이 이용하는 도구입니다. Line선, Rectangle사각형, Oval원형, Arrow화살표 등을 포함한 Shape도형 도구와 Vector, Pencil 등의 기본 드로잉 도구, Text텍스트, Image이미지와 같은 입력 도구, 프레임을 만드는 Artboard아트보드 도구, 이미지를 다양한 에셋Asset으로 내보낼 수 있는 Slice슬라이스 도구, 심볼이나 라이브러리로 등록한 요소를 불러오는 도구도 있습니다. 한마디로 캔버스에서 아이디어를 이미지로 만들 수 있는 기능들이 모여 있는 곳입니다.

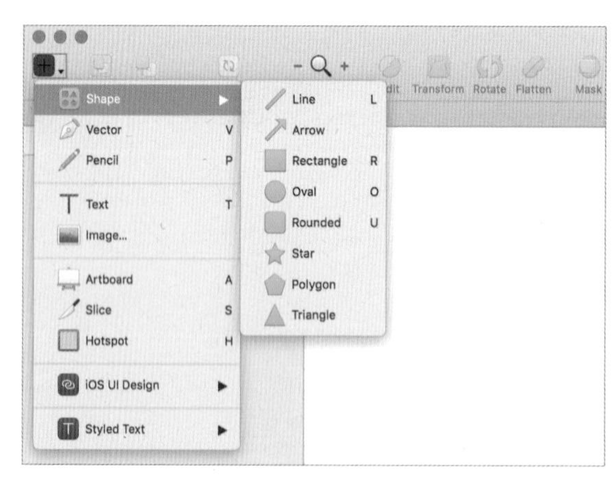


▲ 툴바에서 Insert 도구를 선택했을 때 표시되는 하위 메뉴

**Tip**

스케치에 익숙하지 않을 때는 자주 사용하는 기능들이 Insert 안에 있어 불편할 수 있습니다. 하지만 차츰 스케치에 익숙해지면서 단축키를 이용하면 불편함을 잊게 됩니다. Insert 도구를 선택하여 표시되는 하위 도구 이름 오른쪽의 알파벳(L, R, T 등)은 각각의 메뉴를 실행하지 않아도 Insert 도구의 하위 도구를 이용할 수 있는 단축키입니다.

## 그룹/심볼 지정 및 확대/축소 기능

❶ **Group/Ungroup**: 여러 개의 레이어를 선택해서 그룹으로 만들거나 그룹을 해제합니다.

❷ **Create Symbol**: 선택한 레이어나 그룹을 심볼(Symbol)로 등록합니다. 심볼은 스케치의 대표 기능 중 하나로, 같은 그래픽 요소나 컴포넌트를 여러 부분에 사용할 때 심볼로 등록해서 재사용할 수 있습니다. 등록된 심볼의 색상이나 폰트 크기 등의 속성을 수정하면 디자인에 적용된 심볼(인스턴스)도 자동으로 수정됩니다. 심볼을 이용하면 작업 중 디자인이 변경되었을 때 같은 디자인이 적용된 요소를 수정하는 데 들어가는 노력과 시간을 절약할 수 있습니다.

❸ **Zoom**: 확대/축소에 따라 캔버스의 디자인을 확대 또는 축소해서 보여줍니다.

## 도형 편집 기능

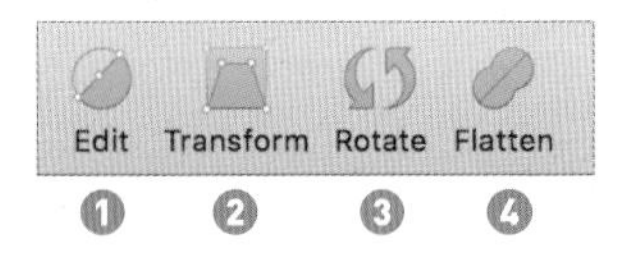


❶ **Edit**: 선택한 도형의 모양을 편집합니다. 도형을 선택한 다음 Edit 도구를 선택하거나 도형을 더블클릭하면 편집 모드로 바뀌어 수정할 수 있습니다.

❷ **Transform**: 선택한 도형의 조절점을 기울여서(Skewing) 3D 효과를 만드는 등 도형을 변형합니다. 여러 개의 레이어를 한 번에 선택해서 변형할 수도 있습니다.

❸ **Rotate**: 선택한 도형을 회전합니다. 도형을 선택한 다음 Rotate 도구를 선택하면 커서에 회전 아이콘이 나타납니다. 캔버스에서 직접 드래그해 도형을 회전할 수 있으며, 회전축 위치도 변경할 수 있습니다. Shift를 누른 채 드래그하여 회전하면 15°씩 일정한 각도로 회전 가능합니다.

❹ **Flatten**: 도형을 편집하다 보면 여러 개의 패스가 만들어지는데 이를 하나의 패스로 만듭니다. 주로 도형 편집을 마치고 패스를 정리하기 위해 사용합니다.

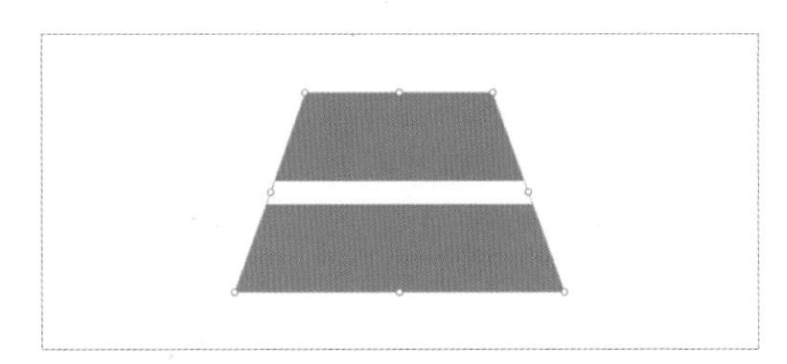

▲ Transform: 두 개의 도형을 선택한 다음 기울여 만드는 3D 효과

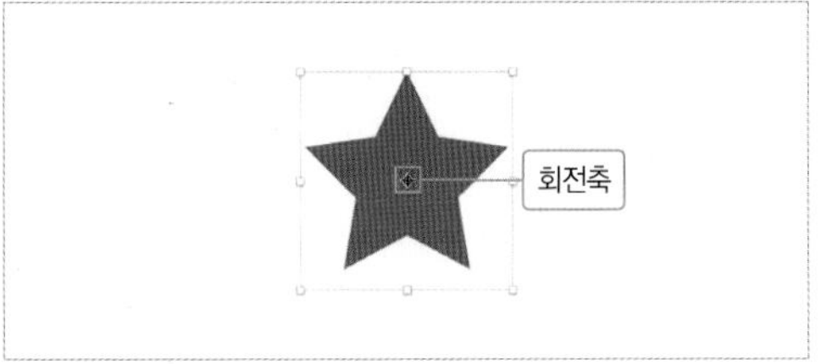


▲ Rotate: 회전 모드일 때 오브젝트 중심에 나타나는 회전축

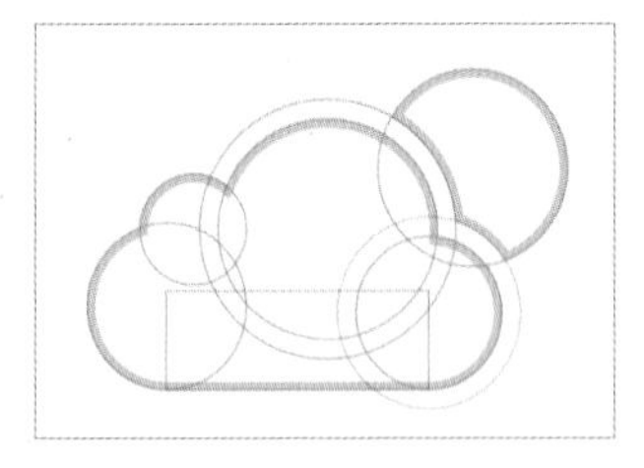

▲ 여러 개의 도형을 편집해 8개의 패스로 이루어진 구름

▲ Flatten 기능을 이용해 큰 구름에 있는 8개의 패스를 합쳐 만든 2개의 패스

## 마스크와 크기 조절 기능

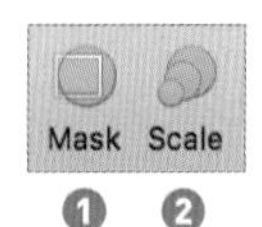


❶ ❷

❶ **Mask**: 선택한 오브젝트를 마스크로 지정합니다. 마스크가 적용된 오브젝트 위 모든 레이어는 마스크 형태대로 보입니다.

❷ **Scale**: 선택한 레이어의 크기를 조절합니다. Scale Layers 대화상자에서 비율(%) 또는 픽셀 값을 설정하여 크기를 조절할 수 있으며, 확대할 때 기준점도 변경할 수 있습니다. 선 두께, 그림자 크기, 둥근 모서리 값과 같은 스타일 요소의 크기도 함께 비례해서 수정됩니다. 메뉴에서 [Layer] → Transform → Scale(Cmd+K)을 실행해도 Scale 도구의 기능을 이용할 수 있습니다.

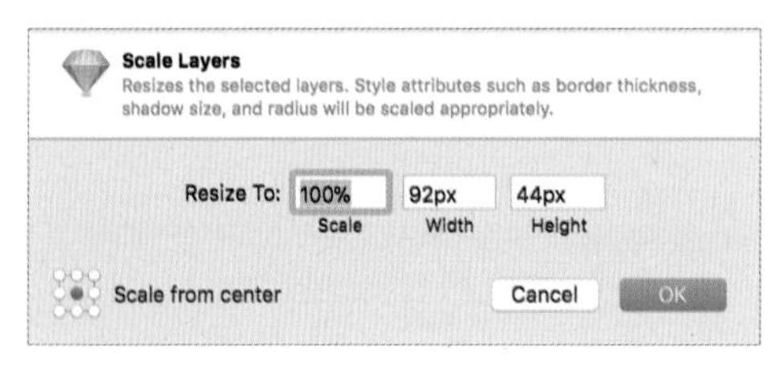

▲ Scale Layers 대화상자

▲ Resize 도구와 다르게 Scale 도구는 스타일 요소 크기에 비례해 수정

## 부울 연산 기능

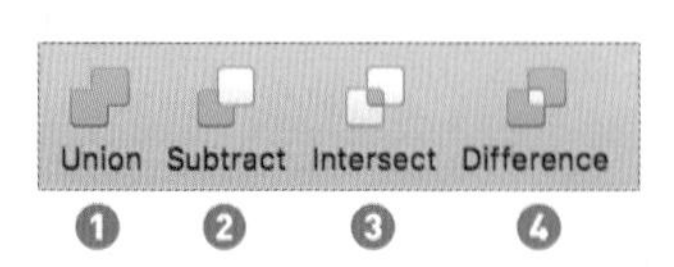


❶ ❷ ❸ ❹

❶ **Union(합치기)**: 선택한 도형을 모두 합해서 하나의 도형으로 만듭니다.

❷ **Subtract(빼기)**: 아래에 있는 도형에서 위에 있는 도형을 뺀 형태를 만듭니다.

❸ **Intersect(교차 영역)**: 선택한 도형이 서로 겹치는 영역만 남겨 형태를 만듭니다.

❹ **Difference(교차 영역 외)**: Intersect와는 반대 개념으로 선택한 도형의 겹치는 영역을 뺀 도형을 만듭니다.

## 레이어 목록 기능

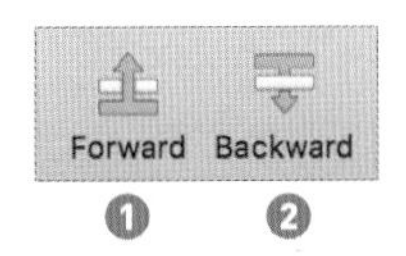


❶ **Forward**: 선택한 레이어를 상위로 이동합니다.

❷ **Backward**: 선택한 레이어를 하위로 이동합니다.

## 인터랙티브 프로토타입 기능

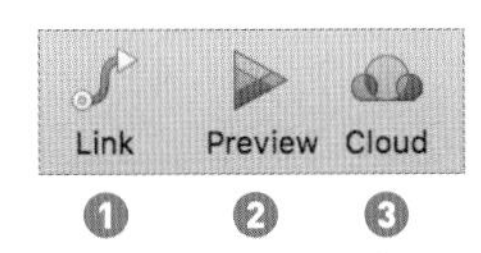


❶ **Link**: 아트보드끼리 연결하며, 링크하려는 레이어를 선택한 다음 Link 도구(W)를 선택합니다. 연결하고 싶은 아트보드로 화살표를 드래그하여 연결하고, 인스펙터에서 알맞은 트랜지션(전환 효과)을 선택해 애니메이션 효과를 적용합니다.

❷ **Preview**: Link 도구를 이용하여 연결한 인터랙티브 프로토타입을 새 창에서 미리 볼 수 있습니다.

❸ **Cloud**: 작업 중인 스케치 파일을 공유하고, 내려 받거나 메모를 추가할 수 있습니다.

**Tip**

스케치 파일을 클라우드에 업로드하려면 라이선스가 필요합니다. 시험 버전을 사용하고 있다면 무료 사용 기간만큼 클라우드 서비스를 이용할 수 있습니다.

## 보기와 내보내기 기능

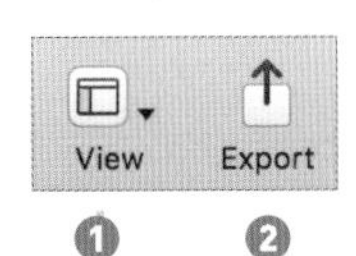


❶ **View**: 세밀하게 디자인할 수 있도록 캔버스에 다양한 가이드를 표시합니다. View 도구를 선택하면 눈금자(Rulers), 그리드(Grid) 등 다양한 가이드를 설정할 수 있도록 하위 명령이 표시됩니다.

❷ **Export**: 디자인, 아트보드를 포함해 에셋(Asset)으로 설정한 이미지를 선택해서 내보낼 수 있습니다.

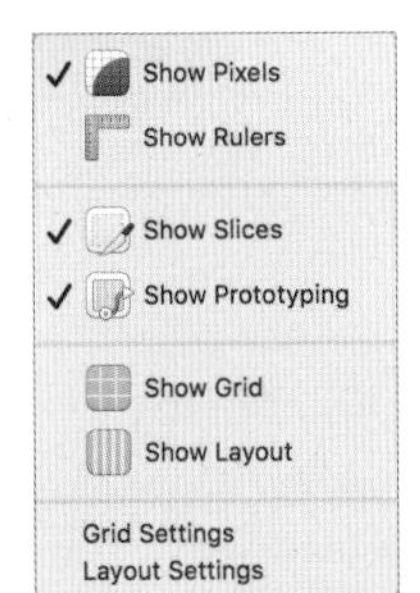


View 도구의 하위 명령 ▶

알아두기

### 자유롭게 툴바 구성하기

용도에 따라 툴바의 도구 구성을 변경할 수 있습니다. 메뉴에서 〔View〕 → Customize toolbar를 실행하면 툴바를 직접 지정할 수 있는 창이 표시됩니다. 툴바에서 Ctrl를 누른 채 클릭하여 표시되는 메뉴에서 Customize Toolbar를 실행해 툴바 설정 창을 표시할 수도 있습니다.

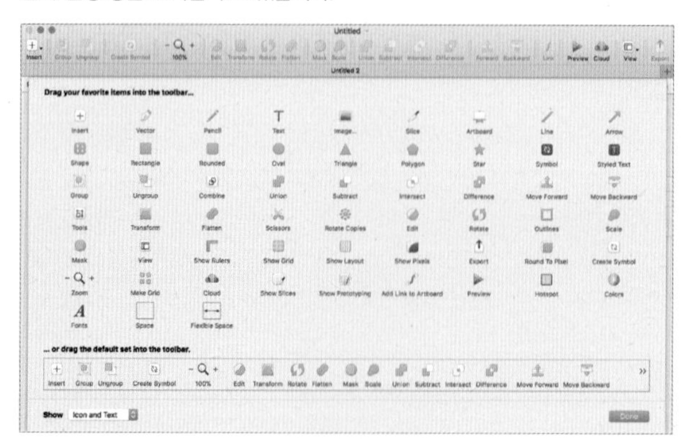

▲ 툴바 설정 창

툴바 설정 창에서 Show(보기 옵션)를 변경할 수 있습니다.

❶ Icon and Text: 툴바의 도구에서 아이콘과 아이콘 이름을 함께 나타냅니다.

❷ Icon Only: 툴바의 도구를 아이콘만 나타냅니다.

툴바에 도구 추가 또는 삭제하기

툴바에 도구를 추가하는 방법은 간단합니다. 많은 도구 중에서 사용하려는 도구를 선택하고 위쪽 툴바의 원하는 위치로 드래그하면 됩니다. 도구를 삭제하려면 툴바에서 삭제하고 싶은 도구를 선택한 다음 툴바 밖으로 드래그합니다.

원래대로 툴바 되돌리기

툴바를 원래대로 되돌리려면 아래쪽 Default Set를 툴바 영역 위로 드래그합니다.

# 레이어 목록 이해하기

스케치의 레이어 목록이 포함하는 페이지(Pages), 아트보드(Artboard), 레이어(Layer)의 의미와 세부 기능에 대해 알아봅니다.

## 페이지 다루기

페이지는 캔버스를 포함하며, 캔버스는 아트보드Artboard와 레이어Layer를 포함합니다. 하나의 스케치 문서에는 목적에 따라 여러 개의 페이지를 만들 수 있으며, 페이지 목록을 통해 원하는 페이지로 이동할 수 있습니다.

### ❶ 페이지 추가하기

스케치를 실행하면 레이어 목록에 기본으로 'Page 1'이 만들어집니다. 페이지를 추가하려면 먼저 페이지 목록 오른쪽의 'Show page List' 아이콘(▣)을 클릭합니다. Pages 목록이 열리면 'Add new Page document' 아이콘(+)을 클릭해 페이지를 추가합니다.

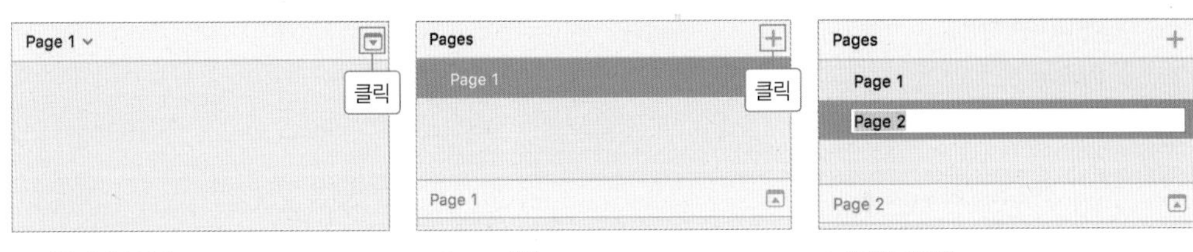


▲ 기본 레이어 목록 ▲ Pages 목록 ▲ 추가된 페이지

### ❷ 페이지 이름 변경하기

선택한 페이지의 레이어가 파랗게 표시됩니다. 레이어를 더블클릭하거나 Cmd + R을 눌러 레이어 이름을 입력한 다음 Enter를 누르면 수정됩니다.

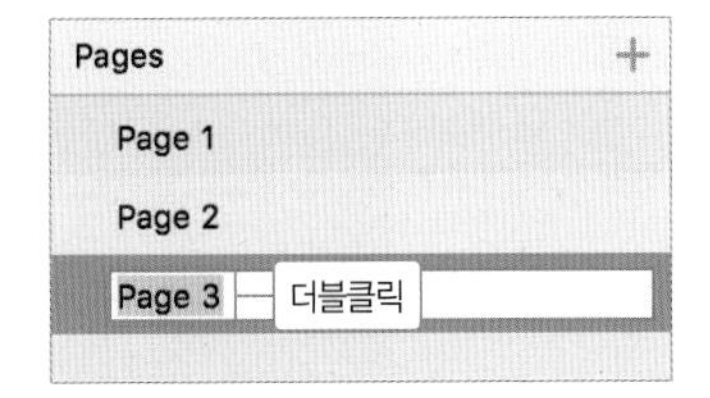


### ❸ 페이지 복제/삭제하기

레이어를 복제 또는 삭제하려면 페이지 레이어에서 Ctrl을 누른 채 클릭하여 표시되는 메뉴의 Duplicate Page 또는 Delete Page를 실행합니다.

페이지 레이어 목록이 열려 있을 때 Option을 누른 채 드래그하면 복제할 수도 있습니다.

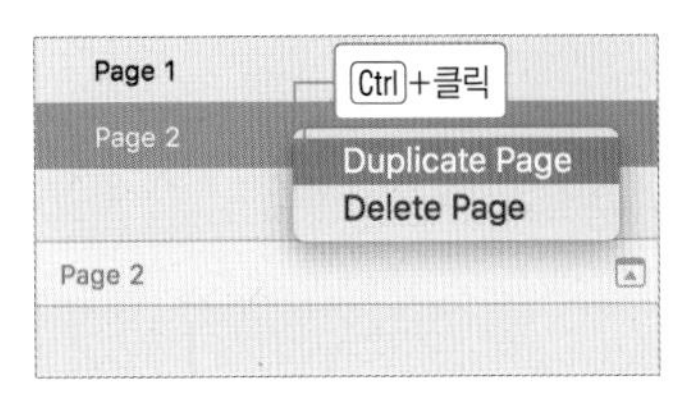

#### ❹ 페이지 순서 변경하기

페이지 레이어를 선택한 다음 위/아래로 드래그해서 순서를 변경할 수 있습니다.

#### ❺ 여러 페이지 선택하기

Cmd를 누른 채 여러 개의 페이지 레이어를 선택할 수 있습니다. 페이지를 한 번에 삭제하거나 페이지 순서를 바꿀 때 효과적입니다.

#### ❻ 페이지 이동하기

페이지에 레이어가 많아서 레이어 목록이 복잡하거나 작업 중인 페이지에 집중하려면 'Hide page List' 아이콘( )을 클릭합니다. 선택한 페이지의 제목만 남기고 다른 페이지 레이어를 숨길 수 있습니다.

다른 페이지로 이동하려면 현재 페이지 제목 옆 화살표 아이콘( )을 클릭했을 때 펼쳐지는 레이어에서 페이지 레이어를 선택해 이동합니다. 페이지 레이어를 선택하면 해당 페이지의 레이어 목록이 나타납니다. 상위 페이지를 선택하는 단축키는 Fnc+↑이며, 하위 페이지를 선택하는 단축키는 Fnc+↓입니다.

각각의 페이지를 선택하면 레이어 목록과 캔버스 영역에 해당 페이지의 아트보드와 레이어가 나타납니다.

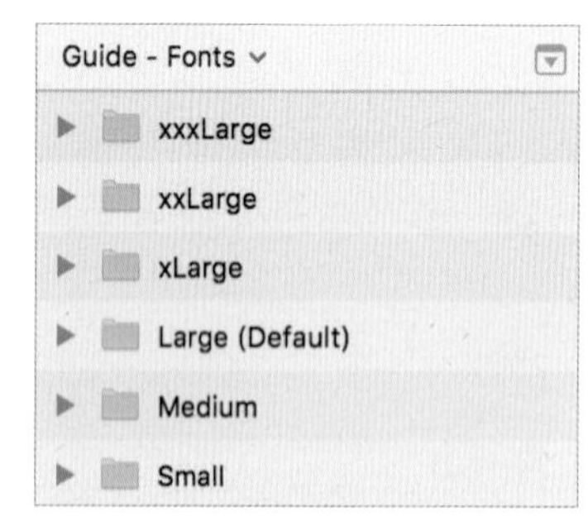


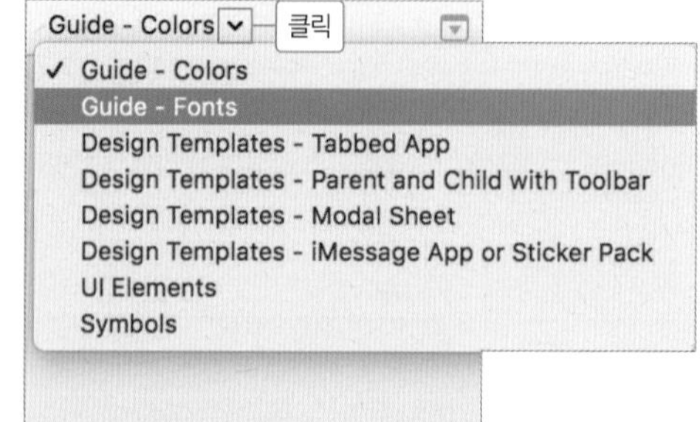


▲ 페이지 제목과 페이지 레이어

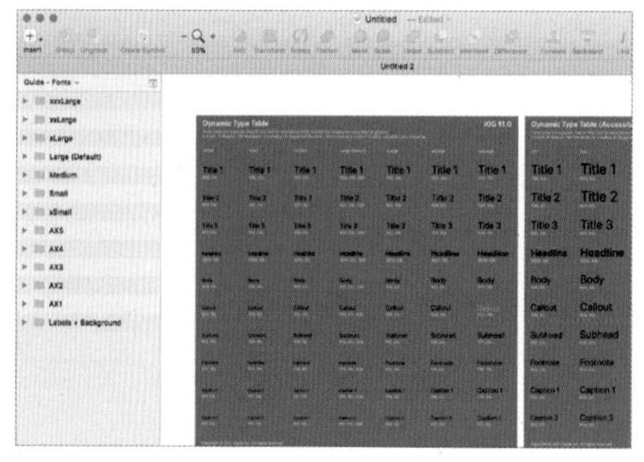

▲ 'UI Elements' 페이지

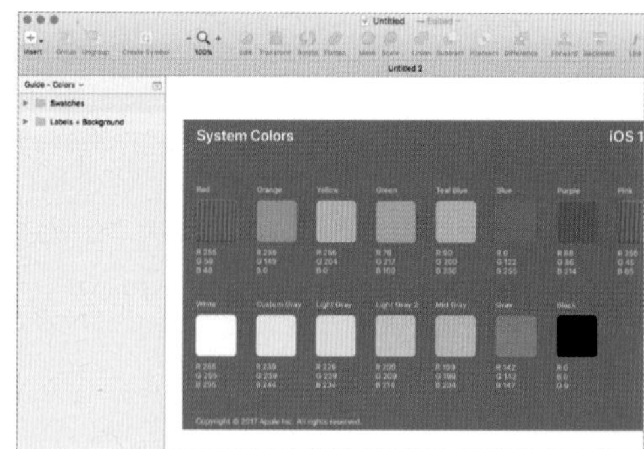


▲ 'Guide – Colors' 페이지

## 레이어 다루기

아트보드를 포함해 캔버스의 모든 오브젝트는 레이어를 가집니다. 스케치 레이어 역시 일반 그래픽 프로그램에서 사용하는 레이어의 개념과 비슷합니다. 모든 효과와 스타일은 선택한 레이어에만 적용되며, 다른 레이어에는 영향을 주지 않습니다. 스케치의 레이어 목록은 다양한 오브젝트를 포함하며, 오브젝트의 특성이나 상태에 따라 다르게 나타납니다.

### ① 레이어 종류 알아보기

#### ⓐ 아트보드(Artboard)

레이어 목록에서 아트보드는 다른 레이어보다 밝게 표시됩니다. 아트보드는 레이어 목록 맨 위에 위치하며, 다른 아트보드를 포함할 수 없습니다.

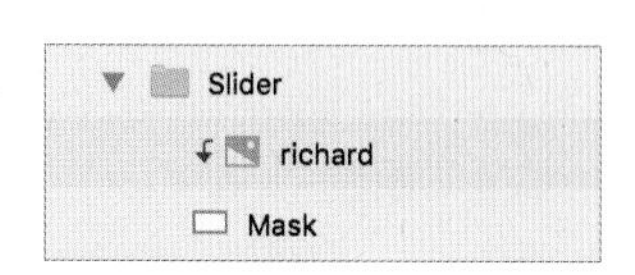


▲ 아트보드에 속한 레이어와 마스크 레이어

#### ⓑ 마스크(Mask)

마스크가 적용된 레이어 이름 앞에는 화살표( )가 표시됩니다. 아래 레이어의 오브젝트 형태에 따라 위에 있는 모든 레이어의 일부분이 나타납니다.

#### ⓒ 부울 연산(Boolean Operation)

스케치에서는 '부울 연산'을 이용해 도형끼리 합치거나 빼면서 새로운 형태를 만들 수 있습니다. 상위 레이어는 연산이 적용된 최종 패스의 형태를 미리 보여주고, 왼쪽 삼각형 아이콘( )을 클릭해 서브 패스 레이어를 확인할 수 있습니다. 서브 패스 레이어 이름 오른쪽에는 적용된 부울 연산 아이콘이 나타납니다. 부울 연산 아이콘을 클릭해서 연산의 종류를 바꿀 수 있습니다. 바뀐 연산에 따라 도형의 형태가 달라지면 상위 레이어의 미리 보기 아이콘 모양도 함께 달라집니다.

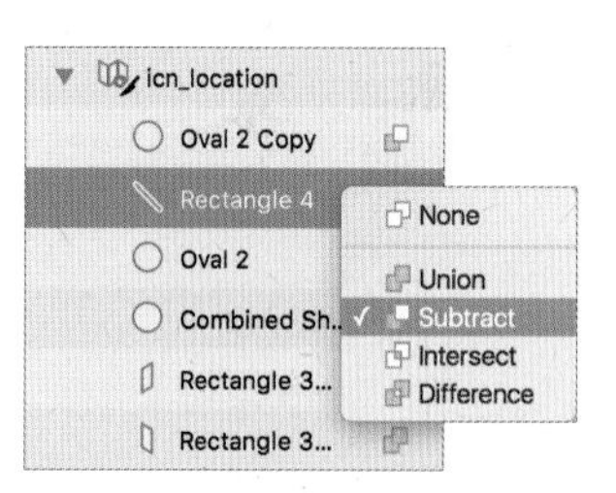


#### ⓓ 심볼과 공유된 스타일(Shared Styles)

레이어 왼쪽의 아이콘을 살펴보면 크게 보라색과 회색 아이콘으로 나눠집니다. 여기서 보라색 아이콘은 심볼, 라이브러리처럼 다시 사용하기 위해 심볼로 등록했거나 스타일이 적용된 오브젝트, 회색 아이콘은 일반 오브젝트를 나타냅니다.

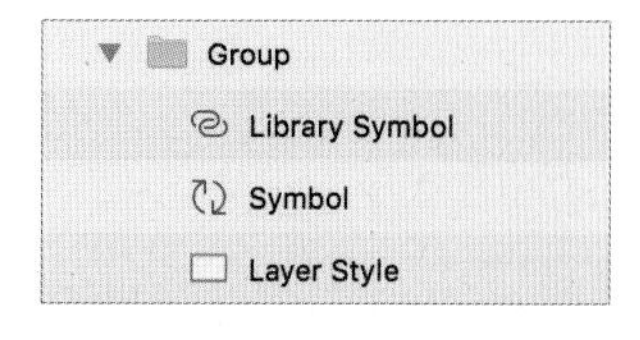


- **Group**: 여러 개의 레이어를 하나로 묶어 파란색 폴더 모양의 아이콘( )으로 표시합니다.
- **Library Symbol**: 라이브러리를 통해 링크된 외부 문서에 등록된 심볼을 의미하며, 링크 아이콘( )이 레이어 이름 왼쪽에 나타납니다.
- **Symbol**: 심볼은 나중에 다시 사용하기 위해 등록된 그룹입니다. 레이어 목록에서는 심볼 아이콘( )과 함께 레이어가 합쳐(Flatten Layer) 있습니다. 심볼을 편집하려면 캔버스에서 오브젝트를 더블클릭합니다.
- **Layer Style**: 같은 스타일을 유지하기 위해 텍스트나 도형(Shape)에 지정한 스타일이 적용된 레이어입니다. 공유된 스타일은 레이어 스타일( ), 텍스트 스타일(Aa) 아이콘 형태는 유지되고 색상만 보라색으로 나타납니다.

#### ⓔ Export와 Slice가 적용된 레이어

내보내기(Export)로 설정된 레이어에는 아이콘이 추가로 나타나고, 자르기(Slice)로 설정하면 아이콘이 있는 상위 레이어가 추가됩니다.

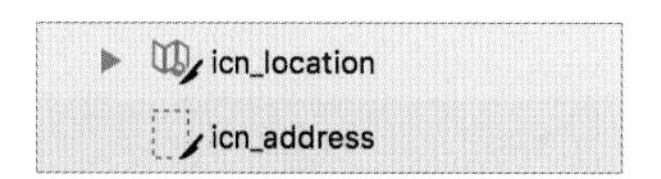

ⓕ **프로토타입 레이어**

오브젝트에 링크를 적용한 레이어에는 ▭ 아이콘이 추가되며, 영역을 지정하고 핫스팟을 설정해서 링크를 적용하면 레이어에 ▭ 아이콘이 추가됩니다.

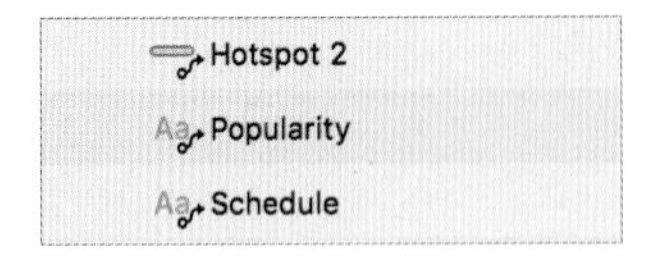


### ❷ 레이어 숨기기

레이어 또는 그룹 모두 캔버스에서 숨길 수 있습니다. 레이어 이름 오른쪽에 커서를 위치시켰을 때 나타나는 눈 아이콘( )을 클릭(Shift+Cmd+H)하면 레이어에 해당하는 오브젝트가 캔버스에서 숨겨지고, 레이어 오른쪽에 눈 아이콘이 나타나며, 레이어 이름도 비활성화됩니다.

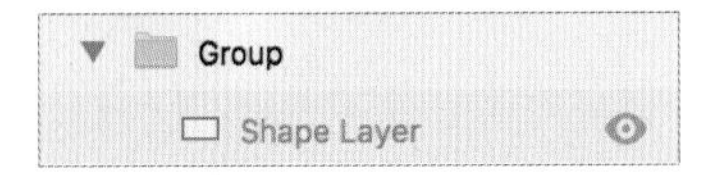


### ❸ 레이어 잠그기

레이어 숨기기처럼 레이어 또는 그룹이 선택되지 않도록 잠글 수 있습니다. 해당 레이어를 선택하고 Ctrl을 누른채 클릭해 표시되는 메뉴에서 Lock Layer를 실행합니다.

더 간편하게 레이어를 잠그는 방법은 레이어 위에 커서를 위치시키고 Option을 누릅니다. 이때 레이어 이름 오른쪽에 나타난 잠금 아이콘( )을 클릭하면 레이어를 잠글 수 있습니다.

잠금 설정을 해제하는 방법도 간단합니다. 잠금 아이콘을 한 번 더 클릭(Shift+Cmd+L)하면 됩니다.

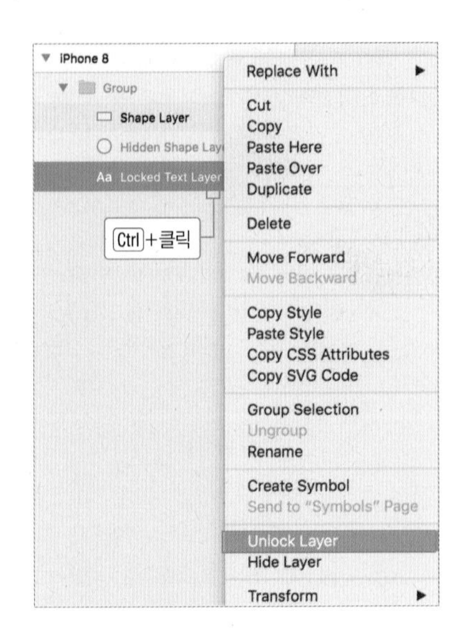


### ❹ 레이어 검색하기

레이어 목록 아래에는 검색창이 있어 검색 키워드를 입력해서 레이어 이름에 키워드가 포함된 레이어를 검색할 수 있습니다.

# 이미지와 오브젝트 다루기

스케치는 다양한 이미지 포맷을 지원하며, 자유롭게 편집할 수는 없지만 이미지나 벡터 오브젝트를 다루는 방법을 알아두면 파일 크기를 작게 유지하면서도 상황에 맞게 활용할 수 있습니다.

## 이미지 추가하기

먼저 이미지를 삽입하기 위한 도형을 그립니다. 툴바에서 **Insert → Shape → Rectangle**을 선택합니다. 아트보드에 드래그하여 도형을 그리고 도형이 선택된 채 인스펙터에서 Fills 항목의 Fill을 클릭합니다. 'Pattern Fill' 아이콘을 클릭한 다음 〈Choose Image〉 버튼을 클릭합니다. 팝업 창이 표시되면 이미지가 저장된 위치에서 파일을 선택한 다음 〈Open〉 버튼을 클릭하여 가져옵니다.

## 이미지 교체하기

스케치에서 이미지 비율을 그대로 유지한 채 파일을 교체하려면 메뉴에서 **(Layer) → Image → Replace**를 실행합니다. 디자인에 따라 이미지 비율 또는 크기를 재설정하지 않아도 되므로 레이아웃을 유지하되 이미지만 교체할 때 사용하면 편리합니다.

기존 이미지 비율을 무시하고 원본 이미지 비율을 적용하려면 메뉴에서 **(Layer) → Image → Set to Original Dimensions**를 실행합니다.

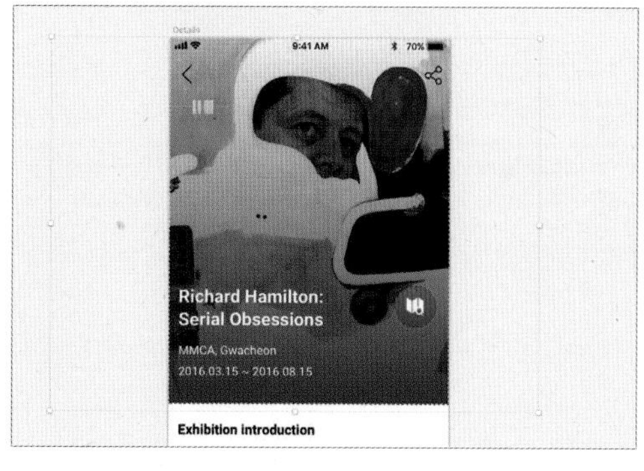


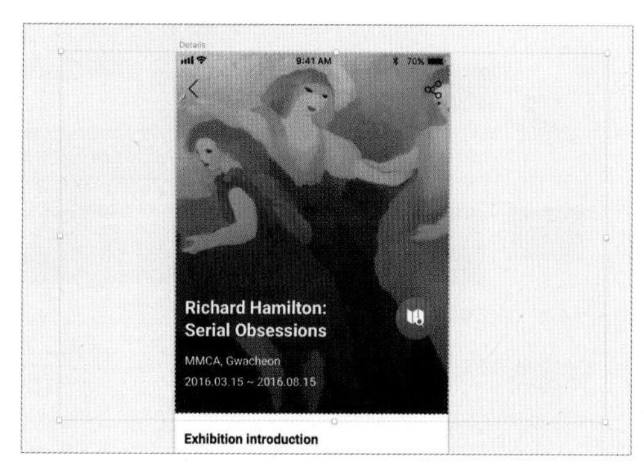


▲ 기존 이미지 비율을 유지하면서 교체한 이미지

알아두기

## 쉽고 빠르게 이미지 교체하기

스케치에서 이미지를 좀 더 간단하게 사용할 수 있는 방법을 공유합니다.

### ❶ 드래그해서 Fill 영역의 이미지 교체하기

이미지를 추가하고 싶은 모양의 Shpae 도구를 이용해 도형을 만들고 선택합니다. 인스펙터에서 Fills 항목을 활성화하고 웹브라우저에서 이미지를 선택한 다음 Fill 항목의 이미지 섬네일로 드래그합니다.

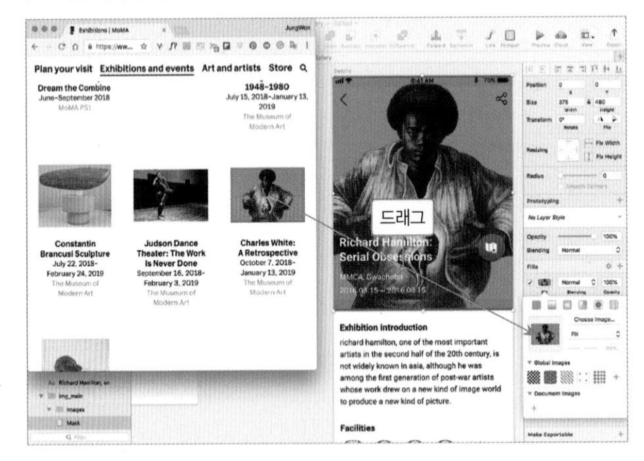


▲ 웹브라우저에서 이미지를 선택한 다음 Fill 항목으로 드래그

### ❷ 드래그해서 오버라이드 심볼 이미지 교체하기

스케치에서 이미지가 오버라이드로 설정된 심볼을 선택한 다음 웹브라우저에서 이미지를 선택하고 〈Choose Image〉 버튼 오른쪽 이미지 섬네일로 드래그합니다.

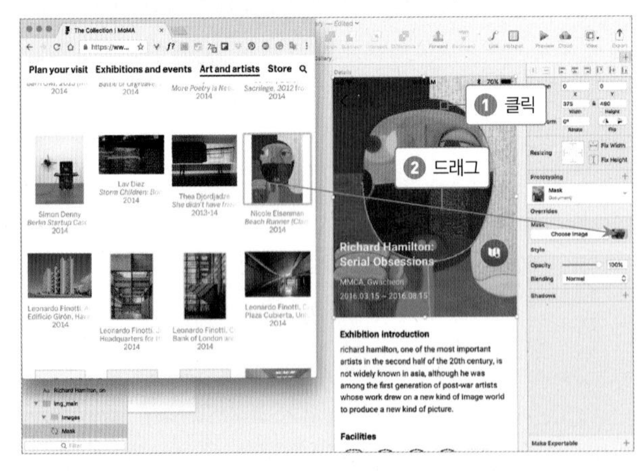


▲ 웹브라우저에서 선택한 이미지를 오버라이드 심볼의 이미지 섬네일로 드래그

## 이미지 편집하기

스케치는 작업 중 이미지를 수정할 수 있도록 이미지 편집 기능을 지원하고 있습니다. 다른 그래픽 프로그램과 비교하면 많은 기능을 지원하지 않지만, 간단한 이미지 수정은 가능합니다. 이미지를 더블클릭한 다음 인스펙터를 확인하면 이미지 편집 옵션이 활성화됩니다.

이미지 편집을 마치면 〈Finish Editing〉 버튼을 클릭하거나 여백을 클릭해 수정 내용을 적용합니다.

> **Tip**
> Magic Wand 툴 사용시 Shift를 누른 채 드래그하면 선택 영역이 추가되고, Option을 누른 채 드래그하면 해당 영역이 선택 영역에서 제외됩니다.

① **Selection**: 이미지에서 선택하려는 영역을 드래그하여 사각형으로 선택합니다.

② **Magic Wand**: 자유롭게 이미지를 클릭 또는 드래그해서 선택 영역을 추가합니다.

③ **Invert Selection**: 선택 영역의 반대 부분을 선택합니다.

④ **Crop**: 선택한 영역만 잘라냅니다. 잘라낸 부분의 이미지만 새로운 레이어 목록으로 추가됩니다.

⑤ **Fill Selection**: 선택 영역에 색상을 채웁니다.

## 이미지 파일 크기 줄이기

스케치에서 작업하다 보면 아이덴티티를 표현하기 위해 스플래시 화면Splash: 앱을 구동했을 때 시작 화면의 사진, 목록 페이지의 섬네일 이미지, 지도 등을 표현하기 위한 스크린샷 이미지 등 많은 이미지를 사용합니다. 이미지가 늘어날수록 스케치 파일의 크기도 함께 늘어납니다. 특히 규모가 큰 프로젝트를 진행하다 보면 페이지 수와 아트보드 수도 함께 늘어나 파일을 불러오는 데 많은 시간이 소요되고, 미리 보기 또는 줌 인/아웃할 때에도 반응 속도가 느려집니다. 팀원들과 파일을 공유하는 경우에는 더욱 파일 크기를 고려해야 합니다.

이미지 파일 크기를 줄이려면 메뉴에서 **[Layer] → Image → Minimize File Size**를 실행합니다. 팝업 대화상자에서 이 기능을 이미지에 적용할 때 파일 크기를 어느 정도 줄일 수 있는지 알려줍니다.

## 이미지 색상 보정하기

이미지 색상을 보정하려면 먼저 이미지를 선택한 다음 인스펙터의 Color Adjust 항목에서 Hue색상, Saturation채도, Brightness명도, Contrast대비를 조절하여 원하는 톤으로 변경할 수 있습니다. 이미지 색상은 값을 조절해서 수정할 수 있으며 'Reset values to defaults' 아이콘(↺)을 클릭하면 원래대로 되돌릴 수 있습니다.

| Color Adjust | |
|---|---|
| Hue | 0 |
| Saturation | 1 |
| Brightness | 0 |
| Contrast | 1 |

▲ 색상 보정 전

| Color Adjust | |
|---|---|
| Hue | -0.35 |
| Saturation | 1.38 |
| Brightness | 0.07 |
| Contrast | 1.32 |

▲ 색상 보정 후

## 벡터 오브젝트 이해하기

### ① 기준점 유형(Point Types)

베지어 곡선[8]은 기준점, 방향점, 방향선, 패스로 구성되어 벡터 오브젝트를 이룹니다.

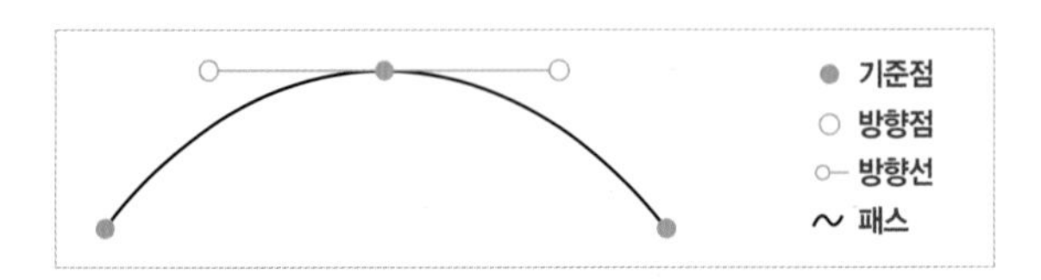


8 **베지어 곡선(Bezier Curve)** 포토샵이나 일러스트레이터 등의 그래픽 프로그램에서 부드러운 곡선을 만들며, 점끼리 연결하는 선으로 주로 패스 선을 그릴 때 활용합니다.

### ❷ 벡터 편집 기능

주요하지만 툴바에 없어 놓치기 쉬운 기능으로, 자주 쓰는 도구는 아니라도 알아두면 유용한 벡터 편집의 숨은 기능을 알아봅니다.

ⓐ Scissors: 오브젝트에서 패스의 일부분을 잘라 없앨 수 있습니다. 오브젝트를 더블클릭해서 기준점을 나타내고, 메뉴에서 〔Layer〕 → Path → Scissors를 실행합니다. 패스에 커서를 가져가면 커서가 가위 모양으로 바뀌고 기준점 사이에 점선이 나타납니다. 점선을 클릭하면 두 기준점 사이의 선을 자를 수 있습니다. 잘라낸 패스는 레이어 목록에서 서로 다른 패스 레이어로 분리됩니다.

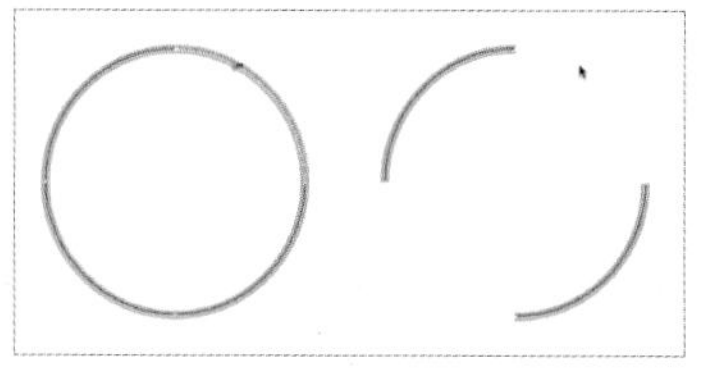

▲ 잘라내기 전의 커서와 점선 / 잘라낸 패스

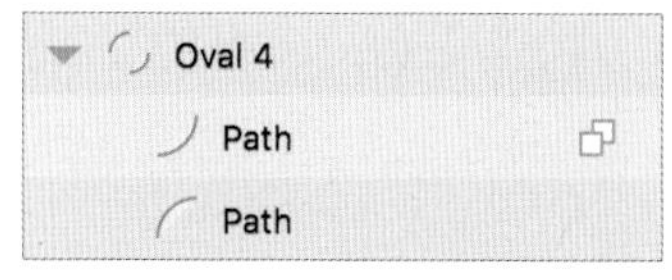


▲ Scissors 기능으로 패스를 잘라낸 후의 레이어 목록

ⓑ Rotate Copies: 기준 오브젝트를 중심으로 오브젝트를 원형으로 여러 개 복제합니다.

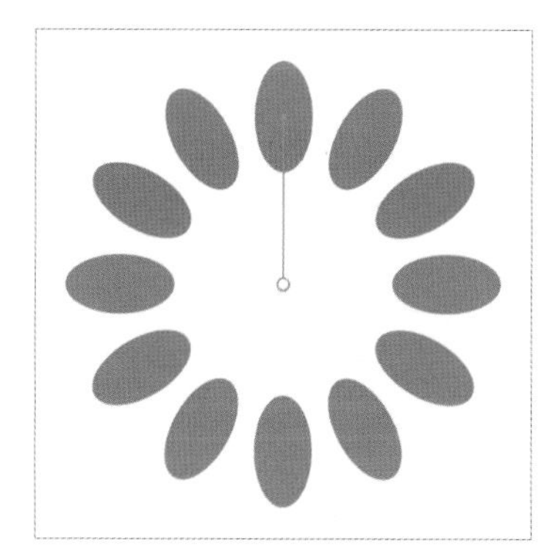

▲ 회전축을 중심으로 원형 복제된 타원

예를 들어, 타원을 하나 그린 다음 선택하고 메뉴에서 〔Layer〕 → Path → Rotate Copies를 실행합니다. Rotate Copies 대화상자가 표시되면 기준 도형을 제외하고 복제해야 할 도형의 수를 입력한 다음 〈OK〉 버튼을 클릭합니다.

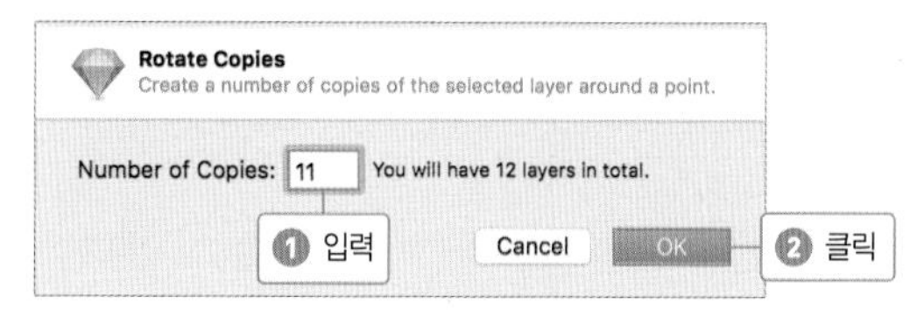


기준 도형인 타원을 기준으로 11개의 타원이 원형 복제됩니다. 이때 가운데에 회전축이 나타나며 회전축을 움직이면 복제된 오브젝트들의 배열 형태를 바꿀 수 있습니다.

▲ 회전축을 위로 이동했을 때

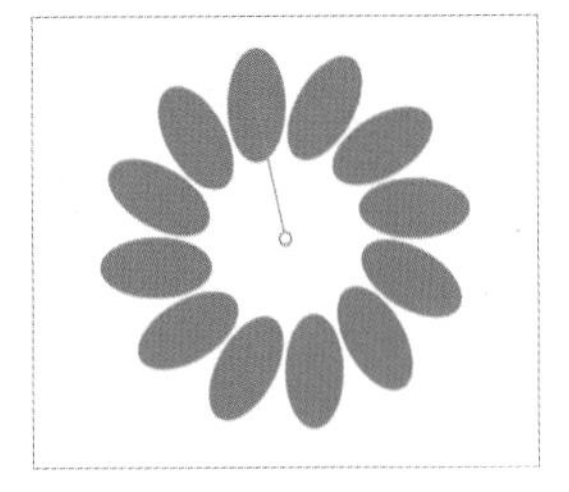

▲ 회전축을 오른쪽으로 이동했을 때

**Tip**

베지어 곡선을 편집할 동안 다음 기준점으로 이동하려면 Tab을 누릅니다. 이때 Shift+Tab을 누르면 이전 기준점으로 이동합니다. 기준점을 움직이는 동안 Cmd를 누르면 스마트 가이드 영향에서 벗어나 좀 더 자유롭게 선을 만들 수 있습니다.

## 오브젝트 편집 옵션 살펴보기

벡터 오브젝트의 기준점을 선택하면 인스펙터에 다음과 같이 벡터 편집 옵션이 나타납니다. 각각의 옵션은 어떤 기능을 하는지 알아봅니다.

❶ Open/Close Path: 닫힌 패스를 열린 패스로, 열린 패스를 닫힌 패스로 변경합니다.

❷ Finish Editing: 패스 편집을 마칩니다. 툴바에서 Edit 도구( )를 선택해도 됩니다.

❸ Position: 선택한 기준점의 위치를 나타냅니다.

ⓐ **기준점 위치 변경하기**: 기준점을 선택하고 원하는 위치로 이동하거나 인스펙터의 Position에서 위치를 지정합니다.

ⓑ **기준점 삭제하기**: 삭제하려는 기준점을 선택한 다음 Delete를 누릅니다.

ⓒ **기준점 추가하기**: 패스 위에 커서를 위치시키면 패스 모양의 도구로 바뀌고 동시에 파란색 선이 나타납니다. 이때 원하는 지점을 클릭하면 기준점이 만들어집니다.

❹ Straight(1): 직선 기준점으로, 곡선을 직선으로 바꿉니다. 이때 패스를 조절할 수 있는 방향선(Handle)이 나타나지 않습니다.

❺ Mirrored(2): 기준점 양옆으로 같은 길이의 방향선이 나타나며, 한쪽 방향선을 드래그하면 다른 쪽 방향선도 대칭을 이루며 같은 각도를 유지하면서 움직입니다.

❻ Disconnected(③): 양쪽 방향선의 각도나 길이가 다르게 독립적으로 움직입니다.

❼ Asymmetric(④): Mirrored 속성처럼 방향선의 각도가 같게 유지되지만, 방향선 길이를 다르게 조절할 수 있습니다.

❽ Corners: 값을 직접 입력하거나 슬라이더를 조정해서 Radius 속성처럼 둥근 모서리를 만듭니다. 직선을 둥글게 만들기 때문에 Straight 즉, 직선 기준점에서만 값을 입력할 수 있습니다.

❾ Round: 기준점의 단위를 지정합니다.

ⓐ None: 기준점의 위치를 정해진 단위별로 조절하지 않고 있는 그대로 나타냅니다.
ⓑ Round to half pixels: 기준점의 위치를 0.5px 단위로 조절할 수 있습니다.
ⓒ Round to full pixels edges: 기준점의 위치를 1px 단위로 조절할 수 있습니다.

❿ Borders: 'Settings' 아이콘(⚙)을 클릭하면 선의 시작점과 끝점의 Joins(꺾인 지점) 형태, 화살표 모양, 점선 크기를 조절할 수 있는 옵션이 나타납니다.

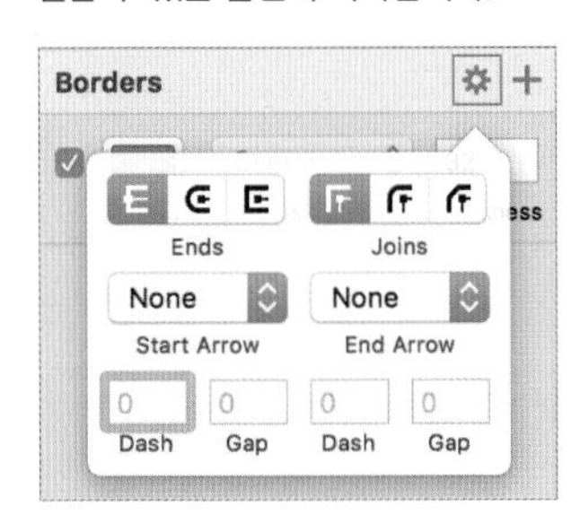


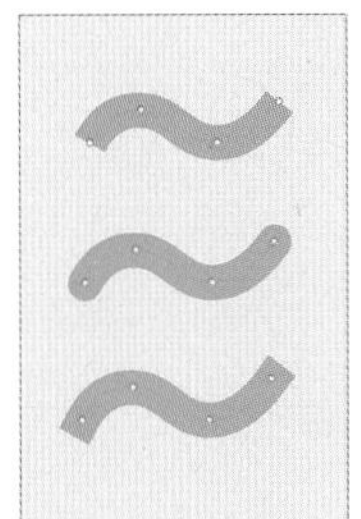

## 오브젝트 정렬하기

오브젝트를 선택하면 오른쪽 인스펙터 맨 위에 정렬 아이콘들이 나타나며 클릭해서 정렬합니다.

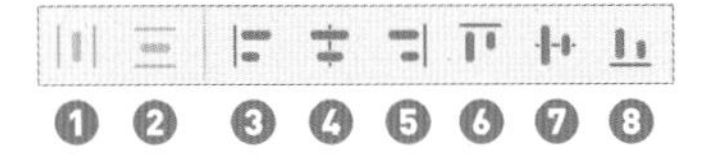


❶ Distribute layers horizontally: 선택한 오브젝트들의 가로 간격을 균등하게 배열합니다. 메뉴에서 〔Arrange〕 → Distribute → Horizontally를 실행해도 됩니다.

❷ Distribute layers vertically: 선택한 오브젝트들의 세로 간격을 균등하게 배열합니다. 메뉴에서 〔Arrange〕 → Distribute → Vertically를 실행해도 됩니다.

❸ Align layer to left: 선택한 오브젝트들을 왼쪽으로 정렬합니다.

❹ Align layer to center: 선택한 오브젝트들을 세로축을 기준으로 가운데 정렬합니다.

❺ Align layer to right: 선택한 오브젝트들을 오른쪽으로 정렬합니다.

❻ Align layer to top: 선택한 오브젝트들을 위쪽으로 정렬합니다.

❼ Align layer to middle: 선택한 오브젝트들을 가로축을 기준으로 가운데 정렬합니다.

❽ Align layer to bottom: 선택한 오브젝트들을 아래쪽으로 정렬합니다.

### 하나의 오브젝트를 아트보드에 맞춰 정렬하기

Align 옵션은 보통 여러 개의 오브젝트를 선택한 다음 조건에 따라 오브젝트 간격을 바탕으로 정렬합니다. 하나의 오브젝트만 선택했을 때 Align 아이콘을 클릭하면 아트보드에 맞춰 정렬됩니다.

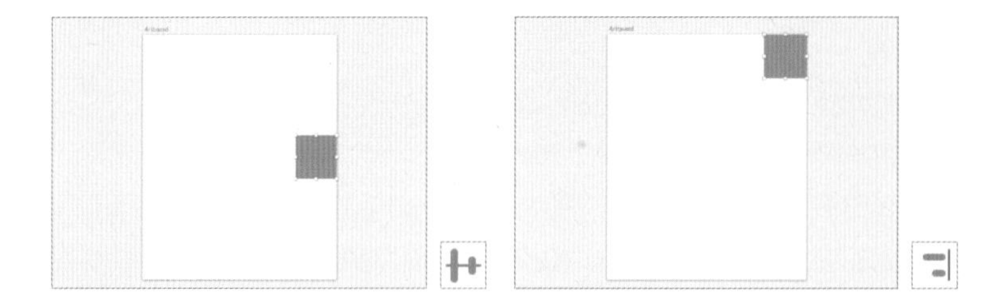

### 여러 개의 오브젝트를 아트보드에 맞춰 정렬하기

여러 개의 오브젝트 레이어를 그룹으로 묶어 하나의 오브젝트로 만든 후 아트보드에 맞춰 정렬할 수 있습니다. 또는 여러 개의 오브젝트를 선택한 다음 Option을 누른 채 Align 아이콘을 클릭하면 아트보드에 맞춰 정렬됩니다.

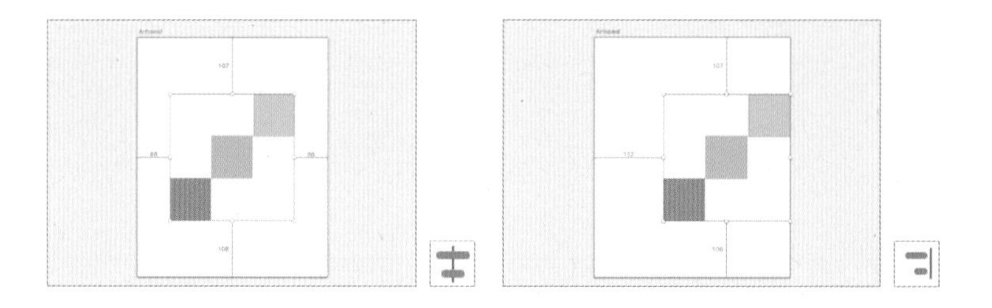

### 특정 오브젝트 레이어에 맞춰 정렬하기

여러 개의 오브젝트를 배열할 때 기본은 튀어나온 오브젝트를 기준으로 정렬됩니다. 이때 튀어나온 오브젝트를 'Key Object(키 오브젝트)'라고 합니다.

상황에 따라 특정 오브젝트를 키 오브젝트로 지정해서 정렬할 수 있습니다. 먼저 키 오브젝트로 지정하려는 오브젝트 레이어를 잠근 다음 모든 레이어를 선택합니다. 이때 잠금 설정된 레이어는 캔버스에서 선택되지 않으므로 레이어 목록에서 Shift를 누른 채 모든 오브젝트 레이어를 선택합니다.

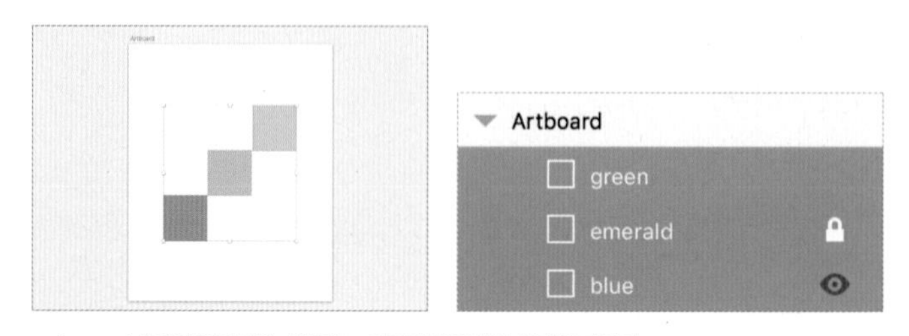


▲ 'emerald' 레이어를 잠금 설정하고, 레이어 목록에서 선택한 레이어

'Align layer to top' 또는 'Align layer to bottom' 아이콘을 클릭하면 잠금 설정한 레이어가 키 오브젝트기준 레이어가 되어 정렬됩니다.

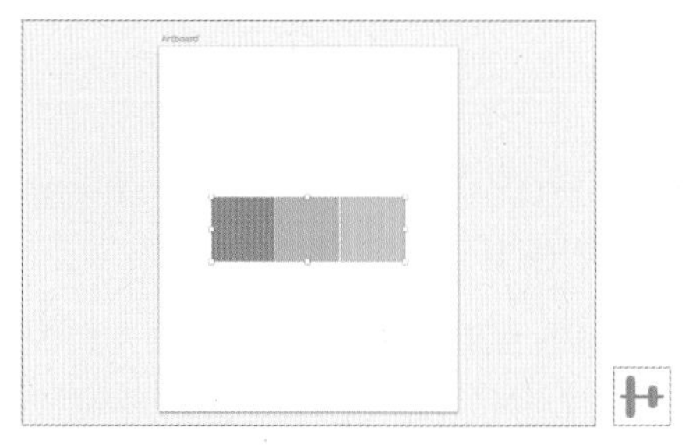

▲ 'Align layer to top' 아이콘을 클릭하여 가운데 레이어를 기준으로 가운데 정렬된 오브젝트

### Align To 플러그인을 이용해 정렬하기

레이어를 잠금 설정하지 않고도 Align To 플러그인을 이용해 특정 개체를 기준으로 정렬할 수 있습니다. Align To 사이트github.com/lucienlee/alignto에서 Align To 플러그인을 내려 받거나 설치한 Sketch Plugin Manager에서 'Align To'를 검색해 설치합니다.

Align To 플러그인을 설치한 후 메뉴에서 **(Plugins) → Align To → Setting**을 실행합니다. Align To Plugin Setting 대화상자가 표시되면 Selecting Key Object를 매뉴얼로 지정하는 'Use modal to select key object manually.'를 선택한 다음 〈Save〉 버튼을 클릭합니다.

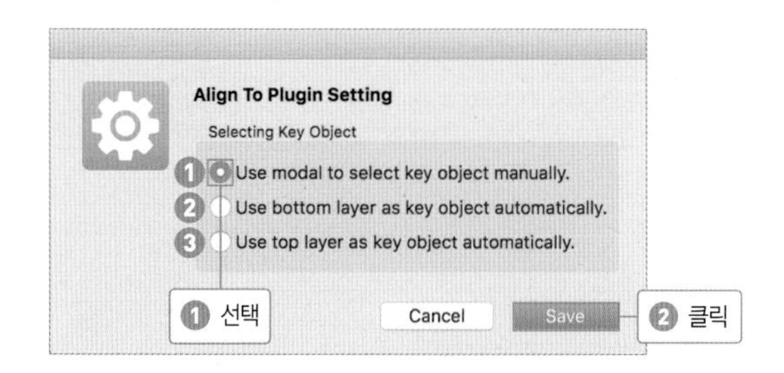


① Use modal to select key object manually: 매뉴얼하게 키 오브젝트를 선택하기 위해 팝업창을 이용합니다.

② Use bottom layer as key object automatically: 자동으로 하위 레이어를 키 오브젝트로 이용합니다.

③ Use top layer as key object automatically: 자동으로 상위 레이어를 키 오브젝트로 이용합니다.

세 개의 도형을 모두 선택하고 메뉴에서 **(Plugins) → Align To → Align top to key object**키 오브젝트에 맞춰 위쪽 정렬를 실행합니다. 키 오브젝트로 레이어를 선택하는 Align top relative to 대화상자가 표시되면 'emerald'를 선택한 다음 〈OK〉 버튼을 클릭합니다. 키 오브젝트에 맞춰 위쪽 정렬됩니다.

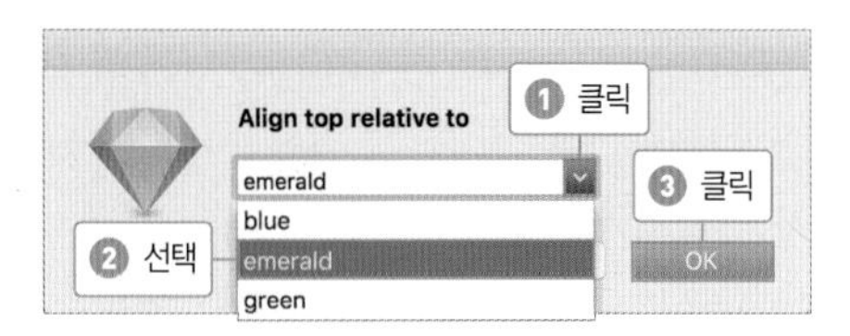

#### 벡터 오브젝트의 기준점 정렬하기

벡터 오브젝트의 기준점도 Align 기능을 적용할 수 있습니다. 벡터 오브젝트를 더블클릭한 다음 편집 모드에서 기준점을 선택하고 Align 아이콘을 클릭해 정렬합니다.

#### 오브젝트를 일정한 간격으로 정렬하기

스케치 Align 옵션에서 'Distribute layers horizontally' 아이콘(|ǀǀ|) 또는 'Distribute layers vertically' 아이콘(☰)은 맨 왼쪽과 오른쪽 오브젝트를 고정한 채 간격을 균등하게 정렬합니다.

원하는 간격으로 정렬하고 싶을 때는 Make Grid 기능을 이용하면 도움이 됩니다. 배열하고 싶은 오브젝트 레이어를 모두 선택합니다. 오브젝트들을 모두 한 줄로 배열하고, 간격을 '16'으로 조정하려면 먼저 메뉴에서 **[Arrange] → Make Grid**를 실행합니다. Grid Tool 대화상자가 표시되면 Rows를 '1', Columns를 '4 / 16'으로 설정하고 〈Arrange〉 버튼을 클릭합니다. 오브젝트들의 간격이 모두 균등하게 '16'으로 조정됩니다.

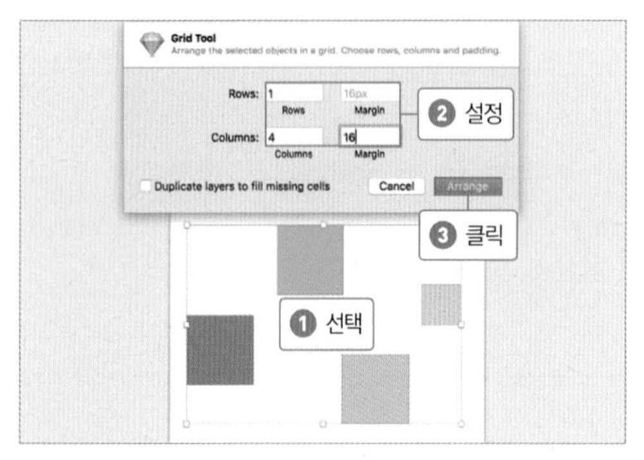


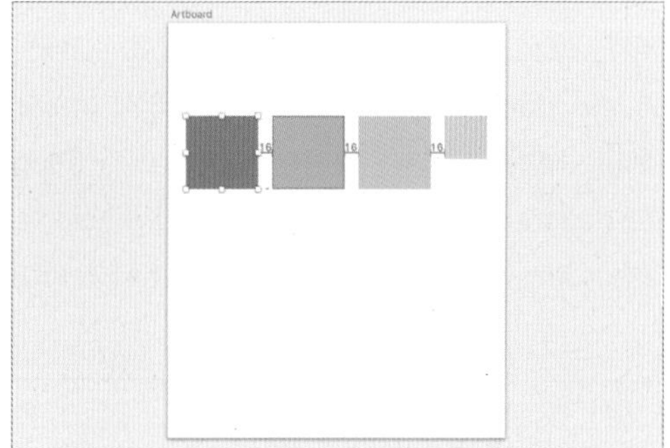


#### 'SketchDistributor' 플러그인을 이용해 정렬하기

SketchDistributor 플러그인https://github.com/PEZ/SketchDistributor을 내려 받은 다음 설치합니다. 또는 Sketch Plugin Manager에서 'SketchDistributor'를 검색하고 SketchDistributor 플러그인을 설치한 다음 배열할 오브젝트를 모두 선택하고, 메뉴에서 **[Distributor] → Distribute Vertically**를 실행합니다. Distribute objects 대화상자가 표시되면 Direction방향을 선택하고 Spacing간격을 설정한 다음 〈OK〉 버튼을 클릭합니다. 간격이 균등하게 정렬됩니다.

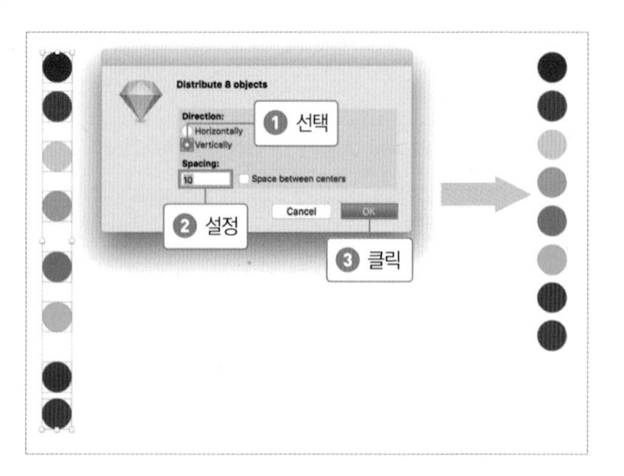

# 심볼 알아보기

심볼은 스케치의 가장 강력한 기능이라 해도 과언이 아니며, 아무리 강조해도 지나치지 않습니다. 심볼의 기능은 계속 발전되므로 심볼의 다양한 개념과 이를 충족하기 위한 조건들을 알아봅니다.

심볼은 반복되는 디자인 요소를 등록하고 재사용하며 오버라이드Override 기능을 이용하여 디자인 스타일을 유지한 채 콘텐츠만 수정할 수 있습니다. 처음에는 헷갈릴 수 있지만, 어떤 요소를 심볼로 등록할지, 어느 부분을 Override 기능으로 정할지 결정하려면 프로젝트의 전반적인 방향을 이해하며 디자인 계획을 잘 설정해야 합니다. 마스터 심볼의 요소 하나를 수정하면 마스터가 적용된 모든 인스턴스가 한번에 변경되기 때문에 생각하지 못한 부분까지 영향을 미치는 경우도 종종 생기므로 유의합니다.

## 심볼(Symbol)이란?

디자인하면서 동일하게 유지해야 하는 그래픽 요소나 컴포넌트를 나중에 사용 가능하도록 심볼Symbol로 등록하고, 같은 디자인이 필요한 곳에 적용합니다. 이렇게 복제된 심볼을 인스턴스라고 합니다. 등록된 심볼의 색상이나 폰트 크기 등의 요소를 수정하면 같은 심볼을 적용한 모든 인스턴스가 한꺼번에 변경되어 디자인을 수정할 때 시간을 절약할 수 있습니다. 페이지에 등록한 모든 심볼은 Symbols 페이지에 마스터 심볼로 등록됩니다.

### ❶ Nested Symbol(네스티드 심볼)

Nested(네스티드)는 '안에 속한'이라는 의미로 마스터 심볼 안에 심볼 인스턴스를 넣는 것을 의미합니다. 이렇게 포함된 심볼은 Override(오버라이드) 기능에도 영향을 미칩니다.

### ❷ Overrides(오버라이드)

심볼을 이용하다 보면 그래픽 스타일은 같게 유지되지만 그 안에 들어가는 텍스트나 색상, 이미지 등을 조금씩 변경해야 하는 경우가 있습니다. 심볼의 Override 기능을 이용하면 텍스트 등의 콘텐츠만 변경하거나 색상을 수정할 수 있습니다.

다음과 같이 Status Bar 인스턴스를 클릭했을 때 인스펙터에 Overrides 항목이 나타나고, Time과 100% 입력창에 값을 입력하면 스타일을 유지하면서 콘텐츠를 바꿀 수 있습니다.

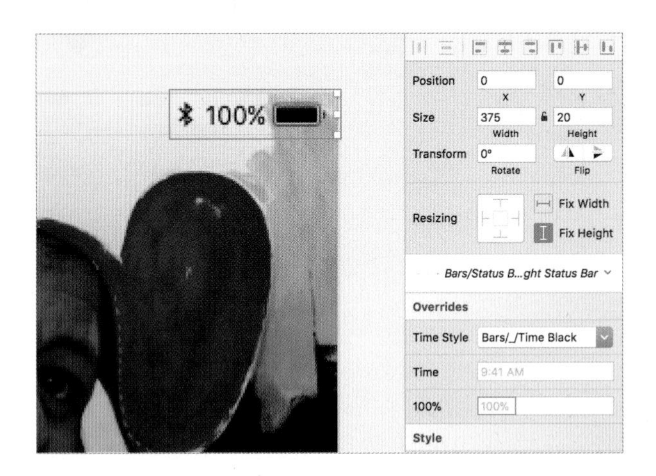


100%에 '70%'를 입력합니다. 캔버스에서 심볼 인스턴스의 배터리 표시가 70%로 바뀝니다. 텍스트에 적용된 오른쪽 정렬을 포함한 스타일을 그대로 유지하면서 텍스트만 바뀌었습니다.

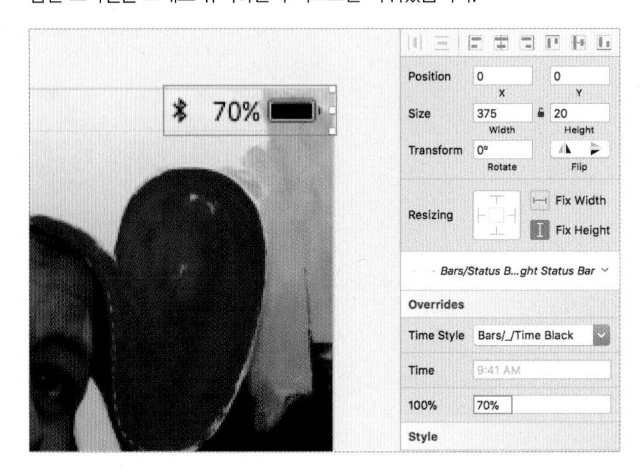


**Tip**

Time과 100% 이름을 수정하려면 인스턴스를 더블클릭해서 마스터 심볼로 이동한 다음 해당 레이어 이름을 수정합니다.

### ❸ Nested Override(네스티드 오버라이드)

인스턴스 심볼의 이미지와 텍스트를 오버라이드할 수 있듯이 네스티드 심볼 역시 오버라이드할 수 있습니다. 심볼을 오버라이드한다는 의미는 인스턴스에서 같은 크기의 심볼이라면 언제든지 심볼을 교체해 바꿀 수 있다는 것입니다.

5개 옵션에 네스티드 오버라이드가 적용되어 각각의 옵션에 알맞은 심볼로 교체할 수 있습니다.

심볼을 만들다 보면 아이콘이나 버튼은 상태에 따라 그래픽 색상이 달라지거나, 그래픽 요소가 조금씩 달라지는 경우가 생기므로 심볼을 여러 개 만들어야 하기도 합니다.

네스티드 오버라이드 기능을 활용하면 각각의 인스턴스를 교체하면서 사용할 수 있으므로 심볼 수를 최소화할 수 있습니다.

스케치의 Overrides 기능을 잘 활용하면 디자인 프로세스 전반에 걸쳐 매우 유용합니다. 기본 개념을 바탕으로 Overrides 기능에 익숙해질 때까지 많은 노력이 필요합니다.

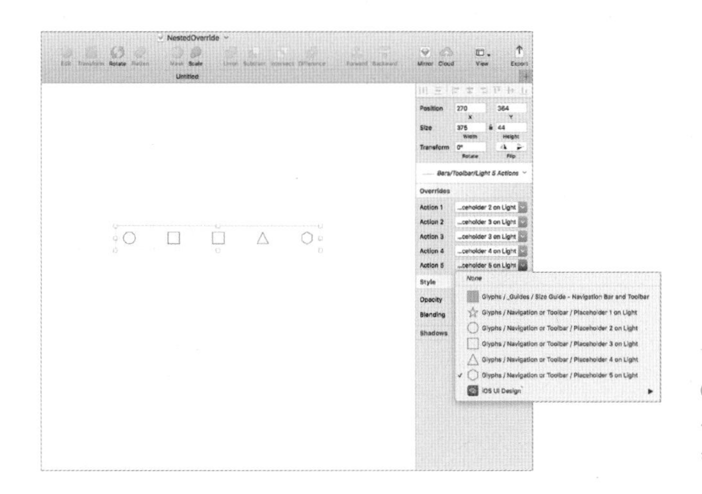


*Tip*

Overrides 항목에서 심볼을 제외하려면 심볼 레이어를 클릭한 다음 'Lock'을 선택합니다.

## 심볼 수정 및 해제하기

### ❶ Back to Instance(인스턴스로 돌아가기)

심볼을 수정할 때는 아트보드의 심볼을 더블클릭해 마스터 Symbols 페이지로 이동합니다. 다시 원래 페이지로 돌아가려면 마스터 Symbols 페이지의 왼쪽 위 〈Return to Instance〉 버튼을 클릭합니다.

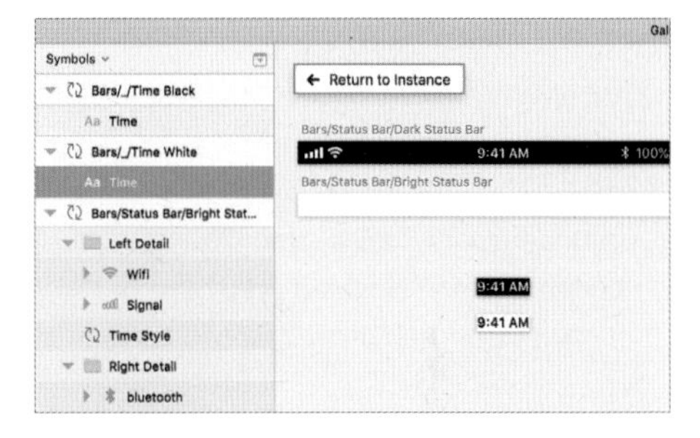


### ❷ Detach from Symbol(심볼 해제하기)

심볼로 지정한 후 디자인하다 보면 심볼에 적합하지 않다고 파악되는 경우가 있습니다. 지정된 심볼을 해제하려면 메뉴에서 〔Layer〕 → Detach from Symbol을 실행하거나 레이어 목록의 심볼에서 Ctrl을 누른 채 클릭해 표시되는 메뉴의 Detach from Symbol을 실행합니다. 해제된 심볼은 일반 레이어 그룹으로 돌아갑니다.

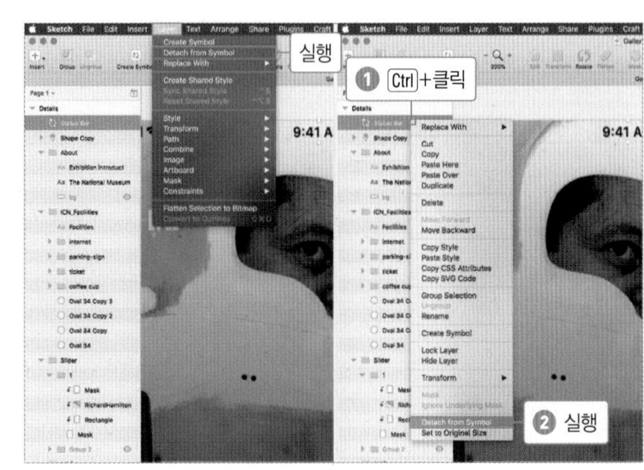

## 심볼 이름 지정하기 중요!★★★

심볼 이름을 입력할 때 '/(슬래시)'를 넣으면 자동으로 심볼을 폴더 구조에 포함합니다. 'Bars/_/Time White'로 지정한 심볼의 폴더 구조를 직접 확인하려면 인스펙터에서 심볼의 팝업 아이콘을 클릭해 확인할 수 있습니다. 이처럼 심볼의 이름은 폴더 구조까지 포함하므로 심볼이 어느 단계에 속하는지도 고려해야 합니다.

레이어 이름을 지정할 때 일관적으로 지정합니다. 예를 들어, 배경 레이어를 'BG' 또는 'Background'로 섞어서 사용하지 않습니다.

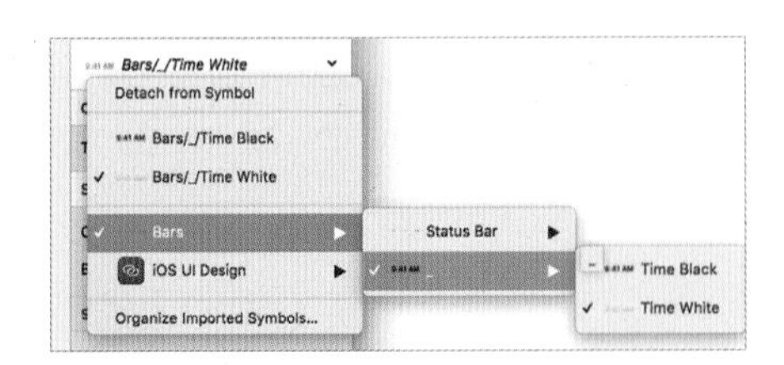


▲ 'Bars/_/Time White' = '상위 폴더/폴더/심볼'

### ❶ 심볼 이름 지정하기

심볼 이름에 규칙을 지정하면 심볼의 특징에 따라 의미와 구조를 파악할 수 있습니다.

'대상/특징–상태'처럼 심볼 이름의 규칙을 정하면 효율적으로 심볼을 관리할 수 있습니다. 대상 버튼은 'button', Input 필드는 'in'을 사용하고, 대상의 특징 뒤에 마우스후버 또는 에러 등의 상태를 입력합니다. 예를 들면, 다음과 같습니다.

- **button/primary–mouseover**: 버튼/기본–후버 상태
- **button/primary–disabled**: 버튼/기본
- **in/field/error**: 인풋/필드(영역)/에러

### ❷ 심볼 레이어 이름 지정하기

오버라이드 기능 덕분에 심볼과 레이어 이름도 중요해졌습니다. 특히 텍스트로 이루어진 레이어 이름은 인스펙터에 그대로 나타나므로 유의해야 합니다.

오버라이드에서 수정하지 않아도 되는 인스턴스 심볼 레이어의 이름은 소문자, 인스펙터의 오버라이드에서 텍스트를 수정해야 하는 인스턴스 심볼은 대문자로 정의하면 나중에 구분하기 쉬워집니다. 심볼 레이어 순서도 인스펙터 오버라이드 순서에 그대로 반영되기 때문에 캔버스에 디자인한 순서대로 레이어 순서를 맞춰 정리합니다.

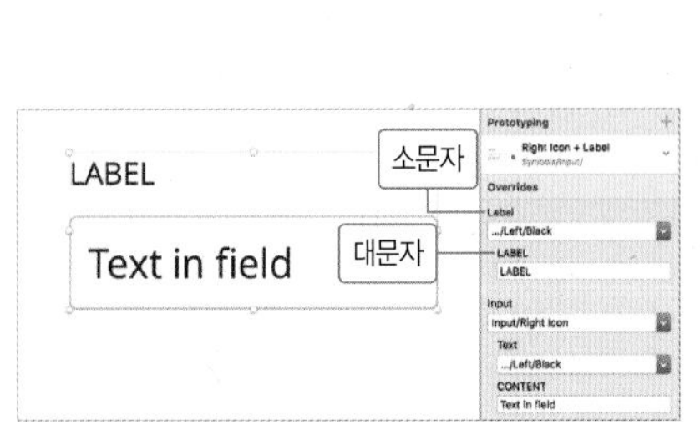


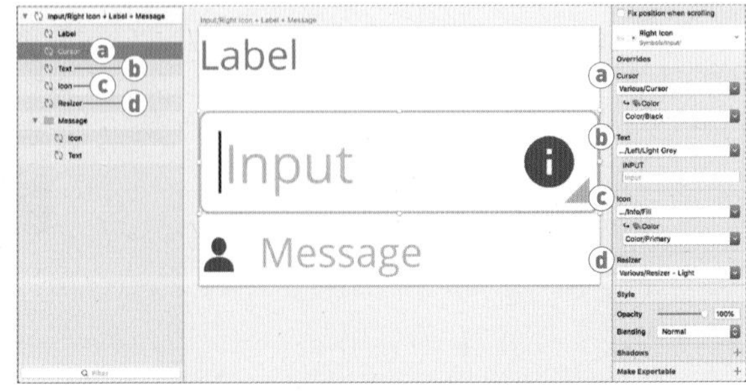

# 텍스트 추가하기

툴바의 Text 도구를 이용해 텍스트를 입력하고 텍스트 스타일이나 옵션을 설정할 수 있습니다.

## Text Style 살펴보기

T를 눌러 Text 도구를 선택하면 인스펙터에 텍스트 스타일 옵션이 나타납니다. 대부분의 옵션은 다른 그래픽 툴과 비슷하므로 각 기능을 간단히 살펴보겠습니다.

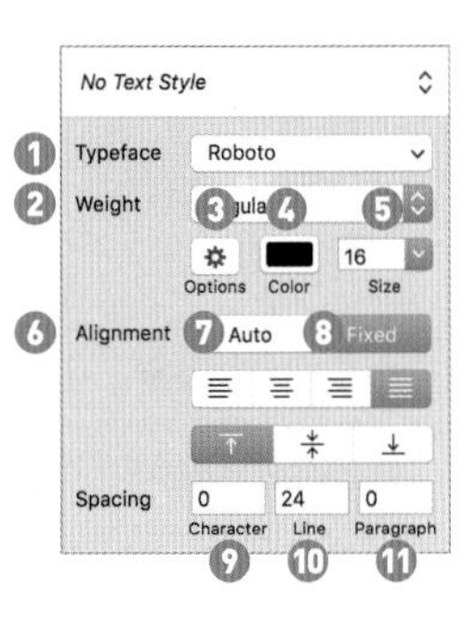


❶ **Typeface**: 폰트 목록에서 원하는 폰트를 선택하거나 폰트 이름을 직접 입력해 검색할 수 있습니다.

❷ **Weight**: 폰트의 두께로, 폰트에서 제공하는 두께가 나열됩니다.

❸ **Options**: 텍스트 장식과 목록, 대소문자를 지정합니다.

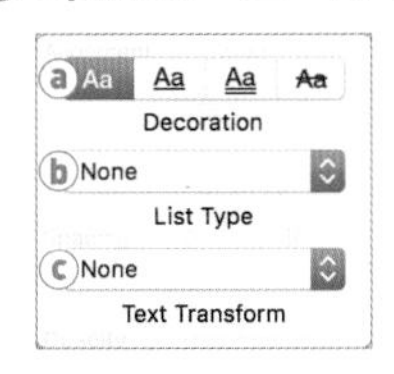


ⓐ **Decoration**: 밑줄 또는 취소선 등을 지정합니다.

ⓑ **List Type**: 번호 또는 목록 등 글머리기호를 추가합니다.

ⓒ **Text Transform**: 입력한 전체 텍스트(영문)를 대문자(Uppercase), 소문자(Lowercase)로 변환합니다.

❹ **Color**: 폰트 색상으로 색상을 고를 수 있고, Hex 값을 직접 입력하거나 미리 제안된 컬러(Global Color)를 선택할 수 있습니다.

❺ **Size**: 폰트 크기로, 나열된 폰트를 클릭하거나 직접 폰트 크기 값을 입력할 수 있습니다. 대부분 그래픽 프로그램에서 제안하는 폰트 크기는 전통적인 타이포그래피 스케일을 참고합니다.

❻ **Alignment**: 문단의 정렬 옵션입니다.

❼ **Auto**: 텍스트 길이에 맞게 텍스트 박스 폭이 자동으로 맞춰집니다.

❽ **Fixed**: 지정한 텍스트 박스 안에 텍스트를 배치합니다. 텍스트 박스 크기는 인스펙터의 Size에서 설정합니다.

ⓐ **정렬 옵션 아이콘**: 텍스트를 순서별로 왼쪽, 가운데, 오른쪽, 양쪽으로 정렬합니다.

ⓑ **텍스트 세로 맞춤 아이콘**: 텍스트를 위쪽, 가운데, 아래쪽으로 맞춥니다.

❾ **Character**: 텍스트 사이 간격 즉, 자간을 의미합니다.

❿ **Line**: 줄 사이 간격 즉, 행간을 의미합니다.

⓫ **Paragraph**: 문단 사이 간격을 의미합니다.

## 텍스트 옵션 더 알아보기

스케치에서는 좀 더 세밀한 텍스트 디자인을 위해 세부 옵션을 제공합니다. 메뉴의 **(Text)**를 실행하면 좀 더 다양한 고급 옵션을 확인할 수 있습니다.

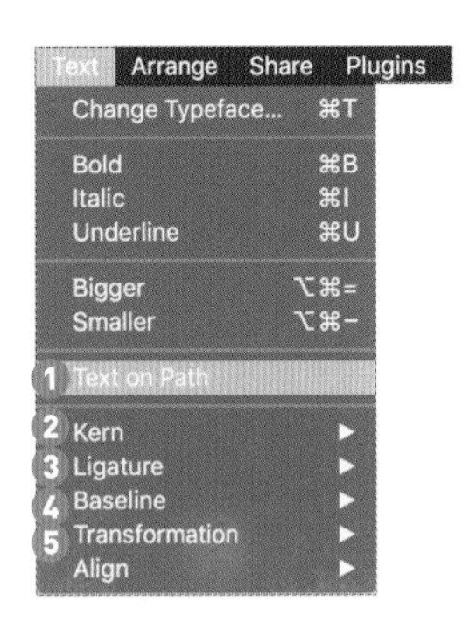


❶ **Text on Path**: 텍스트를 패스 모양에 따라 배열합니다. 먼저 V를 누르고 캔버스에서 원하는 형태의 패스를 그립니다. 이때 패스 선뿐만 아니라 Shape 도구로 만든 모든 도형도 패스로 이용할 수 있습니다. T를 누른 다음 패스를 클릭하고 텍스트를 입력합니다. 레이어 목록에서 텍스트 레이어가 선 레이어보다 위로 올라오게 조정합니다. 텍스트 레이어를 선택한 다음 메뉴에서 **(Text) → Text on Path**를 실행합니다. 캔버스에서 텍스트를 선택한 다음 선쪽으로 이동하면 선 형태에 따라 텍스트가 변형됩니다.

텍스트를 원래대로 되돌리려면 메뉴에서 **(Text) → Text on Path**를 실행해 명령을 비활성화하거나 캔버스에서 텍스트를 패스 밖으로 드래그합니다.

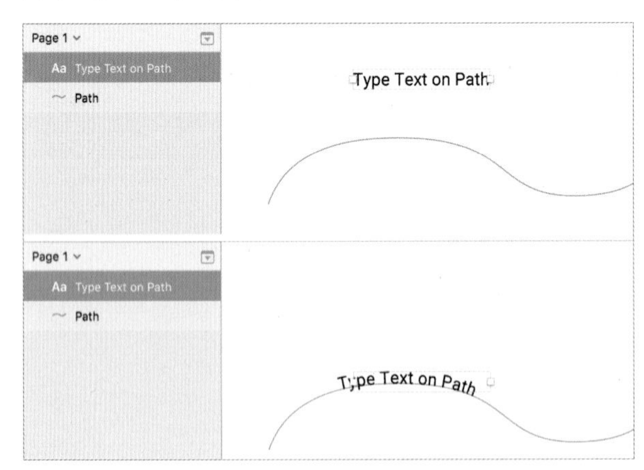

❷ **Kern**: 커닝이란 특히 영문에서 두 문자 사이 공간을 보기 좋게 줄여 더욱 편안하게 글을 읽을 수 있도록 맞추는 작업을 의미합니다. 다음과 같이 A와 V의 경우 글자가 가지고 있는 공간이 있어서 같은 자간을 적용해도 문자 사이가 더 넓어 보입니다. Kern 명령을 실행해서 글자 모양에 맞춰 간격을 줄일 수 있습니다.

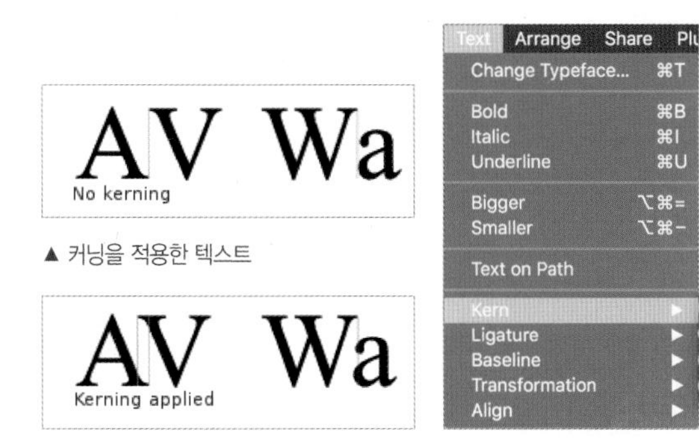


▲ 커닝을 적용한 텍스트

▲ 커닝을 적용하지 않은 텍스트

▲ 메뉴에서 [Text] → Kern 실행

ⓐ Use Default: 글자의 종류와 크기에 맞춰 자동으로 조절합니다. 인스펙터의 Character에는 'Auto'로 표기됩니다.
ⓑ Use None: 간격을 '0'으로 설정합니다.
ⓒ Tighten: 글자 사이 간격을 좁힙니다. Ctrl+Option+T를 누를 때마다 '-1'씩 줄어듭니다.
ⓓ Loosen: 글자 사이 간격을 넓힙니다. Ctrl+Option+L을 누를 때마다 '+1'씩 늘어납니다.

**Tip**

자간은 글자 모양과 상관없이 고정된 값을 지정한다는 점에서 커닝과 다릅니다. 텍스트 전체 자간을 줄이려면 텍스트 박스나 텍스트 전체를 선택한 다음 인스펙터의 Character에서 값을 설정합니다. 특정 글자 사이 간격을 줄이려면 해당 글자만 지정한 다음 Kern 값을 설정합니다.

❸ **Ligature(합자)**: 합자란, 두 글자 또는 세 글자를 합쳐 한 글자를 만드는 것을 의미합니다. 텍스트가 많은 경우 합자가 적용되면 가독성이 높아지며, 브랜드를 만들 때 장식 요소로 많이 사용합니다. 모든 폰트에서 합자를 지원하는 것은 아니며, 주로 산세리프 계열의 폰트나 필기체 등에서 제공합니다.

▲ 'fi' 글자의 합자를 주요 폰트별로 적용한 형태

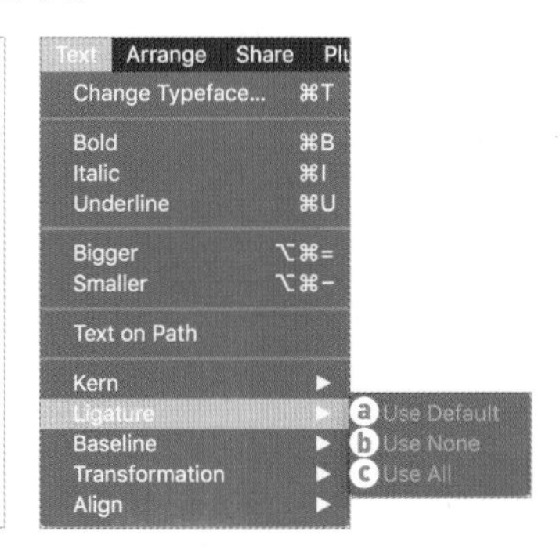


▲ 메뉴에서 [Text] → Ligature 실행

ⓐ Use Default: 기본 합자만 적용합니다.
ⓑ Use None: 합자를 적용하지 않습니다.
ⓒ Use All: 모든 합자를 사용합니다.

❹ Baseline: 기준선은 대문자와 일부 소문자 아래를 정렬하는 선을 의미합니다.

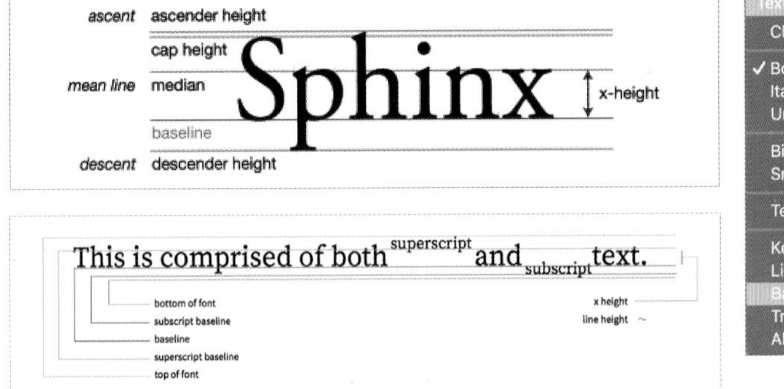


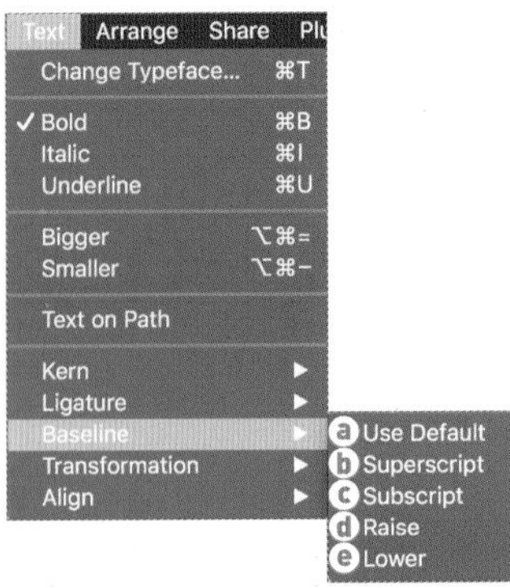


▲ 메뉴에서 [Text] → Baseline 실행

ⓐ Use Default: 기본 기준선에 맞춰 정렬합니다.

ⓑ Superscript: x–height 높이에 밑줄을 맞춥니다.

ⓒ Subscript: Decender 높이에 밑줄을 맞춥니다.

ⓓ Raise: 기본 기준선보다 살짝 위로 정렬합니다.

ⓔ Lower: 기본 기준선보다 살짝 아래로 정렬합니다.

❺ **Transformation** : 텍스트를 전체 대문자(Uppercase) 또는 대문자(Lowercase)로 일괄 변경할 수 있습니다.

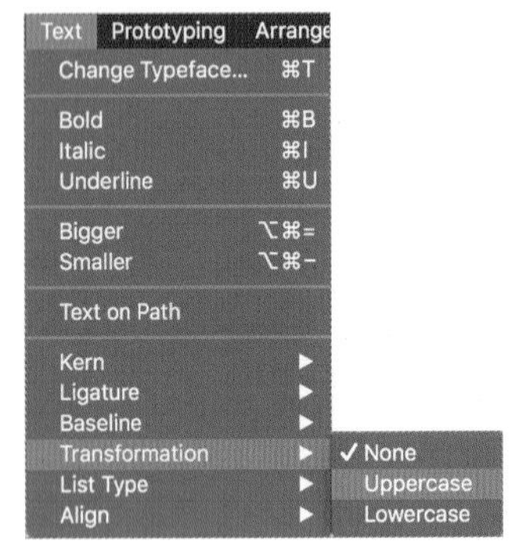


Transformation

▲ None

TRANSFORMATION

▲ Uppercase

transformation

▲ Lowercase

# 기준 가이드 만들기

정확하게 오브젝트의 크기와 위치, 정렬을 맞추기 위해 꼭 필요한 Ruler, Guide, Grid의 세 가지 가이드 기능을 살펴봅니다.

## 눈금자(Ruler)를 이용해 안내선 만들기

캔버스의 왼쪽과 위쪽에는 수치를 나타내는 눈금자Ruler를 표시할 수 있습니다. 눈금자는 메뉴에서 **(View) → Canvas → Show Rulers**(Ctrl+R)를 실행해 표시하거나 숨길 수 있습니다.

포토샵 등 다른 그래픽 프로그램과 스케치 눈금자의 가장 큰 차이점은 스케치의 캔버스 크기에는 제한이 없어 눈금자도 무한대로 이어진다는 것입니다. 캔버스에서 아트보드를 선택하지 않았을 때와 아트보드를 선택했을 때 달라지는 눈금자의 수치를 확인합니다. 오른쪽 그림과 같이 'iPhone 8' 아트보드를 선택하면 눈금자의 0점이 선택한 아트보드를 기준으로 바뀌고, 눈금자의 왼쪽과 위쪽에 연한 회색으로 선택한 아트보드의 크기가 나타납니다.

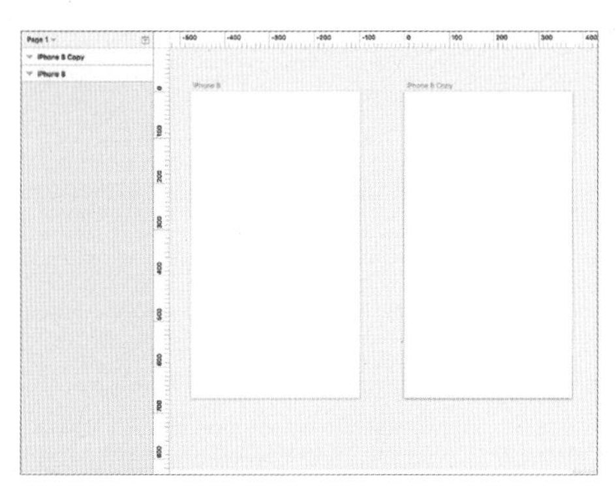

▲ 캔버스에서 아무것도 선택하지 않았을 때

▲ 캔버스에서 아트보드를 선택했을 때

### ❶ 기준점(0점) 위치 바꾸기

스케치에서는 0점의 위치를 바꿔 기준점을 지정할 수 있습니다. 아트보드 위에 사각형을 그리고 눈금자의 수치가 어떻게 나타나는지 확인합니다. 스케치의 눈금자는 선택한 오브젝트에 해당하는 위치와 크기를 연한 회색으로 나타냅니다. 눈금자를 클릭한 다음 오른쪽으로 드래그하면 0점의 위치가 달라집니다. 사각형의 왼쪽 위로 드래그하여 기준점(0점)을 위치시킵니다.

**Tip**

스케치 50 버전부터는 0점 위치를 클릭하여 잠금 설정을 해제한 다음 왼쪽, 위쪽 눈금자를 드래그하여 조정할 수 있습니다.

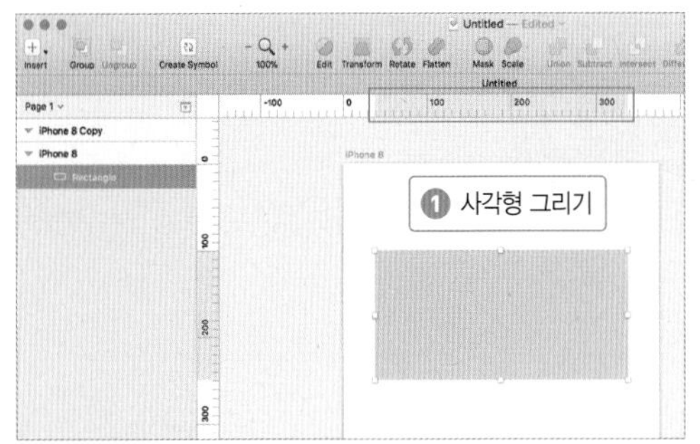

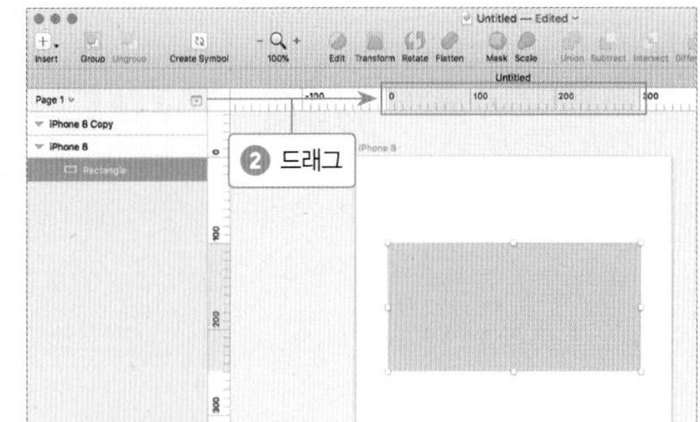


눈금자의 0점을 원래대로 되돌리기 위해서는 눈금자의 왼쪽과 위쪽이 교차하는 부분의 모서리를 더블클릭합니다.

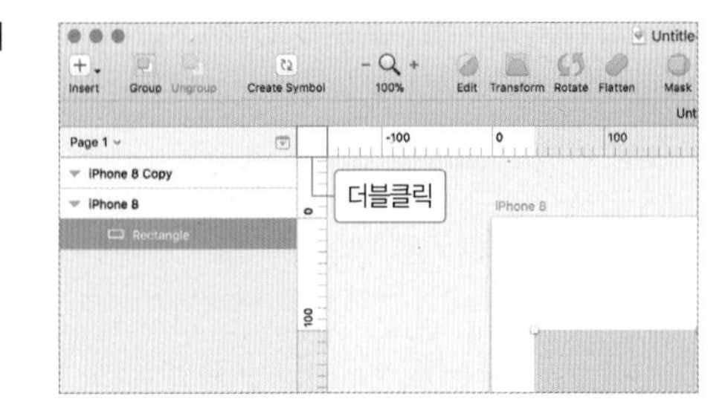


### ② 안내선 만들기

눈금자를 이용해 안내선(Guide)을 만들 수 있습니다. 포토샵에서는 눈금자를 드래그하여 안내선을 만들지만, 스케치에서는 눈금자 위에 커서를 올리면 안내선과 위치 값이 함께 나타나므로 눈금자에서 정확한 위치를 확인하고 클릭합니다. 안내선은 눈금자가 표시되어 있을 때에만 나타납니다.

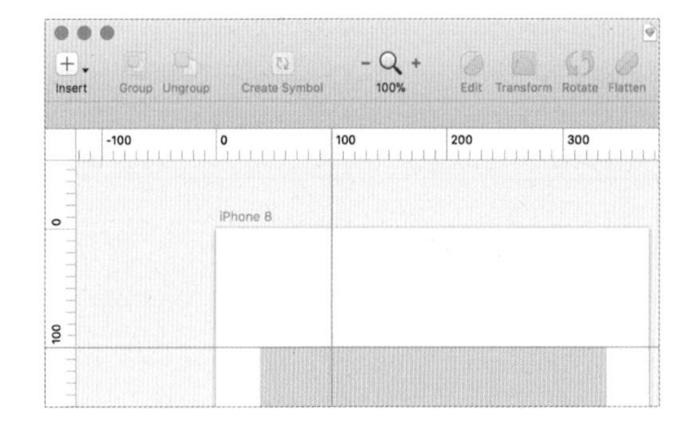

### ③ 안내선 삭제하기

눈금자 위 안내선을 캔버스 밖으로 드래그하면 삭제됩니다. 캔버스 밖으로 안내선을 드래그할 때 버리는 듯한 액션이 나타납니다. 가로 안내선을 삭제하려면 위쪽으로, 세로 안내선을 삭제하려면 왼쪽 끝으로 드래그합니다. 안내선을 한 번에 삭제하려면 눈금자 위에서 Ctrl을 누른 채 클릭하여 표시되는 메뉴의 Remove All Horizontal(Vertical) Guides를 실행합니다.

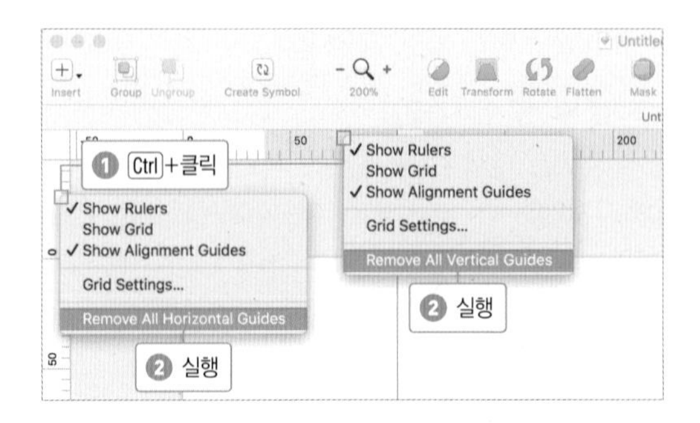

## 그리드(Grid) 표시하기

그리드Grid를 표시하면 아트보드 위에 일정한 규격의 사각형이 모눈종이처럼 나타납니다. 각각의 사각형에는 자석과 같은 스냅 기능이 있어 도형을 그릴 때 매우 편리하므로 Shape 도구를 이용해서 아이콘 또는 로고 등을 그리면 유용합니다. 그리드는 아트보드마다 다르게 설정할 수 있으며, 메뉴에서 **(View) → Canvas → Show Grid**(Ctrl+G)를 실행해 그리드를 표시하거나 숨길 수 있습니다.

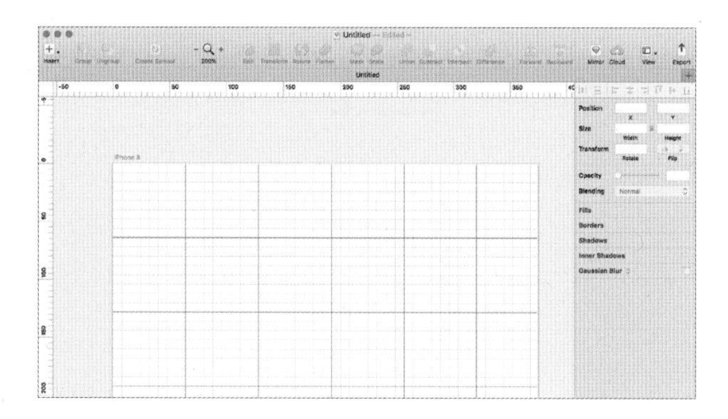

### 그리드 설정하기

그리드는 메뉴에서 **(View) → Canvas → Grid Settings**를 실행해 Grid Settings 대화상자에서 설정할 수 있습니다. 기본적으로 사각형의 크기는 각각 8px이며, 8개의 사각형마다 굵은 선이 나타납니다.

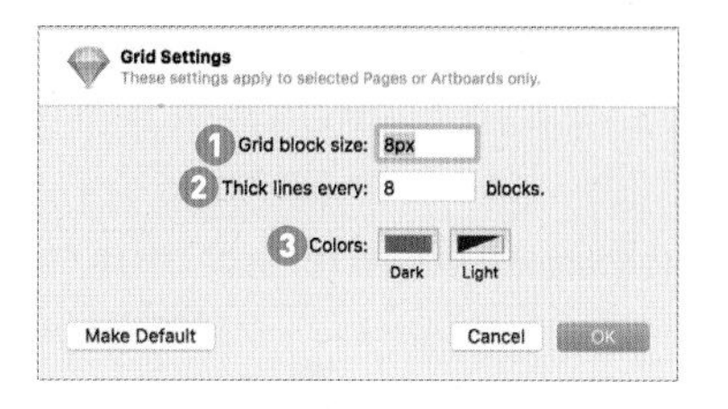


❶ **Grid block size**: 사각형의 크기를 픽셀로 설정합니다.

❷ **Thick lines every**: 굵은 선의 기준 블록 수를 설정합니다.

❸ **Colors**: 그리드의 어둡고 밝은 색상을 지정합니다.

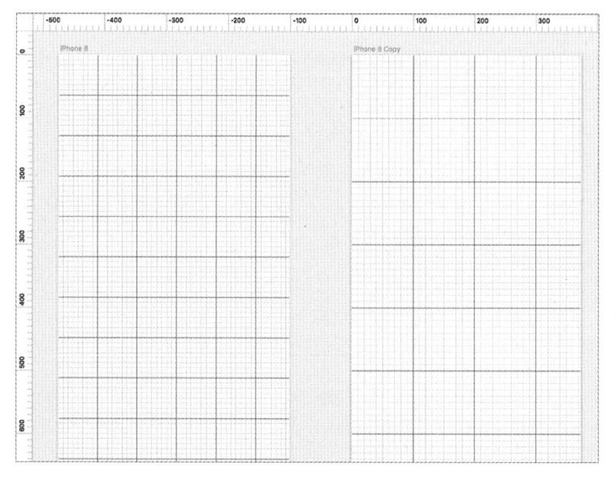

◀ 왼쪽: 사각형 블록 크기 8px, 8개 블록마다 굵은 선
오른쪽: 사각형 블록 크기 10px, 10개 블록마다 굵은 선

## 레이아웃(Layout) 설정하기

레이아웃Layout은 아트보드 위에 Columns열와 Rows행를 나타냅니다. 주로 웹사이트를 디자인할 때 많이 사용하며, 레이아웃을 지정하는 등 큰 요소들을 일정하게 정렬하는 기준이 됩니다. 메뉴에서 **[View] → Canvas → Show Layout**(Ctrl+L)을 실행하여 레이아웃을 표시하거나 숨깁니다.

레이아웃도 아트보드마다 다르게 설정할 수 있습니다. 레이아웃의 크기는 메뉴에서 **[View] → Canvas → Layout Settings**를 실행해 Layout Settings 대화상자에서 설정할 수 있습니다.

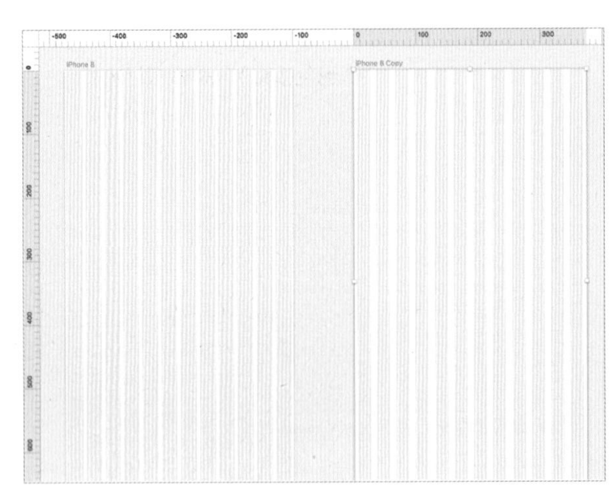

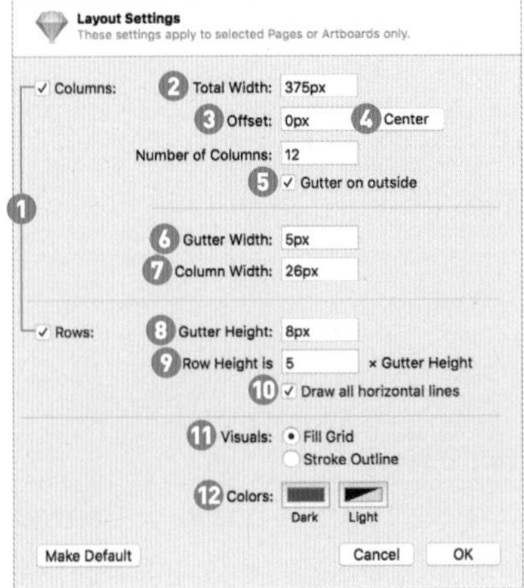


❶ **Columns/Rows**: 세로 또는 가로 중 어느 방향으로 레이아웃을 지정할지 체크 표시합니다. 두 가지 항목 모두 체크 표시할 수 있습니다.

❷ **Total Width**: 열의 너비를 지정합니다.

❸ **Offset**: 0점(아트보드의 왼쪽 시작)에서부터 떨어질 거리를 입력합니다.

❹ **Center**: 열의 전체 넓이를 아트보드 가운데에 정렬할 때 체크 표시합니다.

❺ **Gutter on outside**: 전체 콘텐츠 너비에서 양옆의 여백을 포함할지 결정합니다. 체크 표시하면 콘텐츠 양옆에 거터(Gutter) 만큼의 여백을 주고, 나머지 열과 거터를 정렬합니다. 체크 표시를 해제하면 콘텐츠 양옆에 여백 없이 바로 열부터 시작합니다. CSS의 box-size와 관련된 옵션입니다.

❻ **Gutter Width**: 열의 간격입니다.

❼ **Column Width**: 각 열의 너비입니다.

❽ **Gutter Height**: 가로 줄 간격입니다.

❾ **Row Height is**: 거터 크기의 몇 배인지 행 높이를 정의합니다.

❿ **Draw all horizontal lines**: 체크 표시하면 가로줄이 모두 표시됩니다.

⓫ **Visuals**: 레이아웃의 그리드를 색상 또는 선으로 표시할지 지정합니다.

⓬ **Colors**: 그리드 색상을 설정합니다.

# 기본 요소 설정하기

스케치를 본격적으로 활용하기 전에 미리 설정해두면 편리한 요소들이 있습니다. 주로 많이 사용하는 디자인 요소를 템플릿으로 설정하거나 컬러 팔레트를 등록합니다.

## 템플릿 파일 설정하기

이전에는 스케치에서 iOS UI 템플릿을 기본으로 제공했지만, 아쉽게도 현재는 Material Design머리티얼 디자인 템플릿만 제공합니다. iOS UI 템플릿은 프로젝트를 진행하면서 앞으로도 자주 참조해야 하는 요소이므로 애플 개발자 사이트에서 직접 iOS UI 디자인 리소스를 내려 받아 스케치에 템플릿으로 등록해 봅니다.

### ❶ iOS UI 디자인 리소스 내려 받기

먼저 애플 디자인 가이드(Human Interface Guidelines)의 애플 디자인 리소스 페이지(https://developer.apple.com/design/resources/)로 이동합니다.

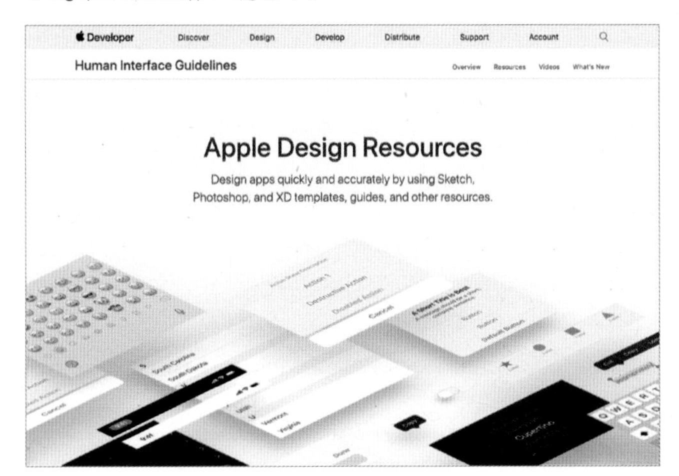


▲ 애플 디자인 리소스 페이지

**Tip**

애플의 iOS나 구글의 머티리얼에 관한 리소스는 다양한 스케치 커뮤니티에서도 내려 받을 수 있습니다. 좀 더 정확하고, 빠르게 업데이트된 리소스를 내려 받기 위해 이 책에서는 공식 웹사이트를 이용했습니다.

애플 UI Design Resources 페이지에서는 iOS 앱 디자인에 필요한 디자인 템플릿을 포토샵, 스케치, 어도비 XD용으로 제공합니다. 스케치 템플릿 파일을 내려 받은 다음 압축을 해제합니다.

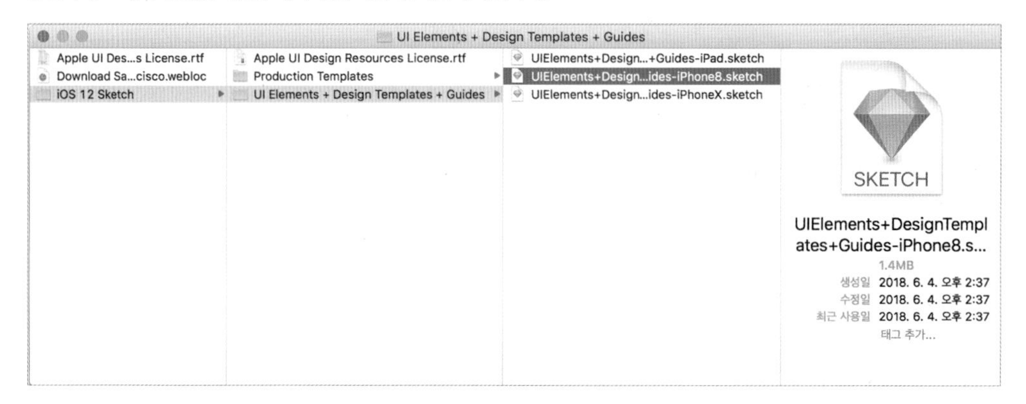


## ❷ 기본 폰트 설치하기

기존에는 Apple Design Resources에 공식 폰트가 포함되어 있었는데, 현재는 별도의 사이트(https://developer.apple.com/fonts/)에서 제공합니다. iOS, 맥 OS에서 사용하는 공식 폰트인 'San Francisco'를 내려 받고 'SF-Font.dmg' 파일을 실행한 다음 'SF Pro' 폴더의 모든 폰트를 컴퓨터에 설치합니다.

Tip

San Francisco Pro 폰트는 iOS 앱의 기본 폰트입니다.

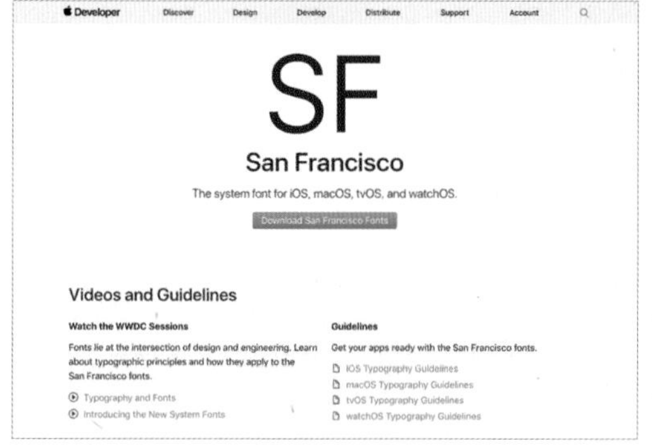


## ❸ 템플릿 파일로 저장하기

먼저 iOS UI 템플릿 파일을 열기 위해 'UI Elements+Design Templates+Guides' 폴더의 'UIElements+DesignTemplates+Guides-iPhone8.sketch' 파일을 불러옵니다. iOS UI 요소가 항목별로 정리되어 있습니다.

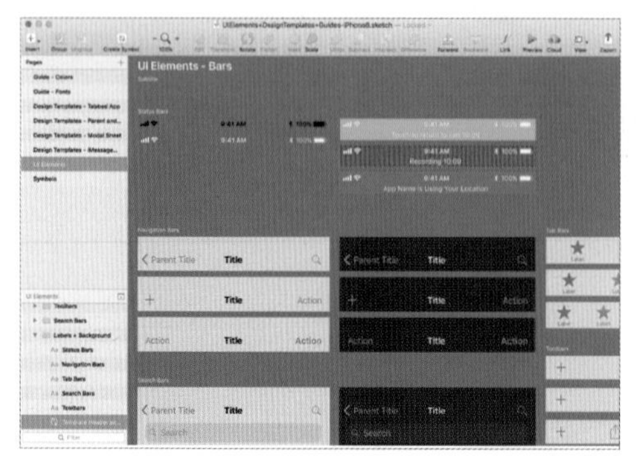

▲ 스케치에서 'UIElements+DesignTemplates+Guides–iPhone8.sketch' 파일을 열었을 때

메뉴에서 [File] → **Save as Template**를 실행하여 Save Template 대화상자가 표시되면 〈Save〉 버튼을 클릭하여 템플릿으로 저장합니다.

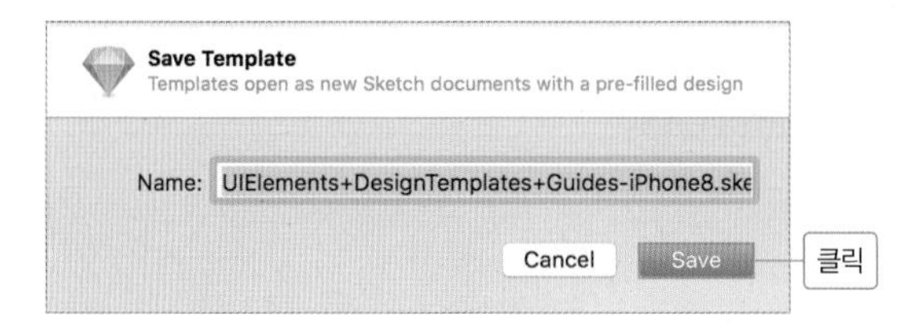


메뉴에서 [File] → **New from Template**를 실행하면 하위 명령에서 저장한 템플릿을 확인할 수 있습니다.

작업 중 필요할 때면 언제든지 iOS 11의 UI 디자인 템플릿을 불러올 수 있습니다. 앞으로도 프로젝트를 진행하면서 자주 사용하는 템플릿 등을 이와 같은 과정에 따라 등록하면 좀 더 편리합니다.

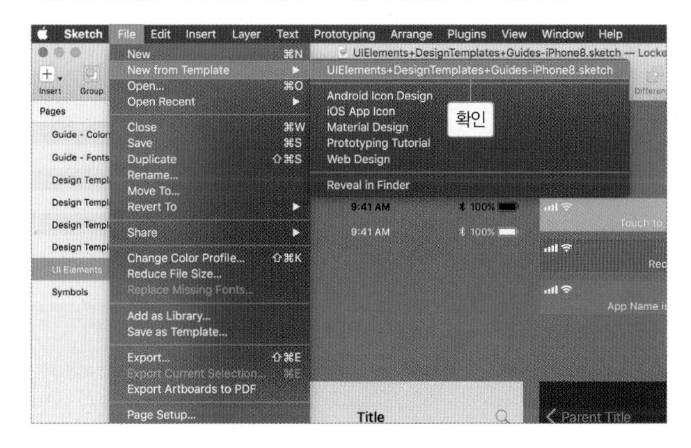


알아두기

### iOS UI 디자인 요소 실행하기

예전에는 스케치의 기본 템플릿에서 iOS UI 디자인을 제공했습니다.

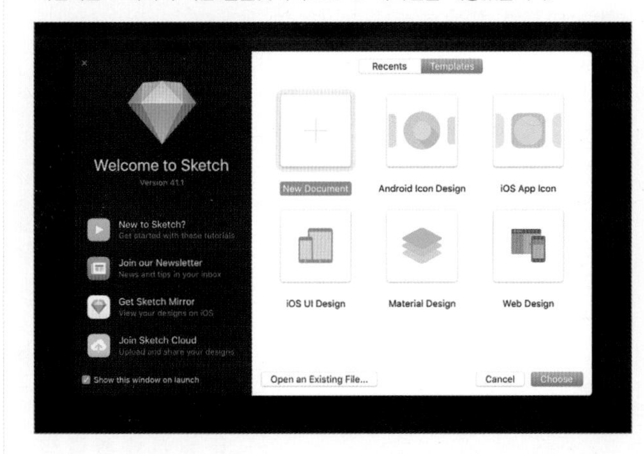


◀ 스케치 이전 버전 화면

스케치 버전이 업데이트되어 현재는 메뉴에서 [Insert] → iOS UI Design을 실행하여 확인할 수도 있습니다. 템플릿으로 저장해서 UI 요소를 불러오는 방식과 메뉴에서 [Insert]를 실행하여 UI 요소를 가져오는 오는 두 가지 방식을 모두 알아두면 프로젝트에 따라 좀 더 편리하게 선택할 수 있습니다.

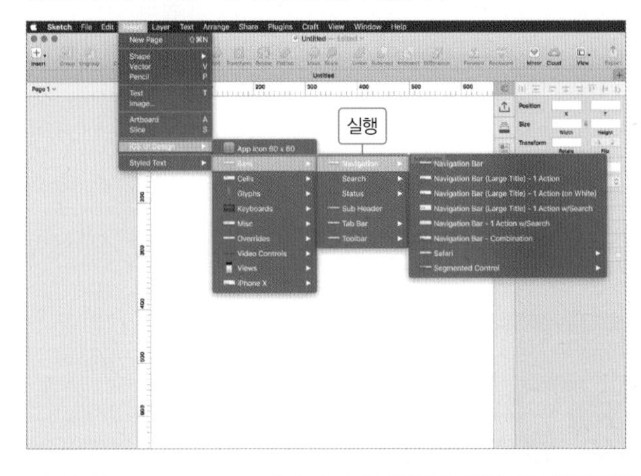


## 컬러 팔레트 설정하기

스케치는 색상 관리 시스템이 부족한 편입니다. 공통으로 사용하는 'Global Colors'와 작업 중에 선택한 색상을 모아두는 'Document Colors'만 제공합니다. 스케치에서 디자인 작업을 하다 보면 색상을 선택하는 과정이 생각보다 불편하게 느껴지기도 합니다. 특정 프로젝트나 클라이언트의 프로젝트에서는 지정된 색상을 사용해야 하는 경우도 종종 있습니다.

스케치에서 애플의 iOS나 구글의 머티리얼Material 디자인 가이드에서 제시하는 컬러 팔레트를 미리 등록해두면 작업하면서 바로 참조할 수 있어 디자인 작업이 매우 편리해집니다. 여기서는 별도의 컬러 팔레트를 만드는 두 가지 방법에 관해 알아보겠습니다.

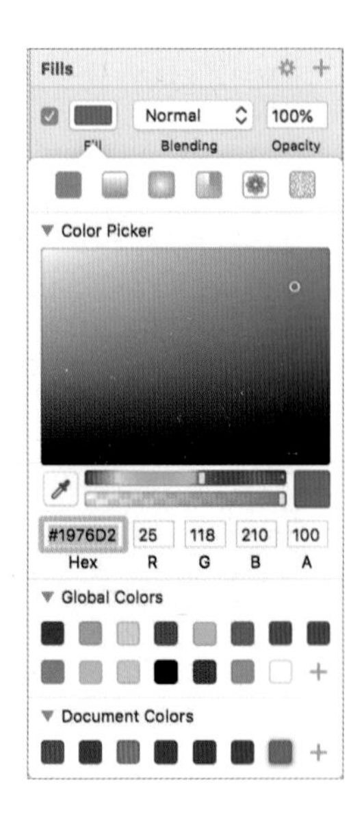

### ❶ Sketch Palettes 플러그인 사용하기

Sketch Palettes(https://github.com/andrewfiorillo/sketch-palettes) 사이트에서 'Sketch Palettes' 플러그인을 내려 받은 다음 스케치에 설치합니다.

앞서 열어둔 'UIElements+DesignTemplates+Guides-iPhone8.sketch' 파일에는 iOS System Color를 'Document Colors'에 별도로 지정해 두었습니다. 이 템플릿 파일에서 사용하는 'Document Colors'의 팔레트를 다른 프로젝트에서도 사용할 수 있도록 별도로 저장하겠습니다.

메뉴에서 **(Plugins) → Sketch Palettes → Save Palette**를 실행합니다. Save Palette 대화상자가 표시되면 Source에서 'Document Presets'를 선택한 다음 〈Save〉 버튼을 클릭하여 저장합니다.

저장한 컬러 팔레트는 나중에 다른 파일에서도 메뉴에서 **(Plugins) → Sketch Palettes → Load Palette**를 실행해 이용할 수 있고, 협업할 때에도 만들어둔 'iOS12.sketchpalette' 파일을 공유해서 이용할 수도 있어 워크플로우에 효율성을 가져옵니다.

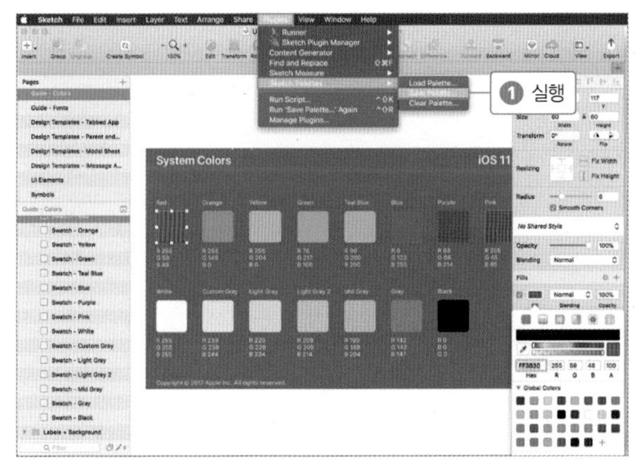


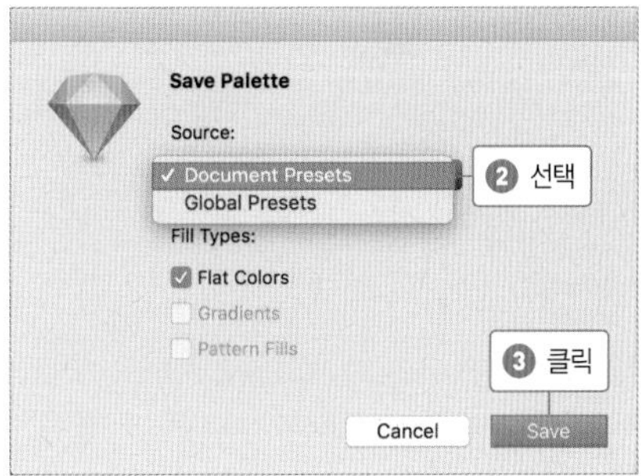


Save As에 팔레트 이름을 'iOS12.sketchpalette'로 입력한 다음 Folders를 원하는 위치로 지정하고 〈Save〉 버튼을 클릭하여 저장합니다.

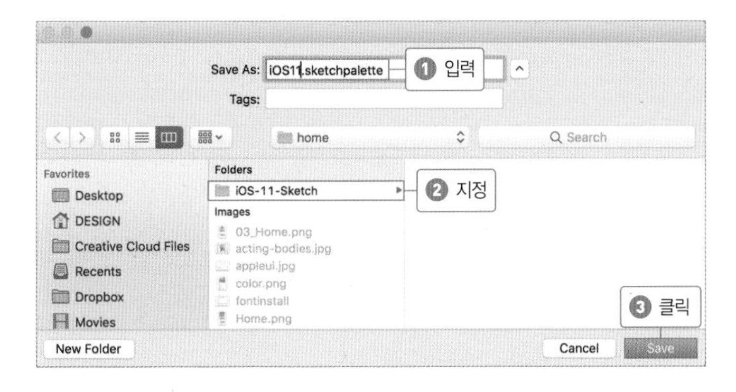

### ❷ Colors 패널에 컬러 팔레트 등록하기

스케치의 메뉴에서 [View] → **Show Colors**를 실행합니다. Colors 패널에서 세 번째 'Color Palettes' 아이콘을 클릭한 다음 'Settings' 아이콘(⚙)을 클릭하여 표시되는 메뉴의 **Open**을 실행합니다. 예제 파일에서 'Material Design Color Palette.clr' 파일을 선택하면 다음과 같이 컬러 팔레트가 등록됩니다.

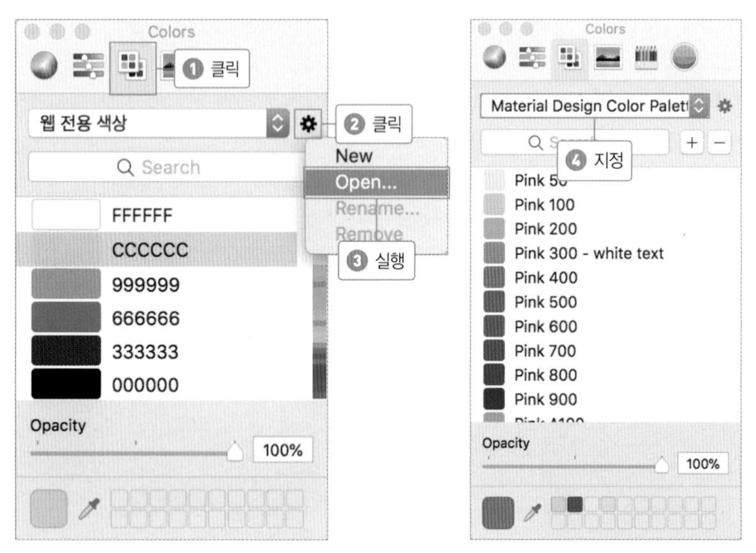


▲ 컬러 팔레트 등록

▲ 머티리얼 컬러 팔레트가 등록된 Colors 패널

**Tip**

맥에서 사용하는 컬러 팔레트의 확장자는 '.clr'입니다. 키노트 등에서도 같은 방법으로 clr 파일을 등록해 팔레트를 추가해서 이용할 수 있습니다.

# 프로토타이핑 기능 살펴보기

디자인 요소에 실제로 링크를 적용해 팀원들과 인터랙티브하게 연결된 프로토타입을 공유하는 방식은 전반적인 디자인 워크플로우를 이해하는 데 큰 도움이 되므로 프로토타이핑 기능을 알아봅니다.

## 프로토타이핑 도구 알아보기

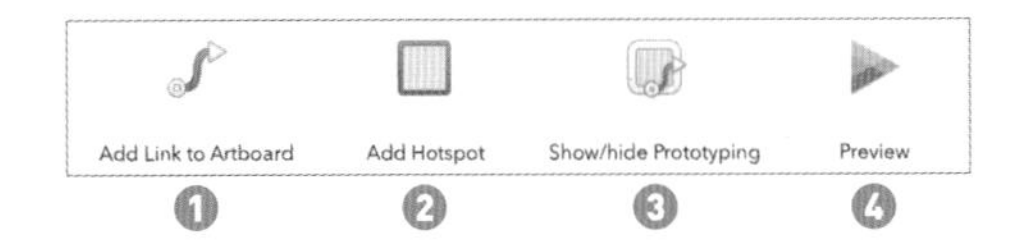


❶ **Add Link to Artboard(W)**: 레이어나 그룹을 아트보드와 연결합니다.

❷ **Add Hotspot(H)**: 링크 영역을 별도의 레이어로 만듭니다.

❸ **Show/hide Prototyping(Ctrl+F)**: 프로토타이핑 내용을 숨기거나 표시합니다. 다소 복잡한 시스템을 디자인할 때 프로토타이핑 내용까지 모두 보여주면 캔버스의 요소가 많아져 더 복잡해집니다. 이때 숨기기 기능을 이용하면 작업에 방해받지 않고 집중할 수 있습니다.

❹ **Preview(Cmd+P)**: 프로토타이핑 내용을 미리 봅니다.

**Tip**

툴바에서 Hotspot 도구가 보이지 않으면 Customize toolbar를 열고 툴바를 사용자화해 Hotspot 도구를 툴바에 미리 등록하고 사용할 수도 있습니다.

## 인스펙터의 Prototyping 항목 살펴보기

▲ 인스펙터의 Prototyping 항목

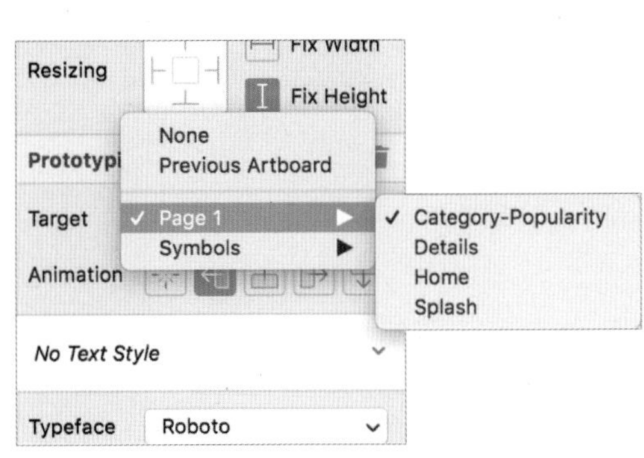


▲ 대상 링크 메뉴

❶ **Go to Target Artboard( )**: 대상 아트보드로 이동합니다. 링크 아트보드가 많아서 한눈에 찾기 힘들 때 유용한 기능입니다.

❷ **Create separate Hotspot layer( )**: 링크를 핫스팟으로 변경하여 레이어를 만듭니다.

❸ **Remove link from layer( )**: 링크를 삭제합니다. 메뉴에서 [Prototyping] → **Remove Links from Selection**을 실행해도 됩니다.

❹ **Target**: 대상 아트보드를 선택할 수 있습니다. 직접 아트보드를 선택할 수 있고 'Previous Artboard'를 선택하면 화면에 가져온 이전 링크를 기억해두었다가 돌아갈 수도 있습니다. 이 기능은 여러 개의 링크가 하나의 아트보드로 연결되어 있을 때 매우 유용합니다. 예를 들어, 다양한 경로를 통해 연결된 특정 화면의 〈Back〉 버튼에 'Previous Artboard'를 적용하면 언제든지 이전 단계로 돌아갈 수 있습니다.

❺ **Animation**: 링크를 클릭해서 아트보드로 연결할 때 장면 전환 효과를 선택할 수 있습니다.

ⓐ No Artboard Animation( ): 애니메이션 효과를 적용하지 않습니다.

ⓑ Animate Artboard from Right( ): 대상 아트보드가 오른쪽에서부터 나타납니다.

ⓒ Animate Artboard from Bottom( ): 대상 아트보드가 아래쪽에서부터 나타납니다.

ⓓ Animate Artboard from Left( ): 대상 아트보드가 왼쪽에서부터 나타납니다.

ⓔ Animate Artboard from Top( ): 대상 아트보드가 위쪽에서부터 나타납니다.

## 무작정 따라하기 | 링크(Link) 지정하기

링크(Link[9])하려면 아트보드의 레이어 또는 그룹을 선택하고 툴바에서 Link 도구를 선택하여 링크를 적용한 다음 연결할 대상 아트보드를 선택합니다.

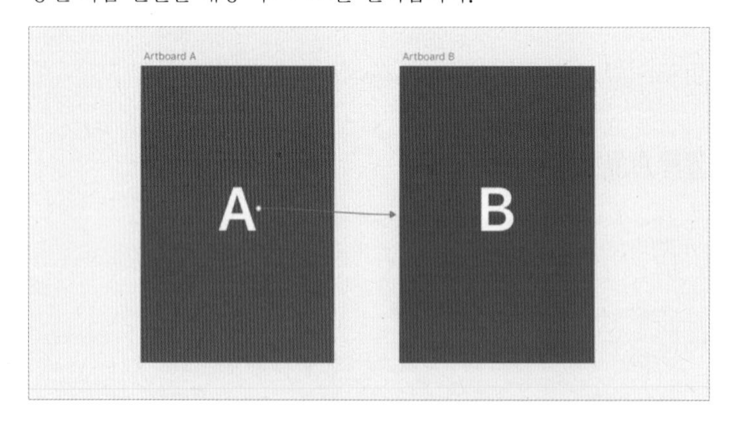


9 **링크(Link)** 아트보드의 레이어를 선택하고 대상을 다른 아트보드와 연결합니다.

# 예제 파일 · 01\Gallery.sketch

1 01 폴더에서 'Gallery.sketch' 파일을 불러온 다음 'Home' 아트보드의 메뉴에서 'Popularity' 텍스트를 선택합니다. 툴바에서 Link 도구(W)를 선택하면 노란 선이 나타납니다.

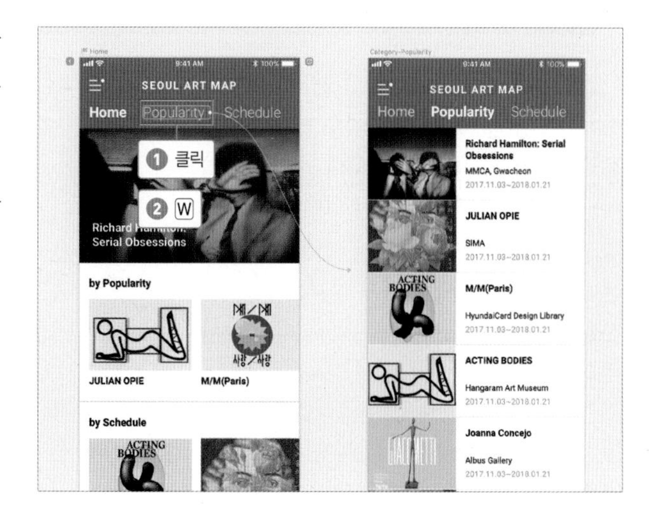


2 노란 선의 화살표를 'Category-Popularity' 아트보드 위로 이동해서 아트보드가 노란색으로 표시될 때 클릭합니다. 'Popularity' 메뉴가 'Category-Popularity'로 링크됩니다.

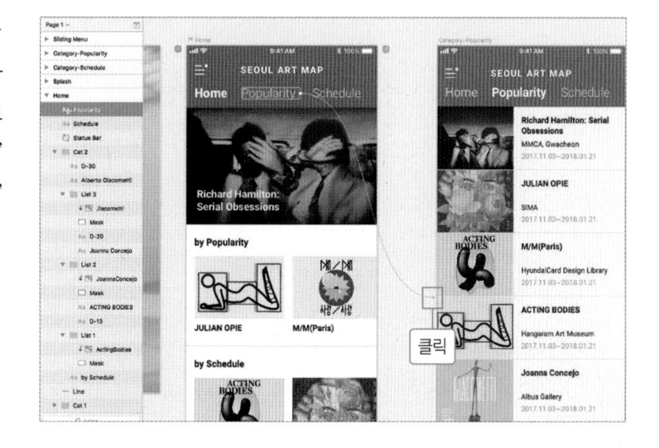


3 링크가 적용되면 인스펙터에 Prototyping 항목이 활성화됩니다. 대상 아트보드가 이전 과정에서 설정한 'Category-Popularity'로 지정되어 있습니다.

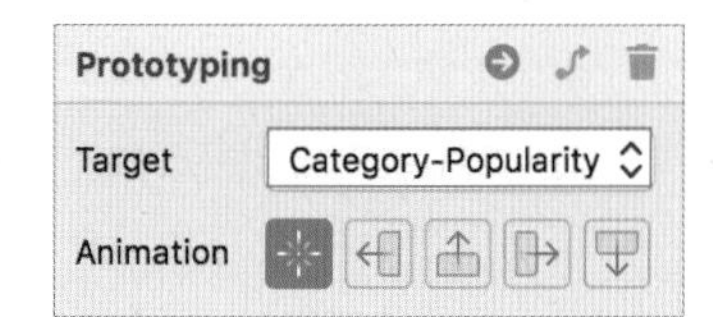

## 무작정 따라하기 | 핫스팟(Hotspots) 지정하기

핫스팟Hotspots[10]은 링크를 연결할 레이어의 아이콘이나 텍스트가 작은 경우 클릭 영역을 좀 더 크게 만들 때 사용합니다. 아트보드의 어느 곳이나 클릭할 수 있는 영역을 만들고, 링크를 연결합니다. 링크와 핫스팟의 관계는 215쪽 '에셋 만들기'에서 다루는 기능 중 'Exportable Layers'와 'Slices'의 관계와 매우 비슷합니다.

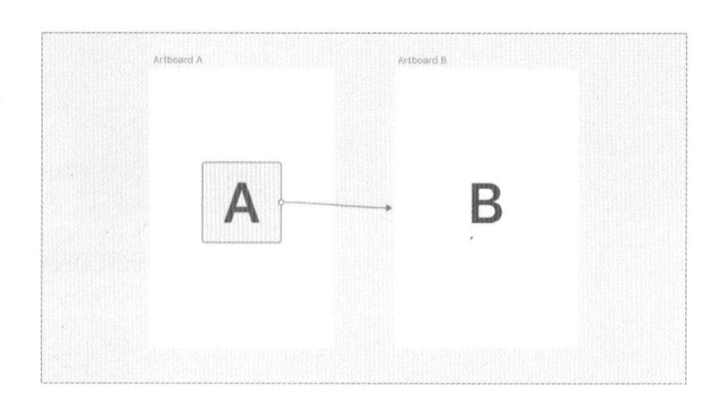


1 툴바의 Insert 도구(+)를 선택한 다음 'Hotspot(H)'을 선택하여 핫스팟 기능을 활성화합니다.

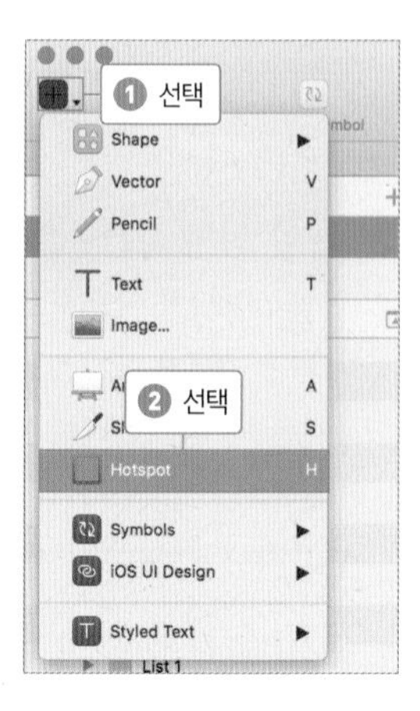


**Tip**

툴바를 직접 구성해 Hotspot 도구를 미리 툴바에 등록하고 사용할 수도 있습니다.

2 커서를 아트보드에 가져가면 (커서) 모양으로 바뀝니다. 'Home' 아트보드에서 그림과 같이 슬라이드 영역의 텍스트 위에 드래그하여 링크 영역을 지정합니다.

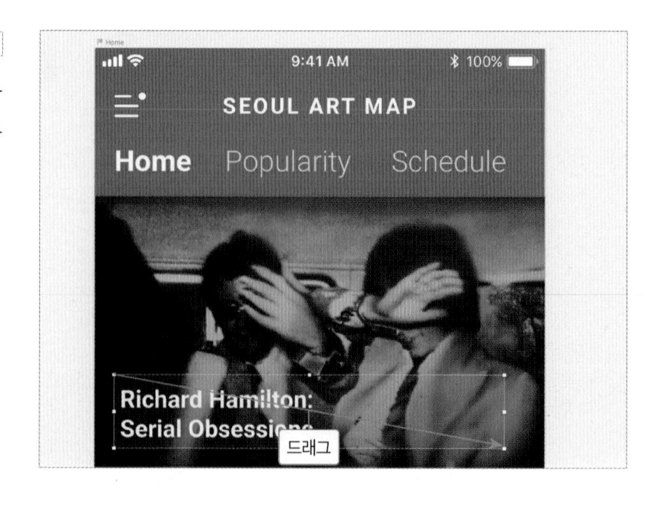


10 **핫스팟** 아트보드에서 링크할 영역을 만들고 아트보드와 연결합니다.

3 대상 아트보드로 'Category-Popularity'를 클릭하여 링크를 지정합니다.

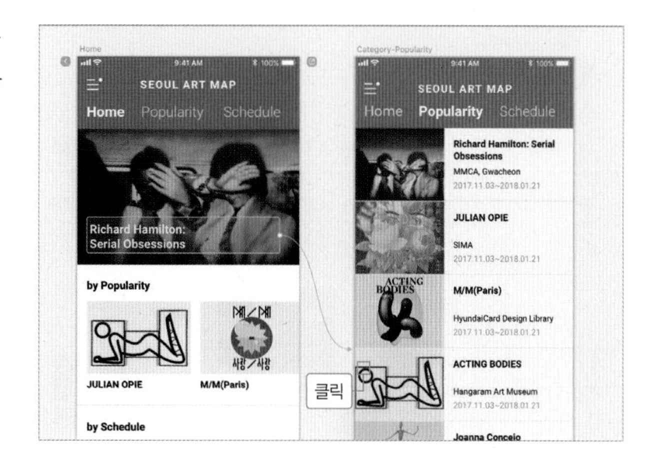


**Tip**

핫스팟은 지정할 레이어가 심볼 안에 있고, 대상 링크가 오버라이드(Override)된 경우에 제 기능을 완벽하게 해냅니다. 아트보드에서 심볼을 사용할 때마다 대상 링크가 달라질 수 있기 때문에 레이어 오브젝트에 직접 링크를 연결하는 오버라이드 심볼과 같은 경우에는 링크를 연결할 수 없습니다.

**알아두기**

## 링크, 핫스팟 레이어 살펴보기

링크 또는 핫스팟을 적용하면 레이어 목록에도 변화가 생깁니다. 레이어 목록에 나타나는 아이콘을 살펴보겠습니다.

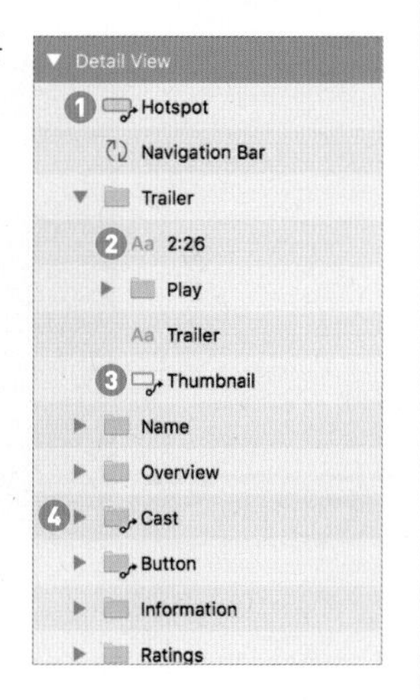


❶ Hotspot: 핫스팟을 적용했을 때 별도의 레이어가 레이어 목록 위에 추가됩니다.
❷ Popularity: 텍스트 레이어에 그룹을 적용했을 때 나타납니다.
❸ Thumbnail: 도형 레이어에 링크를 적용했을 때 나타납니다.
❹ Cast: 그룹에 링크를 적용했을 때 나타납니다.

알아두기

## 심볼에 핫스팟 지정하기

스케치는 프로토타이핑 작업에 대한 이해를 돕도록 템플릿 파일을 제공합니다. 오버라이드 심볼 안에 핫스팟 링크를 지정하면 다른 화면에서 심볼을 다시 사용하고, 링크를 연결할 때 매우 편리합니다.

❶ 메뉴에서 〔File〕 → New from Template → Prototyping Tutorial을 실행하여 링크된 디자인을 확인합니다.

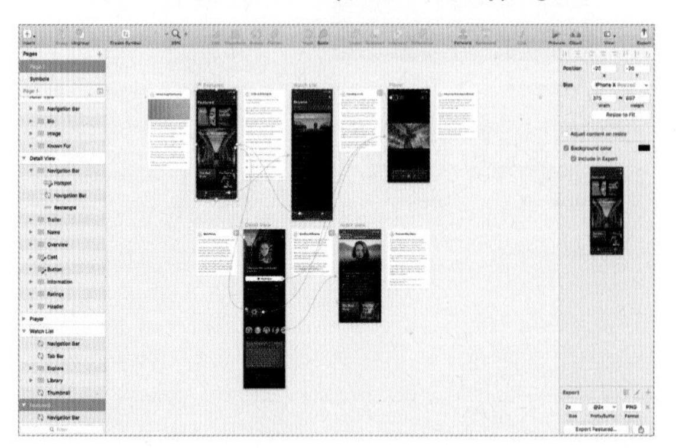

❷ 'Watch List' 아트보드의 Tab Bar 영역을 클릭하고 인스펙터를 살펴봅니다. Tab Bar 영역은 오버라이드 심볼로 지정되어 왼쪽 아이콘에는 피드 모양과 진회색을 선택했고, 오른쪽 아이콘에는 앨범 모양과 노란색을 선택했습니다. 특히 위쪽 'Hotspot Left'와 'Hotspot Right'의 오버라이드 기능을 확인할 수 있습니다. Tab Bar 영역을 더블클릭합니다.

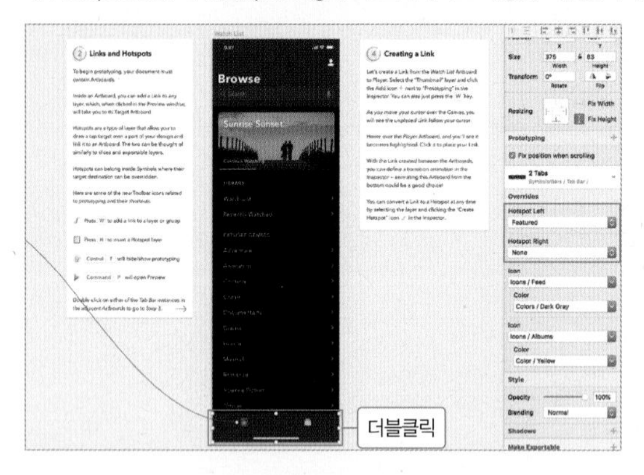


❸ 'Symbols' 페이지로 이동하고 레이어 목록을 확인하면 'Bars/Tab Bar/2 Tabs' 심볼 안에 'Hotsopt Left'와 'Hotspot Right'라는 핫스팟이 지정되어 있습니다. 각각의 핫스팟은 다른 링크를 가집니다.

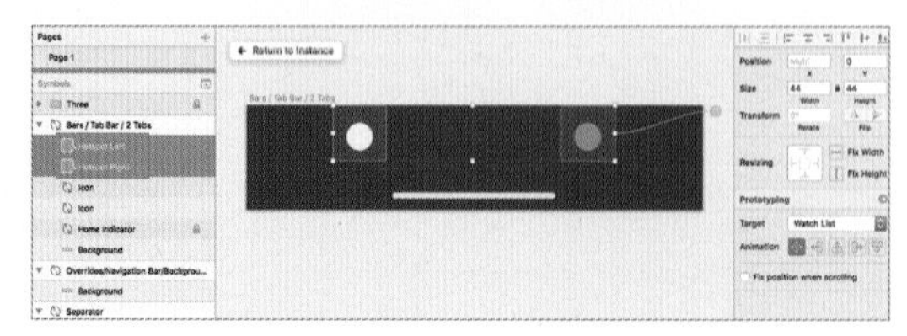

④ 다시 Page 1로 돌아와 'Watch List' 아트보드의 Tab Bar 영역에서 인스펙터를 확인합니다. 오버라이드의 'Hotspot Left'와 'Hotspot Right'는 이전 과정에서 핫스팟을 설정한 레이어 이름입니다. 핫스팟 이름 아래의 팝업 아이콘을 클릭해서 링크하고 싶은 아트보드를 선택합니다. 나중에 아트보드에서 핫스팟 위치를 파악할 수 있도록 자세하게 지정합니다.

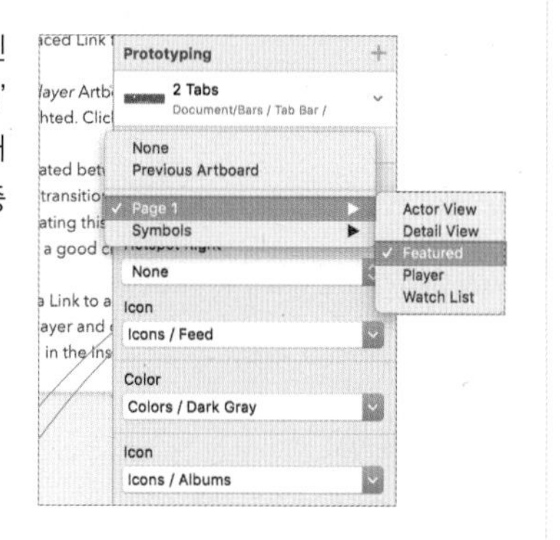


알아두기

## 링크와 핫스팟 색상 변경하기

메뉴에서 〔**Sketch**〕 → **Preferences**를 실행하여 표시되는 Preferences 창의 [Canvas] 탭에서 링크와 핫스팟 색상을 변경할 수 있습니다. 여기서는 보라색을 선택해서 핫스팟 색상을 변경했습니다.

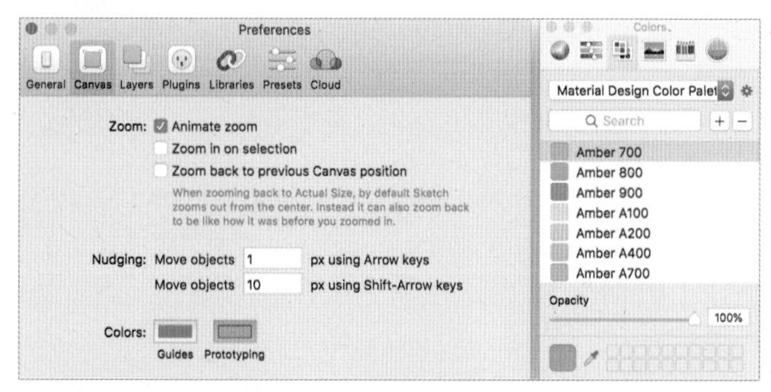


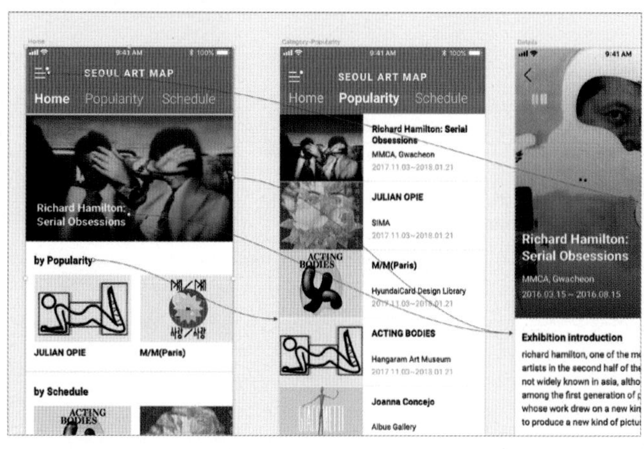

## 시작점(Start Points) 지정하기

시작점Start Points은 어떤 아트보드부터 미리 보기를 시작할지 지정하는 기능입니다. 시작점은 여러 개를 지정할 수도 있어 많은 아트보드로 구성된 매우 복잡한 프로토타입을 만들 때 유용합니다.

1. **시작점 지정하기**: 툴바에서 Preview 도구를 선택하고 미리 보기 창 위쪽의 이름에서 시작점으로 지정하고 싶은 아트보드를 선택한 다음 목록 옆 깃발 아이콘( )을 클릭해 지정할 수 있습니다.
2. **시작점 삭제하기**: Preview 창 위쪽의 아트보드 이름 팝업 메뉴에서 깃발 아이콘( )을 한 번 더 클릭하여 지정된 시작점을 삭제합니다.
3. **시작점 확인하기**: 미리 보기 중 시작점으로 지정한 아트보드가 보일 때 깃발 아이콘( )이 파란색으로 나타납니다.

미리 보기 창에서 지정하는 시작점 ▶

## 미리 보기(Preview)

툴바에서 Preview미리 보기 도구( )를 선택하면 별도의 미리 보기 창이 표시됩니다. 미리 보기를 실행하면 시작점을 지정한 아트보드부터 시작하고, 시작점을 지정하지 않으면 선택된 아트보트부터 미리 보기가 시작됩니다. 미리 보기는 스케치 클라우드Sketch Cloud 또는 스케치 미러Sketch Mirror 앱을 통해서도 가능합니다.

### 1 스케치 클라우드에서 미리 보기

스케치 클라우드를 통해 웹브라우저에서 공유된 링크로 미리 볼 수 있습니다. 작업 내용을 스케치 클라우드에 업로드하려면 툴바에서 Cloud 도구( )를 선택합니다. 파일이 클라우드에 업데이트되면 공유 링크가 나타납니다. 링크를 클릭해 웹브라우저에서 미리 볼 수 있습니다. 스케치 클라우드에 파일을 업로드하려면 클라우드 계정에 가입해야 합니다.

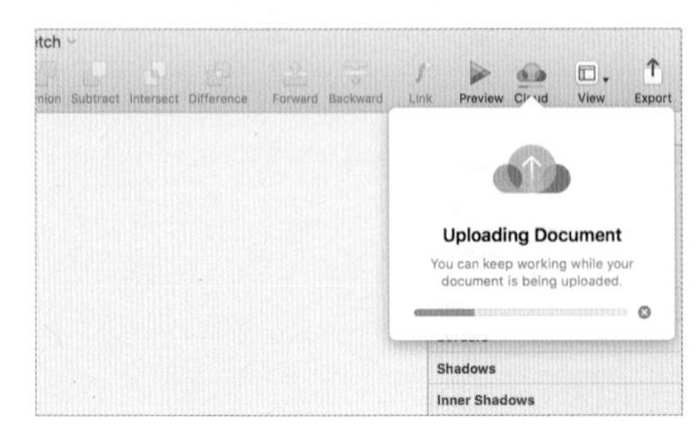


▲ 스케치 클라우드 파일 업데이트

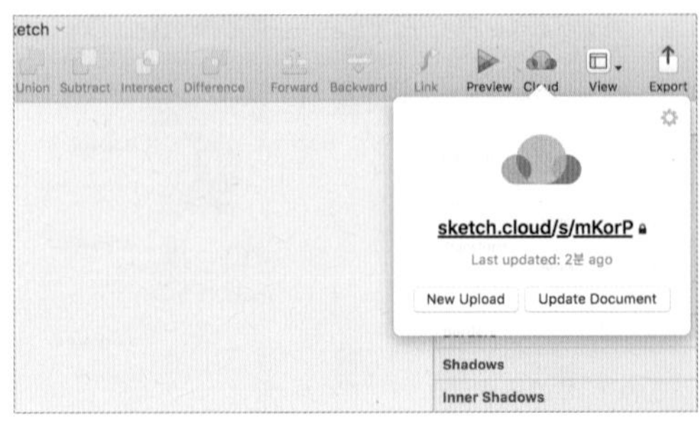


▲ 스케치 클라우드에 만들어진 공유 링크

스케치 클라우드 프로토타입 화면의 오른쪽 아래 아이콘( )을 클릭하면 Comments(메시지) 창이 표시됩니다. 확인해야 할 내용 또는 궁금한 점 등을 메모로 남겨 다른 작업자와 피드백을 주고받을 수 있습니다.

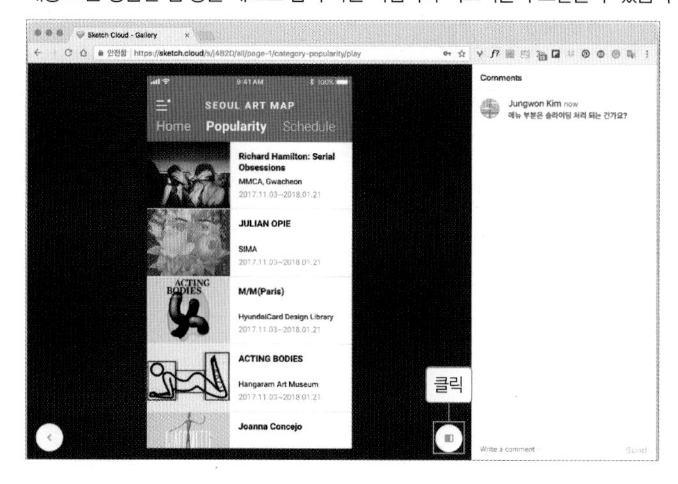


## ❷ 스케치 미러에서 미리 보기

애플 앱스토어에서 스케치 미러 앱을 내려 받아 모바일 기기에 설치하고 앱을 실행하면 데스크톱 스케치 프로그램 위쪽에 알림 메시지가 나타납니다. 앱과 프로그램이 연결되면 알림 상태가 회색에서 주황색으로 바뀝니다. 이때 주황색 메시지 영역을 클릭하면 모바일 기기와 연결됩니다. 연결 뱃지는 스케치 작업 화면 오른쪽 위에 표시됩니다.

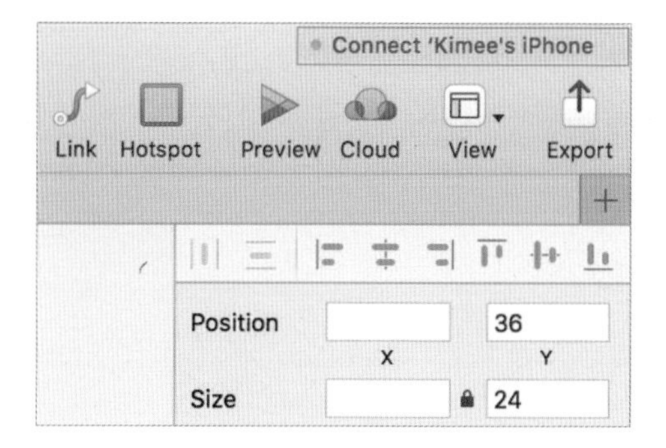

# Section 12 디자인 내보내기

스케치에서 만든 디자인을 다른 작업자 또는 프로그램에서 이용할 수 있도록 내보내기 위한 옵션과 방법에 대해 알아봅니다.

## 내보내기(Export) 옵션 살펴보기

Export의 세부 기능에 대해 알아보고 어떤 경우에 이용하는지 자세히 살펴봅니다.

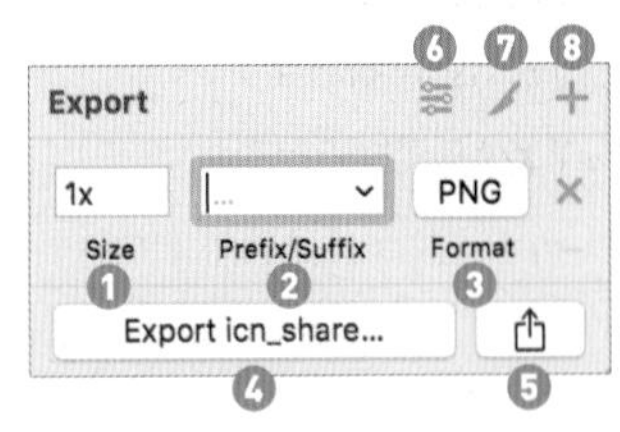


❶ **Size**: 내보낼 이미지의 크기를 설정합니다. 기본은 '1x(실제 디자인한 크기)'입니다. 레티나(고화질) 모바일 화면에 대응하기 위해 '2x'도 많이 이용합니다.
파일 크기의 배율은 얼마든지 수정할 수 있으며 작은 배율은 '0.5x'만 이용할 수 있습니다. 배율로 지정하는 방식 외에도 직접 크기를 입력할 수 있습니다. 예를 들어, 128pixels 너비의 이미지를 내보내려면 Size의 W에 '128'을 입력하고, 128pixels 높이의 이미지를 내보내려면 '128h'를 입력합니다.

❷ **Prefix/Suffix**: 파일을 내보낼 때 파일 이름 앞(Prefix), 뒤(Suffix)에 추가할 이름을 지정해서 배율별로 구분합니다. 먼저 Prefix 또는 Suffix에 적용할 이름과 옵션을 선택해서 파일 이름 앞 또는 뒤에 추가할지 결정합니다. 보통 1x에는 Prefix/Suffix를 사용하지 않으며, 배율에 따른 Prefix/Suffix는 다음과 같습니다.

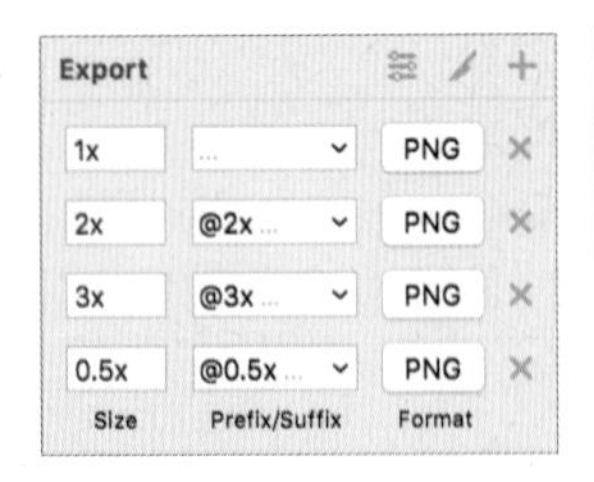

▲ 배율에 따른 Prefix

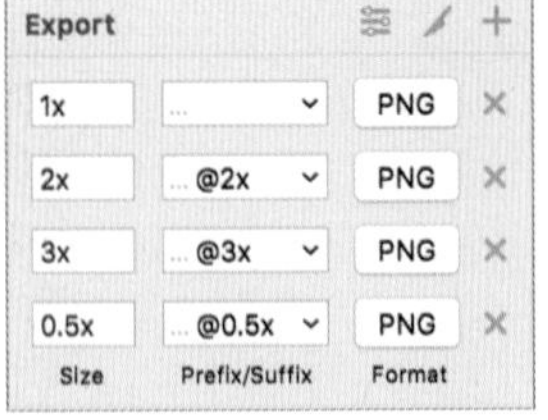

▲ 배율에 따른 Suffix

❸ **Format**: 이미지 파일 포맷을 지정할 수 있습니다. 스케치에서는 PNG 외에도 다양한 포맷을 지원합니다.

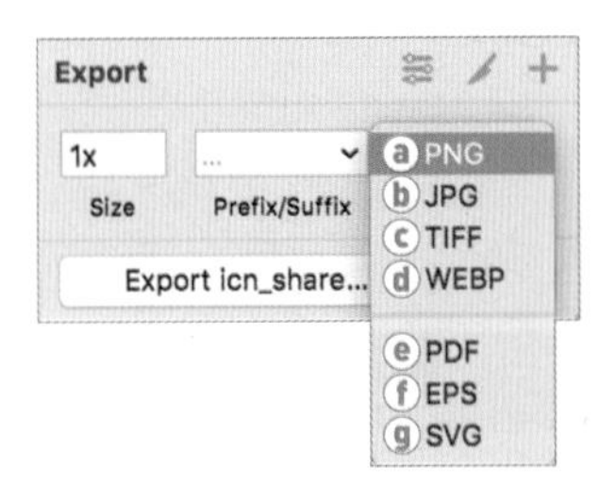

### 비트맵(Bitmap) 파일

비트맵 또는 래스터(Raster) 이미지라고 합니다. 픽셀 기반의 점 하나하나가 모여서 이미지를 만들기 때문에 정교한 표현이 가능하며, 가장 폭넓게 이용하는 이미지 형식입니다.

ⓐ PNG: GIF를 대체하는 파일로 화질이 손실되지 않는 압축 방식이며 원본 파일 손상 없이도 파일 크기를 줄이고 투명 모드를 지원합니다.

ⓑ JPG: 사진이나 큰 이미지에 사용하는 가장 일반적인 파일 포맷입니다. 저장할 때 화질을 지정할 수 있으나 투명 모드는 지원되지 않습니다.

ⓒ TIFF: 이미지를 압축하지 않은 파일 형식이라서 파일 크기가 큽니다.

ⓓ WEBP: 웹에서 작은 크기의 풍부한 이미지를 표현하기 위해 만들어진 새로운 파일 형식으로, 투명 모드를 지원하며 PNG 파일보다 1/3 정도 작은 크기입니다.

**Tip**

비트맵 이미지를 내보낼 때 파일 포맷에 따라 다음과 같이 옵션을 설정할 수 있는 항목이 있습니다.

- **Save for Web:** 이미지에 포함된 추가 데이터(컬러 프로필 등)를 제거한 파일 포맷입니다.
- **Interlace PNG:** 웹에서 인터레이스(Interlace) 파일 포맷을 이용하면 이미지가 완전히 불러들여질 때까지 조금씩 나타냅니다.
- **Progressive JPG:** 인터레이스 PNG와 같으며, 웹에서 이미지가 불러들여질 때 저해상도의 흐릿한 이미지에서 조금씩 선명한 이미지로 나타냅니다.
- **Quality:** JPG와 WebP에서만 이용할 수 있으며 파일 크기와 화질을 설정할 수 있습니다.

### 벡터(Vector) 파일

벡터 이미지는 최근 웹 기술의 발전과 함께 웹과 모바일에서도 많이 이용합니다. 패스 값을 가져 언제든지 자유롭게 편집할 수 있으며 이미지 크기를 늘리거나 줄여도 화질에 영향을 미치지 않습니다.

ⓔ PDF: 문서에서 많이 이용하는 포맷이며 단순한 아이콘 같은 이미지를 PDF 이미지 에셋으로 이용합니다.

ⓕ EPS: 인쇄용 디자인 파일로 많이 이용하며 최근에는 PDF로 대체되었습니다.

ⓖ SVG: 'Scalable Vector Graphic'이라는 뜻으로 웹에서 많이 이용하며 코드로 만들 수 있습니다. SVG 코드는 스케치에서 바로 복사할 수 있습니다.

**Tip**

스케치에서 적용한 특정 효과를 이미지로 내보낼 때 일부 이미지 포맷에서는 효과가 적용되지 않을 수 있습니다. 예를 들면, PDF 포맷에서는 투명도가 있는 그러데이션, SVGs 포맷에서는 Inner/Outer 선이 적용되지 않습니다.

❹ **Export**: 선택한 이미지를 바로 내보낼 수 있습니다.

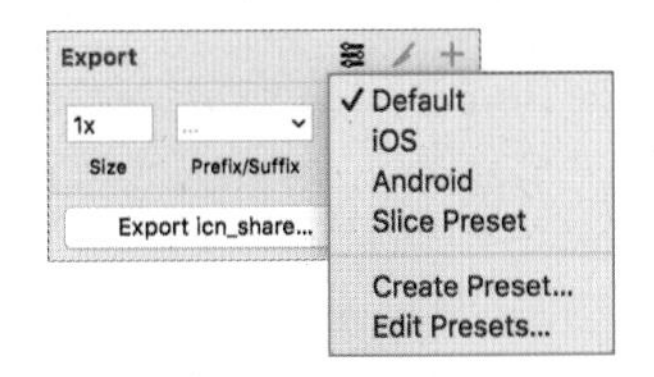


❺ **Share**: 선택한 이미지를 다양한 응용 프로그램으로 내보낼 수 있습니다.

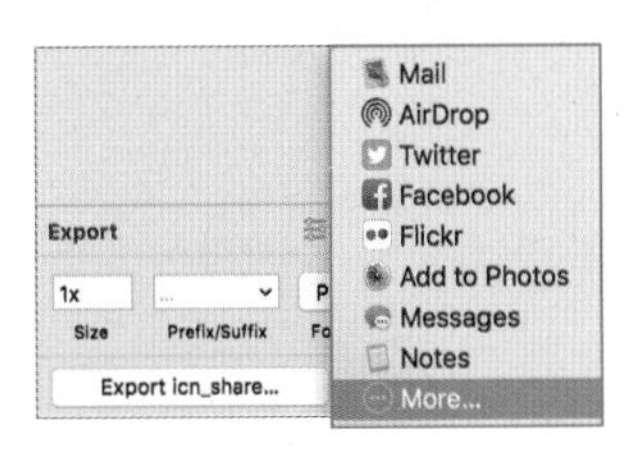

**⑥ Apply a slice preset( )**: 내보낼 이미지 배율을 미리 설정합니다. 기본적으로 iOS와 안드로이드용 프리셋이 설정되어 있으며 추가할 수도 있습니다.

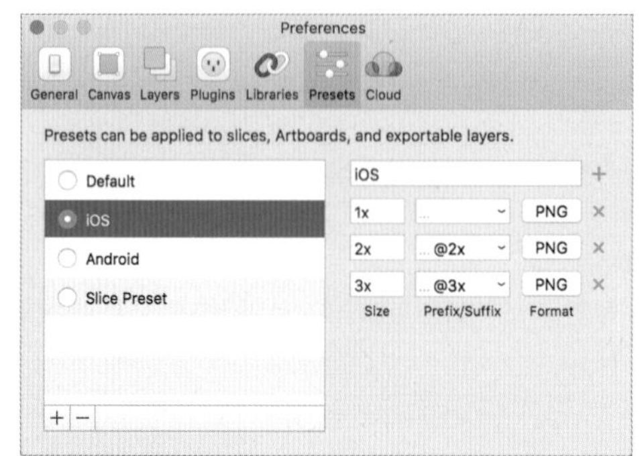


▲ iOS 프리셋

▲ 내보낸 폴더의 이미지 에셋 파일

일반적으로 iOS 이미지 에셋을 만들 때에는 '@2x'를 파일 이름 뒤(Suffix)에 입력하고, 안드로이드의 이미지 에셋을 만들 때에는 'mdpi/'처럼 스크린 Density 이름을 Prefix에 입력하며 마지막에 슬래시(/)를 넣어 Density 이름으로 폴더를 구분한 다음 폴더의 이미지를 내보냅니다.

프리셋은 메뉴에서 [Sketch] → Preferences를 실행해도 설정할 수 있습니다.

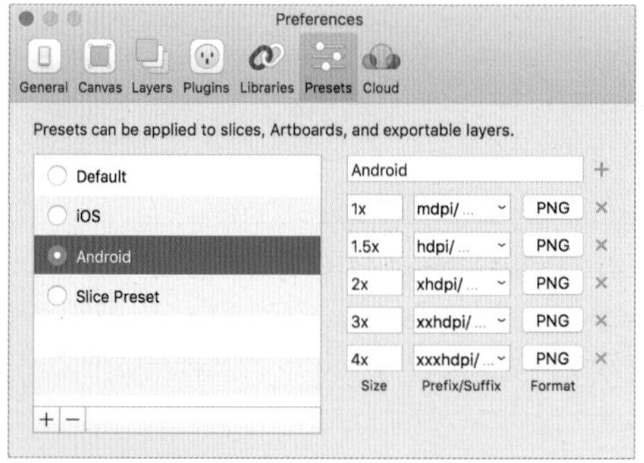


▲ 안드로이드 프리셋

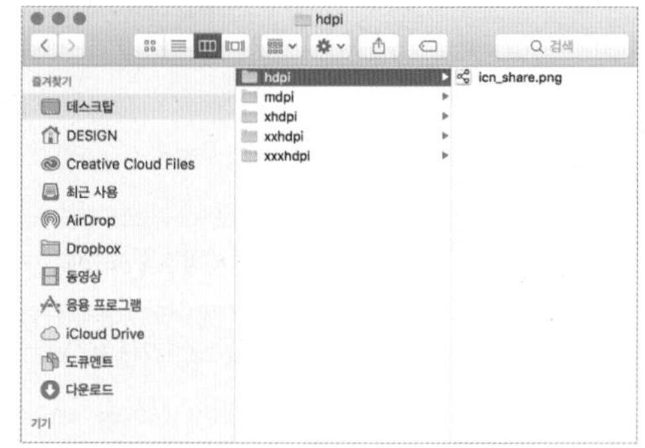


▲ 내보낸 폴더와 이미지 에셋 파일

**⑦ Create a separate slice layer( )**: 아트보드에서 이미지를 클릭하거나 이미지에서 드래그한 영역을 내보냅니다.

**⑧ Add new export size( + )**: 아이콘을 클릭할 때마다 내보낼 이미지를 추가할 수 있습니다. 이미지를 삭제하려면 파일 포맷 아이콘 옆의 ☒ 아이콘을 클릭합니다.

## Slice 도구로 이미지 일부분만 내보내기

스케치에서는 'Make Exportable'을 클릭해서 원하는 오브젝트를 선택한 다음 내보낼 수 있을 뿐만 아니라, Slice 도구를 이용해서 아트보드 위에 영역을 지정하여 이미지의 일부분을 내보낼 수 있습니다. Slice 도구는 여백을 포함한 아이콘을 내보내거나 이미지가 클 때 분할하면 유용합니다.

## Slice 영역의 원하는 오브젝트만 그룹에 넣기

'Details' 아트보드 위쪽의 전시 이미지만 잘라보겠습니다.

❶ 툴바에서 Insert → Slice를 선택하거나 S를 눌러 Slice 도구를 선택한 다음 전시 이미지 영역을 드래그합니다. 슬라이스 영역이 레이어로 등록됩니다.

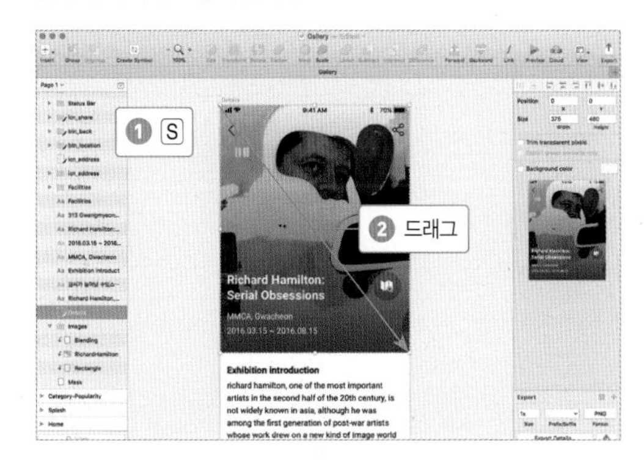


❷ 인스펙터에서 미리 보기를 통해 슬라이스 이미지를 확인합니다. 이미지만 잘라내고 싶은데, 텍스트와 아이콘 등 많은 오브젝트가 포함되어 있습니다.
레이어 목록에서 'Details' 슬라이스 레이어와 이미지에 해당하는 레이어를 전체 선택한 다음 Cmd+G를 눌러 그룹으로 지정하고 그룹 레이어 이름을 'img_main'으로 변경합니다.
그룹을 열고 슬라이스 레이어를 선택한 다음 레이어 이름을 'img_main'으로 수정합니다.

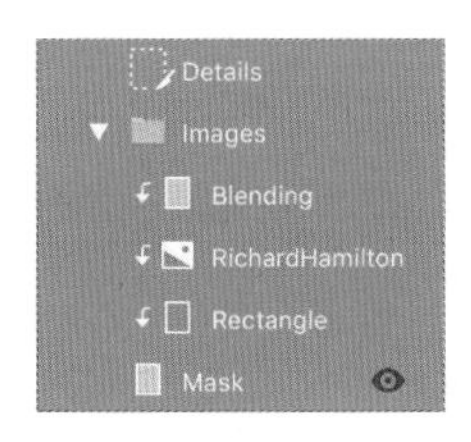


▲ 그룹 지정

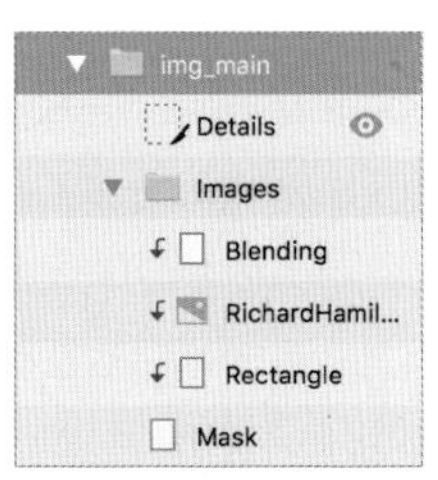


▲ 그룹 이름 지정

▲ 슬라이스 레이어 이름 지정

❸ 인스펙터에서 'Export group contents only'에 체크 표시합니다. 인스펙터의 미리 보기에서 텍스트 및 아이콘 등 오브젝트들이 제외되고 그룹 안에 있는 이미지만 슬라이스됩니다.

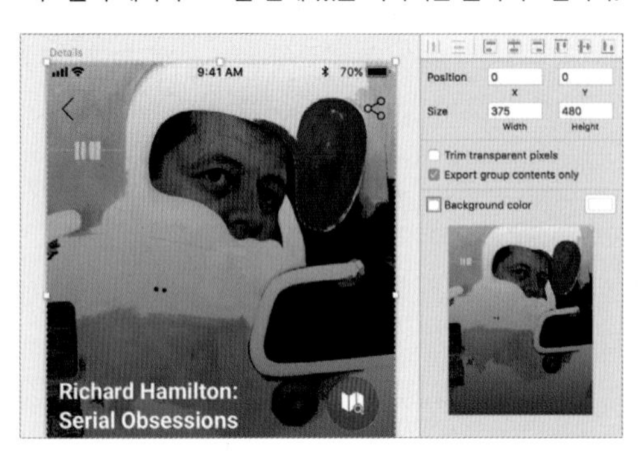


## Slices 옵션 살펴보기

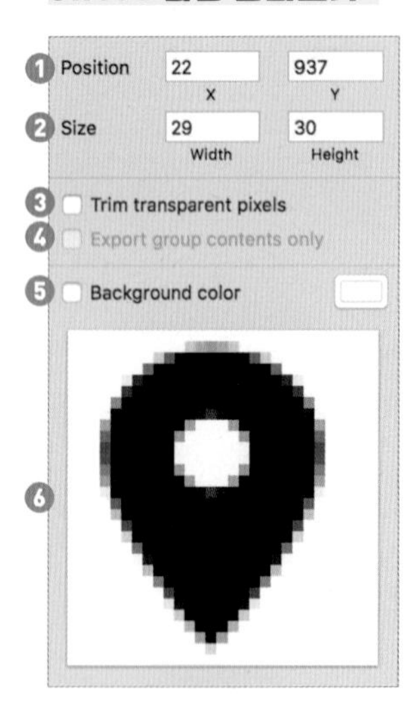


❶ **Position**: 슬라이스 영역의 위치를 나타냅니다. 직접 값을 입력해서 위치를 변경할 수 있습니다. 캔버스에서 슬라이스 레이어를 클릭하면 영역이 방향선으로 바뀌며, 방향키를 이용하여 세밀하게 조절하면서 이동할 수 있습니다.

❷ **Size**: 슬라이스 영역의 크기를 보여줍니다. 직접 값을 입력해서 영역의 크기를 수정할 수 있습니다. 캔버스에서 슬라이스 영역 레이어를 클릭하면 영역이 방향선으로 바뀌는데, 커서로 방향점을 조절해서 크기를 수정할 수 있습니다.

❸ **Trim transparent pixels**: 슬라이스 영역의 여백을 잘라내고 내보냅니다.

❹ **Export group contents only**: 그룹 안에 있는 콘텐츠만 슬라이스됩니다. 슬라이스할 때 원하지 않는 부분이 있을 경우 그룹 밖으로 오브젝트를 내보내면 영역에서 제외됩니다.

❺ **Background color**: 선택한 색상으로 배경색을 채웁니다.

❻ **Preview**: 슬라이스 영역의 이미지를 미리 보여줍니다.

## Make Exportable과 Slice 도구의 차이점

'Details' 아트보드에서 디자인한 시설 안내 아이콘을 통해 'Make Exportable'과 Slices 도구의 차이점을 알아봅니다. 같은 아이콘을 내보내더라도 어떤 도구를 이용하는가에 따라 이미지 에셋의 크기가 달라집니다.

'Make Exportable'을 클릭하면 이미지 에셋의 크기가 모두 달라지며, Slice 도구를 이용하면 이미지 에셋의 크기를 모두 같게 유지할 수 있습니다. 'Make Exportable'과 Slices 도구의 이미지 에셋은 다음과 같은 특징이 있습니다.

▲ 'Make Exportable'을 클릭했을 때
이미지 에셋 크기: 37X48, 48X48, 40X40

▲ Slices 도구를 사용했을 때
이미지 에셋 크기: 모두 48X48

### Make Exportable의 이미지 에셋

- 선택한 오브젝트와 같은 크기입니다.
- 선택한 오브젝트만 내보내고, 배경은 내보내지 않습니다.
- 에셋은 레이어에 지정된 이름과 같은 이름을 가집니다.

### Slice 도구의 이미지 에셋

- 배경색을 포함할지 선택할 수 있습니다.
- 그룹 안에 있는 콘텐츠만 내보낼지, 배경 이미지도 함께 내보낼지 선택할 수 있습니다.
- 여백을 포함해서 내보낼지, 오브젝트에 딱 맞춰서 내보낼지 선택할 수 있습니다.

## 슬라이스 영역 복제하기

Slice 도구로 영역을 지정한 다음 같은 크기의 영역을 지정하려면 캔버스에서 처음 지정한 영역을 선택하고 Option을 누른 채 이동해서 복제합니다. 물론 레이어 목록에서 슬라이스 레이어를 복제해도 됩니다. 이렇게 복제한 영역 레이어를 원하는 오브젝트 위에 배치한 다음 레이어 이름을 해당 오브젝트에 맞게 수정합니다.

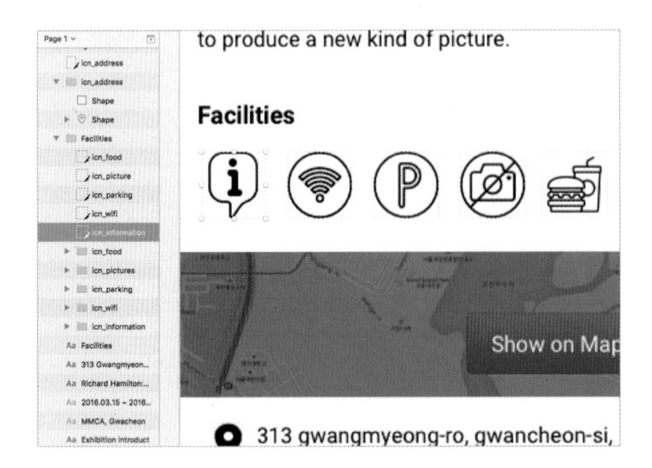


## 여백 없이 자르기

'icn_food' 아이콘의 슬라이스 레이어를 클릭합니다. 인스펙터에서 'Trim transparent pixels'에 체크 표시합니다. 내보낼 때 오브젝트 외의 비어 있는 부분을 없애고 오브젝트에 딱 맞게 내보냅니다.

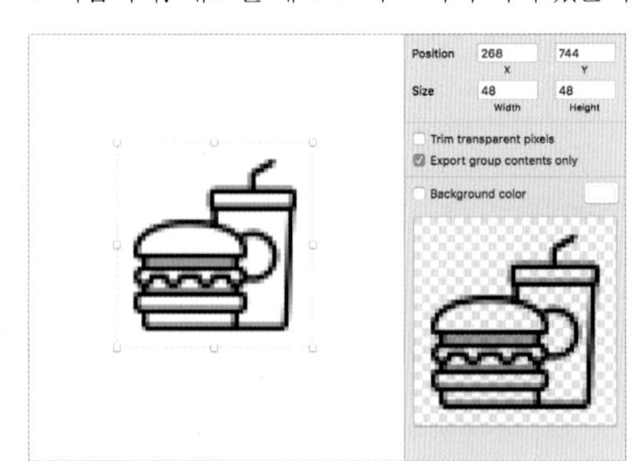


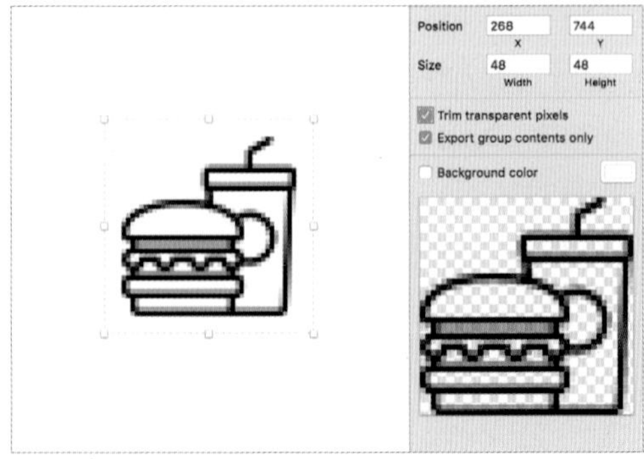

▲ 'Trim transparent pixels'에 체크 표시하지 않았을 때

▲ 'Trim transparent pixels'에 체크 표시했을 때

ction

# 13 스케치의 새로운 기능 이해하기

새로워진 스케치 49 이후 버전의 새로운 기능에 관해 살펴봅니다.

2018년 3월, 스케치는 놀라운 기능의 49 버전으로 업데이트되었습니다. 스케치 클라우드Sketch Cloud는 기존의 라이브러리Library에 새로운 방식으로 공유하고 접근할 수 있도록 기능과 UI가 업데이트되면서 애플의 iOS UI가 내장되었습니다. 무엇보다 눈에 띄는 업데이트는 스케치 포럼Forum이나 밋업Meetup[11]에서 가장 요청이 많았던 '프로토타이핑Prototyping' 기능입니다.

프로토타이핑은 진행 중인 프로젝트의 데모 파일을 빠르게 만들어 팀원들과 공유해서 특정 또는 전체 작업의 사용성을 테스트할 수 있도록 합니다. 또한, 개발 단계 이전에 프로토타이핑한 작업을 보고해서 개발 승인을 받거나 투자를 끌어내는 발표에 활용할 수 있습니다.

인터랙티브 프로토타입과 스케치의 핵심 기능인 심볼을 기준으로 공유 라이브러리화해서 스케치 클라우드를 통해 디자인을 공유하고 업데이트하는 디자인 시스템[12]의 기반이 마련되었습니다. 이러한 중요 업데이트를 기반으로 스케치 커뮤니티의 활발한 활동이 더욱 기대됩니다. 스케치 49 이후 버전 업데이트된 내용에 관해 살펴보겠습니다.

## 스케치의 프로토타이핑

디자이너라면 한 번쯤 이런 답답한 상황을 경험한 적이 있을 겁니다. 아무리 디자인을 잘 하고, 디자인 가이드 등의 문서를 잘 정리해서 설명하더라도 한 장의 이미지만으로는 모든 것을 전달할 수 없지요. 디자인 요소 또는 화면이 어떻게 연결되는지 직접 클릭하면서 확인할 수 있다면, 즉 인터랙티브한 프로토타입을 만들 수 있다면 디자인 흐름을 더욱 쉽게 설명할 수 있을 것입니다.

스케치 49 이전 버전에서는 인터랙티브 프로토타입을 만들기 위해 플린토Flinto나 프린시플Principle과 같은 외부 플러그인이 필요했습니다. 새롭게 추가된 '프로토타이핑' 기능으로 외부 플러그인 없이도 스케치에서 디자인한 작업물을 인터랙티브한 프로토타입으로 완성할 수 있습니다.

11 **밋업(Meet Up)** 주로 소프트웨어 업계에서 공통의 관심을 가진 사람들이 오프라인에서 만나 정보를 나누고, 네트워크를 만드는 모임을 뜻합니다. 포럼보다는 좀 더 자유롭고 작은 규모로 모이며, 동호회와 비슷한 성격을 가집니다.

12 **디자인 시스템** 컬러, 폰트, UI 컴포넌트 등을 정리한 디자인 스타일 가이드를 기반으로 적용한 코드를 의미합니다. 디자인 스타일의 재사용이 목적이며, 제품을 개발할 때 디자인의 일관성을 유지할 수 있고, 디자인 워크플로우의 효율성을 가져옵니다.

스케치의 새로운 기능인 '**링크**Link'와 '**미리 보기**Preview'를 이용해 아트보드를 연결하고 전환 효과를 적용한 다음 결과를 미리 확인할 수 있습니다. 물론 '스케치 미러Sketch Mirror'가 설치된 모바일 기기를 통해 직접 인터랙티브 프로토타입을 시연할 수 있고, **스케치 클라우드**를 통해 팀원들과 프로토타입을 공유하며 의견을 주고받을 수도 있습니다.

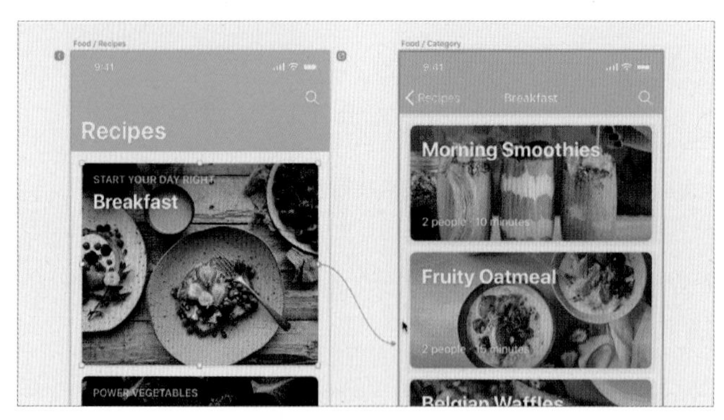

▲ '링크(Link)' 기능을 이용해 완성한 인터랙티브 프로토타입

프로토타이핑도 정말 간단합니다. 먼저 링크하려는 레이어를 선택한 다음 툴바에서 Link링크 도구를 선택합니다. 노란 선의 화살표를 연결하려는 아트보드에 드래그하기만 하면 됩니다. 일단 '링크' 기능을 이용해 아트보드가 연결되면 인스펙터에서 연결되는 화면으로 좀 더 부드럽게 전환되도록 트랜지션 효과, 즉 'Animation애니메이션'을 선택합니다.

연결한 인터랙션을 확인하려면 툴바에서 **Preview**미리 보기 도구를 선택합니다. 프로토타입을 확인하기 위한 미리 보기 창이 표시되어 실제 웹 또는 앱을 사용하듯이 작업한 프로토타입을 테스트할 수 있습니다. 작업물을 스케치 클라우드에 업로드해 팀원들과 링크를 공유하고 의견을 남길 수도 있습니다.

플러그인을 따로 설치하지 않아도 간단한 인터랙션을 만들고 빠르게 공유하는 것은 큰 장점입니다. 어도비 XD가 스케치와 비교해서 유일한 장점으로 내세웠던 내장 인터랙티브 프로토타이핑 기능을 스케치에서도 지원하게 되었습니다. 물론, 스케치의 프로토타이핑 기능은 외부 플러그인을 사용해서 작업할 때와 비교하면 아직은 부족하기 때문에 세밀한 모바일 제스처나 애니메이션을 표현하기에는 많은 제약이 있습니다.

스케치가 프로토타이핑 기능을 단순하게 유지하는 것은 아마도 지금까지 스케치의 성공에 큰 역할을 하던 써드파티 플러그인 회사와의 공생 관계도 영향을 미쳤을 것입니다. 스케치에서 프로토타이핑하는 자세한 방법은 71쪽에서 설명합니다. 만약 프로토타입 작업에서 좀 더 세밀하고 섬세한 애니메이션이 요구된다면 Part 05의 플린토Flinto 플러그인을 참고합니다.

## 공유 라이브러리

스케치 47에서 추가된 '라이브러리Library' 기능이 좀 더 강력해졌습니다. 스케치 클라우드Sketch Cloud에 업로드된 라이브러리를 다운로드하고 구독할 수 있습니다. 라이브러리를 구독하면 새로운 버전이 업로드될 때 알림을 받을 수 있고, 새로운 버전을 로컬 라이브러리로 업데이트할지 여부를 선택할 수도 있습니다. 이 기능은 디자인 시스템이나 스타일 가이드 등을 팀원들과 공유해서 작업할 때, 특정 소스를 수정해서 업데이트할 때 매우 유용합니다. 스케치 클라우드에 파일을 공유하고 활용하는 자세한 방법은 Section 14에서 자세히 알아봅니다.

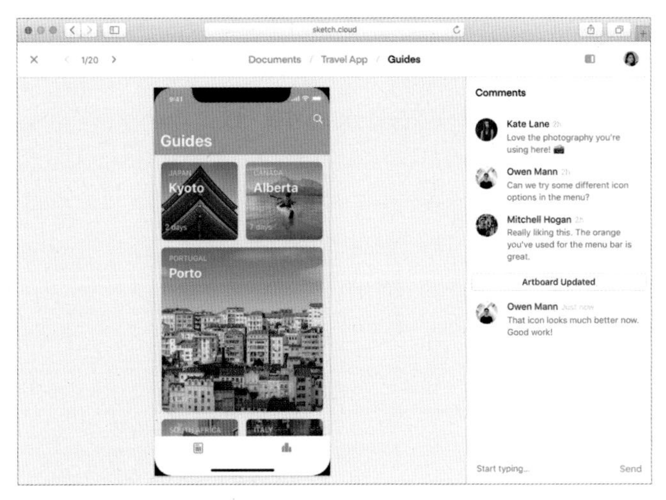


▲ 스케치 클라우드

## 내장 라이브러리 - 애플 iOS UI

아이폰 또는 아이패드와 같은 iOS 디자인에서 애플의 디자인 템플릿은 신성한 기준이 됩니다. 스케치는 애플과 공동으로 공식 iOS 11 UI 키트를 공유 라이브러리로 구축했습니다. 애플의 iOS UI를 구독하면 UI가 업데이트될 때마다 최신 라이브러리를 유지하고, 이를 기준으로 작업할 수 있습니다. 애플의 iOS UI 라이브러리는 메뉴에서 **[Sketch] → Preferences**를 실행하여 [Libraries] 탭에서 내려 받을 수 있습니다.

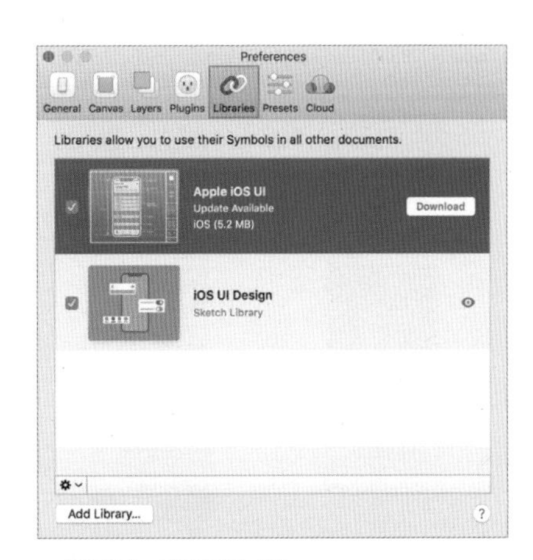


▲ 구독하려는 라이브러리 선택

# 스케치 클라우드 기능 살펴보기

스케치 클라우드 서비스의 세부 기능을 살펴봅니다. 스케치 클라우드는 계정만 있다면 언제 어디서든 스케치 파일을 공유하고 미리 보거나 내려 받을 수 있고, 메시지를 남길 수도 있습니다.

스케치에 업로드된 파일의 링크 주소만 안다면 누구나 볼 수 있거나, 메일을 통해 초대된 사람만 파일을 볼 수 있도록 설정할 수도 있습니다. 단, 스케치 클라우드는 스케치 라이선스가 있는 사용자만 파일을 업로드할 수 있습니다. 파일을 보는 것은 계정이 없어도 가능합니다. 시험 버전을 사용 중이라면 무료 사용 기간 동안만 파일을 업로드할 수 있습니다.

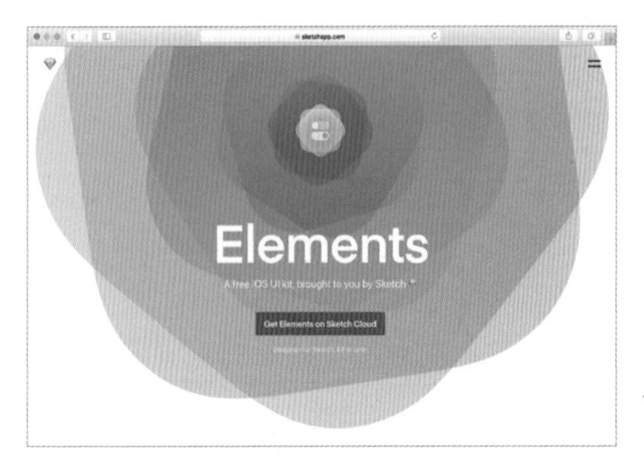


◀ https://sketchapp.com/elements에 접속해서 스케치가 클라우드를 통해 공유한 UI 키트를 내려 받거나, 라이브러리에 등록할 수 있습니다.

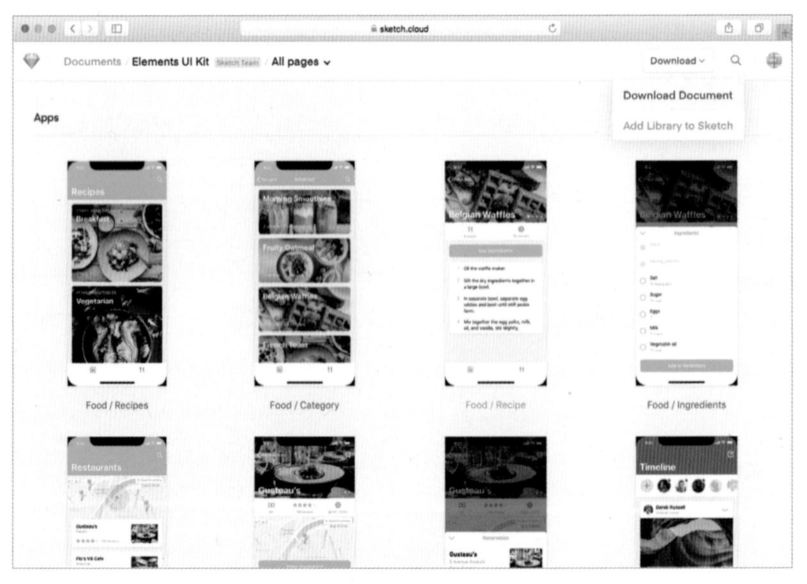


◀ 스케치가 클라우드에 공유한 Elements UI 키트 화면

## 무작정 따라하기 | 스케치 클라우드 계정 만들기

스케치 클라우드 계정은 다양한 경로를 통해 만들 수 있습니다. 스케치 앱을 사용할 때 가장 간단하게 계정을 만드는 방법은 스케치 툴바의 Cloud 도구를 선택해서 가입하는 것입니다.

1 스케치에서 툴바의 Cloud 도구를 선택하고 팝업 창에서 〈Create Account〉 버튼을 클릭합니다.

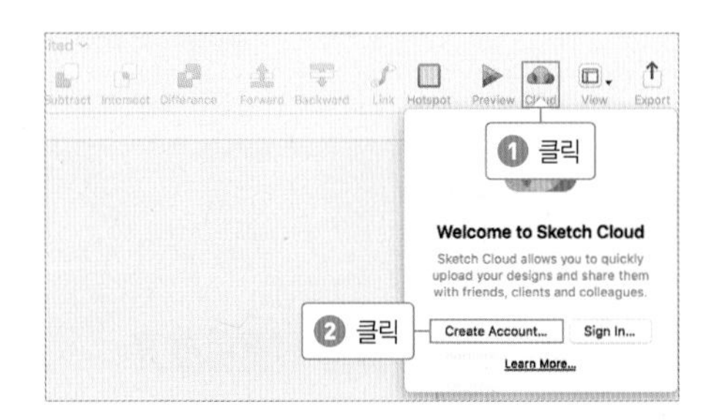


2 가입 화면에서 이름, 이메일 주소, 비밀번호를 입력하고 〈Sign Up〉 버튼을 클릭합니다.

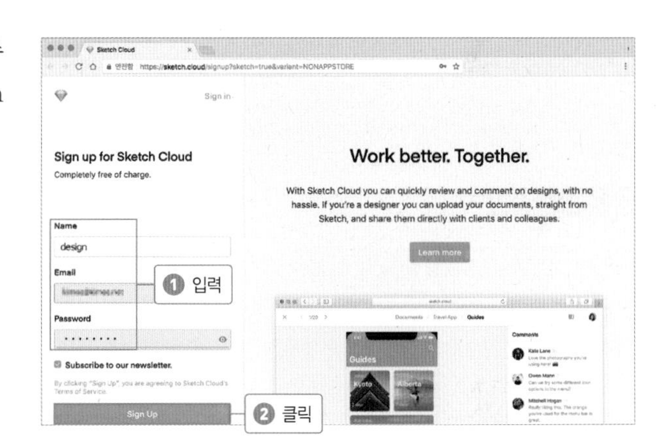


3 스케치 클라우드에 계정이 만들어집니다. 등록한 이메일 계정을 확인하고 〈Verify Email〉 버튼을 클릭합니다.

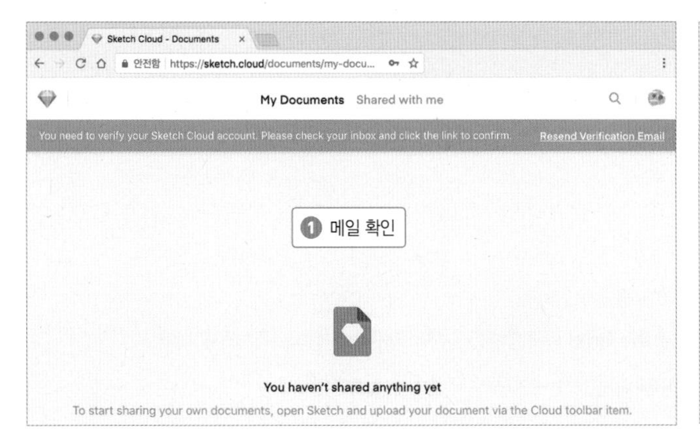


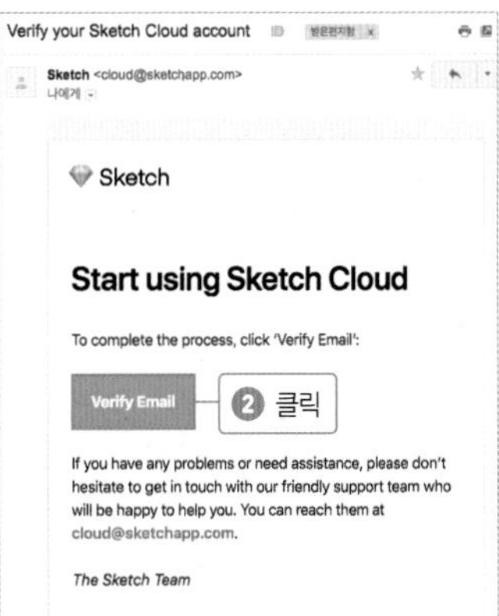

4 가입과 동시에 스케치 프로그램 실행에 관한 팝업 창이 표시됩니다. 〈Sketch 열기〉 버튼을 클릭해 스케치가 실행되고 Preferences 창이 표시되면 [Cloud] 탭에 계정 정보가 나타납니다.

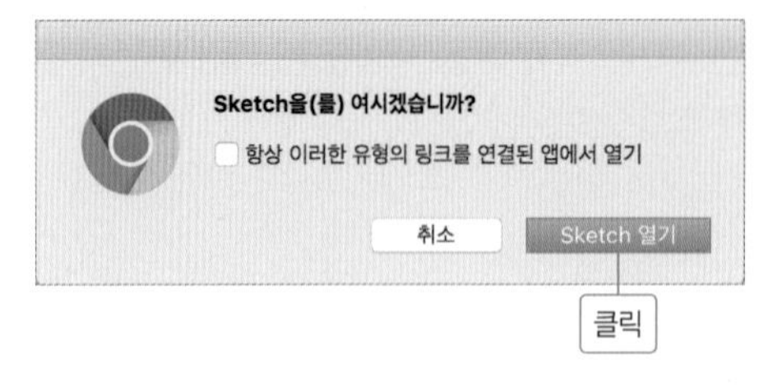

## 스케치 클라우드에 파일 업로드하기

스케치에 업로드한 파일은 공개 또는 비공개로 지정해서 공유할 수 있고, 파일을 다운로드할 때에도 로컬 또는 라이브러리에 저장할 수 있습니다. 스케치 파일을 클라우드에 업로드하려면 툴바의 Cloud 도구를 선택합니다. 파일을 업로드하는 방법은 78쪽 '스케치 클라우드에서 미리 보기'에서 다룹니다.

## 공유 설정하기

파일이 업데이트되면 공유와 다운로드 여부를 설정할 수 있는 팝업 창이 표시됩니다. 파일을 공유할 팀원들의 이메일 주소를 입력한 다음 〈Add〉 버튼을 클릭해서 등록합니다. 등록된 팀원의 이메일은 아래쪽에 목록으로 나타납니다. 아래쪽의 공유 옵션을 체크 표시하여 설정합니다.

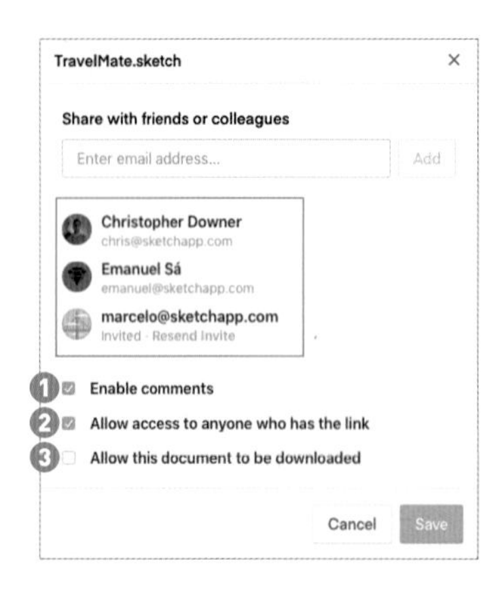


❶ **Enable comments**: 메시지를 나눌지 여부를 선택합니다.

❷ **Allow access to anyone who has the link**: 링크를 받은 누구나 접근이 가능하도록 허용합니다.

❸ **Allow this document to be download**: 파일을 내려 받을 수 있도록 허용합니다.

## 파일 다운로드하기

스케치 클라우드에서 파일을 다운로드하려면 문서 오버뷰 페이지 위쪽 〈Download〉 버튼을 클릭하여 'Download Document로컬에 저장할지' 또는 'Add Library to Sketch스케치 라이브러리로 저장할지'를 선택합니다. 'Add Library to Sketch'를 선택하면 스케치의 Preferences 창에서 [Libraries] 탭에 저장됩니다.

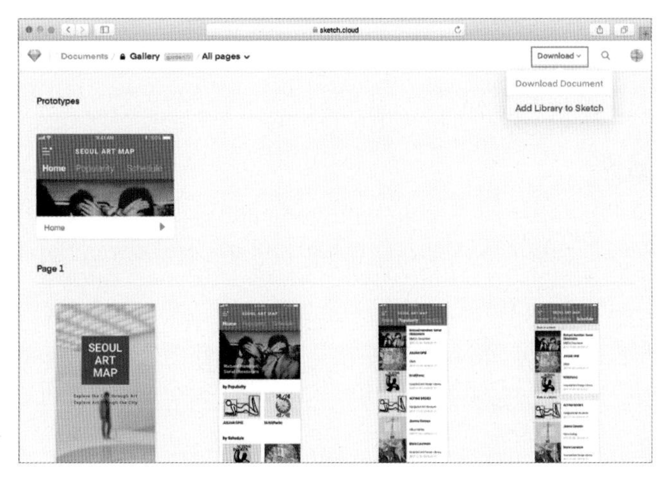


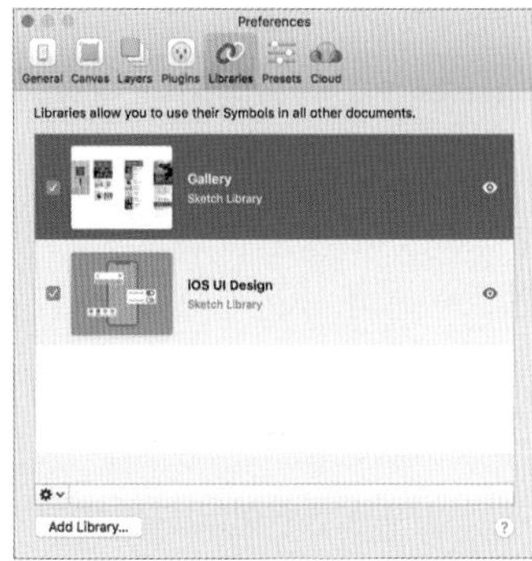


**Tip**

라이브러리 아래쪽의 'Settings' 아이콘(⚙)을 클릭해서 라이브러리 파일의 'Remove (삭제)' 또는 'Disable(비활성화)' 등 라이브러리를 관리할 수 있습니다.

## 공유 파일 업데이트하기

스케치 클라우드에 공유된 파일은 같은 URL로 다시 업로드할 수 있습니다. 툴바의 Cloud 도구를 선택한 다음 표시되는 팝업 창에서 〈Update Document〉 버튼을 클릭합니다. 파일 내용은 업데이트되지만, 링크를 다시 공유할 필요가 없고 이전의 메시지 등도 그대로 유지할 수 있습니다.

파일이 업데이트되면 라이브러리로 구독을 신청한 팀원들은 파일 내용이 업데이트되었다는 알림을 받을 수 있습니다. 업데이트 뱃지는 스케치 작업 화면 오른쪽 위에 표시됩니다.

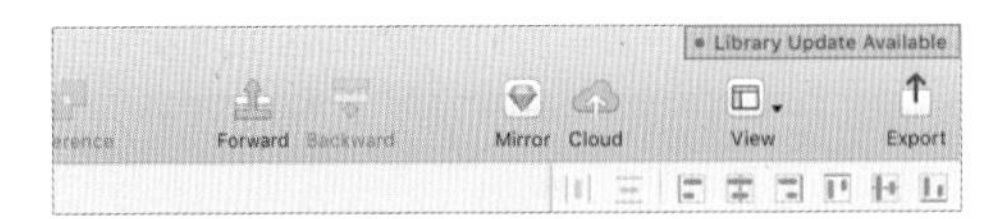


▲ 스케치 업데이트 뱃지

## 업데이트된 라이브러리 다운로드하기

스케치 화면 오른쪽 위에 표시된 보라색 업데이트 뱃지를 클릭하면 이전의 이미지Old와 업데이트된 이미지New를 비교해서 확인할 수 있는 창이 표시됩니다. 업데이트 내용을 이미지로 확인해서 업데이트 여부를 직접 결정할 수 있습니다.

왼쪽 옵션을 체크 표시하여 선택한 다음 〈Update Symbols〉 버튼을 클릭하면 모든 심볼이 한번에 업데이트되며, 문서의 전체 페이지와 심볼 인스턴스에 업데이트 내용이 적용됩니다. 만약 업데이트 여부를 고민하는 심볼이 있다면 체크 표시를 해제합니다.

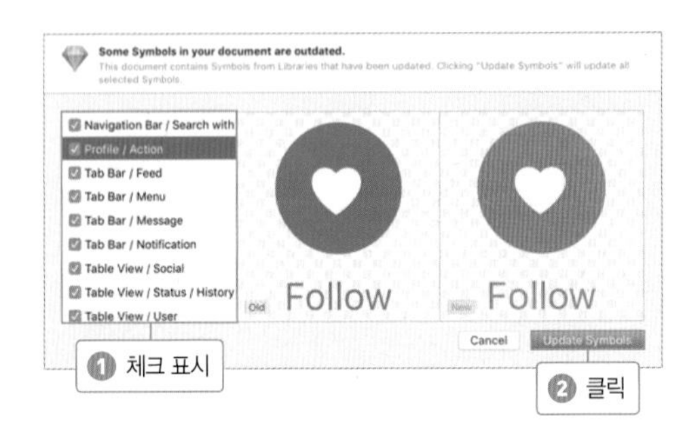


디자인에서 업데이트하지 않으려는 심볼이 있다면 캔버스에서 심볼 인스턴스를 더블클릭하여 표시된 창에서 〈Unlink from Library〉 버튼을 클릭합니다. 링크가 해제된 심볼은 로컬 심볼로 변경되어 이후로는 심볼 업데이트에 영향을 받지 않습니다. 이렇게 로컬화된 심볼은 'Symbols' 페이지에서 확인할 수 있습니다.

## 공유 파일 삭제하기

스케치 클라우드에 공유된 파일을 삭제하려면 스케치 클라우드 페이지 내비게이션 바 왼쪽의 스케치 로고 아이콘을 클릭해서 파일 오버뷰 페이지로 이동합니다. 삭제하려는 파일에 커서를 위치시켜 'Settings' 아이콘(⚙)이 나타나면 클릭하고 'Delete'를 선택해서 삭제할 수 있습니다.

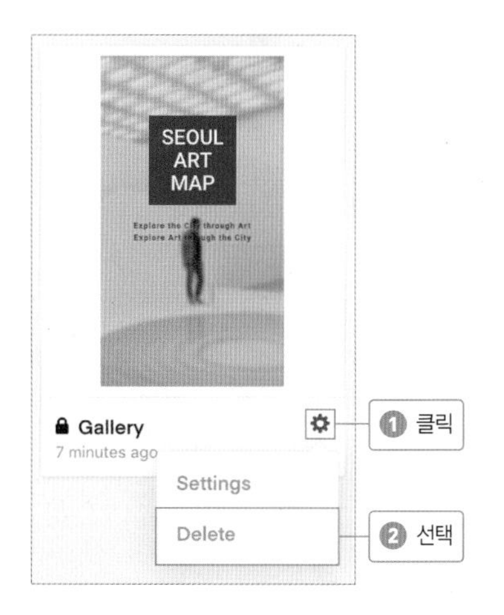


파일을 삭제하면 공유하던 사용자는 더 이상 파일에 접근할 수 없으며, 파일의 메시지와 함께 삭제되므로 다시 한 번 신중하게 확인하라는 팝업 창이 표시됩니다. 〈Delete document〉 버튼을 클릭해 스케치 클라우드에서 파일을 삭제합니다.

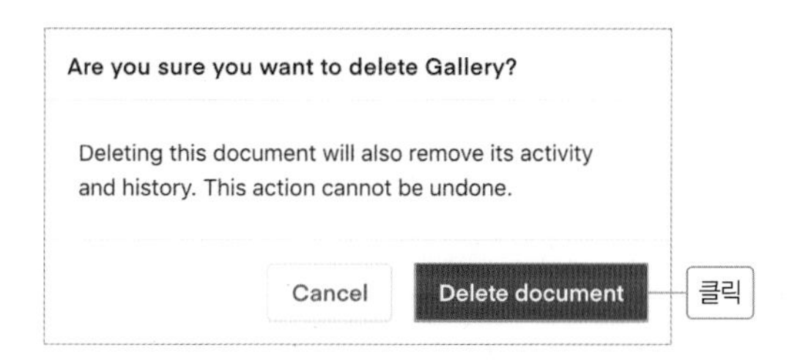

# PART 02

실무 앱 디자인 작업 과정에 따라 스케치에서 갤러리 앱을 디자인해 봅니다.

실전
스케치에서
갤러리 앱 화면
디자인하기

# 스플래시 화면 디자인하기

스케치를 이용해 전시를 안내하는 SEOUL ART MAP 앱을 만들어 보겠습니다. 스케치의 기본 기능을 이용해서 함께 갤러리 앱의 시작 화면인 스플래시 화면을 디자인해 봅니다.

# 예제 파일 · 02\Background_gallery.jpg # 완성 파일 · 02\Splash.sketch

외국인을 위한 전시 정보 앱으로 서울에서 열리는 전시를 날짜별, 인기별, 형태별로 소개하고 간단한 갤러리 정보를 안내하는 앱을 만들어 봅니다.

스플래시 화면(Splash Screen)이란, 앱을 구동할 때 보여주는 시작 화면을 뜻합니다. 보통 게임과 같이 용량이 큰 앱의 경우 데이터를 불러오는 동안 스플래시 화면이 노출됩니다. 스플래시 화면에는 로고 디자인, 로고를 활용한 애니메이션, 앱 기능을 암시하는 이미지를 보여줍니다.

## 새 문서 만들기

프로젝트의 첫 걸음인 새로운 프로젝트 파일을 만들어 보겠습니다. 스케치를 실행하면 다음과 같은 시작 화면이 표시됩니다.

### ❶ [Recents] 탭

스케치 시작 화면 오른쪽 위 [Recents] 탭에서는 기존에 작업했던 파일이나 새로운 문서를 선택하여 시작할 수 있습니다.

'New Document'를 더블클릭하거나 선택한 다음 아래쪽의 〈Choose〉 버튼을 클릭해 새로운 문서를 만듭니다. 메뉴에서 〔File〕 → New를 실행하거나 Cmd+N을 눌러 새로운 문서를 만들 수도 있습니다.

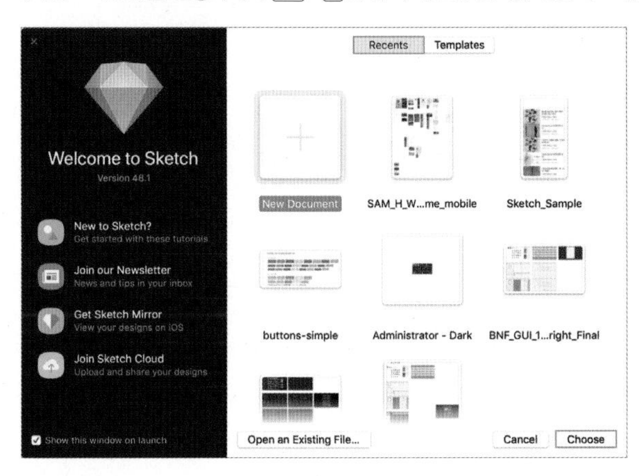


◀ 스케치를 실행했을 때 표시되는 시작 화면

### ❷ [Templates] 탭

시작 화면에서 [Templates] 탭을 선택하여 스케치의 템플릿 파일을 불러올 수 있습니다. 스케치에서 기본으로 제공하는 템플릿 파일로는 안드로이드와 아이폰 아이콘 제작을 위한 템플릿, 구글 머티리얼 디자인(Material Design)의 기본 템플릿, 반응형 웹사이트 디자인 템플릿인 'Web Design'이 있습니다. 메뉴에서 〔File〕 → New from Template의 하위 명령을 실행해 템플릿 파일을 불러올 수도 있습니다. 스케치에서 기본으로 제공하는 템플릿 파일 외에도 다양한 스케치 커뮤니티에서는 수많은 스케치 템플릿 파일을 무료로 제공합니다.

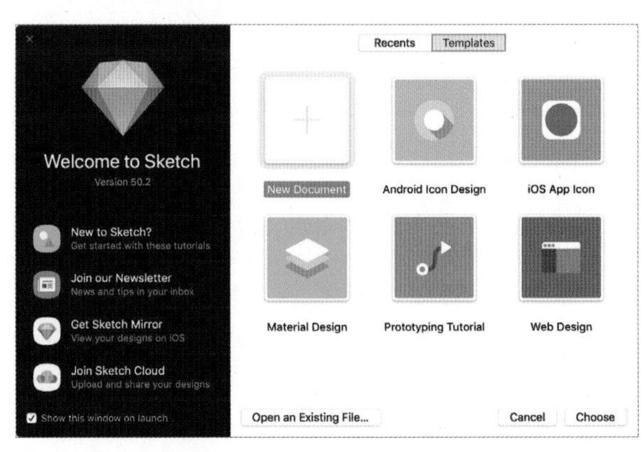


◀ [Templates] 탭을 선택했을 때의 템플릿 화면

## 무작정 따라하기 | 아트보드 만들기

캔버스 위에 아이폰 8 화면 크기의 아트보드를 만들어 봅니다.

**1** 툴바에서 **Insert → Artboard**를 선택하거나 A를 누릅니다. 캔버스 오른쪽 인스펙터에 다양한 기기와 화면 크기가 나타나면 'Apple Devices'를 선택한 다음 'iPhone 8'을 선택합니다.

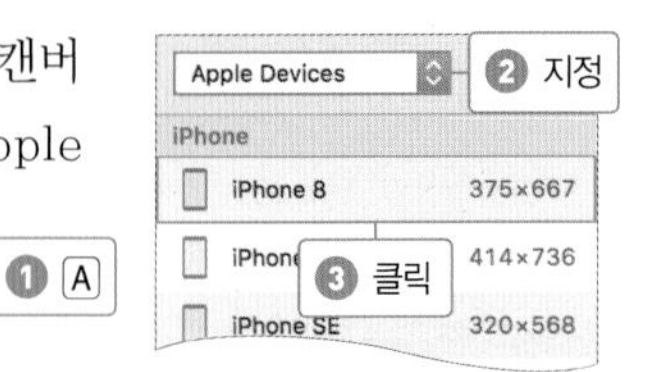


**2** 문서에 아이폰 8 화면 크기인 375×667px의 아트보드가 만들어집니다. 왼쪽 레이어 목록의 'Page 1' 아래에 'iPhone 8' 아트보드가 추가됩니다.

**Tip**

추가된 아트보드에 관한 세부 정보는 오른쪽 인스펙터에서 Position(위치), Size(크기), Background color(배경색)를 확인할 수 있습니다.

**3** 스플래시 화면을 디자인하기 전에 먼저 아트보드 이름을 수정하겠습니다. 레이어 목록에서 'iPhone 8'을 더블클릭한 다음 'Splash'를 입력하고 Enter를 누릅니다. 캔버스의 아트보드 왼쪽 위 이름도 바뀝니다.

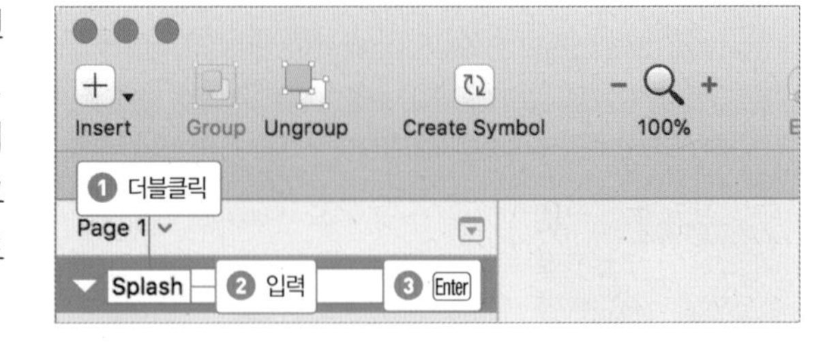


**4** 갤러리 앱을 디자인하면서 스플래시 화면 외에도 여러 개의 아트보드를 추가해야 하므로 인스펙터의 Position에서 X를 '0', Y를 '0'으로 설정합니다. 아트보드가 캔버스 가운데에서 왼쪽 위로 이동합니다.

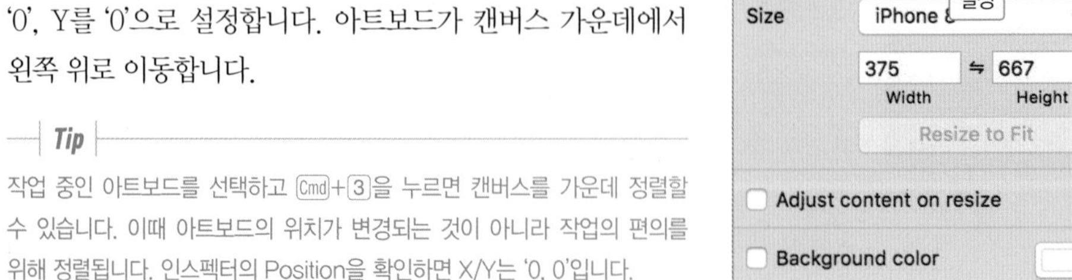


**Tip**

작업 중인 아트보드를 선택하고 Cmd+3을 누르면 캔버스를 가운데 정렬할 수 있습니다. 이때 아트보드의 위치가 변경되는 것이 아니라 작업의 편의를 위해 정렬됩니다. 인스펙터의 Position을 확인하면 X/Y는 '0, 0'입니다.

## 파일 저장하기

작업 파일의 이름을 지정하고 저장합니다. 툴바 위쪽의 파일 이름을 클릭하면 파일 이름과 저장 위치를 지정할 수 있는 창이 표시됩니다. Name에 파일 이름을 입력하고 Where에서 저장 위치를 지정합니다. 이 책에서는 별도의 폴더를 지정하지 않고 기본 위치인 스케치 클라우드에 저장했습니다.

파일 이름을 지정하고 저장하는 다른 방법은 Cmd+S를 누르거나 메뉴에서 (File) → **Save**를 실행합니다.

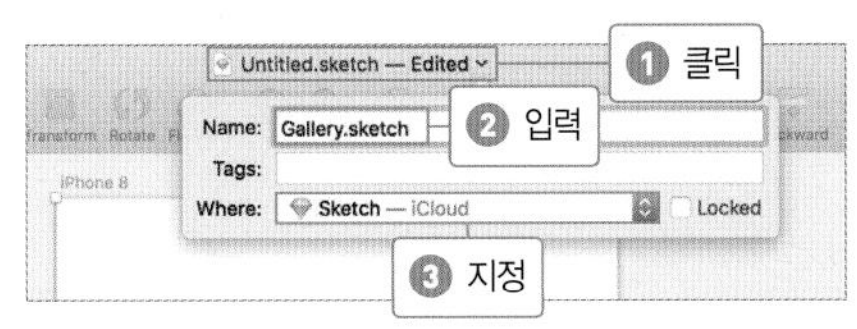


▲ 파일 이름과 저장 위치를 지정하는 창

작업하던 컴퓨터의 배터리가 갑자기 소진되거나 파일 이름을 잘못 지정해서 파일을 덮어씌울 때도 있습니다. 이때 스케치의 다양한 저장 기능을 통해 힘들게 작업한 파일을 지킬 수 있습니다.

### ① 자동 저장(Auto Save)

디자인 작업에 집중하느라 저장하는 것을 깜박해도 스케치에는 자동 저장 기능이 있어 일정 시간 간격으로 파일을 저장합니다. 메뉴에서 (Sketch) → Preferences를 실행하면 스케치의 전반적인 기능을 설정하는 Preferences 창이 표시되고, [General(일반)] 탭을 선택하면 자동 저장 기능이 활성화됩니다. 무엇보다 작업 중 Cmd+S를 눌러 저장하는 습관을 들이는 것이 중요합니다.

### ② 버전 컨트롤(Version Control)

스케치에는 맥 OS의 백업 기능인 버전 컨트롤(Version Control)이 있습니다. 메뉴에서 (File) → Revert to → Browse All Versions를 실행하면 새로운 창이 표시되며 왼쪽에는 현재 버전, 오른쪽에는 지금까지 작업한 파일들이 버전별로 나열됩니다. 방향키를 눌러 원하는 이전 버전 파일을 찾고 〈Restore〉 버튼을 클릭하면 선택한 버전으로 복구됩니다.

▲ Browse All Version 명령을 실행하여 버전을 선택하는 화면

배경 전체에 갤러리 이미지를 배치하고 로고와 텍스트를 추가해 봅니다.

1 먼저 배경 이미지를 삽입하기 위한 사각형을 그립니다. 툴바에서 **Insert → Shape → Rectangle**을 선택하거나 R을 누릅니다. 아트보드에 드래그하여 iPhone 8(375×667) 화면과 같은 크기의 사각형을 그립니다.

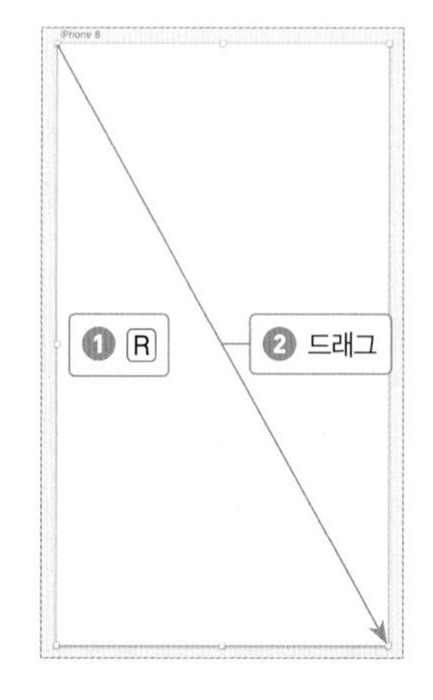


Tip
스케치는 기본적으로 스마트 가이드가 지원되기 때문에 아트보드를 따라 사각형을 그리면 가이드가 표시되어 간편하게 아트보드와 같은 크기의 사각형을 그릴 수 있습니다.

2 레이어 목록의 'Splash' 아트보드 아래에 'Rectangle' 레이어가 만들어집니다.
레이어 이름을 바꾸기 위해 레이어 이름을 더블클릭하거나 Cmd+R을 누르고 'background Image'를 입력합니다.

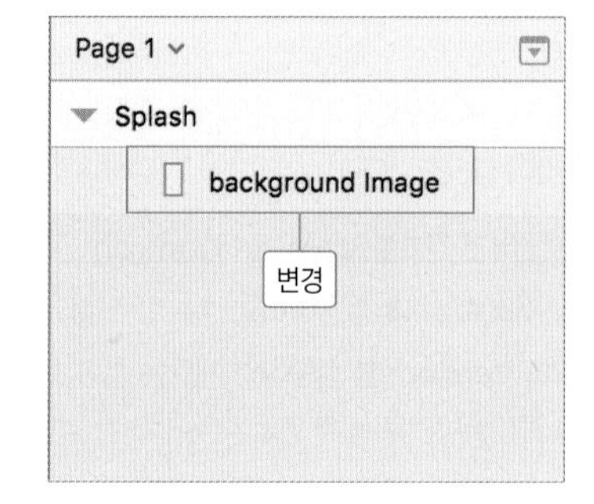


Tip
단축키를 입력할 때는 항상 키보드가 영문 입력 상태인지 확인하세요.

3 사각형이 선택된 채 인스펙터에서 Fills 항목의 Fill을 클릭하고 'Pattern Fill' 아이콘(▣)을 클릭한 다음 〈Choose Image〉 버튼을 클릭합니다.

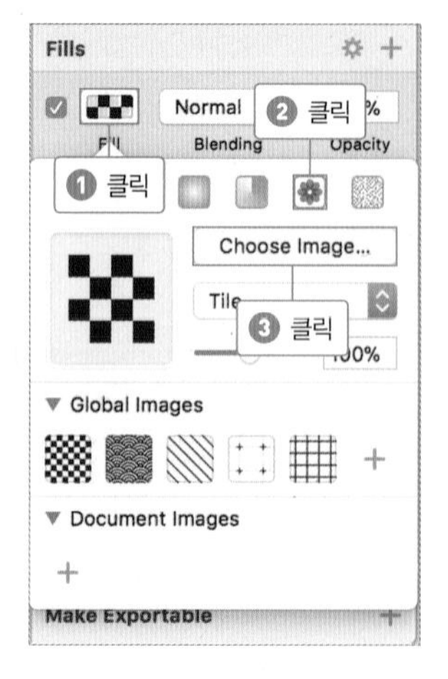

4 팝업 창이 표시되면 02 폴더에서 'Background_gallery.jpg' 파일을 선택한 다음 〈Open〉 버튼을 클릭합니다.

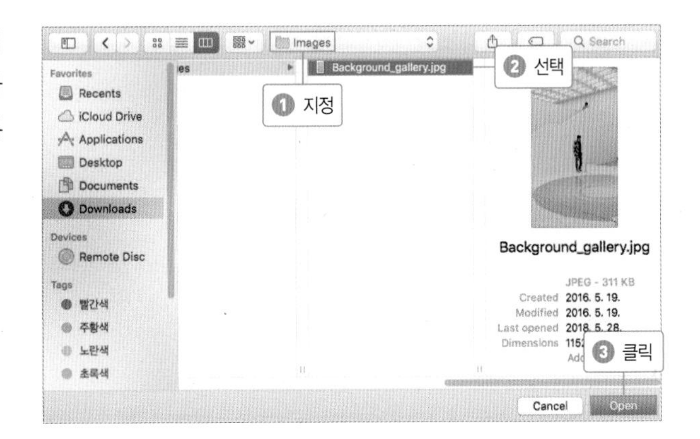


5 이미지에 표시된 조절점을 선택한 다음 아트보드 바깥쪽으로 드래그하여 이미지를 확대해서 알맞게 표시합니다. 로고나 텍스트가 잘 보이도록 배경 이미지에 블러 효과를 적용하기 위해 'Gaussian Blur'에 체크 표시한 다음 Amount를 '3px'로 설정합니다.

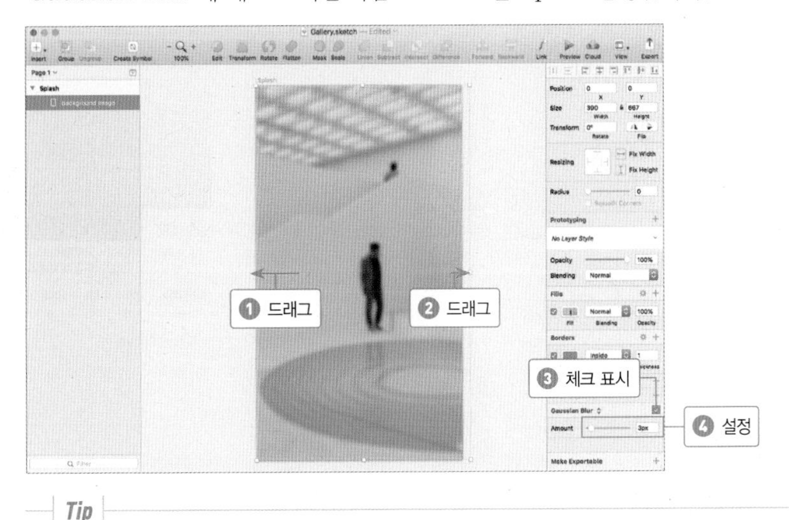


**Tip**

사각형에 불러들인 이미지가 너무 크면 일부분만 나타납니다. 이때 Fills 항목을 'Fill'로 지정하면 이미지가 프레임에 맞게 배치됩니다.

6 이미지의 노란 톤을 보정하기 위해 R을 누른 다음 화면과 같은 크기로 드래그하여 사각형을 하나 더 그립니다. 추가된 레이어 이름을 'Screen'으로 지정합니다.

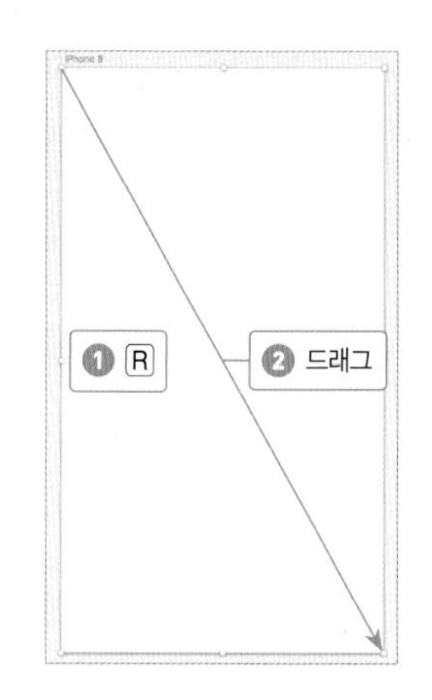


7 사각형이 선택된 상태에서 Fills 항목의 Blending을 'Screen'으로 지정하고 Opacity(투명도)를 '50%'로 설정합니다. Fill을 클릭한 다음 Hex를 '424242'로 설정합니다. 배경 이미지가 한층 밝아지고 톤이 고르게 보정됩니다.

Tip

Fills 항목의 Blending은 포토샵의 블렌딩 모드와 같으며 배경 이미지와 색상에 따라 다르게 지정할 수 있습니다.

알아두기

### 다른 이름으로 파일 저장하기

맥 운영체제인 스케치에는 Save As 명령, 즉 다른 이름으로 파일을 저장하는 메뉴가 없습니다. 맥에서 사본 파일을 만드는 방식은 윈도우와 조금 다르며 주의가 필요합니다. 현재 파일에서 파일 이름만 바꾸면 사본 파일이 만들어지는 것은 아니며 파일 이름만 바뀝니다.

파일을 다른 이름으로 저장하려면 메뉴에서 (File) → Duplicate를 실행합니다. 현재 파일 위에 복제한 파일이 만들어집니다. 이후 사본 파일의 툴바 위쪽에서 파일 이름을 변경합니다. 이 방법을 알아두면 키노트 등 다른 맥 응용 프로그램에서도 같은 방법을 이용할 수 있습니다.

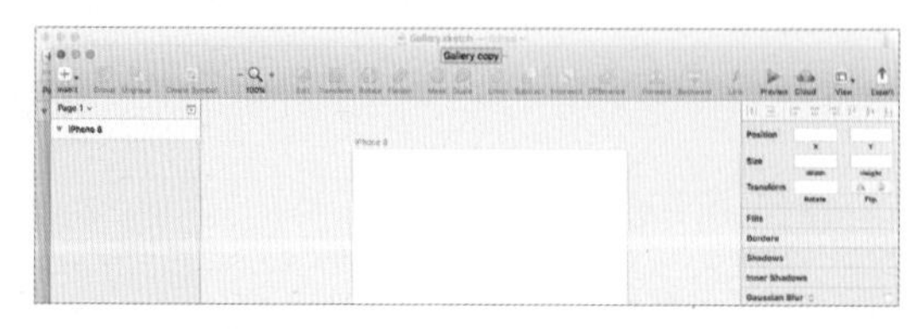

## 무작정 따라하기 | 텍스트 입력하기

배경 이미지 위에 로고와 앱 소개 문구를 입력합니다.

**1** R을 누른 다음 Shift를 누른 채 화면 가운데에 드래그하여 정사각형을 그립니다. 사각형을 선택한 채 인스펙터의 Size에서 Width/Height를 각각 '180'으로 설정합니다.

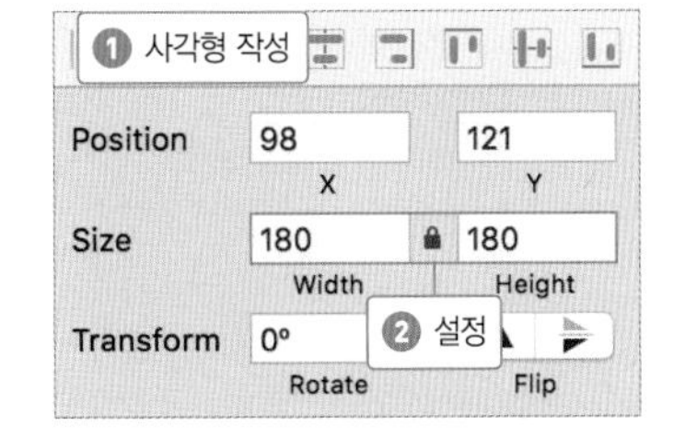


**Tip**

Shift를 누른 채 드래그하여 Width(가로)만 설정해도 가로/세로 비율이 유지된 채 Height(세로) 크기가 자동으로 입력됩니다.

**2** Fills 항목에서 Fill을 클릭한 다음 Hex를 'E91D29'로 설정해서 빨간색 정사각형을 만듭니다.

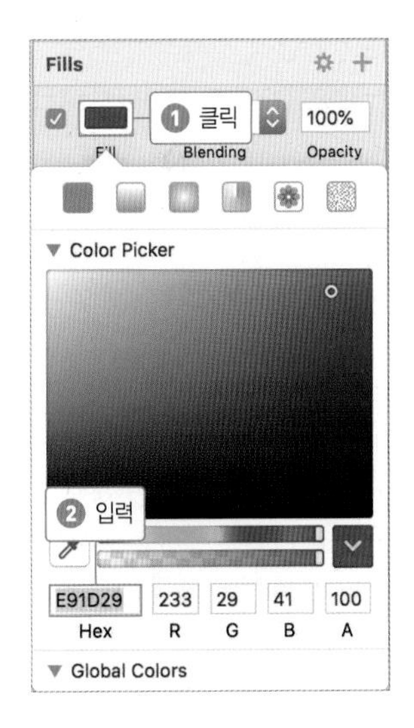


**3** 'Align layer to center' 아이콘(  )을 클릭해서 사각형을 가운데 정렬하고, 살짝 위로 드래그하여 Position에서 X를 '98', Y를 '121'로 설정해 위치를 지정합니다.

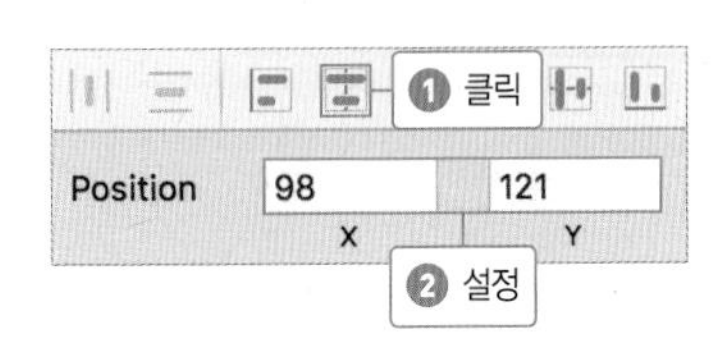

**4** 툴바에서 **Insert → Text**를 선택하거나 [T]를 누른 다음 빨간색 정사각형 안에 텍스트가 위치하도록 'SEOUL ART MAP'을 세 줄에 걸쳐 입력합니다.
텍스트를 선택하고 다음과 같이 스타일을 지정합니다.

- Typeface(폰트): Roboto
- Weight(두께): Medium
- Color(색상): #FFFFFF
- Size(크기): 42
- Alignment(정렬): 가운데
- Line Spacing(줄 간격): 46

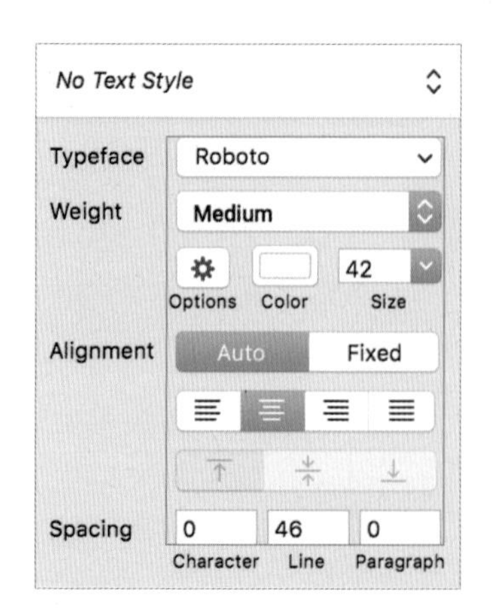


*Tip*

Typeface(폰트)는 원하는 대로 지정해도 좋습니다.

**5** 빨간색 정사각형과 텍스트를 동시에 선택하고 'Align layer to center/middle' 아이콘( , ) 을 클릭하여 정렬합니다.

**6** [T]를 누른 다음 앱 설명 문구인 'Explore the City through Art/Explore Art through the City'를 두 줄에 걸쳐 입력하고 다음과 같이 텍스트 스타일을 지정합니다.

- Typeface(폰트): Roboto
- Weight(두께): Bold
- Color(색상): #E91D29
- Size(크기): 16
- Alignment(정렬): 가운데
- Character Spacing(문자 간격): 1.5
- Line Spacing(줄 간격): 24

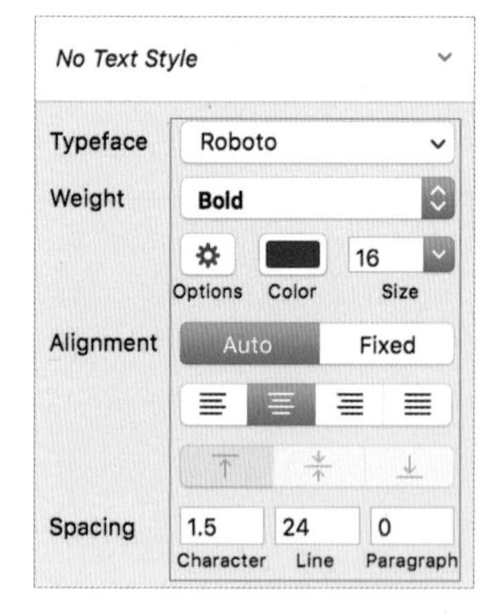


**7** 설명 문구를 선택한 상태에서 'Align layer to center' 아이콘( ) 을 클릭해 가운데 정렬한 다음 로고 아래에 배치합니다.

8 로고와 텍스트 레이어를 그룹으로 만들어 레이어 목록을 정리하기 위해 사각형, 로고 텍스트, 이미지 텍스트 레이어를 모두 선택한 다음 Cmd+G를 누릅니다. 선택한 레이어가 'Group' 레이어에 포함됩니다. 그룹 레이어를 선택하고 레이어 이름을 'Logo'로 변경합니다.

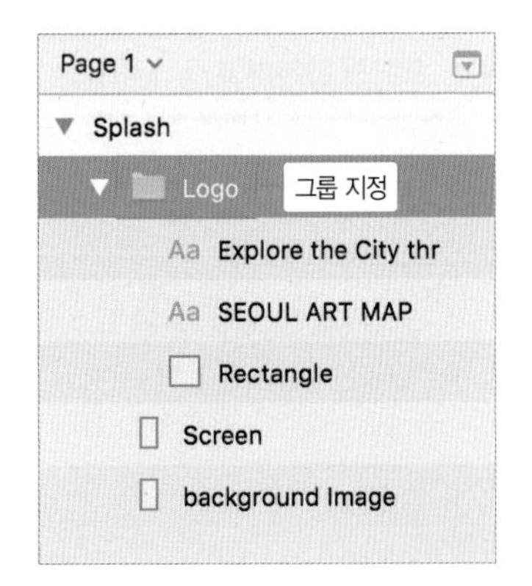


9 스플래시 화면 디자인이 완성되었습니다. Cmd+S를 눌러 작업 화면을 저장합니다.

## 무작정 따라하기 | Mirror 기능으로 디자인 확인하기

디자인한 화면이 모바일 환경에서 실제로 어떻게 보이는지 살펴봅니다.

1 스마트폰의 애플 앱스토어에서 'Sketch Mirror' 앱을 설치한 다음 앱을 실행합니다.

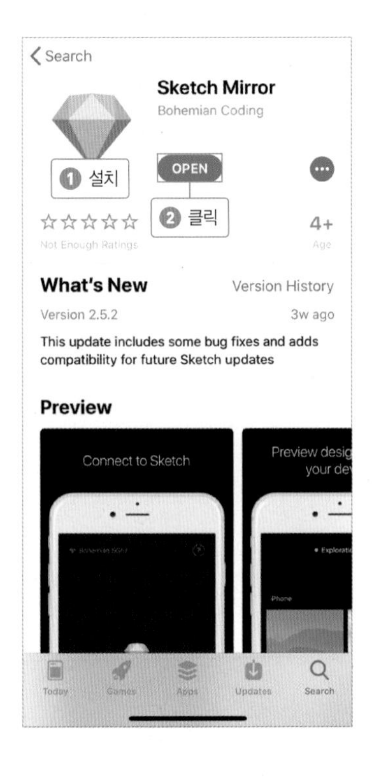


2 모바일에서 내려 받은 'Sketch Mirror' 앱을 실행하면 스케치 화면 오른쪽 위에 모바일과 연결되었다는 알림이 나타납니다. 알림 뱃지를 클릭하면 스케치 화면과 모바일 앱이 연동됩니다.

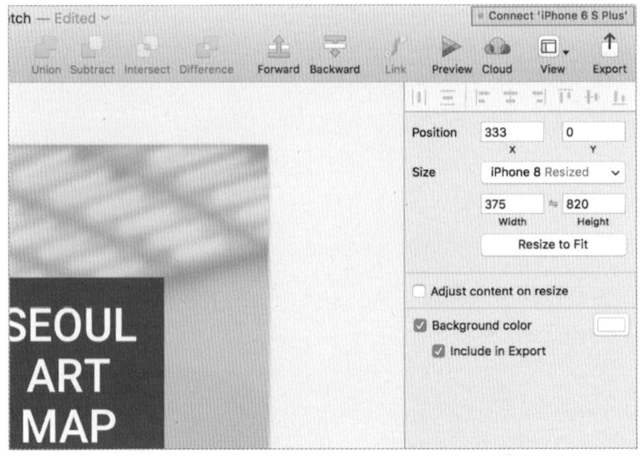

3 스마트폰 화면에 디자인한 스플래시 섬네일 화면이 나타납니다. 모바일에서 섬네일을 두 번 터치해 실제 디자인한 작업 내용을 확인할 수 있습니다.

알아두기

**앱과 화면이 연동되지 않나요?**

'Sketch Mirror' 앱과 스케치 화면이 연동되지 않으면 다음의 조건이 모두 맞는지 확인해 보세요. 만약 Wi-Fi를 사용할 수 없는 환경이라면 USB 케이블로 모바일 디바이스와 스케치 앱이 설치된 컴퓨터를 연결해서 연동할 수 있습니다.

- 스케치 버전이 43 이상인가?
- 아이폰(iPhone) 또는 아이패드(iPad)의 iOS 버전이 10.0 이상인가?
- 모바일 디바이스와 스케치 모두 같은 Wi-Fi 네트워크를 사용하는가?

# Section 02 홈 화면 디자인하기

홈 화면을 디자인하면서 스케치 기능에 대해 조금 더 깊이 알아보겠습니다. 먼저 완성된 홈 화면을 통해 디자인해야 할 요소들을 살펴봅니다.

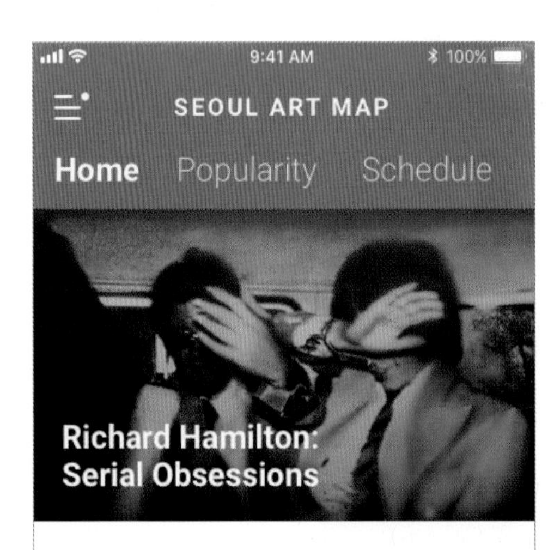


by Popularity >

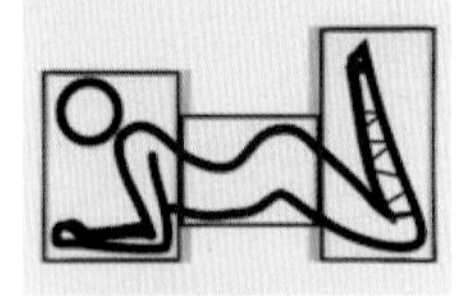

JULIAN OPIE

M/M(Paris)

by Schedule >

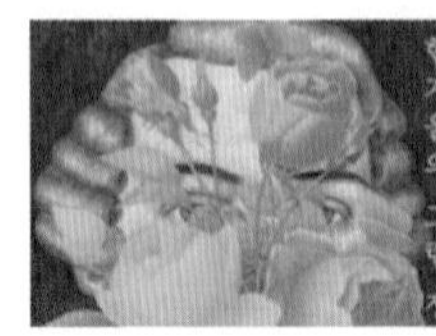

JULIAN OPIE
D-13

Joanna Concejo
D-20

iOS 기본 상태 바와 로고, 메뉴 영역으로 주요 전시에 관한 정보를 위쪽에 노출합니다.

'버거 아이콘'은 세 개의 선이 겹친 모양이 햄버거 같다고 부릅니다. 일반 버거 아이콘을 변형하여 콘텐츠 업데이트 상태를 알 수 있도록 아이콘 옆에 작은 원을 표시합니다.

전시 정보를 인기별(Polulatiry), 날짜별(Schedule)로 다섯 개씩 나타냅니다.

스와이프 제스처를 통해 좀 더 다양한 전시 정보를 확인할 수 있습니다.

Font Awsome(폰트 어썸)의 아이콘 폰트를 활용해 아이콘을 추가합니다.

# 예제 파일 · 02\ActingBodies.jpg, Jiacometti.jpg, JoannaConcejo.jpg, JulianOpie.jpg, MarieLaurencin.jpg, MMPairs.jpg, Richard.jpg, iOS11.sketchpalette

# 완성 파일 · 02\Home.sketch

## 무작정 따라하기 | 헤더(Header) 영역 디자인하기

홈 화면 맨 위의 헤더 영역부터 디자인하겠습니다. 헤더 영역에는 상태 바, 메뉴 아이콘버거 아이콘, 로고, 메뉴가 포함됩니다.

**1** 새로운 페이지를 만들고 홈 화면 아트보드를 만들기 위해 A를 누른 다음 인스펙터에서 스플래시 화면과 같은 크기의 아트보드인 'iPhone 8'을 선택합니다.
'Background color'에 체크 표시하고 색상을 '#FFFFFF(흰색)'으로 지정합니다.

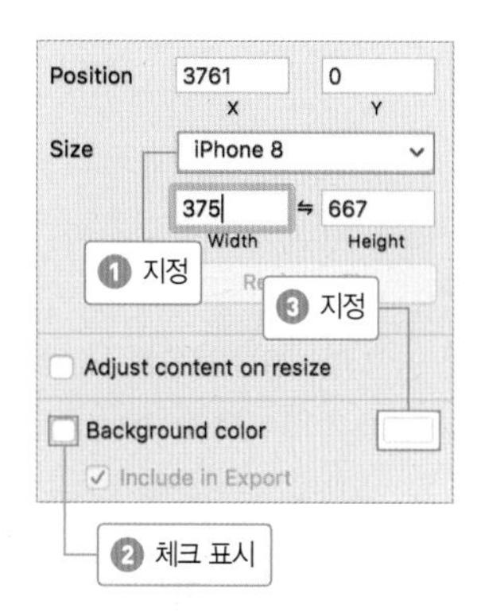


**Tip**

'Background color(배경색)'에 체크 표시하지 않으면 스케치 화면에는 흰색으로 보이지만, 디자인을 내보내면 배경색이 투명하게 표시되므로 주의합니다.

**2** 레이어 목록에서 Cmd+R을 누르고 아트보드 이름을 'Home'으로 수정합니다.

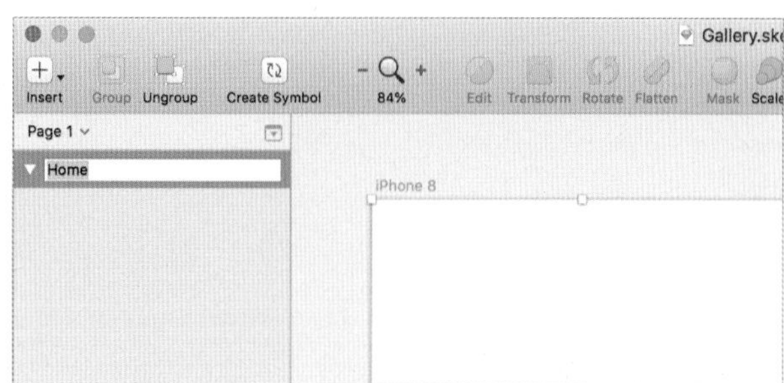


**3** 헤더 영역의 배경을 만들기 위해 R을 누른 다음 375×120px 크기의 사각형을 그립니다. 인스펙터의 Position(위치)에서 X/Y를 각각 '0'으로 설정해 사각형을 위쪽에 배치합니다.

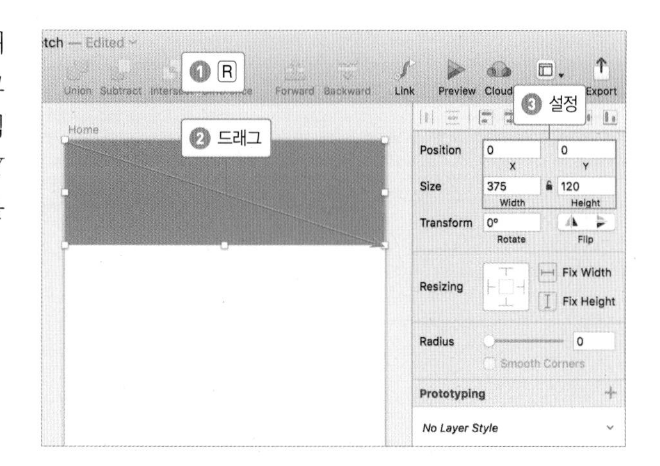

4 Sketch Palettes 플러그인을 이용해서 저장한 iOS System Color를 'Document Colors'로 불러오겠습니다. 메뉴에서 [Plugins] → **Sketch Palettes → Load Palettes**를 실행한 다음 02 폴더의 'iOS11.sketchpalette'를 선택합니다. Load Palette 대화상자가 표시되면 Source를 'Document Presets'로 지정하고 〈Load〉 버튼을 클릭합니다.

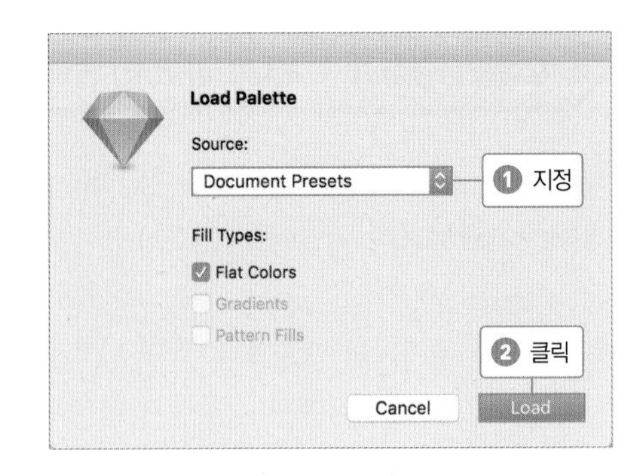


5 Fills 항목의 Fill을 클릭하면 Document Colors에 'iOS11.sketchpalette'가 불러들여진 것을 확인할 수 있습니다.
사각형이 선택된 상태에서 Document Colors의 첫 번째 줄 맨 오른쪽에 있는 '#FF2D55(빨간색)'를 선택합니다.

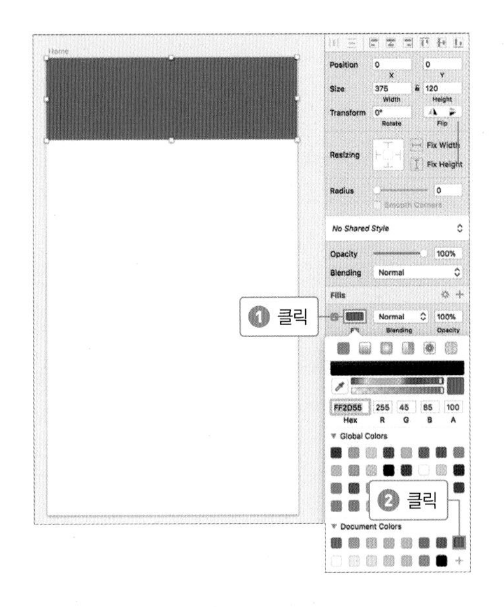


6 레이어 목록에서 Cmd+R을 누르고 레이어 이름에 'BG_top'을 입력하여 변경합니다.

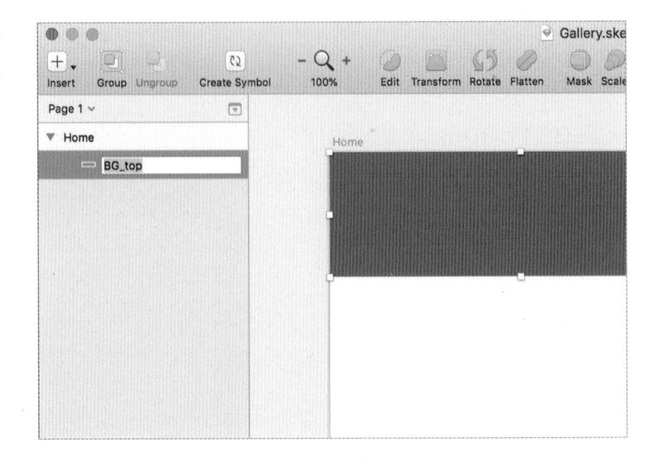

**7** 이번에는 홈 화면 맨 위의 iOS 상태 바(Status Bar)를 디자인하겠습니다. 상태 바 iOS 디자인의 가이드라인을 따라야 하므로 65쪽에서 미리 설정해둔 iOS 템플릿 파일에서 상태 바 요소를 가져와 'Home' 아트보드에 위치시킵니다. 메뉴에서 **[File] → New from Template → UIElements+DesignTemplates+Guides-iPhone8.sketch**를 실행합니다.
레이어 목록에서 'UI Elements'를 선택합니다. 'Status Bar' 템플릿 중에 배경이 투명한 흰색 'Status Bar' 심볼을 클릭한 다음 Cmd+C를 눌러 복사합니다.

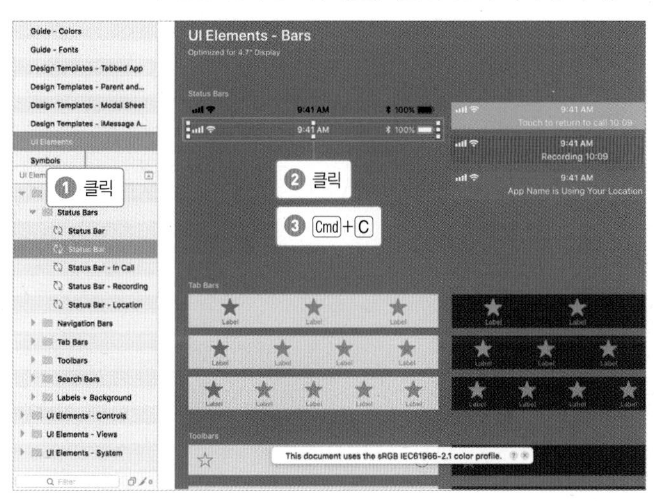


**8** Home 아트보드에서 Cmd+V를 누르면 가운데에 Status Bar 심볼이 붙여집니다.

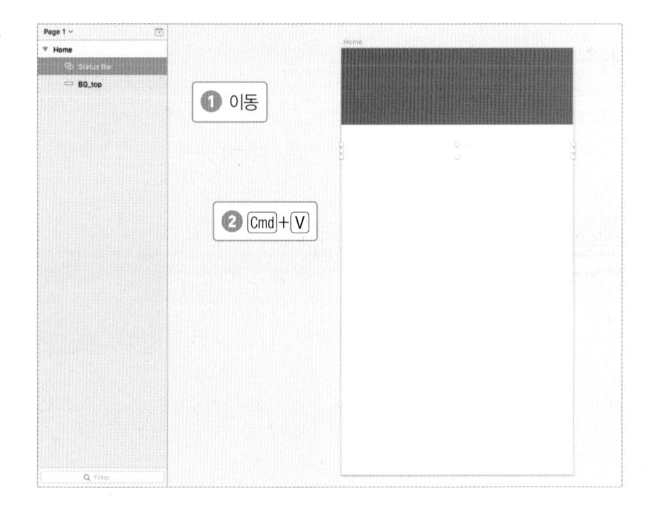

9 인스펙터에서 Position의 Y를 '0'으로 설정해 심볼을 헤더 영역 맨 위로 이동합니다.

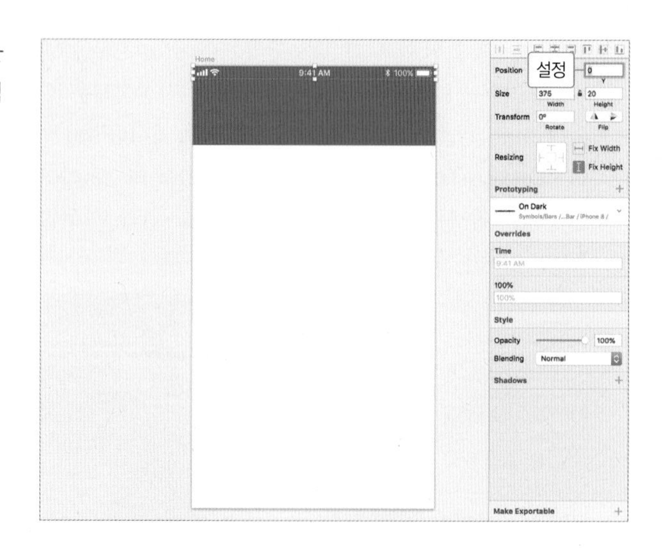


10 앱 이름이자 로고 텍스트를 추가하기 위해 T를 누른 다음 'SEOUL ART MAP'을 입력하고 다음과 같이 텍스트 스타일을 지정합니다.

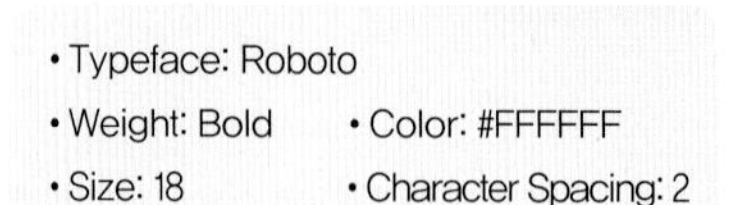

- Typeface: Roboto
- Weight: Bold
- Color: #FFFFFF
- Size: 18
- Character Spacing: 2

11 'Align layer to center' 아이콘( )을 클릭해서 텍스트를 아트보드 가운데에 정렬합니다. Position의 Y을 '36'으로 설정합니다.

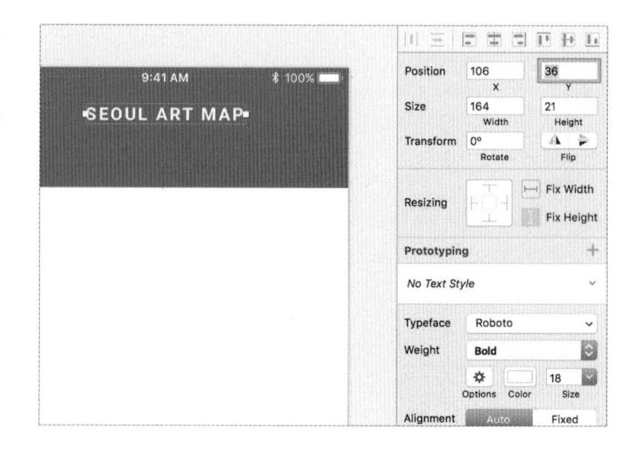

**12** 이번에는 텍스트 메뉴를 만들어 봅니다. T를 누르고 각각 'Home', 'Popularity', 'Schedule'을 입력합니다.
Shift를 누른 채 세 개의 텍스트를 선택하고 다음과 같이 텍스트 스타일을 지정합니다.

• Typeface: Roboto • Weight: Light • Color: #FFFFFF • Size: 24 • Character Spacing: 0

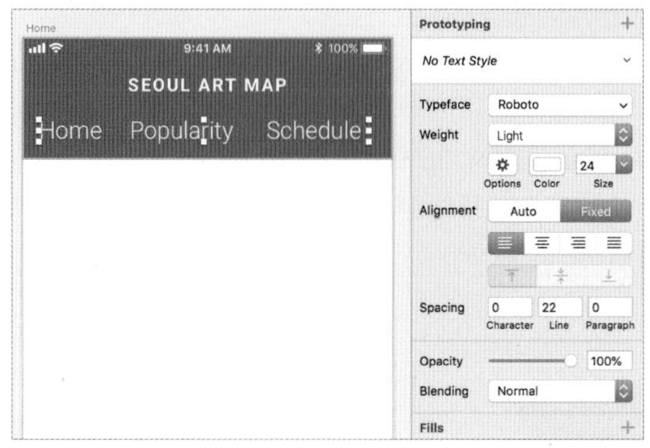


**13** 홈 화면에서 'Home' 텍스트가 선택된 것처럼 보이도록 다른 텍스트와 다르게 설정하겠습니다. 'Home' 텍스트만 클릭하고 Weight(폰트 두께)를 'Bold'로 지정합니다.

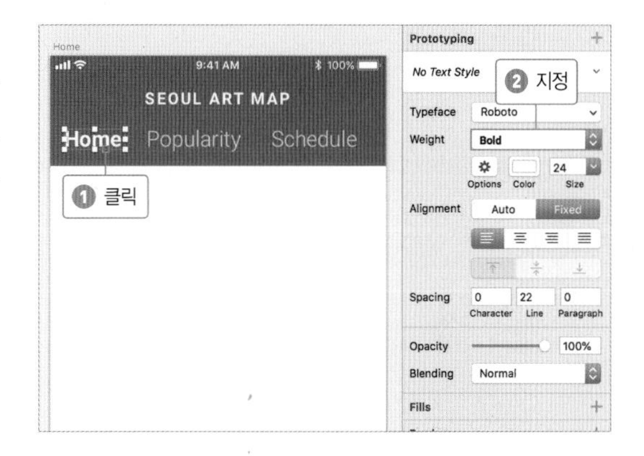


**14** 다른 두 개의 텍스트는 현재 화면에 해당하는 메뉴가 아니므로 약간 희미하게 만들기 위해 두 개의 텍스트를 선택하고 인스펙터에서 Opacity(투명도)를 '80%'로 설정합니다.

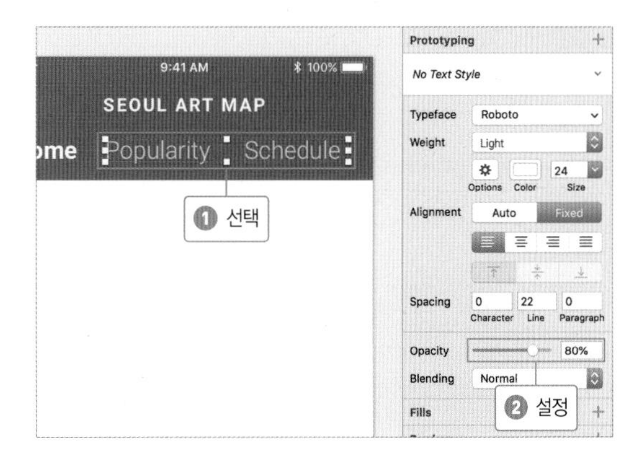

**15** 세 개의 메뉴 텍스트를 모두 선택한 다음 'Align layer to middle' 아이콘(⊪)을 클릭해서 일렬로 정렬합니다. Position의 Y를 '80'으로 설정해 위치를 지정합니다.

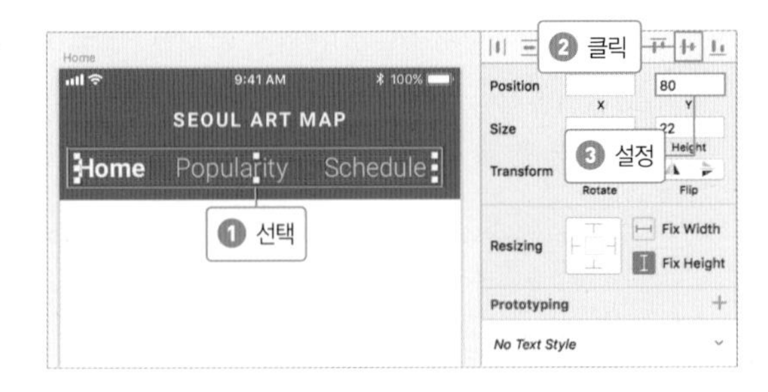


**16** 'Home' 텍스트만 선택한 다음 Position의 X를 '16'으로 설정합니다. 'Popularity' 텍스트를 선택하고 방향키를 이용해 양쪽으로 움직이면 스마트 가이드에 'Schedule' 텍스트와의 거리 값이 나타납니다. 'Popularity' 텍스트를 선택한 상태에서 동시에 Option을 누르고 마우스를 'Home' 텍스트 위에 위치시킵니다. 'Home'과 'Popularity' 사이를 '24'로 조정합니다.

**Tip**

스마트 가이드는 오브젝트와의 거리 및 크기를 숫자로 나타냅니다. 오브젝트를 이동하거나 드래그할 때 선과 간격 값이 일시적으로 나타나기 때문에 주로 오브젝트 간 거리와 크기를 나타냅니다.

**17** 'Schedule' 텍스트도 방향키로 조절해서 'Popularity'와의 간격이 '24'인 위치에 배치합니다. 'Schedule'을 선택하고 Option을 누른 채 'Popularity' 텍스트 위에 커서를 위치시킵니다. 'Popularity'와 'Schedule' 사이의 거리가 스마트 가이드로 표시됩니다.

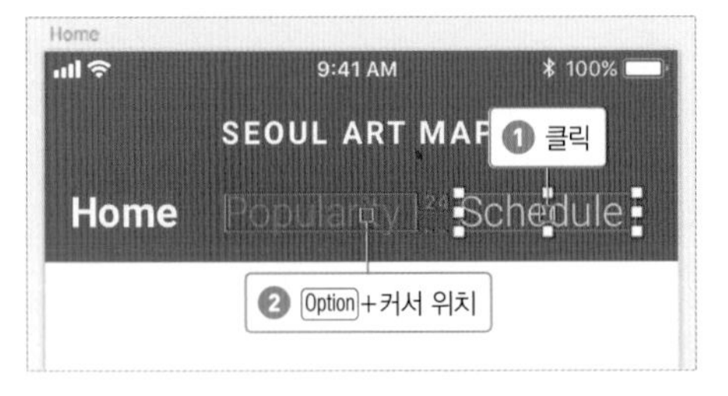


**Tip**

선택한 오브젝트 또는 그룹과 다른 오브젝트 사이의 거리를 알고 싶을 때 Option을 누른 채 커서를 오브젝트 위에 위치시키면 스마트 가이드가 표시됩니다.

**18** 다시 'Schedule'을 선택하고 Option을 누른 채 다른 오브젝트 위에 커서를 위치시킵니다. 선택한 오브젝트와 커서가 위치한 오브젝트 사이 거리 값이 나타납니다.

**19** 오브젝트가 늘어나면 중복으로 선택하거나 잘못 선택하는 경우가 많아지므로 아이콘을 만들기 전에 'BG_top' 레이어를 선택하지 않도록 잠금 설정하겠습니다.
레이어 목록의 'BG_top' 레이어에서 Ctrl을 누른 채 클릭한 다음 표시되는 메뉴의 **Lock Layer**를 실행합니다. 'BG_top' 레이어 오른쪽에 잠금 아이콘이 나타나며 잠깁니다.

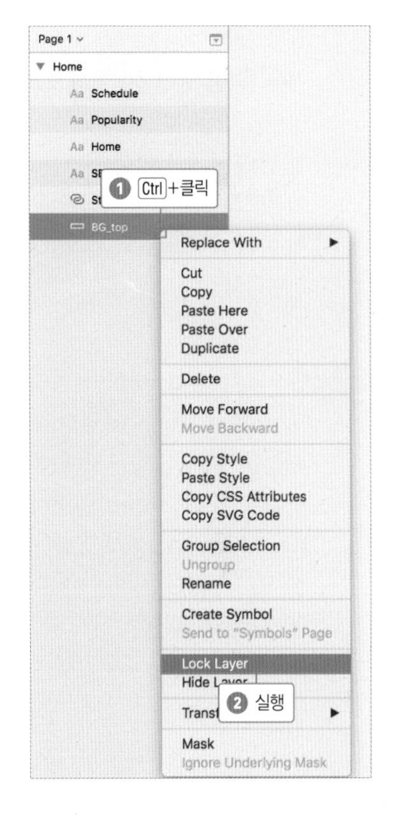


BG_top

**20** 이번에는 메뉴(버거) 아이콘을 만들겠습니다. 먼저 U를 눌러 Rounded(둥근 사각형) 도구( )가 선택되면 다음과 같이 둥근 사각형 막대 세 개를 그립니다.

- Size(크기): 20×2 • Radius: 2.5

세 개의 막대를 선택한 다음 'Align layer to left' 아이콘( )을 클릭해 왼쪽 정렬합니다. 맨 위 막대만 선택한 다음 Width를 '14'로 설정하여 약간 짧게 만듭니다. 이때 막대의 간격은 각각 '6'으로 조정합니다.

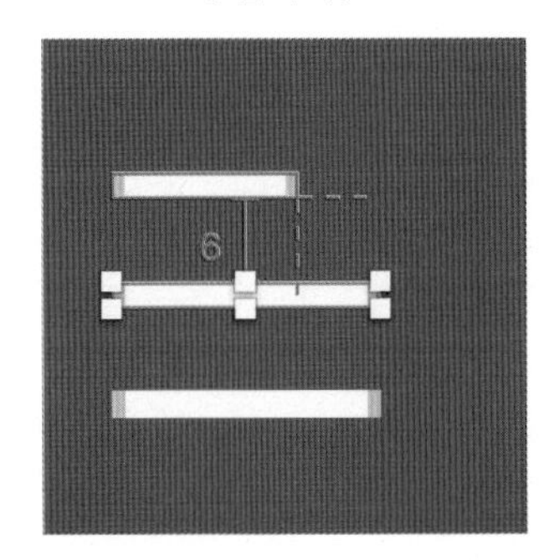

**21** O를 눌러 Oval(원형) 도구( )가 선택되면 첫 번째 막대 오른쪽에 Shift를 누른 채 드래그하여 Width/Height가 각각 '6'인 정원을 만듭니다.
첫 번째 막대와 원을 선택한 다음 'Align layer to middle' 아이콘( )을 클릭해 정렬합니다.
첫 번째 막대와 원의 간격도 '6'으로 조정하면 메뉴 아이콘이 완성됩니다.

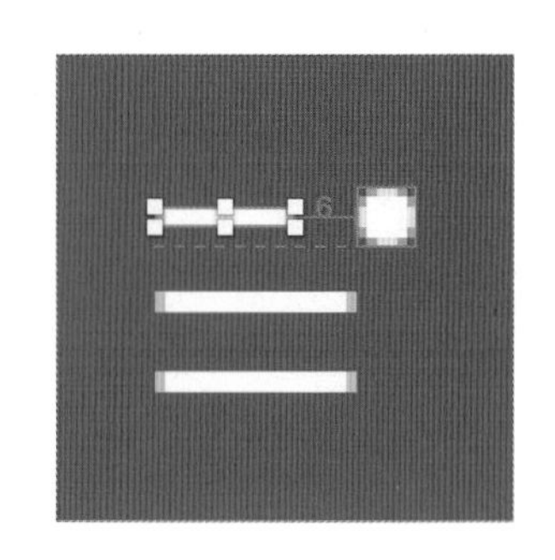

**22** 아트보드 또는 레이어 목록에서 막대와 원을 모두 선택한 다음 Cmd + G를 눌러 그룹으로 만들고 그룹 이름을 'ICN_menu'로 변경합니다. Position(위치)에서 X를 '16', Y를 '36'으로 설정하면 버거 아이콘과 헤더 영역이 완성됩니다.

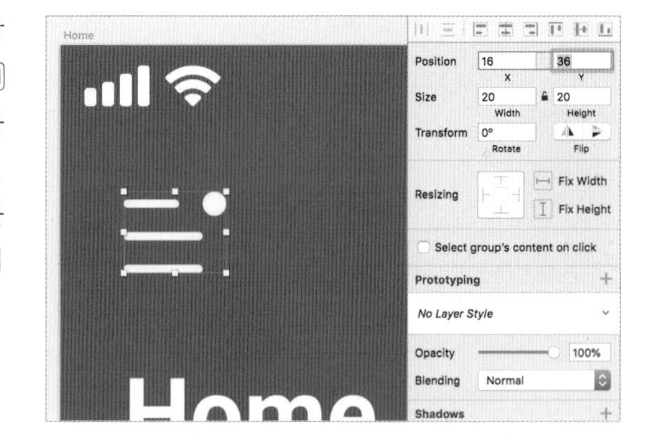


**23** 마지막으로 레이어 목록을 정리합니다. 'Home' 아트보드 안에는 'ICN_Menu' 폴더를 포함해 네 개의 텍스트, 심볼, 사각형 레이어가 있습니다. 모두 선택한 다음 Cmd + G를 눌러 그룹으로 만들고 Cmd + R을 눌러 레이어 이름을 'Header'로 수정합니다.

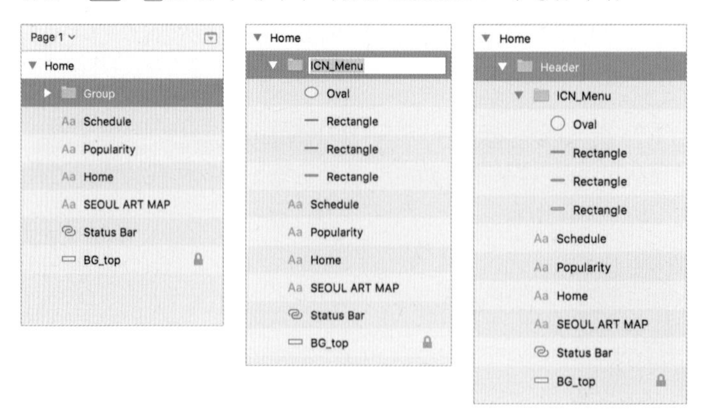


**Tip**

디자인 작업 중에는 레이어 이름을 지정하고, 그룹으로 만드는 등 레이어 목록을 정리하는 습관을 들이는 것이 매우 중요합니다. 프로젝트 규모가 커질수록 레이어 목록을 체계적으로 정리하면 프로젝트를 효율적으로 관리하는 데 도움이 됩니다.

## 무작정 따라하기 | 이미지 슬라이딩 영역 디자인하기

헤더 영역 아래의 이미지 슬라이딩 영역을 디자인해 봅니다. 이미지 슬라이딩 영역은 '캐러셀Carousel[13]'이라고도 합니다. 슬라이딩 영역을 디자인하면서 자주 이용하는 기능인 Mask마스크, Blending블렌딩에 대해서도 알아봅니다.

1 R을 누르고 아트보드에 드래그하여 375×224 크기의 사각형을 그립니다. Position의 X를 '0', Y를 '120'으로 설정해 헤더 영역 바로 아래에 배치합니다.

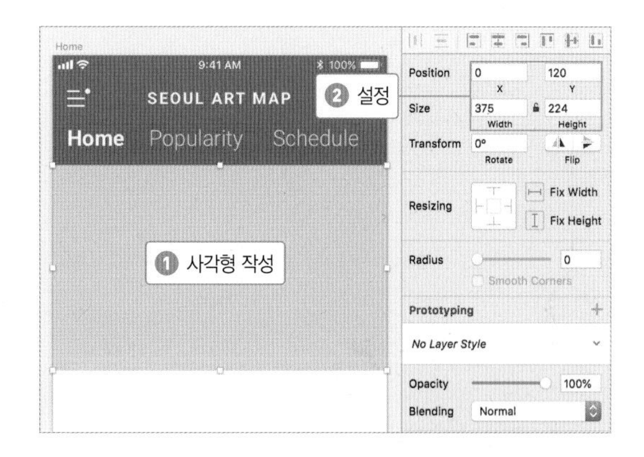


2 사각형에 전시 이미지를 불러오기 위해 툴바에서 **Insert → Image**를 선택한 다음 02 폴더의 'Richard.jpg' 파일을 선택하고 〈Open〉 버튼을 클릭합니다. 불러온 이미지를 사각형보다 약간 크게 조정합니다.

13 **캐러셀(Carousel)** 캐러셀은 이미지 슬라이더, 슬라이딩 이미지, 이미지 데이터 등 다양한 이름으로 부르는데, 놀이공원에서 돌아가는 회전 목마를 캐러셀이라고 부르는 데서 붙여졌습니다. 주로 커머스 사이트의 메인 상단에서 볼 수 있으며, 많은 이미지 배너를 스크롤하지 않도록 한 화면에 하나의 이미지를 보여주고, 일정한 시간 간격에 따라 차례로 이미지를 보여주는 영역을 의미합니다.

3 이미지에 마스크[14]를 지정하기 위해 먼저 레이어 목록에서 이미지 레이어가 사각형 레이어 위에 위치하는지 확인합니다. 사각형 레이어에서 Ctrl을 누른 채 클릭하여 표시되는 메뉴의 **Mask**를 실행합니다.

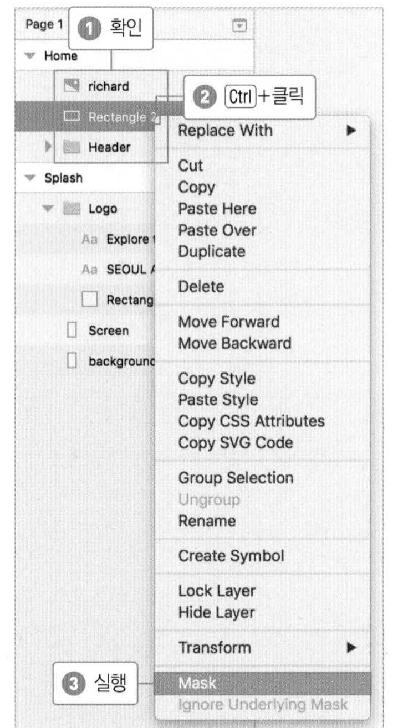


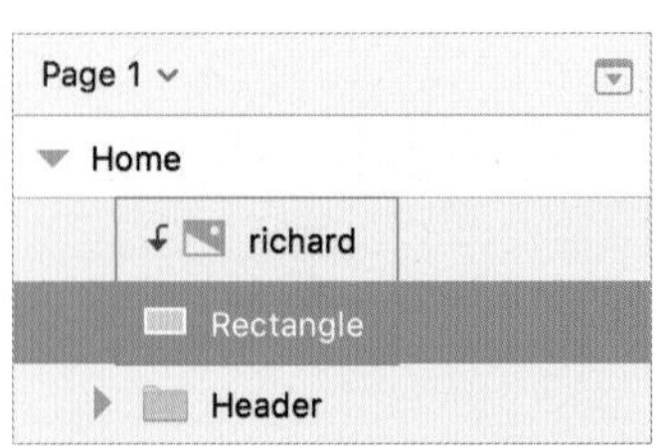


4 이미지에 마스크가 적용되어 이미지가 사각형 크기만큼 나타납니다. 이미지 레이어를 선택하고 이동해서 이미지가 잘 표현되도록 알맞게 조정합니다.

5 전시 제목을 입력하기 위해 T를 누른 다음 'Richard Hamilton:/Serial Obsessions'를 두 줄에 걸쳐 입력하고 다음과 같이 텍스트 스타일을 지정합니다.

• Typeface: Roboto • Weight: Light • Color: #FFFFFF • Size: 20 • Spacing: 0/22/2

14 **마스크** 포토샵 등의 그래픽 프로그램에서 제공하는 마스크 기능과 같습니다. 도형에 마스크를 지정하면 해당 도형 위의 모든 레이어가 마스크로 지정한 형태대로 나타납니다. 마스크를 적용하면 이미지를 자른 것처럼 보이지만, 이미지를 자른 것이 아니라 영역 안에 있는 이미지만 보이는 것이므로 작업 중 언제든지 이미지 위치를 조정할 수 있습니다.

6 전시 제목이 선택된 상태에서 Position의 X를 '16', Y를 '272'로 설정하여 다음과 같이 이미지의 왼쪽 아래에 배치합니다.

7 이미지에 밝은 부분이 있어 전시 제목 텍스트의 일부가 안 보입니다. 전시 제목과 이미지 사이에 레이어를 추가하고, 전시 이미지를 약간 어둡게 만들어 텍스트가 좀 더 잘 보이도록 블렌딩 모드를 적용하겠습니다.

R을 누른 다음 'Rectangle' 레이어보다 살짝 크게 드래그하여 사각형을 추가합니다.

레이어 목록에서 'Rectangle 2' 레이어를 이미지 레이어 위에 위치시킵니다. 새롭게 추가한 도형도 아래 'Rectangle' 레이어 마스크에 영향을 받습니다.

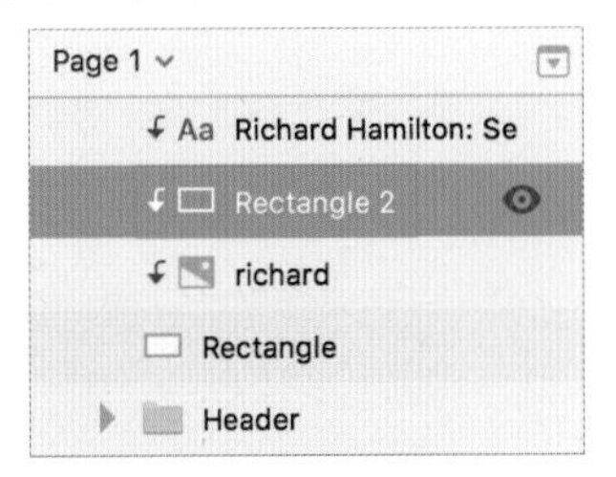


8 Rectangle 2 사각형을 선택한 채 Fills 항목의 Fill을 클릭한 다음 'Linear Gradation(선형 그러데이션)' 아이콘( )을 클릭합니다.

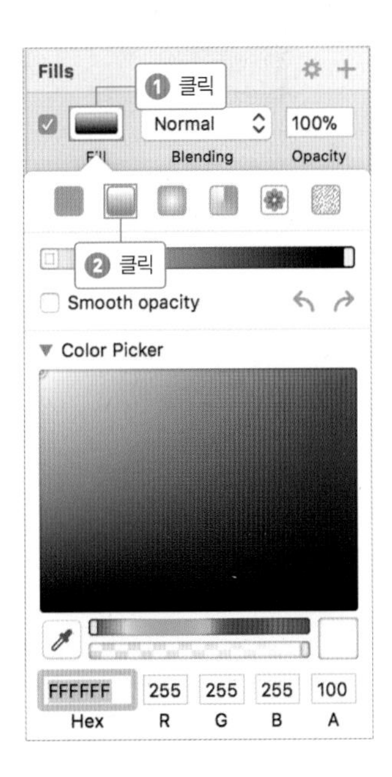

9 사각형에 흑백의 기본 그러데이션이 적용됩니다.

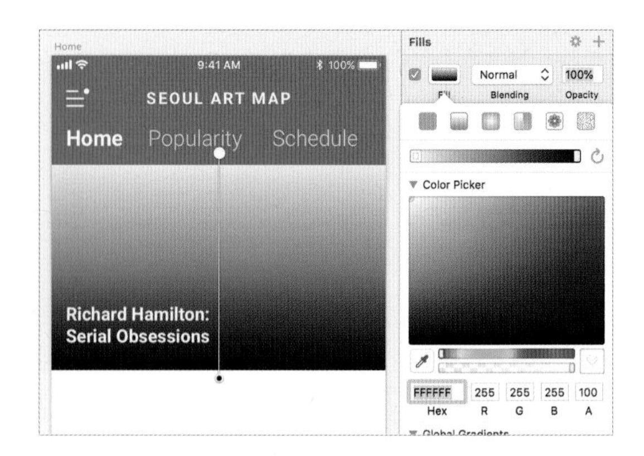


10 Fills 항목에서 Blending을 'Multiply', Opacity를 '40%'로 설정합니다.

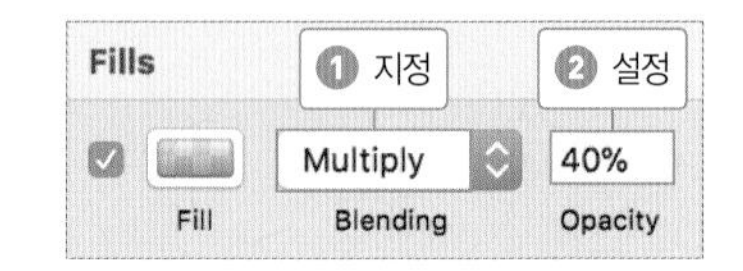


11 사각형의 그러데이션에 투명도가 적용되고 전체적으로 어두워집니다. 원본과 비교해서 전시명이 잘 보이는지 확인합니다.

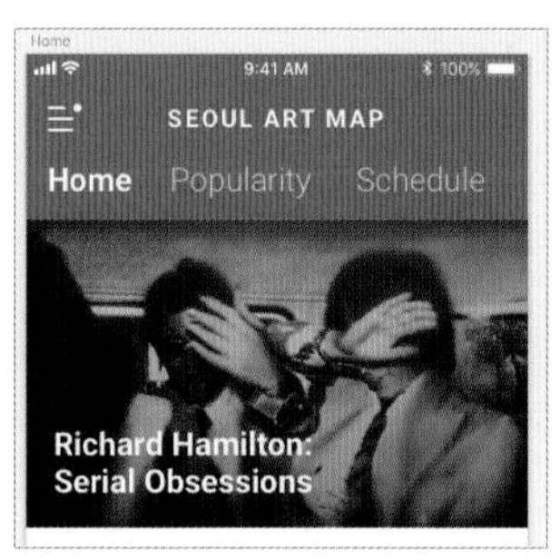


▲ 블렌딩 모드 적용 전/후: 블렌딩 모드를 적용하여 전시명이 좀 더 잘 보입니다.

12 이미지 슬라이딩 영역 디자인이 마무리되었습니다. 레이어 목록에서 Cmd+R을 누른 다음 'Rectangle' 레이어는 'Mask', 'Rectangle 2' 레이어는 'Blending'으로 레이어 이름을 수정합니다.

네 개의 레이어를 모두 선택한 다음 Cmd+G를 눌러 그룹으로 묶고 그룹 레이어 이름을 'Slider'로 지정합니다.

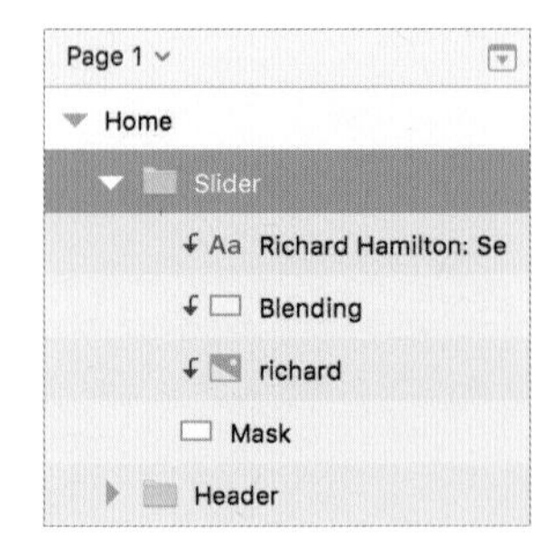

## 무작정 따라하기 | 폰트 어썸 – 아이콘 폰트 사용하기

맥 또는 윈도우 환경의 UI 디자인 작업에서 가장 많이 다루는 요소는 바로 아이콘입니다. 하지만 프로토타입 작업 중에는 아이콘 디자인에 할애할 수 있는 시간이 그리 넉넉하지 않습니다. 특정한 용도나 기능을 위한 아이콘이 아니라면 오픈소스 아이콘 폰트를 이용해 작업 시간을 절약할 수 있습니다.

아이콘 폰트란 아이콘을 일일이 그리거나 이미지를 편집하는 것이 아니라 폰트처럼 간편하게 사용하는 것을 말합니다. 폰트 크기를 조절하듯이 아이콘 크기를 원하는 대로 수정할 수 있고, 벡터 이미지로 변환할 수 있는 장점이 있습니다. 다양한 아이콘 폰트 중 실무에서 가장 많이 이용하는 '폰트 어썸Font Awesome'을 설치한 다음 스케치에서 이용하는 방법을 알아봅니다.

폰트 어썸은 꾸준히 업데이트되면서 아이콘이 추가, 수정되므로 사이트에 자주 방문해서 새로운 버전을 확인하고, 내려 받은 버전을 업데이트합니다.

1 폰트 어썸 사이트(fontawesome.io)에서 〈Download Free〉 버튼을 클릭합니다. 최신 버전의 아이콘을 내려 받습니다.

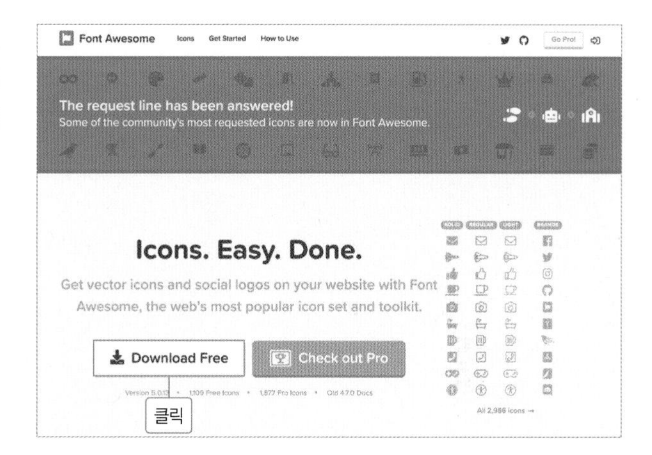


2 압축 파일을 해제하면 use-on-desktop 폴더에서 세 종류의 폰트를 확인할 수 있습니다.

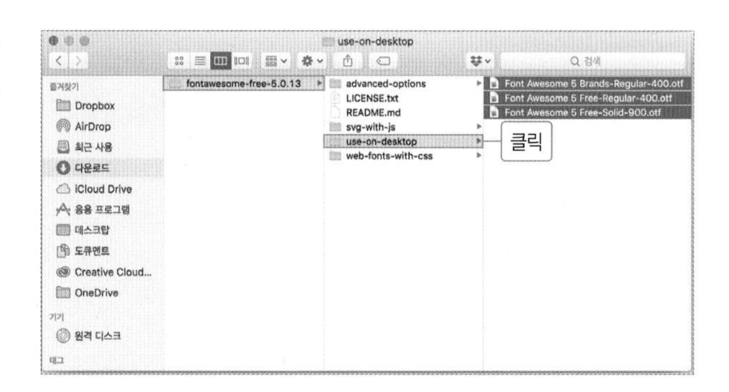

3 서체 관리자를 실행한 다음 'use-on-desktop' 폴더의 세 개 파일을 서체 관리자로 드래그해 해당 폰트를 설치합니다.

Tip

스케치에서 폰트 어썸을 이용하여 아이콘을 만드는 방법은 Part 5의 Section 2에서 자세히 다룹니다.

알아두기

## 서체 관리자를 실행하는 두 가지 방법

맥에서는 '서체 관리자'를 통해 폰트를 추가 또는 삭제할 수 있습니다.

❶ 서체 관리자를 실행하는 첫 번째 방법은 'Finder'의 왼쪽 즐겨찾기에서 '응용 프로그램'을 선택하고 '서체 관리자.app'을 더블클릭합니다.

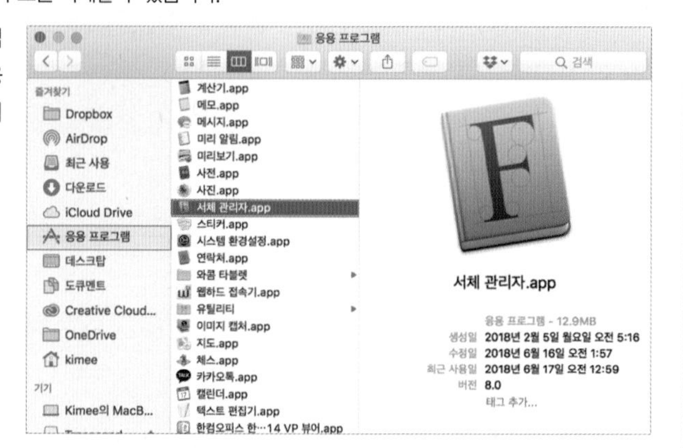


❷ 서체 관리자를 실행하는 두 번째 방법은 Ctrl+Spacebar를 누르면 'Sportlight'라는 검색창이 표시됩니다. 검색창에서 '서체(영문으로 입력할 때는 font)'까지만 입력해도 결과 화면에 '서체 관리자.app'이 나타납니다. 항목을 선택하고 Enter를 누르면 서체 관리자가 실행됩니다.

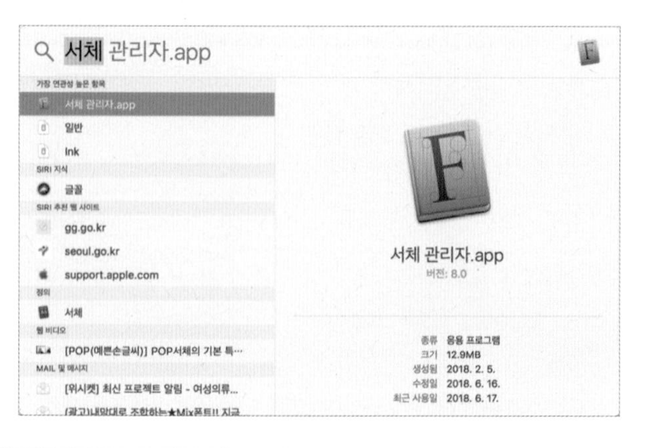

## 무작정 따라하기 | 리스트 영역 디자인하기

앱에서 다섯 개의 전시를 가로로 넓게 펼쳐 보여주고, 모바일에서 스와이프[15] 액션을 추가해 리스트 영역을 만듭니다.

1 먼저 리스트 제목을 입력합니다. T를 누른 다음 'by Popularity'를 입력하고 다음과 같이 텍스트 스타일을 지정합니다.

• Weight: Bold • Color: #000000 • Size: 18 • Line Spacing: 20 • Paragraph Spacing: 2

Position의 X를 '16', Y를 '368'로 설정하여 텍스트를 배치합니다.

### 알아두기

### 입력한 텍스트가 보이지 않나요?

스케치에서 마스크 레이어 위에 있는 모든 레이어는 자동으로 마스크 영역으로 지정됩니다. 입력한 텍스트 레이어가 아래에 있는 마스크의 영향을 받고, 텍스트 위치 또한 마스크 영역 밖에 있어 텍스트가 보이지 않는 것입니다.

텍스트를 마스크 영역에서 제외하고 나타내기 위해 'by Popularity' 레이어를 선택하고 Ctrl을 누른 채 클릭해서 표시되는 메뉴의 Ignore Underlying Mask를 실행합니다.

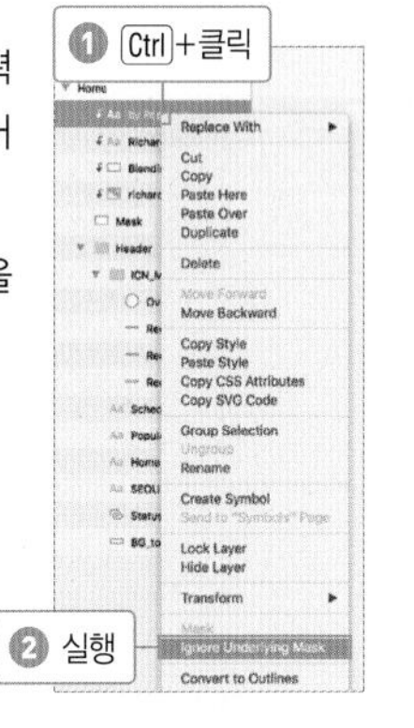


15 **스와이프** 손가락으로 쓸어서 옆으로 넘기는 동작을 말합니다.

2 폰트 어썸(FontAwsome) 아이콘 폰트를 이용해 'more'를 의미하는 화살표 아이콘을 추가하겠습니다. 먼저 폰트 어썸 웹사이트(fontawesome.io/cheatsheet/)로 이동하면 폰트 어썸에서 제공하는 아이콘을 한눈에 볼 수 있습니다.

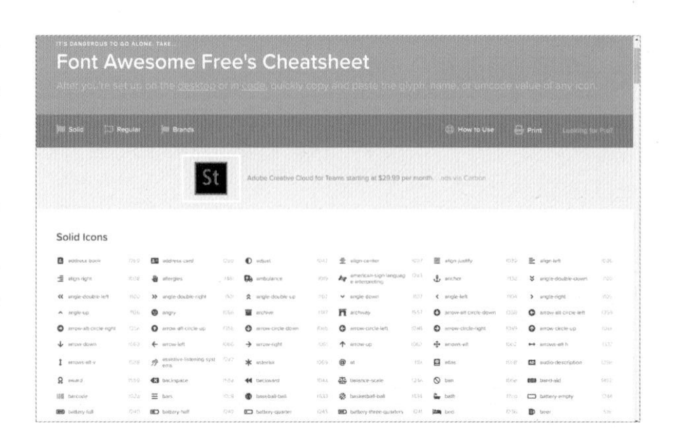


3 'more'를 의미하는 'angle-right(화살표)' 아이콘을 검색합니다. 웹사이트에서 아이콘 이름을 드래그한 다음 Cmd+C를 눌러 복사합니다.

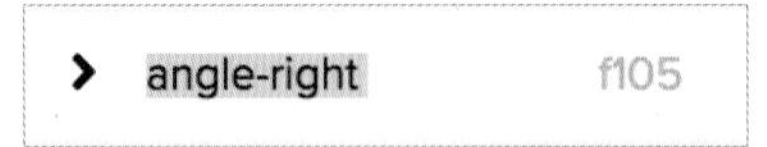


4 T를 누른 다음 웹사이트에서 복사한 텍스트를 Cmd+V를 눌러 붙여 넣습니다. 텍스트를 선택한 다음 인스펙터에서 Typeface를 'Font Awsome 5 Free'로 지정합니다.

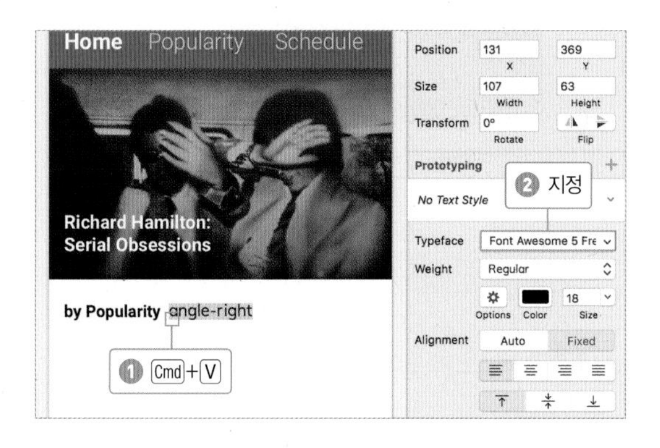


**Tip**

스케치의 캔버스에서 오브젝트를 두 개 이상 선택할 때 오브젝트들이 같은 폴더에 없으면 선택하기 어렵습니다. 오브젝트를 선택할 때 폴더를 우선으로 선택하기 때문입니다. 이때 레이어 목록에서 레이어를 중복 선택하거나 오브젝트를 같은 폴더로 이동하면 쉽게 선택할 수 있습니다.

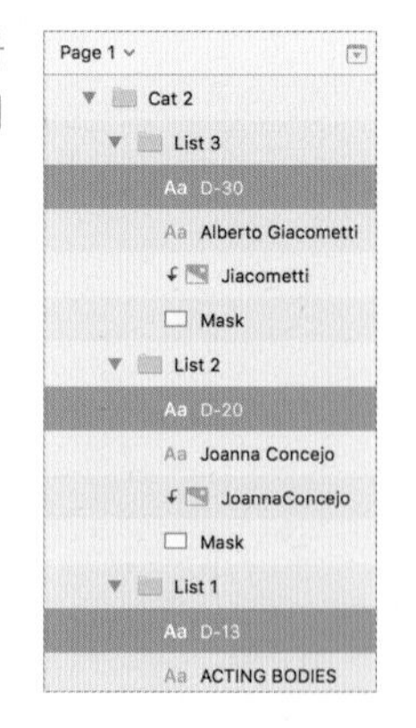

5 텍스트가 화살표 아이콘으로 바뀝니다. 화살표 아이콘은 폰트이므로 다음과 같이 아이콘 스타일을 지정합니다.

• Color: #8E8E93 • Size: 18

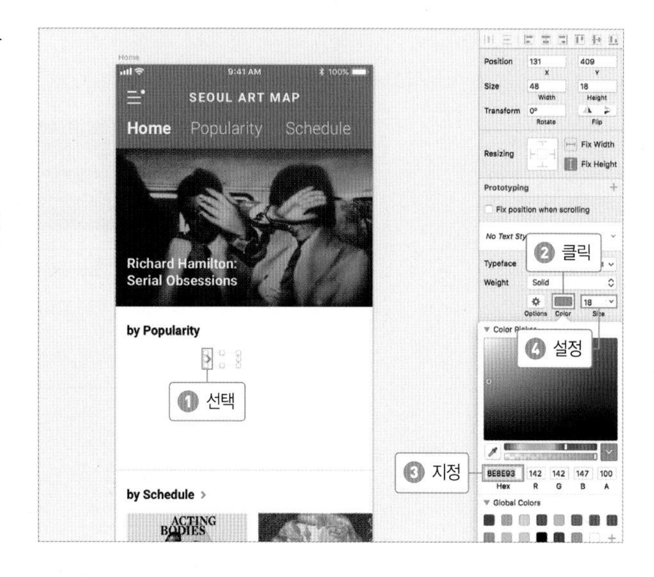


6 텍스트와 화살표를 선택한 다음 'Align layer to middle' 아이콘()을 클릭해서 두 오브젝트의 가로축에 맞춰 가운데 정렬합니다. 텍스트와 화살표의 간격을 '8'로 조정합니다.

7 R을 누르고 드래그하여 176×120 크기의 사각형을 그립니다. Option을 누른 채 사각형을 오른쪽으로 드래그하여 복제합니다. 같은 방법으로 총 세 개의 사각형을 만듭니다.

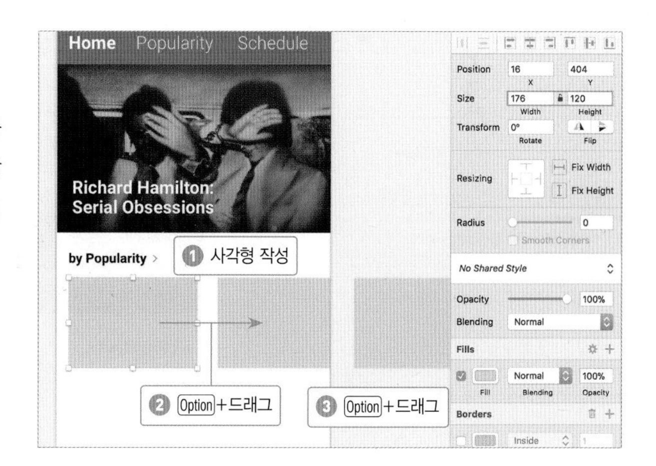

8 사각형을 드래그하여 간격을 각각 '16'으로 조정합니다. 'Home' 아트보드의 왼쪽 끝과 첫 번째 사각형의 간격, 타이틀과 사각형 위쪽 간격도 각각 '16'으로 조정합니다.

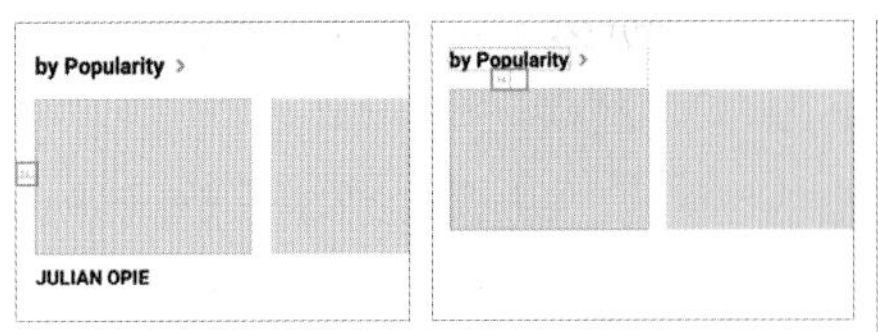

9 T를 누른 다음 사각형 아래에 전시명을 입력합니다. 텍스트 스타일을 다음과 같이 지정합니다.

- Typeface: Roboto
- Weight: Bold
- Color: #000000
- Size: 16
- Character Spacing: 0

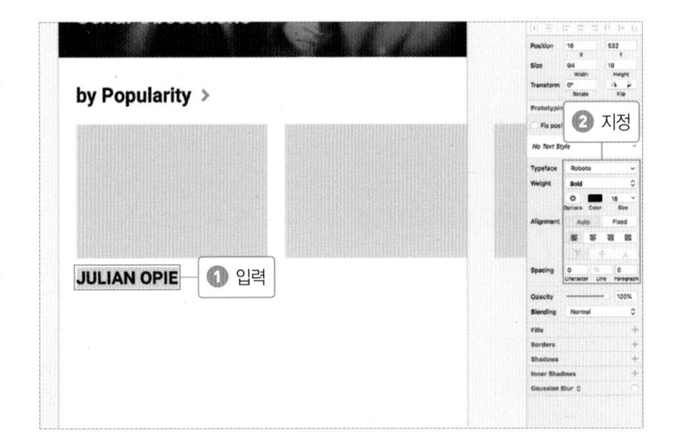


10 사각형과 전시명의 간격을 '8'로 조정합니다.

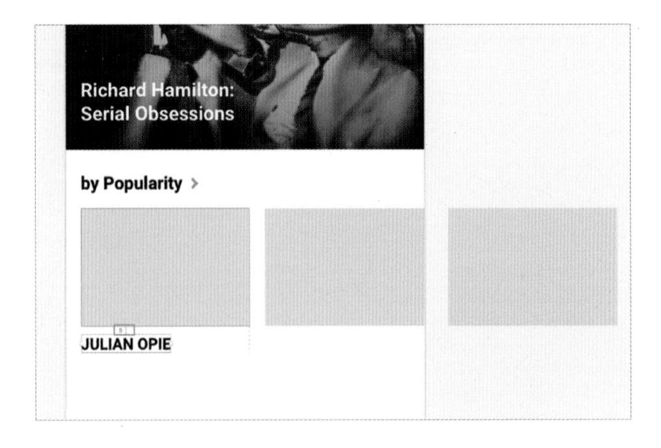

**11** Option을 누른 채 텍스트를 오른쪽으로 이동해서 복제합니다.
각 섬네일과 텍스트를 함께 선택한 다음 'Align layer to left' 아이콘( )을 클릭해 왼쪽 정렬합니다. 나머지 두 개의 전시 제목으로 'M/M(Paris)', 'Marie Laurencin'을 입력합니다.

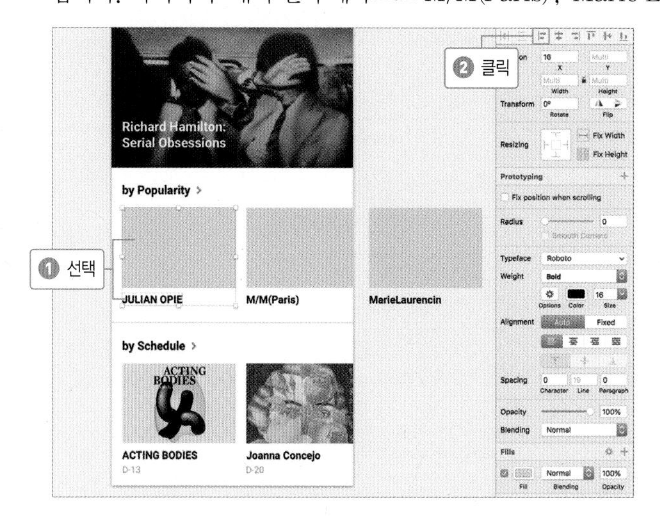


**12** 첫 번째 섬네일 즉, 사각형(Rectangle 2) 레이어에 전시 이미지를 불러옵니다. 툴바에서 **Insert → Images**를 선택한 다음 02 폴더에서 'JulianOpie.jpg' 이미지를 더블클릭합니다. 아트보드 위 이미지를 선택하고 이미지를 섬네일 크기보다 살짝 크게 조정합니다.

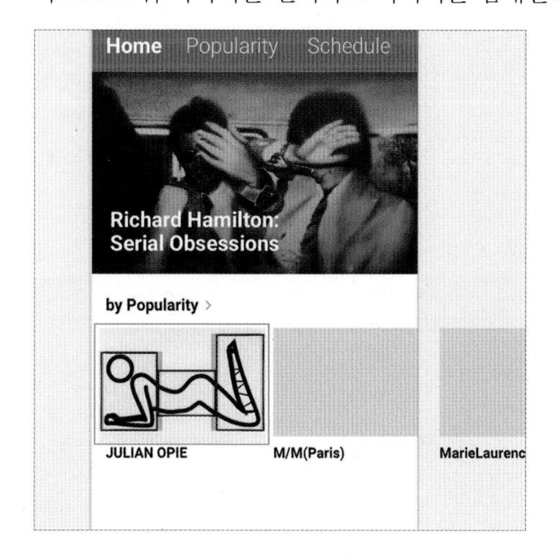

**13** 이미지가 섬네일에만 보이도록 아래의 사각형을 마스크로 지정하기 위해 사각형 레이어를 선택하고 Ctrl을 누른 채 클릭해 표시되는 메뉴에서 **Mask**를 실행합니다.

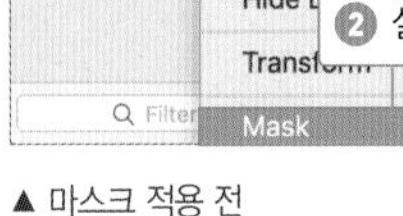

▲ 마스크 적용 전

Home
M/M(Paris)
JULIAN OPIE
Rectangle 2 Copy
JulianOpie
Rectangle 2

▲ 마스크 적용 후

**Tip**

마스크 적용 후 레이어 목록을 살펴보면 마스크로 지정한 사각형 레이어 위에 있는 모든 레이어가 마스크의 영향을 받습니다.

**14** 이미지 레이어 외의 레이어를 모두 선택하고 Ctrl을 누른 채 클릭하여 표시되는 메뉴에서 **Ignore Underlying Mask**를 실행합니다. 이미지 외의 레이어에 적용된 마스크가 해제됩니다.

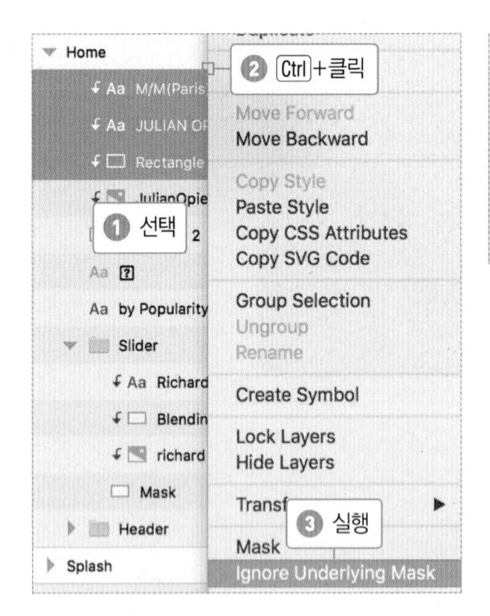


▲ 마스크 해제 전

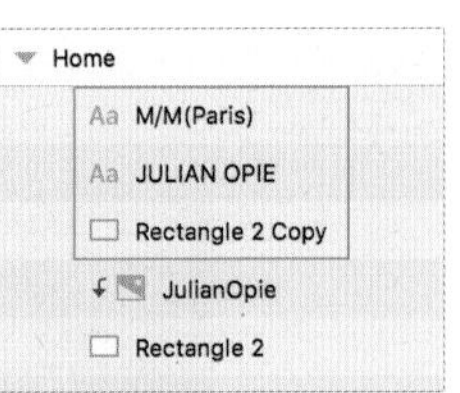


▲ 마스크 해제 후

**15** 12~14번과 같은 작업을 반복해 오른쪽 두 개의 섬네일에도 이미지를 적용합니다.

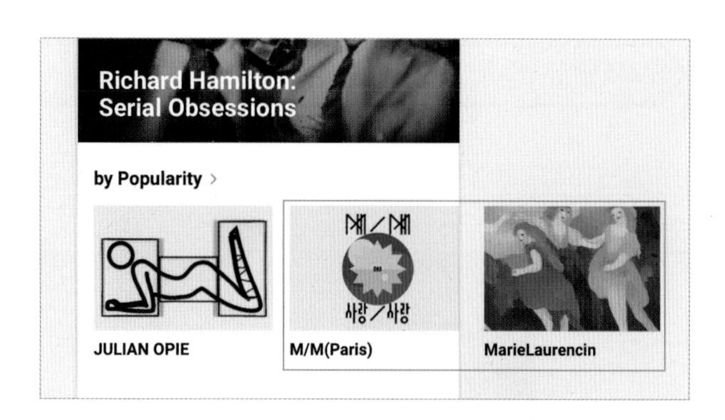


**16** Cmd+R을 누른 다음 마스크가 적용된 레이어 이름을 'Mask'로 변경합니다. 마스크, 전시 이미지, 전시명 레이어를 각각 선택한 다음 Cmd+R을 눌러 그룹으로 지정하고 그룹 이름을 각각 'List 1'~'List 3'으로 지정하여 마무리합니다.

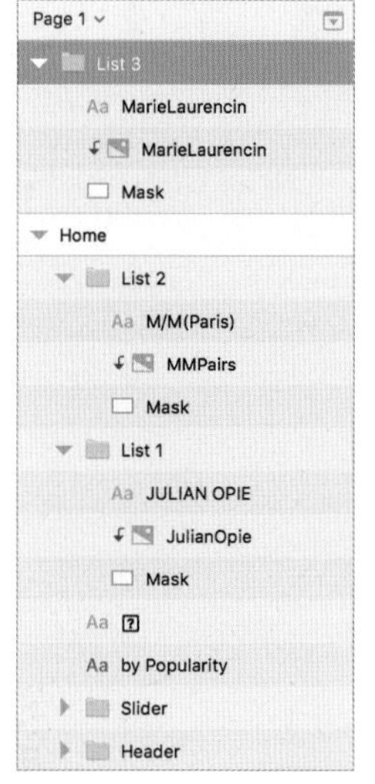


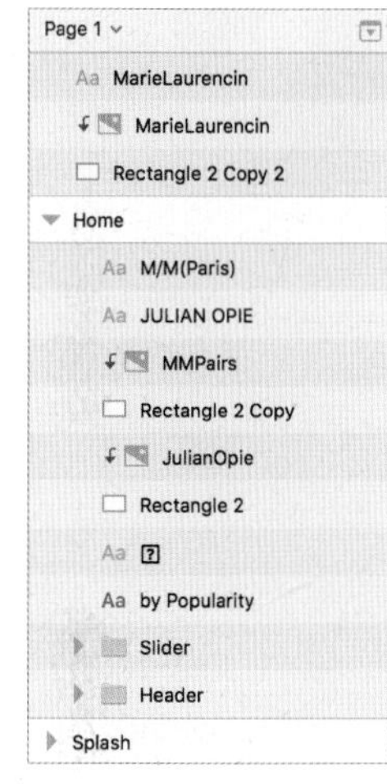


**Tip**

레이어 목록을 살펴보면 'List 3' 그룹이 'Home' 아트보드에 속하지 않습니다. 이것은 해당 레이어에 속한 오브젝트도 실제로 아트보드 밖에 위치해서입니다.

## 무작정 따라하기 | 리스트 영역 복제 및 수정하기

1 레이어 목록에서 'List 3' 그룹 레이어를 'Home' 아트보드의 레이어 영역으로 드래그합니다.

**Tip**

해당 레이어에 속하는 오브젝트는 캔버스에서 보이지 않습니다. 작업한 이미지가 없어진 것은 아니고, 아트보드 영역의 오브젝트만 가려집니다. 사라진 목록은 다음 과정에서 스와이프 제스처 인터랙션을 적용해 나타냅니다.

2 화살표 아이콘이 있는 레이어를 클릭하고 Cmd+R을 누른 다음 레이어 이름을 'ICN_ArrowR'로 수정합니다.

3 타이틀, 화살표 아이콘, List와 같은 세 개의 그룹 레이어를 모두 선택한 다음 Cmd+G를 눌러 그룹으로 만듭니다. 이들을 포함하는 레이어에서 Cmd+R을 누르고 그룹 레이어 이름을 'Cat 1'로 수정합니다.

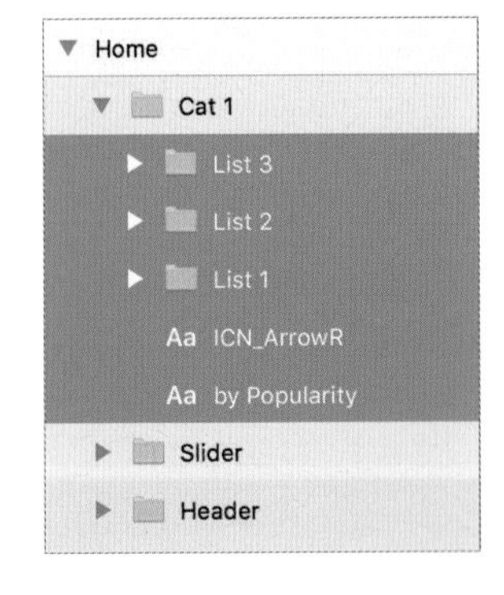

4 Option을 누른 채 'Cat 1' 그룹을 아래로 드래그하여 복제합니다. Cmd+R을 누르고 복제된 그룹 레이어 이름을 'Cat 2'로 수정합니다.

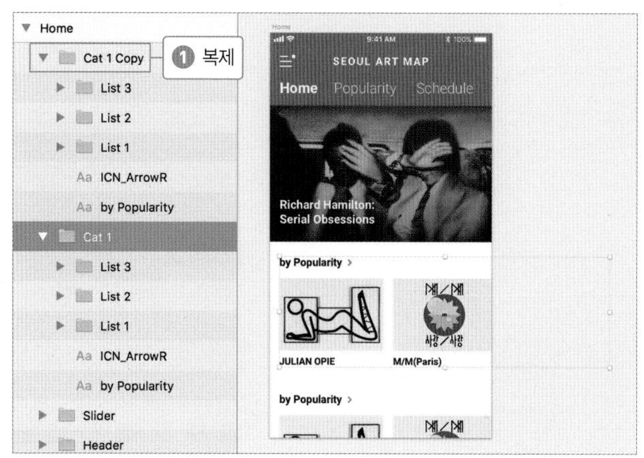


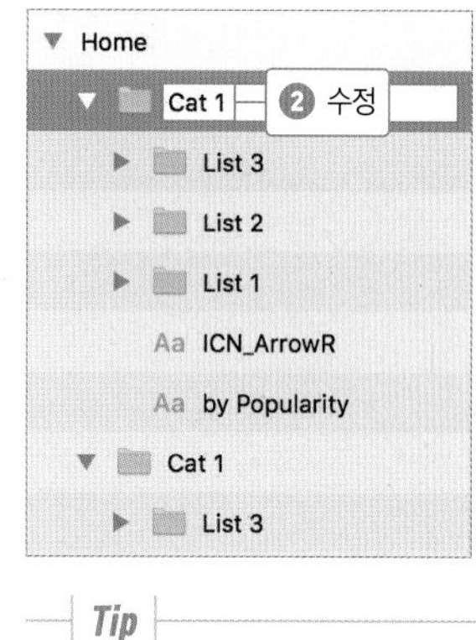


**Tip**

'Cat 1' 그룹 레이어를 클릭하면 캔버스 위에 해당 부분이 선택 영역으로 표시됩니다.

5 복제된 내용 중 텍스트를 'by Schedule'로 수정합니다. 타이틀과 화살표 아이콘의 간격을 '8'로 조정합니다.

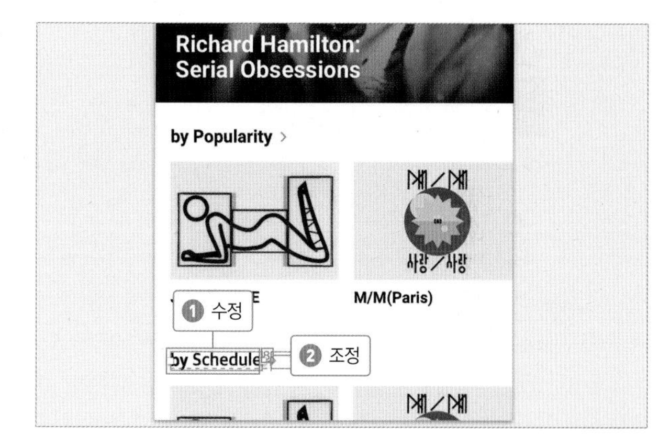


6 두 카테고리 사이를 선으로 구분하기 위해 L을 누르고 'Cat 1'과 'Cat 2' 그룹 사이에 아트보드의 가로 길이만큼 드래그하여 선을 추가합니다.

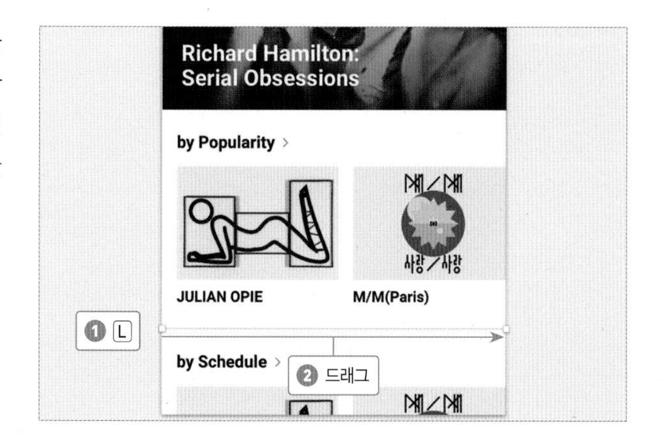

7 인스펙터에서 Length를 '375'로 설정합니다. Borders 항목에서 Color(색상)를 'D1D1D6', Thickness(두께)를 '1'로 설정합니다.

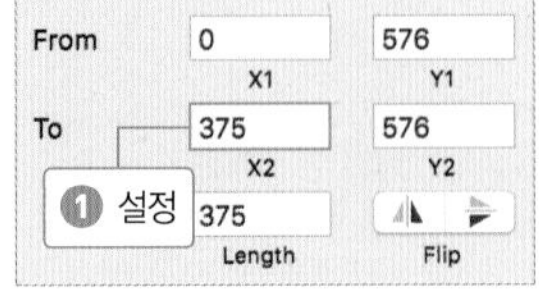


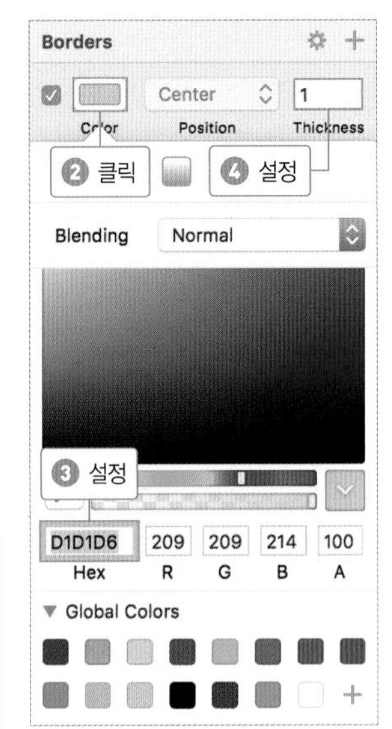


8 선과 'Cat 1', 'Cat 2'의 간격을 각각 '24'로 조정합니다.

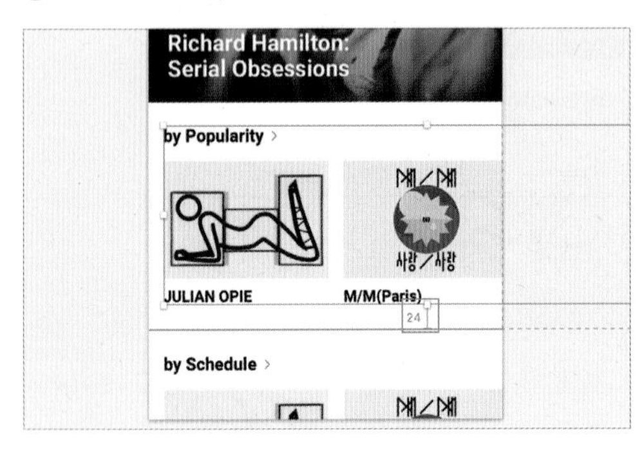


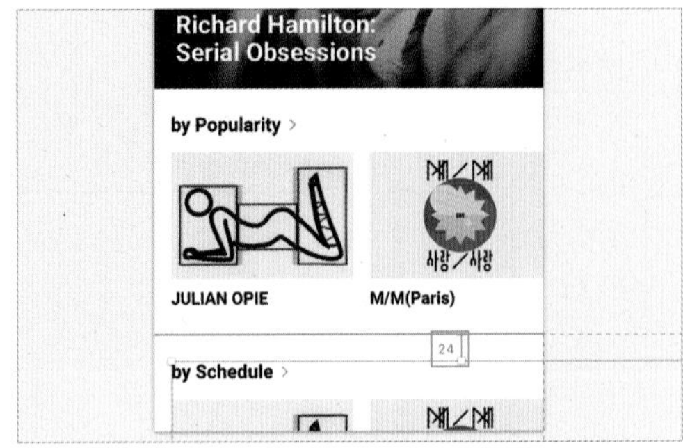


**Tip**

'Cat 2' 그룹 아래의 오른쪽 이미지는 처음에 'Home' 아트보드 크기를 'iPhone 8'로 지정하면서 높이를 '667inch'로 지정했기 때문에 보이지 않습니다.

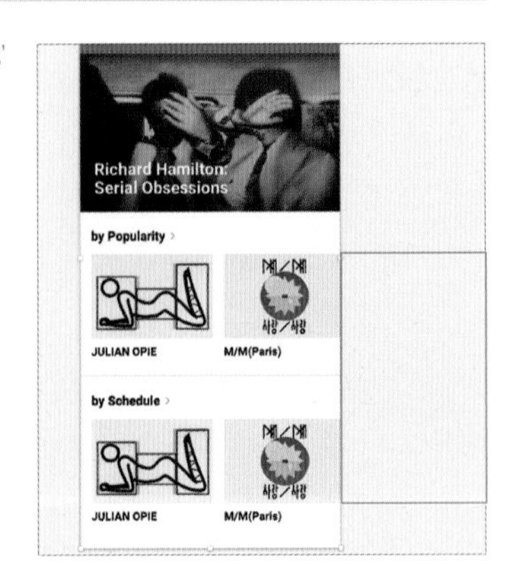

9 숨겨진 이미지를 나타내기 위해 아트보드 크기를 수정하겠습니다. 먼저 아트보드를 선택하여 조절점이 나타나면 'Cat 2' 그룹의 이미지 전체가 보일 때까지 아트보드의 아래 조절점을 드래그하여 Height(세로 길이)를 '820'으로 늘립니다.

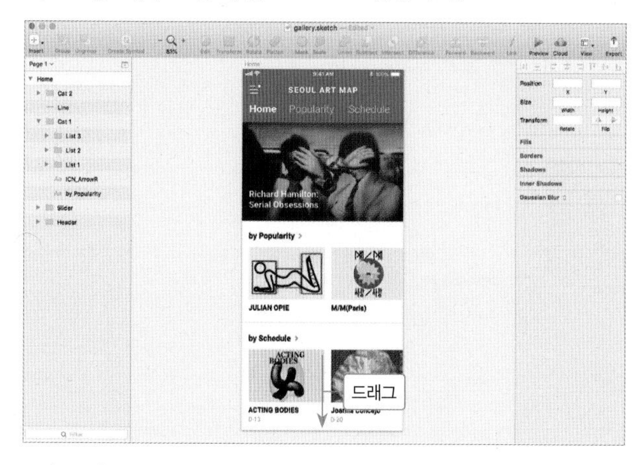


**Tip**

아트보드를 선택하는 방법은 두 가지입니다. 첫째는 레이어 목록에서 'Home' 아트보드 레이어를 선택하는 방법이고, 둘째는 아트보드 위쪽의 이름(예: Home)을 클릭하는 방법입니다. 아트보드 크기를 좀 더 세밀하게 변경하려면 아트보드를 선택하고 인스펙터에서 Width와 Height 값을 입력합니다.

10 이전 과정과 같은 방법으로 아트보드가 선택된 상태에서 이번에는 아트보드의 오른쪽 가운데 조절점을 오른쪽으로 드래그하여 아트보드를 넓힙니다. 'List 3'의 전시 이미지가 모두 보일 때까지 가로 크기를 늘립니다.

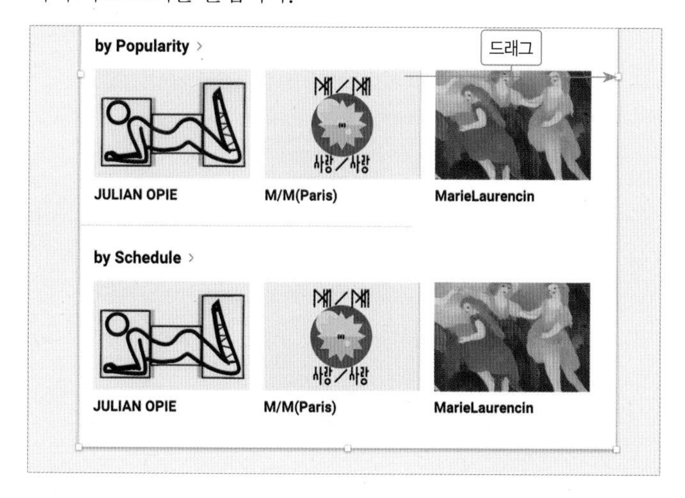

**11** 전시명 아래에 전시 종료일을 추가하기 위해 T를 누른 후 'D-13' 텍스트를 입력하고 다음과 같이 텍스트 스타일을 지정합니다.

• Typeface: Roboto • Weight: Regular • Color: #8E8E93 • Size: 14 • Character Spacing: 0

전시명과 종료일 텍스트의 간격이 '4'가 되도록 위치를 조정합니다.

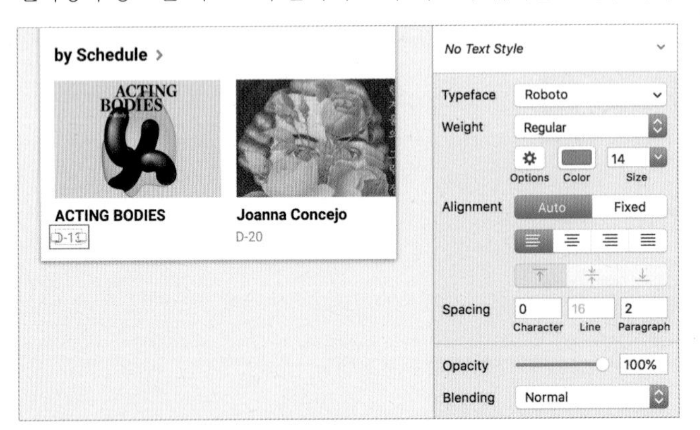


**12** Option을 누른 채 종료일 텍스트를 선택한 다음 오른쪽으로 이동하여 복제하고 각각 수정합니다. 레이어 목록에서 종료일 텍스트를 각 섬네일이 속한 그룹으로 이동합니다.
각 섬네일과 종료일 텍스트를 함께 선택하고 'Align layer to left' 아이콘(▤)을 클릭하여 왼쪽 정렬합니다.

▲ 레이어 목록에서 Cmd를 누른 채 레이어를 클릭해 종료일 텍스트만 선택

*Tip*

텍스트가 작아서 작업 중 복제 또는 스마트 가이드가 잘 안보일 수도 있습니다. 줌인(Cmd++), 줌아웃(Cmd+-) 단축키를 익혀두면 좀 더 편리하게 작업할 수 있습니다.

**13** 'Cat 2'의 전시 이미지, 전시명을 모두 바꿉니다. 먼저 'List 1'부터 수정하겠습니다. 레이어 목록에서 전시 이미지를 삭제하고, 툴바에서 **Insert → Images**를 선택한 다음 02 폴더에서 'ActingBodies.jpg' 파일을 불러옵니다. 불러온 이미지를 섬네일 크기에 맞게 줄입니다. 전시명을 선택한 다음 텍스트를 'ACTING BODIES'로 수정합니다. 같은 방법으로 'List 2'와 'List 3'의 전시 이미지와 전시명도 다음과 같이 수정합니다.

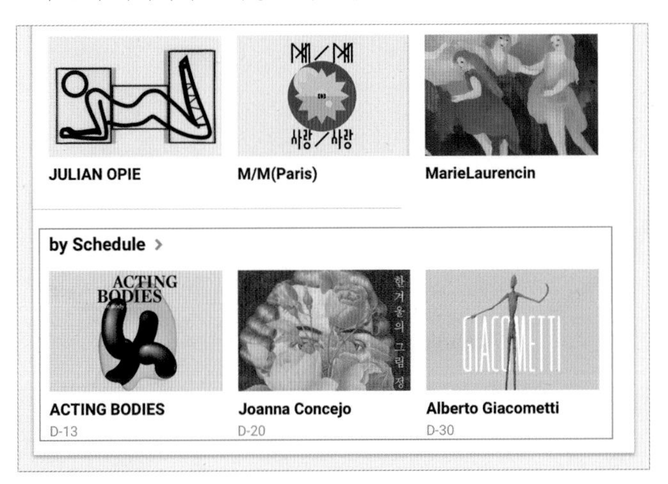


**Tip**

스케치에 이미지를 불러오는 다른 방법은 맥에서 Finder를 이용해 이미지를 가져오는 방식입니다. Finder를 실행하고 이미지 파일을 스케치로 드래그하면 불러들여집니다. 이 방법은 메뉴를 일일이 선택하지 않아도 되므로 여러 이미지를 불러올 때 유용합니다.

**14** 아트보드의 폭을 원래대로 되돌립니다. 아트보드를 선택한 다음 인스펙터에서 아트보드의 Width(가로)를 '375'로 설정하여 마무리합니다.

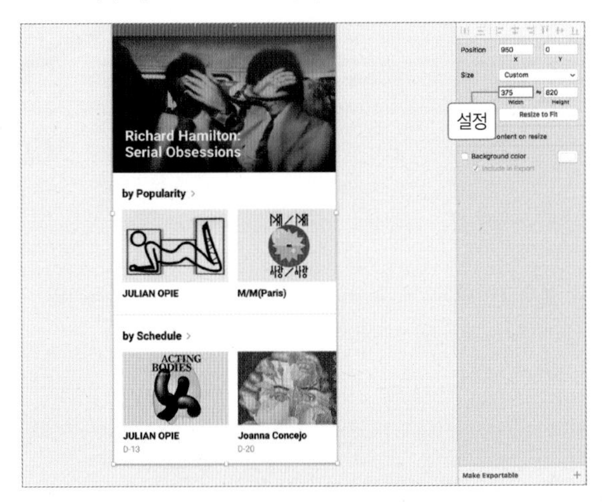

# PART 03

스케치와 더불어 사용할 수 있는 여러 플러그인 중에서도 디자이너에게 꼭 필요한 추천 플러그인의 종류와 특징을 알아보고, 갤러리 앱의 추가 디자인을 마무리합니다.

실전
플러그인을
이용해
앱 디자인하기

# 플러그인 알아보기

스케치의 가장 큰 장점은 다양한 플러그인을 활용해서 기능을 무한대에 가깝게 확장시킬 수 있다는 것입니다. 프로토타이핑에 꼭 필요한 플러그인과 설치 방법에 관해 알아봅니다.

스케치를 지원하는 다양한 플러그인은 다른 프로토타이핑 툴과 비교했을 때에도 매력적인 요소 중에 하나입니다.

## 플러그인이란?

플러그인은 스케치의 기능을 확장하기 위해 추가로 설치해서 사용하는 프로그램입니다. 아무리 완벽한 프로그램이라 해도 작업 환경이나 프로젝트 성격이 다르기 때문에 필요한 기능을 모두 담을 수는 없습니다. 스케치는 사용자의 다양한 요구에 맞는 플러그인 개발을 돕기 위해 써드파티 개발자들에게 개발 API를 제공합니다.

## 플러그인 내려 받기

스케치와 함께 사용할 수 있는 플러그인을 내려 받는 사이트와 방법에 관해 알아보겠습니다. 스케치 플러그인은 스케치 웹사이트 또는 다양한 스케치 커뮤니티, 검색을 통한 링크 페이지 등 다양한 경로에서 내려 받을 수 있습니다. 스케치 공식 사이트에는 엄선된 플러그인을 소개하는 페이지https://www.sketchapp.com/extensions/가 있으므로 자신에게 필요한 플러그인에는 어떤 것이 있는지 찾아봅니다. Featured Plugins 페이지 오른쪽 'See All' 링크를 클릭하면 더 많은 플러그인을 확인할 수 있습니다.

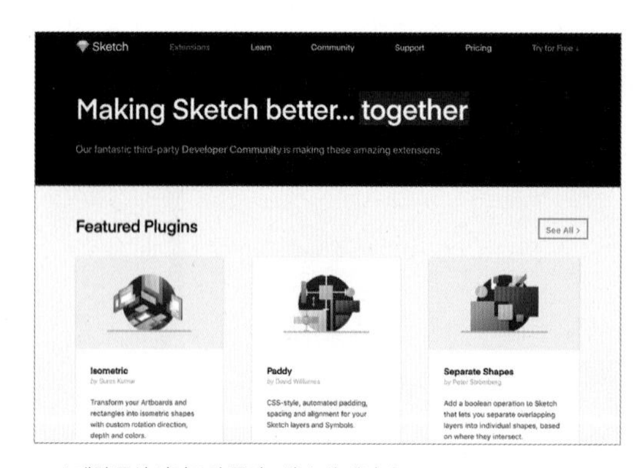


▲ 스케치 공식 사이트의 플러그인 소개 페이지

검색어를 입력해서 필요한 플러그인을 찾을 수도 있습니다. 여기서는 'Sketch Measure' 플러그인을 검색하고 다운로드합니다. 검색창에 'measure'를 입력한 다음 'Sketch Measure'를 클릭하면 플러그인 개발사의 GitHub[16] 사이트로 이동합니다. 〈Clone or download〉 버튼을 클릭한 다음 항목을 선택하고 〈Download ZIP〉 버튼을 클릭해서 파일을 다운로드합니다.

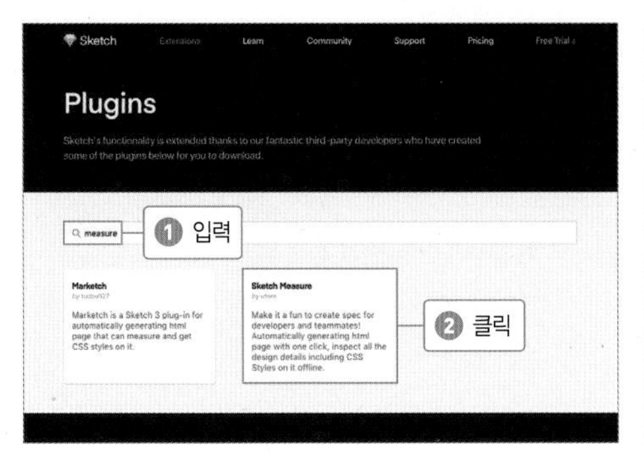


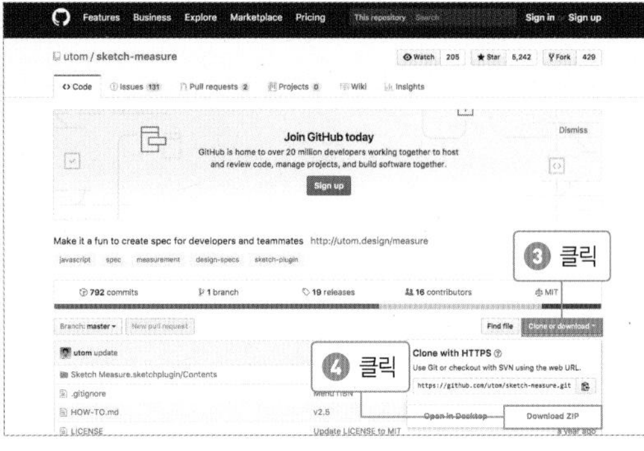


▲ 플러그인 사의 GitHub 페이지

## 플러그인 설치하기

플러그인은 크게 세 가지 방식으로 설치할 수 있습니다. 스케치 내부의 Manage Plugin플러그인 관리 툴을 이용하거나, 다운로드한 파일에서 '.sketchplugin' 확장자를 가진 파일을 더블클릭하거나, 'Sketch Tool box'라는 외부 관리 프로그램을 이용하는 방식입니다.

### ① 플러그인을 찾아 직접 등록하기

기본 방식으로 스케치 플러그인의 메뉴에서 [Plugins] → Manage Plugins를 실행해 플러그인을 찾아 등록하는 방식입니다. Preferences 대화상자에서 〈Get Plugins〉 버튼을 클릭합니다.

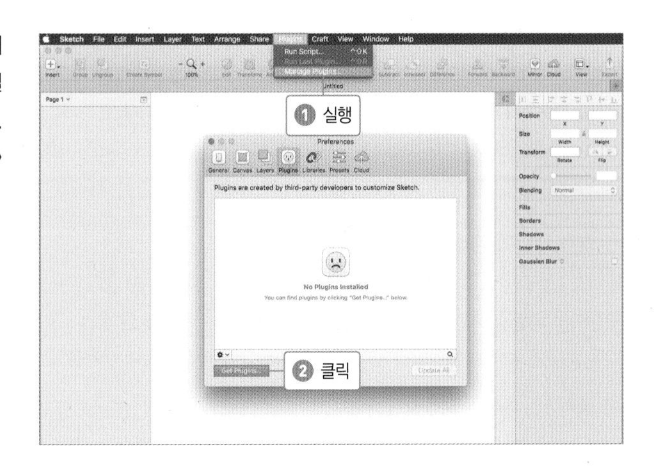


16 GitHub 프로그램 등의 소스 코드 관리를 위한 버전 컨트롤(Version Control)과 협업을 위한 코드 호스팅 플랫폼(Code Hosting Platform)입니다. 작업 폴더는 모두 기록되고 추적할 수 있으므로 장소에 상관없이 함께 개발 프로젝트를 진행할 수 있어 가장 완전한 형태의 저장소라고 할 수 있습니다.

스케치의 플러그인 페이지로 이동합니다. 페이지에서 원하는 플러그인을 선택하고 앞서 설명한 다운로드 방식대로 필요한 플러그인을 찾아내려 받습니다. '.sketchplugin' 확장자를 가진 파일을 더블클릭하면 설치 완료 팝업 창이 표시됩니다. Preferences 창에서 설치한 플러그인 항목을 확인할 수 있습니다.

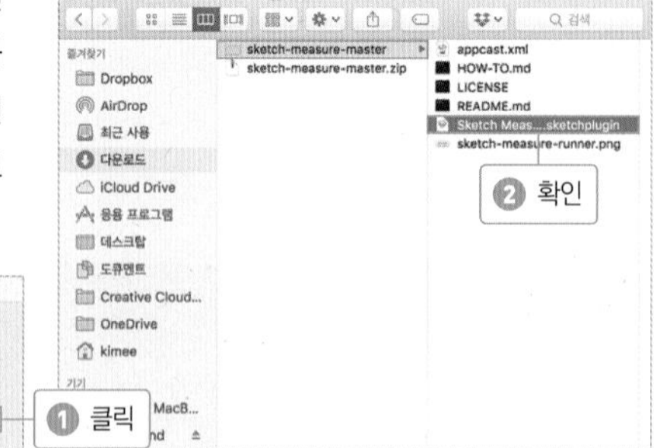


플러그인 목록에서 Ctrl을 누른 채 클릭하여 표시되는 메뉴를 실행해서 설치한 플러그인을 관리할 수 있습니다.

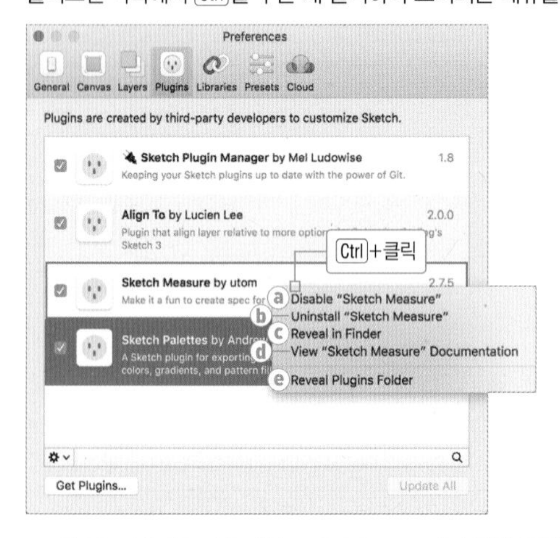


ⓐ **Disable/Enable "Sketch Measure"**: 설치한 플러그인 항목을 사용하지 않는 상태로 지정합니다. 이 명령을 실행하면 플러그인 목록에서 체크 표시가 해제되어 비활성화됩니다. 체크 표시하면 플러그인은 원래대로 돌아갑니다.

ⓑ **Uninstall "Sketch Measure"**: 플러그인을 목록에서 삭제합니다.

ⓒ **Reveal in Finder**: 플러그인 폴더가 Finder에서 열립니다.

ⓓ **View "Sketch Measure" Documentation**: 해당 플러그인을 설명하는 웹사이트로 이동합니다.

ⓔ **Reveal Plugins Folder**: 플러그인 폴더가 Finder에서 표시됩니다.

### ❷ 플러그인 파일 자동 설치하기

플러그인을 다운로드하면 대부분 하나의 압축 파일로 되어 있습니다. 압축을 풀고, 폴더에 있는 파일 중에서 '.sketchplugin' 확장자의 파일을 더블클릭하면 자동으로 설치됩니다. 첫 번째 방식보다 훨씬 간편한 방법으로, 주로 스케치 웹사이트 이외의 다른 곳(각종 스케치 커뮤니티 사이트)에서 플러그인 파일을 찾아 다운로드한 경우에 이 방식을 이용합니다.

### ❸ 플러그인 관리 툴 이용하기

스케치에서 다양한 프로젝트를 진행하다 보면 많은 플러그인을 찾아서 테스트하고 설치합니다. 설치한 플러그인 항목이 늘어나면 그만큼 프로그램이 무거워질 수 있고, 충돌을 일으키는 원인이 될 수도 있습니다.

플러그인 설치만큼 중요한 것은 잘 관리하는 것입니다. 사용하지 않는 플러그인은 정리하고, 사용 중인 플러그인이라도 최신 버전으로 업데이트하는 등의 관리가 필요합니다. 이때 플러그인 목록을 하나씩 열기보다는 'Sketch Toolbox'나 'Sketch Plugin Manage'와 같은 프로그램을 이용하여 플러그인을 관리하면 훨씬 편리하게 작업할 수 있습니다.

### ⓐ 스케치 툴 박스(Sketch Tool Box) 맥 애플리케이션 스케치

스케치 툴 박스는 맥용 애플리케이션이며 무료입니다. 스케치 툴 박스는 웹사이트에서 일일이 플러그인을 찾아 등록하지 않아도 툴을 통해 플러그인을 검색하고 설치, 삭제, 업데이트할 수 있어 더욱 편리하게 플러그인을 관리할 수 있습니다.

스케치 툴 박스 사이트(http://sketchtoolbox.com/)의 〈Download the beta〉 버튼을 클릭한 다음 애플리케이션을 설치합니다.

애플리케이션을 실행하면 다음과 같은 Sketch Toolbox 창이 표시되며, [All]과 [Installed] 두 개의 탭이 있습니다. [All] 탭에 내려 받을 수 있는 플러그인 항목이 나타납니다. 플러그인 항목이 꽤 많으므로 찾고 싶은 플러그인이 있다면 검색창을 이용하는 것이 편리합니다. 원하는 플러그인을 검색한 다음 오른쪽의 〈Install〉 버튼을 클릭하면 설치됩니다. [Installed] 탭에서 설치된 플러그인 목록을 확인할 수 있습니다. 탭 왼쪽의 'check for updates' 아이콘을 클릭하여 플러그인 업데이트 상태를 확인할 수도 있습니다.

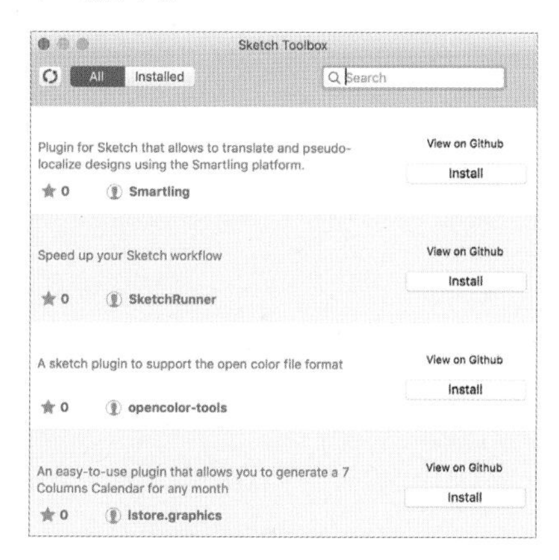


### ⓑ Sketch Plugin Manage 플러그인

맥용 애플리케이션을 설치하지 않고, 스케치에 Sketch Plugin Manager 플러그인을 설치해서 관리할 수도 있습니다.

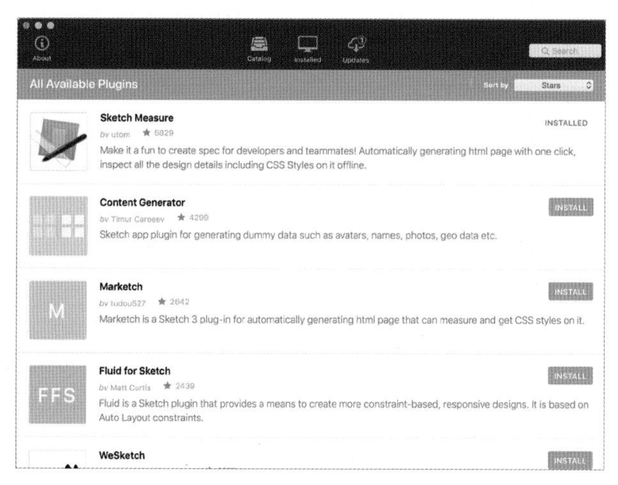


▲ https://mludowise.github.io/Sketch-Plugin-Manager/

# Section 02 카테고리 화면 디자인하기

'인기 전시(Popularity)'를 소개하는 전시 목록 페이지를 만들어 봅니다. 전시 목록 페이지에는 전시 이미지, 전시명, 전시 장소, 전시 일정이 나열됩니다.

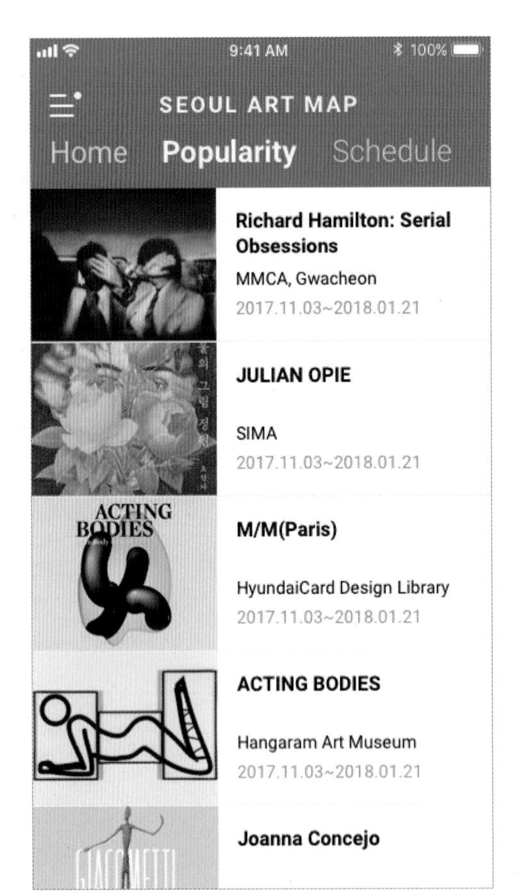


전시 목록은 일정하게 반복됩니다. 반복되는 디자인 스타일을 작업하는 방식에는 여러 가지가 있으며, 하나의 목록을 디자인한 후 복제해서 계속 붙여 넣을 수 있습니다.

디자이너마다 선호하는 작업 방식이 있지만, 포토샵 대신 스케치를 이용하는 가장 큰 이유는 작업 속도를 향상시키기 위한 것입니다. 예제에서는 'Craft' 플러그인을 이용해 작업 속도를 향상시키는 방법을 알아봅니다.

# 예제 파일 · 03\GalleryImages 폴더, Exhibition Name.txt, GalleryName.txt, date.txt # 완성 파일 · 03\Category-Popularity.sketch

## 무작정 따라하기 | 헤더와 목록 디자인하기

1 새 아트보드를 만든 다음 아트보드 이름을 'Category-Popularity'로 지정합니다.

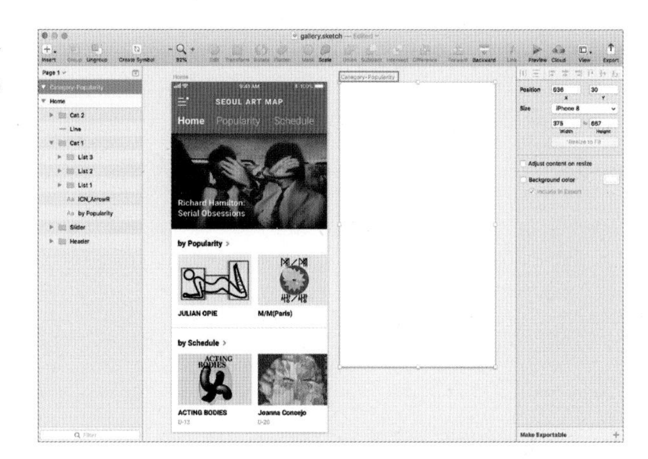

2 화면 맨 위 헤더 영역부터 디자인하겠습니다. 앞서 디자인한 홈 화면의 헤더를 복사해서 그대로 가져오기 위해 'Home' 아트보드 레이어 목록에서 'Header' 그룹 레이어를 선택한 다음 Cmd+C를 눌러 복사하고 'Category-Popularity' 아트보드를 선택한 다음 Cmd+V를 눌러 붙여 넣습니다.

3 메뉴에서 'Home' 텍스트를 클릭한 다음 오른쪽 인스펙터에서 Weight를 'Regular', Opacity를 '80'으로 설정하여 하이라이트를 해제합니다. 'Popularity' 텍스트를 클릭한 다음 Weight를 'Bold', Opacity를 '100'으로 설정하여 하이라이트를 적용합니다.

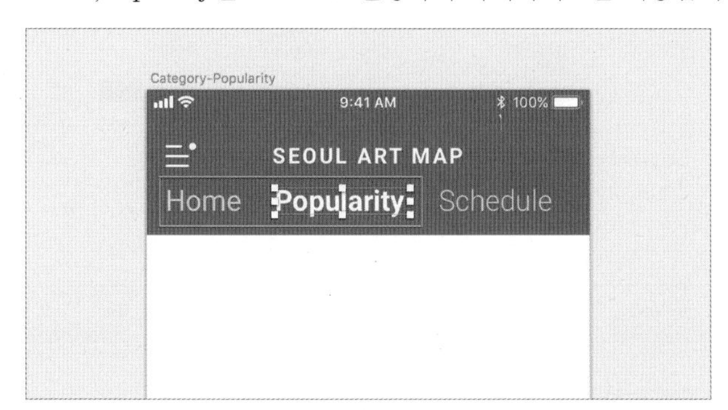

4 R을 누르거나 툴바에서 **Insert → Shape → Rectangle**을 선택한 다음 메뉴 아래쪽에 드래그하여 사각형을 그립니다.
Size의 Width를 '152', Height를 '120', Position의 X를 '0', Y를 '120'으로 설정하여 배치합니다.

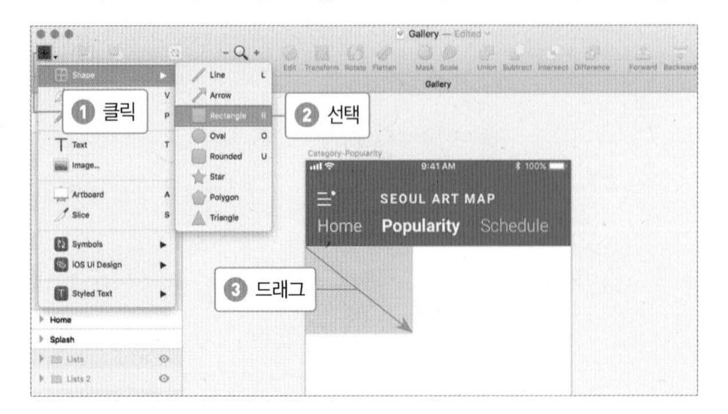


5 T를 누른 다음 사각형 오른쪽에 전시명, 전시 장소, 전시 일정에 관한 텍스트를 다음과 같이 입력하고 텍스트 스타일을 지정합니다.

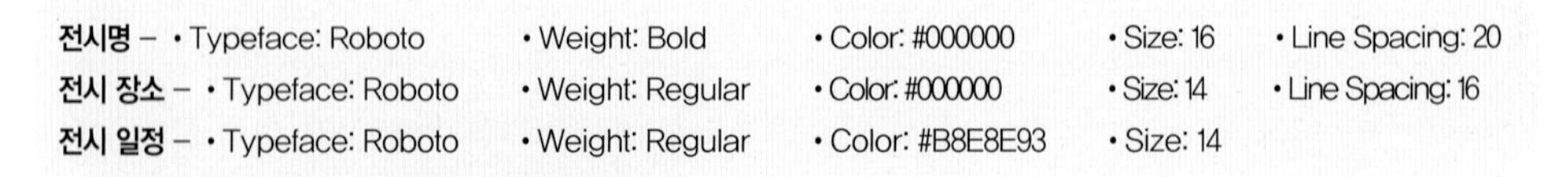

| | | | | | |
|---|---|---|---|---|---|
| **전시명** – | • Typeface: Roboto | • Weight: Bold | • Color: #000000 | • Size: 16 | • Line Spacing: 20 |
| **전시 장소** – | • Typeface: Roboto | • Weight: Regular | • Color: #000000 | • Size: 14 | • Line Spacing: 16 |
| **전시 일정** – | • Typeface: Roboto | • Weight: Regular | • Color: #B8E8E93 | • Size: 14 | |

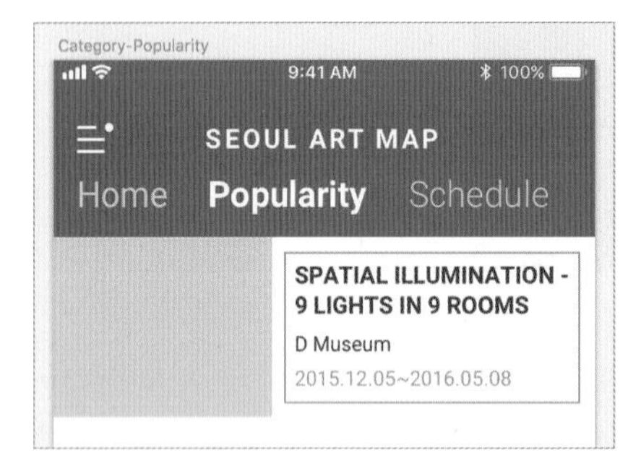


**Tip**

03 폴더의 'Exhibition Name.txt', 'GalleryName.txt', 'date.txt' 파일을 참고하여 전시명, 전시 장소, 전시 일정을 입력합니다.

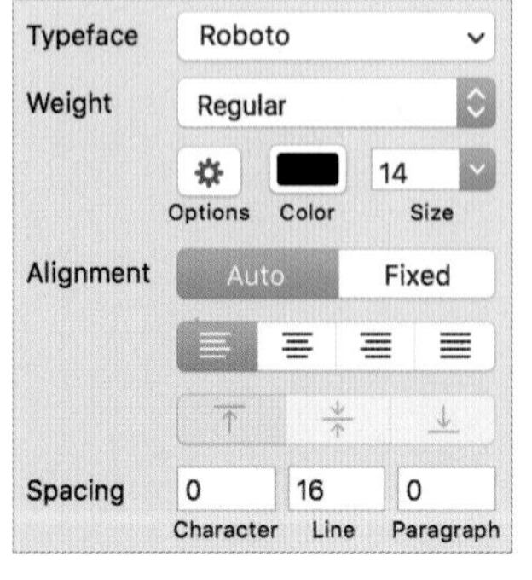


▲ 전시명

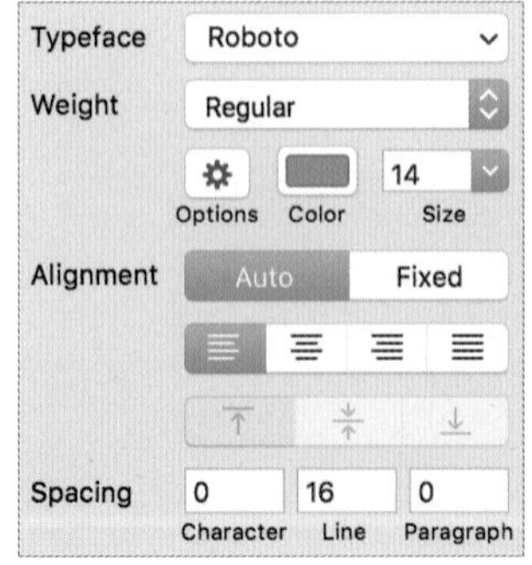


▲ 전시 장소

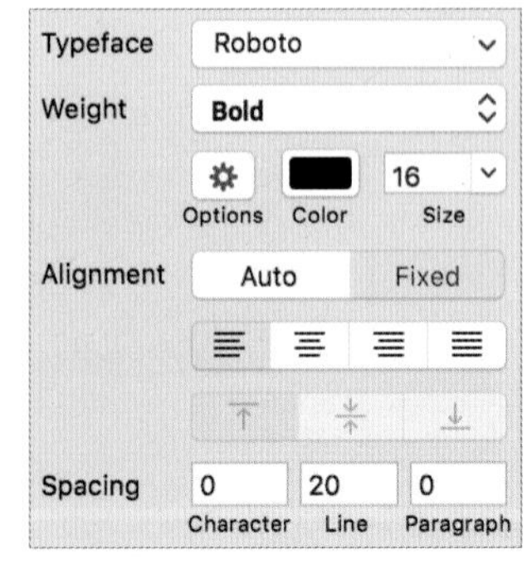


▲ 전시 일정

6 Option을 누른 채 스마트 가이드를 참고하면서 텍스트 간격을 각각 '8'로 조정합니다.

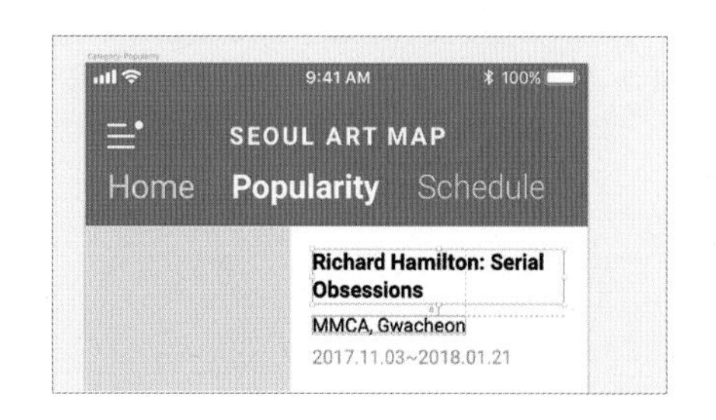


7 전시 정보에 관한 모든 텍스트를 선택한 다음 'Align layer to left' 아이콘( )을 클릭하여 왼쪽 정렬합니다. 회색 사각형과 텍스트의 간격을 '16'으로 조정합니다.

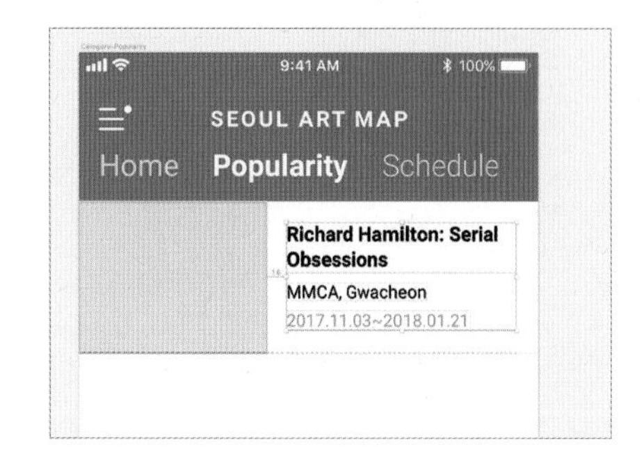


8 L을 누른 다음 목록이 구분되도록 아래쪽에 가로로 드래그하여 선을 그립니다. Length(선 길이)는 아트보드의 가로 길이인 '375', Position의 X를 '0', Y를 '240'으로 설정하여 알맞게 배치합니다.

• Boders – Color: #E5E5EA • Thickness(두께): 1

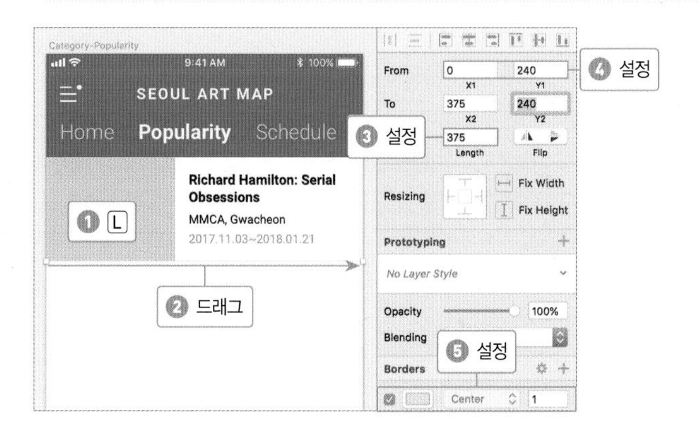

## 무작정 따라하기 | Craft 플러그인을 이용해 목록 디자인하기

**1** Craft 플러그인을 이용해 이전 단계에서 직접 디자인한 카테고리 목록을 복제하겠습니다. InVision Labs의 Craft 플러그인을 설치하고 메뉴에서 **[Craft] → Toggle Panel**을 실행해 활성화합니다. 인스펙터 왼쪽에 'C'라는 별도의 Craft 영역이 표시됩니다.

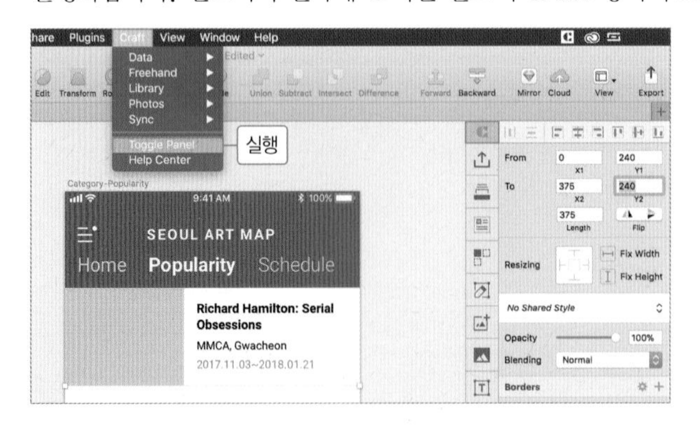


> **Tip**
> 인비전 웹사이트(www.invisionapp.com/craft)에서 Craft 플러그인을 설치했는데 Craft 패널이 표시되지 않으면 메뉴에서 [Craft] → Toggle Panel을 실행합니다.

**알아두기**

### Craft 영역 살펴보기

Craft 플러그인 영역의 패널에 대해 간단하게 알아보겠습니다. 대부분 더미 콘텐츠[17]를 만드는 데 효율적입니다.

❶ **Sync(싱크)**: 스케치에서 작업한 전체 페이지 또는 선택한 아트보드를 인비전(InVision)과 연동합니다.

❷ **Library(라이브러리)**: 클릭 한 번에 Color Palette, Fonts and Text Styles로 구성된 스타일 가이드를 스케치 파일에서 별도의 Styles 페이지를 만들고 공유할 수 있습니다.

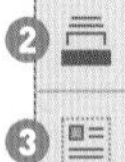

❸ **Data(데이터)**: Type, Photo, JSON, 라이브 웹사이트 등 더미 콘텐츠를 만듭니다.

❹ **Duplicate(복제)**: 오브젝트를 빠르게 반복하여 복제할 수 있고, 레이어 목록도 함께 자동으로 정리합니다.

❺ **Freehand(프리핸드)**: 연필로 스케치하듯이 코멘트나 그림을 그릴 수 있습니다. 좀 더 자연스럽게 즉각적으로 피드백을 주고받으며, 함께 작업하기에 편리한 툴입니다.

❻ **Stock(스톡)**: iStock 또는 Getty Images에서 제공하는 이미지를 더미 이미지로 이용합니다. 검색 기능을 제공하므로 원하는 콘텐츠에 좀 더 알맞은 사진을 고를 수 있습니다.

❼ **Photos(사진)**: 색상, 키워드별로 더미 이미지를 대체합니다.

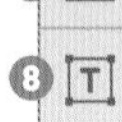

❽ **Type(타입)**: 이름, 날짜, 이메일, 헤드라인 기사 제목, 기사글 등 다양한 더미 텍스트를 제공합니다.

17 **더미(Dummy) 콘텐츠** 프로그래밍 또는 디자인 편집 중 레이아웃에 맞추기 위해 추가하는 의미 없는 텍스트나 이미지들을 의미합니다.

2 사각형을 선택하고 Craft 영역의 Data 패널(▤)을 선택한 다음 [Custom → Photos] 탭을 선택하고 〈Add Item(빈 영역)〉 버튼을 클릭합니다.

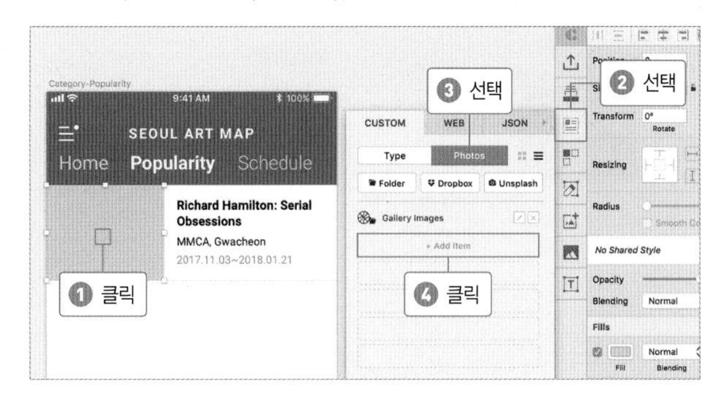


3 아이템 이름에 'Gallery Images'를 입력하고 Local folder를 선택한 다음 〈…〉 버튼을 클릭합니다. Finder가 실행되면 '03/GalleryImages' 폴더를 선택한 다음 〈Save action〉 버튼을 클릭해서 설정한 내용을 저장합니다.

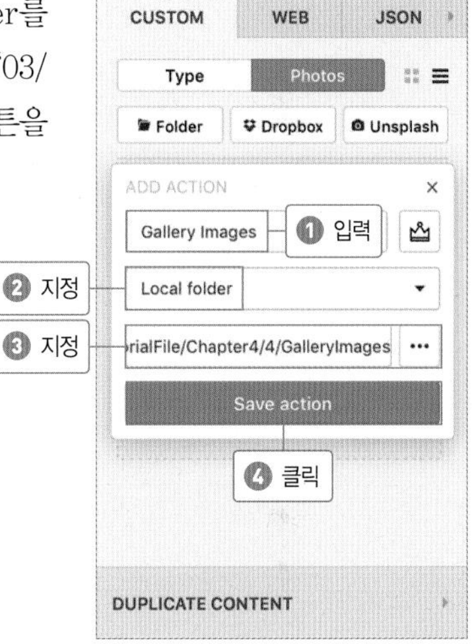


4 등록된 'Gallery Images' 액션을 클릭하면 왼쪽 섬네일 이미지가 랜덤으로 바뀝니다.

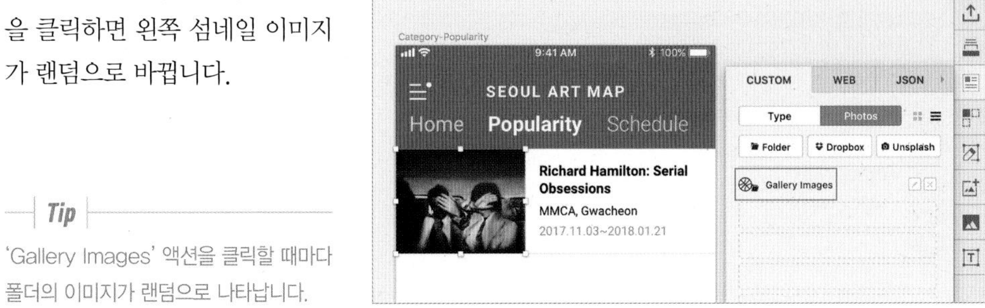


**Tip**

'Gallery Images' 액션을 클릭할 때마다 폴더의 이미지가 랜덤으로 나타납니다.

5 이미지와 같은 방법으로 텍스트에도 액션을 적용할 수 있습니다. 아트보드에서 전시명을 클릭한 다음 Data 패널의 [Custom → Type] 탭을 선택합니다. 〈Add item〉 버튼을 클릭한 다음 '+ Add Custom'을 선택합니다.

6 타이틀에 'Exhibition Name'을 입력합니다.

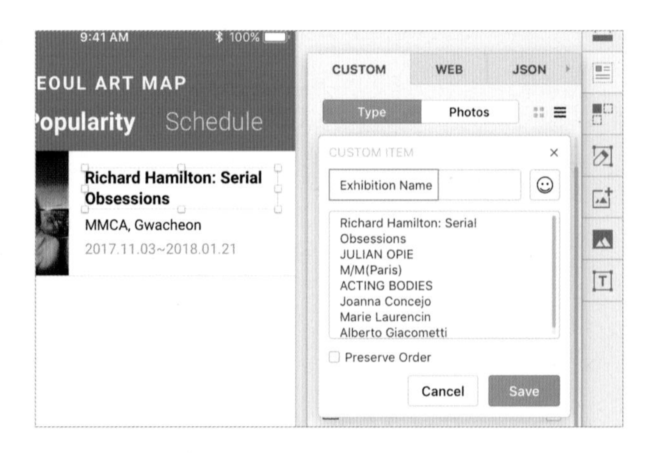


7 텍스트 영역에 전시명을 입력합니다. 이때 직접 텍스트를 입력하거나 03 폴더의 'Exhibition Name.txt' 파일을 열고 텍스트를 복사한 다음 붙여 넣습니다. 텍스트 입력 후 〈Save〉 버튼을 클릭합니다.

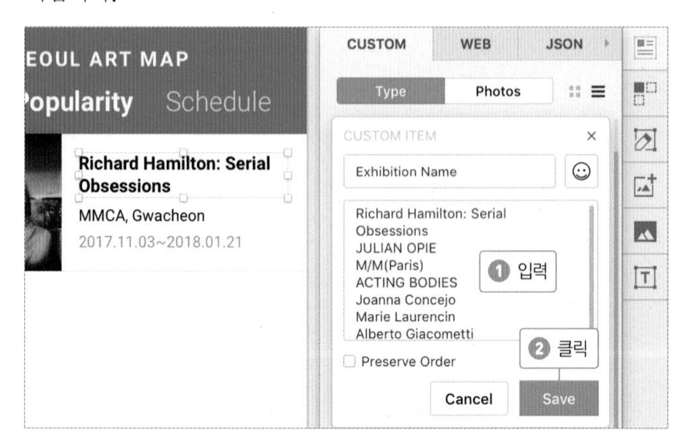

8 4번 과정처럼 'Exhibition Name'을 클릭하면 전시명 텍스트가 랜덤으로 바뀝니다. 전시 장소와 전시 기간에도 반복해서 Craft 플러그인의 액션을 적용합니다.

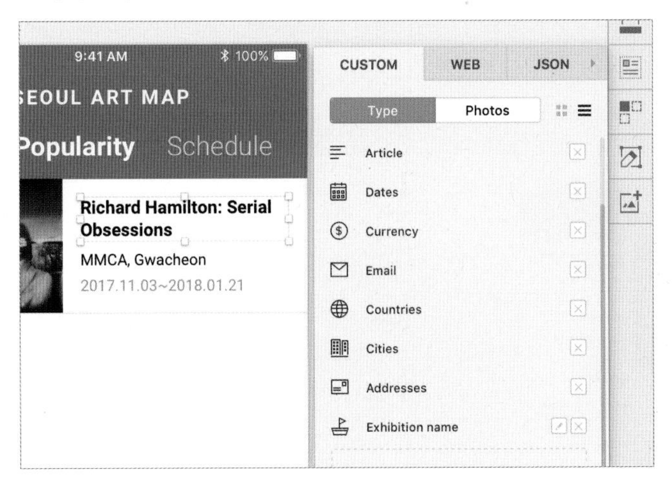


9 레이어 목록에서 카테고리 목록 디자인에 사용한 레이어를 전체 선택한 다음 Cmd+G를 눌러 그룹으로 지정합니다. 그룹 레이어를 선택한 다음 Cmd+R을 누르고 그룹 이름을 'List 1'로 지정합니다.

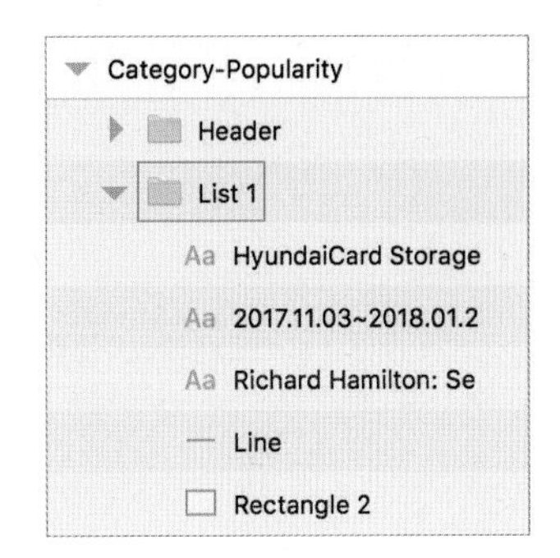


10 그룹을 선택한 채 Craft 영역에서 Duplicate(복제) 패널( )을 선택합니다. 'Vertical(열)'에 체크 표시하고, Item Count(항목 수)를 '7', Gutter(간격)을 '0'으로 설정한 다음 〈Duplicate Content〉 버튼을 클릭합니다.

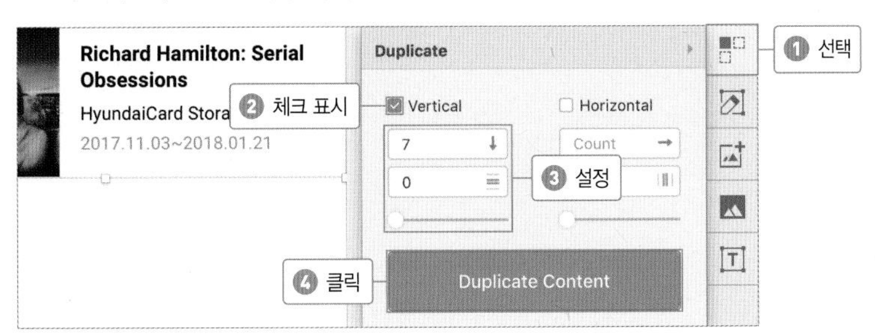

**11** 7개의 목록이 자동으로 만들어집니다. 전시 이미지, 전시명, 전시 장소, 전시 기간의 4개 항목이 모두 랜덤하게 바뀌었습니다.
원하는 이미지 또는 텍스트가 나타날 때까지 Craft에서 4번과 6번 과정의 'Gallery Images' 액션과 'Exhibition Name' 액션을 클릭해서 변경합니다.

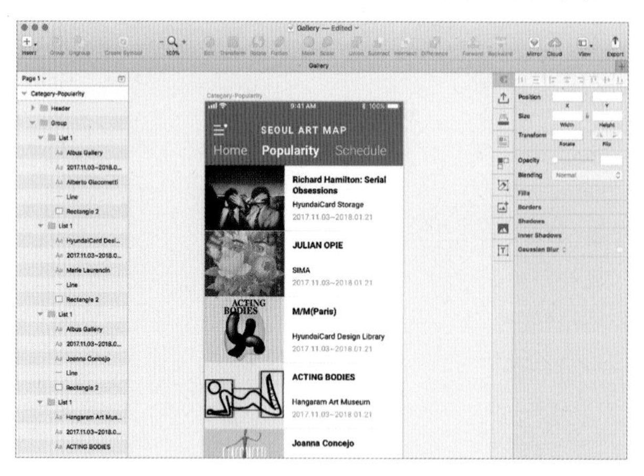


Tip

카테고리 항목을 복제할 때 텍스트를 원하는 순서에 따라 복제할 수도 있습니다. [Type] 탭에서 'Preserve Order'에 체크 표시하면 콘텐츠를 복제할 때 텍스트 박스에 입력한 순서대로 배열됩니다.

**12** Craft 플러그인을 이용해 랜덤 콘텐츠를 만들고 복제했습니다. 레이어 목록을 정리하기 위해 'Group' 그룹 이름을 'Lists'로 수정합니다. 번호로 이루어진 모든 그룹 레이어 이름을 캔버스에서 순서대로 다음과 같이 'List 1'~'List 7'로 수정합니다.

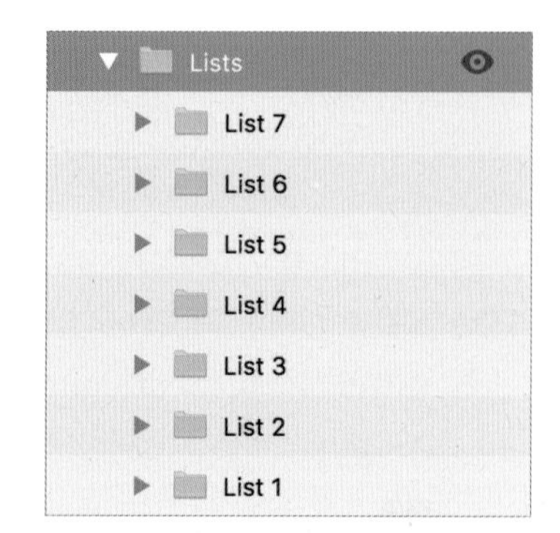

Craft 플러그인의 액션 기능은 프로젝트를 진행하면서 자주 이용하며, 포토샵으로 작업할 때에는 상상할 수 없는 유용한 기능입니다.

# 스케줄 카테고리 화면 디자인하기

전시 일정이 끝나는 시점을 기준으로 구분하여 일정에 해당하는 타이틀만 추가해서 또 다른 카테고리인 스케줄(Schedule) 카테고리 화면을 만들어 봅니다.

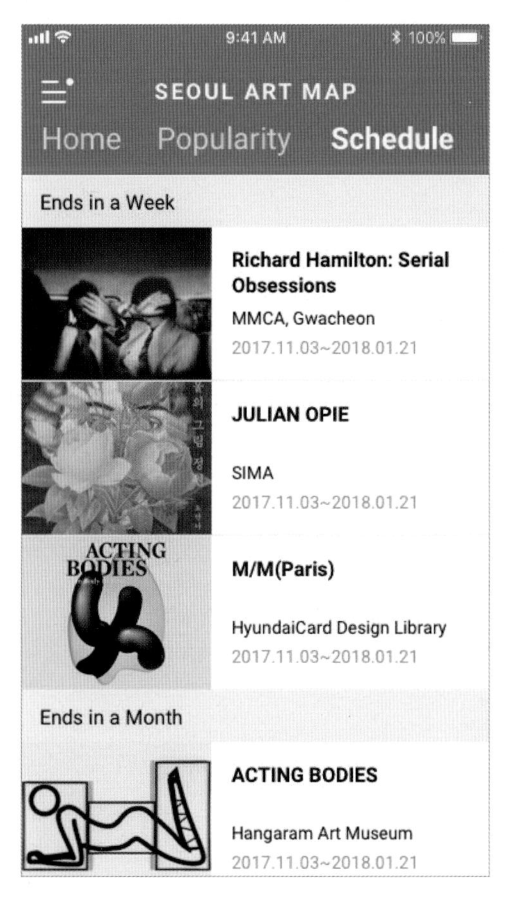


비슷해 보이는 두 개의 카테고리 화면을 반복해서 만듭니다. 스케치 사용에 좀 더 익숙해지고, 헤더 영역의 카테고리를 클릭했을 때 연결될 화면을 준비합니다.

Schedule 카테고리 화면은 Popularity 카테고리 화면에 전시 일정을 구분하기 위한 타이틀 요소가 추가됩니다.

# 예제 파일 · 03\Category-Popularity.sketch # 완성 파일 · 03\Category-Schedule.sketch

## 무작정 따라하기 | 타이틀 복제 및 수정하기

1 'Popularity' 카테고리 화면과 'Schedule' 화면 구성은 거의 비슷하므로 먼저 'Popularity' 아트보드를 복제한 다음 디자인을 시작하겠습니다.
캔버스에서 'Category_Popularity' 아트보드를 선택한 다음 Option을 누른 채 오른쪽으로 드래그하여 복제합니다.

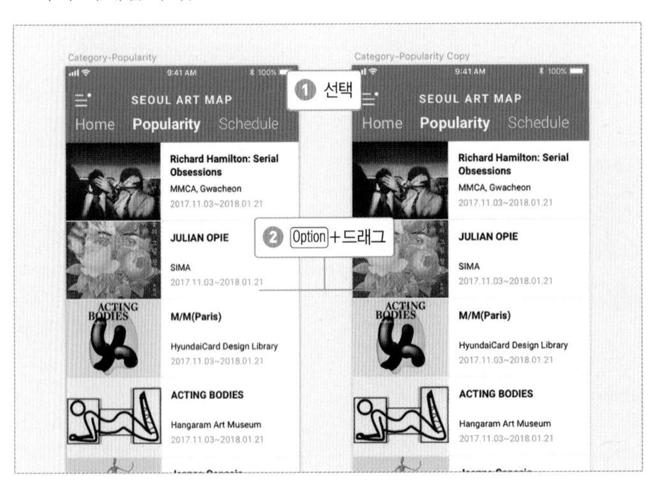


2 레이어 목록에서 아트보드 레이어를 더블클릭하고 레이어 이름을 'Category-Schedule'로 수정합니다.

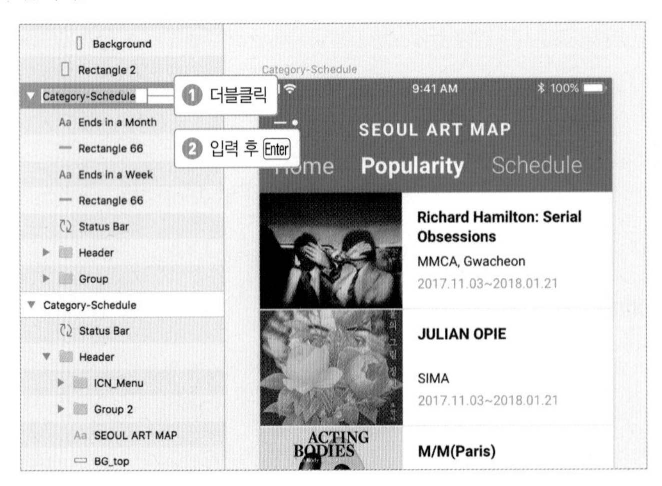

3 헤더의 메뉴 영역에서 'Schedule' 메뉴가 활성화된 것처럼 수정하겠습니다. 'Schedule' 텍스트를 선택하고 인스펙터에서 Weight를 'Bold', Opacity를 '100%'로 설정합니다.

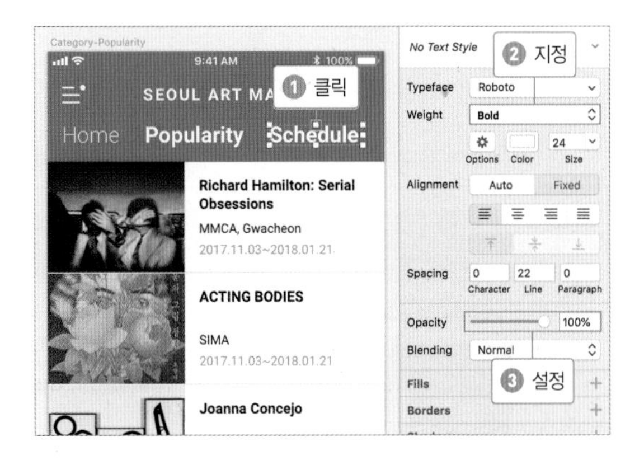


4 'Popularity' 텍스트를 기본 상태로 수정하기 위해 Weight를 'Regular', Opacity를 '80%'로 설정합니다.

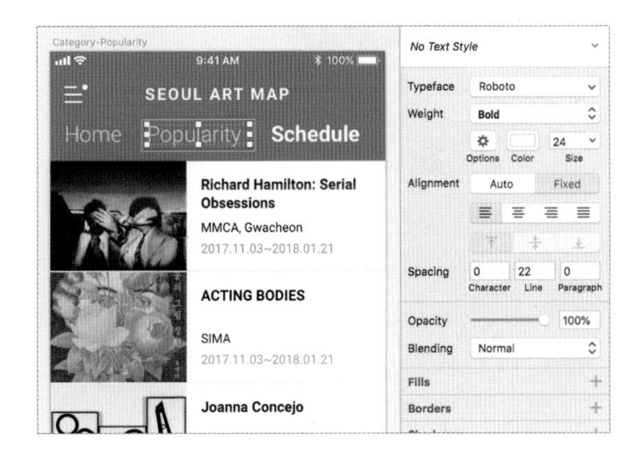


5 전시 종료일을 기준으로 전시 목록을 보여주기 위해 타이틀 영역을 추가하겠습니다. 타이틀 공간을 만들기 위해 먼저 전시 목록인 'Lists' 그룹을 선택한 다음 전체 목록을 약 40px 아래로 이동합니다. R을 누른 다음 헤더 영역 바로 밑에 가로로 길게 드래그하여 사각형을 만듭니다. Size에서 Width를 '375', Height를 '40', Fill을 '#EFEFF4'로 설정합니다.

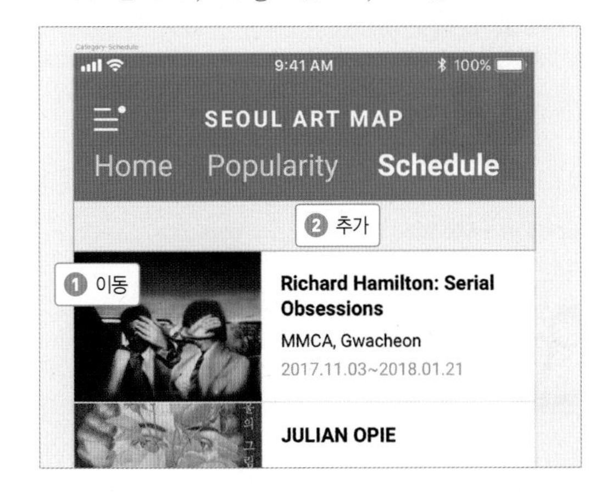


**Tip**

Shift를 누르면서 ↓를 누르면 정확하게 10px씩 이동합니다.

6 T를 누른 다음 'Ends in a Week'를 입력하고 다음과 같이 배치한 다음 텍스트 스타일을 지정합니다.

- Typeface: Roboto
- Weight: Regular
- Color: #000000
- Size: 16

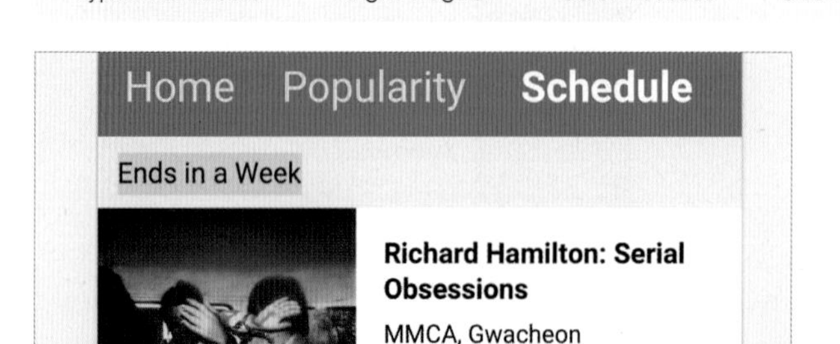


7 타이틀 공간을 추가하기 위해 레이어 목록에서 'List4'~'List7' 그룹을 모두 선택한 다음 해당 목록을 약 40px 아래로 드래그하여 이동합니다.

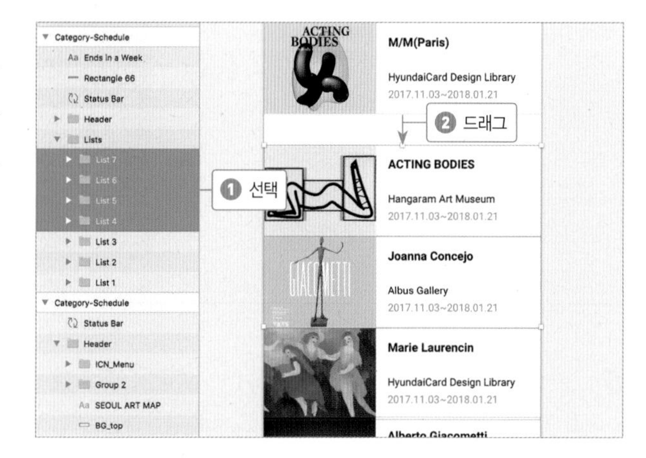


8 Shift를 누른 채 레이어 목록에서 4~6번에서 만든 바와 텍스트를 선택합니다. 캔버스에서 Option을 누른 채 드래그하여 아래로 이동합니다. 타이틀 영역이 복제됩니다.

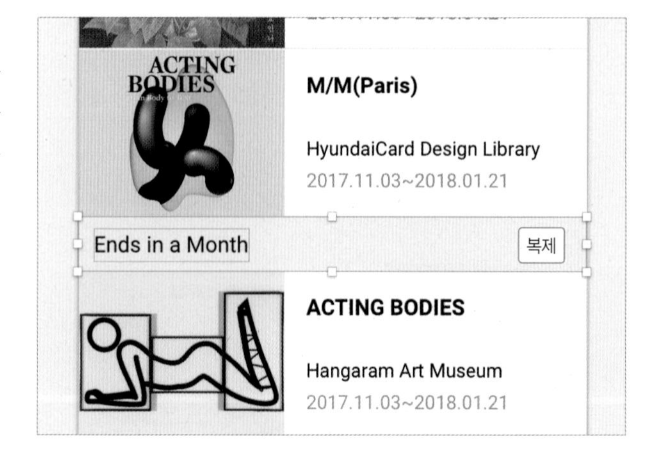

**9** 'Ends in a Week' 타이틀 텍스트를 'Ends in a Month'로 수정합니다.

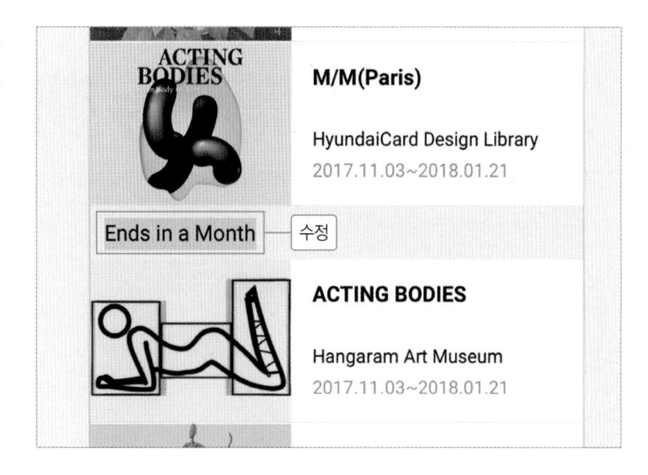


**10** 'Category-Popularity'와 'Category-Schedule'의 카테고리 화면이 완성되었습니다.

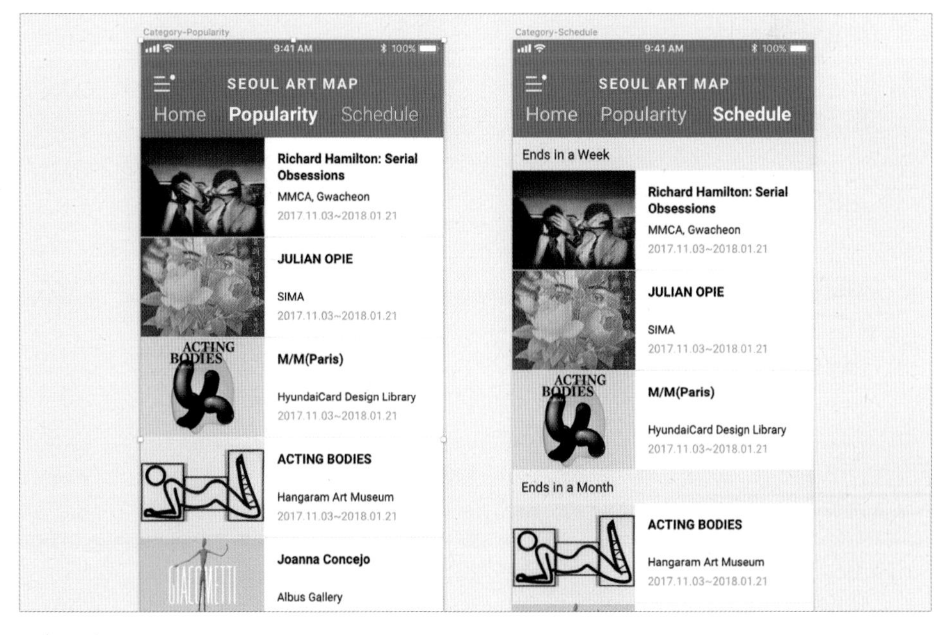


**Tip**

비슷해 보이는 두 개의 화면을 반복해서 만든 이유는 스케치 사용에 좀 더 익숙해지기 위한 것도 있지만, 헤더 영역의 각 메뉴를 클릭했을 때 연결될 화면을 준비하기 위해서입니다. 메뉴를 클릭했을 때 전환될 화면에 링크를 만들고, 화면 전환 애니메이션을 설정하는 등의 자세한 내용은 [Part 5. Section 02.플린토 애니메이션]에서 자세히 다룰 예정입니다.

# 슬라이딩 메뉴 화면 디자인하기

헤더 영역의 버거 아이콘이라고 하는 메뉴 아이콘을 클릭하였을 때 나타나는 메뉴 화면을 디자인합니다. 사용 중인 화면을 옆으로 밀면서 펼쳐지는 슬라이딩 메뉴 화면을 디자인해 봅니다.

BROWSE

POPULARITY

SCHEDULE

AREA

MEDIA

SMART SORTING

ABOUT

SEND FEEDBACK

TERMS & CONDITIONS

PRIVACY POLICY

# 완성 파일 · 03\Menu.sketch

앱의 모든 화면과 페이지로 이동할 수 있는 메뉴 화면입니다.

메뉴 아이콘을 터치하면 사용 중인 화면 옆으로 밀면서 펼쳐지는 화면을 '슬라이딩 메뉴(Sliding Menu)'라고 합니다. 슬라이딩 메뉴는 주로 두 개 이상의 복잡한 카테고리 구조를 가지거나 마이 페이지, 설정 등 부가 기능의 페이지가 많은 경우에 사용됩니다.

## 무작정 따라하기 | 그리드로 메뉴 영역 디자인하기

1 새 페이지를 만들고 아트보드 크기를 'iPhone 8(375×667)', 아트보드 이름을 'Sliding Menu'로 지정합니다. Background color를 클릭한 다음 'Include in Export'에 체크 표시합니다.

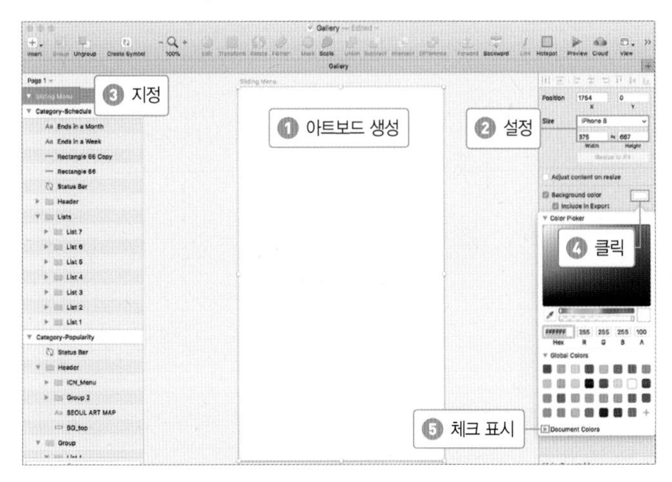


2 Ctrl+R을 누르면 캔버스에 눈금자가 표시됩니다. 메뉴 화면의 텍스트 정렬 기준을 세우기 위해 눈금자에서 '40'인 위치를 클릭해 안내선을 추가합니다.

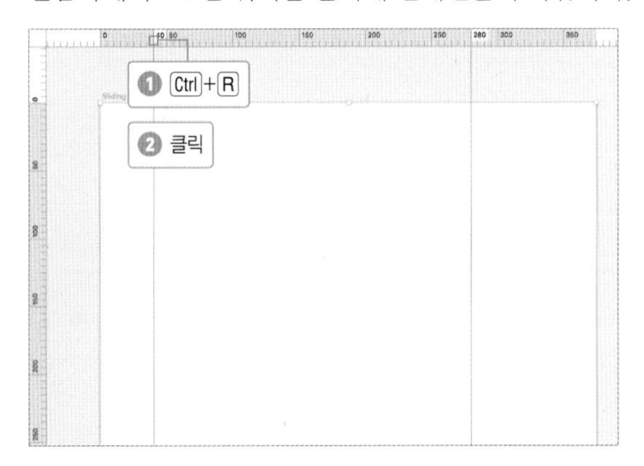


**Tip**

눈금자에 관한 자세한 설명은 61쪽을 참고합니다.

3 L을 누른 다음 아트보드와 같은 길이(375)로 가로로 드래그하여 선을 그립니다. 선을 선택한 상태에서 인스펙터의 Y1, Y2를 각각 '120'으로 설정해 위치를 지정합니다. Borders 패널의 Color를 '#E5E5EA'로 지정합니다.

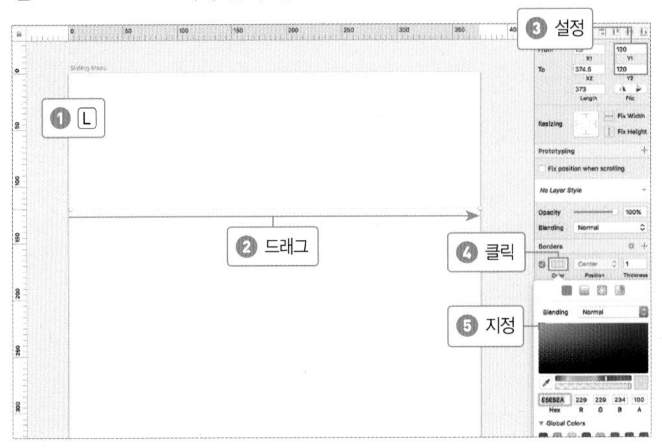


4 T를 누른 다음 선 위에 'BROWSE'를 입력하고 다음과 같이 텍스트 스타일을 지정합니다. Position에서 X를 '40', Y를 '86'으로 설정하여 알맞게 배치합니다.

• Typeface: Roboto  • Weight: Regular  • Color: #8E8E93  • Size: 14

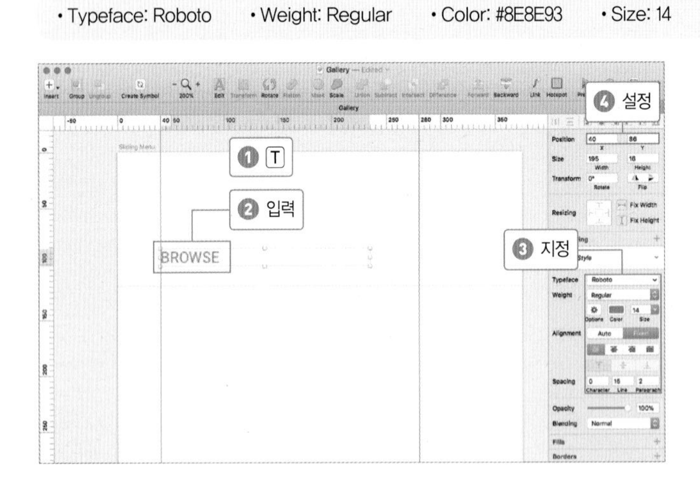

5 T를 누른 다음 선 아래에 'POPULARITY'를 입력하고 다음과 같이 텍스트 스타일을 지정합니다. Position에서 X를 '40', Y를 '136'으로 설정하여 알맞게 배치합니다.

- Typeface: Roboto
- Weight: Bold
- Color: #FF2D55
- Size: 18

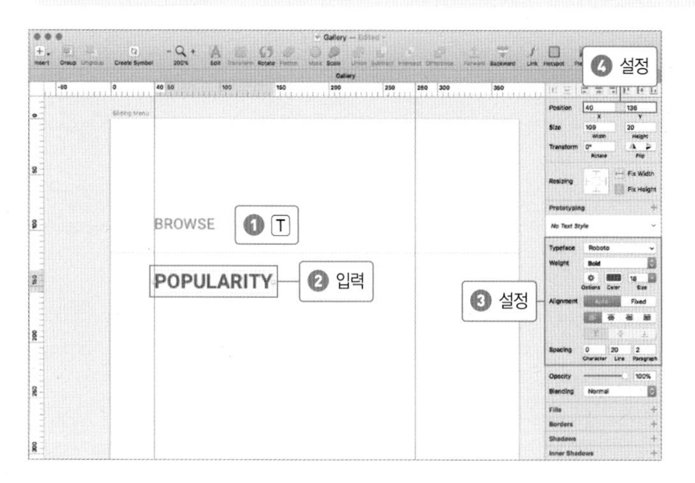


6 텍스트를 선택한 다음 Option을 누른 채 아래로 드래그하여 이동합니다. 텍스트가 복제되면 원본 텍스트와의 간격을 '32'로 조정합니다. 텍스트 간격을 '32'로 유지하면서 같은 방법으로 세 개의 텍스트를 더 복제합니다.

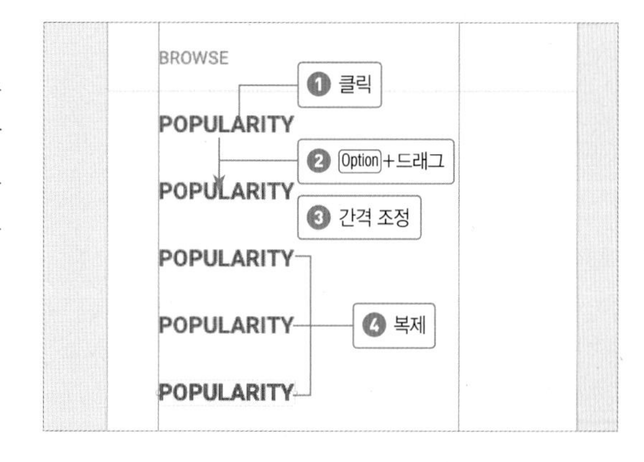


7 복제된 텍스트를 다음과 같이 각각 수정합니다.

- SCHEDULE
- AREA
- MEDIA
- SMART SORTING

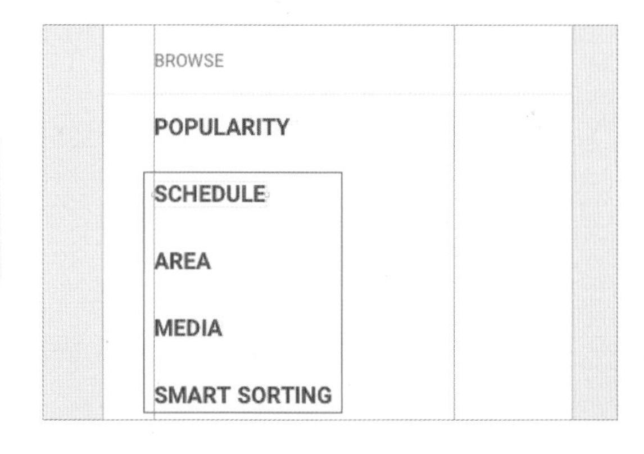

8 선을 선택한 다음 Option을 누른 채 아래로 드래그해서 복제합니다. 원본 선과의 간격을 '50'으로 조정합니다. 각각의 선 간격을 '50'으로 유지하면서 같은 방법으로 네 개의 선을 더 복제합니다.

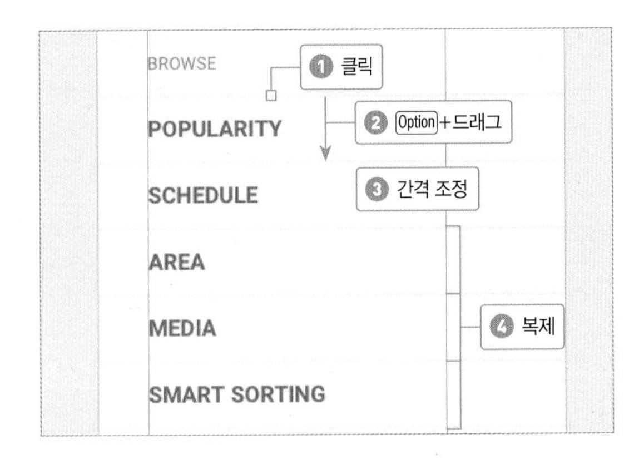


9 메뉴 위쪽 'Browse' 텍스트를 선택한 다음 Option을 누른 채 아래로 드래그하여 복제합니다. 복제된 텍스트와 마지막 선의 간격을 '16'으로 조정합니다. 텍스트를 'ABOUT'으로 수정한 다음 Color를 '#616161'로 지정합니다.

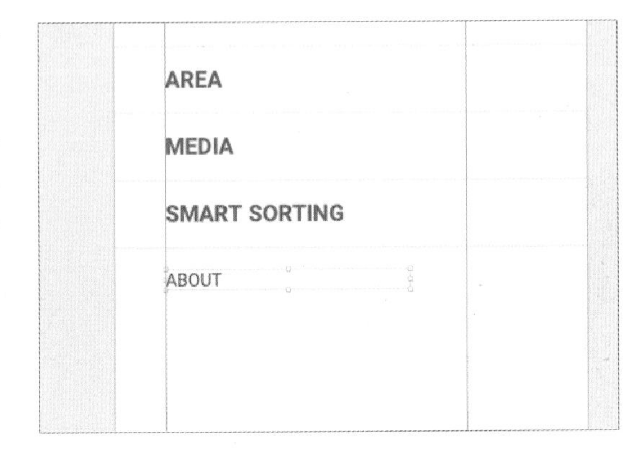


10 'ABOUT' 텍스트를 선택한 상태에서 Option을 누른 채 아래로 드래그하여 복제합니다. 복제된 텍스트의 간격을 '16'으로 유지하면서 두 개의 텍스트를 더 복제합니다.

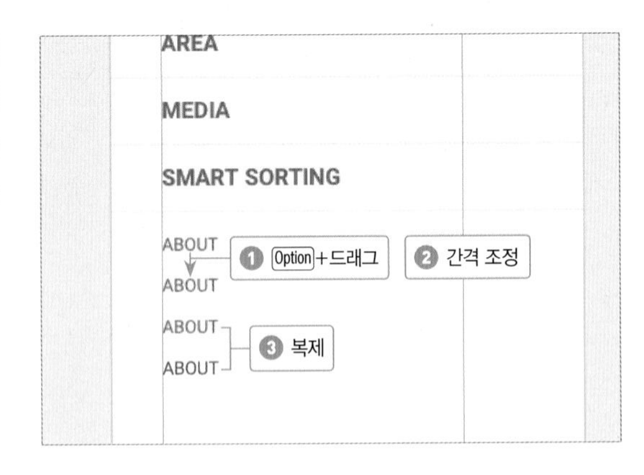

**11** 복제된 텍스트를 다음과 같이 수정합니다.

- SEND FEEDBACK
- TERMS & CONDITIONS
- PRIVACY POLICY

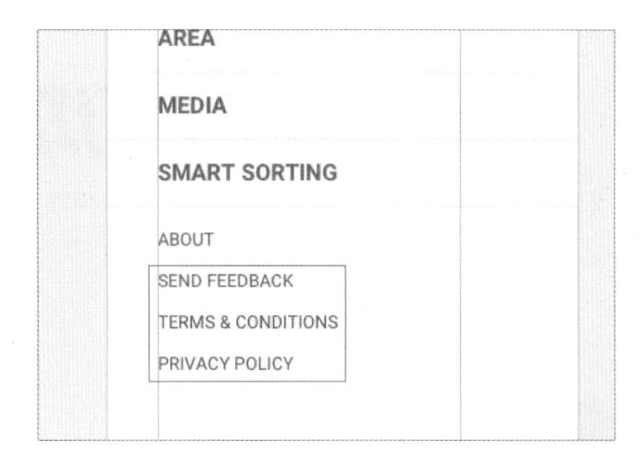


**12** 슬라이딩 메뉴 화면이 완성되었습니다. 지금까지 스케치의 기본 요소들을 활용해 비교적 간단한 화면을 디자인했습니다.

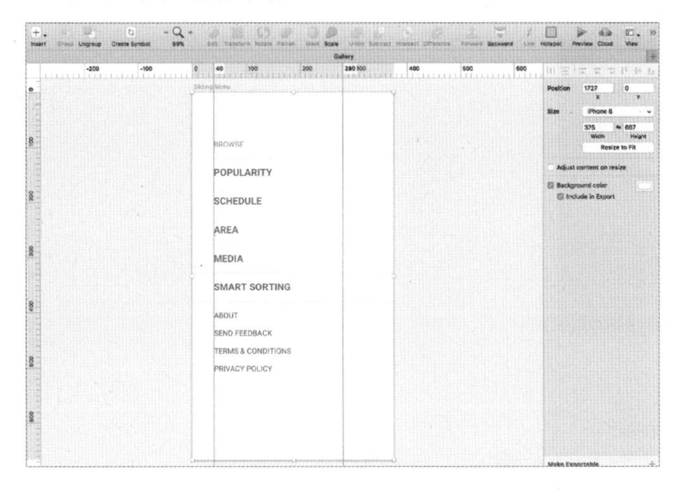

# 세부 화면 디자인하기

전시 정보를 설명하는 세부 화면은 텍스트 양이 많고, 다양한 그래픽 요소를 포함하며, 인터랙션이 연결되는 부분도 있습니다. 디자인 요소가 늘어날수록 안내선 설정 및 관리에 신경 써서 작업합니다.

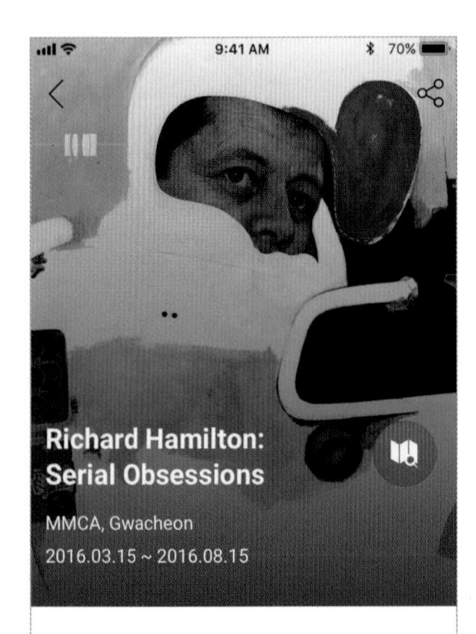


**Exhibition introduction**

richard hamilton, one of the most important artists in the second half of the 20th century, is not widely known in asia, although he was among the first generation of post-war artists whose work drew on a new kind of image world to produce a new kind of picture.

**Facilities**

313 gwangmyeong-ro, gwancheon-si, gyeonggi-do 13829

세부 화면에는 다양한 형태의 정보와 아이콘, 버튼, 텍스트 등 디자인해야 할 요소가 많습니다. 세부 화면은 크게 두 가지 영역으로 나뉩니다. 위쪽에는 전시 대표 이미지가 배경에 크게 위치하고, 그 위에 iOS 기본 상태 바 영역, 이전 화면으로 돌아갈 수 있는 내비게이션, 공유 버튼 영역, 전시 카테고리, 전시명, 전시 위치, 전시 일정, 지도 아이콘이 있습니다. 아래쪽에는 전시 설명과 시설 정보가 아이콘으로 표시되고, 지도와 상세 주소 및 연락처 정보가 표시됩니다. 화면에서 각각의 디자인 요소는 일정한 기준에 따라 정렬해야 합니다.

공유 버튼과 전시 설명을 클릭하면 팝업 레이어가 열리면서 세부 정보를 표시합니다.

# 예제 파일 · 03\RichardHamilton.jpg, NestedOverride.sketch, Exhibition introduction.txt # 완성 파일 · 03\details.sketch

## 무작정 따라하기 | 상세 화면 디자인하기

1 A를 누르고 아트보드 크기를 'iPhone 8', 아트보드 이름을 'Details'로 지정합니다.
미리 안내선을 지정하겠습니다. Ctrl+R을 눌러 눈금자를 표시한 다음 왼쪽 위 눈금자에서 '16', 오른쪽 위에서 16만큼 떨어진 지점 즉, '359(375−16)'를 각각 클릭하여 세로 안내선을 표시합니다. 세부 화면의 모든 콘텐츠는 이 안내선 안에 위치시킵니다.

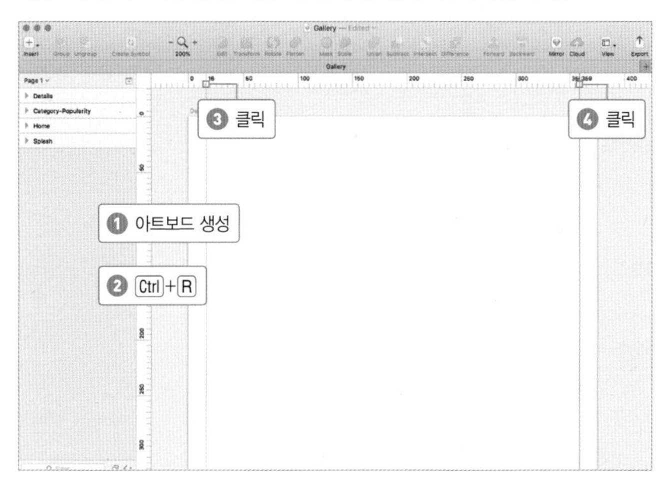


2 메뉴에서 **(View) → Canvas → Layout Settings**를 실행하여 Layout Settings 대화상자가 표시되면 'Columns'의 체크 표시를 해제합니다. Rows의 'Draw all horizontal lines'에 체크 표시하고 Gutter Height를 '8px', Row Height를 '5'로 설정한 다음 〈OK〉 버튼을 클릭하여 레이아웃을 표시합니다.

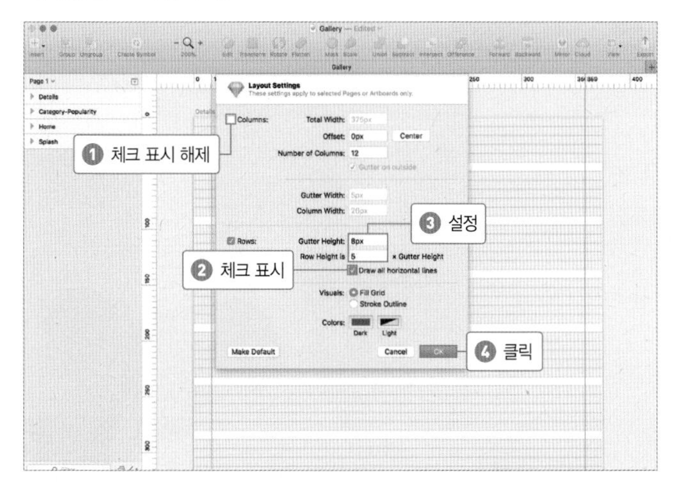


**Tip**
Row 선 색상은 Colors를 설정해서 원하는 색상으로 바꿀 수 있습니다.

3 상세 화면 위쪽에 전시 이미지 영역을 만들어 봅니다. R을 누르고 드래그하여 사각형을 그립니다. Size의 X를 '375', Y를 '480', Position의 X/Y를 각각 '0'으로 설정합니다.

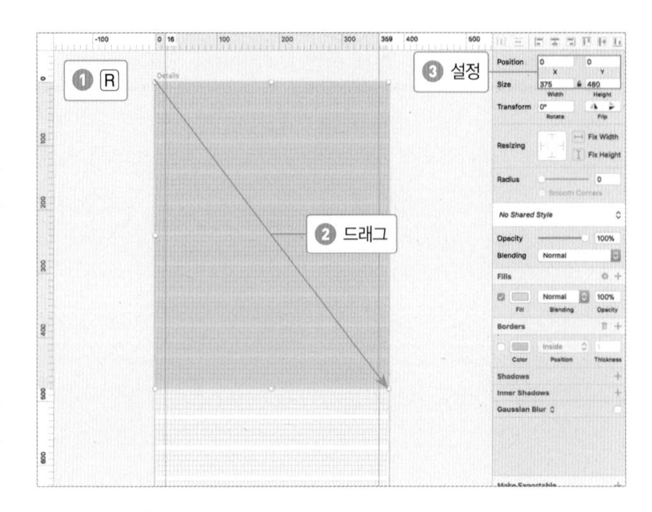

'480'은 8의 배수로 딱 떨어지는 숫자이기 때문에 앞서 설정한 레이아웃에서 Gutter Height의 8px 가로 선에 맞춰 사각형을 그립니다.

4 툴바에서 **Insert → Images**를 선택한 다음 03 폴더에서 'RichardHamilton.jpg' 이미지를 불러옵니다. 사각형 레이어 이름을 'Mask'로 수정합니다. 사각형에 마스크를 지정한 다음 이미지 레이어를 클릭하고 'Mask' 레이어 크기에 알맞게 줄입니다.

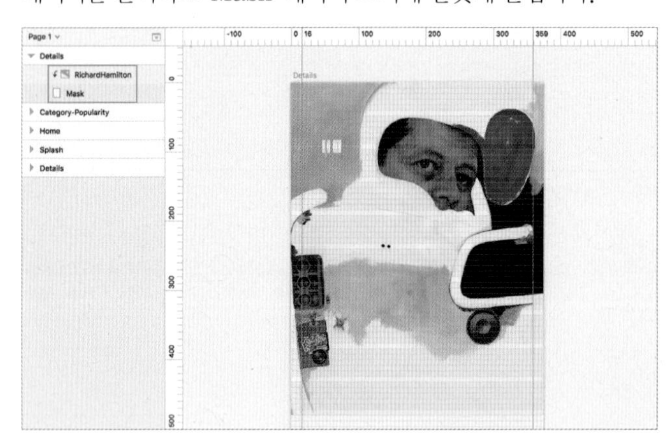


5 아트보드 맨 위에 상태 바를 가져오기 위해 앞서 디자인한 화면의 'Status Bar' 심볼을 복사한 다음 'Details' 아트보드에 붙여 넣습니다.

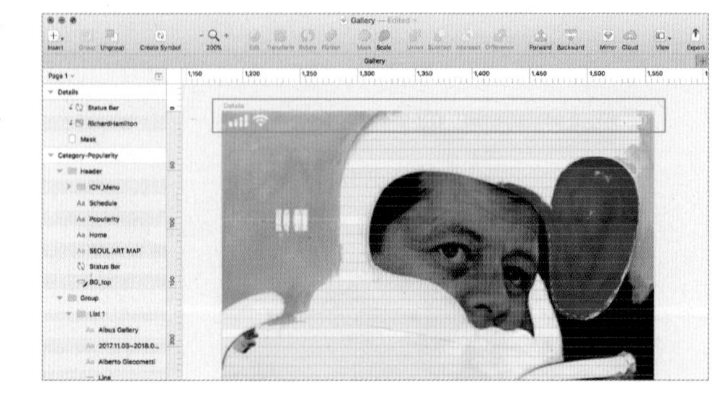

6 레이어 목록의 'Status Bar' 심볼 레이어에서 Ctrl을 누른 채 클릭해 표시되는 메뉴에서 아래의 마스크 영향을 받지 않도록 Ignore Underlying Mask를 실행합니다.

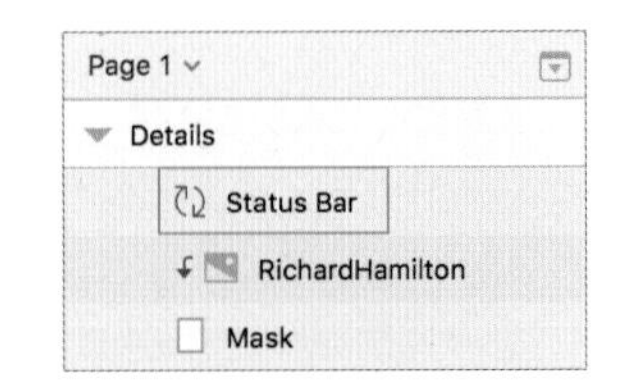


7 전시 이미지를 약간 어둡게 만들어 텍스트가 좀 더 잘 보이도록 사각형 레이어를 추가해서 블렌딩 모드를 적용하겠습니다. R을 누르고 전시 이미지 레이어 위에 마스크와 같은 크기(X: 375, Y: 480)의 사각형을 그립니다. Position에서 X/Y를 각각 '0'으로 설정합니다.

8 Fills 패널에서 Fill을 클릭한 다음 'Linear Gradient' 아이콘(▣)을 클릭하고 Hex를 '000000'으로 설정하여 그러데이션을 적용합니다. Blending을 'Multiply', Opacity를 '40%'로 설정합니다. Ctrl+L을 눌러 레이아웃 그리드를 비활성화합니다.

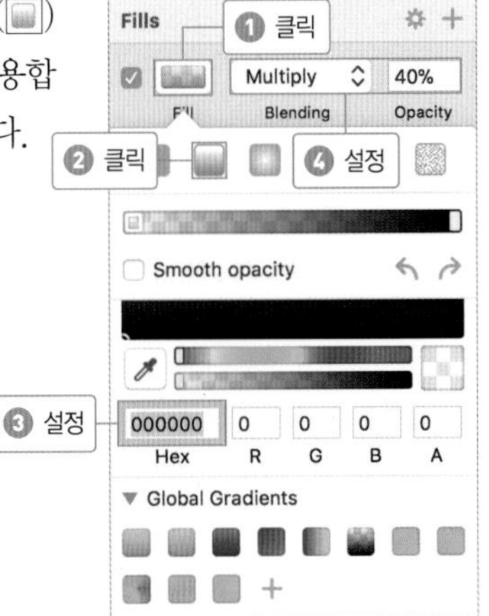

**알아두기**

## 8 포인트 그리드 시스템

슬라이딩 화면과 세부 화면을 디자인하면서 인스펙터에 값을 입력할 때 모두 8배수였습니다. '8 포인트 그리드'는 디자인의 기본 안내선을 8px을 기반으로 지정하는 것입니다. '8 포인트 그리드' 사용을 권장하는 다양한 이론에 관해 살펴보면서 왜 8의 배수를 사용하는지 알아봅니다.

일반 스크린 크기는 보통 8배수를 기반으로 한 경우가 많고 모바일 스크린 크기는 웹페이지보다 작은 편이므로 8 포인트 그리드 간격이 적당하며 크기도 홀수로 떨어지는 경우가 없습니다.

*fig. 7: Most-Used Screen Resolutions*
source: W3Schools.com (01/2016)

| | Resolution | Multiples of 8 | | Multiples of 10 | |
|---|---|---|---|---|---|
| 1. | 1366 x 768 | ✕ | ✓ | ✕ | ✕ |
| 2. | 1920 x 1080 | ✓ | ✓ | ✓ | ✓ |
| 3. | 1280 x 1024 | ✓ | ✓ | ✕ | ✓ |
| 4. | 1440 x 900 | ✓ | ✕ | ✓ | ✓ |
| 5. | 1600 x 900 | ✓ | ✕ | ✓ | ✓ |
| 6. | 1280 x 800 | ✓ | ✓ | ✓ | ✓ |
| 7. | 1024 x 768 | ✓ | ✓ | ✕ | ✕ |
| 8. | 1360 x 768 | ✓ | ✓ | ✓ | ✕ |

▲ https://spec.fm/specifics/8-pt-grid

❶ 스크린 크기

구글의 머티리얼 가이드를 포함한 많은 시스템 UI는 8 포인트 그리드를 기준으로 작성되어 있습니다.

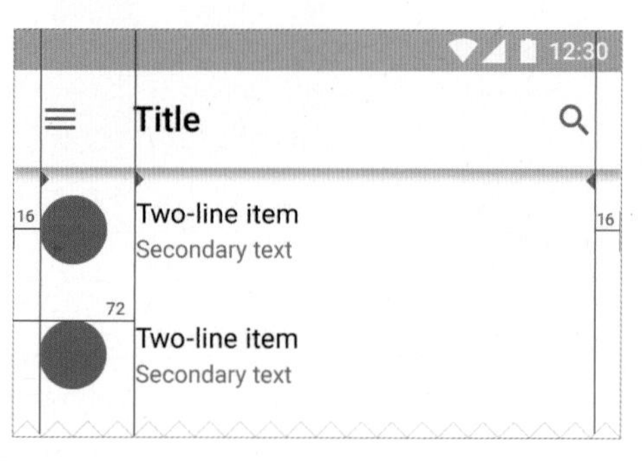


▲ https://material.io/guidelines/

❷ 타이포그래피 관점

디자인에서 매우 중요한 타이포그래피 관점에서 볼 때에도 텍스트 크기와 행간(Line-Height)을 고려해서 그리드 시스템을 적용하면 8 포인트 그리드와 4 포인트 그리드를 혼용했을 때 보기 좋고, 가독성도 좋습니다. 또한 코딩할 때 기본 텍스트 기준인 1em을 픽셀로 환산했을 때의 값은 16px입니다.

*fig. 4: Text Baselining*

BOX MODEL
PIXEL GRID
TEXT BASELINES
8PT GRIDS

**Baseline grids are important because they help create vertical rhythm and consistency throughout an entire body of text.**

**When every line of text is spaced evenly, regardless of position, you end up with a beautiful, harmonious layout that carries throughout an entire body of work.**

▲ https://spec.fm/specifics/8-pt-grid

**Tip**

8 포인트 그리드 시스템에 관한 좀 더 자세한 정보는 브라이언 잭슨(Bryn Jackson)의 글에서 확인할 수 있습니다.

출처 – https://spec.fm/specifics/8-pt-grid

## 무작정 따라하기 | 심볼 편집하기

'Details' 아트보드 위의 'Status Bar' 텍스트나 아이콘이 흰색으로 적용된 밝은 배경에서는 그래픽 요소가 잘 보이지 않습니다. 'Status Bar' 심볼을 편집해서 상태 바의 심볼들을 검은색으로 변경하겠습니다.

1 아트보드에서 'Status Bar(심볼 인스턴스)'를 더블클릭하거나 레이어 목록의 'Page 1'을 클릭하고 'Symbols'를 선택합니다.

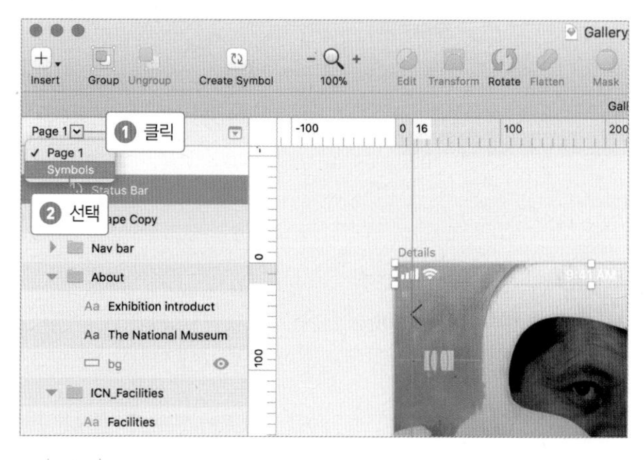


**Tip**

Symbols 페이지의 심볼을 '마스터 심볼'이라고 합니다. 마스터 심볼의 그래픽 요소를 수정하면 심볼로 지정된 모든 인스턴스가 함께 바뀝니다.

2 Symbols 페이지에서 등록한 심볼과 심볼을 구성하는 요소들이 레이어 목록에 나타납니다. 'Bars/Status Bar/Dark Status Bar' 마스터 심볼에서 시간을 나타내는 텍스트를 클릭하고 툴 바에서 Create Symbol 도구( )를 선택합니다.

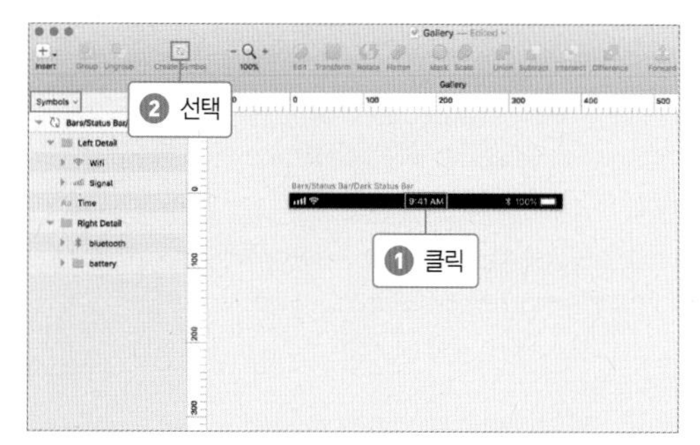


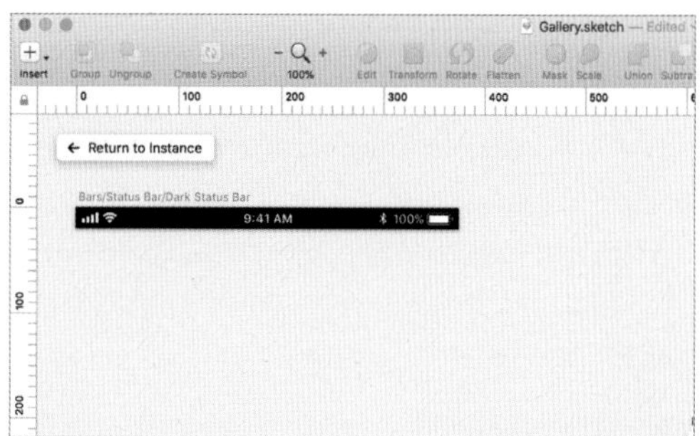

3 Create new Symbol 대화상자가 표시되면 텍스트 색상이 흰색이므로 심볼 이름에 'Bars/_/Time White'를 입력한 다음 〈OK〉 버튼을 클릭합니다.

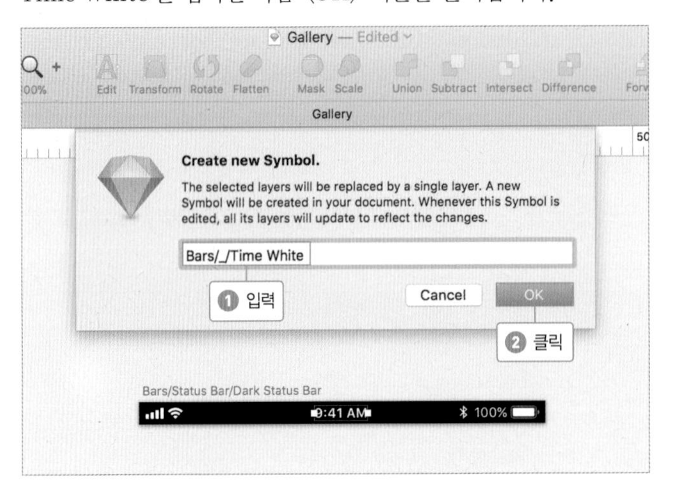


**Tip**

심볼 이름은 쉽게 알아볼 수 있도록 명확하게 지정하는 것이 좋습니다. 심볼 이름을 지정하는 방법은 56쪽을 참고합니다.

4 심볼을 등록한 후 레이어 목록과 캔버스의 변화를 살펴보겠습니다. 등록한 심볼이 레이어 목록에 추가됩니다. 캔버스에는 'Bars/_/Time White' 마스터 심볼이 추가됩니다.
레이어 목록에서 'Bars/Status Bar/Dark Status Bar' 심볼 아래에 위치한 'Bars/_/Time White'를 'Time Style'로 수정합니다.
Time 텍스트 색상이 흰색이라 구분이 안 되므로 'Bars/_/Time White' 심볼을 클릭합니다.

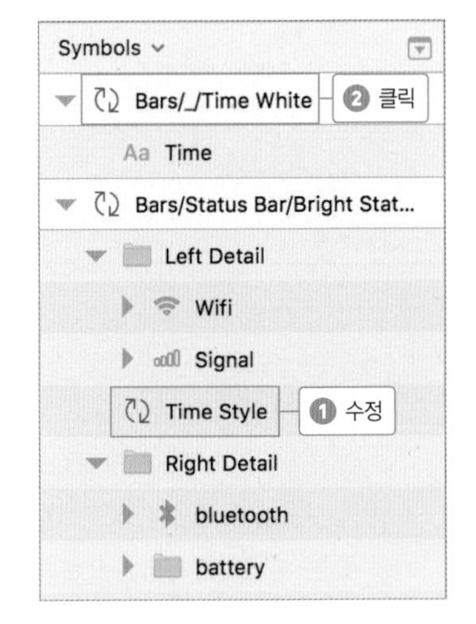


**Tip**

심볼 이름을 수정하는 이유는 Time 텍스트를 'Bars/_/Time White' 심볼로 지정하는 순간 'Bars/_/Time White'라는 마스터 심볼(원본)이 자동으로 만들어지고, 동시에 'Bars/Status Bar/Dark Status Bar' 심볼 아래에 위치한 'Bars/_/Time White' 심볼은 인스턴스(원본의 가상 복제본)의 개념으로 바뀝니다.
같은 심볼 이름을 쓰기에는 개념이 다르고, 디자인에 따라 텍스트를 검은색/흰색 심볼로 바꿀 계획이므로 이를 포함하는 상위 개념의 이름으로 수정했습니다. 심볼 이름을 명확하게 지정하면 나중에 수정하거나 라이브러리로 등록해서 공유할 때 많은 도움이 됩니다.

5 'Bars/_/Time White' 심볼로 돌아가서 인스펙터의 Background color를 '000000(검은색)'으로 설정합니다.

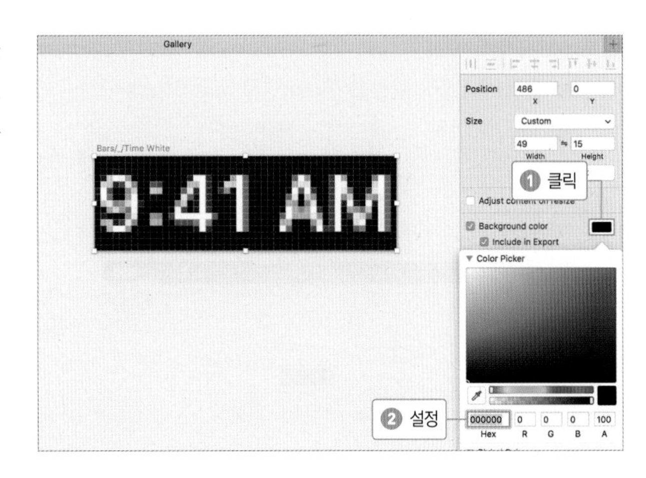


6 'Bars/_/Time White' 심볼을 선택한 다음 Cmd+C, Cmd+V를 차례로 눌러 복제합니다. 복제된 심볼의 배경색을 '흰색', 텍스트 색상을 '검은색'으로 지정합니다. 레이어 목록에서 심볼을 클릭한 다음 Cmd+R을 누르고 레이어 이름을 'Bars/_/Time Black'으로 수정합니다.

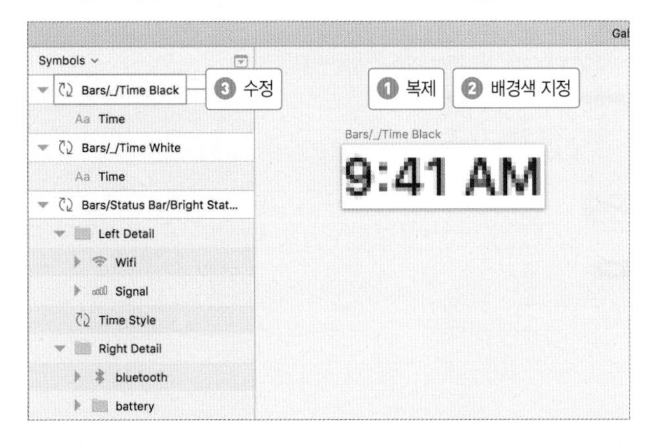


7 같은 방법으로 'Bars/Status Bar/Dark Status Bar' 심볼을 복제해서 밝은색 상태 바를 만듭니다. 복제된 심볼의 배경색을 '#FFFFFF(흰색)'로 변경합니다.

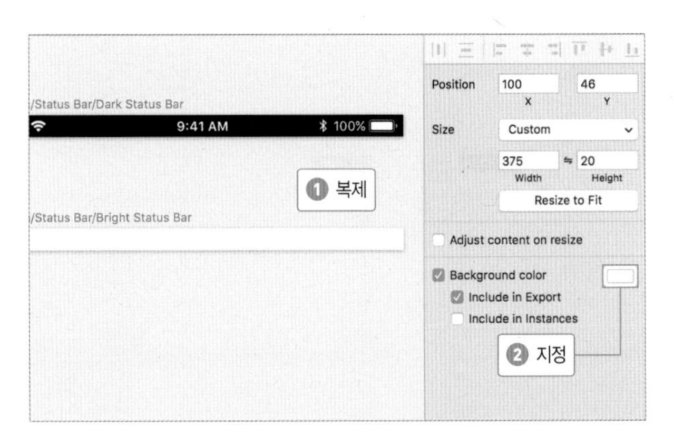

8 레이어 목록에서 'Time Style' 레이어를 클릭하거나 캔버스에서 'Time Style' 심볼을 클릭합니다. 인스펙터에서 심볼을 'Bars/_/Time Black'으로 변경하면 텍스트가 검은색으로 바뀝니다.

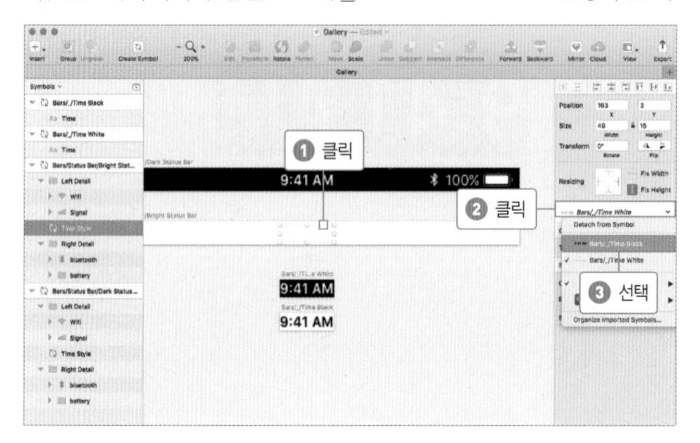


알아두기

## 심볼 변경하기

인스펙터 외에 심볼을 변경하는 부분은 메뉴에서 [Insert] → Symbols를 실행하거나 캔버스의 심볼에서 Ctrl을 누른 채 클릭하여 표시되는 메뉴의 Replace with → Symbols를 실행해서 심볼 목록을 확인하고 선택할 수 있습니다.

◀ 메뉴에서 [Insert] → Symbols 실행

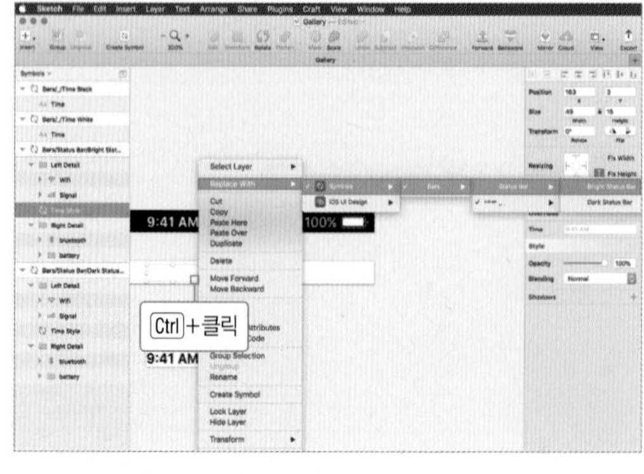


◀ 심볼에서 Ctrl을 누른 채 클릭해 표시되는 메뉴에서 Replace with → Symbols 선택

9 'Bars/Status Bar/Bright Status Bar' 심볼의 그래픽 요소 색상도 인스펙터에서 모두 '#000000(검은색)'으로 지정합니다.

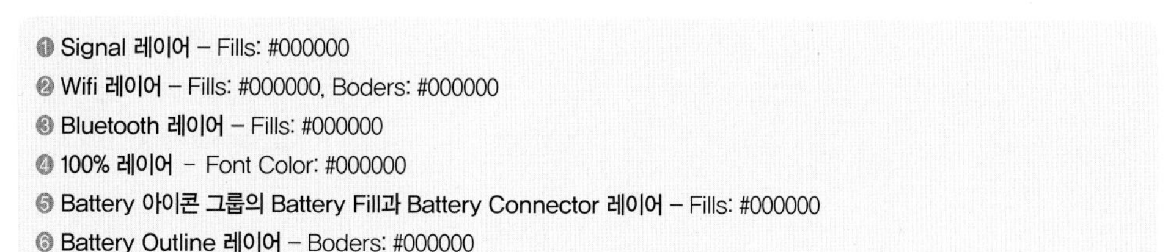

❶ Signal 레이어 – Fills: #000000
❷ Wifi 레이어 – Fills: #000000, Boders: #000000
❸ Bluetooth 레이어 – Fills: #000000
❹ 100% 레이어 – Font Color: #000000
❺ Battery 아이콘 그룹의 Battery Fill과 Battery Connector 레이어 – Fills: #000000
❻ Battery Outline 레이어 – Boders: #000000

10 새로운 심볼들을 드래그하여 다음과 같이 배치합니다. 레이어 목록에서 각각의 심볼 레이어를 클릭하거나 캔버스에서 각각의 심볼 이름을 클릭하고 드래그하여 원하는 위치로 이동합니다.

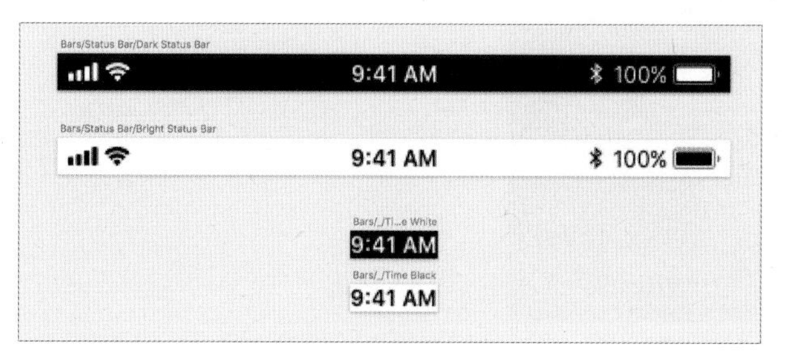


**Tip**

Symbols 페이지의 마스터 심볼 위치도 원하는 대로 바꿀 수 있습니다. 심볼 위치는 되도록 같은 스타일을 공유하는 심볼끼리, 심볼 위계에 맞게 배치하면 한눈에 파악할 수 있어 심볼을 수정 및 편집할 때 유리합니다.

**Tip**

iPhone X의 심볼은 시간 텍스트의 색상뿐만 아니라 배경색도 변화되었습니다. 심볼 위치도 심볼 간 관계를 한눈에 파악할 수 있도록 배치했습니다.

**11** 레이어 목록 위쪽의 화살표(▼)를 클릭하여 다시 'Page 1'로 돌아갑니다.

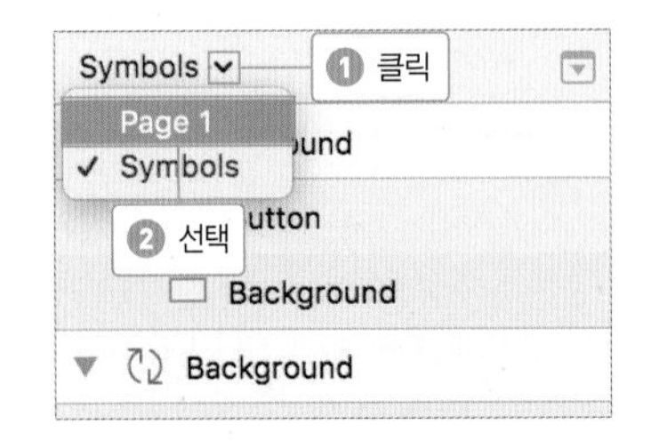


**12** Status Bar 심볼을 클릭하고 인스펙터에서 'Bars/Status Bar/Bright Status Bar' 심볼을 선택합니다. 위쪽 상태 바가 검은색으로 바뀝니다.

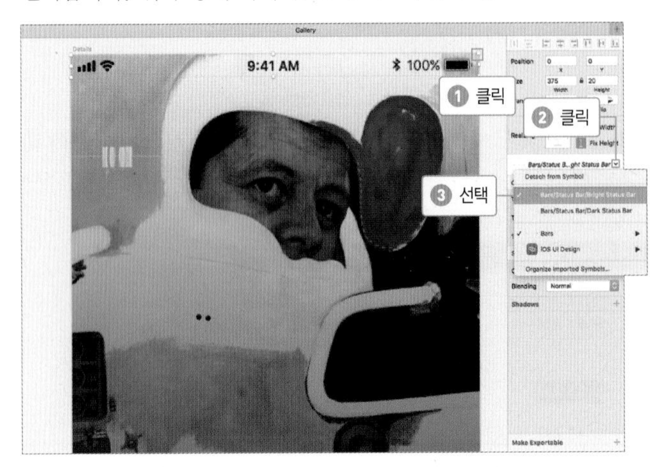

## 무작정 따라하기 | 텍스트 편집하기

전시 이미지 아래의 전시 정보 영역을 디자인하면서 텍스트 편집에 관한 다양한 기능을 알아보겠습니다. 먼저 Ctrl+R을 눌러 눈금자를 표시합니다.

1 T를 누르고 전시 이미지 아래에 제목을 입력합니다. 전시 설명글은 긴 글이 들어가는 문단으로 지정하기 위해 T를 누르고 안내선 안쪽에 드래그하여 텍스트 박스를 그립니다. 03 폴더의 'NestedOverride.txt' 파일을 불러와 텍스트를 입력합니다.

**제목** – • Typeface: Roboto • Weight: Bold • Color: #000000 • Size: 18
• Character Spacing: 0 • Position X: 16, Y: 504

**전시 설명** – • Typeface: Roboto • Weight: Regular • Color: #000000 • Size: 16
• Character Spacing: 0 Line Spacing: 24 • Alignment: 양끝 정렬 • Position X: 16, Y: 540
• Size W: 343, H: 152

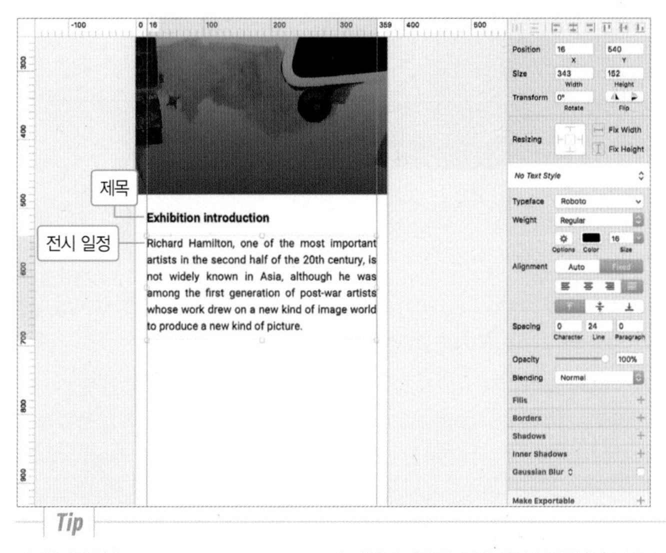


**Tip**

03 폴더에서 'Exhibition introduction.txt' 파일의 내용을 복사해서 붙여 넣어도 좋습니다.

2 전시 설명과 제목의 간격을 '8'로 조정합니다.

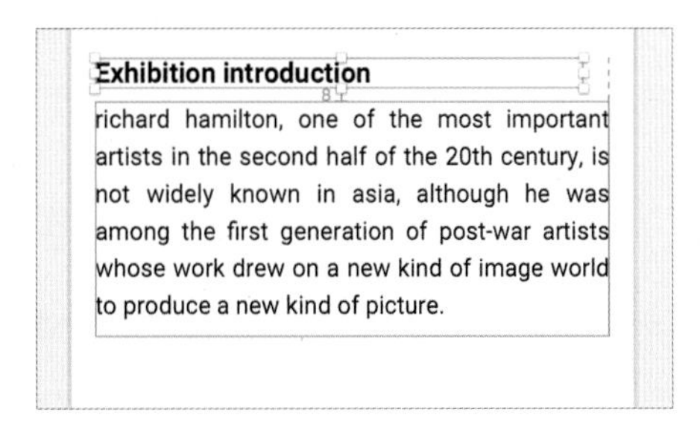

**3** 전시 정보를 한눈에 볼 수 있도록 이미지 위에 전시명, 전시 장소, 전시 일정 텍스트를 입력하고 다음과 같이 텍스트 스타일을 지정합니다.

**전시명** – • Typeface: Roboto • Weight: Bold • Color: #000000 • Size: 18 • Character Spacing: 0 • Position X: 16, Y: 504

**전시 장소, 일정** – • Typeface: Roboto • Weight: Bold • Color: #000000 • Size: 18 • Character Spacing: 0 • Position X: 16, Y: 504

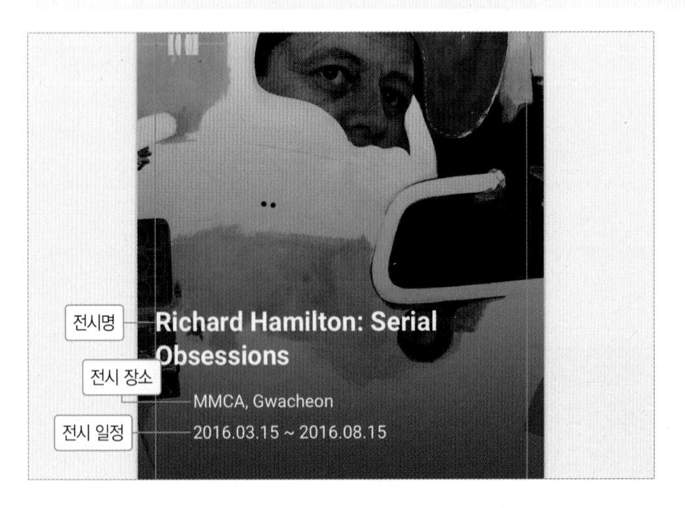


**알아두기**

### 폰트 크기 기준 만들기

타이포그래피는 디자인에서 중요한 부분입니다. 잘 계획하여 디자인된 타이포그래피는 큰 존재감은 없지만, 잘못되었을 때는 미적 요소뿐만 아니라 중요한 기능인 가독성을 해치는 등 가장 불편한 요소가 됩니다.

본문이나 제목 크기 등 디자인에 필요한 다양한 크기의 폰트 기준을 정할 때 타이포그래피 스케일을 참고하면 도움이 됩니다. 브라우저의 기본 폰트인 '16px'을 중심으로 16px 또는 14px를 본문 크기로 정하고, 하위 또는 상위 단계의 폰트 크기를 지정합니다.

**Use the right sizes.**

In most cases, certain type sizes work better for certain applications.

6 7 8 9 10 11 12 14 16 18 21 24 30 36 48 60 72

4 텍스트 간격을 다음과 같이 조정합니다. 전시명과 전시 장소는 '16', 전시 장소와 전시 기간은 '8', 전시 기간과 전시 이미지 그리고 맨 아래쪽 선은 '32'로 각각 간격을 조정합니다.

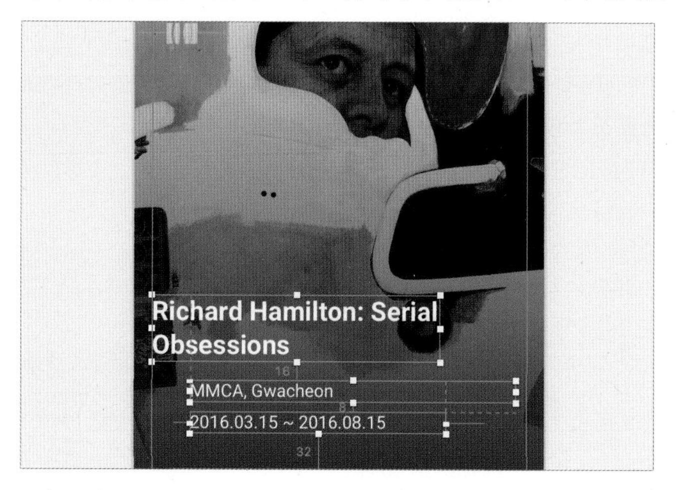


**Tip**

디자인 요소들의 간격을 지정할 때 전체 그리드에 맞추는 것이 아니라 요소 사이의 상대적인 거리를 8 포인트 그리드로 설정하는 것을 'Soft Grid(소프트 그리드)'라고 합니다.

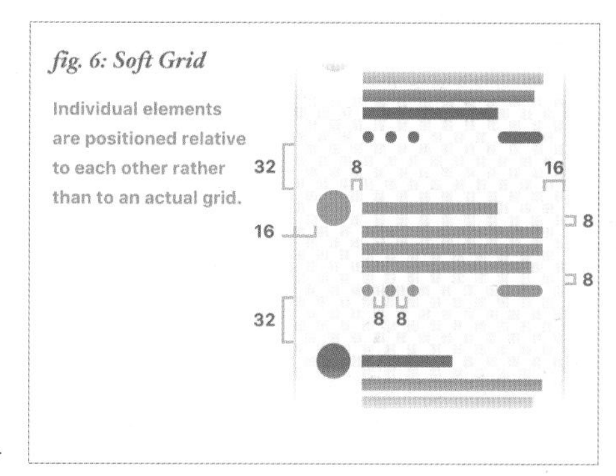


출처 – https://spec.fm/ ▶

5 텍스트 레이어를 모두 선택한 다음 Cmd+G를 눌러 그룹으로 지정합니다. Cmd+R을 누르고 그룹 이름을 'Txt'로 수정해서 레이어 목록을 정리합니다.

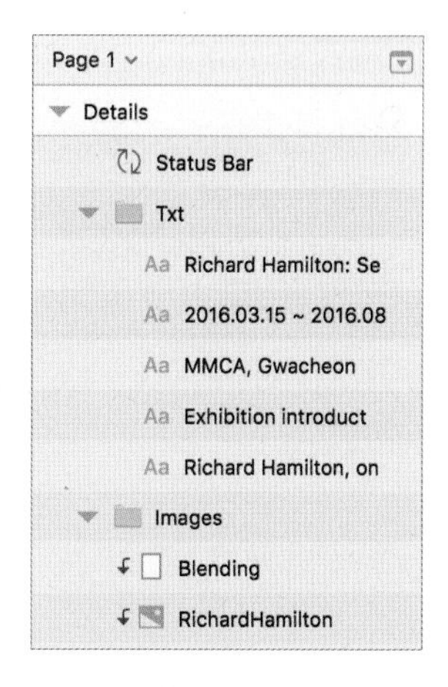

## 무작정 따라하기 | 텍스트 스타일 등록하기

심볼과 함께 스케치의 또 다른 강력한 기능은 바로 'Shared Style'입니다. 특정 도형이나 텍스트 스타일을 Shared Style로 지정하고 필요할 때 언제든지 적용할 수 있습니다. Shared Style은 도형을 등록하는 Layer Style과 텍스트를 등록하는 Text Styles로 구분됩니다.
앞서 편집한 텍스트들을 Shared Style 즉, Text Styles로 지정하겠습니다.

1 먼저 전시 소개 텍스트 박스를 선택한 다음 인스펙터에서 'No Text Style'을 클릭하고 'Create new Text Style'을 선택합니다.

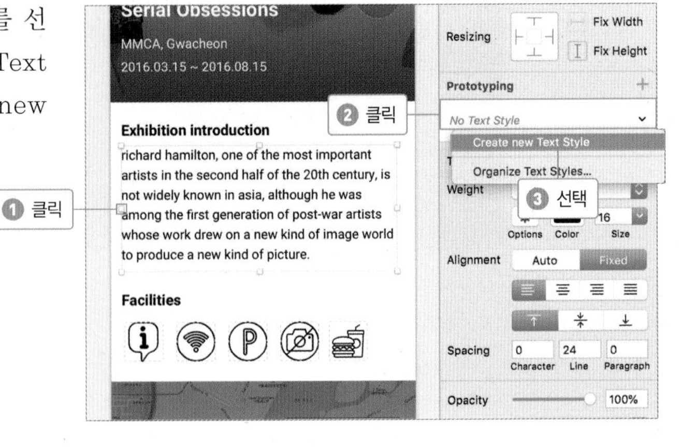


2 텍스트 박스의 맨 앞 글자가 등록되었습니다. 나중에 스타일을 쉽게 알아볼 수 있도록 본문 폰트 스타일이라는 의미의 'Body'로 정하고 Return을 누르면 텍스트 스타일로 저장됩니다.

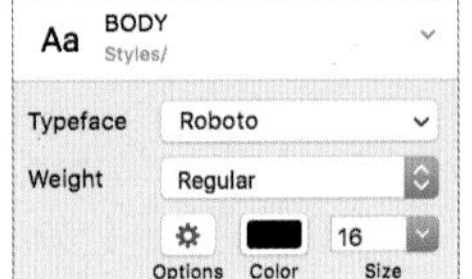


3 이어서 제목 스타일도 지정합니다. 1~2번 과정을 반복하고 스타일 이름을 'Title 1'로 지정합니다. 전시 이미지 위의 전시명에는 'Headline' 스타일을 지정합니다.

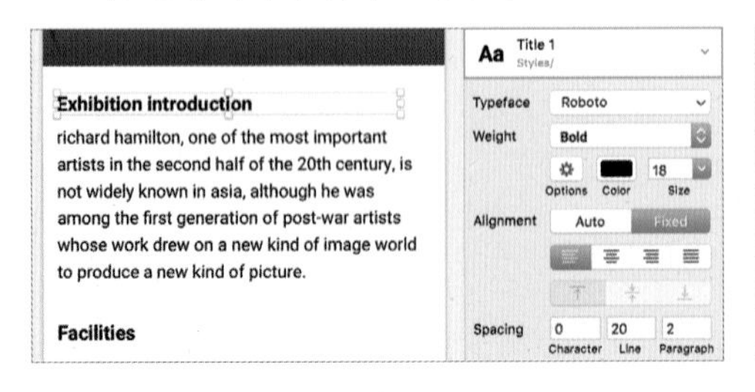


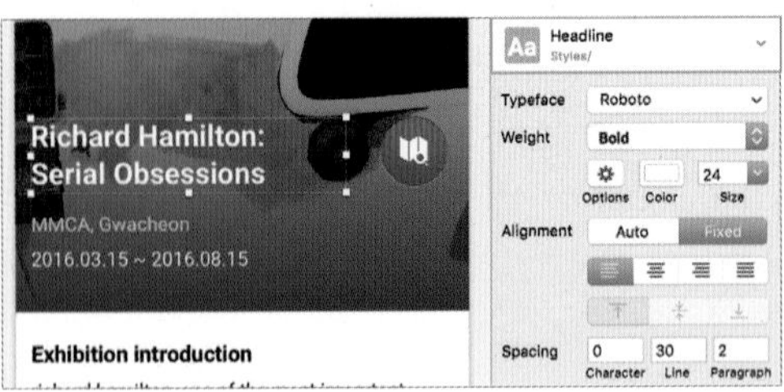

알아두기

## Shared Style 목록 관리하기

Shared Style 목록 아래의 'Organize Text Style'을 선택해 스타일을 관리할 수 있는 레이어 창이 표시되면 텍스트 스타일이므로 [Text Styles] 탭을 선택합니다.

스타일 이름을 수정하려면 항목을 더블클릭한 다음 이름을 수정하고 Return을 누릅니다. 아래의 '−' 아이콘을 클릭하면 스타일 목록에서 삭제됩니다. 전체 선택한 다음 '−' 아이콘을 클릭하여 한 번에 삭제할 수도 있습니다.

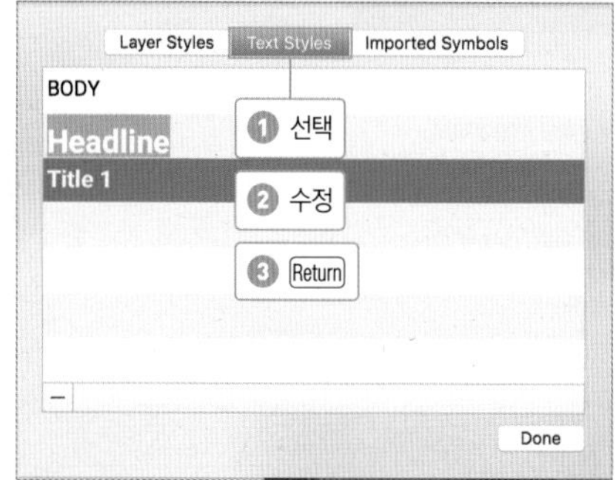


## 스타일 텍스트(Styled Text) 적용하기

등록된 스타일은 일관성 있는 UI 디자인에 매우 유용합니다. 일일이 텍스트를 입력하거나 스타일링하지 않고, 인스펙터에서 해당하는 스타일 텍스트(Styled Text)만 선택하면 같은 스타일이 적용됩니다.

텍스트에 스타일 텍스트를 적용하는 방법은 크게 두 가지입니다. 첫째는 텍스트를 임의로 입력하고 인스펙터에서 원하는 스타일 텍스트를 선택하는 방법입니다. 둘째는 먼저 스타일을 지정하고 텍스트를 입력하는 방법으로 메뉴에서 [Insert] → Document를 실행한 다음 원하는 스타일을 선택하고 텍스트를 입력합니다.

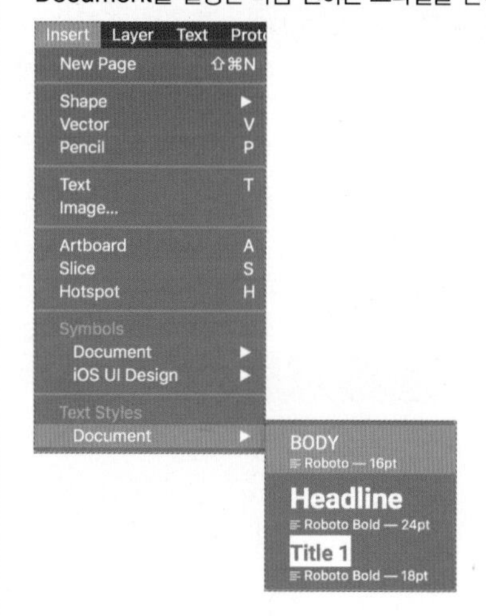

4 등록한 스타일 텍스트의 폰트 크기나 자간 등 스타일을 수정할 수도 있습니다. 캔버스에서 수정하고 싶은 스타일이 적용된 텍스트를 선택합니다. 예제에서는 전시 설명 텍스트 박스를 선택했습니다. 인스펙터에 'Body'로 지정한 스타일 목록도 함께 선택됩니다.

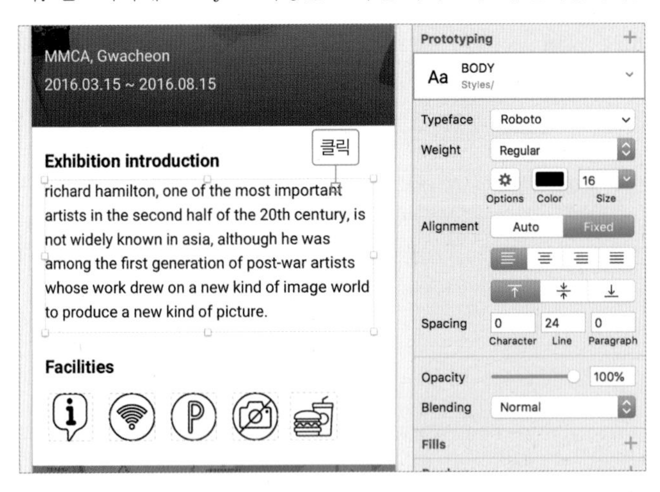


5 텍스트 스타일을 수정합니다. Size를 '14', Line Spacing(행간)을 '20'으로 설정합니다. 스타일을 수정하면 인스펙터의 'Body' 스타일 목록 이름이 이탤릭체로 바뀌고 이름 옆에 *(별)이 표시됩니다. 항목을 클릭해서 'Update Text Style'을 선택하면 텍스트 수정 내용이 스타일에 반영됩니다.

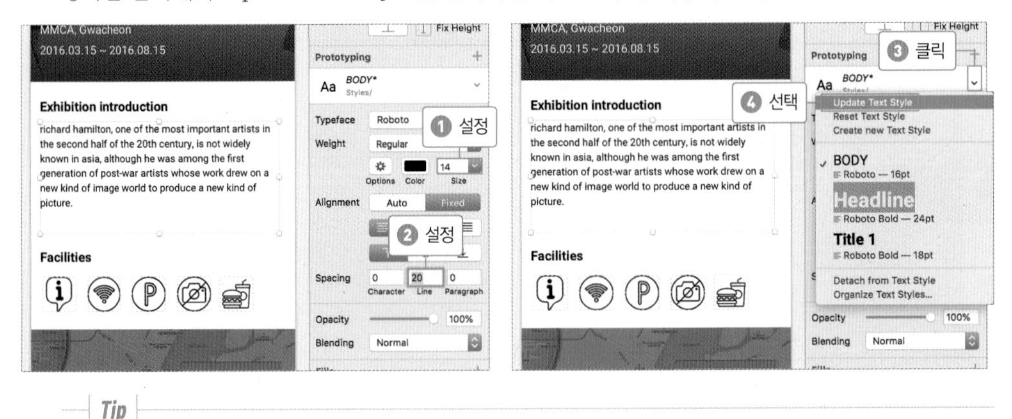


Tip

스타일을 수정한 다음 'Update Text Style'을 선택하면 Shared Style에 수정 내용이 반영됩니다. 이때 같은 파일에서 같은 스타일로 지정한 모든 항목도 한꺼번에 업데이트됩니다.

6 텍스트뿐만 아니라 도형도 스타일을 지정할 수 있습니다. 전시 제목 옆에 지도를 확인할 수 있는 아이콘을 추가하고 스타일로 지정하겠습니다.

O를 누른 다음 전시 이미지 오른쪽 아래에 드래그하여 56×56 크기의 정원을 그립니다. Fills 패널에서 Fill을 클릭하고 'Linear Gradient' 아이콘(▢)을 클릭하여 그러데이션을 적용합니다. 그러데이션 시작점 색상을 'FF2D55'로 지정합니다. 끝점은 조금 어둡게 'E4002A'로 지정합니다.

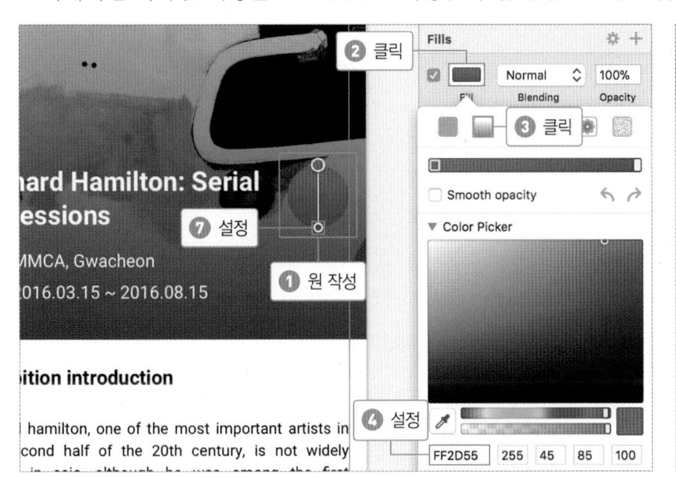


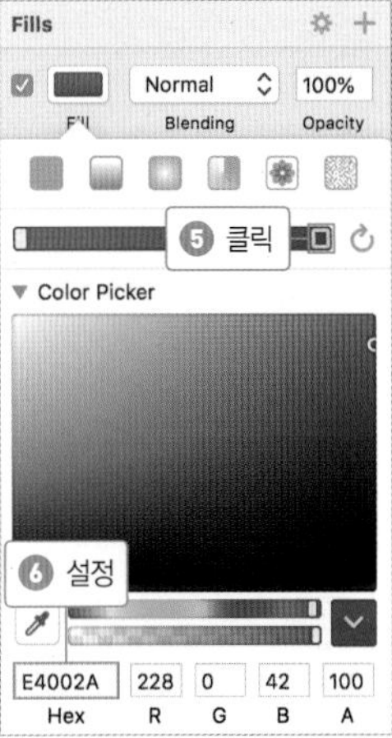


7 원을 선택한 채 인스펙터의 'No Layer Style'을 클릭한 다음 'Create new Layer Style'을 선택합니다. 스타일 이름을 'Button 1'로 수정한 다음 Return을 누릅니다.

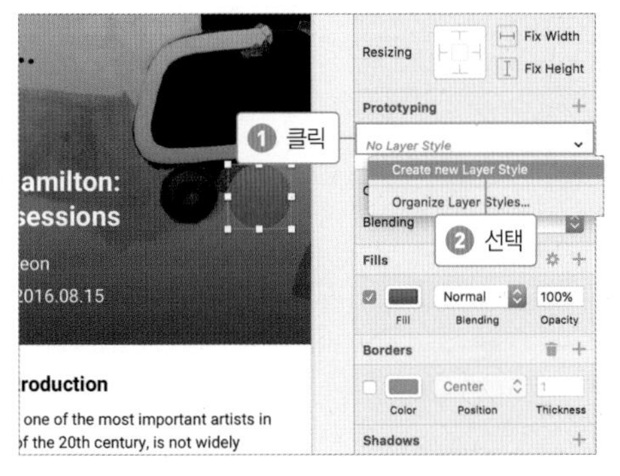


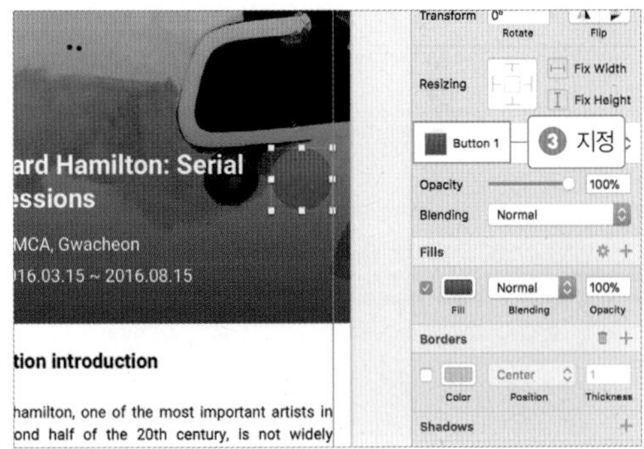

8 'No Layer Style'을 클릭한 다음 'Organize Shared Style'을 선택해 표시되는 창에서 [Layer Styles] 탭에 'Button 1' 스타일이 등록됩니다.

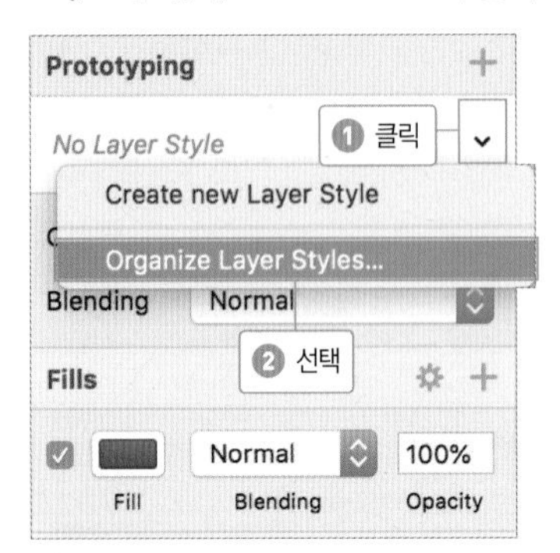


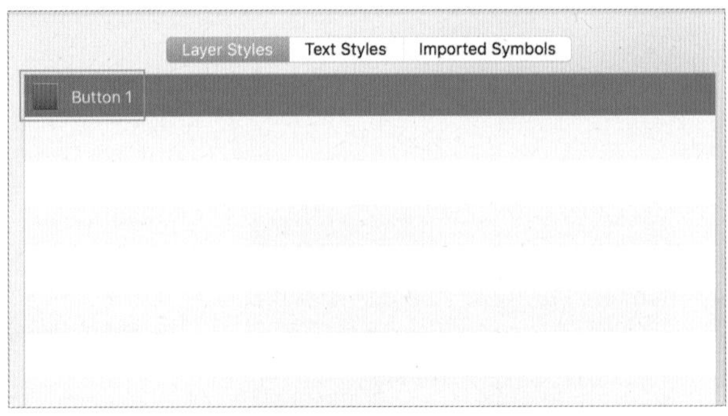


**Tip**

등록된 'Button 1' 스타일은 디자인하면서 버튼 등과 같은 그래픽 스타일로 바로 적용할 수 있습니다. 등록된 Layer Styles를 수정하는 방법도 Text Style을 수정하는 방법과 같습니다. 캔버스에서 스타일이 적용된 도형을 선택하고 색상 등 수정하고 싶은 부분을 적용합니다. Layer Style 목록 이름이 이택릭체로 바뀌고 이름 옆에 별(*)이 표시됩니다. Layer Style을 클릭하고 'Update Layer Style'을 선택해서 스타일을 변경합니다.

**Tip**

'Shared Style'은 해당 파일에서만 공유해서 사용할 수 있습니다. 다른 파일에 공유하려는 스타일이 있다면 작업 중인 파일을 복사한 다음 붙여 넣습니다. 스타일이 적용된 그대로 복제되어 사용 중인 파일에 스타일이 등록됩니다.

9 버튼을 선택한 채 Position에서 X를 '302', Y를 '324'로 설정하여 전시명과 나란히 배치하여 세부 화면의 틀을 마무리합니다.

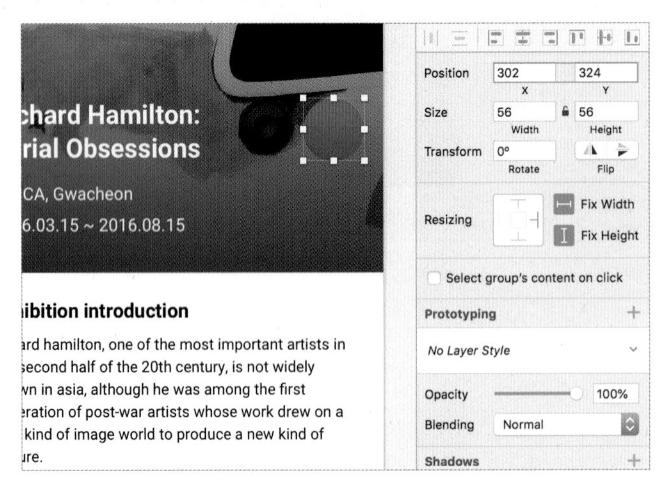

알아두기

## 버튼의 크기는 어느 정도여야 할까?

MIT 연구 자료[18]에 따르면 성인의 검지 크기는 1.6~2cm로, 이것을 픽셀로 환산하면 45~57pixels라고 합니다. 즉, 터치하는 대상(버튼)은 사용자의 검지를 포함할 수 있는 45~57pixels 크기일 때 이상적입니다.

애플의 휴먼 인터페이스 가이드라인(Human Interface Guidelines)이나 구글의 머티리얼 디자인(Material Design) 가이드를 살펴보면 다양한 경우에 사용하는 아이콘이나 버튼 크기를 정의한 항목이 있습니다. 안내선을 참고하면 버튼이나 아이콘 크기를 결정할 때 도움이 됩니다.

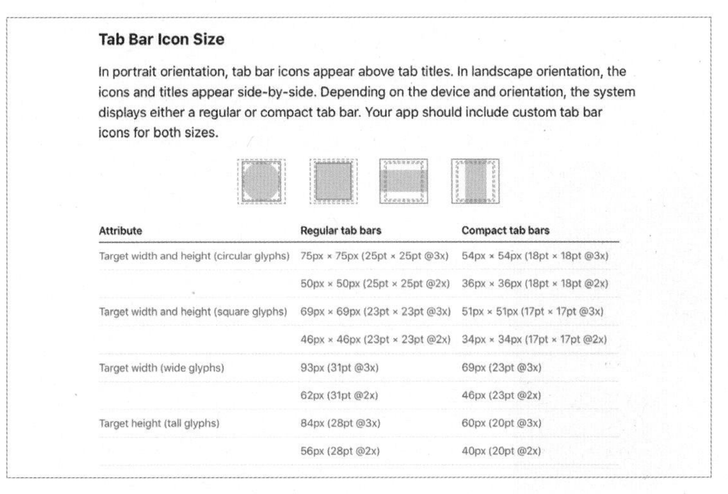

**Tab Bar Icon Size**

In portrait orientation, tab bar icons appear above tab titles. In landscape orientation, the icons and titles appear side-by-side. Depending on the device and orientation, the system displays either a regular or compact tab bar. Your app should include custom tab bar icons for both sizes.

| Attribute | Regular tab bars | Compact tab bars |
|---|---|---|
| Target width and height (circular glyphs) | 75px × 75px (25pt × 25pt @3x) | 54px × 54px (18pt × 18pt @3x) |
| | 50px × 50px (25pt × 25pt @2x) | 36px × 36px (18pt × 18pt @2x) |
| Target width and height (square glyphs) | 69px × 69px (23pt × 23pt @3x) | 51px × 51px (17pt × 17pt @3x) |
| | 46px × 46px (23pt × 23pt @2x) | 34px × 34px (17pt × 17pt @2x) |
| Target width (wide glyphs) | 93px (31pt @3x) | 69px (23pt @3x) |
| | 62px (31pt @2x) | 46px (23pt @2x) |
| Target height (tall glyphs) | 84px (28pt @3x) | 60px (20pt @3x) |
| | 56px (28pt @2x) | 40px (20pt @2x) |

▲ 애플의 휴먼 인터페이스 가이드라인(Human Interface Guidelines): Tab 바의 아이콘 크기 정의

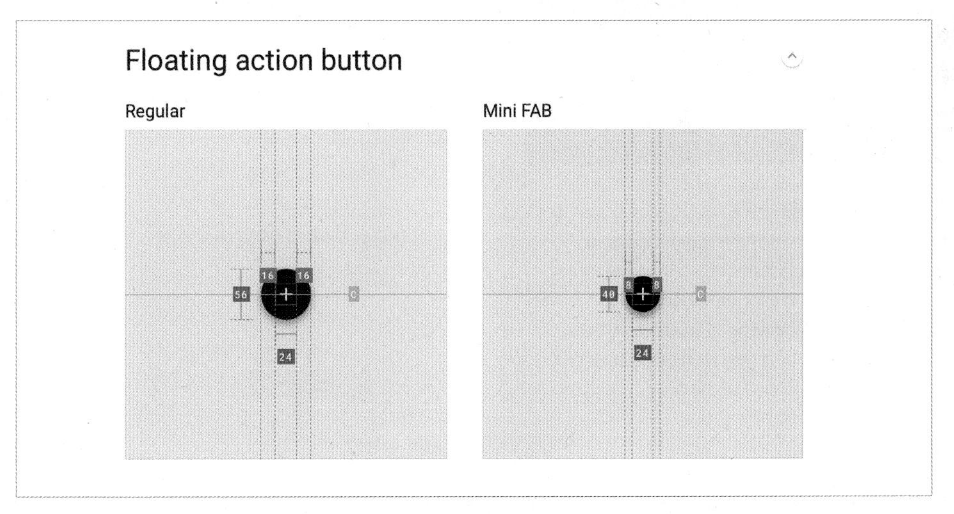


▲ 구글의 머티리얼 디자인(Material Design) 가이드: Floating action button 정의

18 **MIT 연구 자료** Human Fingertips to investigate the Mechanics of Tactile Sense – http://touchlab.mit.edu/publications/2003_009.pdf

# 아이콘 편집하기

Shape, Vector 도구의 기능을 잘 활용하면 그래픽 프로그램을 이용하지 않아도 스케치에서 아이콘, 로고 등을 직접 디자인할 수 있습니다. 이번에는 간단하게 아이콘을 편집해 봅니다.

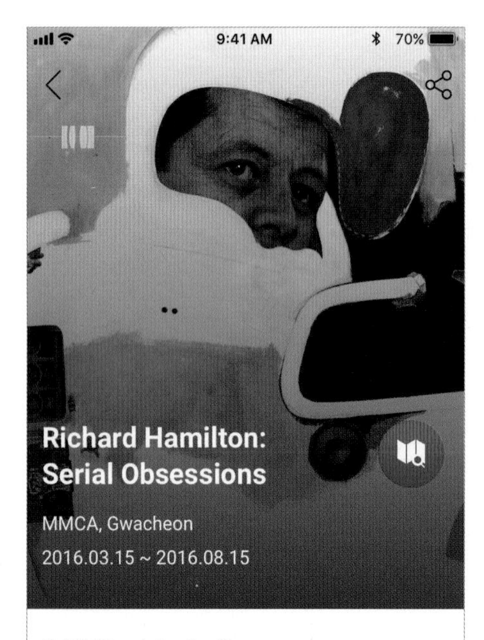


**Exhibition introduction**

richard hamilton, one of the most important artists in the second half of the 20th century, is not widely known in asia, although he was among the first generation of post-war artists whose work drew on a new kind of image world to produce a new kind of picture.

**Facilities**

- 위쪽에 이전 단계로 이동할 수 있는 내비게이션 버튼과 전시 정보를 공유할 수 있는 공유 아이콘을 배치합니다. 전시명 옆에는 지도로 연결하는 지도 버튼, 전시 설명 아래에는 전시 장소의 시설을 안내하는 아이콘을 추가합니다.
- '정보 화면'의 아이콘은 아이콘 관리 툴인 IconJar를 활용해 추가합니다. 'https://geticonjar.com/'에서 플러그인을 내려 받아 설치한 다음 실행합니다.
- 아이콘과 버튼을 함께 디자인하면서 심볼과 Shared Style도 디자인에 적용합니다.
- Vector 도구를 이용해서 직접 아이콘을 그리고 편집합니다. 원하는 형태의 아이콘을 찾기란 쉽지 않으므로 편집하거나 직접 그려야 할 때도 많습니다.

# 예제 파일 · 03\iconset 폴더, map.png　# 완성 파일 · 03\06\details.sketch

## 무작정 따라하기 | IconJar를 활용해 아이콘 추가하기

IconJar를 실행하면 용도에 따라 화면 왼쪽에서는 아이콘을 폴더로 구분할 수 있고, 가운데에는 선택한 폴더에 해당하는 아이콘이 나열되며, 오른쪽에는 선택한 아이콘에 관한 상세 정보를 확인할 수 있습니다.

1 IconJar를 실행하고 왼쪽 위의 '+' 아이콘을 클릭하여 아이콘 폴더를 만듭니다.

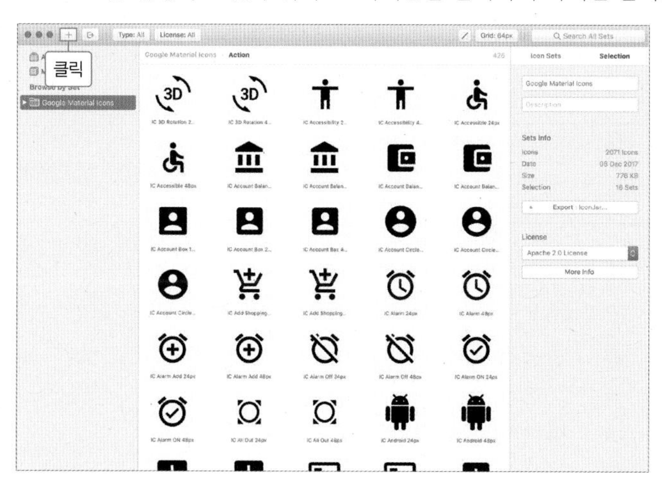


**Tip**

IconJar에는 'Google Material Icons'가 기본으로 내장되어 있습니다.

**알아두기**

### IconJar 툴을 사용하는 이유

IconJar를 사용하지 않아도 벡터 형식의 아이콘을 직접 스케치에 드래그해서 사용하거나, 일러스트레이터와 같은 그래픽 프로그램에서 원하는 형태로 편집한 다음 Cmd+C를 눌러 복사하고 스케치에서 Cmd+V를 눌러 붙여 넣는 등 다양한 방식으로 벡터 이미지를 스케치에 불러와 이용할 수 있습니다.

그러나 다양한 프로젝트를 진행하다 보면 폴더 여기저기에 아이콘들이 저장되고, 이전에 사용한 아이콘을 다시 사용하고 싶어도 아이콘이 어디에 있는지 몰라서 일일이 찾거나, 찾지 못해서 다시 같은 아이콘을 만들거나, 내려 받는 일을 반복할 때가 많습니다.

IconJar를 이용하면 프로젝트별로 아이콘을 정리해 모을 수 있고, 검색을 통해 아이콘을 쉽게 찾을 수 있어 그래픽 에셋을 좀 더 효율적으로 관리할 수 있는 장점이 있습니다.

2 폴더를 설정하는 Import Icons 대화상자가 표시되면 폴더 이름으로 'Seoul Art Map'을 입력한 다음 〈Create Empty Set〉 버튼을 클릭합니다.

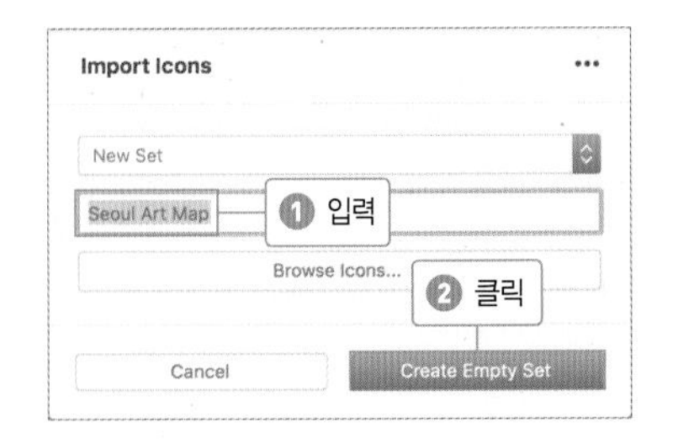


3 'Seoul Art Map' 폴더가 만들어지면 가운데의 〈Select Icons to Import〉 버튼을 클릭합니다. 〈Browse Icons〉 버튼을 클릭한 다음 아이콘 세트가 있는 03 폴더의 'iconset'를 지정하고 〈Import to an Existing Set〉 버튼을 클릭해서 아이콘을 불러옵니다.

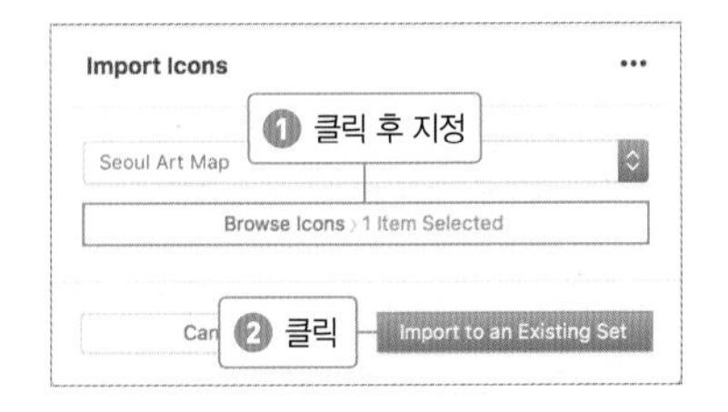


**Tip**

이전 과정에서 아이콘 폴더의 이름을 지정하고 폴더를 지정하여 아이콘을 불러올 수도 있습니다.

4 아이콘이 'Seoul Art Map' 폴더에 삽입됩니다.

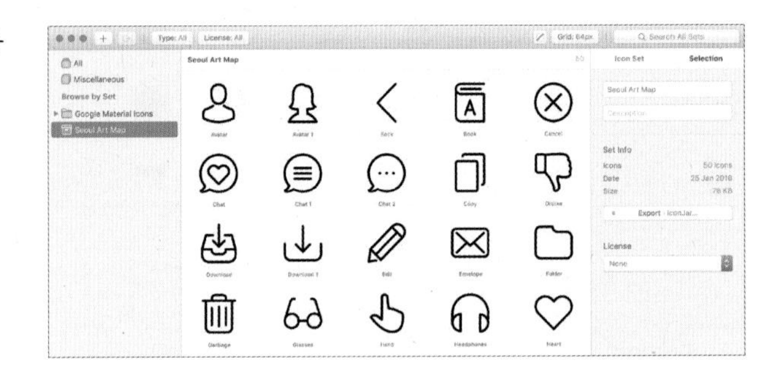


5 오른쪽 검색창에 'Back'을 입력합니다. 'back'이라는 이름의 아이콘들이 세트별로 구분됩니다. 'Seoul Art Map' 폴더에서 'Back' 아이콘을 선택한 다음 스케치의 'Detail' 아트보드 위로 드래그합니다.

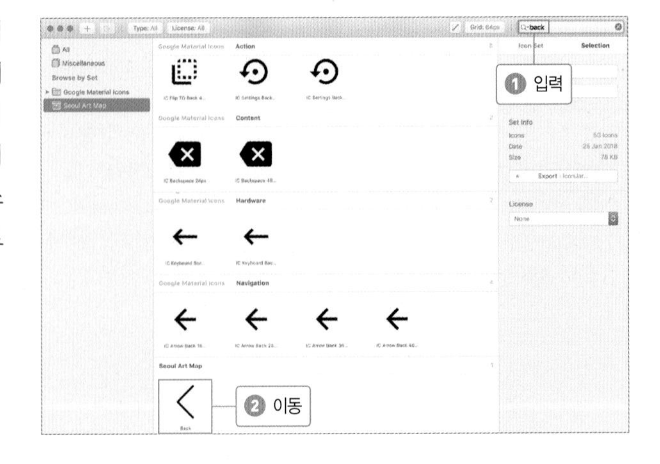

6 아이콘을 선택한 상태에서 가로/세로 비율을 유지하며 줄이기 위해 먼저 자물쇠 아이콘을 클릭하여 잠금 설정을 해제합니다. Height(높이)를 '24', Position의 X를 '16', Y를 '36'으로 설정하여 이동합니다.

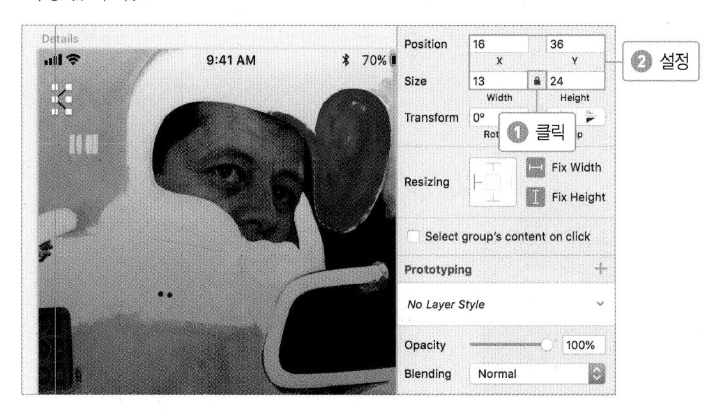


7 같은 방법으로 IconJar에서 'Share' 아이콘을 검색한 다음 드래그해서 스케치로 가져오고 Size의 Height(높이)를 '24', Position의 X를 '336', Y를 '36'으로 설정합니다.
지금까지 완성된 형태의 아이콘을 스케치에 불러와 사용하는 방법을 알아봤습니다.

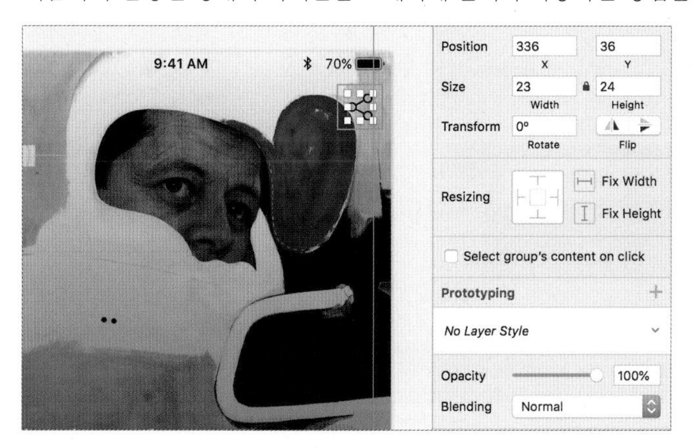

## 무작정 따라하기 | Vector 도구를 이용해 아이콘 만들기

1 이번에는 Vector 도구를 이용해서 직접 아이콘을 그려 보겠습니다. 스냅 기능을 이용하기 위해 먼저 Ctrl+G를 눌러 그리드를 표시합니다.

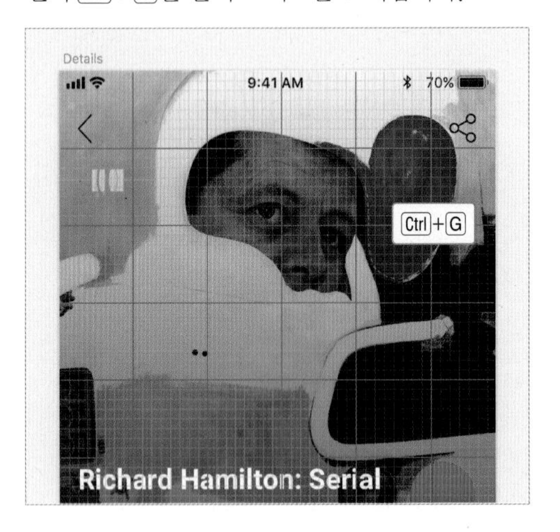


**Tip**

그리드의 사각형에는 자석과 같은 스냅 기능이 있어 선이나 도형을 그릴 때 편리합니다. 그리드 간격은 메뉴에서 [View] → Canvas → Grid Settings를 실행하여 설정할 수 있습니다.

2 전시명 오른쪽 원 위에 도형을 그리고 편집해도 선택되지 않도록 원에서 Ctrl을 누른 채 클릭해 표시되는 메뉴의 **Lock Layer**를 실행합니다.

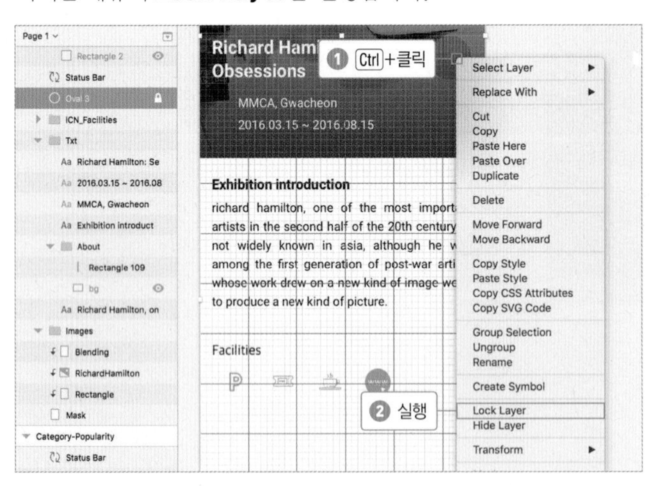


**Tip**

레이어 목록의 해당 도형 레이어 위에서 Ctrl을 누른 채 클릭해 표시되는 메뉴의 Lock Layer를 실행해도 됩니다.

3 작은 아이콘을 크게 확대해서 작업하기 위해 Cmd++를 여러 번 눌러 화면을 최대한 확대합니다.

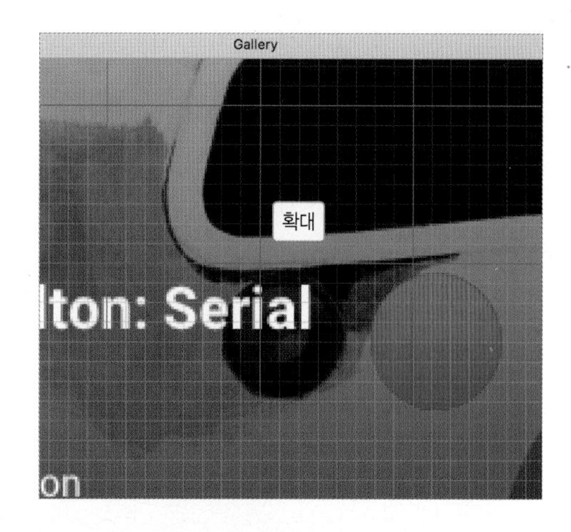


4 R을 누르고 드래그하여 직사각형을 그립니다. Size의 Width를 '7', Height를 '16'으로 설정한 다음 Fills 패널의 Color를 '#FFFFFF'로 지정합니다.

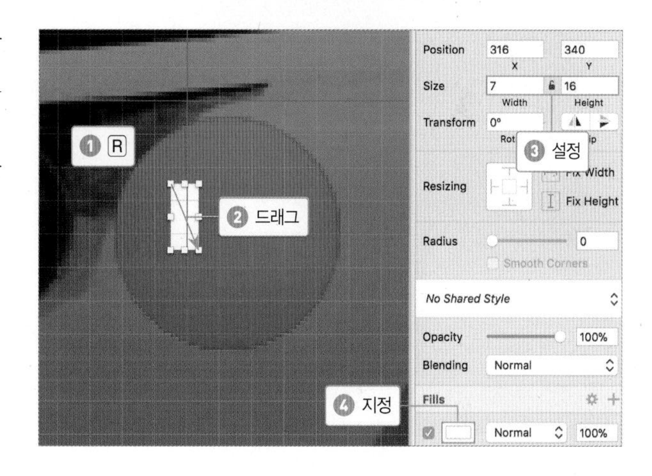


5 사각형을 더블클릭하면 모서리에 조절점이 나타납니다. 조절점을 클릭하면 해당 조절점의 선이 두꺼워집니다.
Shift를 누른 채 사각형 오른쪽 위, 아래 조절점을 동시에 선택합니다.

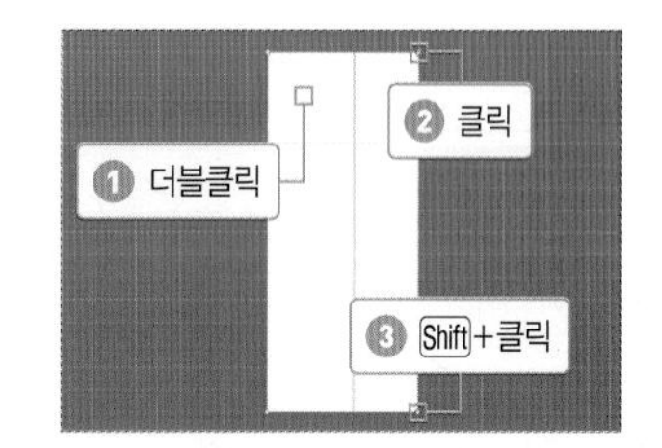


6 두 개의 조절점이 선택된 상태에서 그리드의 4칸 정도만큼 아래로 드래그하여 이동합니다. 사각형이 오른쪽 아래로 기울어진 평행사변형으로 바뀝니다.

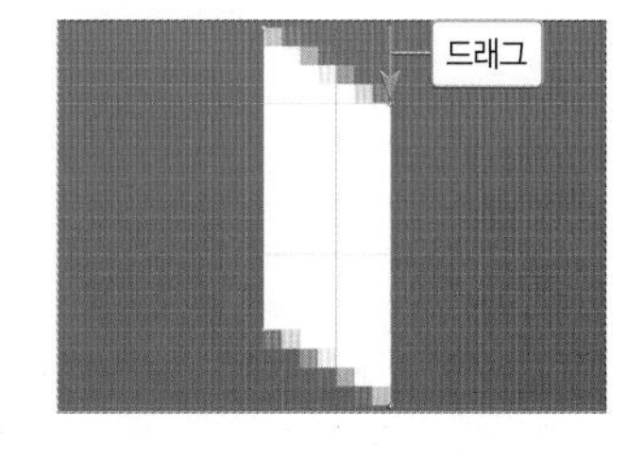

7 Option을 누른 채 평행사변형을 선택하고 오른쪽으로 드래그하여 복제합니다. 이때 도형의 간격을 '1'로 조정합니다.

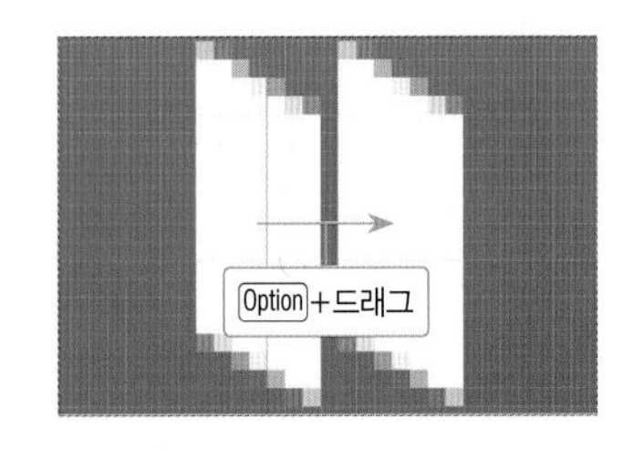


8 복제된 평행사변형을 선택하고 메뉴에서 [**Layer**] → **Transform** → **Flip Horizontally**를 실행해 반전합니다.

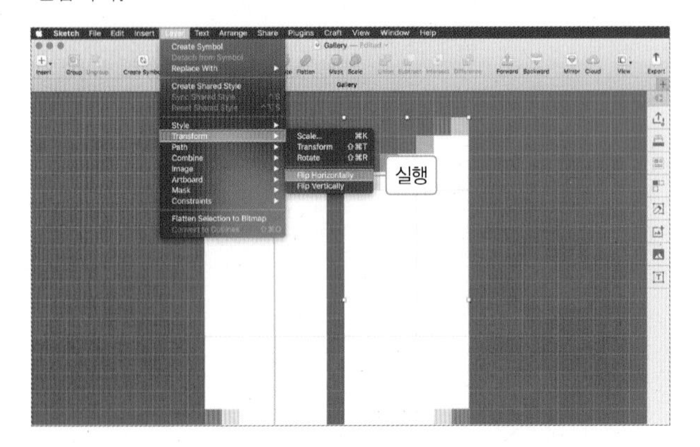


*Tip*

도형을 선택한 다음 인스펙터의 'Flip' 아이콘을 클릭해도 됩니다.

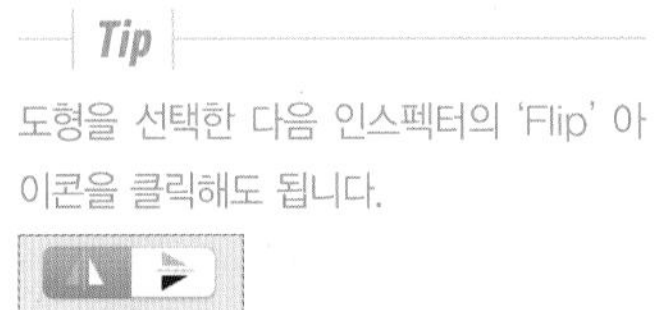


9 다시 Option을 누른 채 왼쪽 도형을 클릭하고 오른쪽으로 드래그하여 복제합니다. 가운데 도형과의 간격을 '1'로 조정하면 지도 아이콘 형태가 완성됩니다.

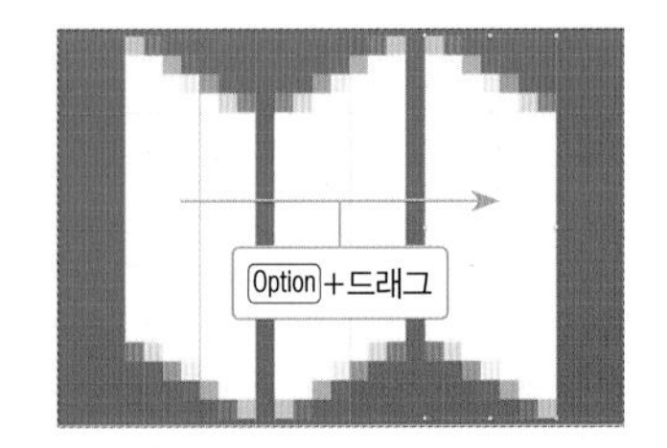

## 무작정 따라하기 | 부울 연산을 이용해 오브젝트 편집하기

1 이번에는 지도 아이콘 아래에 돋보기 형태의 오브젝트를 만들어 봅니다. O를 누르고 오른쪽 아래에 Shift를 누른 채 드래그하여 작은 원을 만듭니다. Size에서 Width/Height를 각각 '8'로 설정하고 Fills 항목에서 Fill을 '#FFFFFF'로 지정합니다.

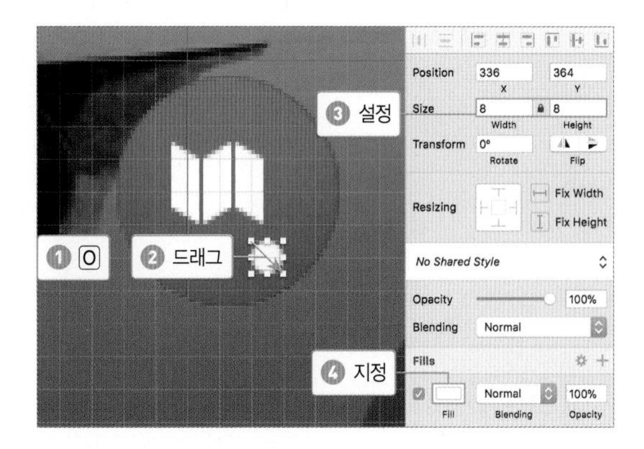


2 O를 누르고 드래그하여 또 다른 원을 그립니다. Size에서 Width/Height를 각각 '6'으로 설정합니다. 이전에 그린 원과 구분하기 위해 Fill을 '#000000'으로 지정합니다.

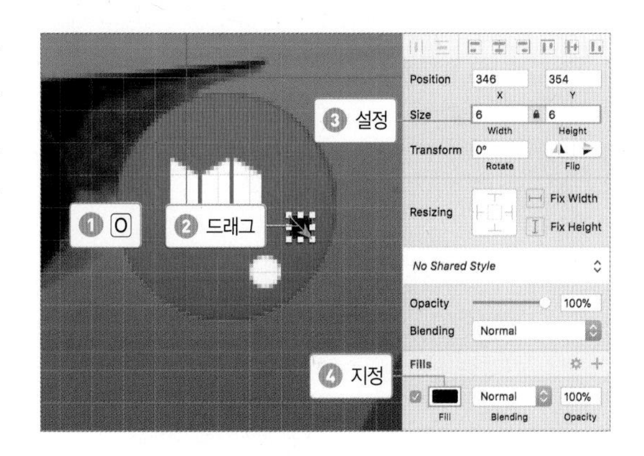


3 U를 누르고 가로로 길게 드래그하여 긴 둥근 사각형을 그립니다. Size에서 Width를 '8', Height를 '1'로 설정합니다. Radius를 '0.5'로 설정한 다음 Fill을 '#FFFFFF'로 지정합니다.

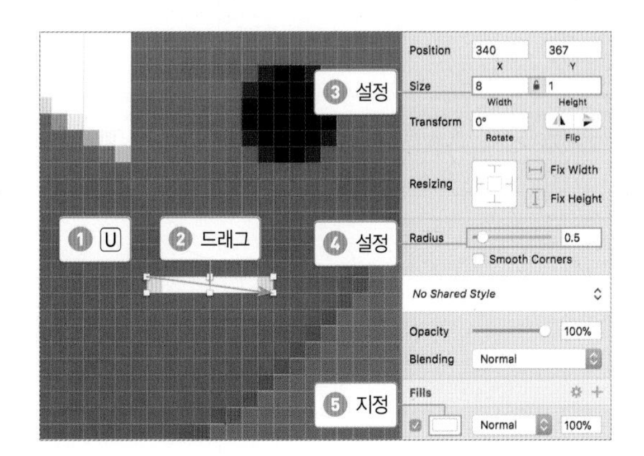

4 얇고 긴 둥근 사각형을 선택한 다음 Rotate를 '45°'로 설정해 기울입니다.

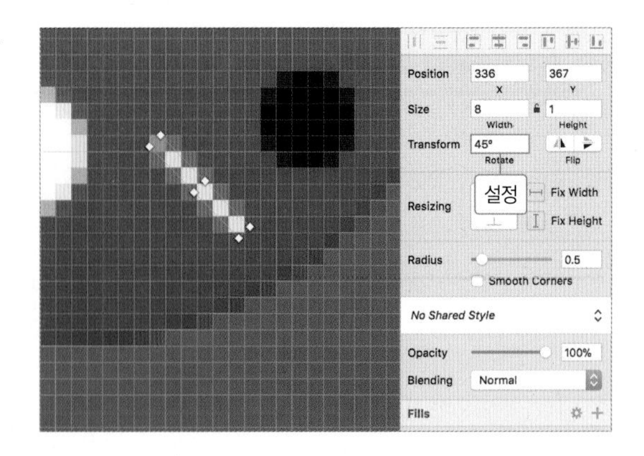


알아두기

**오브젝트 회전하기**

도형을 회전하려면 인스펙터의 Transform이나 툴바의 Rotate 도구(Rotate)를 이용합니다. 일반적인 +(양수) 값을 설정하면 시계 방향으로 회전하고, -(음수) 값을 설정하면 시계 반대 방향으로 회전합니다.

캔버스에서 직접 도형을 회전하려면 먼저 툴바에서 Rotate 도구(Rotate)를 선택합니다. 가운데에 회전축(⌖)이 표시되면서 도형 주변에 조절점이 나타납니다. 커서를 조절점으로 가져가면 회전 형태가 나타납니다. Shift를 누른 채 드래그하여 회전하면 5°씩 회전합니다. 다음과 같이 회전축을 드래그하면 회전 방향도 회전축을 기준으로 달라집니다.

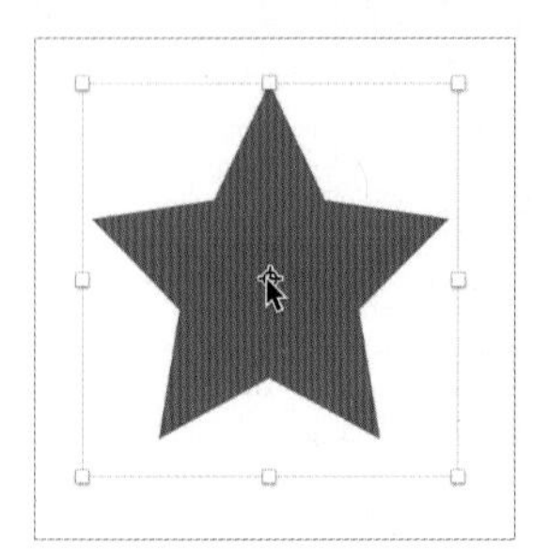

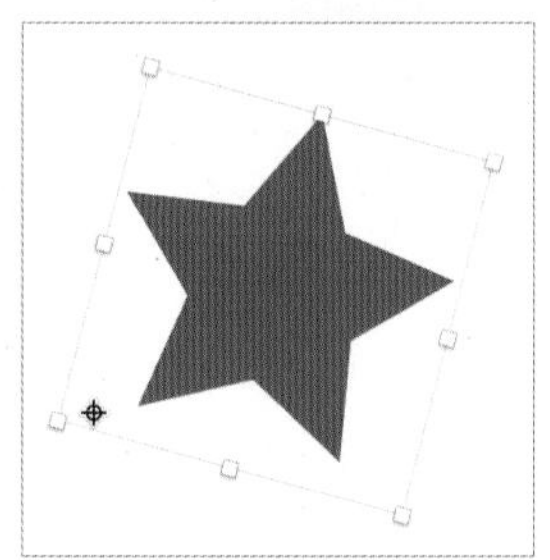

◀ 회전축 변경

5 흰색 원 아래쪽 45° 부분에 기울인 둥근 사각형을 배치하여 돋보기의 손잡이 부분을 만듭니다.

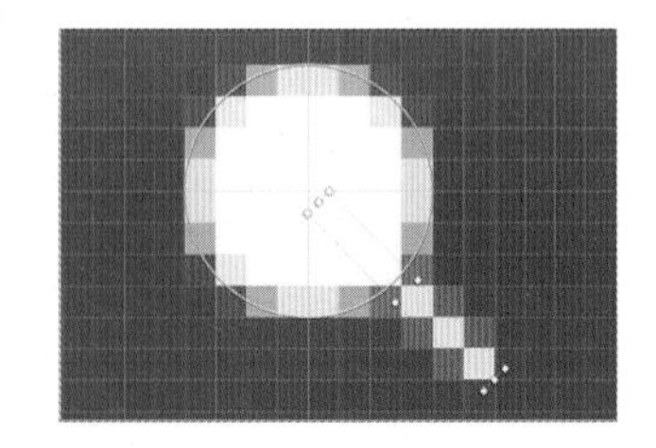

6 검은색 원을 흰색 원 위에 배치합니다. 두 개의 원을 선택하고 'Align layer to center', 'Align layer to middle' 아이콘( , )을 클릭해 가운데 정렬합니다.

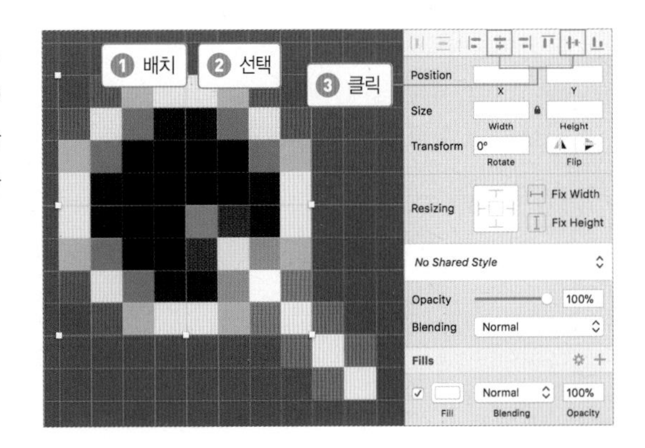


7 Shift를 누른 채 흰색 원과 손잡이 도형을 선택하고 툴바에서 Union 도구( )를 선택해 합칩니다.

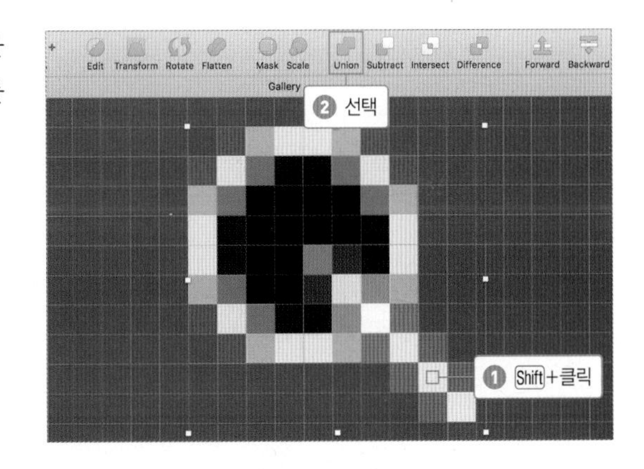


8 레이어 목록에는 각각의 도형 레이어가 있습니다.
두 개의 도형을 합쳐 선택한 레이어가 합쳐지면서 'Combined Shape' 레이어로 바뀌었습니다.
두 개의 도형이 합쳐진 돋보기 모양이 레이어 이름 앞에 표시됩니다.
합친 레이어의 화살표를 클릭하면 합치기 전 도형 레이어가 그대로 나타납니다. 다른 점은 레이어 이름 뒤에 'Union'을 표시하는 아이콘이 나타납니다.

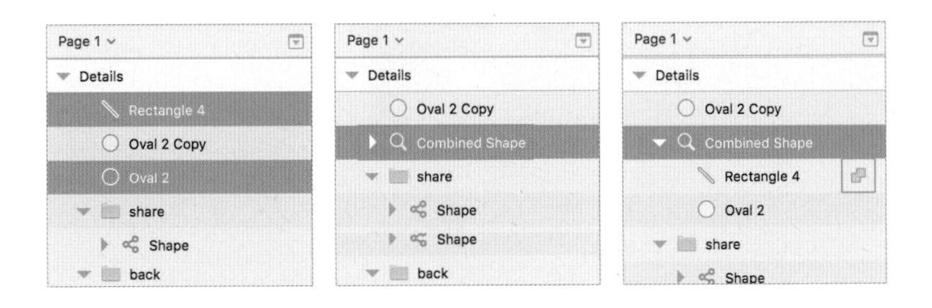


**Tip**

'Union' 아이콘을 클릭해서 도형을 합쳐도 원본 레이어가 살아있으므로 언제든지 수정할 수 있고, 원본 도형 레이어의 도형이 수정되면 수정된 도형의 모양이 합친 레이어 도형에 바로 반영됩니다.

**9** Shift를 누른 채 'Combined Shape'와 검은색 원 레이어를 선택하고 툴바에서 Subtract 도구( )를 선택합니다.

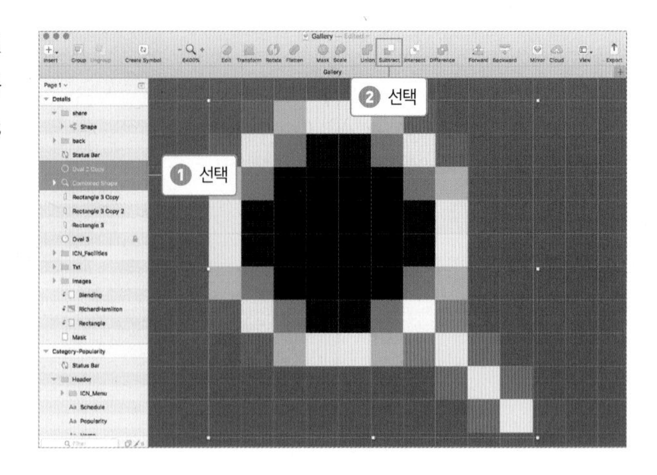


**Tip**

스케치에서 제공하는 기본 도형만으로는 원하는 형태를 만들기 어렵습니다. '부울 연산(Boolean Operations)'을 이용해 오브젝트끼리 합치거나 빼면 원하는 형태를 만들 수 있습니다. 스케치는 네 가지의 부울 연산을 제공하며, 부울 연산의 아이콘 모양은 연산이 적용되는 방식을 잘 설명합니다.

**10** 'Combined Shape' 레이어의 검은색 원 부분이 삭제되어 돋보기 형태가 완성됩니다. Shift를 누른 채 지도를 이루는 세 개의 사각형을 모두 선택하고 툴바의 Union 도구( )를 선택해서 합칩니다.

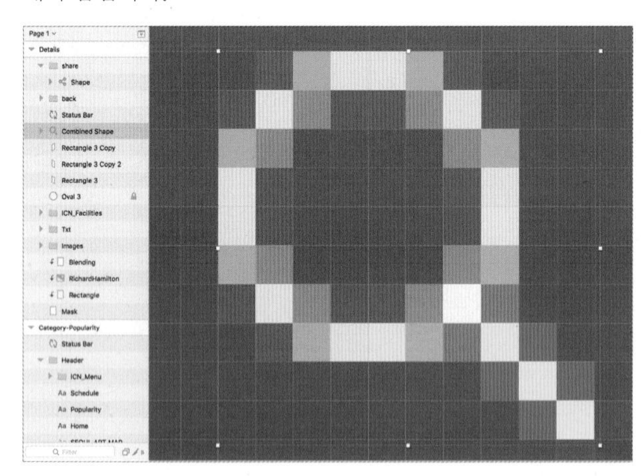

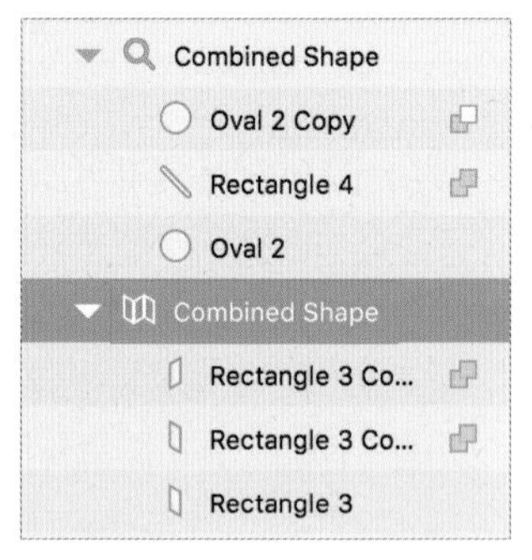

**11** Shift를 누른 채 레이어 목록에서 지도와 돋보기 레이어를 클릭하고 Cmd+G를 눌러 그룹으로 지정합니다. 돋보기 레이어를 선택한 다음 지도 아래로 드래그하여 이동합니다. 이때 아이콘 그룹 전체의 높이가 '24'를 넘지 않도록 Height를 확인하며 드래그합니다.

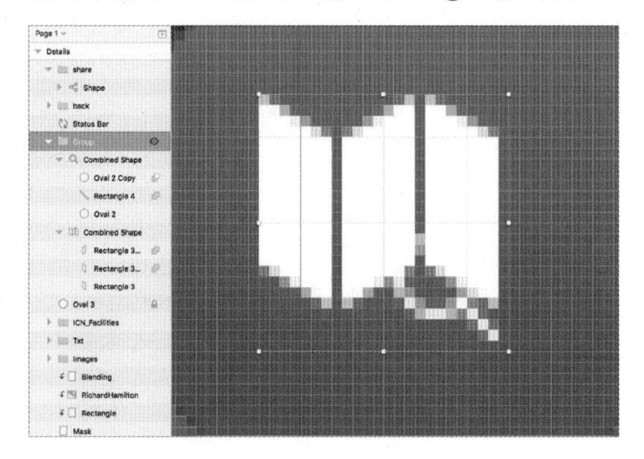

**12** 돋보기가 지도와 겹쳐 형태가 보이지 않으므로 돋보기를 클릭한 다음 색상을 잠시 검은색으로 바꿉니다.

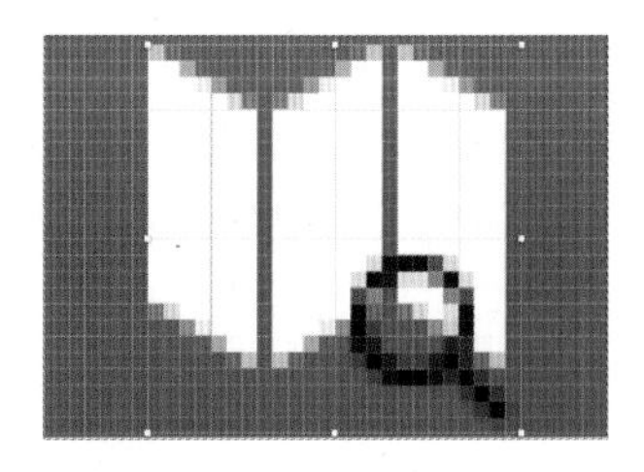

**13** 지도와 돋보기가 모두 흰색이더라도 구분할 수 있도록 돋보기에 외곽선을 추가하겠습니다. 돋보기 원이 8px이므로 10px 크기의 원을 그립니다. 10px 원 레이어를 지도와 돋보기 레이어 사이에 배치합니다. Fill을 임시로 '#D0021B'로 지정합니다.

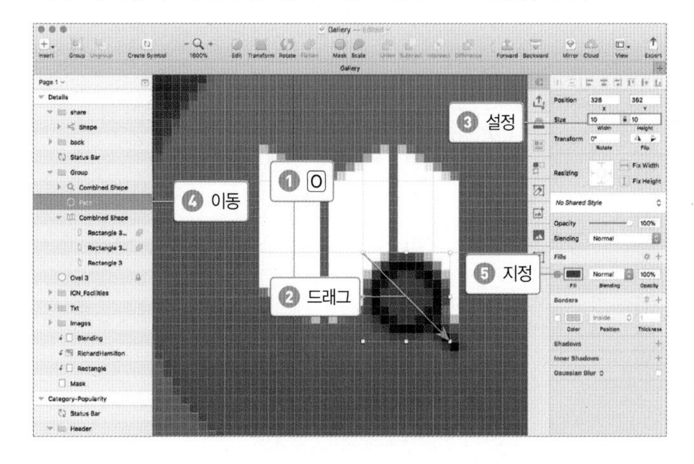

14 Shift를 누른 채 10px 원과 지도 레이어를 선택하고 툴바에서 Subtract 도구( )를 선택합니다. 지도에서 원 형태가 삭제되어 돋보기와 지도를 구분하는 여백이 생깁니다.

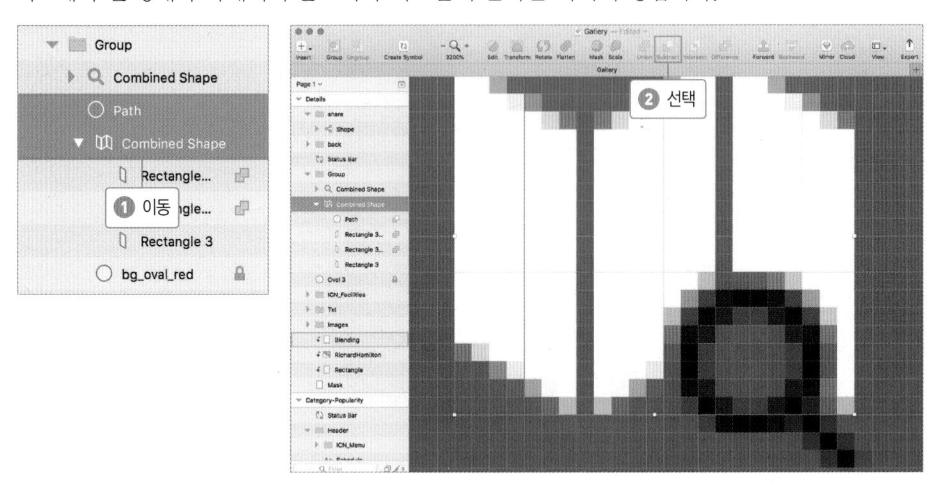


15 돋보기를 선택한 다음 색상을 다시 'FFFFFF(흰색)'로 바꿉니다.

16 아이콘 작업의 마무리 단계로 Shift를 누르면서 돋보기와 지도 형태를 선택한 다음 툴바에서 Union 도구( )를 선택합니다. 하나의 아이콘이 완성되면 레이어 이름을 'Location'으로 수정합니다.

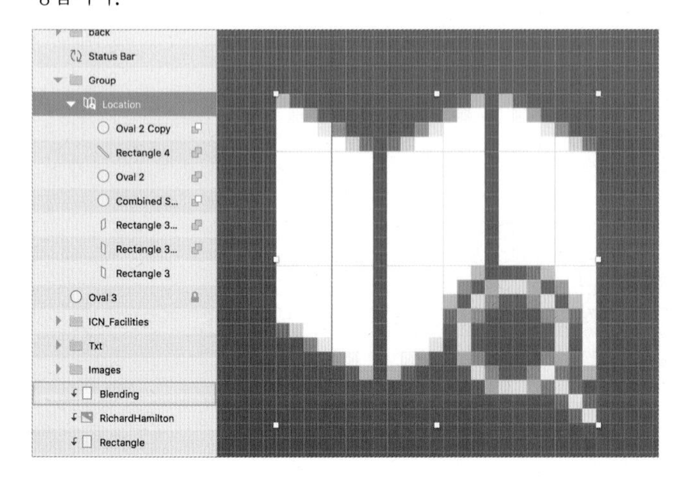

**17** 레이어에서 빨간색 그러데이션 아이콘을 선택하고 잠금 설정을 해제합니다. Shift를 누른 채 Location 아이콘과 빨간색 그러데이션 아이콘을 선택하고 'Align layer to center', 'Align layer to middle' 아이콘(, )을 클릭하여 가운데 정렬합니다.

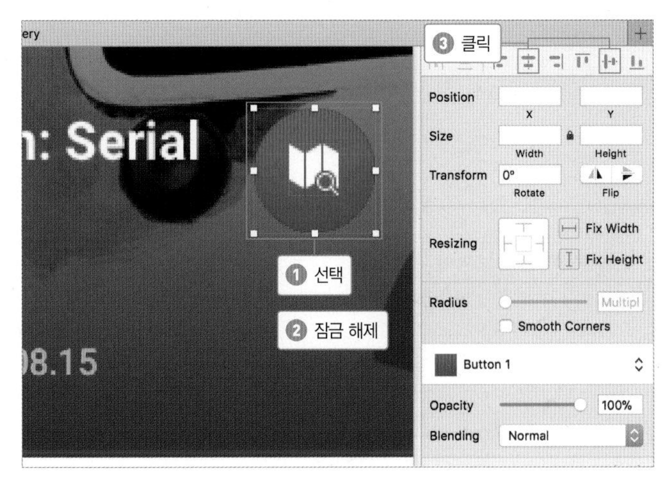


**18** 아이콘 디자인이 마무리되면 레이어 목록을 정리합니다. Shift를 누른 채 이전에 선택한 두 도형을 선택하고 Cmd+G를 눌러 그룹으로 만든 다음 그룹 레이어 이름을 'Location'으로 지정합니다.

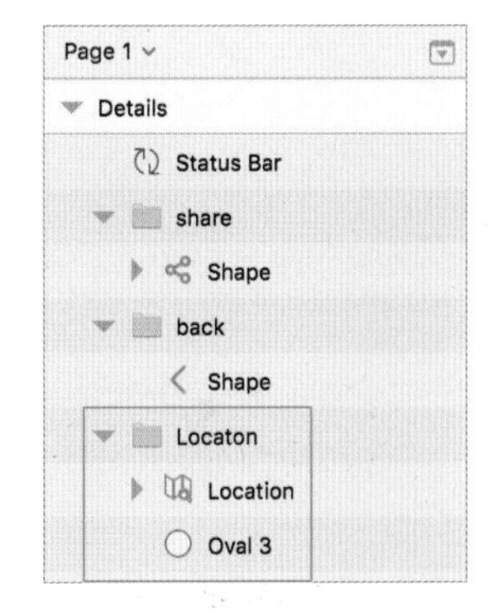


**Tip**

레이어 목록은 오브젝트가 화면에 배치된 순서에 따라 정렬하면 나중에 쉽게 원하는 오브젝트의 위치를 찾을 수 있습니다.

## 무작정 따라하기 | 아이콘 정렬하기

1 Facilities 영역에 시설에 해당하는 아이콘을 배치하겠습니다. T를 누른 다음 'Facilities'를 입력합니다. 텍스트를 선택한 채 인스펙터의 'No Text Style'을 클릭하고 'Title 1'을 선택합니다.

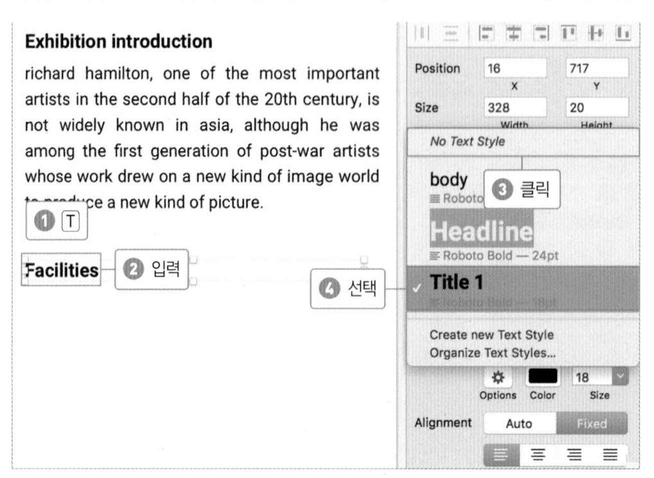


2 IconJar를 실행하고 Facilities(시설)에 해당하는 'information', 'wifi', 'parking', 'no-picture', 'food' 아이콘을 검색한 다음 스케치로 드래그하여 불러옵니다.
레이어 목록에서 Shift를 누른 채 다섯 개의 아이콘 그룹을 모두 선택합니다.
Size의 잠금 아이콘(🔒)을 클릭하고 가로/세로 비율을 유지하면서 아이콘 크기를 줄입니다. 이때 Size의 Height(높이)를 '48'로 설정합니다.

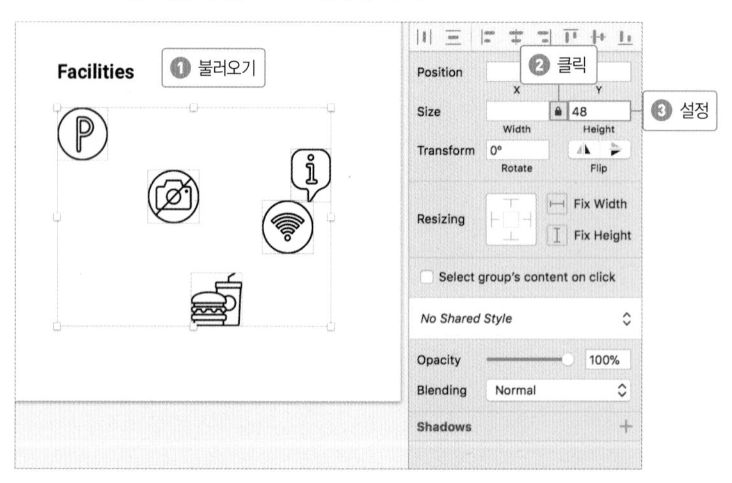

3 아이콘을 information, wifi, parking, no-picture, food 순으로 한 줄로 배치합니다. 모든 아이콘을 선택하고 'Align layer to middle' 아이콘(⊪)을 클릭하여 가로축을 기준으로 가운데 정렬합니다.

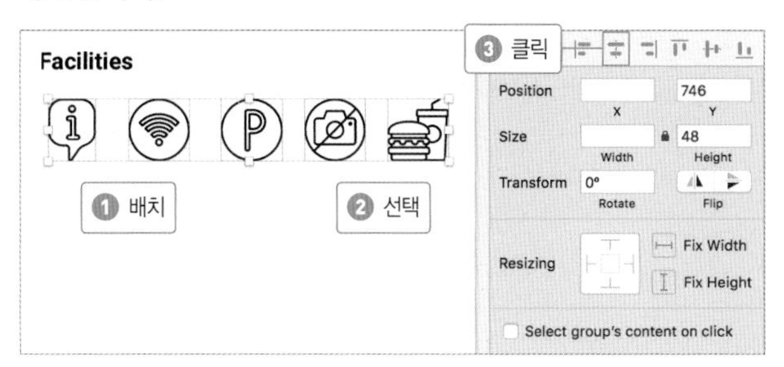


4 'Facilities' 텍스트를 선택한 다음 Position에서 X를 '16'으로 설정하고, 전시 설명과 제목의 간격을 '24'로 조정합니다.

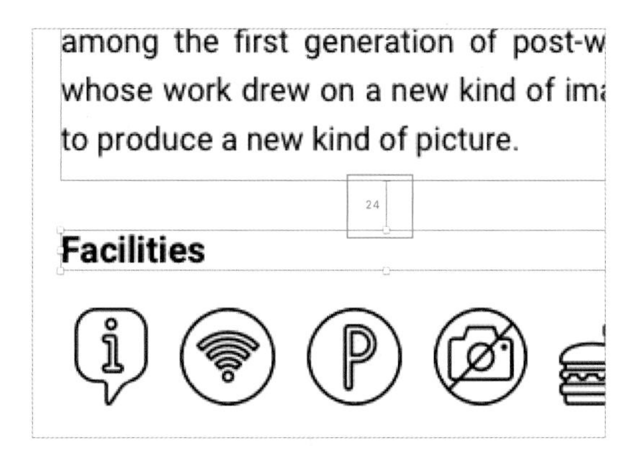


5 'information' 아이콘을 선택하고 Position에서 X를 '16'으로 설정한 다음 아이콘끼리 간격을 '16'으로 조정합니다. 아이콘을 전체 선택한 다음 'Facilities' 제목과의 간격도 '16'으로 조정합니다.

## 무작정 따라하기 | 지도 영역 디자인하기

1 이번에는 'Details' 아트보드의 아랫부분을 디자인하겠습니다. 먼저 완성 화면을 살펴보면 Facilities(시설) 정보 아래에 지도 앱으로 연결하는 아이콘과 지도 이미지를 넣고, 아래쪽에는 주소 정보를 추가했습니다.

2 R을 누르고 다음과 같이 드래그하여 사각형을 그립니다. Position의 X를 '375', Y를 '104'로 설정하여 크기를 조정합니다.

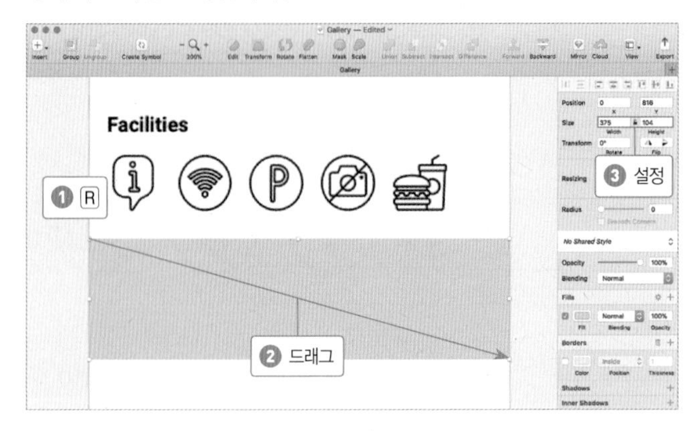


3 사각형을 선택한 채 Cmd+C, Cmd+V를 눌러 복제합니다. Fill을 '#000000'으로 지정하고, Opacity(투명도)를 '50%'로 설정합니다.

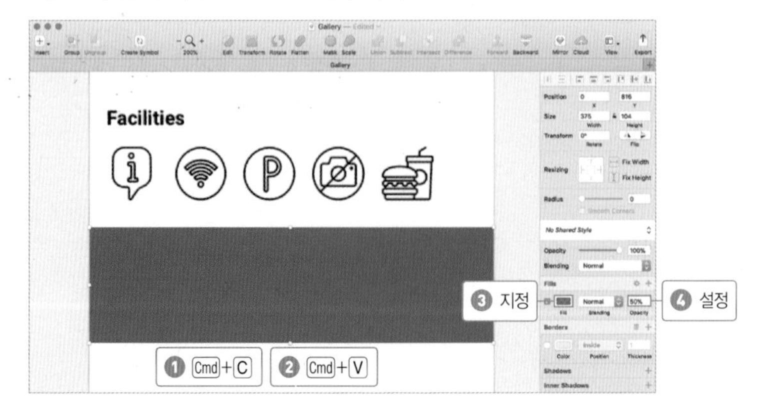

4 두 개의 사각형을 선택하고 Cmd+G를 눌러 그룹으로 지정한 다음 이름을 'MAP'으로 지정합니다.

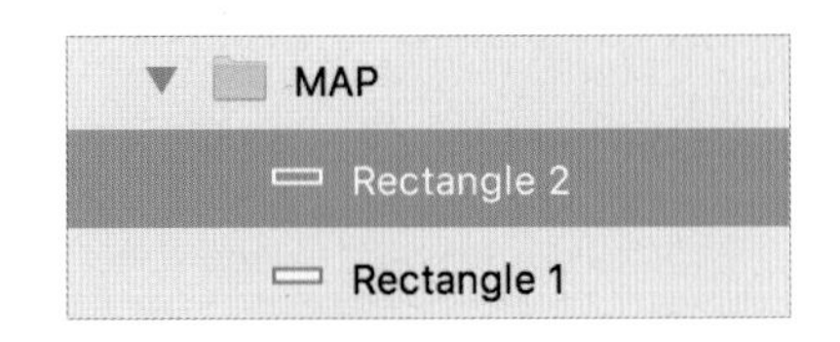


5 원본 사각형을 선택한 다음 레이어에 마스크를 지정합니다.

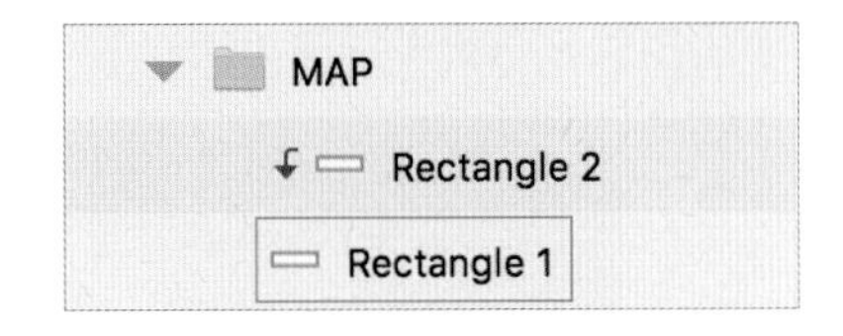


6 툴바에서 **Insert → Images**를 선택한 다음 03 폴더의 'map.png' 이미지를 불러옵니다. 이미지를 사각형 크기에 맞춰 적당하게 줄입니다.
레이어 목록에서 'map' 이미지 레이어를 사각형 레이어 사이로 드래그하여 이동합니다.

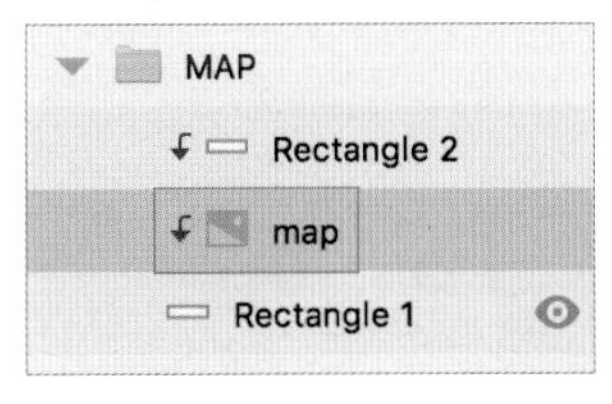

7 이번에는 버튼을 그리기 위해 U를 누른 다음 여백에 드래그해서 둥근 사각형을 그립니다. Size의 Width를 '130', Height를 '44'로 설정하여 크기를 조절합니다. 둥근 사각형을 선택하고 'No Shared Style'을 클릭한 다음 'Button 1'을 선택하면 등록한 버튼 스타일이 그대로 적용됩니다.

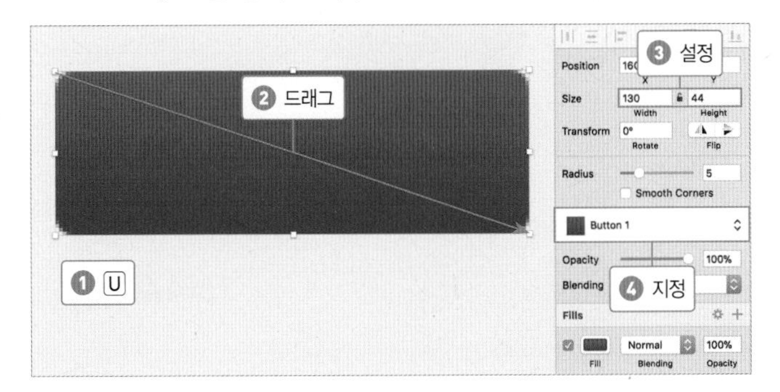

8 T를 누르고 버튼 위에 'Show on Map'을 입력한 다음 텍스트 스타일을 지정합니다. 버튼과 텍스트를 함께 선택한 다음 가로/세로축을 기준으로 가운데 정렬합니다.

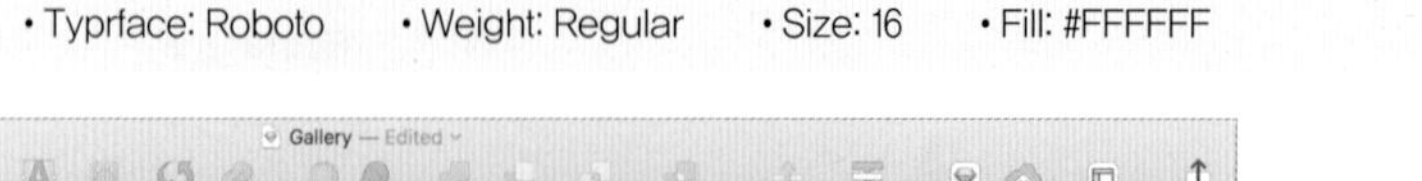


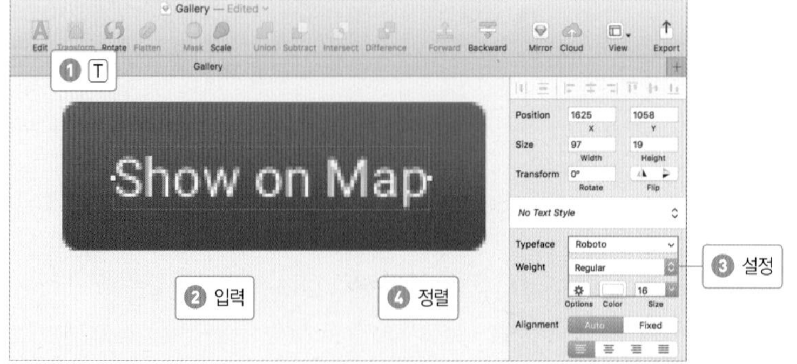


9 텍스트를 선택한 채 'No Text Style'을 선택하고 'Create New Text Style'을 선택해서 새로운 텍스트 스타일을 등록합니다.

10 스타일 이름을 'Button'으로 지정합니다.

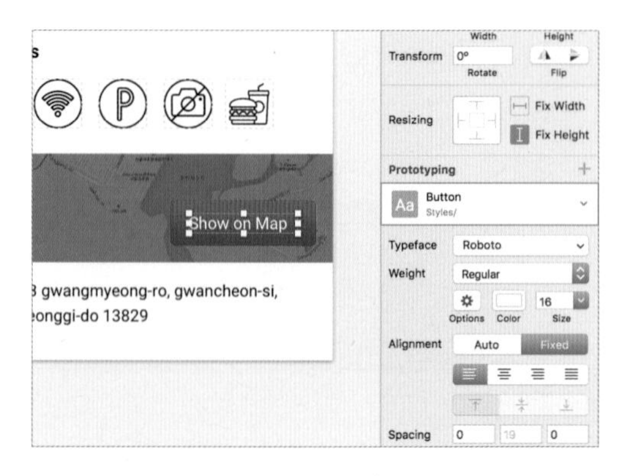

**11** 버튼을 지도 위에 배치하고 다음과 같이 스마트 가이드를 이용해 간격을 '16'으로 조정합니다.

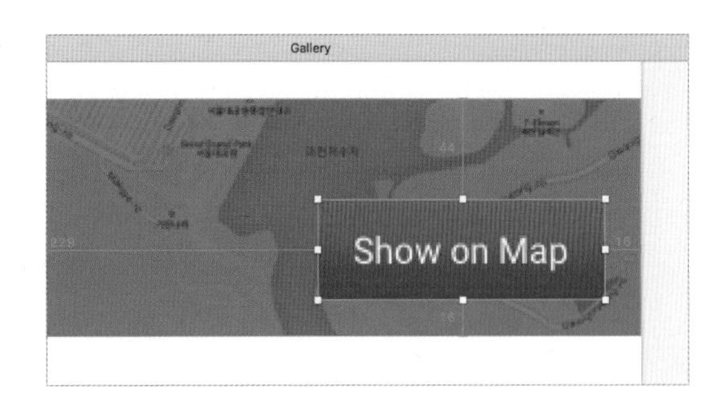


**12** [T]를 누르고 아래쪽에 드래그하여 텍스트 박스를 만든 다음 '313 gwangmyeong-ro, gwancheon-si, gyeonggi-do 13829'를 입력합니다.
텍스트를 선택한 채 인스펙터에서 'No Shared Style'을 클릭한 다음 'Body'를 선택합니다.

**13** IconJar를 실행하고 'location'을 검색한 다음 결과 중에서 [location] 아이콘을 드래그해 스케치에 가져옵니다. Height(높이)를 '32'로 설정하고 아이콘과 주소를 함께 선택한 다음 'Align layer to top' 아이콘([align])을 클릭하여 위쪽 정렬합니다. 아이콘과 주소의 간격을 '8'로 조정합니다. 아이콘과 주소를 선택한 다음 아트보드와의 간격을 '16'으로 조정합니다.

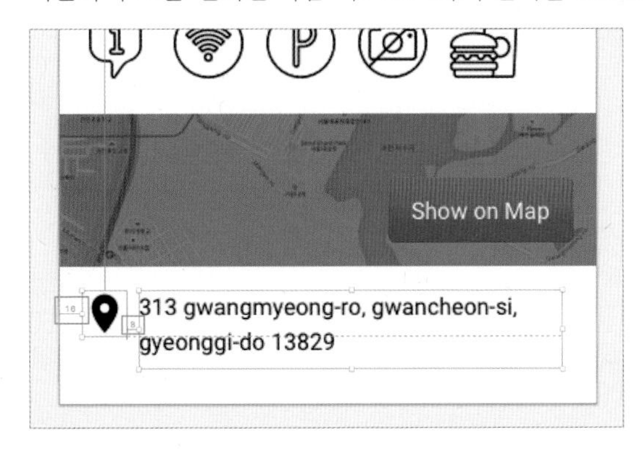

**14** 오브젝트별 간격을 다음과 같이 조정합니다. 'detail' 아트보드를 클릭한 다음 Height(높이)를 조정해 주소 아래와 아트보드 끝의 간격을 '24'로 조정합니다.

- 시설 아이콘과 지도 영역의 간격: 24
- 지도 영역과 주소의 간격: 16

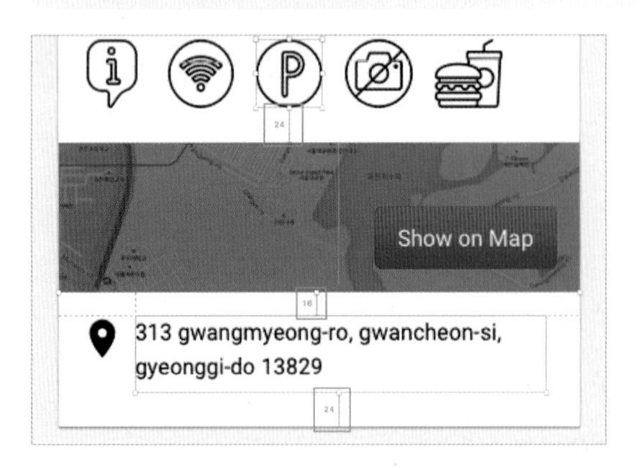


**15** 지도 영역 작업을 마치면 다음과 같이 레이어 목록을 정리합니다.

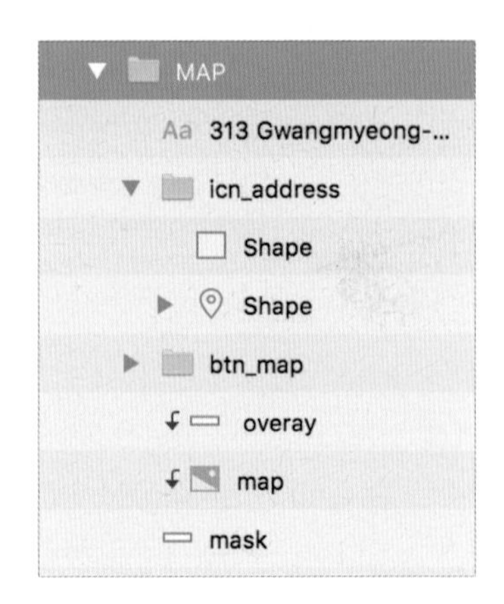

# 화면 해상도에 대응하는 그래픽 설정하기

다양한 디바이스별 화면 해상도에 대응해서 그래픽 작업을 할 때 꼭 필요한 'Resizing Constraint' 기능에 대해 알아보겠습니다.

**Exhibition introduction**

richard hamilton, one of the most important artists in the second half of the 20th century, is not widely known in asia, although he was among the first generation of post-war artists whose work drew on a new kind of image world to produce a new kind of picture.

**Facilities**

313 gwangmyeong-ro, gwancheon-si, gyeonggi-do 13829

# 완성 파일 · 03\07\details.sketch, Resizing.sketch

UI 디자이너를 괴롭히는 또 하나의 작업은 바로 다양한 화면 크기에 대응하는 그래픽을 만드는 것입니다. 애플 디바이스 하나만 놓고 보더라도 아이폰, 아이패드처럼 다양한 크기의 기기들이 있습니다. 이러한 기기들의 가로(Landscape)와 세로(Portrait) 버전 화면을 최소한으로 대응한다고 해도 5~10개 정도의 화면 크기 변화를 감안해서 그래픽 작업을 하기도 합니다. 이때 스케치의 'Resizing Constraint(리사이징 제한)' 기능을 이용해 작업 시간을 효과적으로 줄일 수 있습니다.

## Resizing Constraint 기능 알아보기

스케치 이전 버전에서는 심볼 또는 그룹의 크기를 늘리거나 줄일 때 포함된 요소들도 비례해서 바뀌었습니다. 스케치 39 버전부터는 완벽하지 않지만 반응형 디자인에 대응할 수 있도록 'Resizing리사이징' 기능을 제공하기 시작했습니다. 44 이후 버전부터 심볼, 그룹 또는 아트보드에 속한 레이어하위 레이어에 Constraint제약 옵션을 적용해서 상위 레이어의 오브젝트 크기를 변경할 때 하위 레이어의 방향과 크기를 어떻게 변경할지를 선택하고 결정할 수 있습니다.

스케치에서 오브젝트를 선택하면 인스펙터에 Resizing 항목이 표시됩니다. Resizing은 다음과 같이 크게 두 가지 영역으로 구분됩니다.

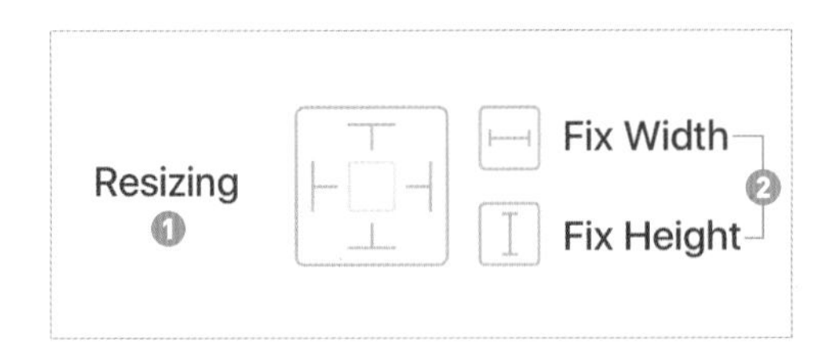


1. **Resizing**: 상위 컴포넌트(심볼, 그룹 또는 아트보드) 크기를 변경할 때 하위 레이어를 어느 쪽 기준으로 변경할지 결정합니다.
2. **Fix Width/Height**: 상위 컴포넌트의 크기를 변경할 때 하위 레이어의 크기를 Width(가로)/Height(세로) 방향 모두 고정하여 크기를 유지하거나, 한쪽 방향으로만 크기를 비례해서 변경할 수 있습니다.

**Tip**

아트보드 크기 변화에 따라 콘텐츠 크기도 반응하도록 함께 변경하기 위해서는 아트보드를 클릭한 다음 인스펙터 영역의 'Adjust content on resize'에 체크 표시합니다.

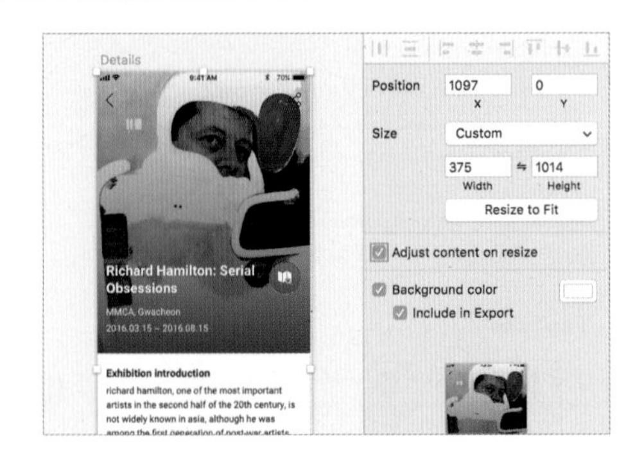

## 무작정 따라하기 | Resizing Constraint 적용하기

'Resizing Constraint'의 기본 기능을 적용했을 때 하위 레이어가 어떻게 달라지는지 간단한 실습을 통해 익힙니다.

Fix to Edges

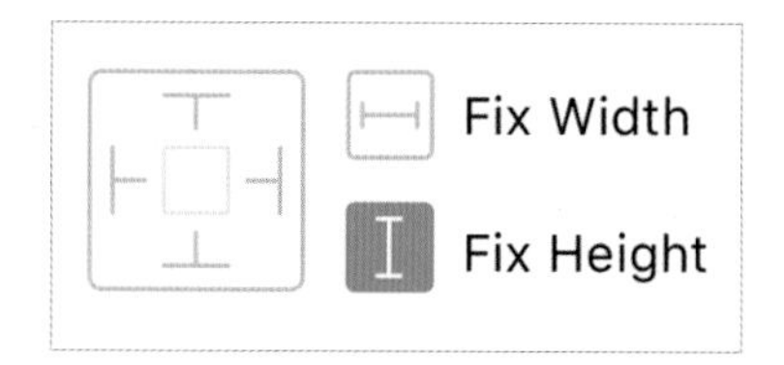


상위 그룹또는 아트보드에 하위 레이어가 닿아 있을 때 사용합니다. 주로 위쪽 내비게이션이나 아래쪽 탭 바처럼 높이는 그대로 유지하고 폭만 변경할 때 이용합니다. 이때 'Fix Height' 즉, 높이만 고정하는 제한 기능을 선택합니다.

1 Cmd+N을 눌러 새로운 페이지를 만들고 A를 눌러 아트보드를 만듭니다. 'Android Devices'를 선택한 다음 360×640 크기의 'Mobile'을 선택합니다.

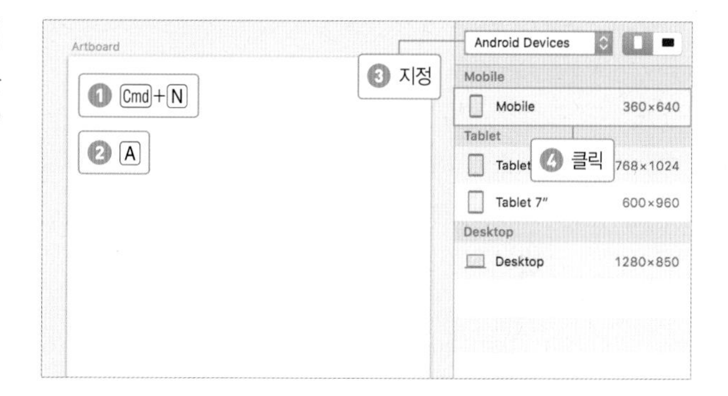


2 R을 누르고 위쪽에 드래그하여 사각형을 그립니다. Size의 Width를 '360', Height를 '80', Fill을 '#3E50B4'로 지정합니다. Align에서 'Align layer to top' 아이콘(▣)을 클릭해 아트보드에 위쪽 정렬합니다.

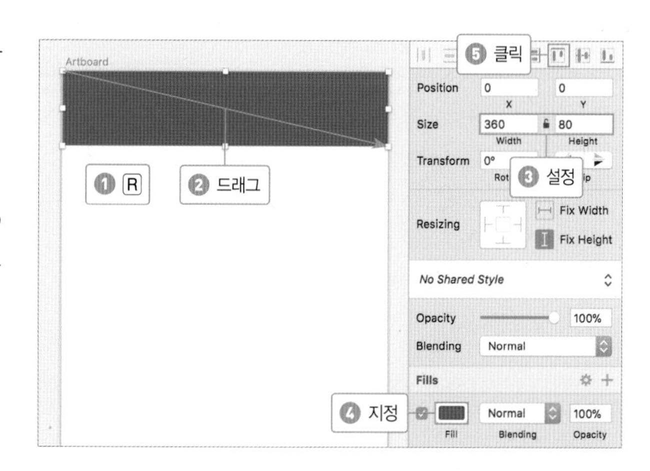

3 사각형을 선택한 다음 인스펙터의 Resizing 항목에서 'Fix Height'를 클릭하여 높이를 고정합니다. 아트보드를 선택하고 Width(가로 크기)를 점점 넓힙니다. 아트보드가 커지면서 레이어도 함께 폭이 늘어나지만, 높이는 변하지 않고 고정됩니다.

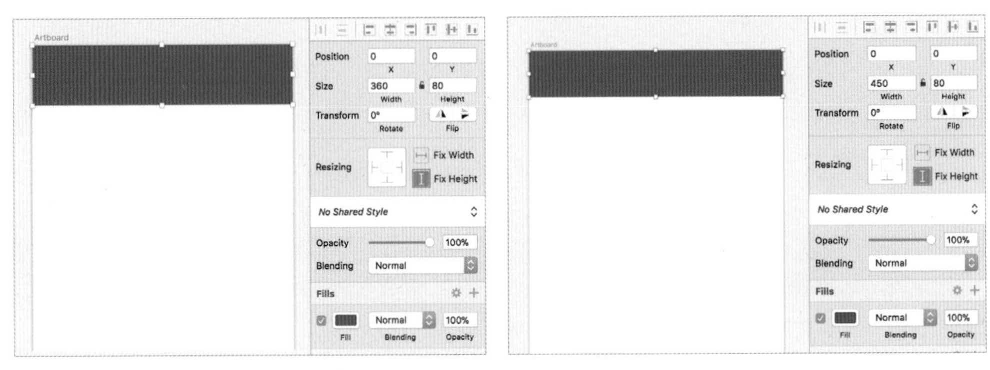

▲ 아트보드의 Widht가 '350(왼쪽)'에서 '450(오른쪽)'으로 변경될 때 고정된 높이

### Pin to Corner

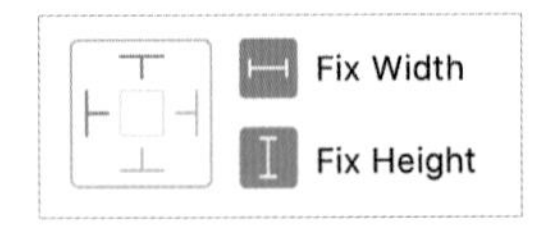


하위 레이어를 상위 그룹또는 아트보드의 특정 부분에 고정하고 크기를 변경할 때 이용합니다. 쉽게 말해 보드 위에 핀으로 사진을 고정시켰다고 가정합니다. 하위 레이어를 어떤 부분을 기준으로 고정할지 정하고, 상위 그룹또는 아트보드 크기를 변경할 때 하위 레이어 위치는 고정한 부분과의 간격을 유지하면서 함께 이동합니다. 이때 하위 레이어의 가로/세로를 모두 고정하는 리사이즈 제한 옵션을 적용해 크기를 고정합니다. 주로 내비게이션 바의 아이콘이나 플로팅 버튼[19] UI를 적용합니다.

1 아트보드에서 R을 누르고 맨 위에 드래그하여 사각형을 그립니다. Size에서 Width를 '360', Height를 '24', Fill을 '#2F3E9E'로 지정합니다. 'Align layer to top' 아이콘( )을 클릭하여 아트보드 위쪽에 정렬합니다.

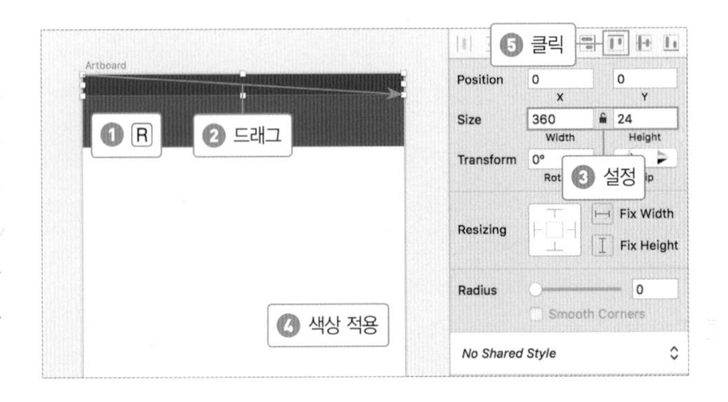


19 **플로팅 버튼** Floating Action Button(FAB)이라고도 합니다. UI 화면 위에 떠 있는 듯한 동그라미 모양 아이콘을 말하며, 안드로이드 앱에서 일반적으로 사용하는 버튼 입니다. 앱에서 가장 중요하거나 자주 쓰는 기능을 적용합니다.

**2** 사각형(상태 바) 위에 시계를 추가하기 위해 T를 누르고 '12:30'을 입력한 다음 텍스트 스타일을 지정합니다. 시계와 상태 바 오른쪽의 간격을 '8'로 조정합니다.

시간이 선택된 채 Resizing 항목에서 오른쪽을 클릭하여 오른쪽 면을 기준으로 고정합니다. 'Fix Width/Height'를 각각 클릭하여 가로와 세로 크기도 변하지 않도록 모두 제한합니다.

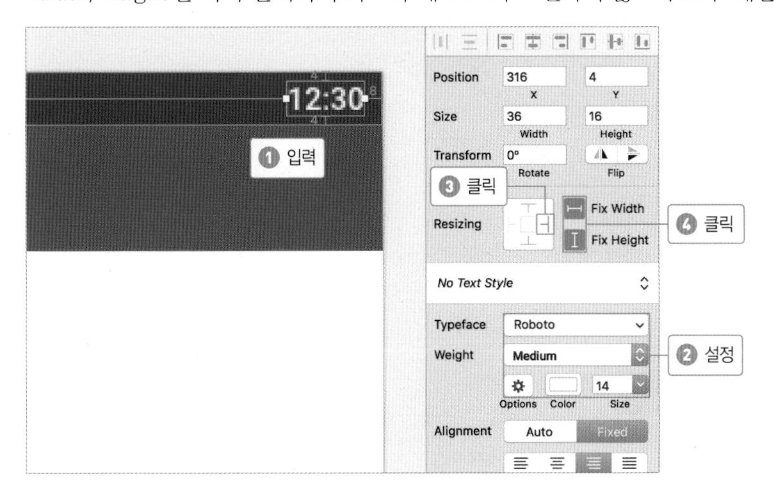


**3** 아트보드를 선택하고 점점 넓힙니다. 아트보드가 넓어질 때 시계의 위치는 오른쪽 면과의 간격을 유지합니다.

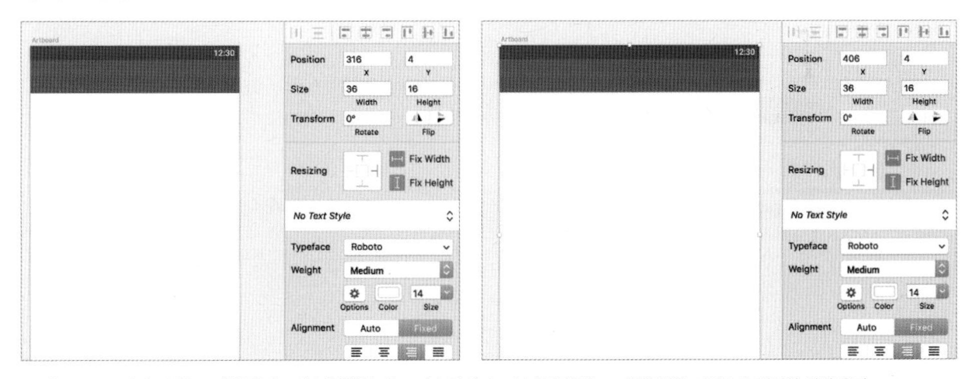


▲ 아트보드 크기가 각각 '360(왼쪽)', '450(오른쪽)'일 때 크기가 달라져도 시계의 위치는 고정한 면을 기준으로 위치와 간격 유지

Float in Place

상위 그룹또는 아트보드의 크기가 달라져도 하위 레이어의 크기는 변하지 않으면서 위치는 언제나 가운데에 고정하고 싶을 때 이용합니다. 폭과 높이만 제한해 다음과 같이 원을 확대해도 + 기호 크기는 변하지 않으며, 상위 그룹또는 아트보드 가운데에 위치합니다.

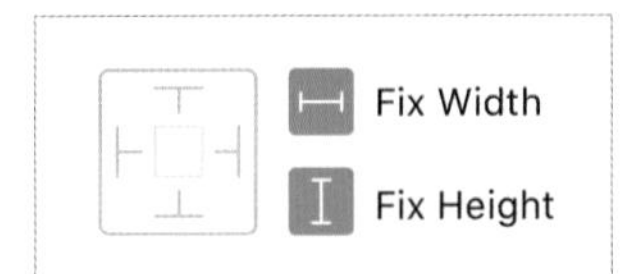


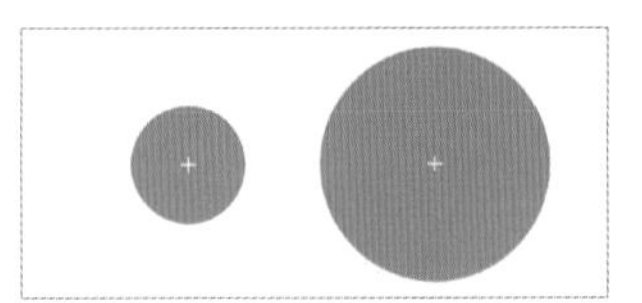

1 R을 누르고 아트보드 아래에 드래그하여 사각형을 그립니다. Size에서 Width를 '367', Height를 '48', Fills의 Fill을 '#000000'으로 지정합니다. Align에서 'Align layer to bottom' 아이콘( )을 클릭하여 아래쪽 정렬합니다. 사각형은 아트보드 크기가 늘어나면 함께 커져야 하므로 Resizing 항목에서 'Fix Height'를 클릭하여 높이를 고정합니다.

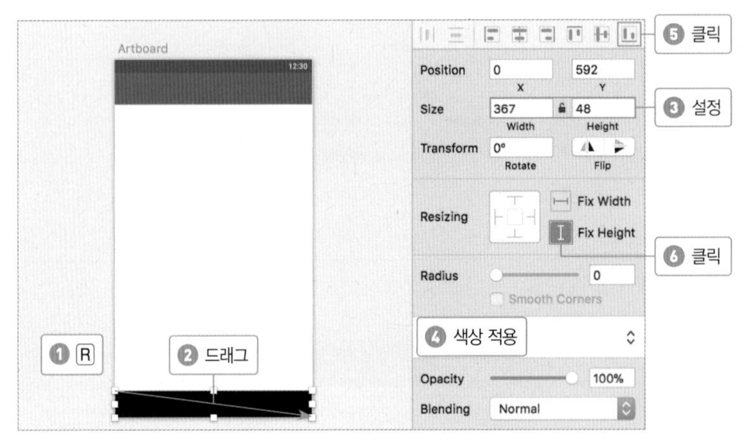


2 툴바에서 **Insert → Shape → Triangle**을 선택한 다음 아래쪽에 Width/Height가 각각 '16'인 삼각형을 그립니다. Fills 항목의 체크 표시를 해제한 다음 Borders의 Color를 '#FFFFFF', Thickness를 '2'로 설정합니다. O를 누르고 삼각형과 같은 크기의 원을 그린 다음 U를 누르고 같은 크기의 둥근 사각형을 그립니다.

도형들을 가로축을 기준으로 가운데 정렬하고 각각 간격을 '85'로 조정합니다.

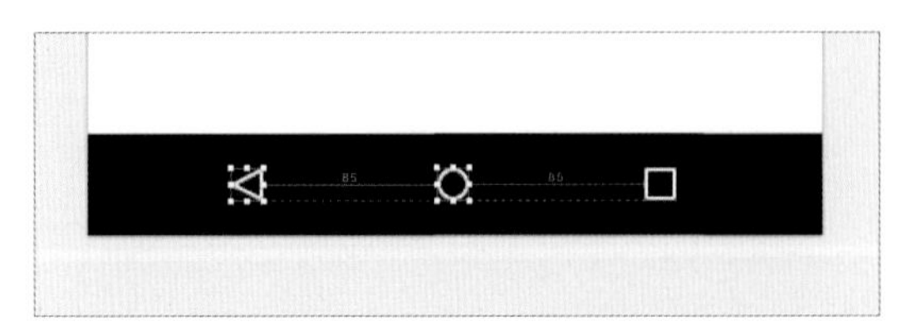

3 세 개의 도형 아이콘을 선택한 다음 Cmd+G를 누르고 그룹 레이어 이름을 'navbar-icon'으로 지정합니다. 그룹이 선택된 채 Resizing 항목에서 'Fix Width/Height'를 각각 클릭하여 폭과 높이를 고정합니다.

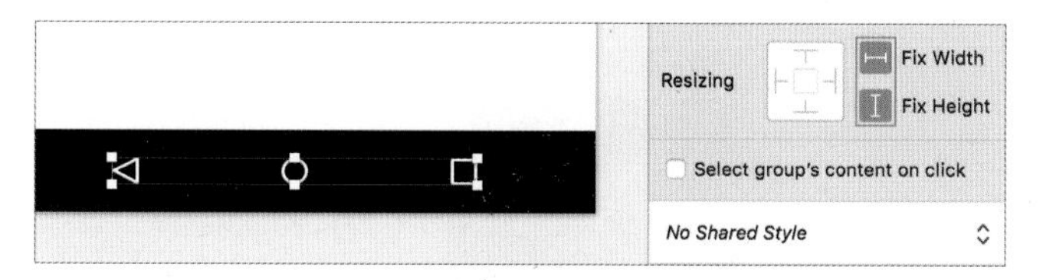


4 아트보드를 선택하고 가로 길이를 점점 넓힙니다. 아트보드가 넓어져도 도형 아이콘 그룹은 크기와 위치가 변하지 않고 가운데에 고정됩니다.

▲ 아트보드가 각각 '360(왼쪽)', '570(오른쪽)'일 때 아트보드 가로 크기가 커져도 아이콘은 가운데 정렬

### Fix Padding

'Float in Place'와 반대로 모든 모서리에 오브젝트를 고정하고 크기를 제한하지 않습니다. 상위 그룹 또는 아트보드 크기가 달라질 때 하위 레이어도 함께 변경됩니다. 단, 크기가 달라져도 각 모서리와 오브젝트 사이 패딩 값여백은 그대로 유지됩니다.

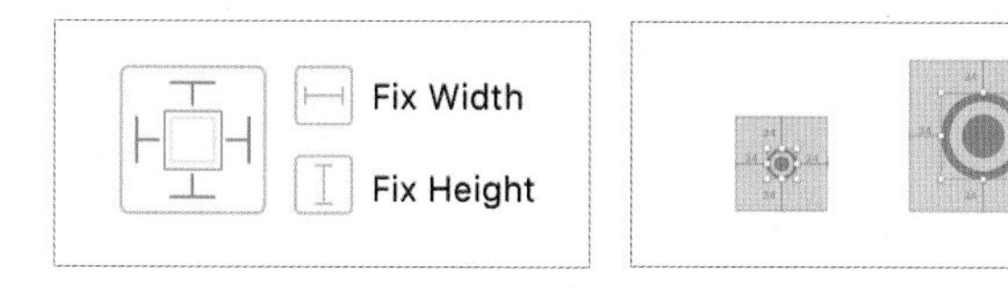


**Tip**

Resizing 항목의 제약 옵션에서 모서리를 각각 클릭하는 대신 가운데 정사각형을 클릭하면 사방이 한 번에 고정됩니다.

1 'Details' 아트보드를 선택한 다음 Resizing을 적용하기 위해 'Adjust content on resize'에 체크 표시합니다.

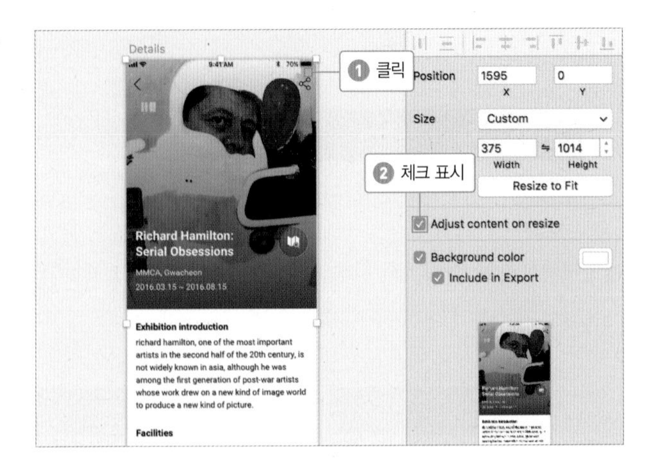


2 오른쪽 부분을 고정하기 위해 먼저 빨간색 Location(지도), Share(공유) 아이콘, 〈Show on Map〉 버튼을 선택합니다. Resizing 항목에서 오른쪽을 클릭한 다음 'Fix Width/Height'를 각각 클릭하여 크기를 제한합니다.

3 왼쪽 모서리에 고정하기 위해 Back(이전), Location(지도), Facilities 아이콘 그룹을 선택한 다음 Resizing 항목에서 오른쪽을 클릭하고 'Fix Width/Height'를 각각 클릭하여 크기를 제한합니다.

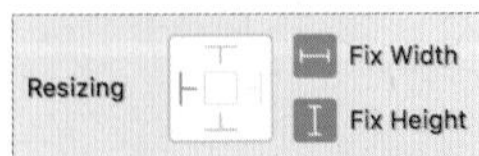

4 Txt 그룹을 선택하고 'Fix Padding'을 적용합니다. 즉, 모든 부분을 고정하고 크기 제한을 해제합니다. 아트보드 크기가 늘어나면서 텍스트 박스 크기도 함께 늘어납니다.

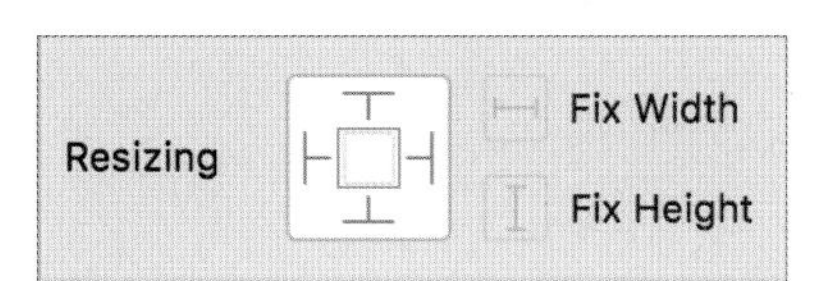


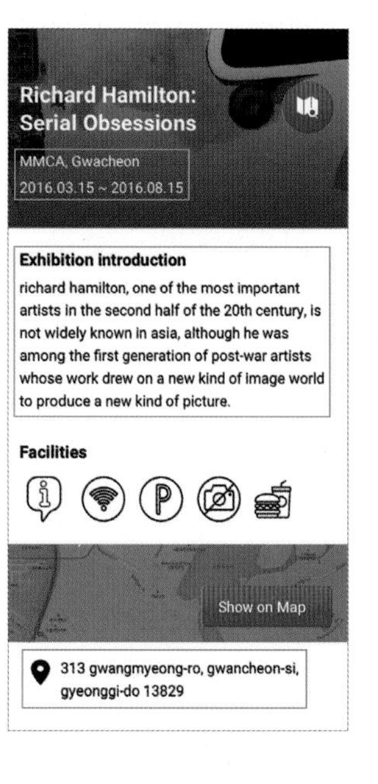


**Tip**

'Fix Padding' 기능을 텍스트 박스에 적용하면 패딩 값을 유지하면서 텍스트의 크기가 커지는 것이 아니라 텍스트 박스 크기가 커지므로 매우 유용합니다.

5 앞서 작업한 모든 아트보드에 Resizing 기능을 다양하게 적용하고, 아트보드 크기를 늘리면서 활용합니다.

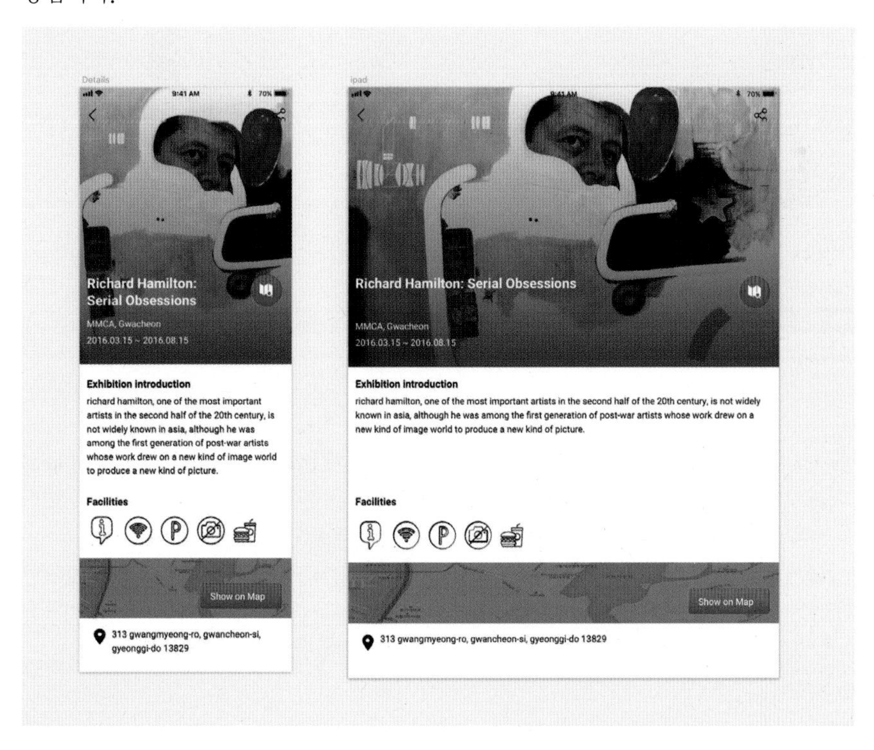

# Section 08 협업을 위해 디자인 에셋 공유하기

개발 과정에서 팀원들에게 디자인 파일을 제대로 전달하고, 가이드를 공유해 전반적인 디자인 시스템을 한눈에 파악할 수 있도록 돕기 위한 스케치의 작업 과정을 알아봅니다.

▲ 이미지 에셋 파일 내보내기

작업한 디자인을 개발자에게 전달하기 전에 크게 두 가지 작업이 필요합니다. 첫 번째는 개발에 필요한 각각의 이미지를 플랫폼에 맞게 파일로 만드는 작업, 즉 '디자인 에셋(Asset)'을 만드는 것이고, 두 번째는 모든 디자인 화면에서 공통으로 사용한 색상, 폰트, 컴포넌트를 한눈에 보고 참조할 수 있도록 '디자인 가이드(Design Guide)'를 만드는 것입니다.

전체적인 개발 과정에서 볼 때 고심해서 디자인한 파일을 제대로 전달하고, 팀원들에게 가이드를 공유해서 전반적인 디자인을 한눈에 파악할수 있도록 돕는 작업은 매우 중요합니다. 그러나 꽤 많은 시간과 노력이 들어가는 작업이기도 합니다. 스케치에서는 간단한 방법으로 다양한 에셋을 효과적으로 관리할 수 있는 기능을 제공하므로 알아봅니다.

# 완성 파일 · 03\Asset.sketch

## 무작정 따라하기 | 디자인 공유를 위한 에셋 만들기

1 스케치는 에셋 생성을 위한 다양하고 간단한 방식을 지원합니다. 'Details' 아트보드에서 이미지 에셋으로 만들 부분을 살펴보겠습니다. 내비게이션의 'Back', 'Share', 시설 안내, 지도 핀 아이콘, Location 아이콘 및 〈Show on Map〉 버튼 등을 이미지 파일로 만들겠습니다.

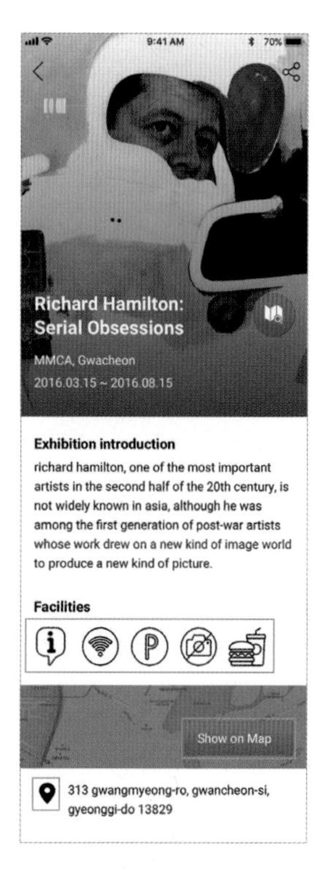


**Tip**

기존 그래픽 프로그램(포토샵 등)에서 이미지 에셋(Asset)을 만드는 작업은 꽤나 성가신 일이었습니다. 특히 레티나 디스플레이를 위해 2배 또는 3배 이상의 큰 이미지 파일을 만들려면 추가 작업이 필요했습니다.

2 먼저 내비게이션 영역의 'back' 아이콘을 선택합니다. 레이어 목록에서 'back' 그룹이 선택되면 Cmd+R을 누르고 'btn_back'으로 변경합니다.

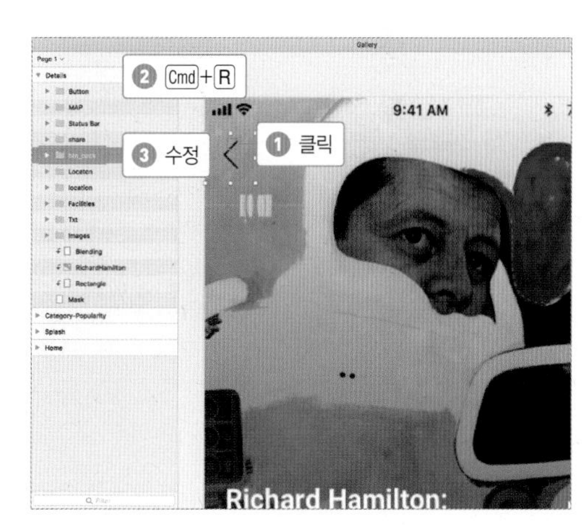

3 레이어에서 'btn_back' 레이어를 선택한 다음 'Make Exportable'을 클릭합니다. Export 항목의 세부 옵션이 나타납니다.

4 레이어 목록의 폴더 아이콘에 슬라이스(Slice) 아이콘( )이 추가됩니다. 이것은 내보내기를 위한 설정이 완료되었다는 의미입니다.

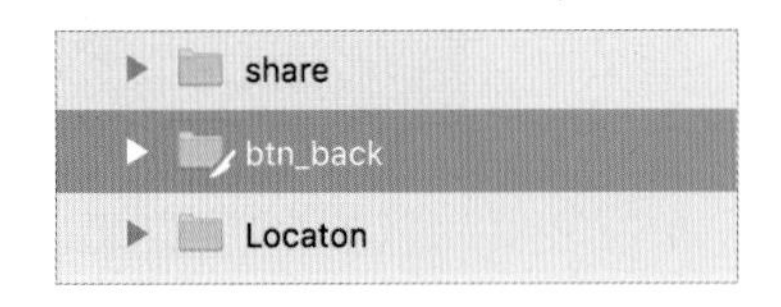


5 Location 버튼을 내보내기 위해 Location 아이콘만 클릭하고 레이어 이름을 'icn_location'으로 수정한 다음 인스펙터의 'Make Exportable'을 설정합니다.

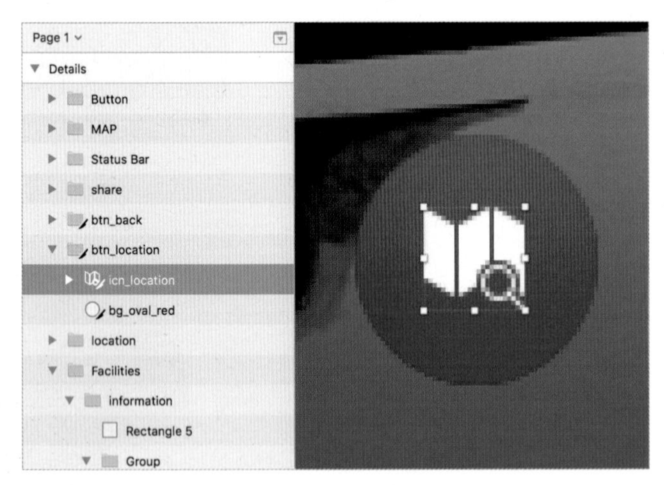


▲ 아이콘 설정

6 아래의 빨간색 원을 클릭하고 레이어 이름을 'bg_oval_red'로 수정한 다음 'Make Exportable'을 설정합니다.

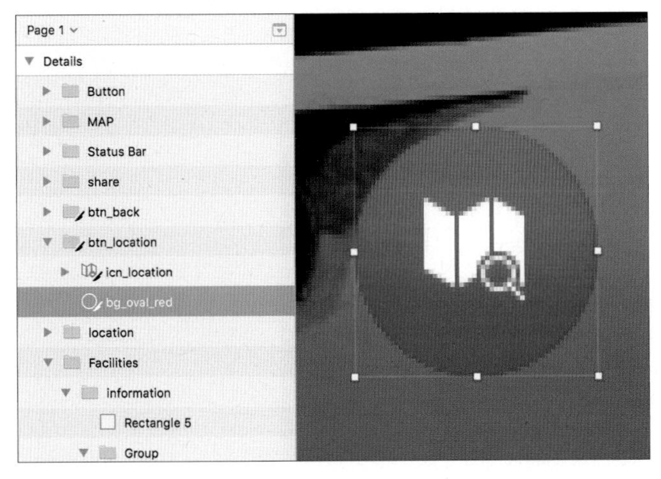


▲ 빨간색 원 설정

7 레이어 목록에서 'Location' 그룹을 선택하고 레이어 이름을 'btn_location'으로 수정한 다음 'Make Exportable'을 설정합니다.

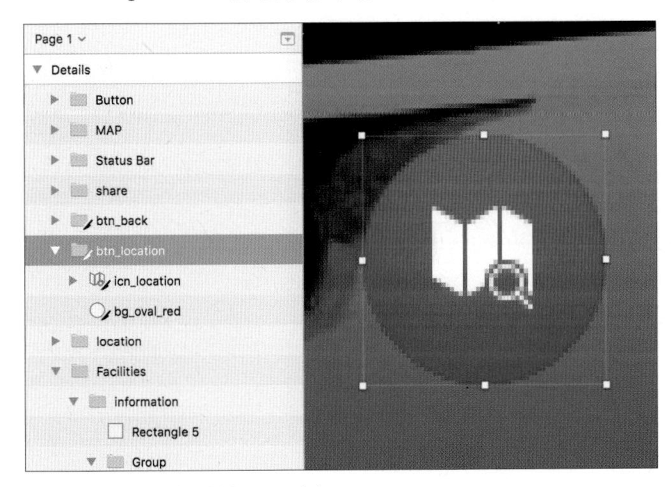


▲ 아이콘과 빨간색 원을 포함하는 그룹 설정

**Tip**

이미지를 세 가지 형태로 내보내는 이유는 개발 방식에 따라 아이콘을 다르게 사용할 수 있기 때문입니다. 원은 그대로이고, 아이콘만 바뀌는 상황에서는 원 이미지를 배경에 두고, 그 위에 아이콘 파일만 배치하여 개발할 수 있고, 원형과 아이콘을 합친 하나의 이미지 파일로 개발할 수도 있습니다.

8 아트보드에서 모든 파일을 한꺼번에 내보내기 위해 메뉴에서 **[File] → Export**(Shift+Cmd+E)를 실행합니다. Export Slices 대화상자가 표시되면 앞서 내보내기로 지정한 이미지들이 나열됩니다. 〈Export〉 버튼을 클릭하고 저장 위치를 지정합니다.

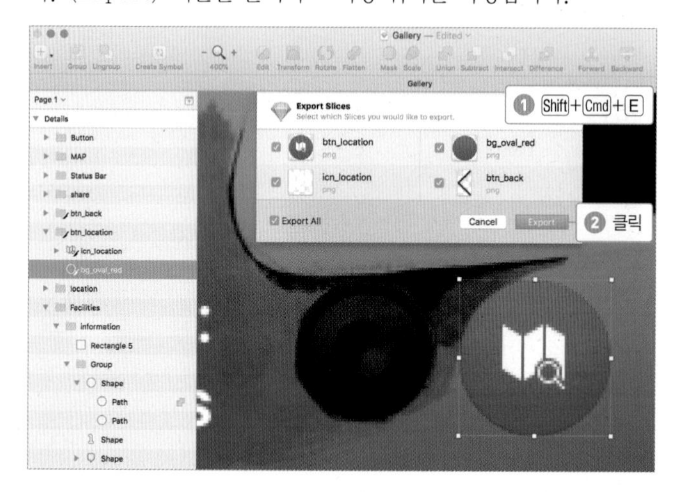


9 png 파일 형식의 이미지가 지정한 폴더에 저장됩니다.

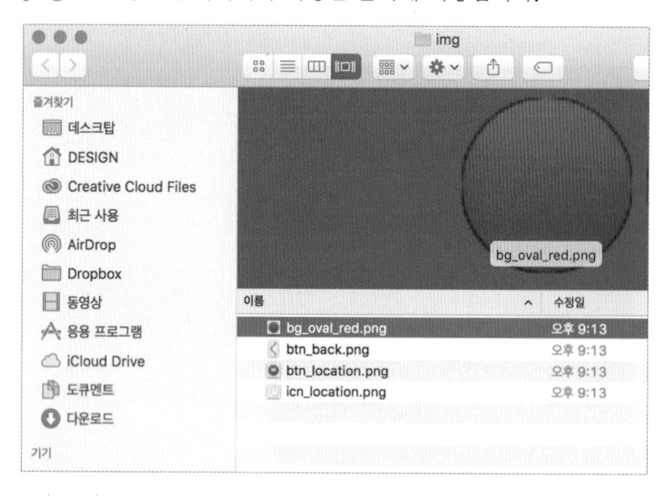


**Tip**

이처럼 디자인 작업 중에도 'Make Exportable'를 설정할 수 있으며, 작업이 마무리되었을 때 Export 명령을 실행해서 한 번에 전체 이미지 에셋 파일을 만들 수 있습니다. 저장된 이미지 에셋 파일 이름은 레이어 목록에 이름이 그대로 적용됩니다. 레이어 목록에서 레이어와 폴더 이름을 좀 더 고심해서 사용해야 하는 이유가 여기에 있습니다.

## 무작정 따라하기 | 개별 이미지 에셋 내보내기

**1** 이미지 에셋 파일을 하나씩 내보내겠습니다.
다음과 같이 'Share' 아이콘을 클릭하고 레이어 이름을 'icn_share'으로 수정합니다.
인스펙터에서 'Make Exportable'을 클릭합니다. 아래쪽의 〈Export icn_share〉 버튼을 클릭합니다. 저장 위치를 지정하고 〈Save〉 버튼을 클릭합니다.

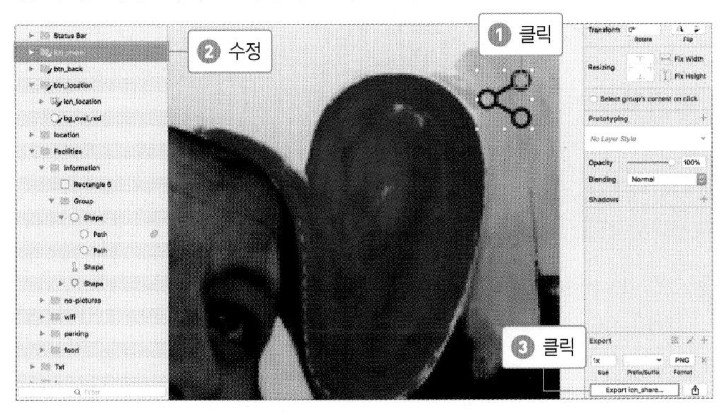


### 알아두기

**이미지 에셋 파일 이름 규칙 정하기**

Export 명령을 실행할 때 이미지 에셋 파일 이름에 규칙을 정하면 용도에 따라 아이콘이 정렬되므로 이미지를 관리하고 검색하기 쉽고, 개발자와의 소통도 더욱 원활해집니다. 팀원들과 함께 다음의 규칙을 의논하여 정하고 사용할 수 있습니다.

❶ 아이콘 용도의 에셋에는 파일 이름 앞(Prefix)에 'ic_' 추가
❷ 이미지 용도의 에셋에는 파일 이름 앞에 'img_' 추가
❸ 버튼 용도의 에셋에는 파일 이름 앞에 'btn_' 추가
❹ 배경 이미지 용도의 에셋에는 파일 이름 앞에 'bg_' 추가

**2** 저장한 이미지 폴더에서 추가된 'icn_share.png' 파일을 확인할 수 있습니다.

이미지를 수정해서 다시 내보내거나 누락된 이미지를 추가해서 내보낼 때 개별적으로 이미지 에셋을 내보냅니다.

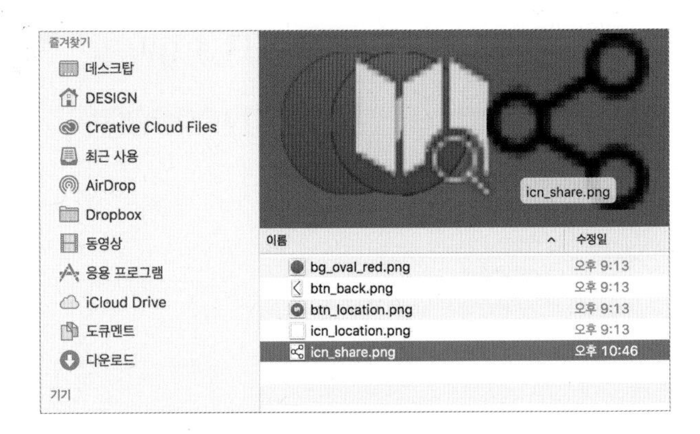

## 무작정 따라하기 | Slice 도구로 슬라이스 영역 지정하기

1 'Details' 아트보드의 지도 핀 아이콘이 잘 보이도록 먼저 Cmd+[+]를 눌러 아트보드를 200%로 확대합니다. 툴바에서 **Insert → Slice**를 선택하거나 [S]를 눌러 Slice 도구를 선택합니다.

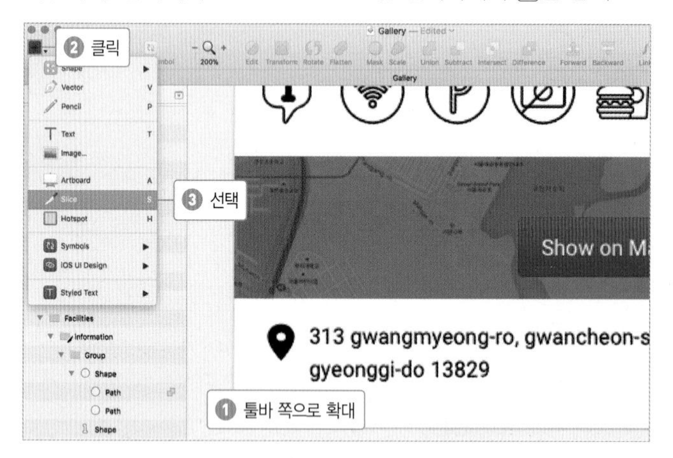


2 캔버스에 커서를 위치시키면 칼 모양이 나타납니다. 지도 핀 아이콘을 포함해 자르고 싶은 영역을 드래그하여 지정합니다. 슬라이스 기능으로 지정한 영역의 이미지 정보가 오른쪽 인스펙터에 미리 보기와 함께 나타납니다. 레이어 목록 위쪽에 슬라이스 기능으로 지정한 점선 영역과 칼이 표시된 레이어가 추가됩니다.

3 레이어 이름을 'icn_address'로 수정하고 'Address' 그룹 레이어 위로 이동합니다.

'address' 아이콘 그룹을 선택하고 Cmd+R을 누른 다음 레이어 이름을 'icn_address'로 수정합니다. 인스펙터에서 'Make Exportable'를 클릭하면 레이어 아이콘 형태가 달라집니다.

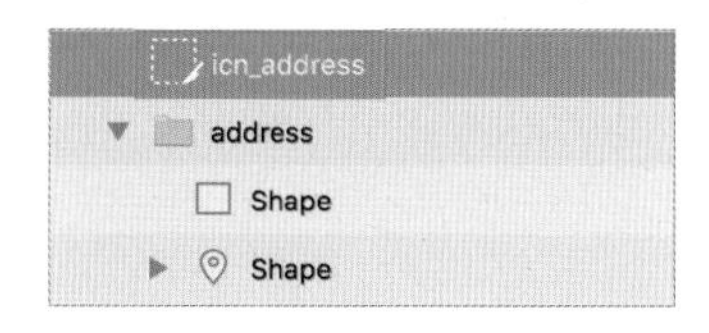


**Tip**

작업하다 보면 Slice 도구로 지정한 이미지가 많아질 경우 레이어 이름이 명확하지 않고(Slice 도구를 사용할 경우 생성된 레이어 이름이 아트보드 이름을 따르기 때문) 또 생성된 모든 모든 Slice 레이어가 자동으로 레이어 목록 위쪽에 위치하므로 어떤 부분의 이미지인지 구분하기 힘들 수 있습니다. 그래서 슬라이스 기능을 사용할 때는 레이어 이름을 명확히 구분하고, 레이어도 해당 아이콘과 가깝게 위치시키는 것이 중요합니다.

4 이번에는 Export 항목의 'Create separate slice layer' 아이콘( )을 클릭합니다. 레이어에 칼 모양이 없어지고 레이어 목록 위에 슬라이스 영역이 표시된 레이어가 만들어집니다.

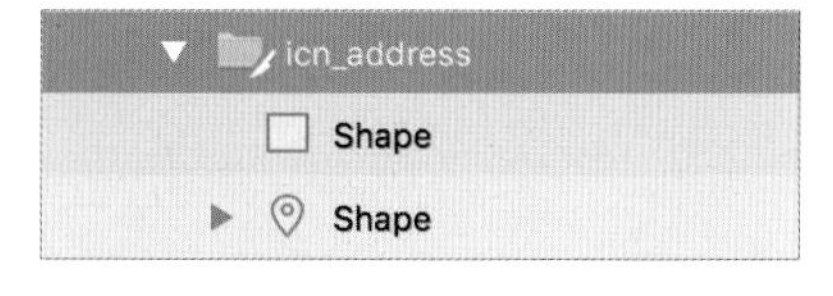


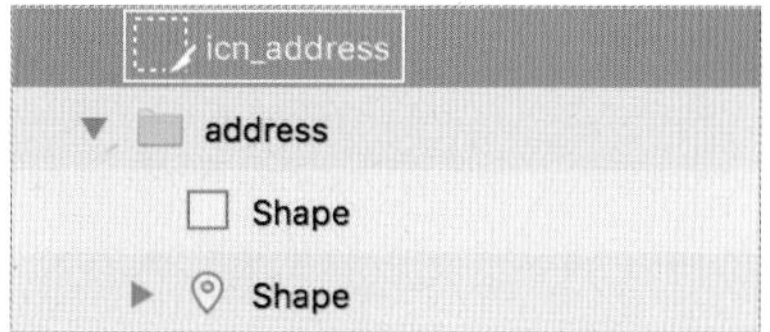


5 인스펙터에서 미리 보기로 아이콘의 슬라이스 영역을 확인합니다. 아이콘 크기에 딱 맞게 이미지가 잘라집니다.

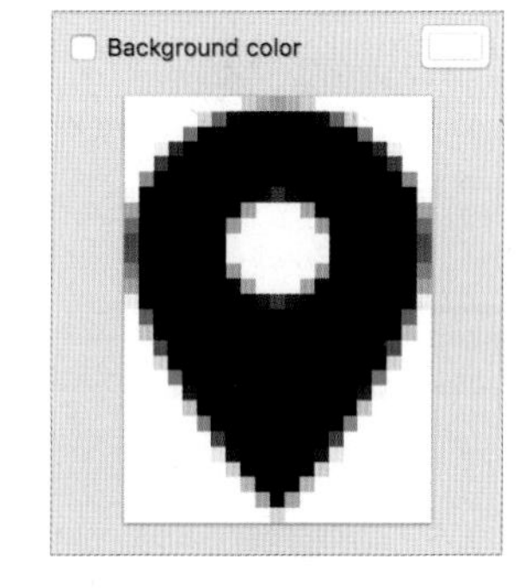


**Tip**

S를 눌러 Slice 도구를 선택한 다음 캔버스에서 슬라이스 영역을 드래그하지 않고, 오브젝트를 클릭해도 오브젝트와 같은 크기의 슬라이스 영역을 지정할 수 있습니다.

6 슬라이스 영역 레이어를 해당 아이콘 폴더 위로 이동하여 마무리합니다.

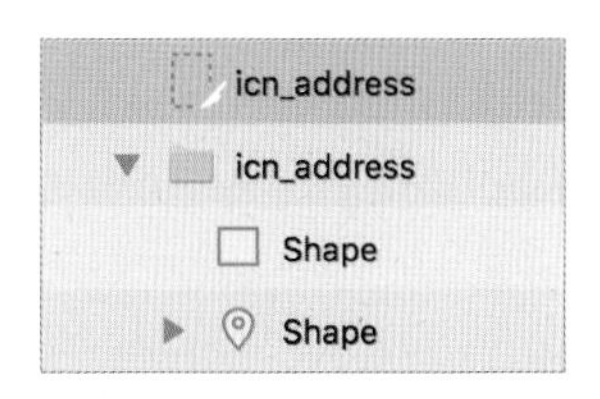

## 무작정 따라하기 | 아트보드 내보내기

1 스케치는 레이어, 그룹뿐만 아니라 아트보드도 매우 간단하게 내보낼 수 있습니다. 캔버스에서 아트보드 'Details' 이름을 선택합니다. 인스펙터에서 'Make Exportable'을 클릭합니다.

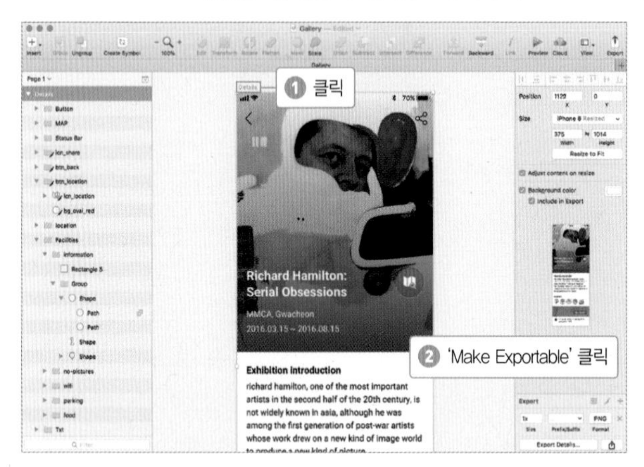


2 'Background color'의 활성화(체크 표시)에 따라 배경색을 함께 내보내거나 투명하게 내보낼 수 있습니다.

▲ 배경색 포함

▲ 배경색 제외

**Tip**

아트보드를 내보낼 때에는 인스펙터에서 미리 보기(Preview)를 지원하므로 배경 포함 여부를 미리 확인할 수 있습니다. 배경색을 투명하게 내보내려면 PNG 파일처럼 투명 모드를 지원하는 파일 포맷이어야 합니다.

## 무작정 따라하기 | PDF로 아트보드 내보내기

**1** 메뉴에서 **[File] → Export Artboards to PDF**를 실행합니다. PDF 이름과 저장 위치를 지정하고 〈Save〉 버튼을 클릭합니다.

**Tip**

개발자를 포함해 팀원들과 전체 디자인을 파악하기 위해 아트보드의 디자인만 따로 저장해서 전달하는 경우가 많습니다. 이 때에는 아트보드만 모두 모아서 PDF로 만들어 공유하는 것이 더욱 유용합니다.

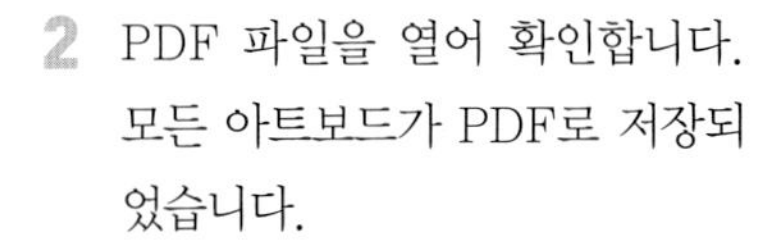

**2** PDF 파일을 열어 확인합니다. 모든 아트보드가 PDF로 저장되었습니다.

**Tip**

PDF 파일로 내보내는 아트보드 순서는 왼쪽부터 오른쪽으로 내보내는 것이 기본입니다. 이 순서를 변경하려면 메뉴에서 [Sketch] → Preferences를 실행합니다. Preferences 대화상자의 [General] 탭에서 Artboard Export 항목을 지정해 순서를 변경할 수 있습니다.

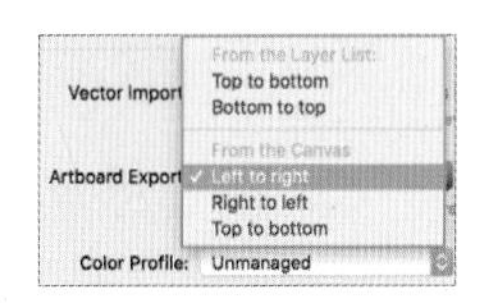


▲ 아트보드를 PDF로 내보내는 순서 지정

**Tip**

스케치에는 전체 아트보드를 한꺼번에 PDF로 내보내는 기능이 있지만, 아쉽게도 선택한 PDF만 골라서 내보내는 기능은 제공하지 않습니다. 선택한 아트보드만 골라서 PDF로 만들 수 있도록 도와주는 'Artboard to pdf' 플러그인 사용 방법은 '부록_플러그인 알아두기'에서 소개하므로 참고합니다.

## 무작정 따라하기 | 코드로 내보내기

스케치는 이미지뿐만 아니라 코드로도 디자인을 내보내는 기능이 있습니다. 스케치에서 지원하는 코드는 CSS와 SVG입니다. 웹 디자인 프로젝트를 진행하고 있다면 클릭 한 번에 디자인 코드를 확인할 수 있어 매우 유용한 기능입니다. 코드로 내보내는 과정 역시 간단합니다.

### CSS Attributes

캔버스 또는 레이어 목록에서 이미지또는 텍스트를 선택하고 Ctrl을 누른 채 클릭해 표시되는 메뉴에서 **Copy CSS Attributes**를 실행합니다. 직접 'Detail' 아트보드의 요소를 코드로 내보냅니다.

1 전시명을 선택한 다음 Ctrl을 누른 채 클릭해 표시되는 메뉴에서 **Copy CSS Attributes**를 실행합니다. 선택한 텍스트의 스타일 정보를 포함한 코드가 복사됩니다.

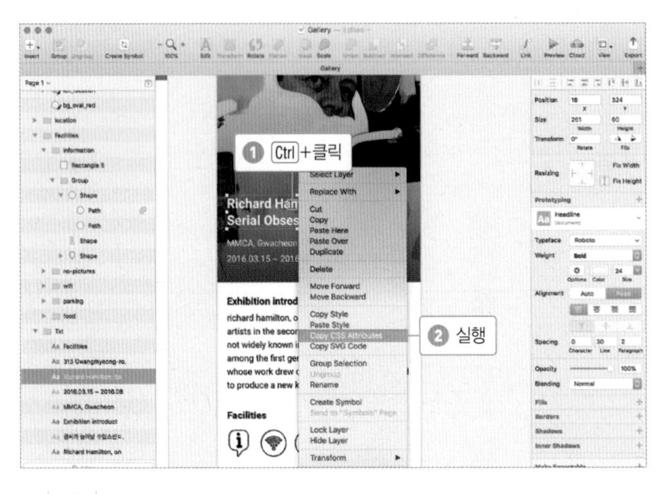


**Tip**

선택한 요소가 텍스트인 경우 전체 텍스트 스타일 정보, 이미지인 경우 그러데이션을 포함한 선 두께(Border), 그림자(Shadow), 사각형의 모서리 값(Corner Radius) 등이 스타일로 복사됩니다.

2 사용하는 코드 편집기나 텍스트 편집기를 실행해서 붙여 넣습니다. 선택한 전시명 텍스트의 CSS 코드를 확인합니다.

```
1  /* Richard Hamilton, on: */
2  font-family: Roboto-Regular;
3  font-size: 16px;
4  color: #000000;
5  letter-spacing: 0;
6  line-height: 24px;
```

SVG Code

SVG 코드도 같은 방식으로 내보낼 수 있습니다.

1 같은 방법으로 전시명을 선택한 다음 Ctrl을 누른 채 클릭해 표시되는 메뉴에서 **Copy SVG Code**를 실행합니다.

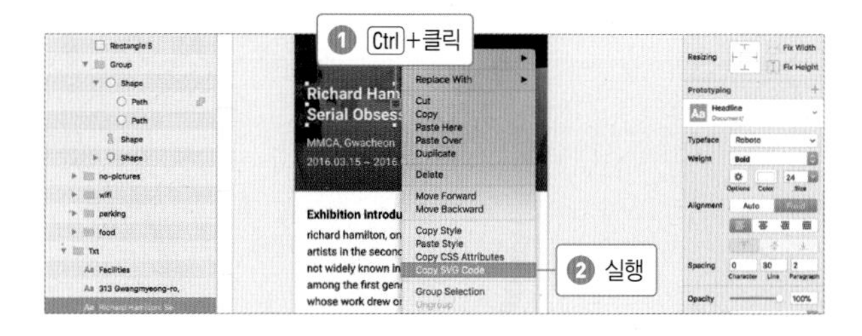


2 사용하는 코드 편집기나 텍스트 편집기를 실행해서 붙여 넣습니다. 선택한 전시명 텍스트의 SVG 코드를 확인합니다.

```
1 ▼ <svg width="193px" height="49px" viewBox="0 0 193 49" version="1.1" xmlns="http://www.w3.org/2000/svg"
    xmlns:xlink="http://www.w3.org/1999/xlink">
2       <!-- Generator: Sketch 49 (51002) - http://www.bohemiancoding.com/sketch -->
3       <desc>Created with Sketch.</desc>
4       <defs></defs>
5 ▼     <g id="Page-1" stroke="none" stroke-width="1" fill="none" fill-rule="evenodd" font-family="Roboto-Bold, Roboto" font-
        size="24" font-weight="bold" line-spacing="30">
6 ▼         <g id="Details" transform="translate(-18.000000, -329.000000)" fill="#FFFFFF">
7 ▼             <g id="Txt-" transform="translate(18.000000, 324.000000)">
8 ▼                 <text id="Richard-Hamilton:-Se">
9                       <tspan x="0" y="22">Richard Hamilton: </tspan>
10                      <tspan x="0" y="52">Serial Obsessions</tspan>
11                  </text>
12              </g>
13          </g>
14      </g>
15  </svg>
```

## 모든 이미지 에셋 내보내기

개발에 필요한 모든 이미지를 내보내기 위한 준비가 끝났습니다. 'Make Exportable' 또는 'Slice' 기능을 이용해 준비된 이미지를 한꺼번에 이미지 파일로 내보내겠습니다.

메뉴에서 **[File] → Export**(Shift+Cmd+E)를 실행합니다. Export Slices 대화상자가 표시되면 내보낼 이미지를 선택한 다음 <Export> 버튼을 클릭하고 이미지를 저장할 폴더(/img)를 선택하여 마무리합니다.

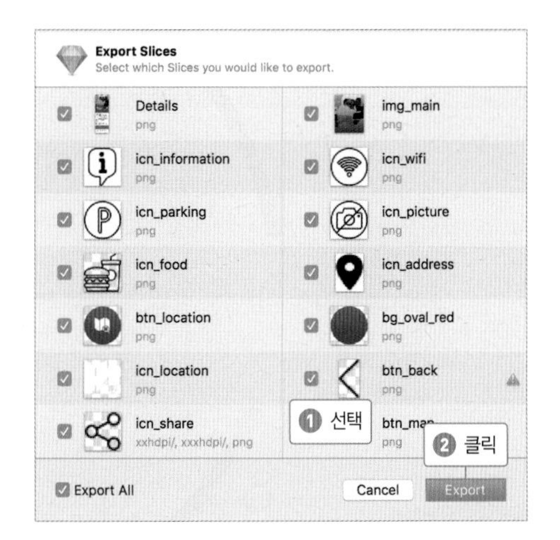

# PART 04

스케치에서 자주 사용하는 컴포넌트를 네스티드(Nested) 또는 오버라이드(Override) 심볼 기능을 이용해 체계적으로 정리해서 디자인 시스템을 구축할 수 있습니다.

활용

# 디자인 시스템 구축하기

# Section 01 디자인 시스템의 기초 구성하기

디자인 시스템을 효율적으로 구축하기 위한 방법을 소개합니다. 디자인 시스템의 기준이 되는 기준색과 텍스트 스타일을 설정하고, 이를 바탕으로 심볼을 지정한 후 디자인 컴포넌트를 미리 설정해둡니다.

스케치 초기 버전에는 심볼의 네스티드Nested 또는 오버라이드Override 기능이 없었기 때문에 아이콘의 작은 요소 하나 또는 색상을 바꾸려면 비슷한 심볼을 여러 개 만들었어야 했습니다. 스케치 버전이 업데이트되면서 네스티드, 오버라이드 등의 심볼 기능이 계속 발전했고, 라이브러리 기능 등이 추가되어 이러한 고민은 좀 더 쉽게 해결되었습니다.

특히 스케치 49의 업데이트 중 스케치 클라우드는 스케치를 기반으로 한 디자인 시스템을 구축하는 데 꼭 필요한 기능입니다. 스케치 클라우드는 스케치에서 디자인한 파일을 공유하고, 파일을 구독하면 업데이트되었을 때 알림이 제공되어 수정된 디자인 요소를 작업에 적용할지 여부를 선택할 수 있습니다.

스케치 클라우드가 없던 시절에도 스케치를 기반으로 한 디자인 시스템 구축에는 디자이너들의 다양한 시도가 있었습니다. 반복적인 디자인 절차를 없애고 작업 과정을 좀 더 효율적으로 만들면 그만큼 디자인 작업에 좀 더 집중할 수 있기 때문입니다.

디자인 시스템을 만든다는 건 쉬운 일은 아닙니다. 먼저 지금까지 포토샵에서부터 해왔던 많은 시행착오에서 배운 깨달음이 필요합니다. 반복해서 이루어지는 디자인 작업에 대한 문제점을 파악하고, 이를 효율적으로 개선시킬 방법에 대해 고민해야 합니다. 겹겹이 엮인 많은 네스티드 심볼 오버라이드Nested Symbol Overrides를 어떻게 정리하는가에 대해 함께 논의해서 기준을 만들고, 다양한 시스템 환경을 고려해 리사이즈 요소에 대한 기준도 만들어야 합니다. 이러한 작업은 생각보다 많은 시간이 소요되지만 지금부터 소개하는 기본 가이드를 알아둔다면 디자인 시스템 구축 과정에서 겪게 되는 시행착오를 줄일 수 있습니다.

# 완성 파일 · 04\DesignSystem_Setup.sketch

▲ 디자인 시스템

디자인 시스템을 구축하기 위해서는 역할에 따라 크게 다음과 같은 세 가지 페이지를 구성합니다.

❶ **Design System(Setup)**: 기준색과 텍스트 스타일을 설정합니다.

❷ **Symbols**: 컴포넌트를 만들기 위한 모든 심볼을 만들고 지정합니다.

❸ **Components**: 심볼을 편집해서 디자인에 필요한 모듈을 미리 설정합니다.

## 기준색(Base Colors) 설정하기

먼저 디자인 시스템의 기준색을 정의합니다. 가장 먼저 기준 색상인 네 가지의 Primary, Black, Grey, Light Grey를 설정합니다. '강조색Primary'을 설정하고 Black, Grey, Light Grey에는 검은색을 기준으로 그레이 계열의 색상을 지정합니다.

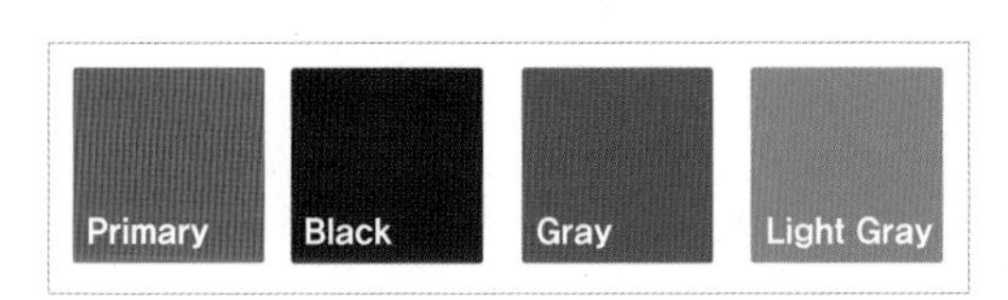

◀ 네 가지 기준색

필요에 따라 추가로 색상을 정의합니다. Secondary, Teritary에는 두세 번째로 사용하는 강조색이나 보색 등을 정의할 수 있습니다. 나머지 Success, Warning Error는 시스템 상황을 설명하는 색상을 말합니다.

디자인에 따라 Black을 기준으로 그레이 계열 색상을 더 많이 지정할 수 있고, 시스템 상황을 나타내는 색상을 제외할 수도 있습니다.

▲ 확장된 기준색

## 무작정 따라하기 | 레이어 스타일로 기준색 지정하기

레이어 스타일로 디자인 시스템 설정의 첫 단계인 기준색을 지정해 보겠습니다. 기준색을 레이어 스타일로 지정하는 이유는 디자인 시스템 전반에 다시 효율적으로 사용하기 위해서입니다.

1 새 캔버스와 아트보드를 만듭니다. U를 누르고 다음과 같이 드래그하여 둥근 정사각형을 만듭니다. Width/Height를 각각 '200', Radius를 '4'로 설정합니다.
Fills 항목의 체크 표시를 해제하여 색상을 없애고 Borders에 Primary 색상인 'FF2D55'를 설정한 다음 Thickness(선 두께)를 '1'로 설정합니다.

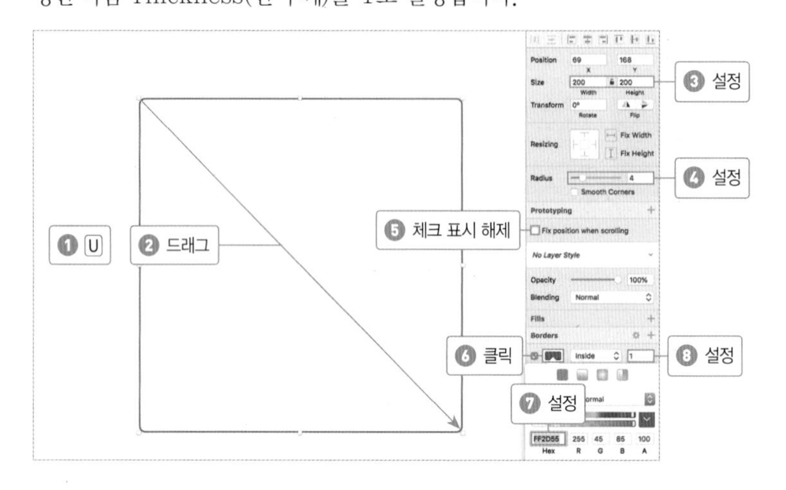


2 인스펙터에서 'No Layer Style'을 클릭한 다음 'Create new Layer Style'을 선택합니다.
레이어 스타일 이름을 'Border/Primary'로 지정합니다.

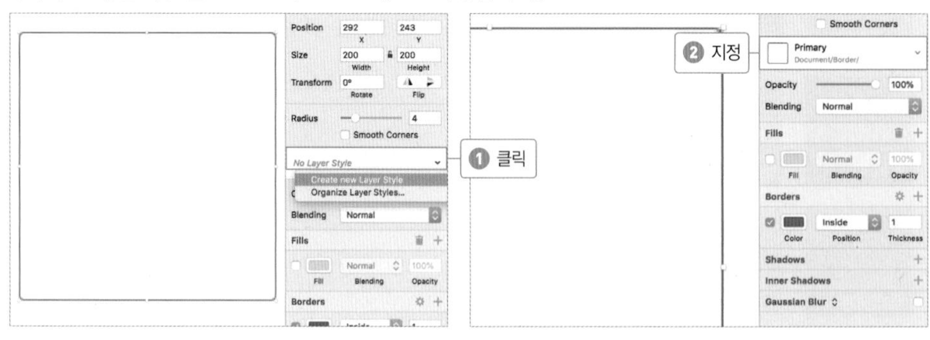


**Tip**

하나의 도형에서 Border와 Fill을 한꺼번에 스타일로 지정할 수 있지만, 두 개의 도형을 이용해서 Border와 Fill을 나눠 각각 레이어 스타일을 지정했습니다. 그 이유는 나중에 디자인을 다시 사용할 때 Border 색상 또는 Fill 색상만 따로 수정할 경우 빠르게 해당 스타일을 선택하여 지정하기 위해서입니다.

3 이번에는 Primary 색상의 Fill 값을 레이어 스타일로 지정하기 위해 1번과 같은 방법으로 둥근 정사각형을 만듭니다.
Fill에서 Primary 색상인 'FF2D55'를 설정합니다. 이때 선 두께는 지정하지 않습니다.

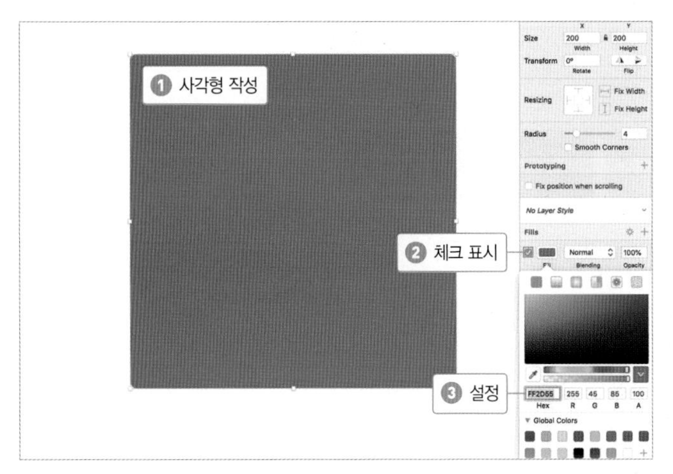


4 인스펙터에서 'No Layer Style'을 클릭한 다음 'Create new Layer Style'을 선택하고 레이어 스타일 이름을 'Fill/Primary'로 지정합니다.

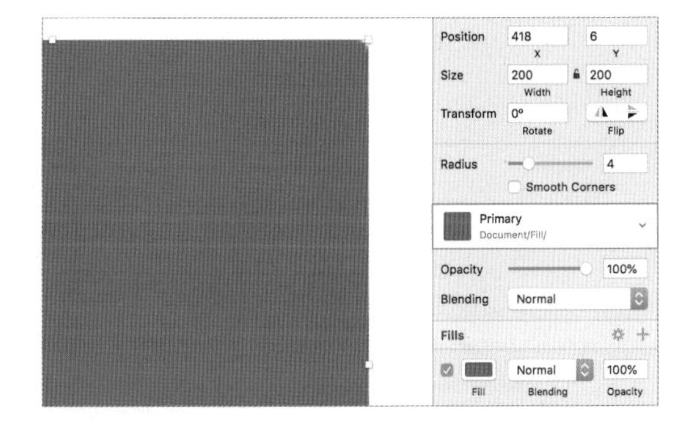


5 두 개의 도형을 모두 선택한 다음 'Align layer to center' 아이콘(), 'Align layer to middle' 아이콘()을 클릭해서 겹칩니다.
레이어 이름을 각각 'Fill/Primary', 'Border/Primary'로 지정하여 레이어 목록을 정리합니다.

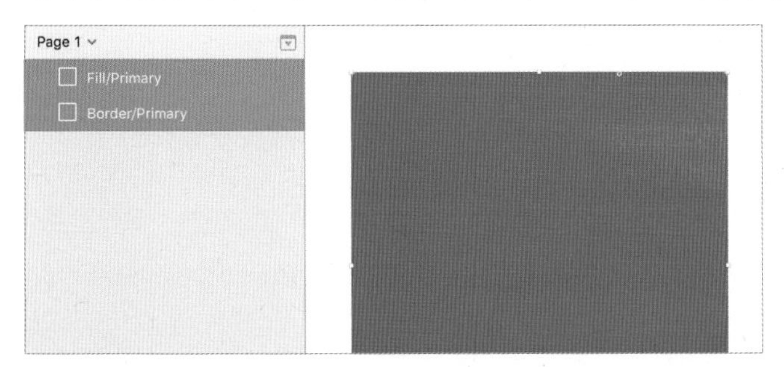

**6** 다음과 같이 네 가지 기준색을 모두 레이어 목록에 등록하고 레이어 이름을 지정합니다.

• Black: #000000 • Grey: #616161 • Light Grey: #8E8E93

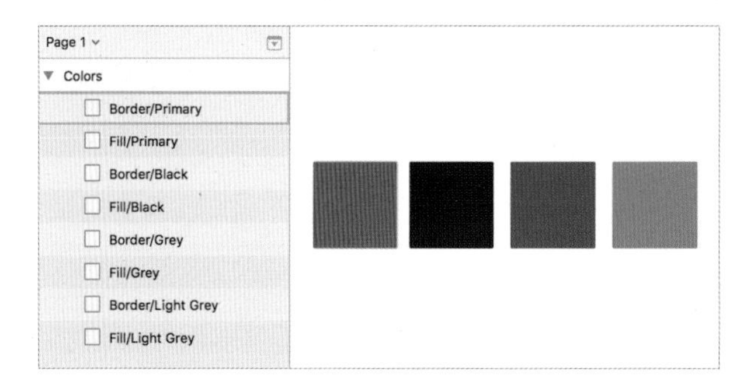


**7** T를 누른 다음 각각 'Primary', 'Black', 'Grey', 'Light Grey'를 입력하고 각각의 사각형 위에 배치합니다.

• Typeface: SF Pro Display • Weight: Regular • Color: #FFFFFF • Size: 16

텍스트 레이어를 모두 선택한 다음 Cmd+G를 눌러 그룹으로 지정하고 그룹 레이어 이름을 'Base Color Labels'로 지정합니다.

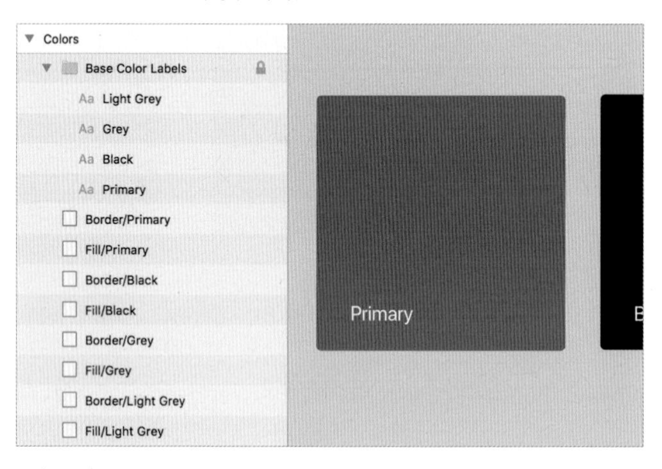


**Tip**

텍스트는 참고용이므로 나중에 선택되지 않도록 그룹을 선택한 채 Option을 눌러 텍스트 그룹 레이어를 잠급니다.
디자인 시스템은 팀원이 함께 사용하는 것이 목적이므로 레이어 이름, 레이어 스타일 이름 등을 명확하게 지정해야 커뮤니케이션에 도움이 됩니다. 예제에서는 작업에 도움이 되도록 네 가지 기준색 사각형 위에 Primary, Black, Grey, Light Grey 텍스트를 입력하여 라벨을 만들었습니다.

8 A를 눌러 새 아트보드를 만듭니다. 인스펙터에서 'Paper Sizes'를 지정하고 '가로 방향' 아이콘을 클릭한 다음 'A4'를 선택합니다.

9 아트보드 이름을 'Colors'로 지정합니다. 네 가지 기준색 레이어 스타일과 텍스트를 모두 선택한 다음 알맞게 배치합니다. 모든 요소가 들어가도록 아트보드 크기를 조절합니다.
Text 도구를 이용해서 'Base Colors'를 입력하고 적당한 위치에 배치하고 마무리합니다.

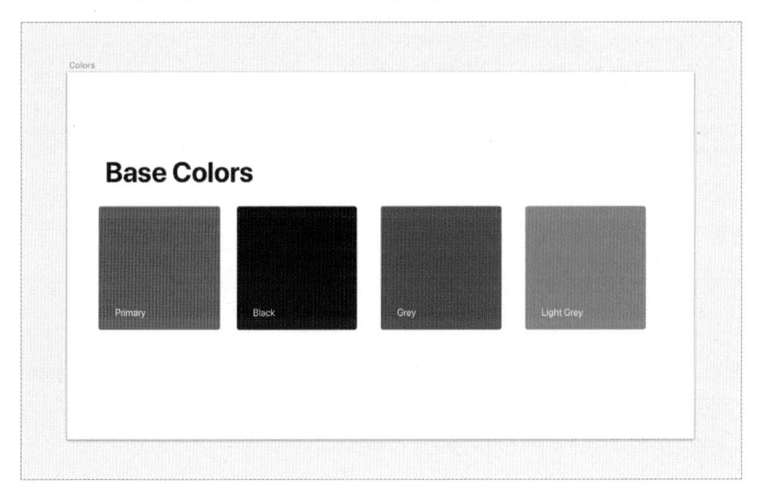

## 텍스트 스타일 설정하기

색상과 함께 디자인 시스템의 기준이 되는 텍스트를 설정합니다. 미리 텍스트 스타일을 너무 많이 지정한다고 생각할 수 있지만, 실제로 프로젝트를 진행하는 중간에 추가로 텍스트 스타일을 정의하는 것이 더 번거로운 경우가 많습니다.

텍스트는 폰트 패밀리, 폰트 크기, 폰트 색상, 폰트 정렬 등을 미리 고려해야 하므로 많은 시간과 노력이 들어갑니다. 미리 설정해두면 나중에 프로젝트에서 디자인 시스템을 이용할 때 많은 시간과 노력을 줄일 수 있으며, 다른 프로젝트를 진행할 때에도 자료로 활용해서 더욱 수월하게 기본 디자인 시스템을 구성할 수 있습니다.

▲ 텍스트 스타일 구성 예

디자인 시스템으로 구성할 텍스트 스타일Text Style에 대해서 살펴봅니다.

① **폰트 색상(Color)**: 이전 단계에서 기준색(Base Colors)으로 정의한 Primary, Black, Grey, Light Grey와 White의 총 다섯 가지 색상을 설정합니다.

② **폰트 패밀리(Font Family)**: 세리프 계열 1종(SF Pro Display), 산세리프 계열 1종(Playfair Display)을 설정합니다.

③ **폰트 크기(Size)**: 텍스트 크기 기준에 따라 H1~H5, Body, Small의 총 일곱 가지 폰트 크기를 설정합니다.

④ **폰트 정렬(Alignment)**: 왼쪽, 오른쪽, 가운데의 세 가지 기준으로 정렬합니다.

⑤ **폰트 두께(Weight)**: Regular, Bold로 텍스트 두께를 설정합니다.

## 무작정 따라하기 | 텍스트 스타일로 기준 텍스트 설정하기

디자인 시스템의 기준이 되는 텍스트를 설정합니다.

1 먼저 아트보드를 설정하기 위해 A를 누릅니다. 인스펙터에서 'Paper Sizes'를 지정하고 '가로 방향' 아이콘을 클릭합니다. 'A4'를 선택하고, 아트보드 이름을 'Typography'로 지정합니다.

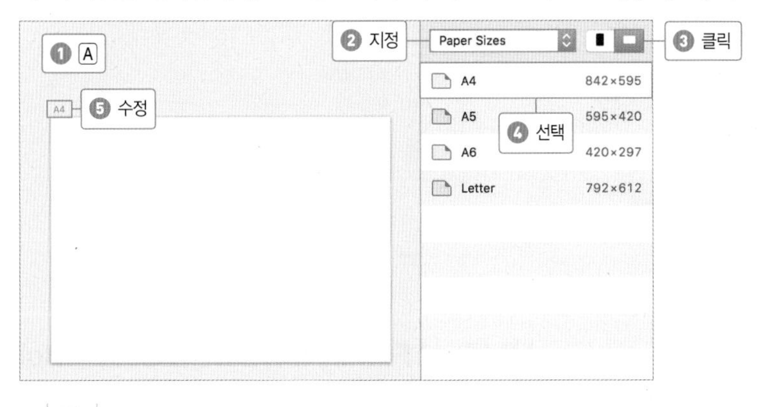


**Tip**

A4 크기 안에 모든 타이포그래피를 설정할 수 없으므로 디자인을 진행하면서 아트보드의 크기를 점차 늘립니다.

2 T를 누르고 다음과 같이 순서대로 텍스트를 입력합니다. Typeface를 'SF Pro Display', Color를 '#000000'으로 지정하고 다음과 같이 텍스트 스타일을 지정합니다.

- H1 Heading – Weight: Bold, Size: 45, Line: 56
- H1 Heading – Weight: Regular, Size: 45, Line: 56
- H2 Heading – Weight: Bold, Size: 36, Line: 48
- H2 Heading – Weight: Regular, Size: 36, Line: 48
- H3 Heading – Weight: Bold, Size: 30, Line: 42
- H3 Heading – Weight: Regular, Size: 30, Line: 42
- H4 Heading – Weight: Bold, Size: 24, Line: 36
- H4 Heading – Weight: Regular, Size: 24, Line: 36
- H5 Heading – Weight: Bold, Size: 21, Line: 30
- H5 Heading – Weight: Regular, Size: 21, Line: 30
- Body – Weight: Bold, Size: 16, Line: 24
- Body – Weight: Regular, Size: 16, Line: 24
- Small – Weight: Bold, Size: 14, Line: 20
- Small – Weight: Regular, Size: 14 Line: 20

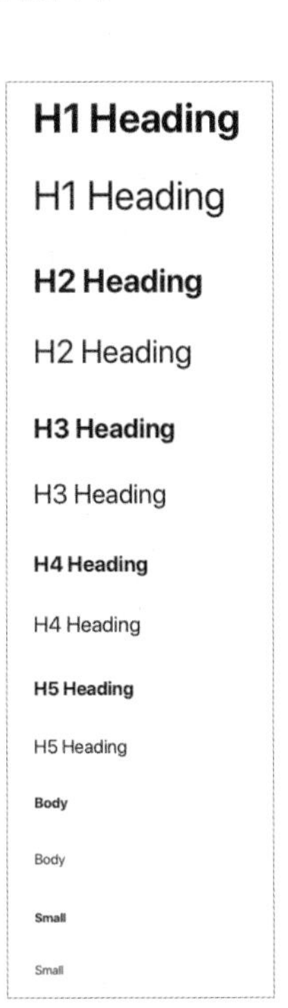

3 'H1 Heading' 텍스트를 선택한 다음 인스펙터에서 'No Text Style'을 클릭하고 'Create new Text Style'을 선택합니다. 텍스트 스타일 이름을 'H1/Font Family #1/Left/Black/--Bold'로 지정합니다. 다른 텍스트도 같은 방법으로 텍스트 스타일을 등록합니다.

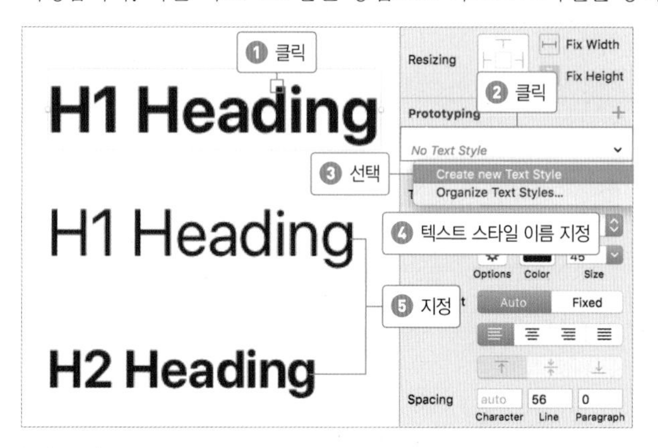


**Tip**

레이어 스타일 네이밍 규칙은 다음과 같습니다.

**H1/Font Family #1/Left/Black/--Bold**
SF Pro Display Bold — 45pt

• 폰트 크기(Size) / 폰트 패밀리(Font Family) / 정렬(Alignment) / 색상(Color) / 두께(Weight)

4 텍스트 스타일이 모두 등록되면 인스펙터에서 다음과 같이 확인할 수 있습니다.
툴바의 **Insert → Text Styles**를 선택해도 등록된 텍스트 스타일을 확인할 수 있습니다.

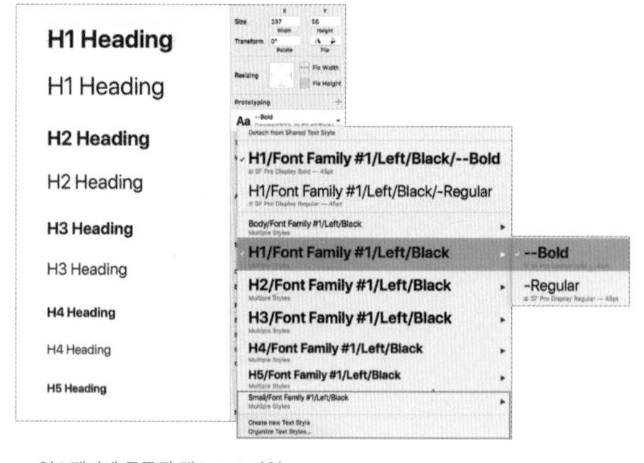


▲ 인스펙터에 등록된 텍스트 스타일

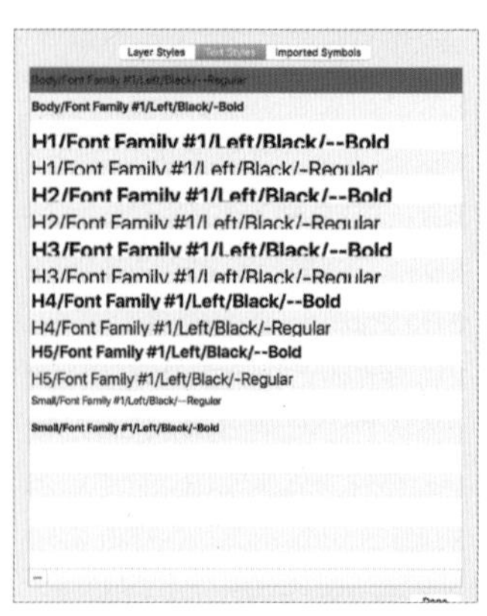


▲ 'Organize Text Styles'를 선택해 표시되는 텍스트 스타일 관리 창

**Tip**

'Organize Text Styles'를 선택하면 등록된 모든 텍스트 스타일을 한눈에 확인할 수 있으며, 레이어 스타일 이름의 수정 및 삭제도 가능합니다.

**5** 2~3번 과정에서 등록한 'Font Family #1, Black' 텍스트를 선택한 다음 복제합니다. 복제된 타이포그래피의 Alignment를 가운데 정렬합니다. 'Align layer to center' 아이콘(⊟)을 클릭해 가운데 정렬합니다.

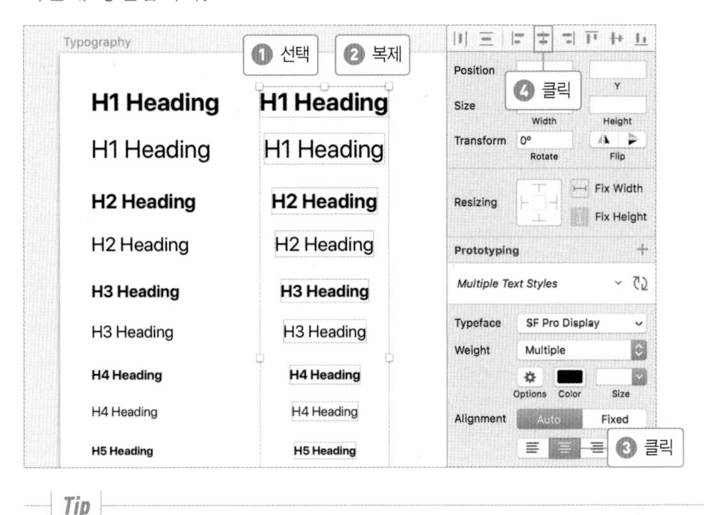


**Tip**

텍스트를 가운데 정렬하면 텍스트 스타일 이름 옆에 *가 나타납니다. 이 기호는 텍스트 스타일 요소에 변경 사항이 있을 때 표시됩니다.

**6** 'H1 Heading' 텍스트를 선택한 다음 인스펙터에서 텍스트 이름의 정렬에 해당하는 부분(Left)을 'Center'로 변경한 다음 Enter를 누릅니다. 같은 방법으로 오른쪽 텍스트들의 Text Style 이름을 변경합니다.

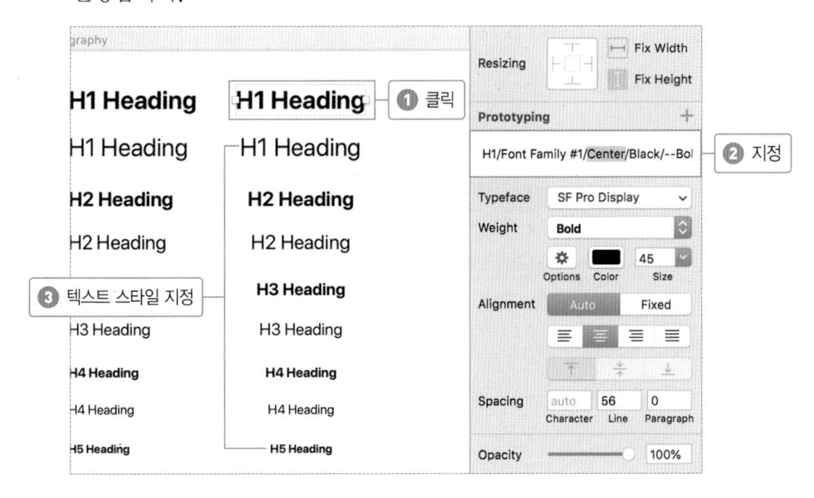

7 5~6번 과정을 반복한 다음 텍스트를 오른쪽 정렬하고 다음과 같이 텍스트 스타일 이름을 변경합니다.

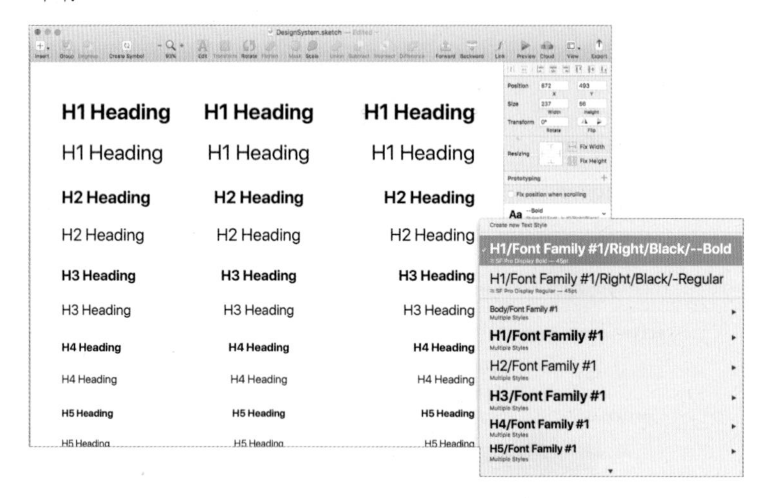


8 Black에 이어 Grey 색상도 텍스트 스타일로 지정하겠습니다. 'Font Family #1, Black'의 모든 텍스트를 선택하고 복제합니다. 텍스트가 선택된 상태에서 Color를 '616161'로 설정합니다.

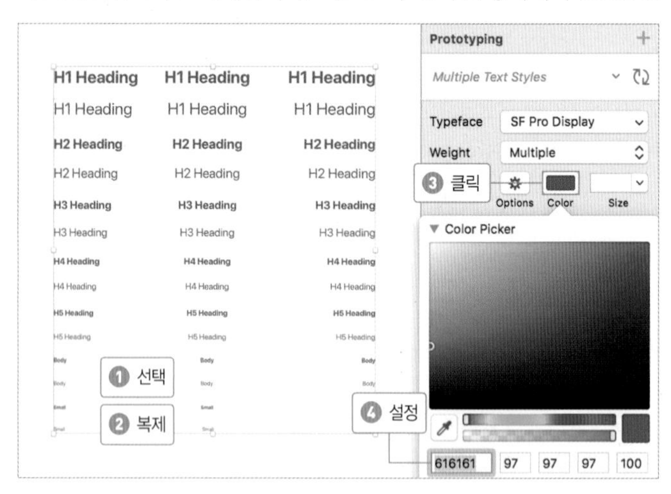

9 'H1 Heading'을 선택하고 인스펙터의 텍스트 스타일에서 폰트 색상에 해당하는 이름 부분만 선택하고 'Grey'로 변경합니다. 같은 방법으로 모든 Grey 텍스트의 텍스트 스타일 이름을 변경합니다.

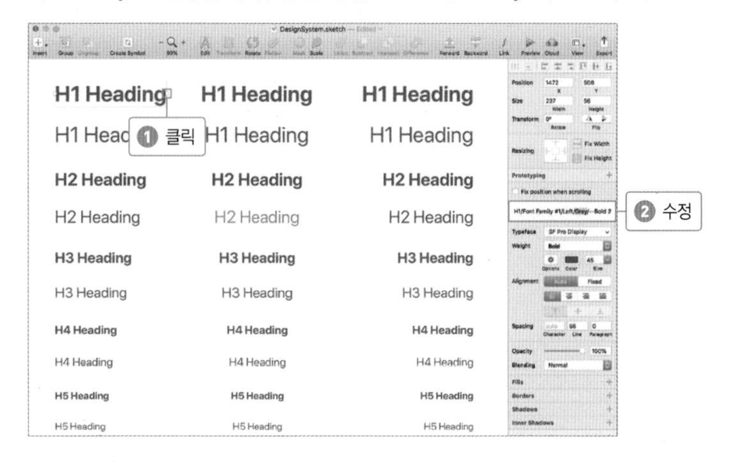


10 8~9번 과정을 반복해서 'Font Family #1'의 Light Grey(#8E8E93), Primary(#FF2D55)도 모두 텍스트 스타일로 등록합니다.
텍스트 스타일 이름에서 폰트 색상에 해당하는 부분을 'LightGrey', 'Primary'로 지정합니다.

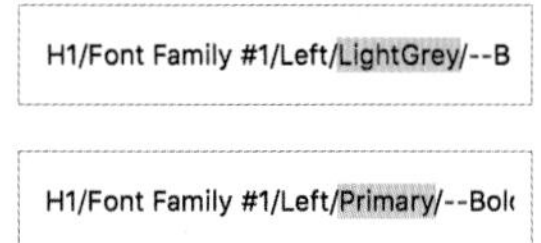


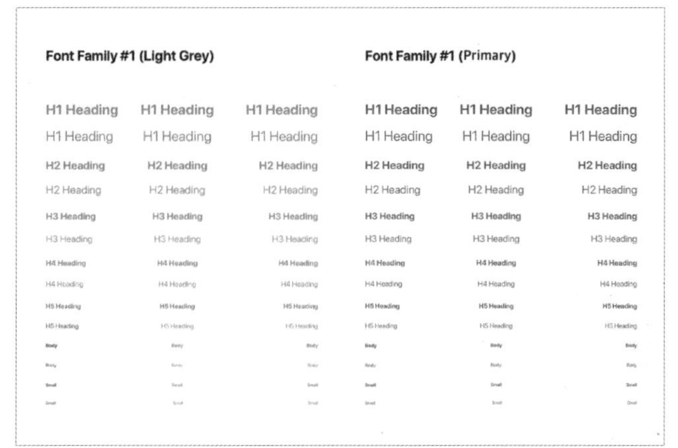

**11** Font Family #1의 White 색상도 텍스트 스타일로 등록하겠습니다. 아트보드 색상이 흰색이라 White 색상의 텍스트가 보이지 않으므로 R을 누르고 텍스트를 모두 담을 수 있는 크기의 사각형을 그립니다. 사각형의 Color를 '#4A4A4A'로 지정합니다. 레이어 목록에서 사각형 레이어를 맨 아래로 이동하여 배경을 만듭니다. 사각형이 선택되지 않도록 Option을 눌러 레이어를 잠급니다.

**12** 8~9번 과정처럼 Font Family #1의 텍스트를 모두 선택하고 복제합니다. Color를 'FFFFFF'로 설정하고 Text Style 이름에서 폰트 색상에 해당하는 부분을 'White'로 변경합니다.

## 13 Font Family #1에 대한 모든 텍스트 스타일 적용을 마쳤습니다.

Font Family #1 (Black)
H1 Heading H1 Heading H1 Heading
H1 Heading H1 Heading H1 Heading
H2 Heading H2 Heading H2 Heading
H2 Heading H2 Heading H2 Heading
H3 Heading H3 Heading H3 Heading
H3 Heading H3 Heading H3 Heading

Font Family #1 (Grey)
H1 Heading H1 Heading H1 Heading
H1 Heading H1 Heading H1 Heading
H2 Heading H2 Heading H2 Heading
H2 Heading H2 Heading H2 Heading
H3 Heading H3 Heading H3 Heading
H3 Heading H3 Heading H3 Heading

Font Family #1 (Light Grey)
H1 Heading H1 Heading H1 Heading
H1 Heading H1 Heading H1 Heading
H2 Heading H2 Heading H2 Heading
H2 Heading H2 Heading H2 Heading
H3 Heading H3 Heading H3 Heading
H3 Heading H3 Heading H3 Heading

Font Family #1 (Primary)
H1 Heading H1 Heading H1 Heading
H1 Heading H1 Heading H1 Heading
H2 Heading H2 Heading H2 Heading
H2 Heading H2 Heading H2 Heading
H3 Heading H3 Heading H3 Heading
H3 Heading H3 Heading H3 Heading

Font Family #1 (White)
H1 Heading H1 Heading H1 Heading
H1 Heading H1 Heading H1 Heading
H2 Heading H2 Heading H2 Heading
H2 Heading H2 Heading H2 Heading
H3 Heading H3 Heading H3 Heading

**Tip**

폰트 패밀리는 한 가지만 설정해도 되지만, 디자인 작업을 진행하다 보면 본문은 산세리프로, 제목은 세리프로 설정할 때도 있고 여러 개의 다른 폰트를 혼용하는 경우가 많아 다양한 스타일을 지정해도 좋습니다.

## 14 이번에는 Font Family #2를 만들어 봅니다. Font Family #1의 모든 텍스트를 선택(사각형 배경 포함)한 다음 복제합니다. 복제한 폰트를 모두 선택하고 인스펙터에서 폰트를 'Playfair Display'로 지정합니다.

모든 텍스트 스타일 이름을 변경합니다. 폰트 패밀리에 해당하는 부분을 'Font Family #1'에서 'Font Family 2'로 변경합니다.

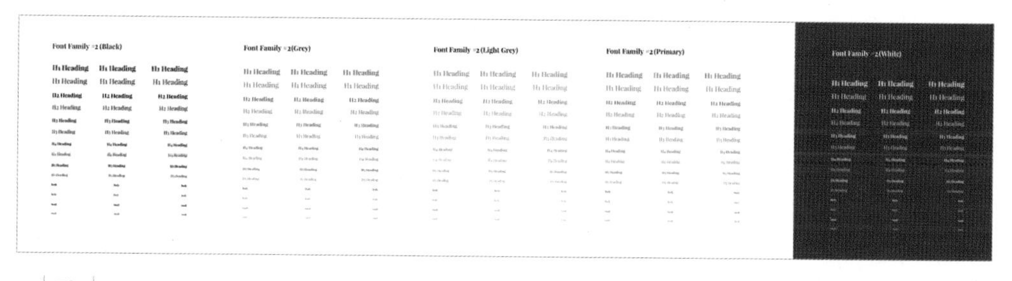


**Tip**

Playfair Display 폰트는 구글 폰트 사이트에서 내려 받을 수 있습니다.

## 15 아트보드 'Colors'와 'Typography'를 포함한 페이지 이름을 'Design System Setup'으로 지정하여 마무리합니다.

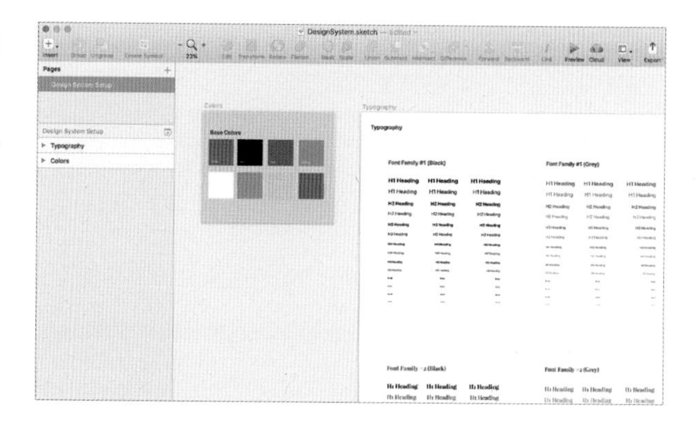

## 구글 폰트 알아보기

구글 폰트www.google.com/fonts는 다양한 폰트를 무료로 사용 가능합니다. 컴퓨터에 폰트를 내려 받아 사용하거나 웹페이지에 Embed 링크를 연결해서 바로 사용할 수 있습니다.

폰트를 종류별로 분류할 수 있으며 자신만Custom의 텍스트를 입력하고 폰트 크기, 두께 등을 설정해서 미리 볼 수 있습니다. 선택한 폰트와 어울리는 폰트를 제안하는 폰트 페어링Font Pairing 기능도 있어서 영문 폰트를 선택할 때 편리합니다.

폰트를 이용하려면 '+' 아이콘을 클릭한 다음 내려 받아 설치할 수 있고, SkyFontswww.fonts.com/web-fonts/google 앱을 설치하고 메뉴에서 폰트를 찾아 쉽게 설치할 수도 있습니다.

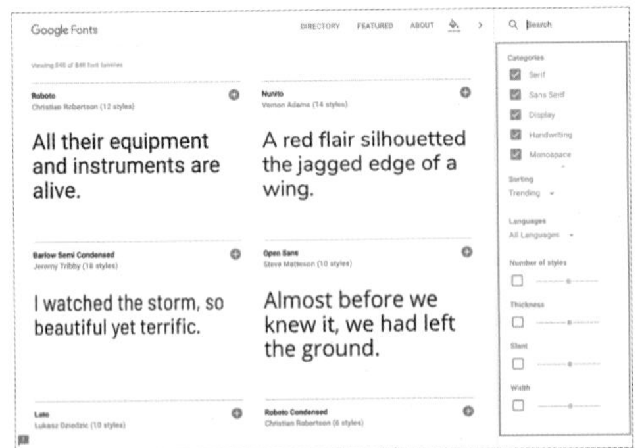


▲ 오른쪽 카테고리에서 세리프(Serif), 산세리프(Sans Serif) 등의 폰트 종류, 언어, 두께 등 다양한 설정에 따라 폰트를 고를 수 있습니다.

▲ 원하는 글자를 입력하고, 폰트 두께, 크기 등을 설정해서 미리 볼 수 있습니다. 아래쪽의 'APPLY TO ALL FONTS'를 클릭하면 글자가 모든 폰트에 적용되어 폰트를 한눈에 쉽게 비교할 수 있습니다.

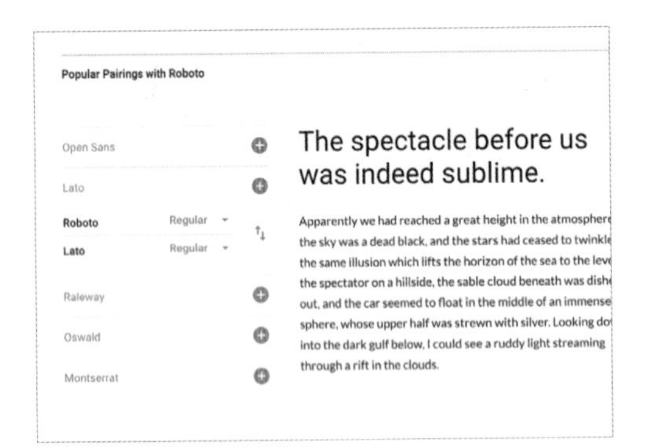


▲ 'SEE SPECIMEN'을 클릭하면 해당 폰트의 상세 정보가 나타나고 아래쪽에서 인기 있는 폰트 페어링(서로 잘 어울리는 폰트)을 확인할 수 있습니다.

별도의 클라우드 폰트 앱인 'Use Skyfontskyfonts.com'를 설치해서 좀 더 편리하게 구글 폰트를 이용할 수도 있습니다. 프로그램 설치 후 아래쪽의 'View All google font'를 클릭하면 내려 받을 수 있는 구글 폰트 목록이 나타납니다. 〈Skyfonts〉 버튼을 클릭해서 손쉽게 클라우드에서 폰트를 싱크할 수 있으며, 싱크된 폰트는 언제든지 삭제할 수 있습니다.

클라우드 방식으로 폰트를 싱크하면 컴퓨터에 별도의 저장 공간을 차지하지 않고도 이용 가능합니다.

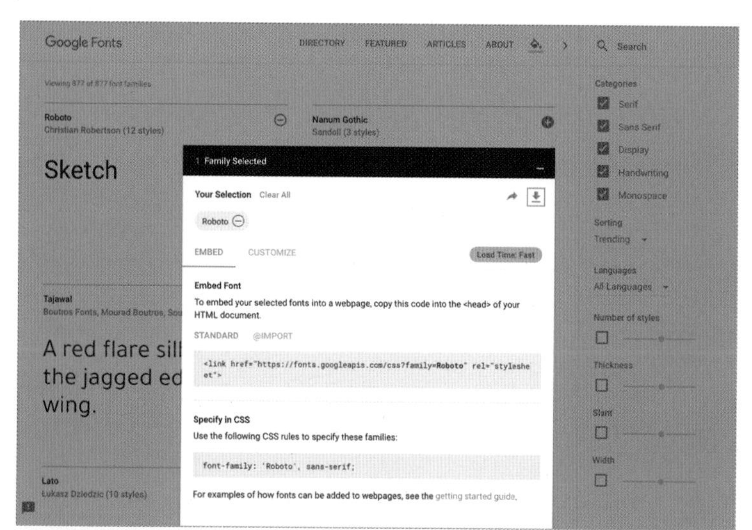

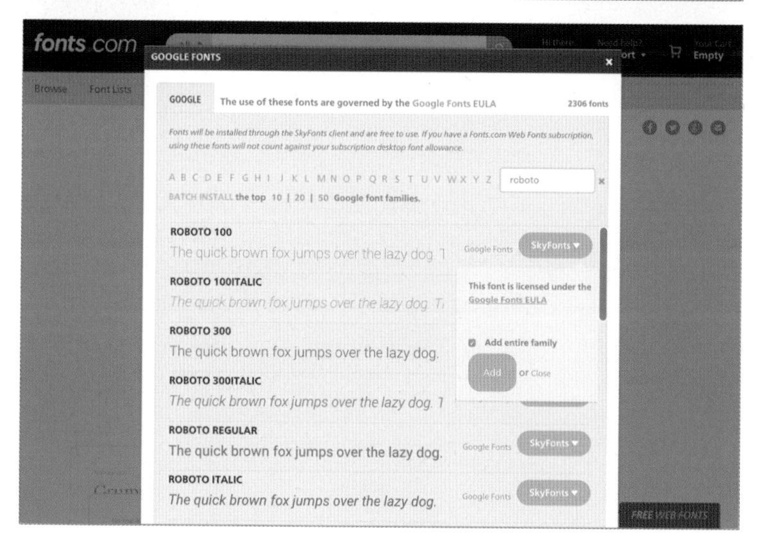

▲ '+' 아이콘을 클릭하면 다음과 같이 레이어 팝업창이 표시됩니다.
다운로드 아이콘을 클릭하고 〈Download〉 버튼을 클릭해서 폰트를 직접 컴퓨터에 설치할 수 있습니다.

# 심볼 만들기

디자인 시스템(Design System) 셋업에서 먼저 색상을 설정했듯이, 심볼도 색상부터 지정하면서 작업합니다.

디자인 요소 중 반복해서 사용해야 하는 경우 해당 레이어 또는 그룹을 심볼로 만듭니다. 해당 심볼로 수정하면 파일 안에서 심볼이 적용된 모든 곳에 수정 사항이 일괄 반영됩니다. 디자인 작업 중 반복해서 사용해야 할 요소를 고려해 심볼로 설정하면 디자인 시간과 작업 과정에 효율성을 가져옵니다.

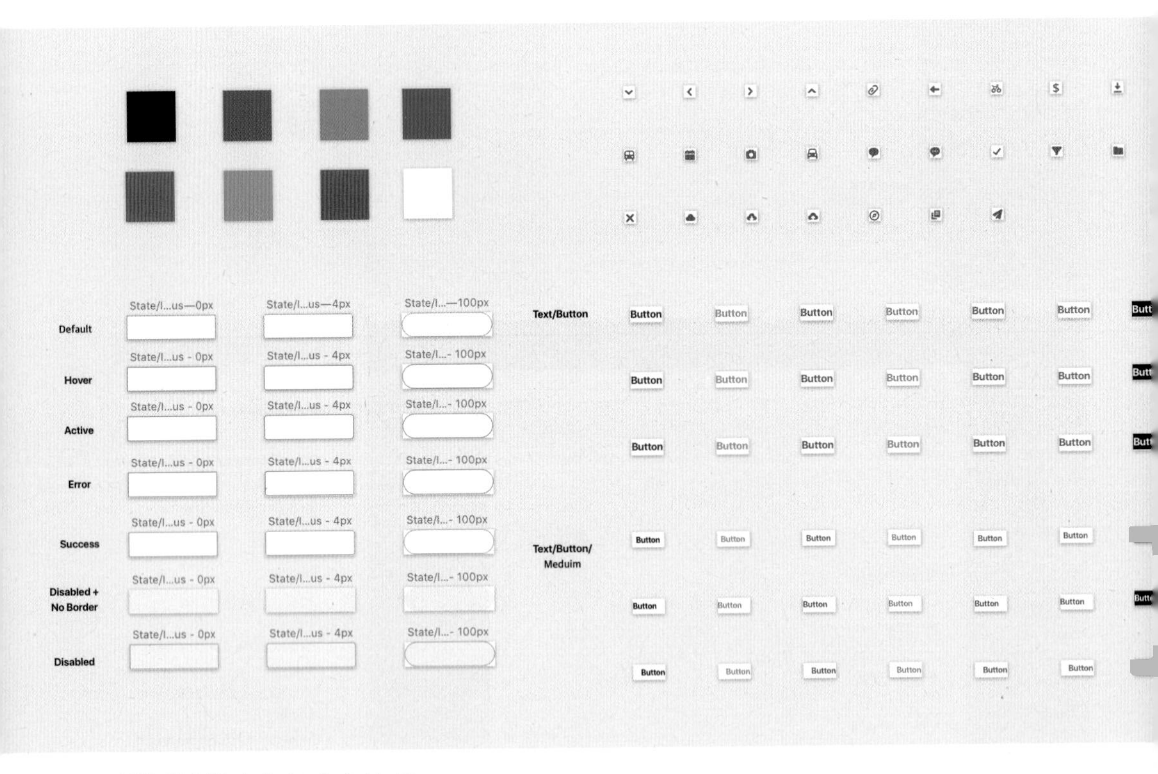


# 완성 파일 · 04\DesignSystem_Symbol.sketch

## 무작정 따라하기 | 색상 심볼 만들기

색상 심볼은 가장 기본적인 심볼입니다. 특히 오버라이드Override 심볼에서 가장 많이 적용하는 요소이기도 합니다.

1 심볼 페이지를 만들기 위해 먼저 레이어 목록 오른쪽 위의 'Reveal Page List' 아이콘(▣)을 클릭합니다.

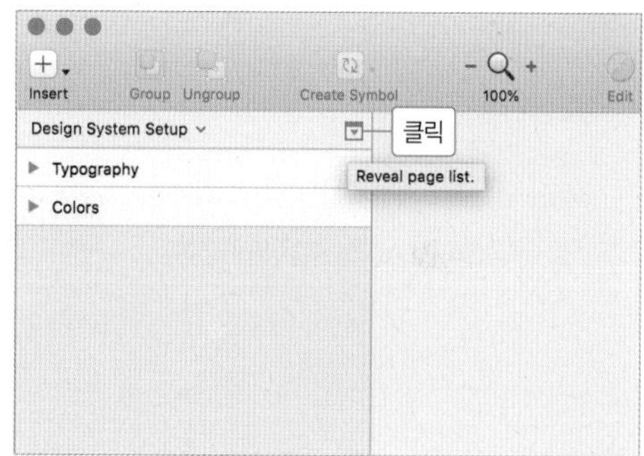


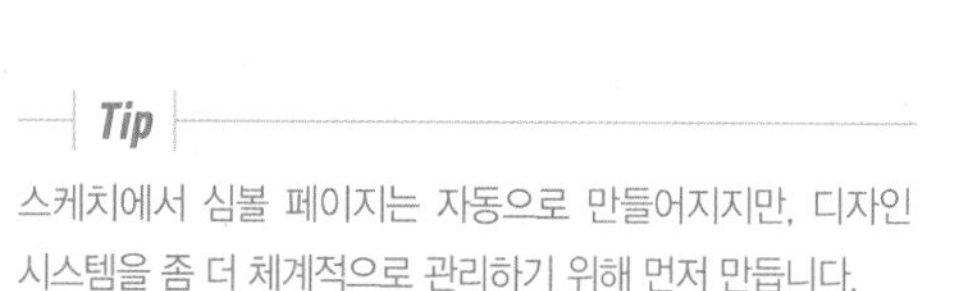

**Tip**

스케치에서 심볼 페이지는 자동으로 만들어지지만, 디자인 시스템을 좀 더 체계적으로 관리하기 위해 먼저 만듭니다.

2 페이지 목록이 열리면 'Pages' 제목 오른쪽의 'Add Page' 아이콘(⊞)을 클릭해서 페이지를 만듭니다.

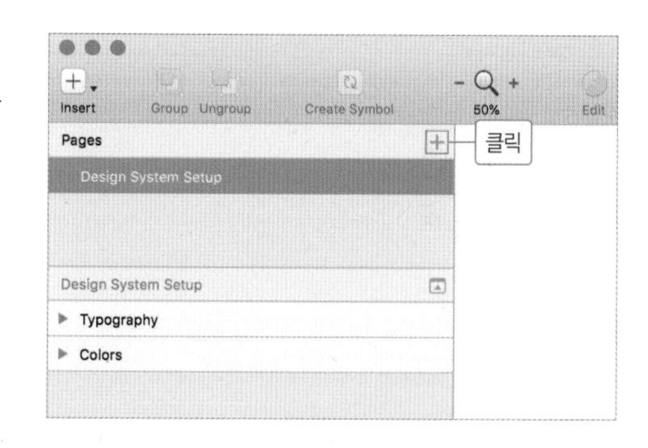


3 페이지 이름을 'Symbol'로 수정합니다.

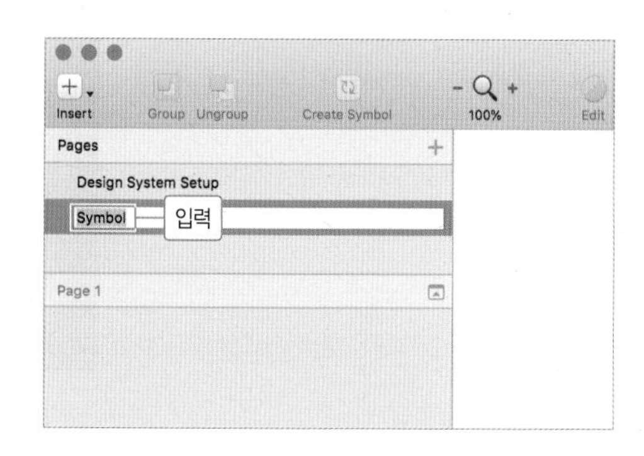

4 R을 누른 다음 드래그하여 사각형을 만듭니다. Width/Height를 각각 '100'으로 설정합니다. Shared Style에서 'Fill → Black'을 선택합니다.

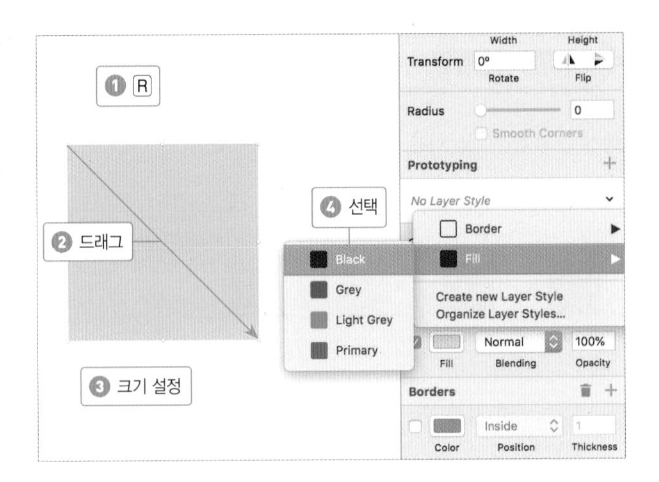


5 검은색 사각형을 선택하고 레이어 이름을 'Base'로 변경합니다.

6 툴바에서 Create Symbol 도구(  )를 선택하여 Create new Symbol 대화상자가 표시되면 'Color/Black'를 입력하고 〈OK〉 버튼을 클릭합니다.

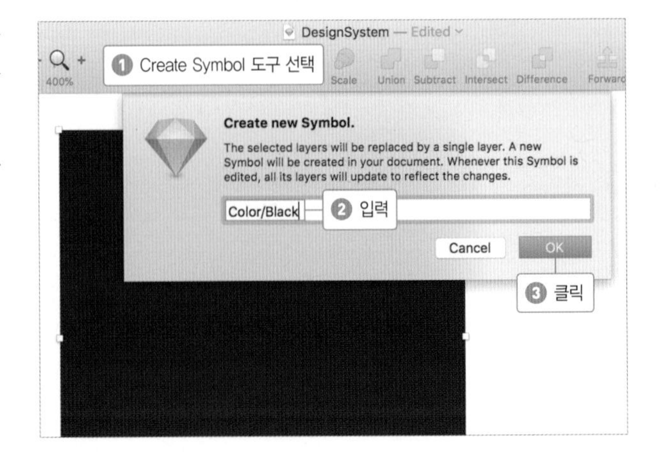

7 'Color/Black' 이름의 심볼이 등록되면 앞서 만든 사각형 원본을 삭제합니다.

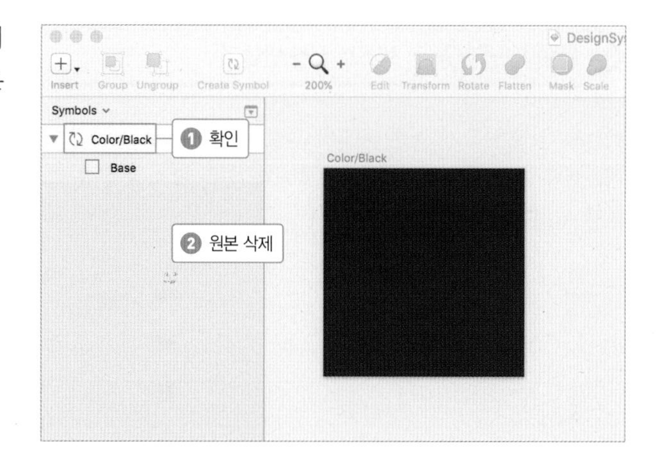


8 'Color/Black' 심볼을 선택하고 네 번 복제합니다.
심볼을 선택한 다음 레이어 이름을 각각 'Color/Grey', 'Color/LightGrey', 'Color/Primary', 'Color/White'로 변경합니다.

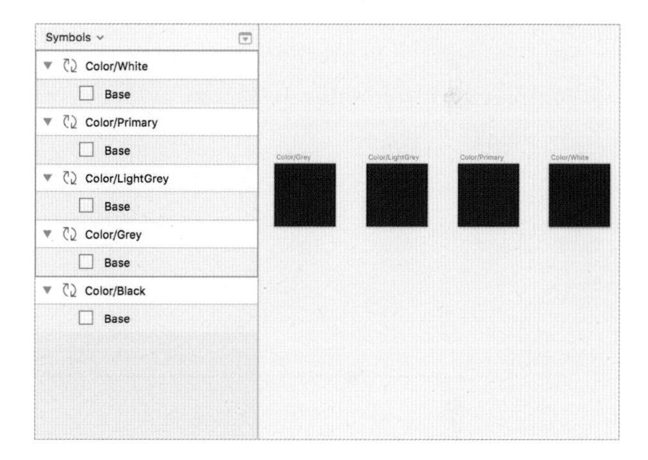


9 인스펙터의 Layer Style에서 각각 색에 어울리는 Fill 레이어 스타일을 지정해 마무리합니다.

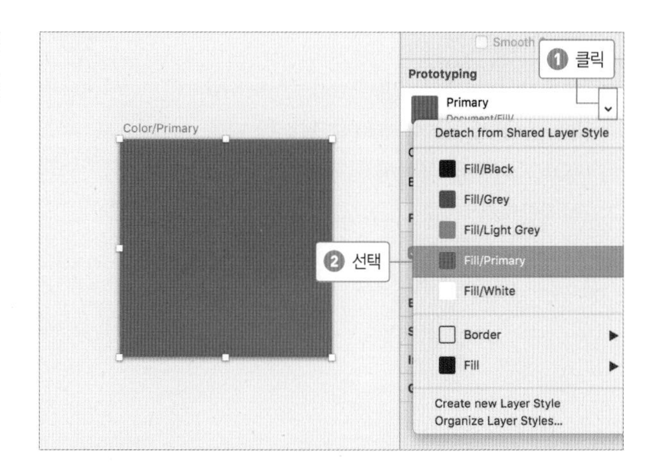

## 무작정 따라하기 | 텍스트 심볼 만들기

텍스트 심볼은 크게 버튼 용도와 인풋Input 박스에 넣을 텍스트 용도로 나눠 설정합니다. 버튼 용도의 텍스트는 크고 두꺼운 폰트를 지정하고, 인풋 박스에 넣을 텍스트는 상대적으로 조금 작은 Regular 폰트를 지정합니다.

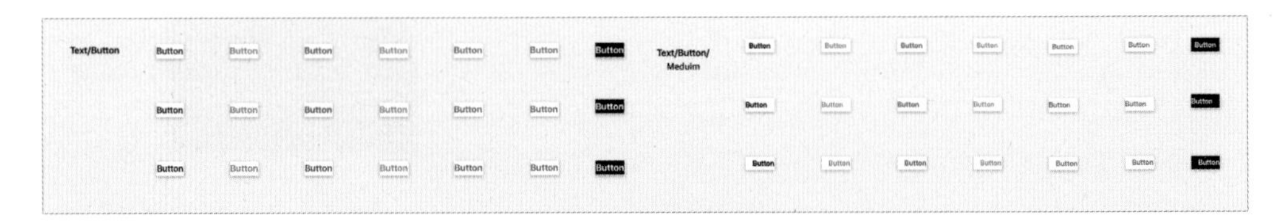


1 T를 누른 다음 'button'을 입력합니다. 텍스트를 선택한 채 인스펙터에서 'H5/Font Family #1 → Center → White → -Bold'를 선택합니다.

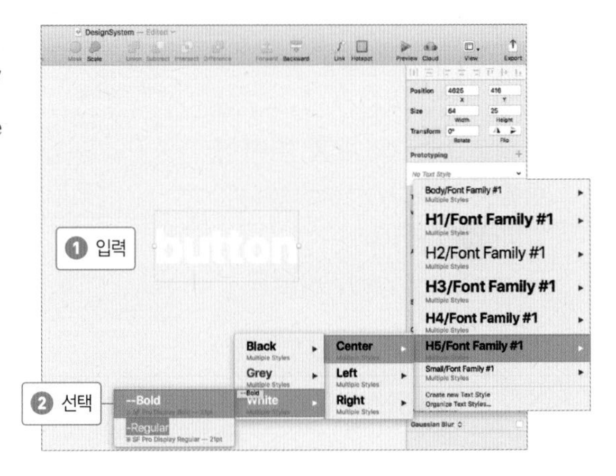


2 툴바에서 Create Symbol 도구(아이콘)를 선택합니다. Create new Symbol 대화상자가 표시되면 'Text/Button/Large/Center/White'를 입력한 다음 〈OK〉 버튼을 클릭하고 원본 텍스트를 삭제합니다.

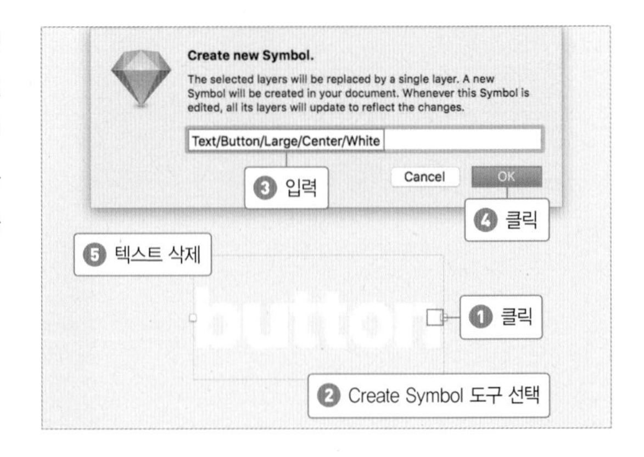

3 심볼을 선택한 다음 텍스트가 잘 보이도록 Background Color를 '#000000'으로 지정합니다.

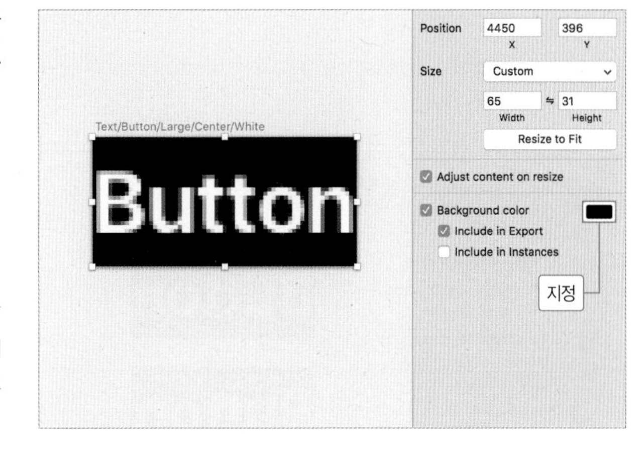


**Tip**

오버라이드할 때 배경색이 영향을 미치지 않도록 'Include in Instances'의 체크 표시를 해제합니다.

4 오버라이드 심볼을 지정할 때 좀 더 쉽고 명확하게 알아볼 수 있도록 텍스트에 해당하는 레이어를 선택하고 레이어 이름을 'Content'로 지정합니다.

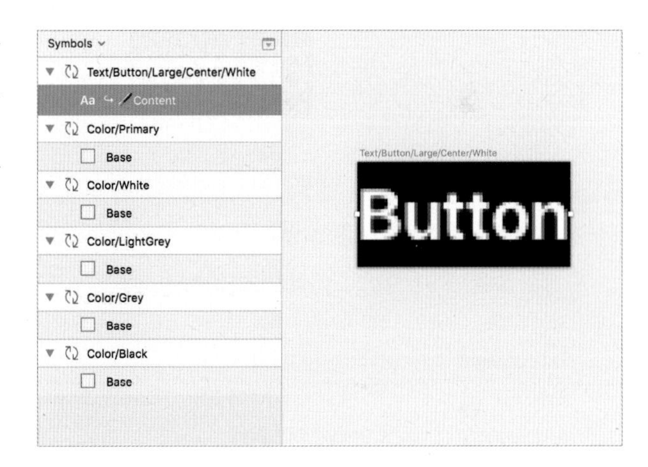


**알아두기**

### 이모지 아이콘 넣기

Ctrl + Cmd + Spacebar를 누르면 이모지(Emoji) 아이콘 창이 표시됩니다. 오버라이드 역할을 좀 더 잘 설명할 수 있는 아이콘을 선택해서 활용합니다.

5 4번과 같은 방법으로 텍스트 스타일을 각각 'H5/Font Family #1/Left/White/–Bold'와 'H5/Font Family #1/Right/White/–Bold'로 지정합니다. 심볼 이름을 각각 'Text/Button/Large/Left/White', 'Text/Button/Large/Right/White'로 지정합니다.
원본 심볼 이미지를 삭제한 다음 심볼 텍스트가 잘 보이도록 배경색을 '검은색'으로 지정합니다. 텍스트 레이어를 선택하고 레이어 이름을 'Content'로 지정합니다.

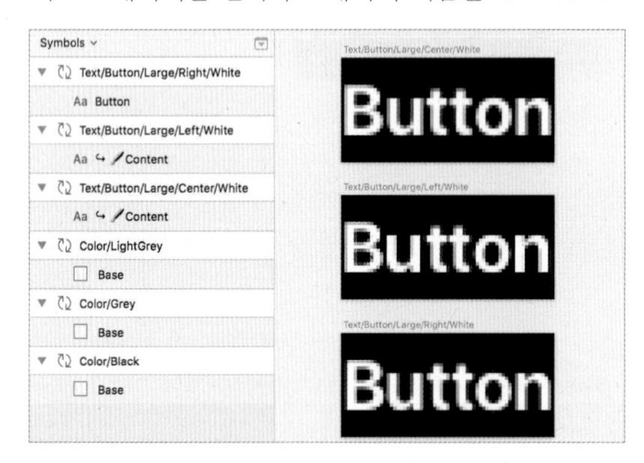


6 텍스트 심볼은 이전 작업 과정을 반복해서 다양한 경우의 텍스트 심볼 세트를 만듭니다. 이때 버튼 용도의 텍스트 심볼과 Input 박스 용도의 두 가지 텍스트 심볼을 만듭니다.

| 구분 | 버튼 용도의 텍스트 심볼 | Input 박스 용도의 텍스트 심볼 |
|---|---|---|
| Text Style | H5, body | Body, small |
| Type Weight | Bold | Regular |
| Type Fill | Black, Grey, Light Grey, Primary, White | Black, Grey, Light Grey, Primary, White |
| Alignment | Center, Left, Right | Center, Left, Right |

7 예를 들어, 모두 가운데 정렬일 때 텍스트 크기에 따른 심볼 이름을 다음과 같이 지정합니다.

- H5 – Text/Button/Large/Center/Black
- Body – Text/Button/Medium/Center/Black
- Small – Text/Button/Small/Center/Black

8 정렬과 색상을 다르게 지정할 때 심볼 이름은 다음의 형식을 참고합니다.

- H5, Left, Green: Text/Button/Large/Left/Green

마지막으로 모든 텍스트 레이어를 선택하고 Resizing 패널에서 왼쪽과 오른쪽을 선택한 다음 'Fix Height'를 클릭하여 높이를 고정합니다.

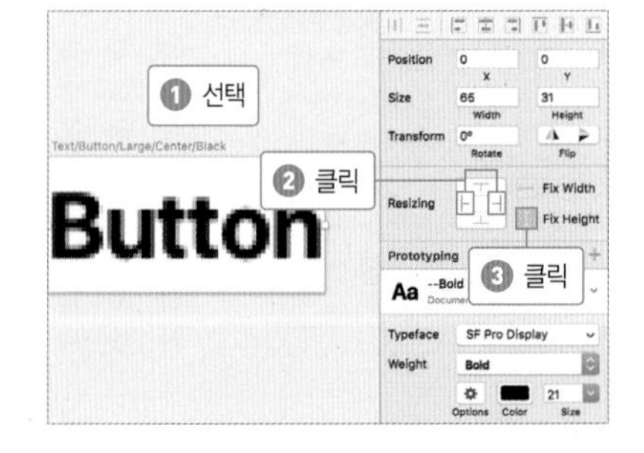

## 무작정 따라하기 | 아이콘 심볼 만들기

심볼로 사용할 아이콘에 Google Material Icon Set를 설정하겠습니다. IconJar를 이용해서 Google Material Icons을 설정하는 자세한 방법은 185쪽을 참고하세요.

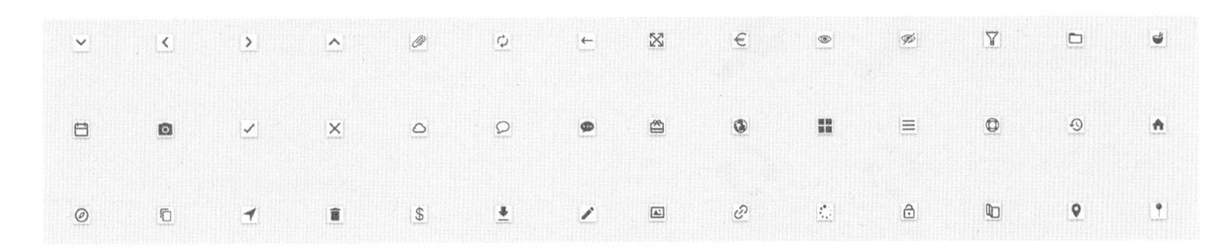

1 일정한 크기를 유지하는 기본 틀 역할의 정사각형을 만들기 위해 R을 누른 다음 드래그합니다. Width/Height를 각각 '24'로 설정합니다. 레이어 이름을 '24pt Bounding Box'로 지정합니다.

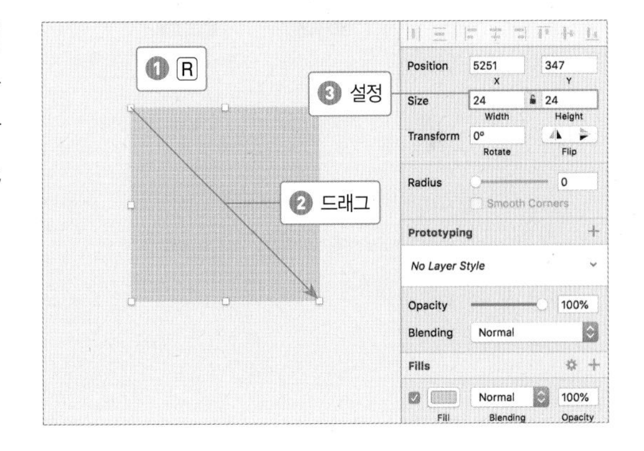


2 메뉴에서 [**Insert**] → **Symbols** → **Document** → **Color** → **Primary**를 실행해 'Color/Primary' 심볼을 사각형에 배치합니다. 심볼을 사각형 크기에 맞게 Width/Height를 각각 '24'로 설정합니다. 'Color/Primary' 심볼과 '24pt Bounding Box' 사각형을 겹칩니다.

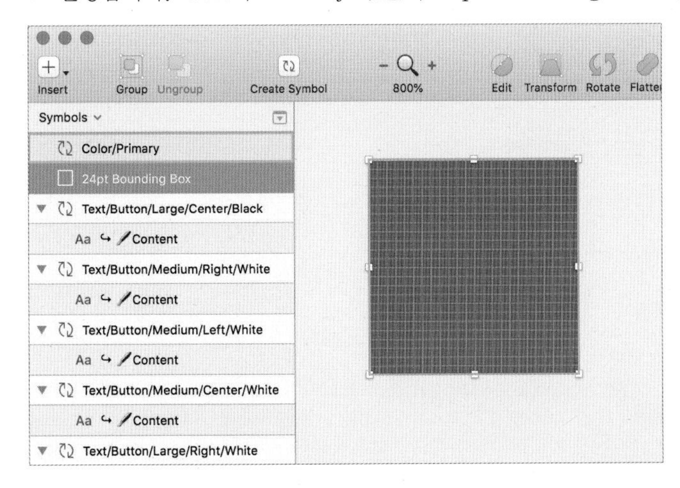

**3** IconJar를 실행하고 'Google Material Icons' 폴더를 선택합니다. 원하는 아이콘을 선택한 다음 스케치로 드래그합니다. 예제에서는 24px 크기의 아이콘을 선택했습니다. 아이콘을 스케치로 불러오면 레이어 목록에 그룹 형태로 나타납니다. 아이콘만 남기고 Shape 레이어를 삭제합니다.

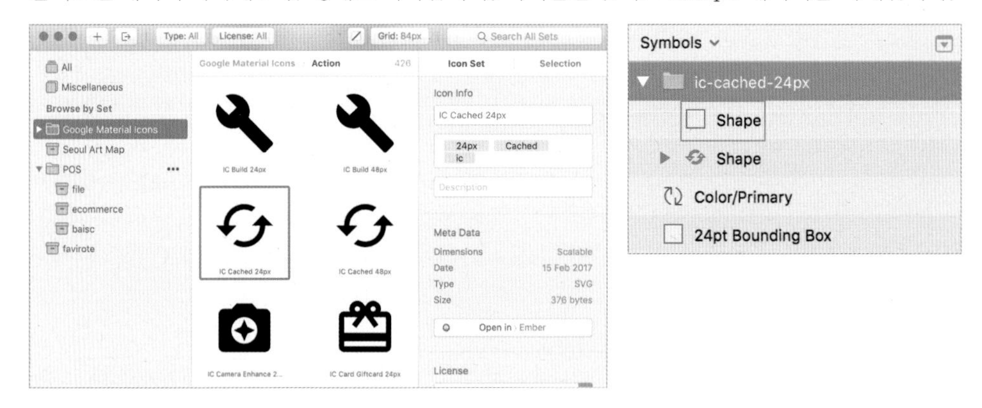


**4** 아이콘 레이어를 '24pt Bounding Box'와 'Color/Primary' 사이에 위치시킵니다. 아이콘 레이어를 선택하고 Mask 도구를 선택합니다.

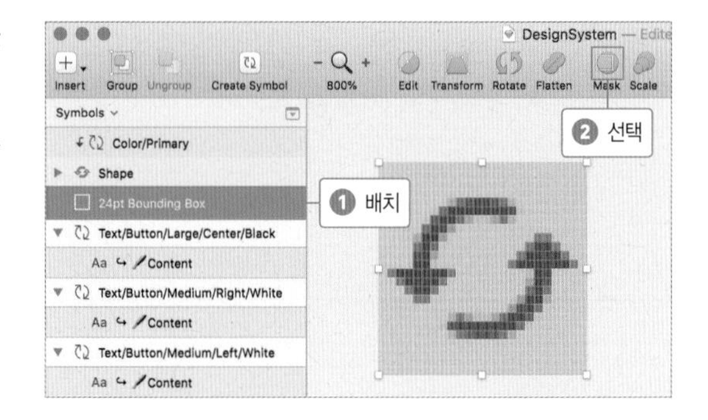


**5** 모든 레이어('Color/Primary' 심볼, Icon Shape, 24pt Bounding Box)를 선택한 다음 Create Symbol 도구(아이콘)를 선택하여 심볼로 등록합니다. Create new Symbol 대화상자가 표시되면 심볼 이름에 'Icon/Cached'를 입력한 다음 〈OK〉 버튼을 클릭합니다. 원본 심볼 이미지를 삭제합니다.

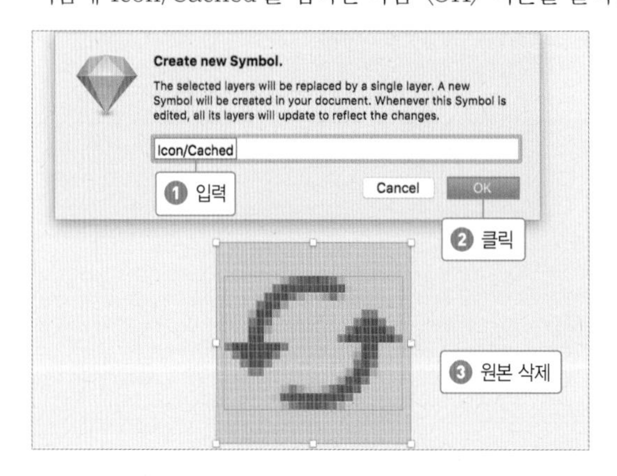


**Tip**

심볼 이름은 Google Material Icon Set에 지정된 아이콘 이름으로 지정하는 것을 권장합니다.

6 레이어 목록에서 'Bounding Box' 레이어를 선택한 다음 Resizing 패널에서 가운데 ㅁ를 클릭하여 사방의 크기를 제한합니다.
'24pt Bounding Box' 레이어를 선택하고 도형에 적용된 Fill 또는 Border 옵션을 모두 없앱니다.

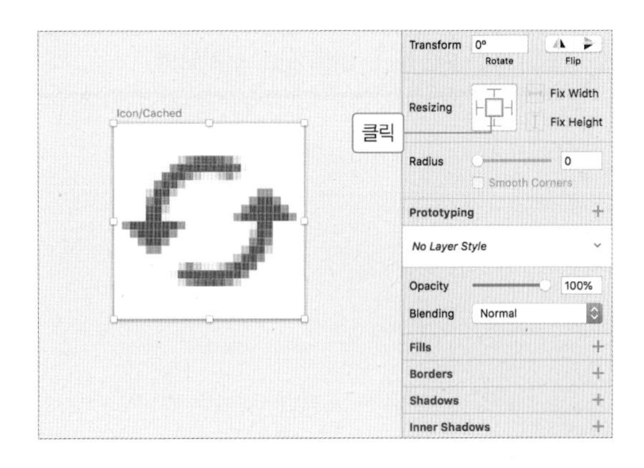


7 레이어 목록에서 Color Symbol 이름을 'Color'로 지정합니다.

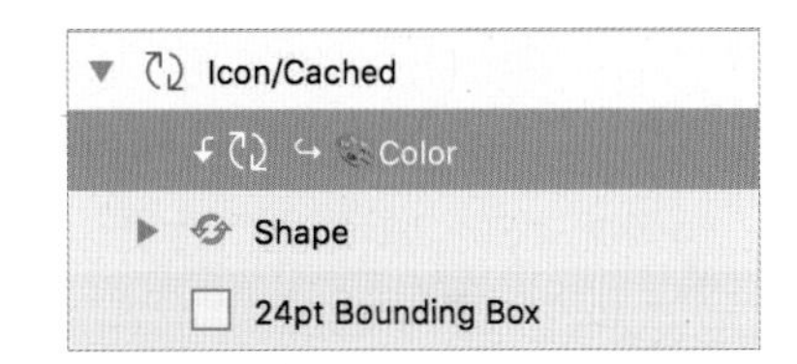


8 컴포넌트 설정에 필요한 아이콘을 추가하기 위해 Google Material Icons에서 Check Circle 아이콘을 3~6번 과정처럼 설정한 다음 심볼 이름을 'Icon/Check Circle/Fill'로 지정하여 마무리합니다.

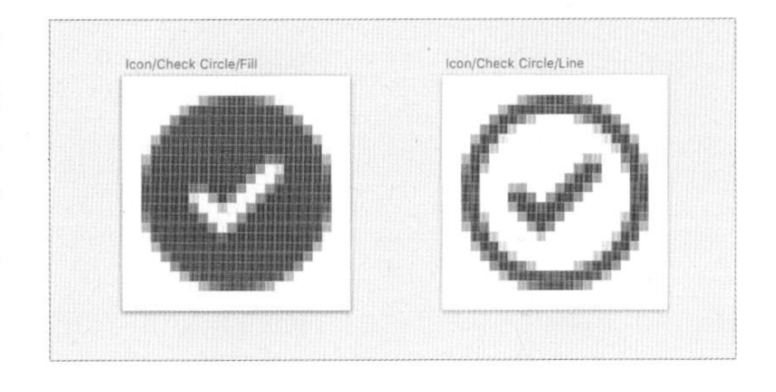


**Tip**

디자인하다 보면 'Icon/Check Circle/Fill' 심볼처럼 원 안에 강조색을 채우고, 아이콘을 흰색으로 표현하는 경우도 있고, 원을 선으로 처리해서 원과 아이콘 모두 강조색으로 처리해야 하는 경우도 있습니다. 두 가지 아이콘을 미리 설정하면 작업에 많은 도움이 됩니다. 이때 심볼 이름을 'Icon/Check Circle/Fill', 'Icon/Check Circle/Line'으로 지정해 구분합니다.

## 무작정 따라하기 | 버튼 상태 설정하기

Disabled, Hover, Normal과 같이 세 가지 상태의 버튼을 설정해 봅니다.

1 R을 누른 다음 드래그하여 사각형을 만듭니다. Width를 '192', Height를 '48', Fill을 '#E9E9E9'로 설정합니다.

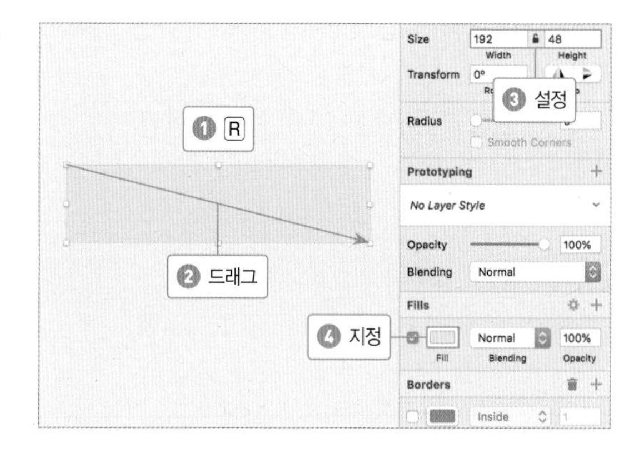


2 사각형을 선택하고 레이어 목록에서 이름을 'Base'로 지정합니다. 인스펙터에서 'No Layer Style'을 클릭한 다음 'Create new Layer Style'을 선택하고, 레이어 스타일 이름을 'Button State/Disabled'로 지정합니다.

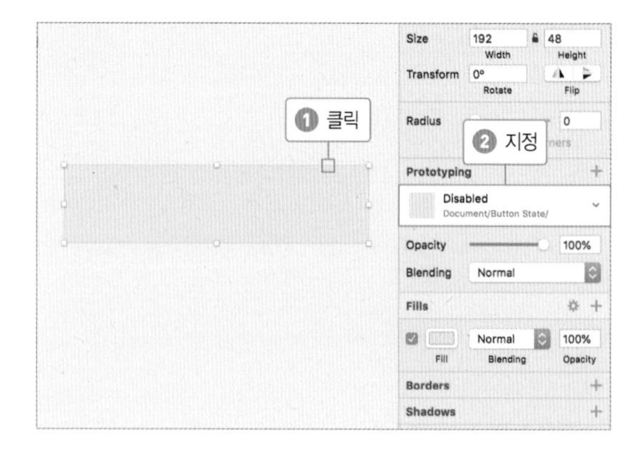

3 툴바에서 Create Symbol 도구(  )를 선택해 심볼로 등록합니다. 심볼 이름에 'State/Button/Disabled'를 입력한 다음 〈OK〉 버튼을 클릭합니다. 원본 사각형 이미지를 삭제합니다.

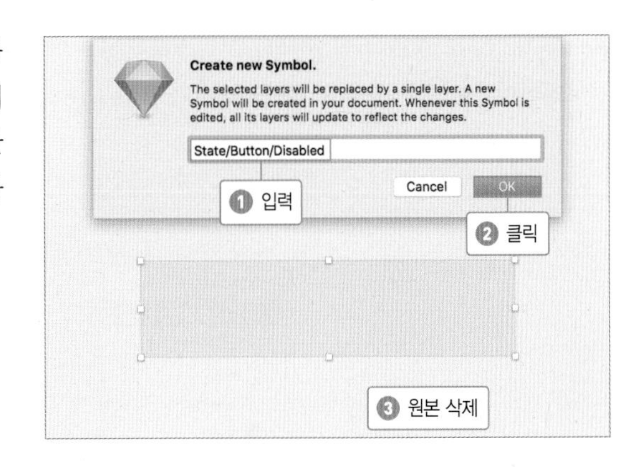


4 1~3번 과정처럼 'Hover', 'Normal' 버튼을 만들어 심볼로 등록하겠습니다. 먼저 R을 누른 다음 192×48 크기의 사각형 두 개를 만듭니다. Fill을 '#FFFFFF'로 지정합니다. 사각형을 선택하고 레이어 목록에서 이름을 'Base'로 지정합니다.

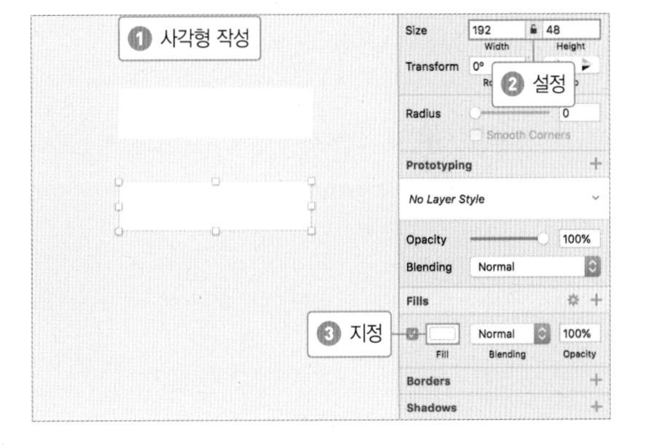


5 'Hover' 심볼로 적용할 사각형은 Opacity를 '25%', 'Normal' 심볼로 적용할 사각형에는 Opacity를 '0%'로 설정합니다.

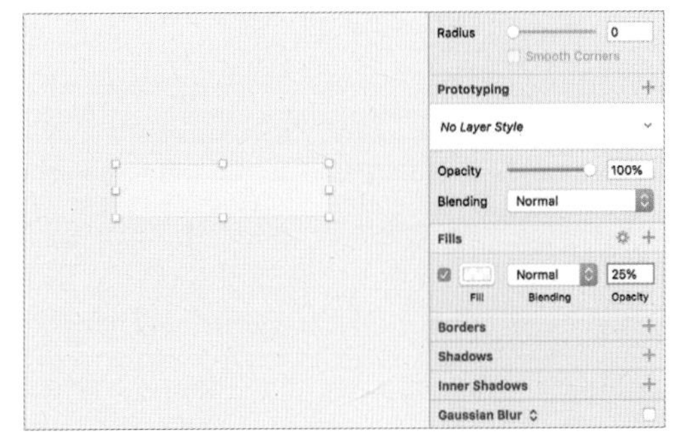

▲ Hover – Opacity: 25%

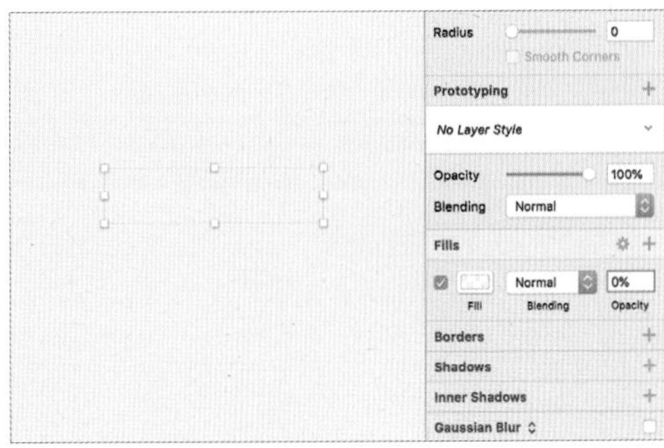


▲ Normal – Opacity: 0%

6 두 개의 사각형을 각각 선택하고 인스펙터에서 레이어 스타일로 등록합니다.
레이어 스타일 이름을 각각 'Button State/Hover', 'Button State/Normal'로 지정합니다.

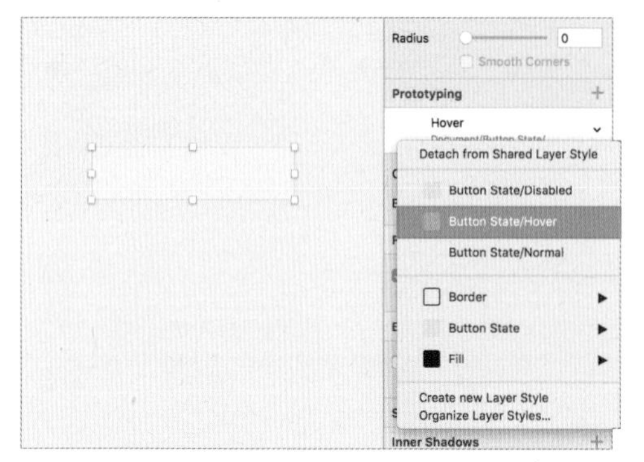


▲ Hover 버튼의 레이어 스타일 이름 – Button State/Hover

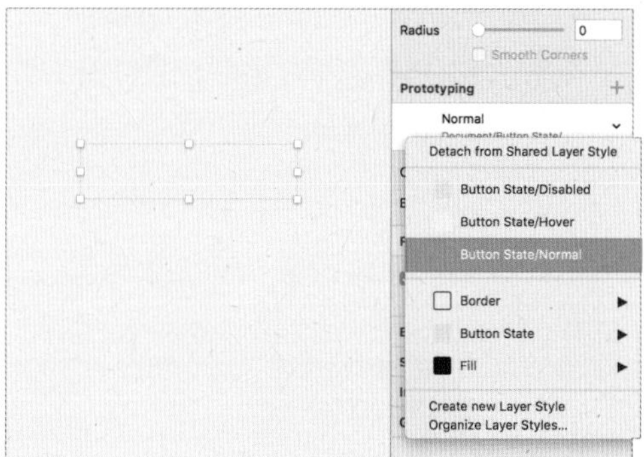


▲ Normal 버튼의 레이어 스타일 이름 – Button State/Normal

7 사각형을 선택한 다음 툴바에서 Create Symbol 도구( )를 선택하여 심볼로 등록합니다.
심볼 이름을 각각 'State/Button/Hover', 'State/Button/Normal'로 지정합니다. 두 개의 원본 사각형 이미지를 삭제하여 마무리합니다.

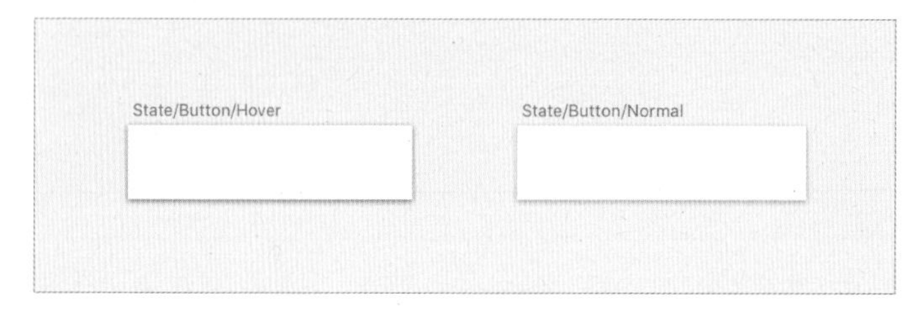

## 무작정 따라하기 | 버튼 형태(Fill) 설정하기

각진 모서리 버튼, 4px 둥근 모서리 버튼, 원형 버튼처럼 세 가지 스타일의 버튼을 심볼로 등록해 봅니다.

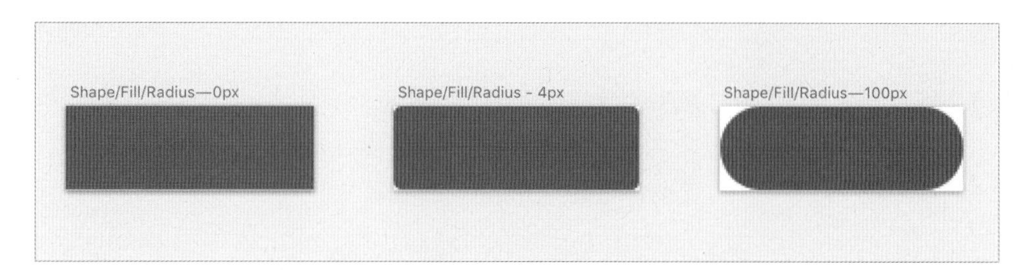


1 R을 누른 다음 120×40 크기의 사각형을 만듭니다. 사각형을 선택하고 레이어 목록에서 이름을 'Base'로 지정합니다.

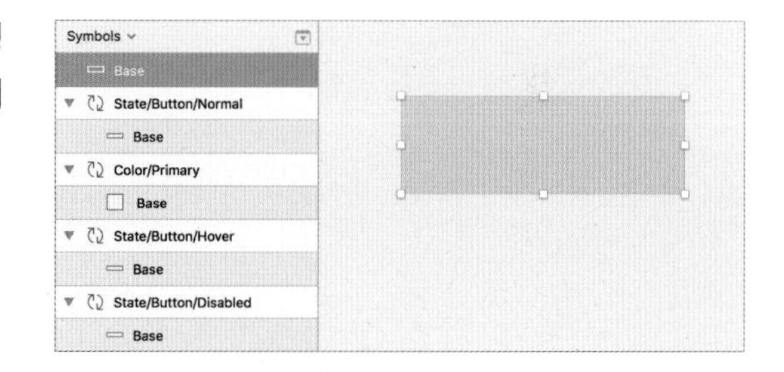


2 툴바에서 **Insert → Symbols → Color → Primary**를 선택하고 'Color/Primary' 심볼을 사각형에 배치합니다.
툴바에서 **Insert → Symbols → State/Button → Normal**을 선택하고 'State/Button/Normal' 심볼을 사각형에 배치합니다.

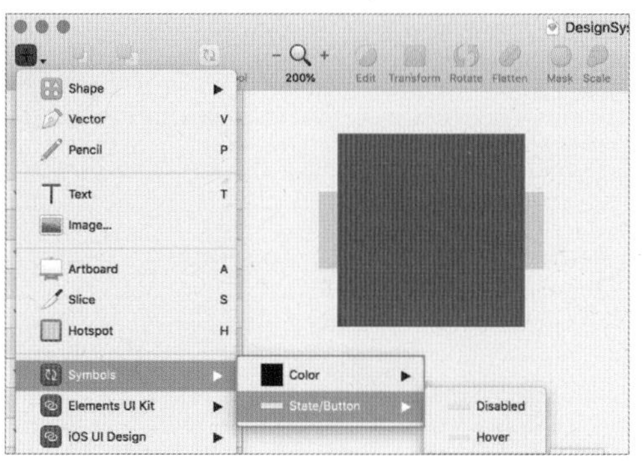


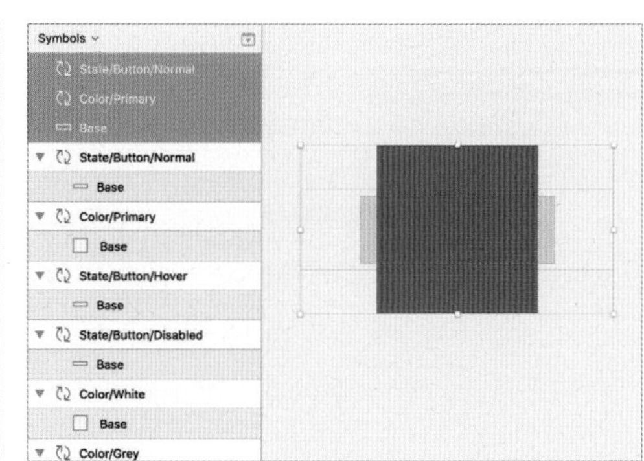

3 Base 사각형 크기에 맞게 'State/Button/Normal'과 'Color/Primary' 심볼을 각각 축소합니다.

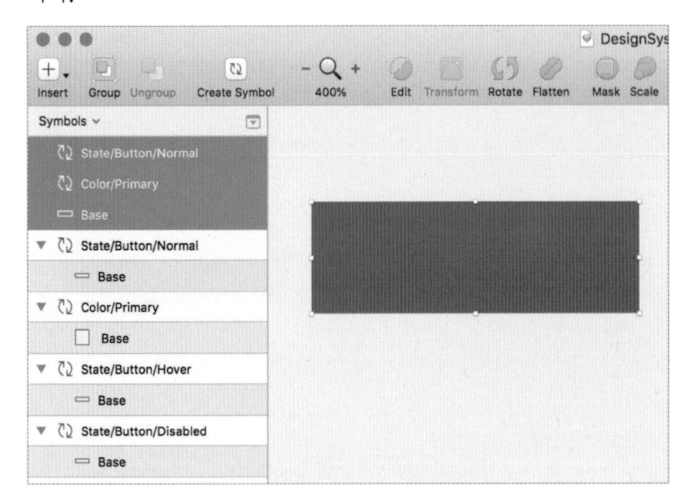


4 레이어 목록에서 'Base' 레이어를 선택한 다음 Ctrl을 누른 채 클릭하여 표시되는 메뉴에서 **Mask**를 실행합니다.

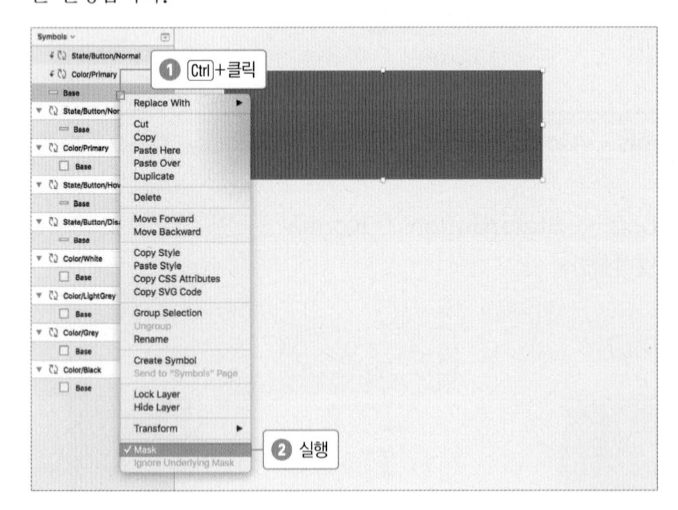

**5** 'Color/Primary' 심볼 이름을 'Color', 'State/Button/Normal', 'State'로 수정합니다. 세 개의 레이어를 모두 선택한 다음 심볼로 등록하고, 심볼 이름을 'Shape/Fill/Radius—0px'로 지정합니다. 원본 심볼 이미지는 삭제합니다.

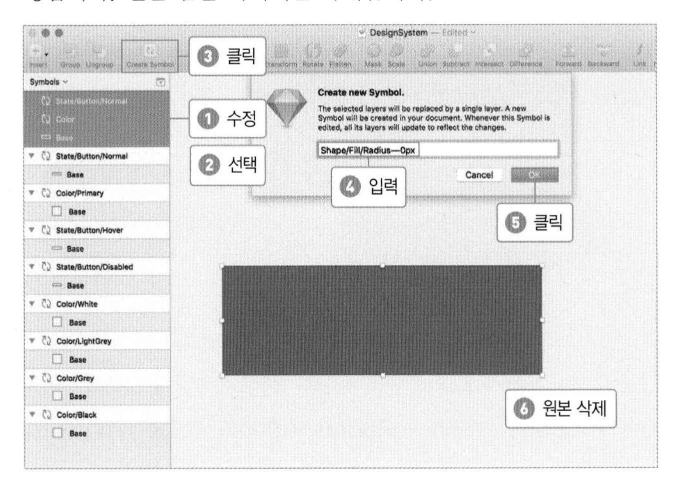

심볼 이름은 나중에 심볼 오버라이드에서 쉽게 구분할 수 있도록 각각 'State', 'Color'로 수정해도 됩니다.

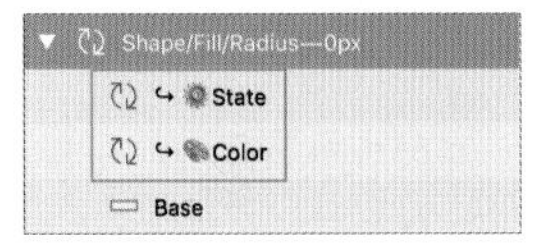


**6** 1~5번과 같은 방법으로 4px의 둥근 모서리 버튼(Fill)을 설정하겠습니다. U를 누르고 120×40 크기의 둥근 사각형을 만듭니다.
심볼 이름을 'Shape/Fill/Radius – 4px'로 지정하고 원본 심볼 이미지를 삭제합니다.

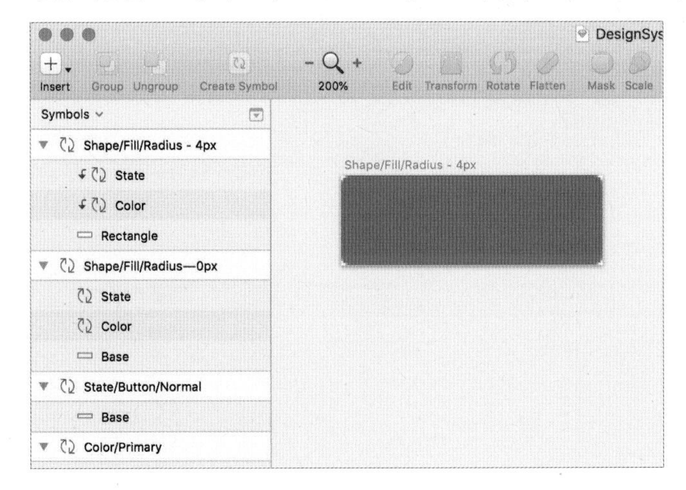

**7** 1~5번과 같은 방법으로 이번에는 둥근 버튼(Fill)을 설정하겠습니다. U를 누르고 120×40 크기의 Radius(모서리)가 '100'인 둥근 사각형을 만듭니다.
심볼 이름을 'Shape/Fill/Radius—100px'로 설정하고 원본 심볼 이미지를 삭제합니다.

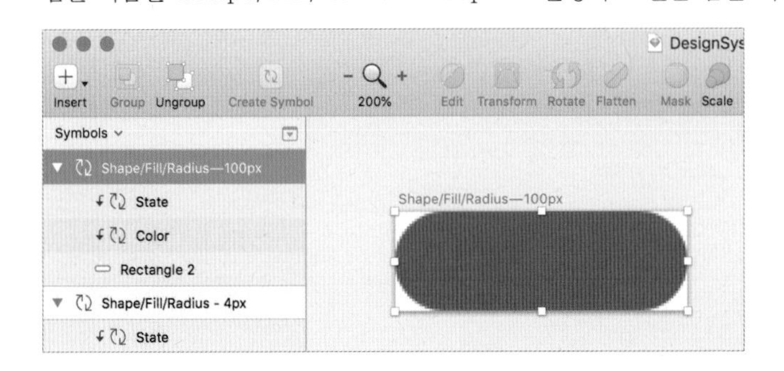


**8** 버튼 심볼의 오버라이드(Override)를 확인하기 위해 먼저 새로운 페이지를 만듭니다.
툴바에서 **Insert → Symbols → Shape → Fill → Radius—100px**을 선택합니다. 'Shape/Fill/Radius—100p' 심볼이 페이지에 등록되면 작업을 마무리합니다.

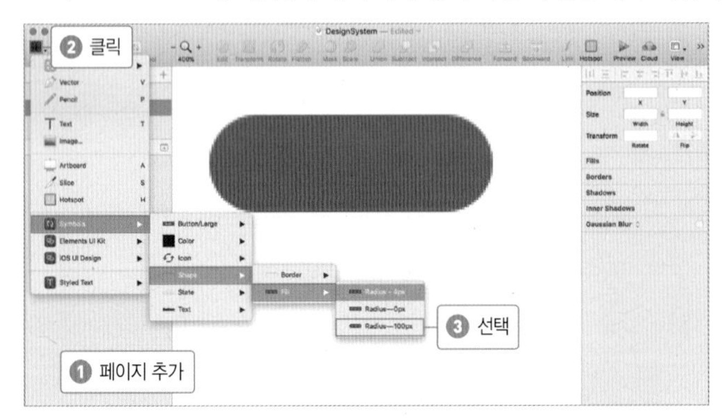


**Tip**

인스펙터의 Overrides 항목에서 원하는 'State'와 'Color'를 선택해서 심볼 형태를 변경할 수 있습니다.

**9** 인스펙터의 Overrides 항목에서 'State'와 'Color'를 각각 선택해 원하는 대로 수정할 수 있습니다.

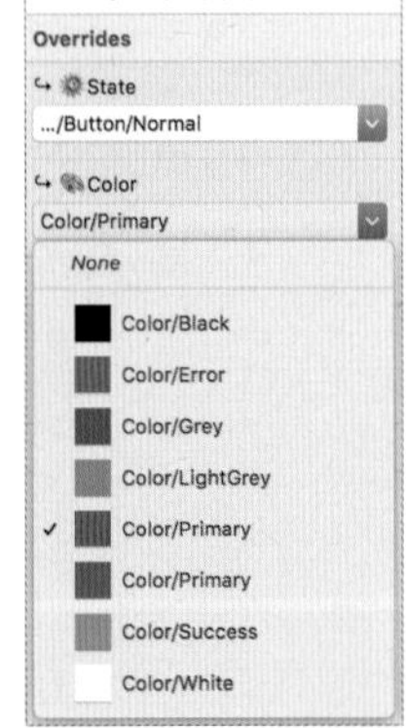

## 무작정 따라하기 | 버튼 형태(Border) 설정하기

이번에는 버튼의 Border 값을 설정합니다. 세 가지 기본 형태의 버튼에서 Border 값을 수정할 수 있도록 심볼을 등록하겠습니다.

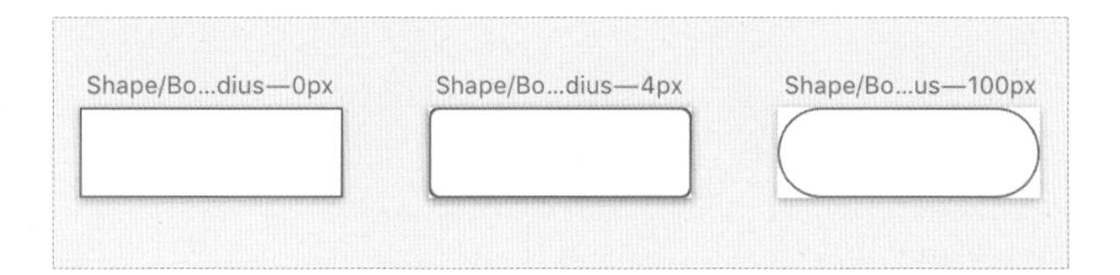


1 R을 누른 다음 120×40 크기의 사각형을 만들고 Cmd+D를 눌러 복제합니다. 두 개의 사각형이 겹치면 구분을 위해 원본 사각형의 Fill을 '#4A90E2'로 지정합니다.

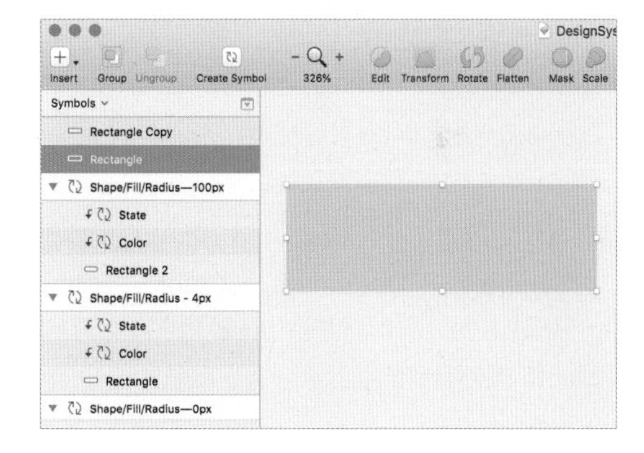


2 복제된 사각형을 선택하고 Size에서 Width를 '118', Height를 '38'로 설정해 약간 축소합니다.
사각형을 오른쪽과 아래쪽으로 1px씩 이동합니다.

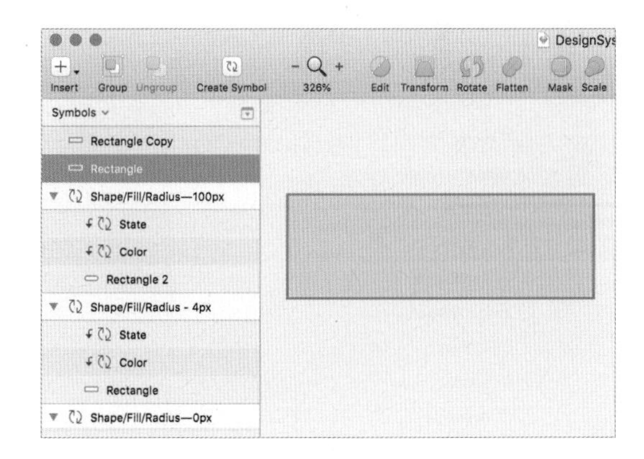

3 두 개의 사각형을 선택한 다음 툴바에서 Subtract 도구를 선택해 겹친 부분을 삭제하고 테두리만 남깁니다.

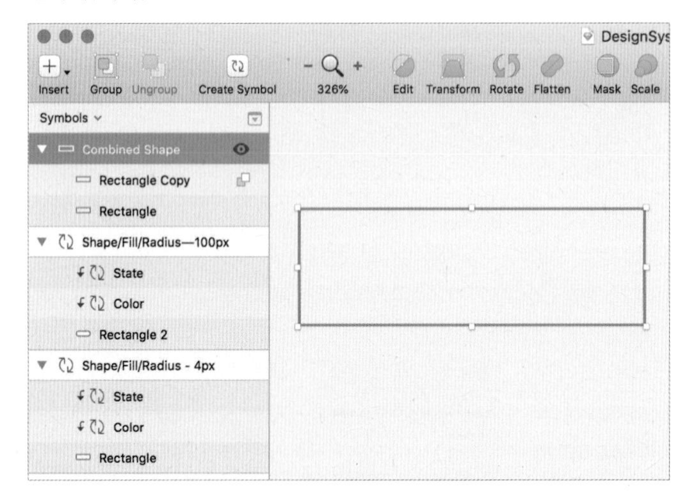


4 레이어 목록에서 'Combined Shape' 이름을 'Base'로 수정합니다. 메뉴에서 [**Insert**] → **Symbols** → **Document** → **Color** → **Primary**를 실행해 'Color/Primary' 심볼과 'State/Button/Normal' 심볼을 'Base' 레이어 위에 배치한 다음 'Base' 레이어 크기에 맞춰 심볼의 크기를 조정합니다.

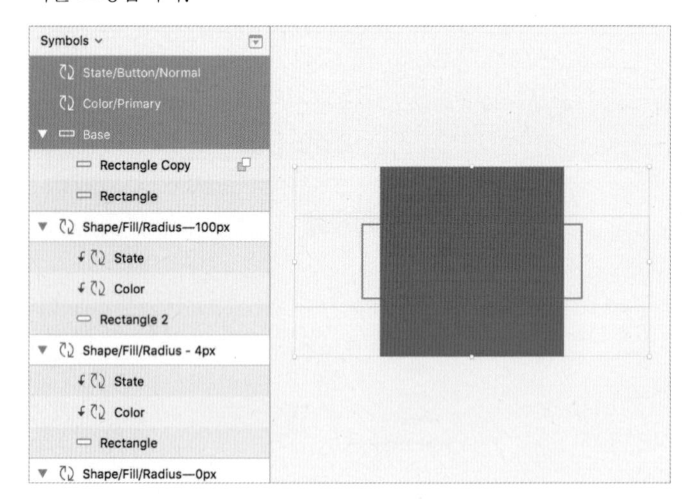

5 'Base' 레이어를 선택한 다음 Mask 도구를 선택하여 마스크를 지정합니다.

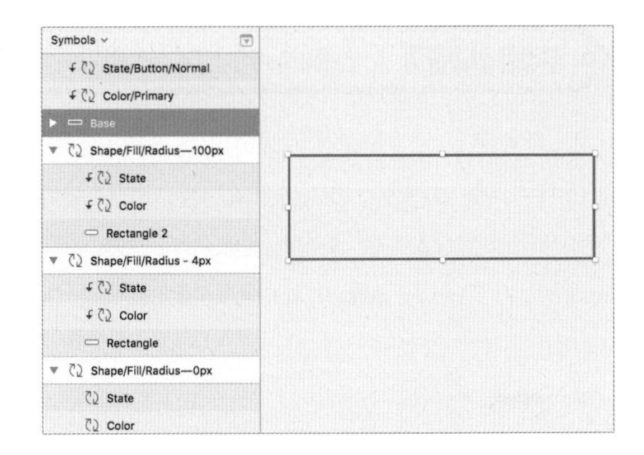


6 모든 레이어를 선택한 다음 툴바에서 Create Symbol 도구(Ⓢ)를 선택합니다. Create new Symbol 대화상자가 표시되면 'Shape/Border/Radius—0px'를 입력하고 〈OK〉 버튼을 클릭한 다음 원본 심볼 이미지를 삭제합니다.

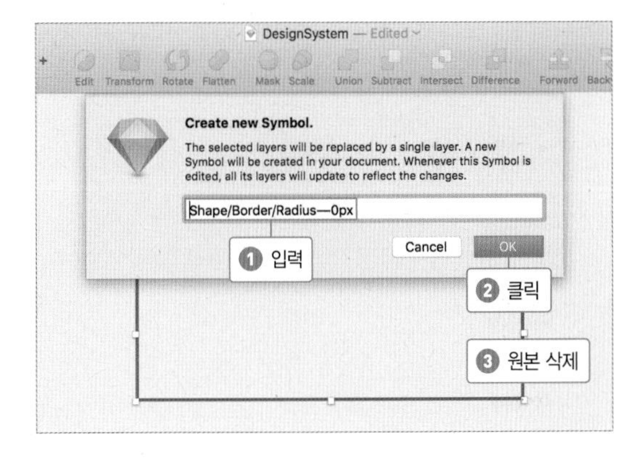


7 1~6번 과정을 반복해서 4px 둥근 모서리 버튼과 100px 둥근 모서리 버튼의 Border를 설정하고 심볼로 등록합니다. 심볼 이름을 각각 'Shape/Border/Radius—4px', 'Shape/Border/Radius—100px'로 지정하여 마무리합니다.

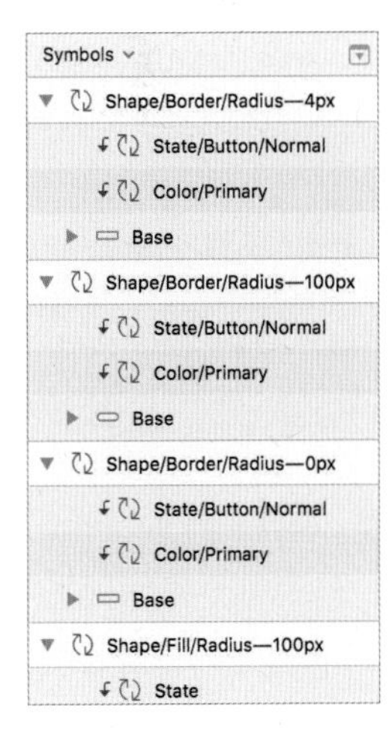

## 무작정 따라하기 | 인풋(Input) 상태 설정하기

인풋Input은 주로 로그인이나 회원가입 등에서 볼 수 있는 양식입니다. 이메일 주소 등의 문자나 숫자 등의 텍스트를 입력하는 박스로 폼 양식이라고도 합니다. 입력한 텍스트의 상태에 따라 Input 박스 색상도 바뀌어 상태를 나타냅니다. 일반적으로 Input 박스는 다음과 같은 단계로 설정합니다.

**Input 박스 단계: Hover, default, Active, Error, Success, Disabled**

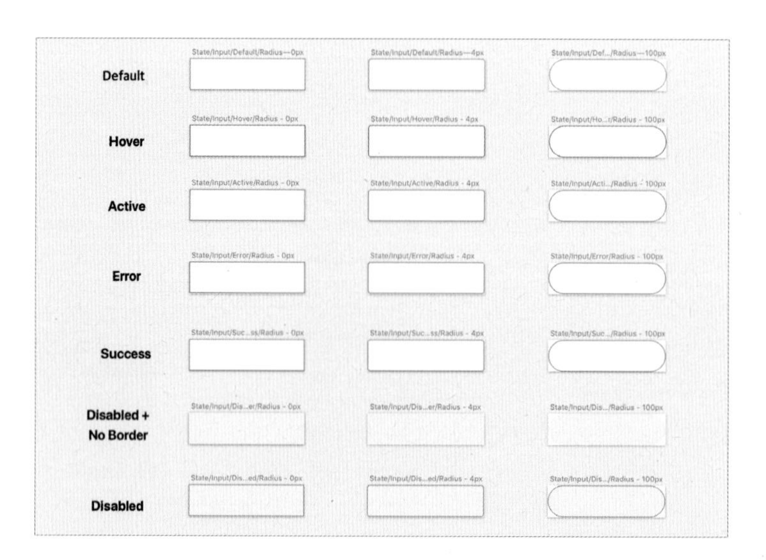


**1** Ⓡ을 누른 다음 120×40 크기의 사각형을 만듭니다. 인스펙터에서 'No Layer Style'을 클릭한 다음 'Border/Light Grey'로 지정합니다. 사각형 레이어 이름을 'Base'로 지정합니다.

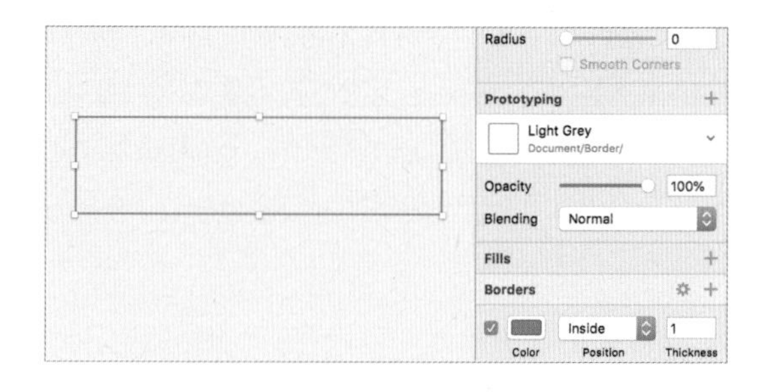


**2** 사각형을 선택하고 Create Symbol 도구()를 선택합니다. Create new Symbol 대화상자가 표시되면 'State/Input/Default/Radius—0px'를 입력하고 〈OK〉 버튼을 클릭한 다음 원본 사각형을 삭제합니다.

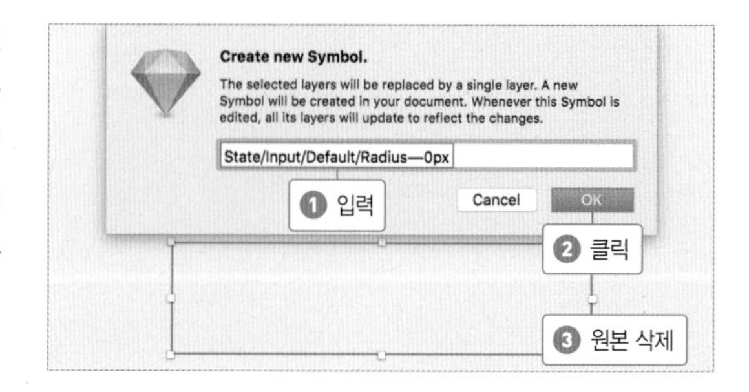

**3** 1~2번 과정을 반복해서 둥근 모서리가 각각 '4px'과 '100px'인 심볼을 등록합니다. 모두 'Border/Light Grey' 레이어 스타일을 적용하고 심볼 이름은 각각 'State/Input/Default/Radius—4px', 'State/Input/Default/Radius—100px'로 지정합니다. 이때 원본 심볼을 삭제하는 것도 잊지 않도록 합니다.

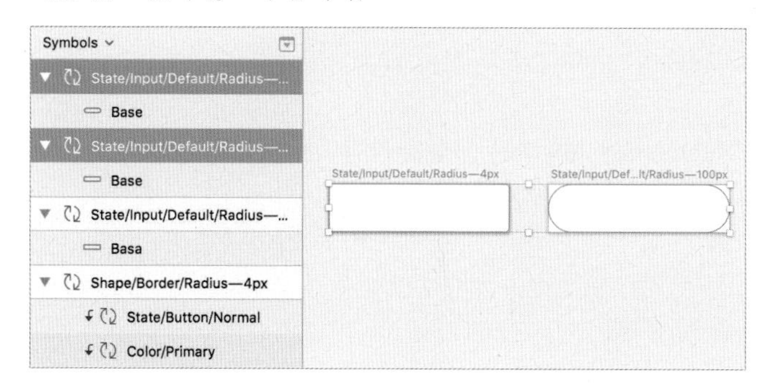


**4** 1~3번 과정에서 'default' Input 박스를 설정하고 심볼로 등록했습니다. 이 과정을 반복해서 'Hover', 'Active', 'Error', 'Success', 'Disabled' Input 박스도 모두 설정합니다. 각 단계에 설정해야 하는 값은 다음과 같습니다.

| Input 박스 상태 | 레이어 스타일 | 심볼 이름 |
|---|---|---|
| Hover | Border/Grey | State/Input/Hover/Radius - 0/4/100px |
| Active | Border/Primary | State/Input/Active/Radius - 0/4/100px |
| Error | Border/Error | State/Input/Error/Radius - 0/4/100px |
| Success | Border/Success | State/Input/Success/Radius - 0/4/100px |

**Tip**

Input 박스 상태 설정 전에 'Design System Setup' 페이지에서 Error(#FF3E3E), Success(#19A56)에 해당하는 색상 값을 레이어 스타일로 등록합니다. Border, Fill 모두 레이어 스타일로 등록합니다.

**5** 다음과 같이 각 Input 박스 상태에 해당하는 모든 도형을 만듭니다. 레이어 목록에서 모든 도형의 이름을 'Base'로 지정합니다.

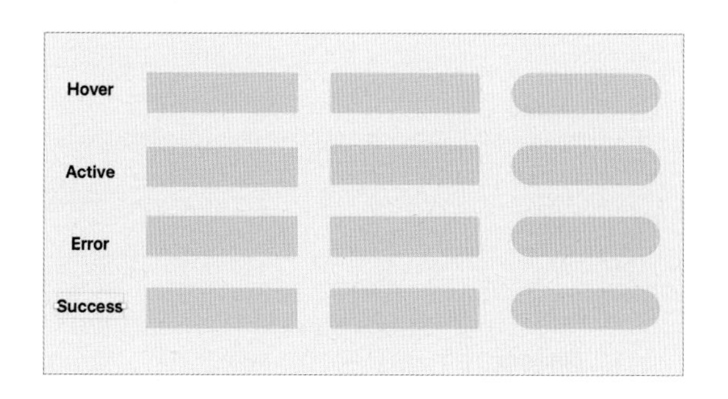

6 'Hover' 상태에 해당하는 세 개의 도형을 선택한 다음 인스펙터에서 'Border/Grey' 레이어 스타일을 적용합니다.

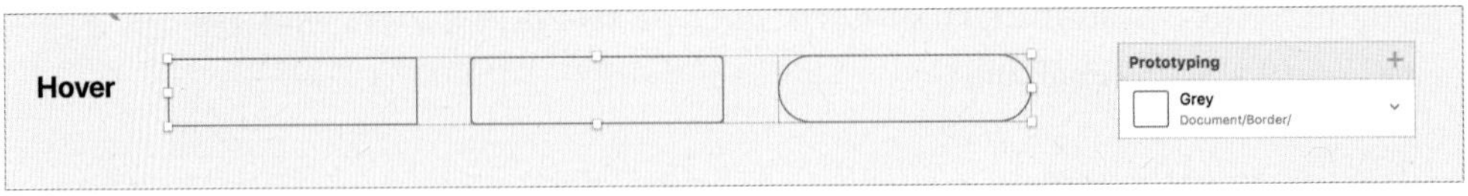

7 나머지 'Active', 'Error', 'Success'에 해당하는 도형을 각각 선택하고 'Border/Primary', 'Border/Error', 'Border/Success' 레이어 스타일을 적용합니다.

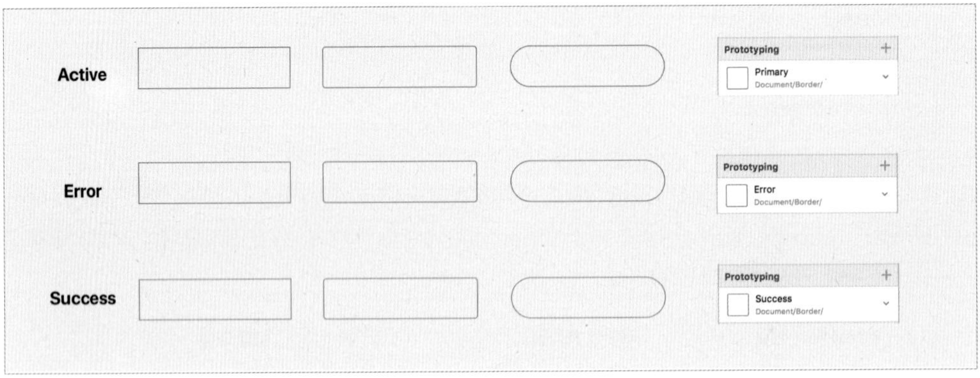

8 'Hover', 'Active', 'Error', 'Success'에 해당하는 모든 심볼을 등록합니다. 이때 심볼 이름은 4번의 표를 참고하고, 원본 심볼 이미지를 삭제합니다.

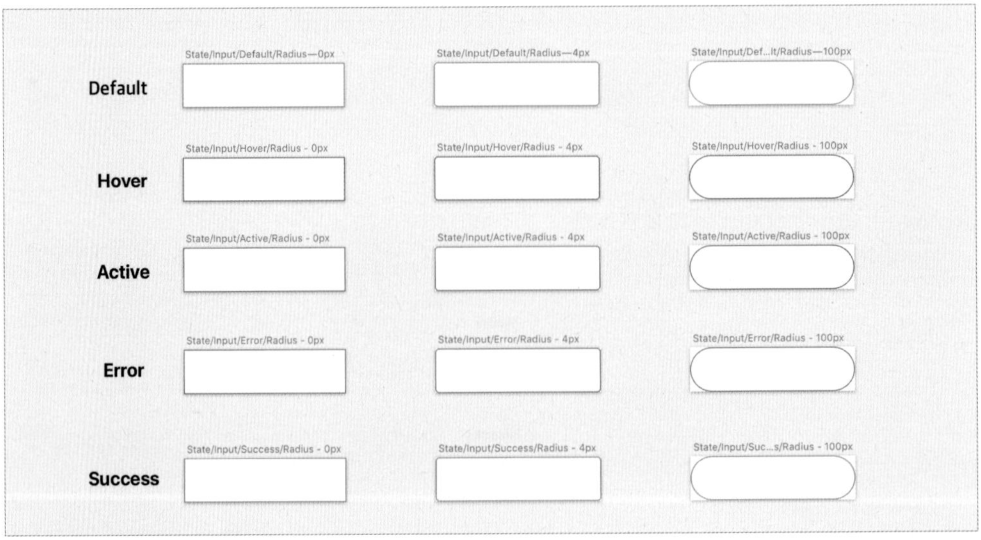

9 'Disabled' Input Box Fill(도형 색) 값만 있는 버튼의 경우를 설정하기 위해 R을 누른 다음 120×40 크기의 사각형을 만듭니다. 같은 크기의 둥근 모서리가 4px와 100px인 둥근 사각형도 만듭니다. 레이어 목록에서 모든 도형의 이름을 'Base'로 지정합니다. 세 개의 도형을 모두 선택하고, Fill을 '#C4C4C4', Opacity를 '40%'로 설정합니다.

**Tip**

Disabled Input 박스는 이전의 Input 박스 설정과 조금 다릅니다. 'Disabled' Input 박스 설정은 Fill(도형색) 값만 있는 경우와 Border 값과 Fill 값을 함께 적용한 두 가지 경우의 심볼을 등록합니다.

10 세 개의 도형을 각각 심볼로 지정하고, 심볼 이름을 'State/Input/Disabled + No Border/Radius - 0/4/100px'로 지정합니다. 원본 심볼 이미지는 삭제합니다.

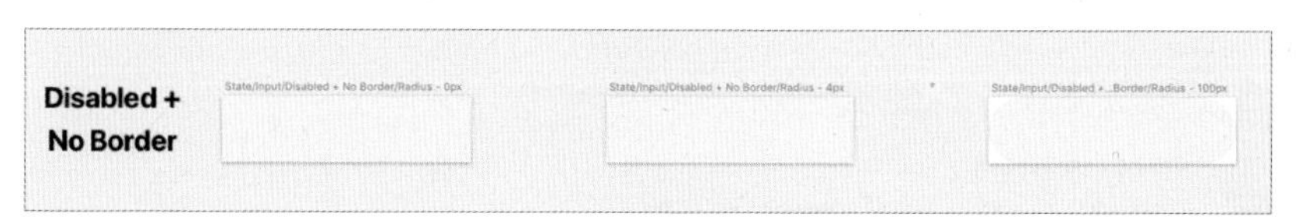


11 R을 누른 다음 120×40 크기의 사각형을 만듭니다. 같은 크기의 둥근 모서리가 4px, 100px인 둥근 사각형도 만듭니다. 레이어 목록에서 모든 도형의 이름을 'Base'로 지정합니다. 세 개의 도형을 모두 선택하고, 인스펙터에서 'Border/Light Grey' 레이어 스타일을 지정합니다.

12 R을 누른 다음 세 개의 도형 위로 세 개의 120×40 크기 사각형을 만들어 겹쳐서 배치합니다. 레이어 목록에서 모든 도형의 이름을 'Fill'로 지정합니다. 세 개의 도형을 모두 선택하고, Fill을 '#C4C4C4', Opacity를 '40%'로 설정합니다.

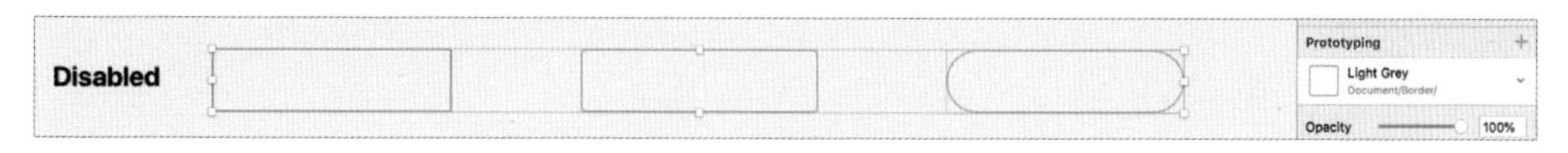

**13** 'Base' 레이어에 마스크(Mask)를 지정합니다.

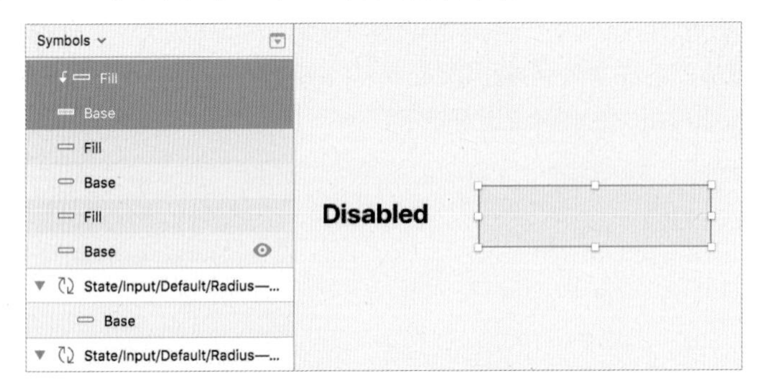


**14** 'Base'와 'Fill' 레이어를 모두 선택한 다음 심볼로 등록합니다. Create new Symbol 대화상자에서 'State/Input/Disabled/Radius – 0px'을 입력하고 〈OK〉 버튼을 클릭합니다.

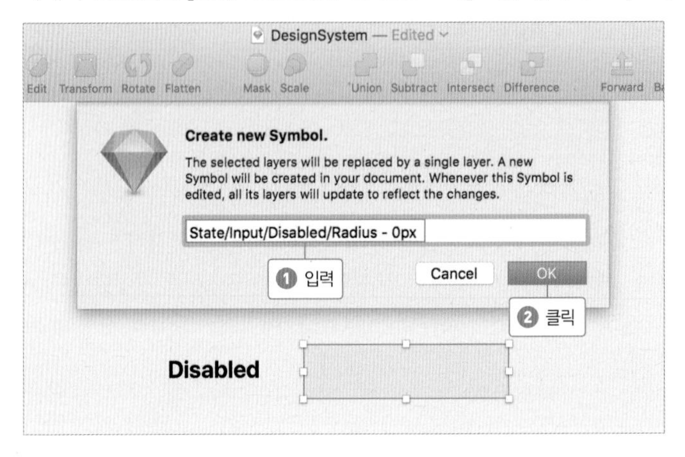


**15** 둥근 모서리 4px와 100px 레이어에도 각각 마스크를 지정하고 심볼로 등록합니다. 원본 심볼 이미지를 삭제합니다. Input 상태 설정이 마무리되었습니다.

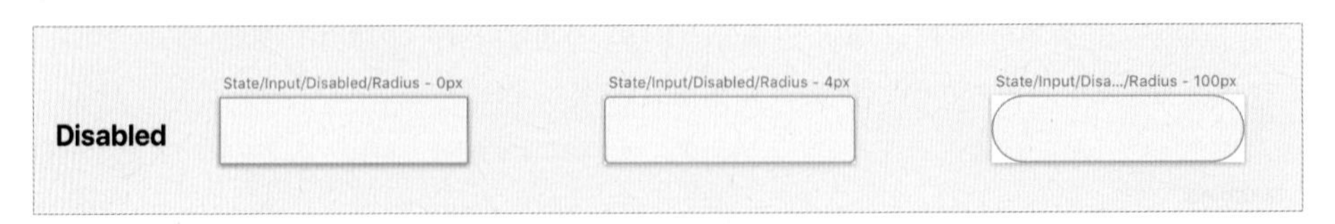

# Section 03 컴포넌트 설정하기

앞서 설정한 버튼 형태와 상태 심볼, Input 상태 심볼, 그리고 모든 Icon 심볼, Text 심볼을 적용해서 다양한 디자인 환경에 완벽하게 대응할 수 있는 컴포넌트를 만들어 봅니다.

다양한 형태의 버튼을 디자인하여 다음과 같이 컴포넌트를 설정합니다.

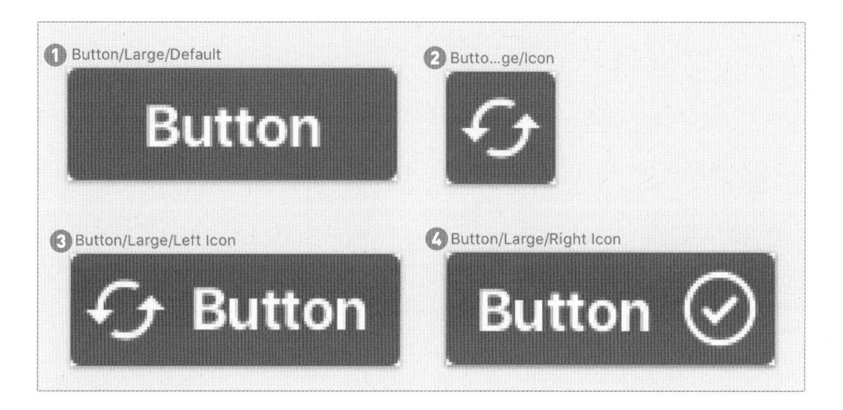


① **Default(No Icon)**: 아이콘 없이 텍스트만 있는 버튼 형식입니다.

② **Icon(No Text)**: 아이콘만 있는 버튼 형식입니다.

③ **Left Icon(With Text)**: 왼쪽에 아이콘이 위치하고, 오른쪽에 텍스트가 있는 버튼 형식입니다.

④ **Right Icon(With Text)**: 텍스트가 왼쪽에 위치하고 아이콘이 오른쪽에 있는 버튼 형식입니다.

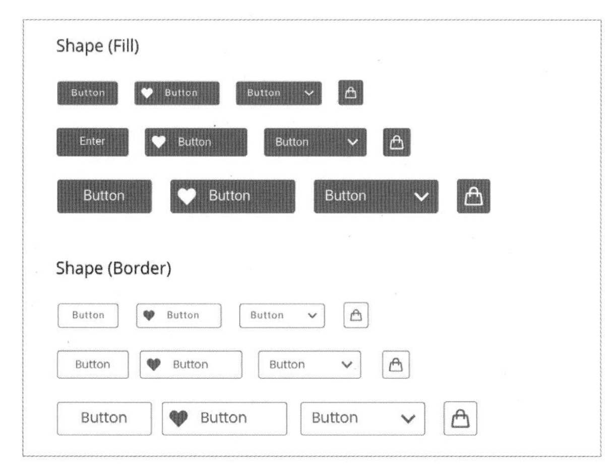


# 완성 파일 · 04\DesignSystem_Component.sketch

## 무작정 따라하기 | 기본 버튼 만들기

먼저 텍스트만 있는 기본 버튼 형식을 설정합니다.

1 툴바에서 **Insert → Symbols → Shape → Fill → Radius – 4px**를 선택해 캔버스에 심볼을 배치합니다. 심볼을 선택하고 레이어 이름을 'Button'으로 수정합니다.

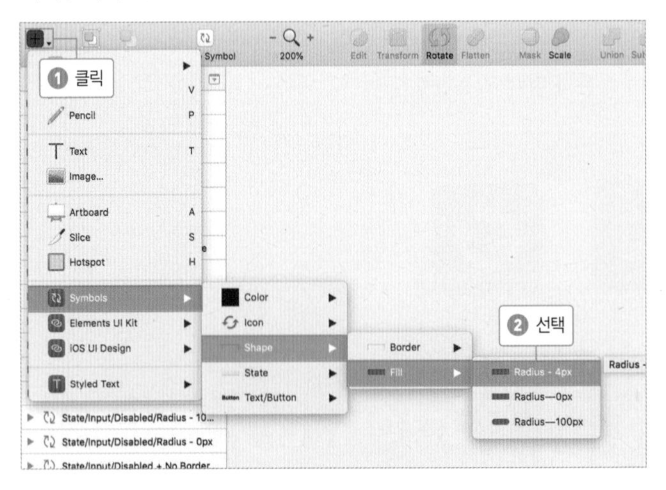


2 인스펙터에서 Overrides 항목의 State와 Color에 심볼 오버라이드가 적용됩니다.

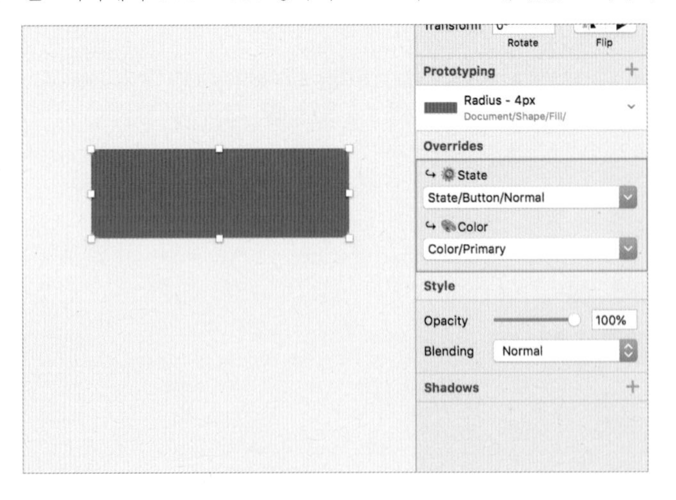


**Tip**

심볼 오버라이드를 통해 언제든지 클릭 한 번에 버튼 상태나 색상을 수정할 수 있습니다.

3 버튼 위에 텍스트를 배치하겠습니다. 툴바에서 **Insert → Symbols → Text → Button → Large → Center → White**를 선택해 캔버스에 'Text/Button/Large/Center/White' 심볼을 배치합니다. 텍스트를 선택하고 레이어 목록에서 레이어 이름을 'Text'로 수정합니다.

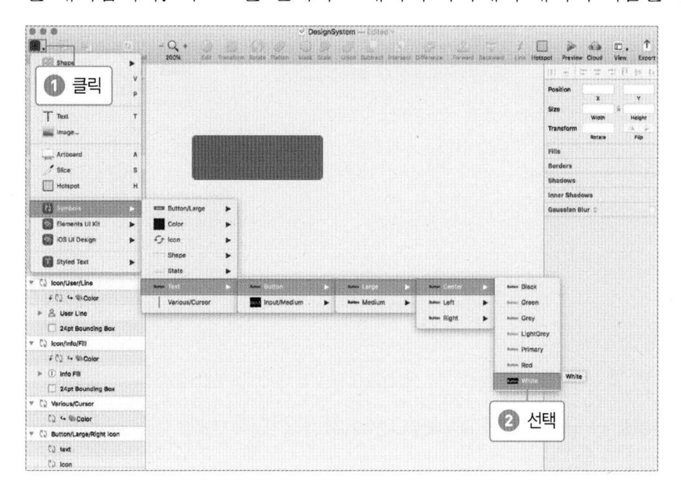


4 텍스트를 'Button' 심볼 위에 배치한 다음 버튼 가운데에 텍스트가 위치하도록 정렬합니다. 'Text'와 'Button' 심볼을 함께 선택하고 심볼로 등록합니다. Create new Symbol 대화상자에 'Button/Large/Default'를 입력한 다음 〈OK〉 버튼을 클릭하고 원본 심볼을 삭제합니다.

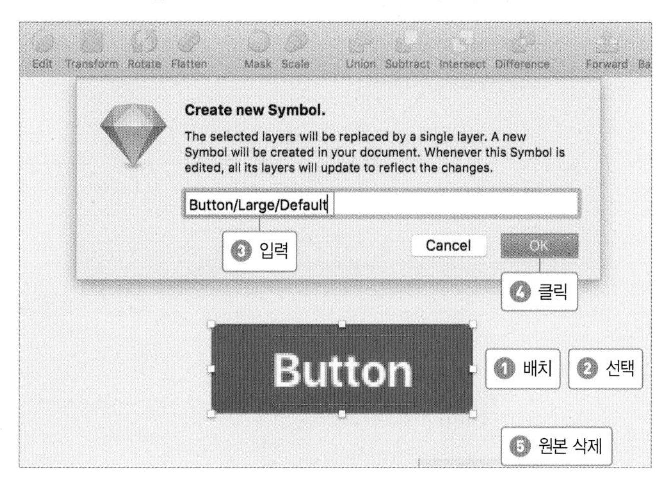

5 텍스트를 선택한 다음 인스펙터의 Resizing 항목에서 왼쪽, 오른쪽을 클릭하고 'Fix Height'도 클릭하여 높이도 함께 고정합니다.

Tip
Resizing 항목을 지정하면 버튼 크기가 작아지거나 커져도 텍스트의 위치와 크기가 고정됩니다.

6 설정한 버튼이 의도한 대로 잘 적용되었는지 확인하기 위해 먼저 새로운 페이지로 이동합니다. 툴바에서 **Insert → Symbols → Button/Large/Default**를 선택해 해당 심볼을 배치합니다.

7 심볼을 클릭하고 Overrides 항목의 심볼 오버라이드를 확인합니다.

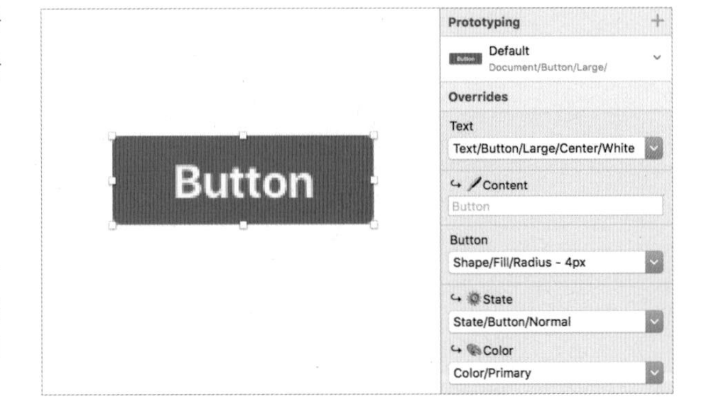


Tip
텍스트, 형태, 상태, 색상 등 버튼에 관해 수정 가능한 내용을 Overrides 항목을 이용해서 언제든지 수정할 수 있습니다.

## 무작정 따라하기 | 아이콘만으로 이루어진 버튼 만들기

**1** 툴바에서 **Insert → Symbols → Shape → Fill → Radius-4px**를 선택해 캔버스에 'Shape/Fill/Radius - 4px' 심볼을 배치합니다. 심볼 높이에 맞게 폭이 40px로 줄어들어 심볼을 정사각형으로 만듭니다. 도형을 선택하고 레이어 이름을 'Button'으로 수정합니다.

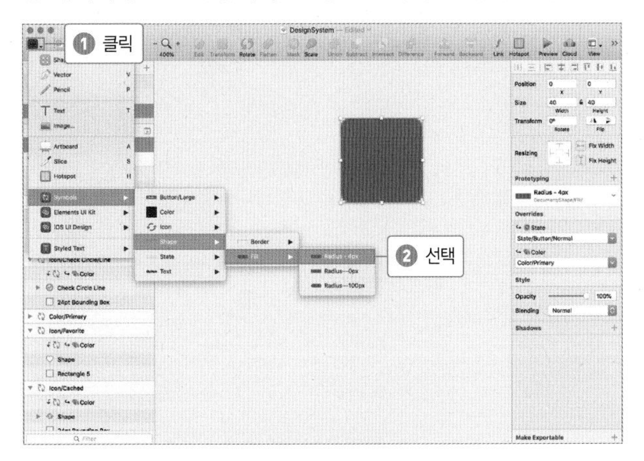


**2** 툴바에서 **Insert → Symbols → Icon → Cashed**를 선택한 다음 'Shape/Fill/Radius-4px' 심볼 위에 오브젝트를 배치합니다.
인스펙터의 Overrides 항목에서 'Color/White'로 지정해 아이콘 색상을 흰색으로 수정합니다.
레이어 목록에서 아이콘 이름을 'Icon'으로 수정합니다.

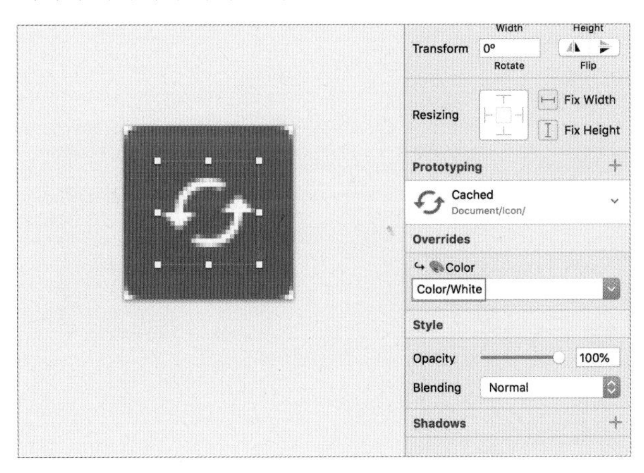

3 메뉴의 **(Layer) → Transform → Scale**을 실행합니다.

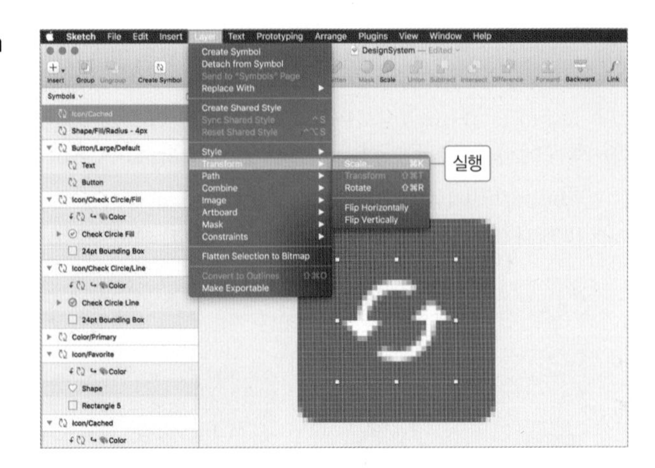


4 Scale Layers 대화상자가 표시되면 Width와 Height를 각각 '32px'로 설정하여 아이콘 크기를 수정한 다음 〈OK〉 버튼을 클릭합니다.

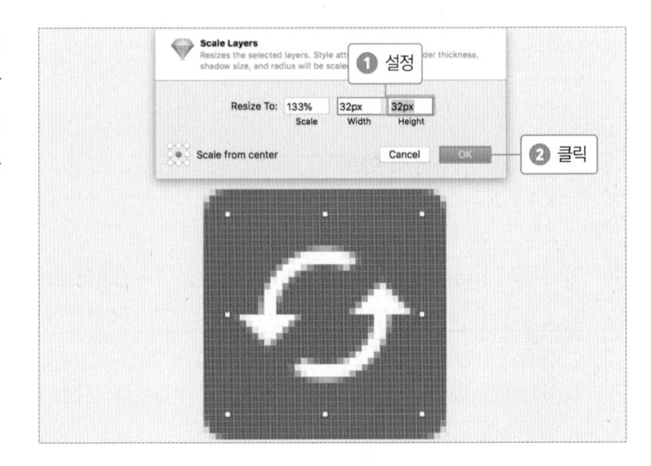


5 아이콘을 가운데 정렬한 다음 여백을 확인하면 주위에 4px 여백이 동일하게 적용됩니다.

6 두 개의 레이어(Button, Icon)를 모두 선택한 다음 툴바에서 Create Symbol 도구()를 선택하여 심볼로 등록합니다. 심볼 이름에 'Button/Large/Icon'을 입력하고 〈OK〉 버튼을 클릭한 다음 원본 심볼 이미지를 삭제합니다.

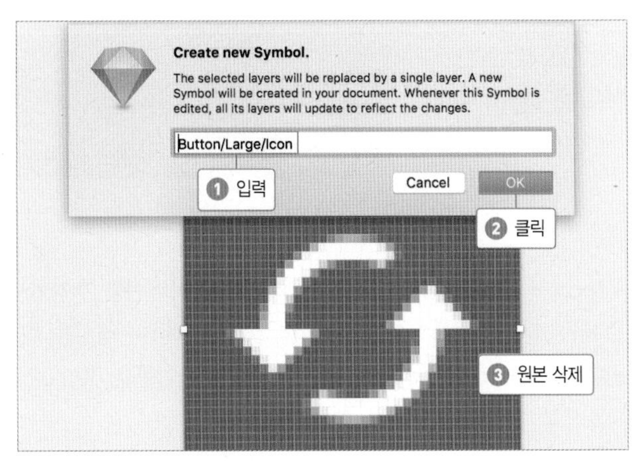


7 새로 만든 심볼에서 아이콘을 선택한 다음 Resizing 항목에서 'Fix Width', 'Fix Height'를 클릭하여 폭과 높이를 고정해서 마무리합니다.

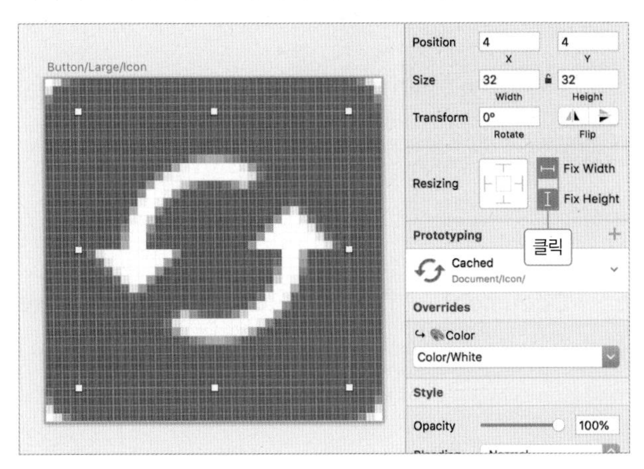

## 무작정 따라하기 | 아이콘이 왼쪽에 있는 텍스트 버튼 만들기

1 메뉴에서 [Insert] → **Symbols → Document → Shape → Fill → Radius – 4px**를 실행해 캔버스에 심볼을 배치합니다. 도형을 선택하고 레이어 이름을 'Button'으로 수정합니다.

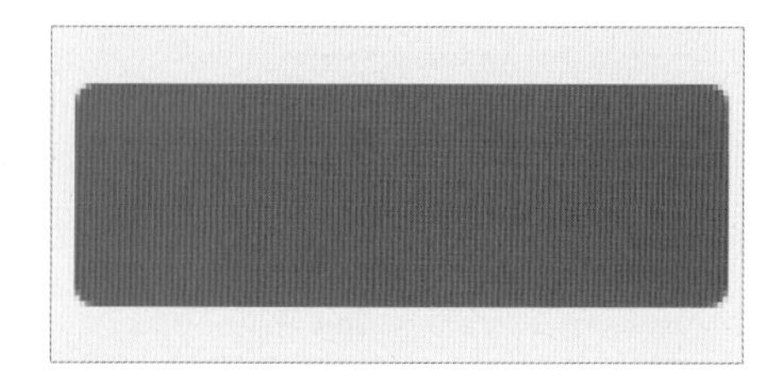

2 툴바에서 **Insert → Symbols → Icon → Cashed**를 선택해 버튼 왼쪽에 아이콘을 추가합니다. 아이콘을 선택한 채 인스펙터의 Overrides 항목에서 'Color/White'를 지정하여 색상을 흰색으로 변경합니다. 메뉴에서 [Layer] → **Transform → Scale**을 실행하여 아이콘을 32×32 크기로 수정한 다음 레이어 이름을 'Icon'으로 수정합니다.
버튼과 아이콘의 간격을 사방 모두 4px로 조정합니다.

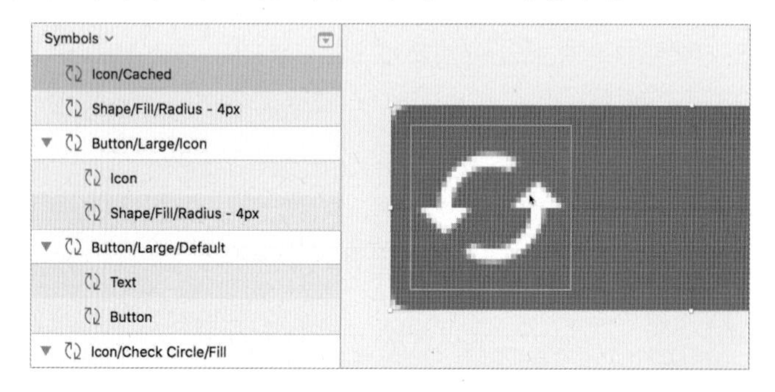


3 메뉴에서 [Insert] → **Symbols → Document → Text → Button → Large → Left → White**를 실행해 캔버스에 심볼을 배치합니다. 텍스트를 선택하고 레이어 이름을 'Text'로 수정합니다.

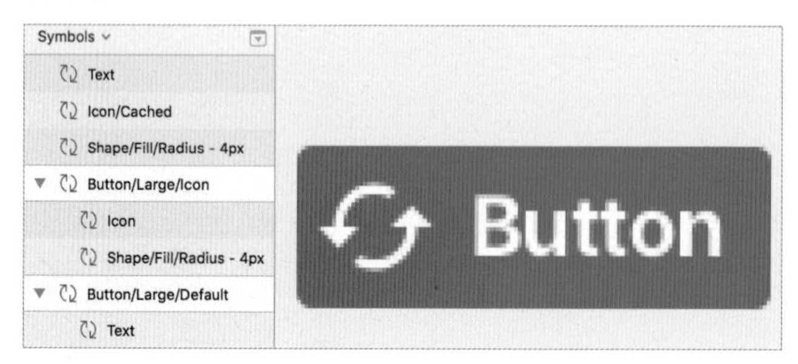

4 버튼과 아이콘의 왼쪽 간격을 4px, 아이콘과 텍스트의 간격을 8px로 조정합니다. 세 개의 레이어(Button, Icon, Text)를 선택한 다음 심볼로 등록합니다. 심볼 이름은 'Button/Large/Left Icon'으로 지정하고 원본 심볼 이미지를 삭제합니다.

5 새로운 심볼의 아이콘을 선택한 다음 Resizing 항목에서 왼쪽을 선택하고, 'Fix Width/Height'를 클릭하여 폭과 높이를 고정합니다.

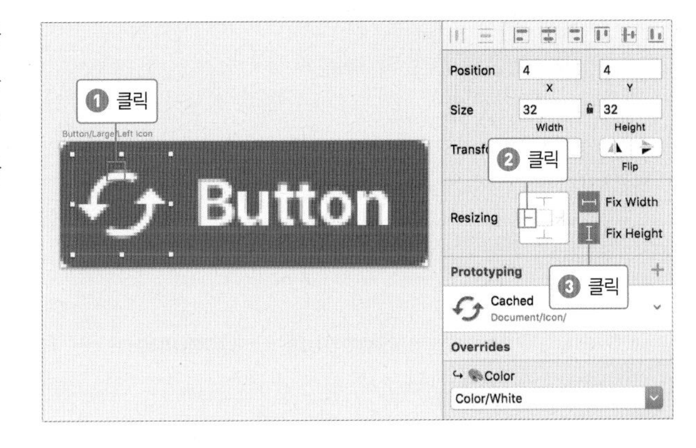


6 텍스트를 선택하고, Resizing 항목에서 오른쪽을 클릭한 다음 'Fix Height'를 클릭하여 오른쪽과 함께 텍스트가 길어질 수 있으므로 높이를 고정합니다.

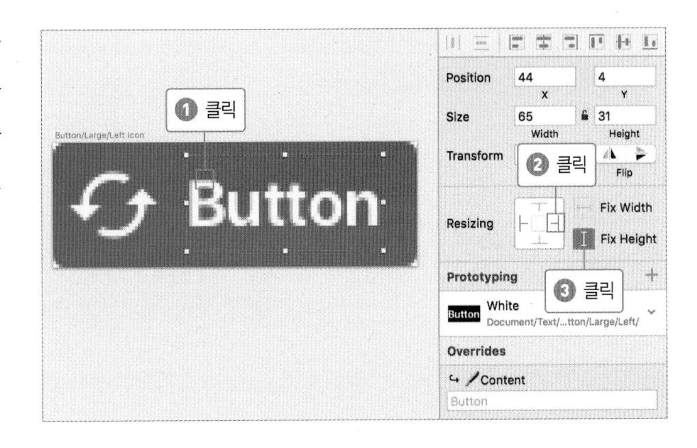

## 무작정 따라하기 | 아이콘이 오른쪽에 있는 텍스트 버튼 만들기

1 툴바에서 **Insert → Symbols → Shape → Fill → Radius – 4px**를 선택해 캔버스에 심볼을 배치합니다. 레이어 이름을 'Button'으로 수정합니다.
툴바에서 **Insert → Symbols → Icon → Check Circle → Line**을 선택해 버튼 오른쪽에 아이콘을 배치한 다음 Overrides 항목에서 'Color/White'를 지정하여 색상을 흰색으로 수정합니다. 메뉴에서 **[Layer] → Transform → Scale**을 실행해 아이콘 크기를 가로/세로 '32'로 설정하고, 아이콘 레이어 이름을 'Icon'으로 수정합니다. 버튼과 아이콘의 간격을 사방 모두 4px로 조정합니다.

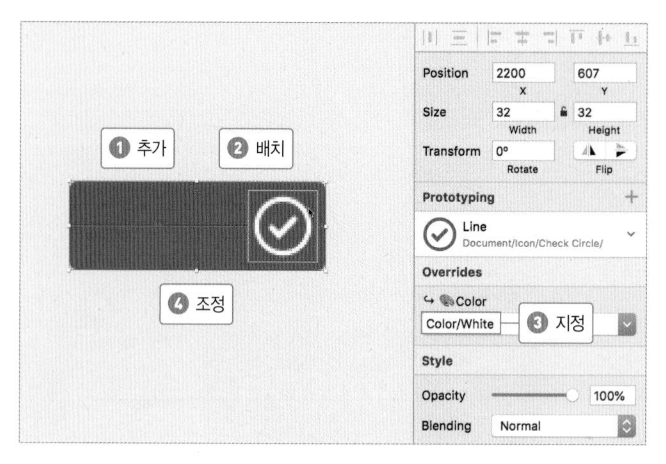


2 메뉴에서 **[Insert] → Symbols → Document → Text → Button → Large → Left → White**를 실행해 캔버스에 심볼을 배치합니다. 텍스트를 선택하고 레이어 이름을 'Text'로 수정합니다. 아이콘과 텍스트의 간격을 8px로 조정합니다.

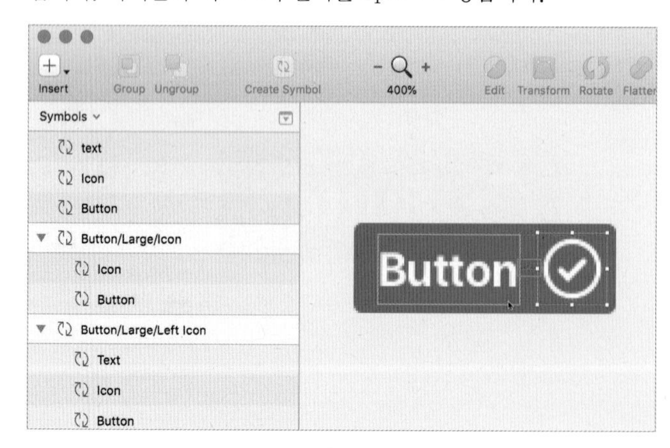

**3** 세 개의 레이어(Button, Icon, Text)를 선택한 다음 툴바에서 Create Symbol 도구(◎)를 선택하여 심볼로 등록합니다. 심볼 이름에 'Button/Large/Right Icon'을 입력하고 〈OK〉 버튼을 클릭합니다. 원본 심볼 이미지를 삭제합니다.

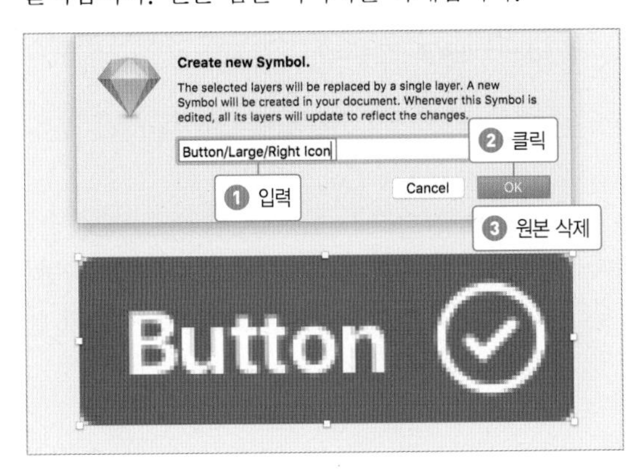


**4** 새로운 심볼에서 아이콘을 선택하고 Resizing 항목에서 오른쪽을 클릭해 오른쪽을 고정한 다음 'Fix Width', 'Fix Height'를 클릭하여 폭과 높이를 고정합니다.
텍스트를 선택한 다음 양쪽을 클릭하고 'Fix Height'를 클릭하여 높이만 고정합니다.

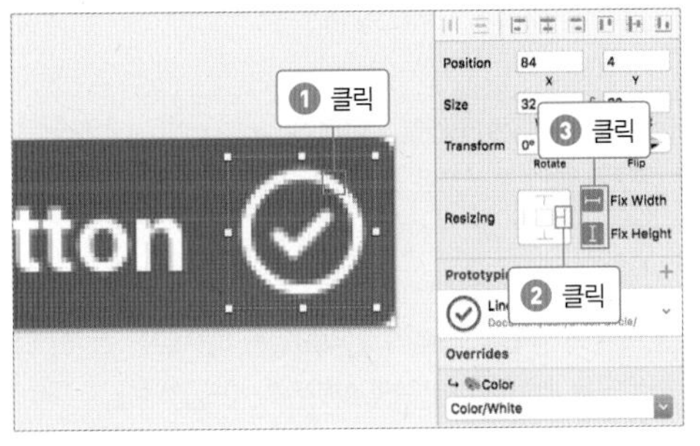

**Tip**

디자인 실무에서는 버튼 크기를 Large, Medium, Small 세 가지로 지정하면 도움이 됩니다.

**Tip**

위의 과정을 반복해서 네 가지 버튼 컴포넌트를 만듭니다.

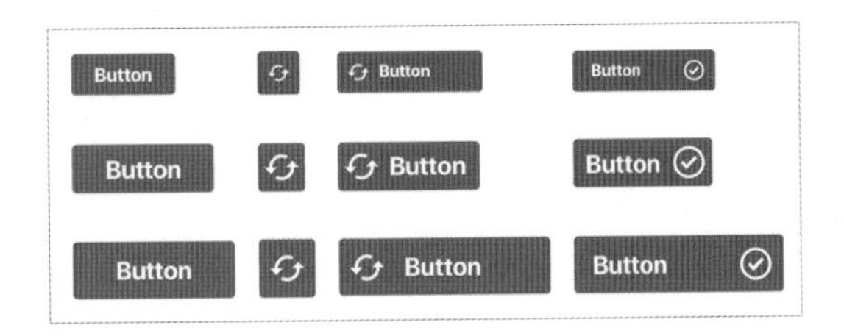

# 폼 양식 설정하기

폼 양식의 다양한 상태(State)에 따른 컴포넌트 변화를 확인합니다.

다양한 상태의 Input 박스와 제목, 아이콘, 메시지 등을 디자인하기 위해서는 심볼만 세팅하면 됩니다. 기준이 되는 기본 Input 심볼의 요소는 '제목Label', 'Input 박스', '메시지Message'의 세 가지 심볼로 이루어집니다. 순서대로 설정해 보겠습니다.

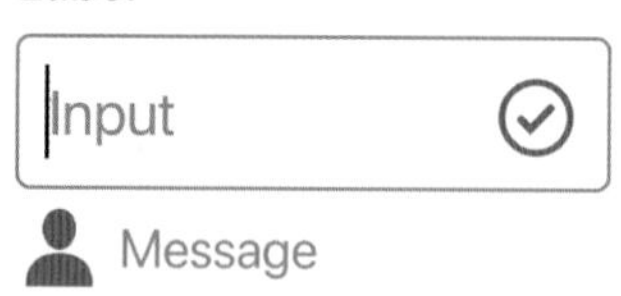


▲ 기본 Input 심볼

Email

**Default 상태:** 데이터를 입력하기 전 상태를 의미하며, Input 박스에 무엇을 입력해야 할지에 대한 힌트 문구를 흐린 회색으로 표기합니다.

Email

**Success 상태:** Input 박스에 알맞은 정보가 입력되었을 때 박스 색상이 바뀌고, 메시지 항목에 알맞는 정보임을 확인하는 문구와 아이콘이 나타납니다.

Email

Email can't be blank

**Error 상태:** Input 박스에 잘못된 정보 또는 형식에 맞지 않은 정보가 입력되었을 때 박스 색상이 바뀌고, 메시지 항목에 틀린 정보임을 확인하는 문구와 아이콘이 나타납니다.

Email

No Message

**Disable 상태:** Input 박스에 데이터를 넣을 수 없는 상태를 나타내며, 주로 흐린 회색으로 표기하여 활성화되지 않은 항목임을 나타냅니다.

▲ Default / Success / Error / Disabled의 Input 박스 상태에 따른 컴포넌트

# 완성 파일 · 04\DesignSystem.sketch

## 무작정 따라하기 | Input 심볼 만들기

Input 박스 심볼은 크게 네 가지 심볼Cursor, Text, Icon, State이 합쳐져 만들어집니다.

1 툴바에서 **Insert → Symbols → State → Input → Default → Radius – 4px**를 선택해 캔버스에 'State/Input/Default/Radius – 4px' 심볼을 배치합니다. 레이어 이름을 'State'로 수정합니다.

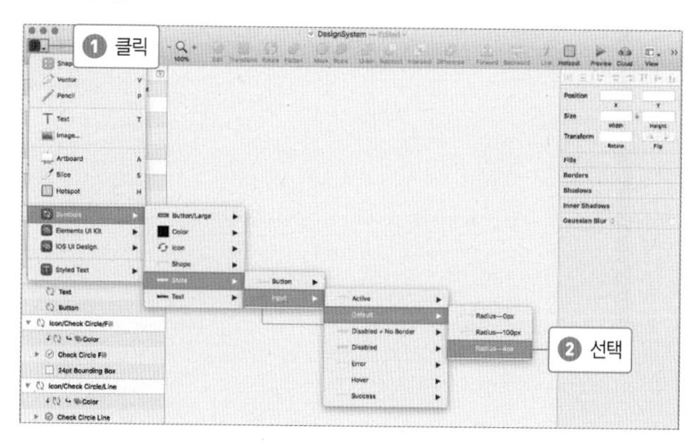


2 Size에서 Width를 '160', Height를 '40'으로 설정해 심볼 크기를 수정합니다.

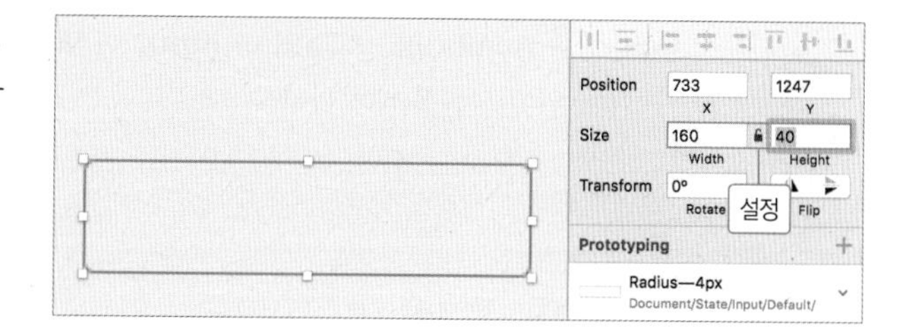


3 툴바에서 **Insert → Symbols → Various/Cursor**를 선택해 심볼을 State 심볼 안에 배치합니다. 심볼 이름을 'Cursor'로 수정하고, State 심볼의 왼쪽 부분과 간격을 '8'로 조정합니다.

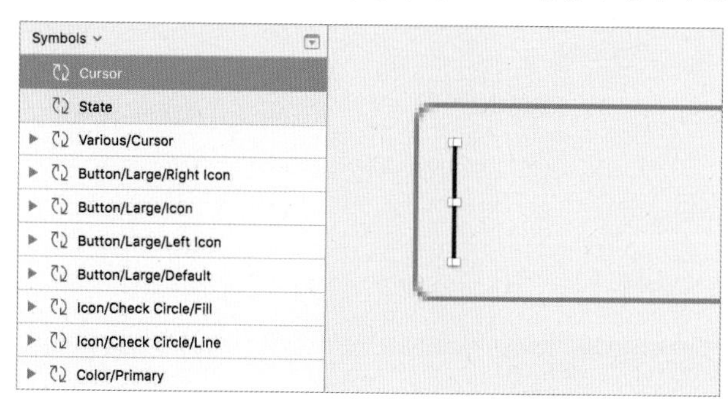

**4** 'Coursor' 심볼은 다음과 같은 단계로 설정합니다.

메뉴에서 〔**Insert**〕 → **Symbols** → **Document** → **Color** → **Black**을 실행해 캔버스에 'Color/Black' 심볼을 배치하고, 크기를 1×24로 수정합니다. 컬러 심볼 이름을 'Color'로 지정합니다. 색상 심볼을 선택해서 심볼로 등록한 다음 이름을 'Various/Cursor'로 지정하고 원본 심볼 이미지를 삭제합니다.

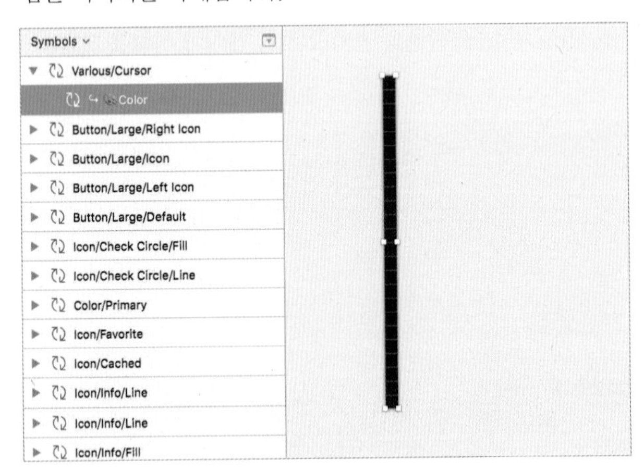


**5** Input 박스 안에 텍스트 심볼을 추가합니다.

툴바에서 **Insert** → **Symbols** → **Text** → **Input** → **Medium** → **Left** → **Light Grey**를 선택해 'State' 레이어 위에 심볼을 배치합니다. 텍스트와 Cursor 심볼의 간격을 1로 조정합니다.

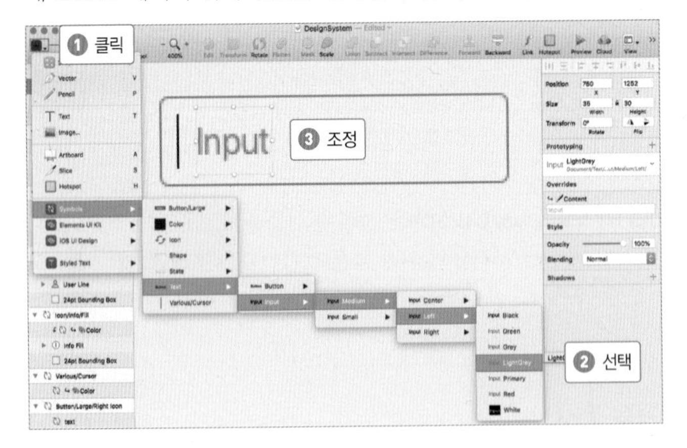


**Tip**

텍스트 박스에 텍스트를 입력하면 커서가 없어진 자리에 텍스트가 입력되므로 최대한 가깝게 위치시킵니다.

6 툴바에서 **Insert → Symbols → Icon → Check Circle → Line**을 선택해 캔버스에 'Icon/Check Circle/Line' 심볼을 'State' 레이어 오른쪽 위에 배치합니다.
레이어 이름을 'Icon'으로 지정합니다.

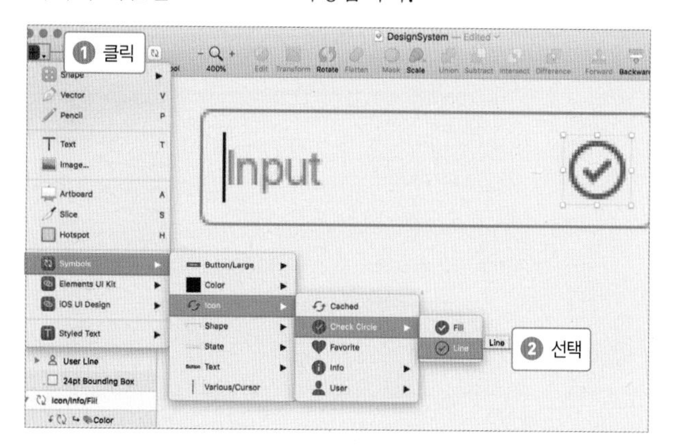


7 모든 레이어(Icon, Text, Cursor, State)를 선택한 다음 툴바에서 Create Symbol 도구( )를 선택하여 심볼로 등록합니다. Create new Symbol 대화상자가 표시되면 'Input/Right Icon'을 입력한 다음 〈OK〉 버튼을 클릭합니다. 원본 심볼 이미지를 삭제합니다.

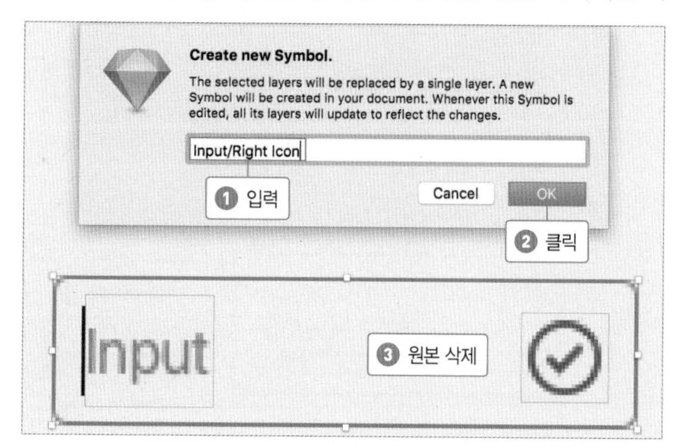

**8** 새로운 심볼의 커서를 선택하고, Resizing 항목에서 왼쪽을 선택한 다음 'Fix Width', 'Fix Height'를 클릭합니다.

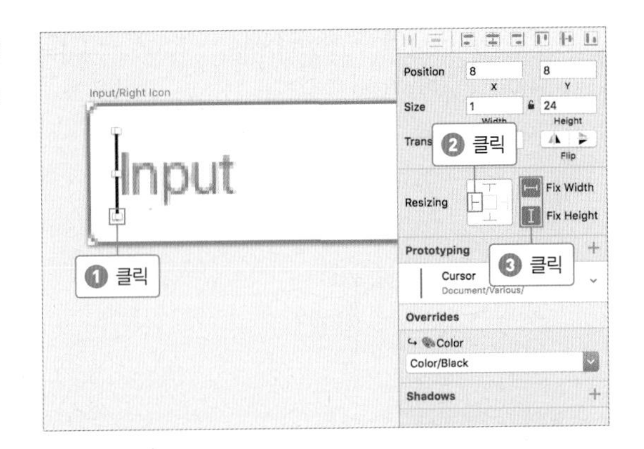


**9** 텍스트를 선택한 다음 Resizing 항목에서 왼쪽을 클릭하고 'Fix Height'를 클릭하여 높이만 고정합니다. 텍스트 영역의 길이를 늘입니다.

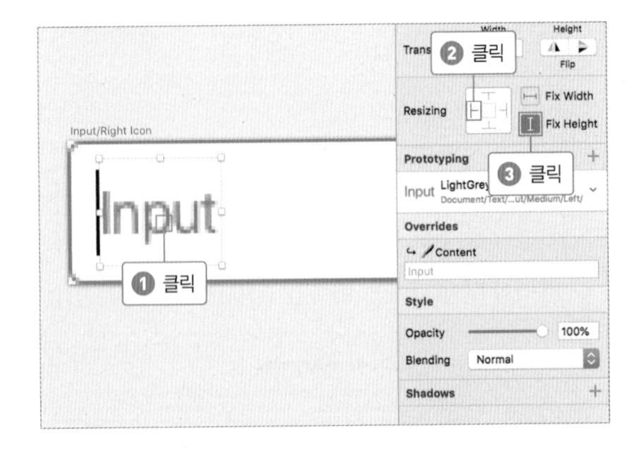


**10** 오른쪽 아이콘을 선택하고 Resizing 항목에서 오른쪽, 'Fix Width', 'Fix Height'를 클릭하여 고정합니다.

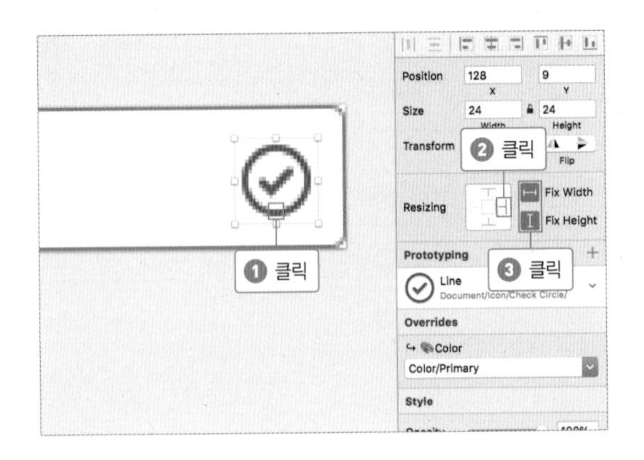

## 무작정 따라하기 | 메시지(Message) 심볼 만들기

메시지 심볼은 아이콘 심볼과 텍스트 심볼로 이루어집니다. Input 심볼 아래에 위치하는 메시지 심볼도 설정해 봅니다.

1 먼저 아이콘 심볼을 불러오기 위해 툴바에서 **Insert → Symbols → Icon → User → Fill**을 선택해 캔버스에 'Icon/User/Fill' 심볼을 배치합니다. 아이콘 레이어 이름을 'Icon'으로 수정합니다.

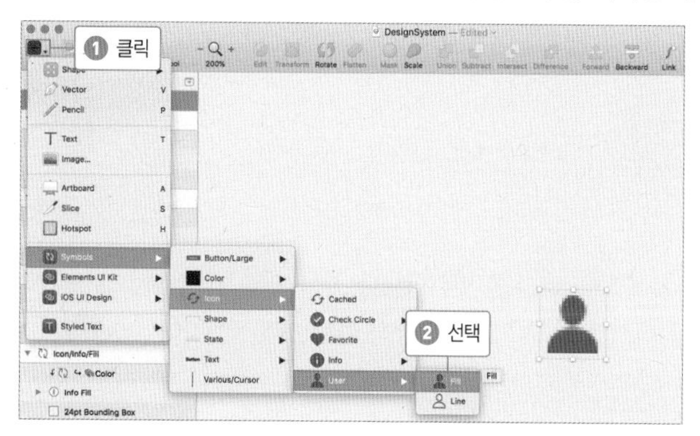


2 툴바에서 **Insert → Symbols → Text → Input → Small → Left → Light Grey**를 선택해 캔버스에 'Text/Input/Small/Left/LightGrey' 심볼을 배치합니다. 텍스트 심볼의 이름을 'Text'로 수정합니다.

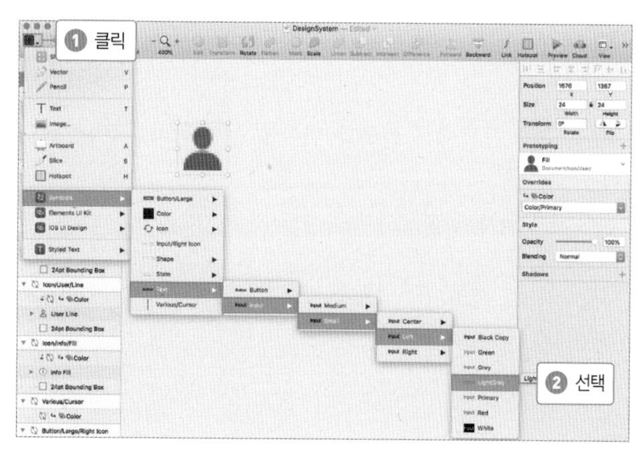


3 텍스트와 아이콘 레이어를 정렬합니다.

4 두 개의 레이어(Icon, Text)를 선택하고 툴바에서 Create Symbol 도구( )를 선택하여 심볼로 등록합니다. Create new Symbol 대화상자가 표시되면 'Input/Message'를 입력한 다음 〈OK〉 버튼을 클릭합니다. 원본 심볼 이미지를 삭제합니다.

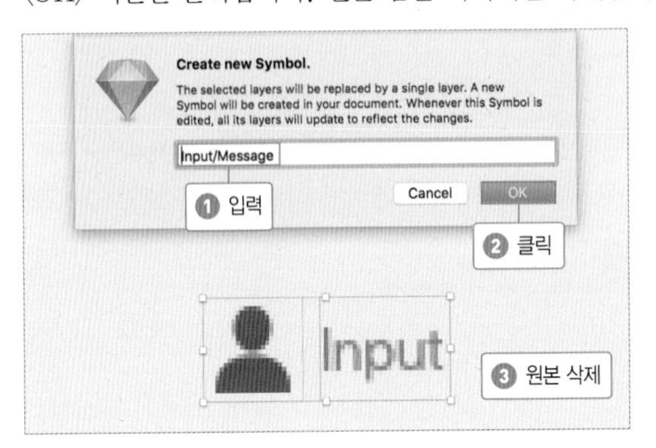


5 텍스트를 선택하고 Overrides 항목에 'Message'를 입력합니다.
'Input/Message' 심볼의 크기를 텍스트 길이에 맞게 적당히 늘립니다.

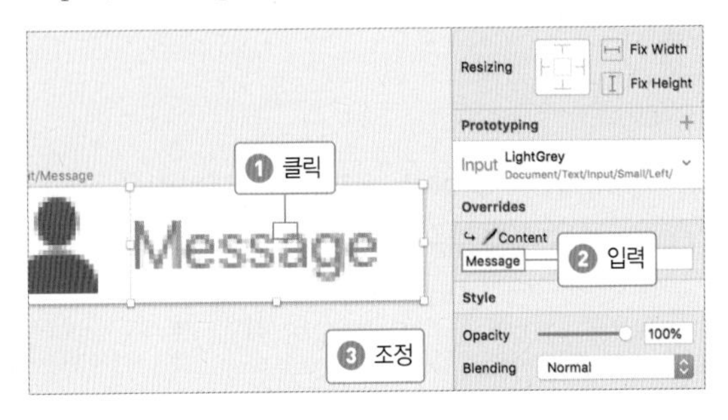


6 새로운 심볼 아이콘을 선택하고 Resizing 항목에서 왼쪽과 위쪽을 클릭합니다. 'Fix Width', 'Fix Height'를 클릭해 고정합니다.
텍스트를 선택한 다음 Resizing 항목에서 왼쪽/위쪽/오른쪽을 고정하고, 'Fix Height'를 클릭해서 높이만 고정시킵니다.

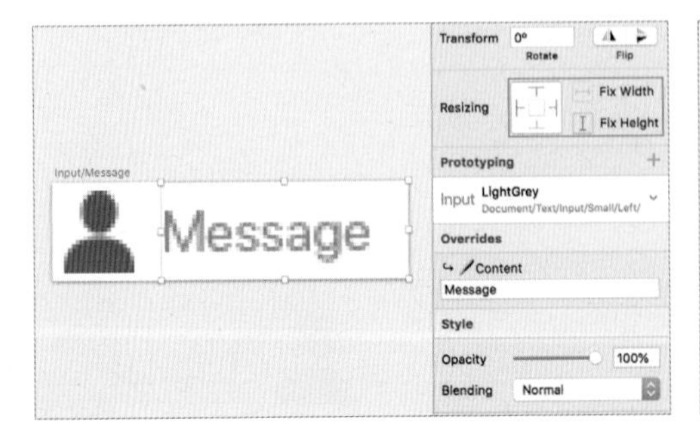


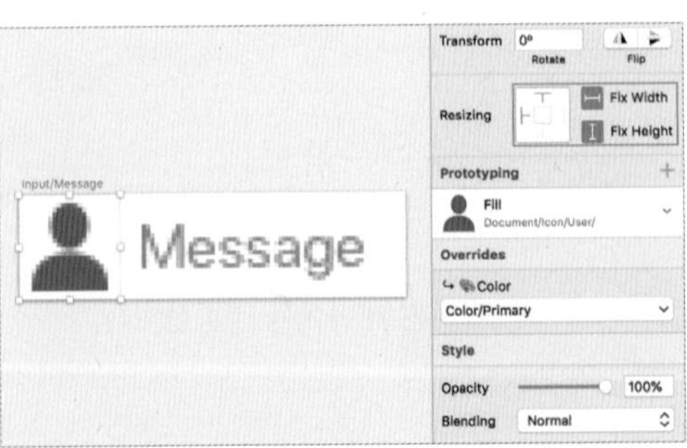

## 무작정 따라하기 | 제목(Label) 심볼 만들기

1 제목 심볼 설정은 간단합니다. 툴바에서 **Insert → Symbols → Text → Input → Small → Left → Light Grey**를 선택해 캔버스에 'Text/Input/Small/Left/LightGrey' 심볼을 배치하고 레이어 이름을 'Label'로 수정합니다.

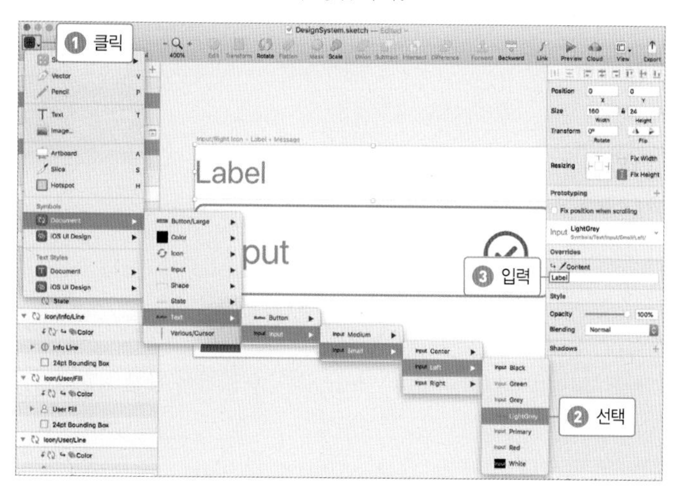


2 제목(Label), Input 박스, 메시지(Message)의 세 가지 심볼이 모두 준비되었습니다. 'Label' 심볼 레이어 바로 아래에 Input 박스 심볼을 배치합니다. 툴바에서 **Insert → Symbols → Input → Right Icon**을 선택하여 캔버스에 'Input/Right Icon' 심볼을 배치한 다음 레이어 이름을 'Input'으로 수정합니다.

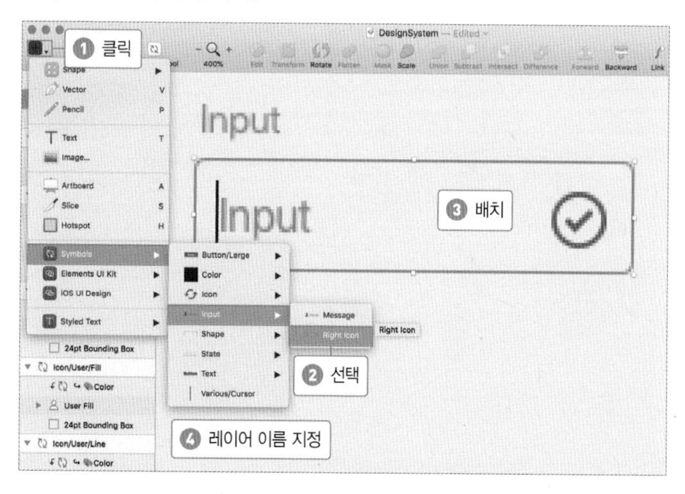

3 Input 레이어 아래에 메시지 심볼을 배치합니다.

툴바에서 **Insert → Symbols → Input → Message**를 선택해 캔버스에 'Input/Message' 심볼을 배치한 다음 레이어 이름을 'Message'로 수정합니다.

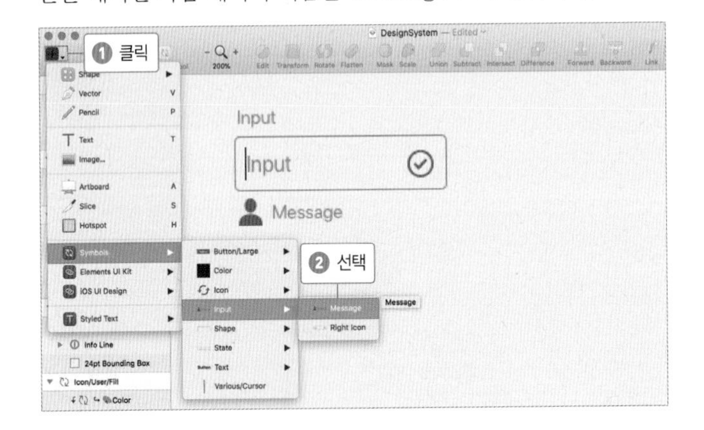


4 세 개의 레이어를 모두 선택하고 'Align layer to left' 아이콘(▤)을 클릭해 왼쪽 정렬합니다.

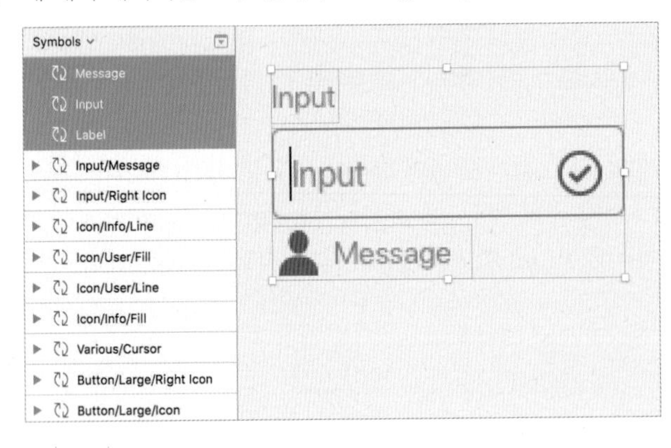


**Tip**

레이어의 순서대로 Overrides 항목에도 노출되므로, 설정해야 하는 순서대로 레이어를 배치합니다.

5 세 개의 심볼을 모두 선택한 채 툴바에서 Create Symbol 도구(아이콘)를 선택합니다. Create new Symbol 대화상자가 표시되면 'Input/Right Icon + Label + Message'를 입력하고 〈OK〉 버튼을 클릭합니다.

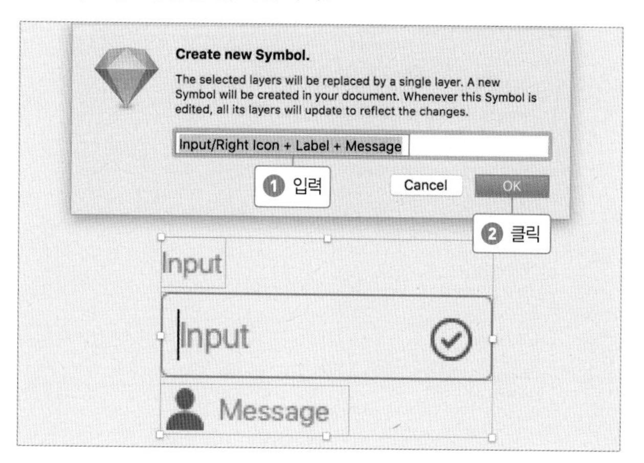


6 지금까지 심볼로 이루어진 심볼 즉, 네스티드(Nested) 심볼을 만들었습니다.

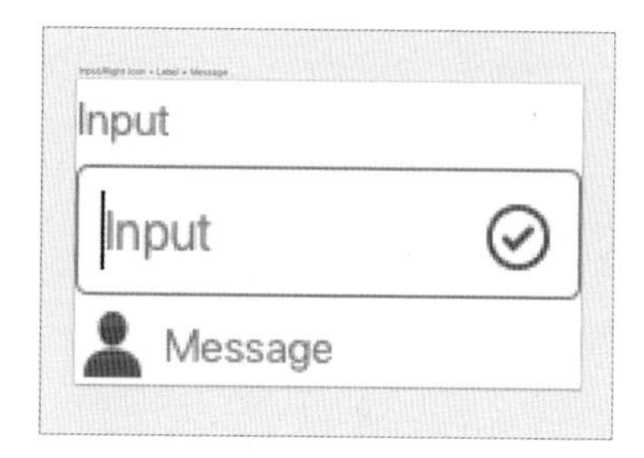


7 라벨 심볼을 선택하고 심볼의 가로 길이를 Input 박스만큼 늘립니다. 심볼 Overrides 항목에서 텍스트를 원하는 대로 수정할 수 있습니다. Resizing 항목에서 양쪽, 위쪽, 'Fix Height'를 클릭하여 높이를 고정합니다.

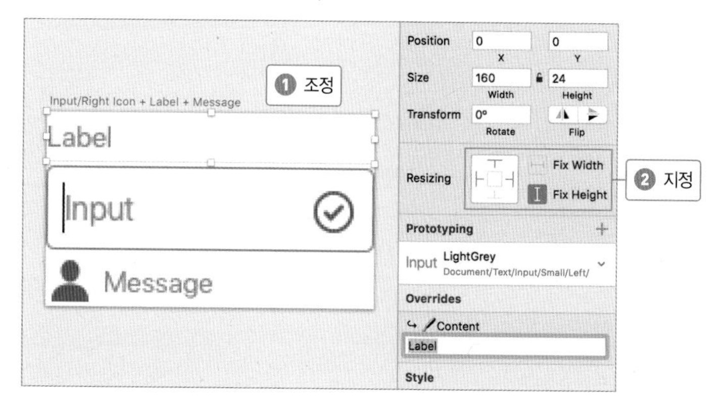

8 메시지 심볼 라벨도 Input 박스만큼 가로 길이를 늘립니다. 심볼 Overrides 항목을 통해 텍스트를 원하는 대로 수정할 수 있습니다. Resizing 항목에서 양쪽, 아래쪽, 'Fix Height'를 클릭하여 높이를 고정합니다.

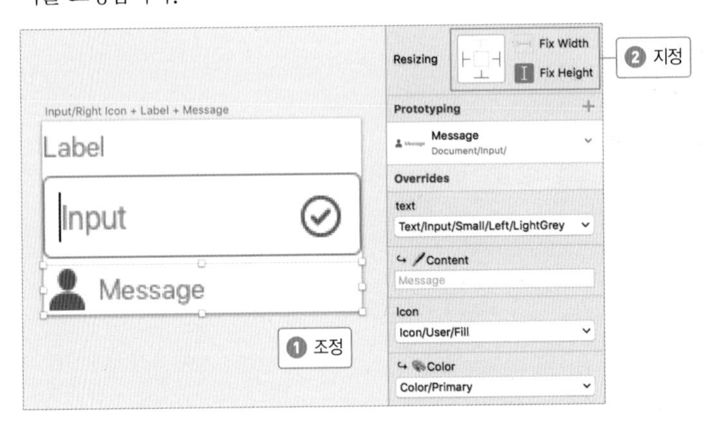


9 네스티드 오버라이드(Nested Override) 심볼이 모두 완성되었습니다.
새로운 페이지에서 'Input/Right Icon + Label + Message' 심볼을 불러옵니다.

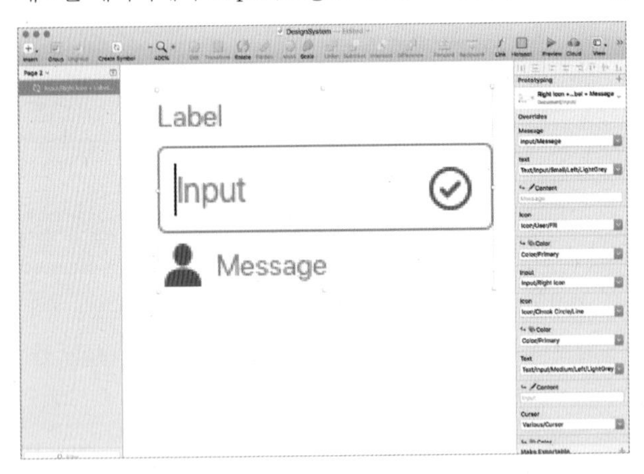


10 다양한 오버라이드 값을 수정하여 Input 상태(State)에 따른 컴포넌트 디자인에 적용합니다.

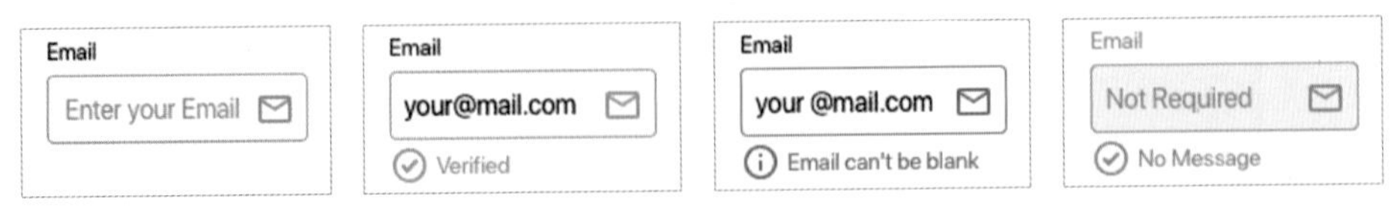


▲ 이메일을 입력하는 Input 상태에 따른 변화

**11** 심볼에 적용된 오버라이드 항목을 확인해 보세요. 클릭 한 번에 디자인을 다양하게 수정할 수 있습니다.

규모 있는 프로젝트를 진행할 경우 이 같은 폼 형식뿐만 아니라 메뉴, 드롭다운, 내비게이션, 페이지네이션처럼 다양한 컴포넌트에 대한 설정이 추가로 필요합니다.

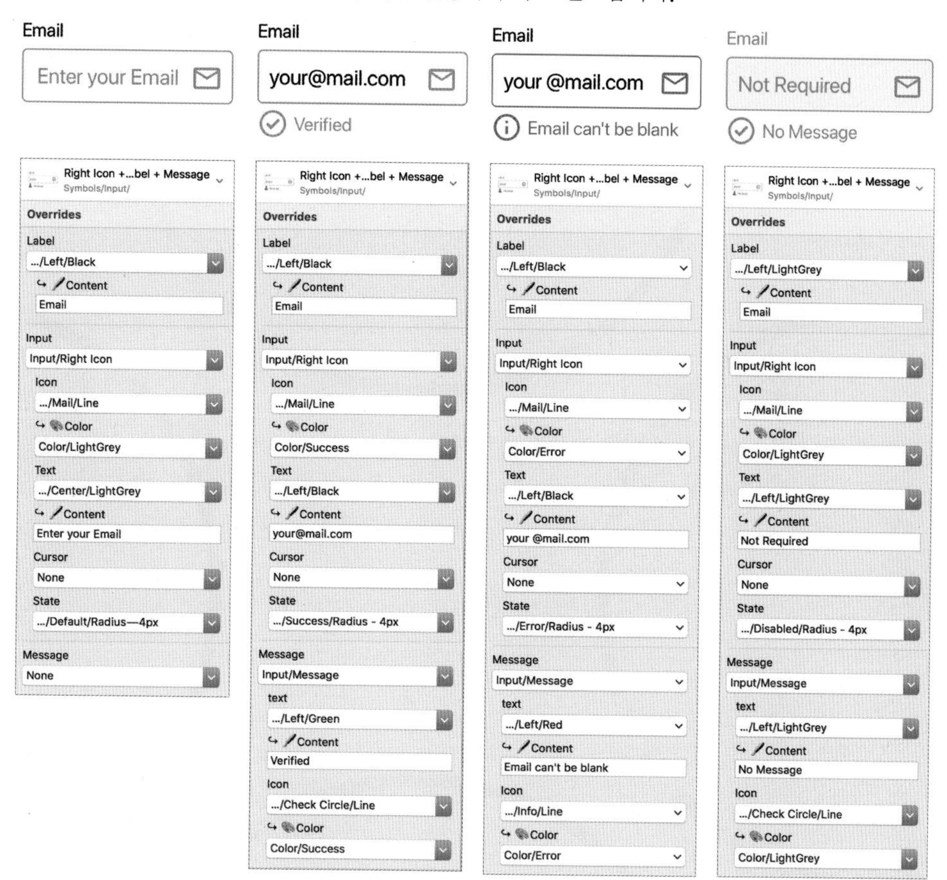

# PART 05

스케치와 연동해서 사용할 수 있는 외부 플러그인 제플린과 플린토의 활용 방법에 대해 알아보겠습니다.

실전

# 스케치와 외부 플러그인 연동하기

# 제플린 연동하기

스케치 플러그인 중 개발자와의 협업을 위한 툴로써 가장 많이 이용하는 플러그인이자, 스케치의 대표 플러그인이라 할 수 있는 '제플린(Zeplin)'에 관해 자세히 알아보겠습니다.

스케치의 최대 장점은 다양하고 강력한 플러그인또는 익스텐션을 활용해서 프로그램의 기능을 무한대로 확장시킬 수 있다는 점입니다. Part 3에서 사용한 Craft 플러그인처럼 스케치 프로그램에 패널을 추가해서 기능을 확장하는 플러그인이 있고, 별도의 외부 프로그램을 연동해서 사용하는 플러그인도 있습니다. 스케치로 디자인 작업을 할 때 유용한 플러그인은 '부록'에서도 자세히 다루므로 참고합니다.

## 제플린 이해하기

제플린은 디자이너뿐만 아니라 개발자의 작업 과정에도 효율성을 가져다줍니다. 디자이너는 수많은 화면의 디자인 컴포넌트와 요소를 모두 정리해서 가이드를 만들어야 하고, 디자인 결과물의 코딩 작업을 위해 각각의 이미지 에셋Asset을 만들어야 합니다. 이 작업에도 상당한 시간과 노력이 들어갑니다. 개발자 입장에서도 이미지 에셋의 크기나 각 요소들의 세부 값을 확인하는 데 상당한 시간이 소요됩니다. 특히 포토샵 등 전문 그래픽 프로그램에 익숙하지 않은 개발자라면 이 작업에 익숙해지기 위해 많은 경험이 필요합니다.

제플린 플러그인을 이용하면 스케치에서 작업한 디자인 이미지의 에셋 파일 생성 및 디자인 가이드 작성이 클릭 한번에 가능해집니다. 개발자 역시 전문 그래픽 프로그램을 잘 다루지 못해도 코드에 필요한 값을 쉽게 확인할 수 있어 디자이너와 개발자 모두를 위한 플러그인이라 할 수 있습니다.

▲ 대표적인 스타트업에서도 많이 사용할 정도로 개발자와 협업을 위한 플러그인 제플린
출처: https://zeplin.io/

## 무작정 따라하기 | 제플린 설치하기

제플린은 스케치뿐만 아니라 포토샵, 어도비 XD CC 모두를 지원하며, 운영 환경도 맥OS 뿐만 아니라 윈도우까지 지원합니다. 즉, 스케치나 맥을 사용하지 않아도 제플린이 제공하는 기능을 사용할 수 있습니다.

1 제플린을 설치하려면 먼저 제플린 공식 사이트(https://zeplin.io/)에 가입하고 앱을 내려 받아 설치합니다. 사이트의 시작 화면 위쪽에서 〈Sign up for free〉 또는 화면 가운데 〈Get started for free〉 버튼을 클릭합니다.

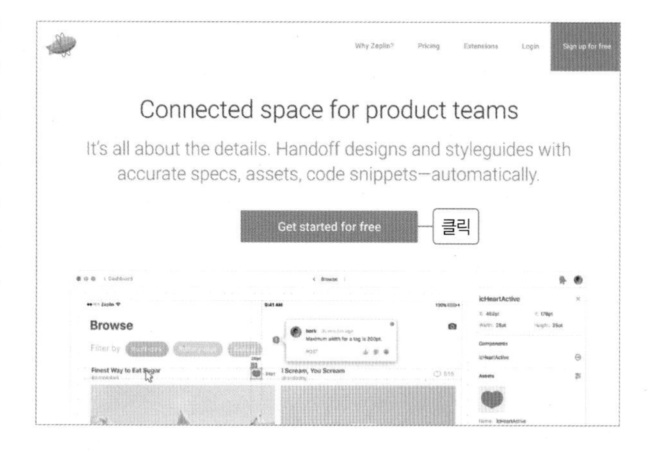


2 가입 화면에서 이메일 주소와 이름, 비밀번호를 입력한 다음 〈Signu up FREE〉 버튼을 클릭하여 회원으로 가입합니다.

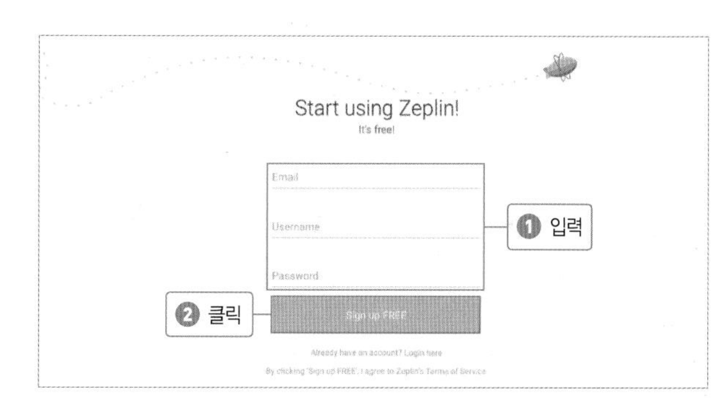


3 회원 가입을 마치면 앱 다운로드 페이지로 이동합니다. 사용 중인 운영체제에 맞는 버전을 선택해 앱을 설치합니다.

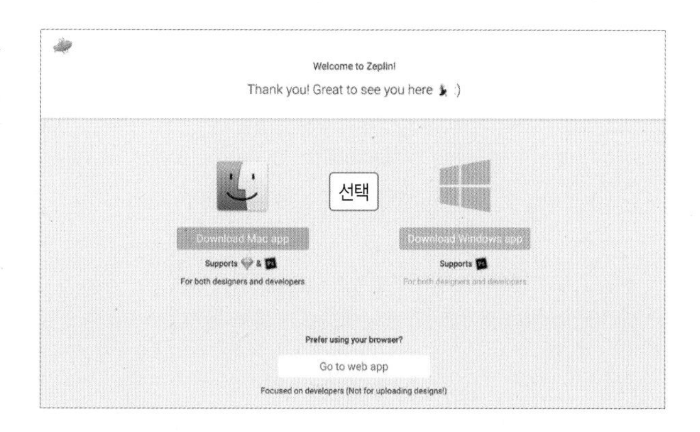

4 이메일 주소와 비밀번호를 입력하고 〈Login〉 버튼을 클릭하여 로그인합니다.

5 제플린 프로그램이 실행되면 오른쪽 위 프로필 이미지에 알림 표시가 나타납니다. 프로필 이미지를 클릭하면 'Not verified yet(이메일 주소가 확인되지 않았습니다)'이라는 알림 메시지가 나타납니다.

6 메일로 이동해 'zeplin'에서 받은 메일의 'verify account'를 클릭해서 메일 계정 확인 작업을 마칩니다. 다시 제플린으로 돌아오면 프로필 이미지 영역에 알림 메시지가 사라집니다. 〈Create first project〉 버튼을 클릭합니다. 프로젝트에 해당하는 디바이스를 선택하고 'Create'를 선택합니다.

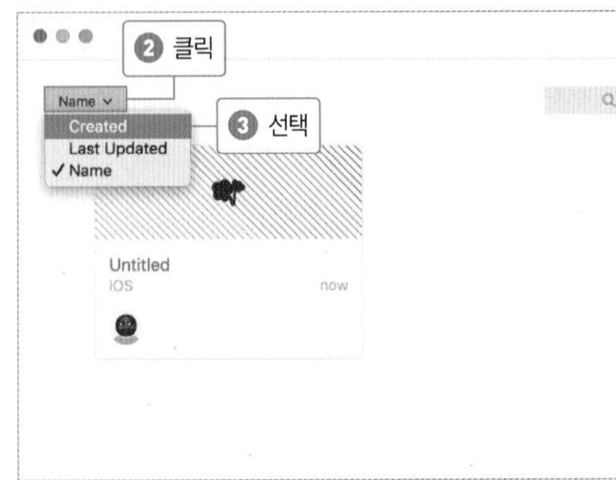

**7** 프로젝트의 [Dashboard] 탭으로 이동하면 왼쪽 위의 'Projects'를 클릭해서 프로젝트 화면으로 이동합니다.

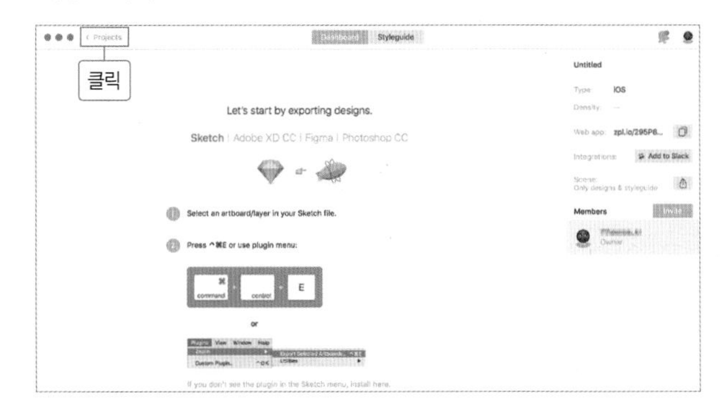


> **Tip**
>
> 아직 스케치 또는 포토샵, 어도비 XD CC에서 제플린으로 전송한 파일이 없기 때문에 대시보드 화면이 비어 있습니다.

**8** 프로젝트 관리 화면에서는 진행 중인 프로젝트를 확인할 수 있고, 프로젝트 날짜(Created), 업데이트(Last Updated), 프로젝트 이름(Name)별로 분류해서 확인할 수도 있습니다.

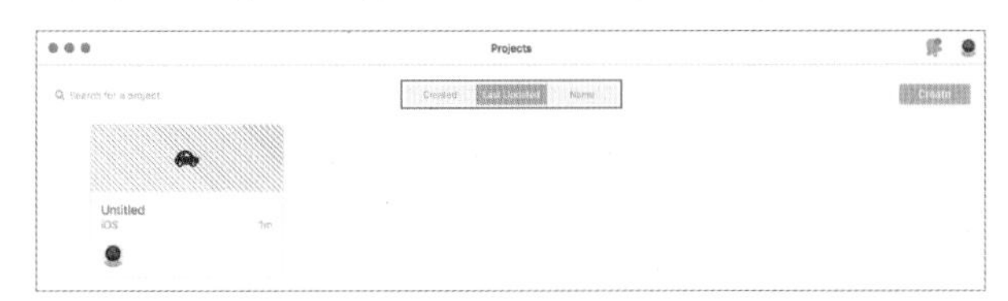


**9** 섬네일 이미지에 커서를 위치시키면 'Settings' 아이콘이 나타나며 클릭하면 프로젝트를 설정할 수 있는 기능이 표시됩니다.

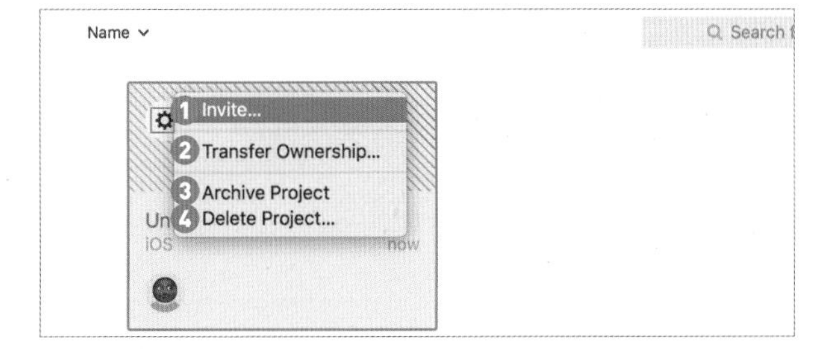


❶ **Invite**: 이메일 주소를 추가해서 프로젝트에 팀원을 초대할 수 있습니다.

❷ **Transfer Ownership**: 프로젝트 관리 권한을 팀원 중 한 명에게 줄 수 있습니다.

❸ **Archive Project**: 프로젝트 작업이 완료되면 파일을 보관하는 용도로 사용합니다. 오너(Owner) 권한만 프로젝트를 'Archive'로 지정할 수 있으며, 아카이브된 프로젝트는 팀원이 접근할 수 없습니다. 다시 프로젝트를 다른 멤버도 볼 수 있도록 활성화하려면 유료 서비스를 이용해야 합니다.

❹ **Delete Project**: 프로젝트를 삭제합니다.

> **Tip**
>
> Delete Project 명령을 실행하여 표시되는 대화상자에서 프로젝트를 삭제합니다. 삭제하려는 프로젝트 이름을 확인하고, 직접 프로젝트 이름을 입력하여 실수로 프로젝트를 삭제하지 않도록 합니다.

**10** 프로젝트 섬네일을 더블클릭하면 프로젝트의 Dashboard 화면으로 이동합니다.

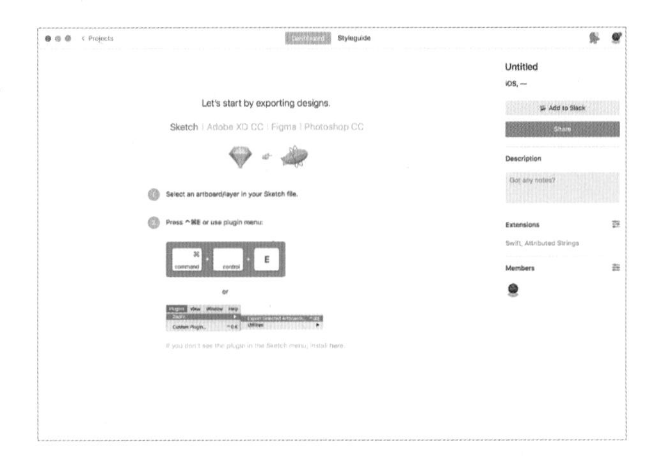


**알아두기**

제플린은 하나의 아이디에 단 하나의 프로젝트만 무료로 제공하므로, 한 개 이상의 프로젝트를 등록하려면 유료 서비스로 업그레이드해야 합니다.

유료 서비스는 연/월간 또는 프로젝트 수나 참여 멤버 수에 따라 다양하게 선택할 수 있으므로 팀의 규모와 성격에 맞게 선택합니다.

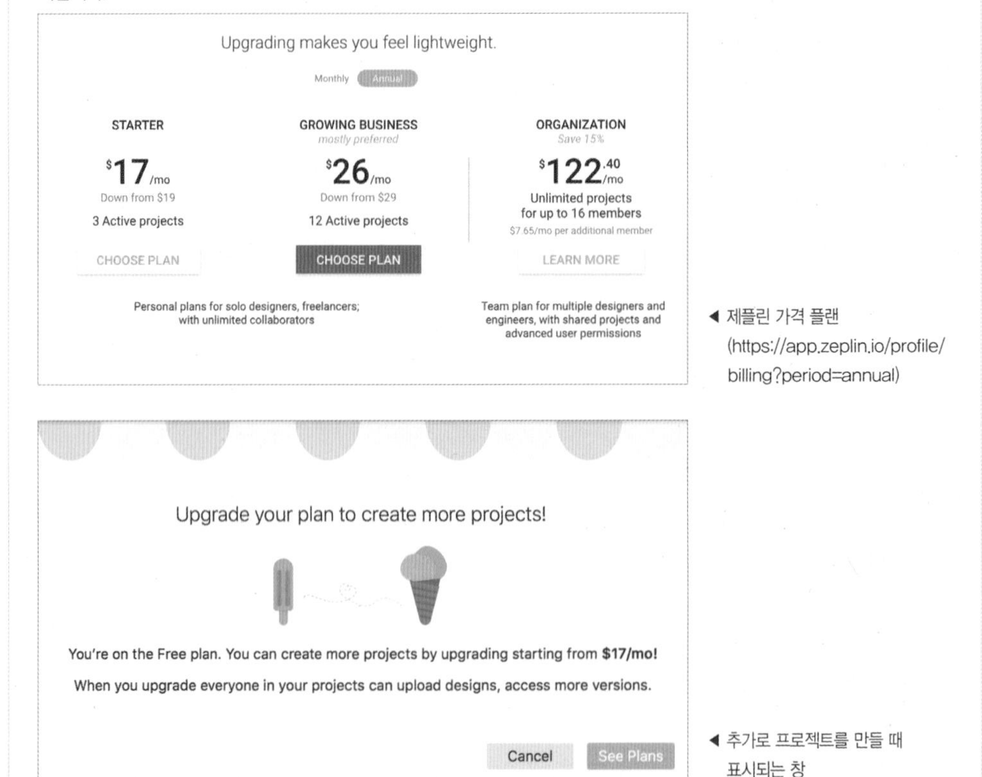


◀ 제플린 가격 플랜 (https://app.zeplin.io/profile/billing?period=annual)

◀ 추가로 프로젝트를 만들 때 표시되는 창

## 무작정 따라하기 | 제플린으로 스케치 파일 내보내기

제플린을 설치했다면 스케치, 어도비 XD, 포토샵에서 작업한 내용을 제플린으로 내보내는 방법을 알아봅니다.

# 예제 파일 · 05\Gallery.sketch

1 스케치를 실행한 다음 제플린으로 내보내려는 아트보드(또는 레이어)를 선택합니다. 메뉴에서 **[Plugins] → Zeplin → Export Selected Artboards**(Cmd + Ctrl + E)를 실행합니다.

2 제플린 앱이 실행되면서 어떤 프로젝트 폴더를 내보낼지 선택하는 Projects 대화상자가 표시됩니다. 앞서 제플린에 가입하면서 만든 'Untitled' 프로젝트 폴더를 선택한 다음 〈Import〉 버튼을 클릭합니다.

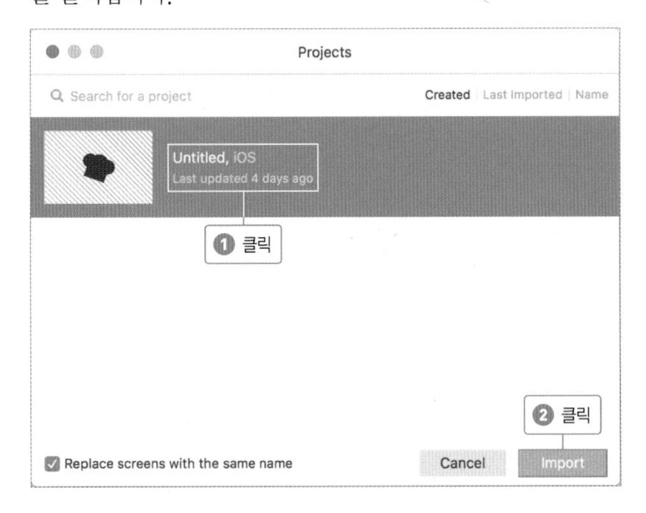

3 상태 화면이 나타나며 스케치에서 선택한 아트보드가 제플린으로 불러들여지는 과정을 보여줍니다. 모두 불러들여지면 프로젝트 섬네일을 더블클릭합니다.

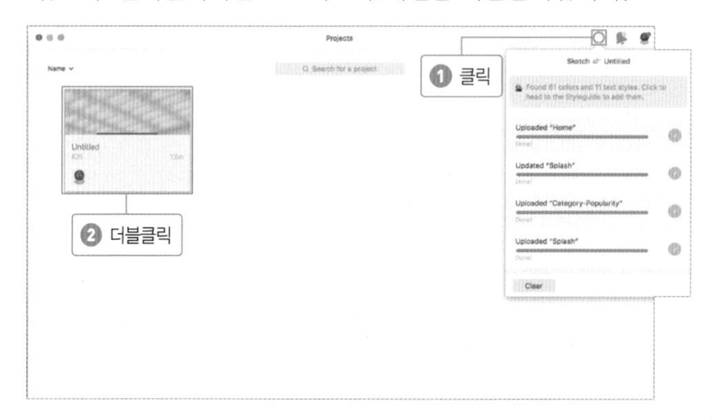


4 제플린의 프로젝트 Dashboard 화면에 스케치에서 선택한 아트보드 화면이 나열됩니다. 'Categotry-Popularity' 화면을 더블클릭합니다.

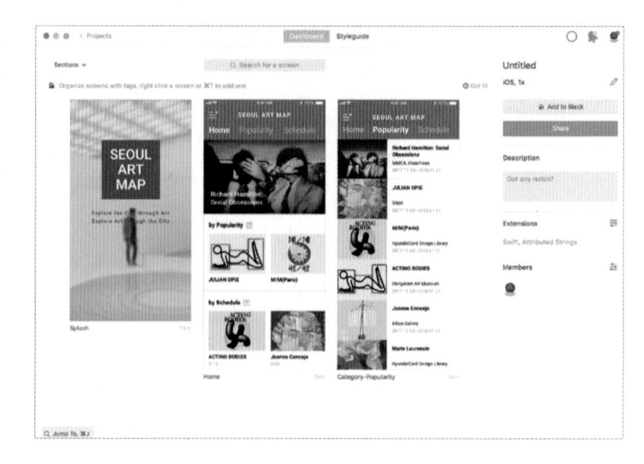


5 'Categotry-Popularity' 화면의 세부 화면으로 이동하면 세부 설정을 확인할 수 있습니다.

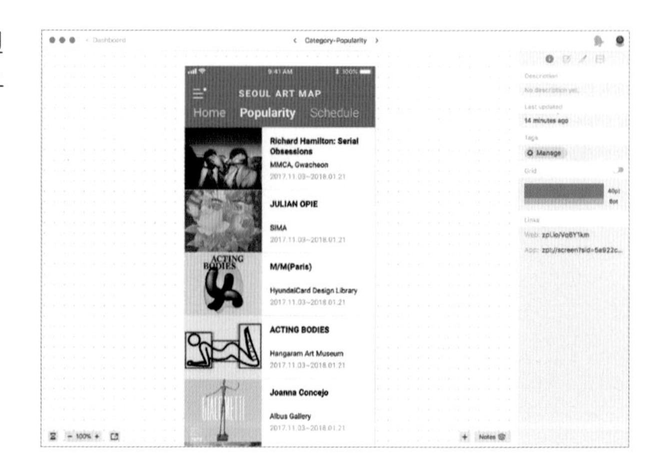

알아두기

### 어도비 XD에서 제플린으로 내보내기

어도비 XD에서 제플린으로 화면을 내보내는 방법을 알아봅니다. 어도비 XD에서 내보낼 아트보드(또는 레이어)를 선택합니다. 메뉴에서 [File] → Export → Plugins → Zeplin(Cmd+Option+E)을 실행합니다.

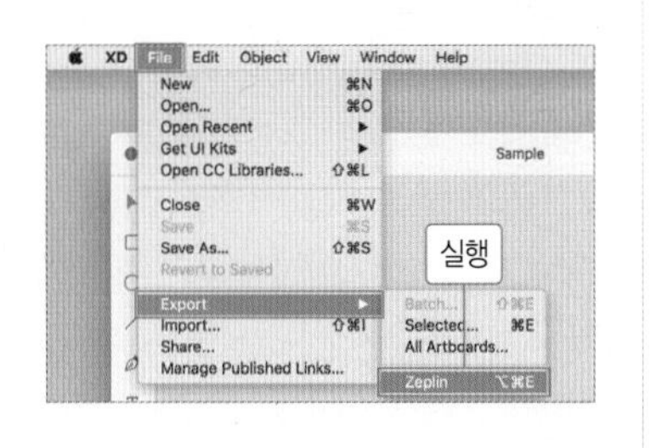


알아두기

### 어도비 포토샵에서 제플린으로 내보내기

포토샵에서 제플린으로 화면을 내보내는 방법을 알아봅니다. 포토샵에서 내보낼 아트보드(또는 레이어)를 선택합니다. 메뉴에서 [Window] → Extensions → Zeplin을 실행합니다.

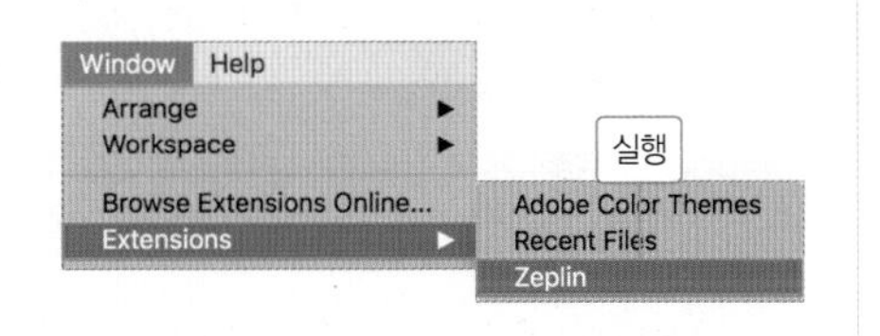


## 제플린 화면 살펴보기

제플린은 크게 [Dashboard대시보드]와 [Styleguide스타일 가이드] 탭으로 구성됩니다.

### [Dashboard] 탭 살펴보기

[Dashboard] 탭의 구성 및 기능을 살펴보겠습니다. [Dashboard] 탭 화면 왼쪽에는 불러온 아트보드가 나열되며 아트보드의 각 화면을 더블클릭하면 세부 화면으로 이동합니다. 오른쪽에는 프로젝트 이름, 디바이스 형태, 공유 정보 등 프로젝트에 관한 기본 정보가 나열되어 있습니다.

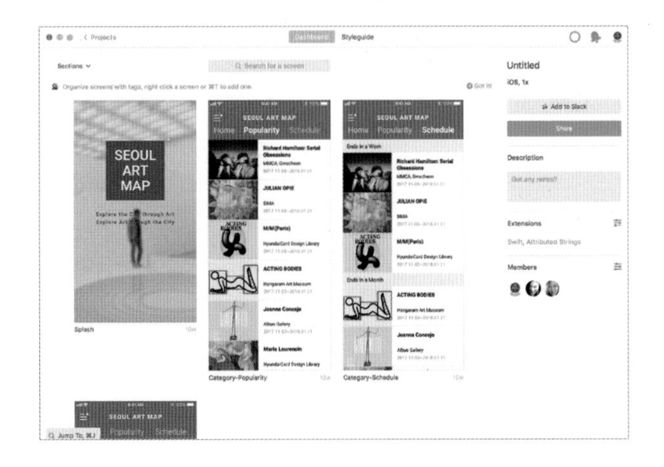

❶ **Name**: 프로젝트 이름을 설정 또는 변경할 수 있습니다.

❷ **Type**: 프로젝트의 디바이스 종류를 나타냅니다. 프로젝트를 만들 때 설정할 수 있으며, 디바이스 타입은 중간에 수정할 수 없습니다.

❸ **Density**: 프로젝트 디바이스에 따른 밀도(Density)를 나타냅니다. 항목 옆 연필 아이콘을 클릭해 별도 창에서 화면 크기에 따른 밀도를 수정할 수 있습니다.

❹ **Add to Slack**: 슬랙(Slack)[20] 계정과 연동하여 제플린에서 업데이트되는 내용을 실시간으로 확인할 수 있습니다.

❺ **Share**: 'Share' 아이콘을 클릭해 별도의 창에서 공유와 관련된 세부 설정을 합니다. 이메일을 등록해 팀원과 화면을 공유할 수 있으며, Web과 App 두 가지 형태의 링크로 프로젝트를 공유할 수 있습니다. Scene에서는 간략한 디자인 화면과 스타일 가이드를 링크 주소로 공유할 수 있습니다.

❻ **Extensions**: Swift 또는 XML 등 개발에 필요한 코드나 스니펫을 생성하기 위한 Extensions(확장 프로그램)과 연동합니다.

❼ **Members**: 프로젝트에 참여하는 팀원을 확인할 수 있고, 〈Invite〉 버튼을 클릭해서 이메일 주소를 입력해 새로운 팀원을 초대할 수 있습니다.

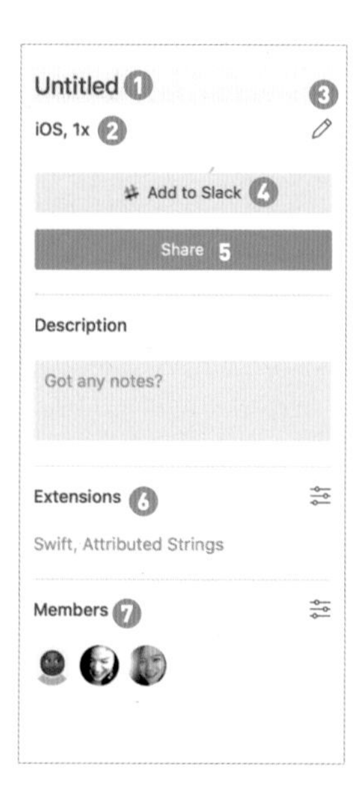


**알아두기**

### 프로젝트와 꼭 맞는 디바이스, 밀도 선택하기

프로젝트를 만들 때 디바이스를 선택합니다. 디바이스별로 화면 밀도(Density)가 모두 다르므로 미리 확인하고, 진행하는 프로젝트에 알맞은 화면을 선택합니다.

제플린은 iOS, Android, Web의 세 가지 형태를 지원합니다. 디바이스별로 지원하는 치수가 모두 다르므로 살펴봅니다.

❶ Android: 치수를 dp로 나타냅니다.
❷ iOS: 치수를 pt로 나타냅니다.
❸ Web: 치수를 px로 나타냅니다.

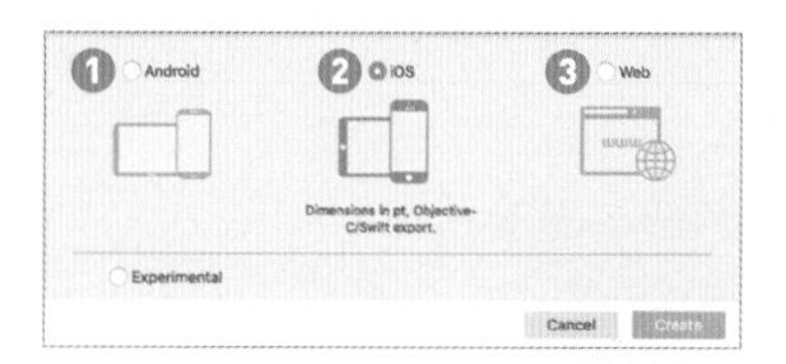


제플린은 Density 설정에 따라 개발자에게 꼭 맞는 치수(Measurements)를 제공합니다. 예를 들어, 720×1280px 크기의 안드로이드 프로젝트를 진행한다면 xhdpi로 표현해야 합니다. 만약 스케치에 20px인 치수가 있다면, 제플린은 10dp로 나타냅니다.

20 **슬랙(Slack)** 클라우드 기반의 협업 프로그램입니다.

[Styleguide - Components] 탭 살펴보기

제플린이 2.0으로 업데이트되면서 Components 기능이 추가되었습니다. 컴포넌트는 스케치에서 등록한 심볼의 기능을 지원합니다. 컴포넌트를 추가하려면 스케치의 심볼 페이지에서 추가하려는 심볼을 선택한 다음 메뉴에서 **[Plugins] → Zeplin → Export Selected**(Cmd+Ctrl+E)를 실행합니다.

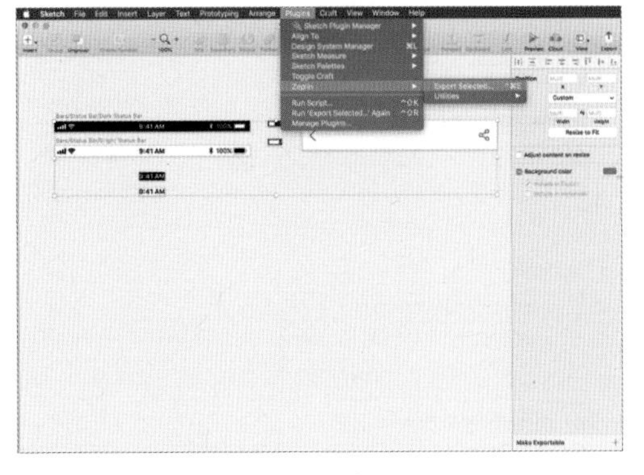

▲ 스케치의 심볼을 제플린의 컴포넌트에 등록

▲ components에 등록된 심볼

Components에서 심볼을 선택하면 오른쪽 화면에서 선택한 심볼에 대한 정보와 심볼이 사용된 모든 아트보드를 한눈에 확인할 수 있습니다. 정보 화면에서 아트보드를 더블클릭하면 해당 아트보드의 세부 페이지로 연결되어 바로 이동합니다.

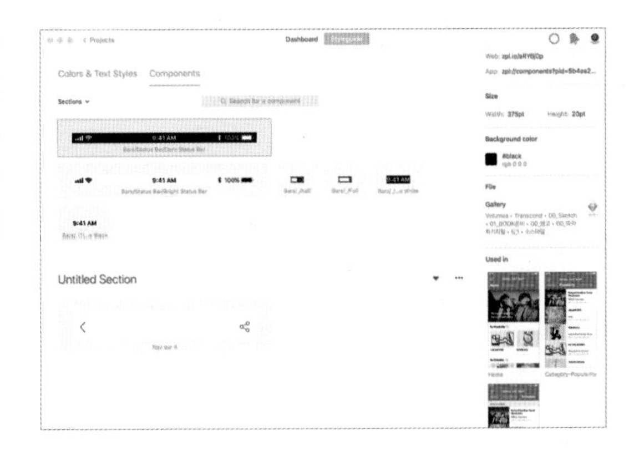


반대로 세부 페이지에서 심볼을 클릭하거나, 오른쪽 정보 화면의 심볼 이름 옆에 있는 ⊖ 화살표를 클릭하면 스타일 가이드의 해당 컴포넌트로 바로 이동합니다.

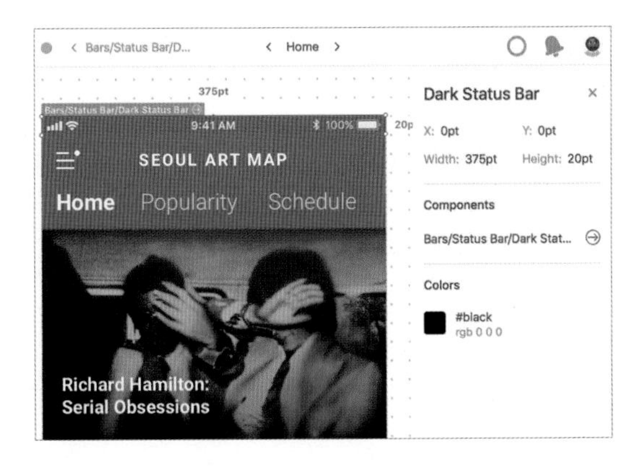

Components에 등록된 심볼은 기능에 따라 섹션을 구분할 수 있습니다. 구분하고자 하는 심볼을 선택하고, Ctrl을 누른 채 클릭해 표시되는 메뉴에서 **New Section from Selection**을 실행합니다. 선택한 심볼이 별도의 섹션으로 구분됩니다. 섹션은 얼마든지 추가할 수 있으며, 섹션 이름을 수정하거나 섹션 사이의 이동도 가능합니다.

▲ Components에 섹션 추가

▲ 추가된 섹션 영역

알아두기

### 스타일 가이드에 요소 추가하기

#### Color Palette에 색상 추가하기

세부 화면에서 추가할 색상을 선택하고 오른쪽 정보 화면의 색상 정보에서 잉크 모양의 아이콘( )을 클릭해 스타일 가이드의 Color Palette 영역에 색상을 추가합니다. 이때 색상 이름도 편집할 수 있습니다.

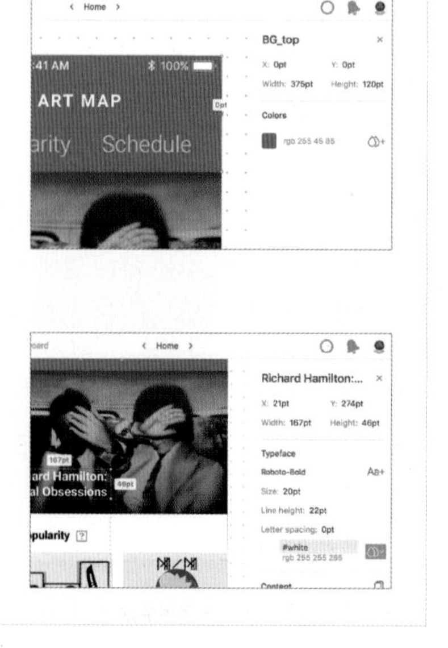

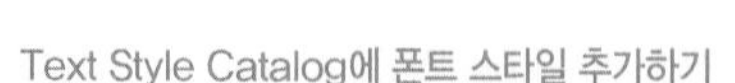

#### Text Style Catalog에 폰트 스타일 추가하기

세부 화면에서 추가할 폰트를 선택하고 오른쪽 정보 화면의 폰트 정보에서 텍스트 모양의 아이콘(Aa+)을 클릭해 스타일 가이드의 Text Style Catalog 영역에 폰트를 추가합니다.

## 제플린 화면 세부 구성 살펴보기

[Dashboard] 탭의 아트보드 화면을 더블클릭해서 아트보드의 세부 화면으로 이동합니다. 세부 화면은 크게 위쪽의 내비게이션, 가운데의 이미지 영역, 오른쪽의 정보 영역으로 구성됩니다.

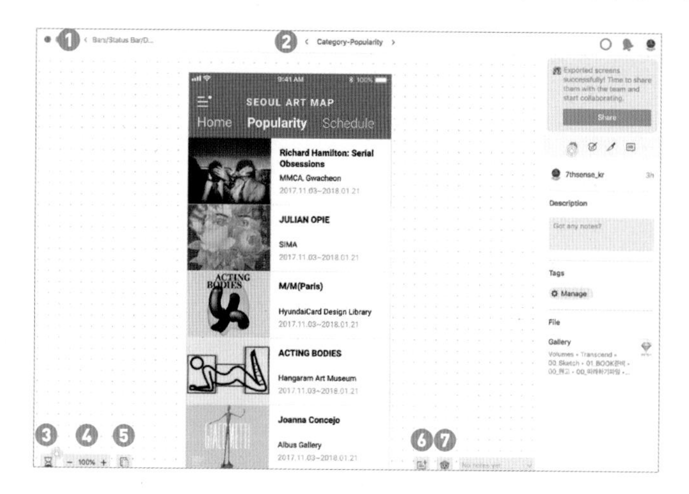


### 내비게이션

❶ **Back**: 현재 화면을 기준으로 이전 화면으로 이동합니다.

❷ **내비게이션**: 현재 아트보드의 세부 화면을 기준으로 이전/다음 아트보드의 상세 화면으로 이동합니다.

### 이미지 영역

❸ **Version**: 모래시계 아이콘을 클릭하면 해당 아트보드의 변경 히스토리를 확인할 수 있습니다.

❹ **확대/축소**: 화면을 확대 또는 축소합니다.

❺ **새 창 열기**: 아트보드를 새 창에 표시하여 마치 모바일에서 보는 것처럼 화면을 확인할 수 있습니다. 확대/축소 및 투명도를 조절할 수도 있습니다.

❻ **노트**: Aa+ 아이콘을 클릭하고, Cmd를 누른 채 화면에서 메모를 남기고 싶은 영역을 클릭합니다. 메모를 남길 수 있는 입력 창이 표시됩니다. 용도에 따라 메모의 색상을 선택할 수 있고, 이모티콘도 사용 가능합니다.

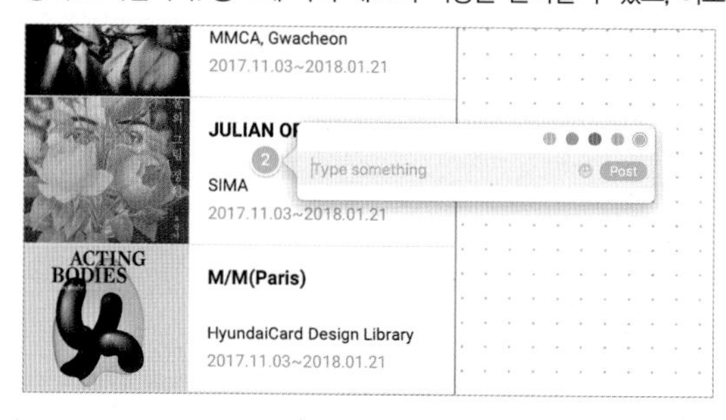


❼ **노트 숨기기/표시하기**: 화면에서 노트가 있는 곳에 표시된 숫자 아이콘을 나타내거나 감출 수 있습니다.

정보 영역

정보 화면은 크게 [Information], [Colors], [Asset], [Notes] 탭으로 구성됩니다. 각 탭의 주요 기능을 간략하게 알아보겠습니다.

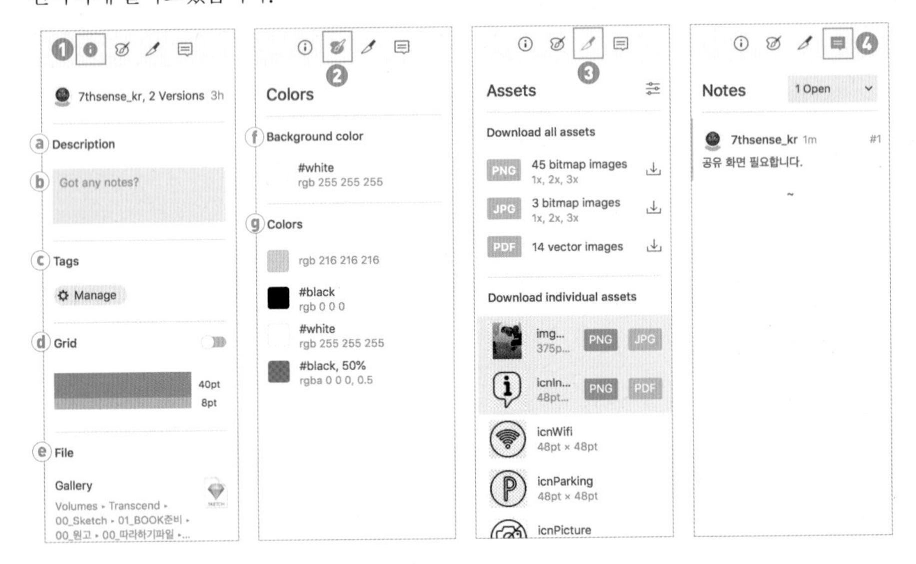


### ❶ Information

불러온 아트보드의 전반적인 설명이 요약되어 있습니다. 공유 정보와 최종 업데이트 정보 등을 확인할 수 있습니다.

ⓐ **Description**: 아트보드에 대한 간략한 설명을 입력할 수 있습니다.

ⓑ **Updated**: 최종 업데이트와 관련된 정보를 보여줍니다.

ⓒ **Tags**: 태그를 설정하면 대시보드에서 검색 옵션으로 활용할 수 있습니다.

ⓓ **Grid**: 토글 버튼으로 화면에 그리드를 표시합니다.

ⓔ **Links**: 해당 화면을 Web 또는 App 링크를 통해 확인할 수 있습니다.

### ❷ Colors

해당 아트보드에 사용한 Color와 HEX 값을 확인할 수 있습니다.

ⓕ **Background color**: 아트보드의 배경색을 나타냅니다.

ⓖ **Colors**: 아트보드에 사용된 모든 색상의 HEX 값을 보여주며, 아이콘을 클릭해서 스타일 가이드의 Color Palette에 색상 값을 추가할 수 있습니다.

### ❸ Asset

스케치에서 'Make Exportable'로 지정한 항목들이 자동으로 에셋으로 만들어져 목록화되며, 이미지 에셋(Asset) 파일에 관한 정보를 자세히 확인할 수 있습니다.

다운로드 아이콘(⤓)을 클릭해서 아트보드에 속한 모든 이미지를 한 번에 저장할 수 있으며, 원하는 이미지의 이미지 포맷(JPG, PNG, SVG 등)을 선택해서 각 각 이미지로 저장할 수 있습니다.

### ❹ Notes

해당 아트보드에 남긴 메모를 볼 수 있습니다. 협업하는 팀원끼리 화면에 대한 의견을 남겨둘 수 있습니다. Cmd를 누른 채 해당 영역을 클릭해서 특정 영역에 관한 의견을 남길 수 있습니다.

## 이미지/텍스트 요소 디자인 가이드 확인하기

스케치에서 작업한 디자인을 개발에 적용하기 위해 각 요소의 정보를 제플린에서 어떻게 확인하는지 알아보겠습니다.

### ❶ 이미지 요소 확인하기

이미지 요소의 X, Y 좌표 값과 폭, 높이의 크기가 표시되며, 다양한 형식의 Asset 파일을 내려 받을 수 있습니다.

▲ iOS

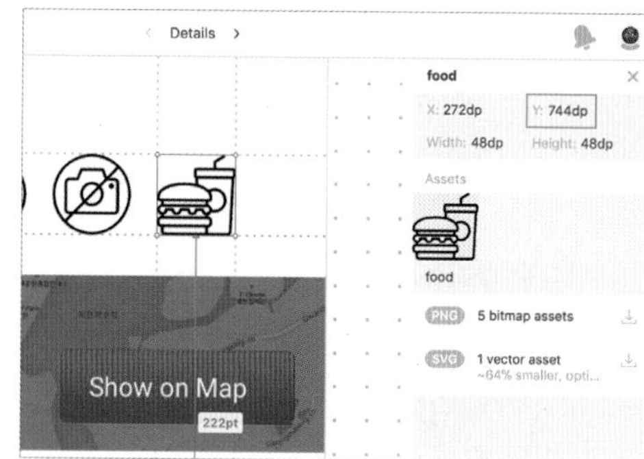


▲ Android

ⓐ **Location**: 이미지의 X, Y 좌표 값과 Width, Height 크기를 설정합니다. iOS에서는 수치를 pt로 나타내고, 안드로이드에서는 수치를 dp로 나타냅니다.

ⓑ **Assets**: 선택한 이미지의 파일 형식을 보여주고 내려 받을 수 있습니다. iOS에서는 세 가지(1x, 2x, 3x) PNG 파일과 PDF 파일 형태로 에셋을 만들고, 안드로이드에서는 다섯 가지의 PNG 파일과 SVG 파일 형태로 에셋을 만듭니다.

### ❷ 텍스트 요소 확인하기

화면에서 텍스트 요소를 클릭하면 정보 화면에 위치 값뿐만 아니라 Typeface와 색상 정보를 표시합니다.

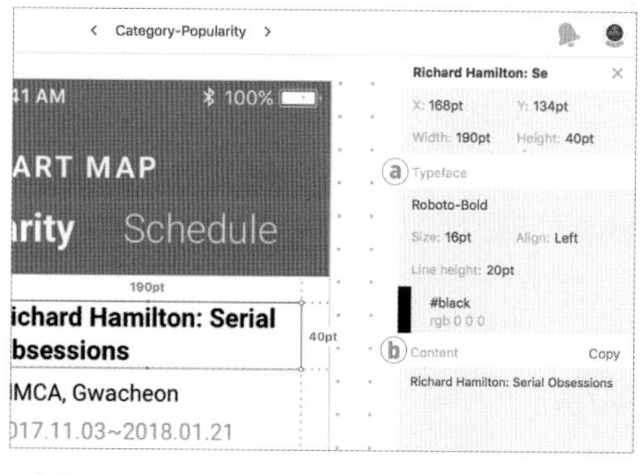


▲ iOS

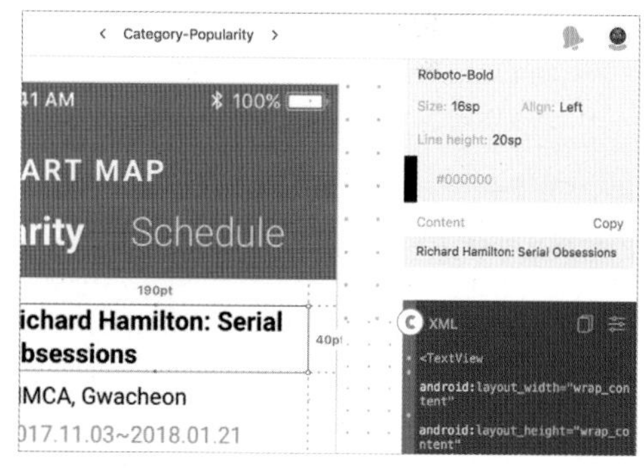


▲ Android

ⓐ **Typeface**: 폰트의 종류, 크기, 정렬 상태, 행간, 색상 정보를 포함합니다. 폰트 정보 옆 '텍스트' 아이콘(Aa+)을 클릭해서 스타일 가이드의 Text Style Catalog에 텍스트 스타일을 추가할 수 있습니다.

ⓑ **Content**: 텍스트 내용을 클릭하면 내용이 복사됩니다.

ⓒ **XML**: 프로젝트를 안드로이드로 지정한 경우 선택 영역에 관한 XML 코드를 제공합니다. 클릭하면 내용이 복사되어 개발자가 코드를 참고하기 편리합니다.

## 무작정 따라하기 | 버전 관리 기능으로 팀과 협업하기

제플린은 편리한 방법으로 스케치에서 디자인된 요소의 가이드를 확인하고, 에셋을 내려 받으며, 코드를 공유할 수 있도록 도와줍니다. 또한 팀과 함께 작업하기 위한 기능도 있습니다.

디자인 파일에 수정이 필요할 때 팀원과 어떻게 소통하나요? 공유할 파일 이름에 v1, v2와 같은 버전 표시를 하거나, 수정이 빈번히 발생할 때는 날짜를 표기하기도 합니다. 파일을 열었을 때에도 어떤 내용이 변경되었는지 쉽게 확인하기 위해 따로 표시해서 개발자에게 전달할 때도 있습니다.

제플린에는 버전 관리 기능이 있어서 변경된 내용을 팀원에게 알리거나 언제 어떤 내용이 변경되었는지 확인하고, 버전별로 관리할 수 있습니다. 예제를 통해서 알아보겠습니다.

# 예제 파일 · 05\Gallery.sketch

1 스케치를 실행하고 'Category-Popularity' 아트보드에서 위쪽 헤더의 Fill을 '청록색'으로 수정합니다.

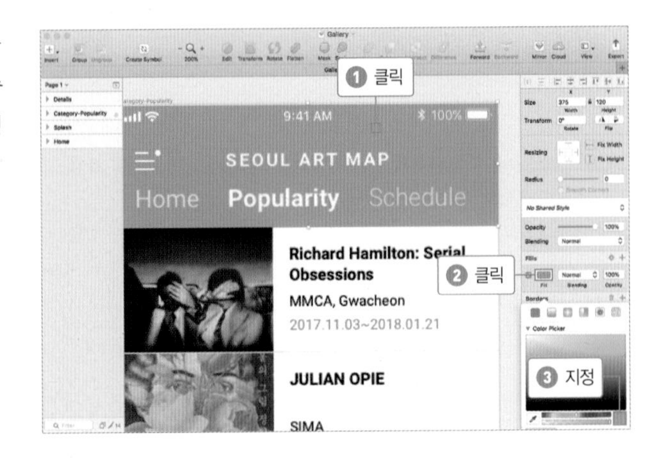


2 'Category-Popularity' 아트보드만 선택하고 Ctrl+Cmd+E를 눌러 제플린으로 내보낸 다음, 제플린에서 'Category-Popularity'를 선택합니다. 제플린 상세 화면 아래쪽 모래시계 아이콘( ) 부분에 새로운 버전을 알리는 알림이 나타납니다.

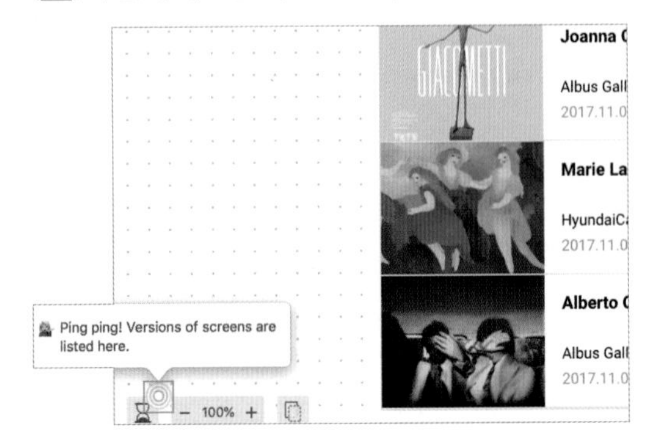

**3** 버전 관리 창이 표시되어 위쪽부터 최신 업데이트 목록이 나타납니다. 'ENTER COMMIT MESSAGE'를 클릭합니다.

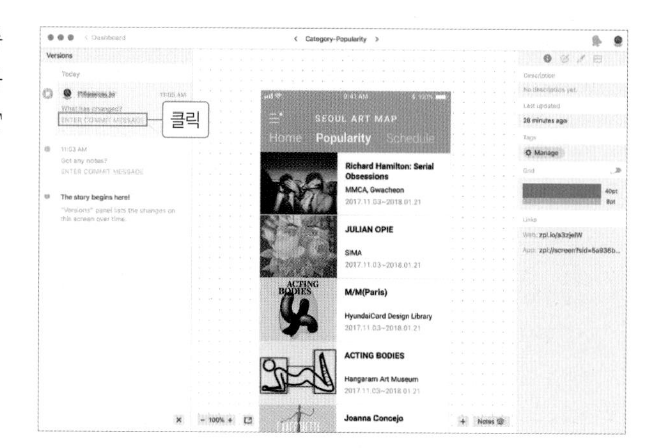


**4** 어떤 내용이 바뀌었는지 상세히 기록할 수 있습니다.

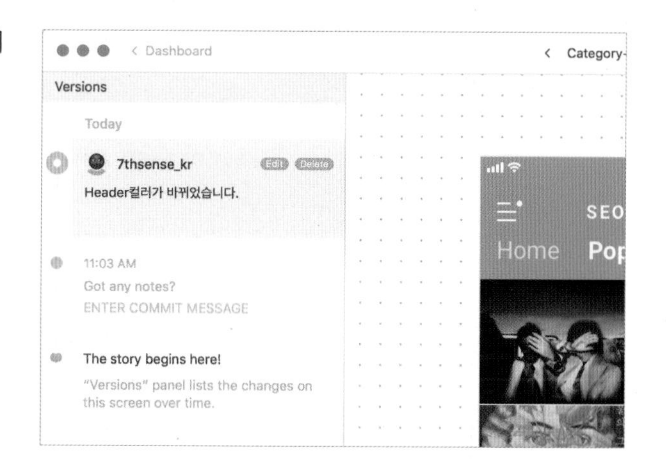


**5** 바로 아래의 버전을 클릭합니다. Header 색상이 청록색에서 이전 색상(붉은색)으로 되돌아옵니다. 버전 목록을 클릭해서 언제든지 변경된 내용을 확인할 수 있습니다.

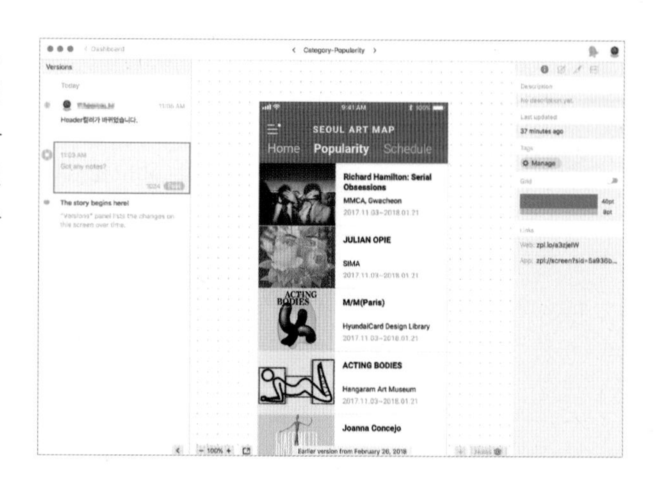


**Tip**

버전 관리 툴을 이용해 업데이트된 내용을 바로 확인하고, 최신 상태와 예정 상태를 살펴볼 수 있습니다.

6 제플린의 버전 관리를 통해 이미지 에셋 파일 관리 방법을 알아봅니다. 스케치의 'Details' 아트보드에서 'information' 아이콘의 'i'를 다음과 같이 검은색으로 채웁니다.

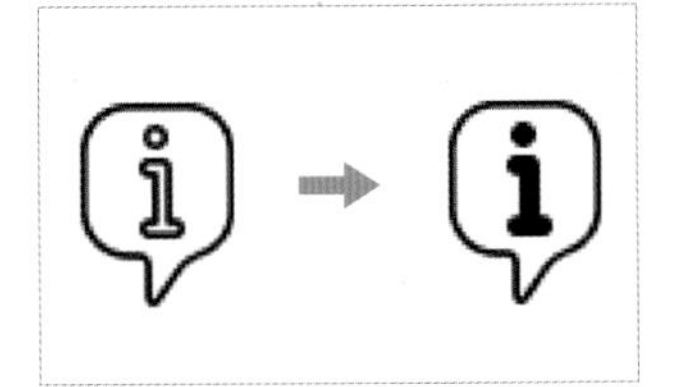

7 'Details' 아트보드만 선택해서 제플린으로 내보낸 다음 'Details' 화면을 선택합니다. 제플린 상세 화면 아래쪽 모래시계 아이콘( )에 새로운 버전을 알리는 알림이 나타나면 클릭해 버전 관리 창을 표시합니다. 'information' 아이콘이 스케치에서 수정한 그대로 업데이트됩니다.

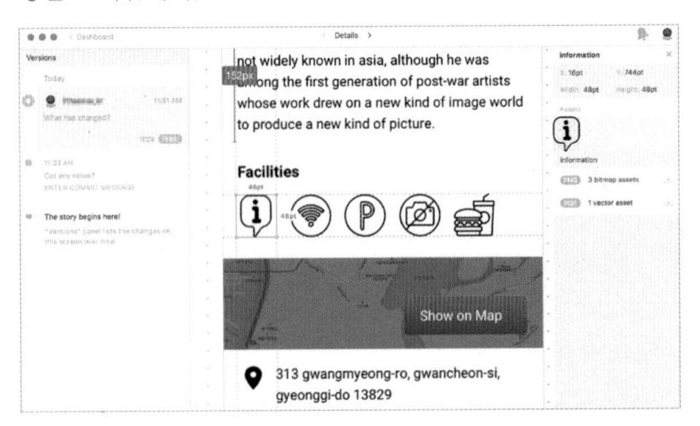


**Tip**

제플린에서는 스케치처럼 Option을 누르지 않아도 그래픽 요소의 간격을 보여줍니다. 기준이 되는 그래픽 요소를 클릭하고, 커서를 이동하면서 간격을 확인할 수 있습니다. 요소들의 크기를 일일이 재거나 자르지 않고, 클릭만으로도 각 요소들의 값을 확인하면서 코딩할 수 있으므로 개발자의 시간과 노력을 절약합니다.

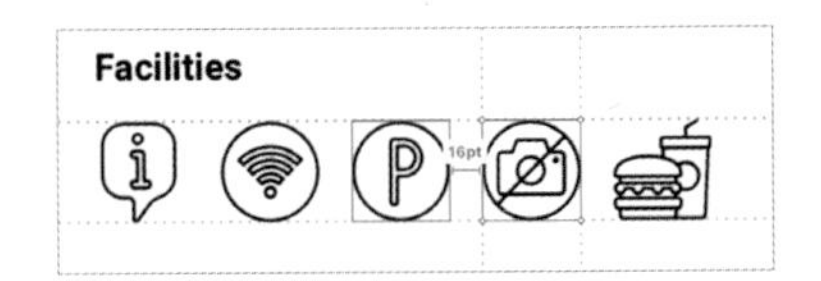


8 바뀐 아이콘의 이미지 에셋 파일만 선택해 다시 다운로드합니다.

**Tip**

만약 이전 이미지 에셋 파일이 필요하면 버전 관리에서 이전 버전을 선택하고 다시 이미지 에셋 파일을 내려 받습니다. 버전 관리 기능을 이용하면 여러 개의 파일로 관리하지 않아도 되고, 이미지 에셋 파일 관리도 더 효율적으로 관리할 수 있습니다.

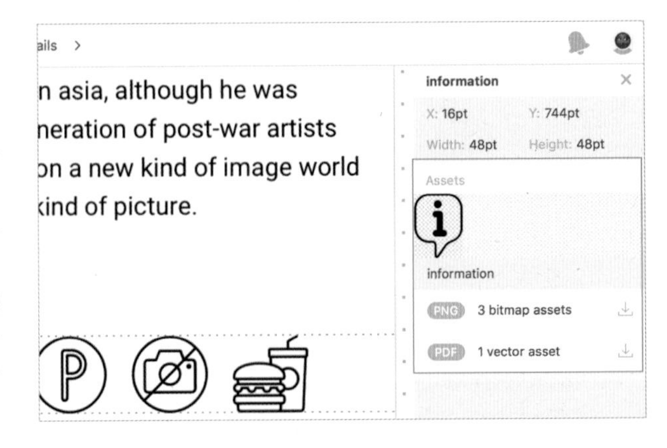

## 노트 기능으로 팀과 협업하기

제플린에서는 화면의 특정 부분에 노트메모를 남겨 팀원과 커뮤니케이션할 수 있습니다.

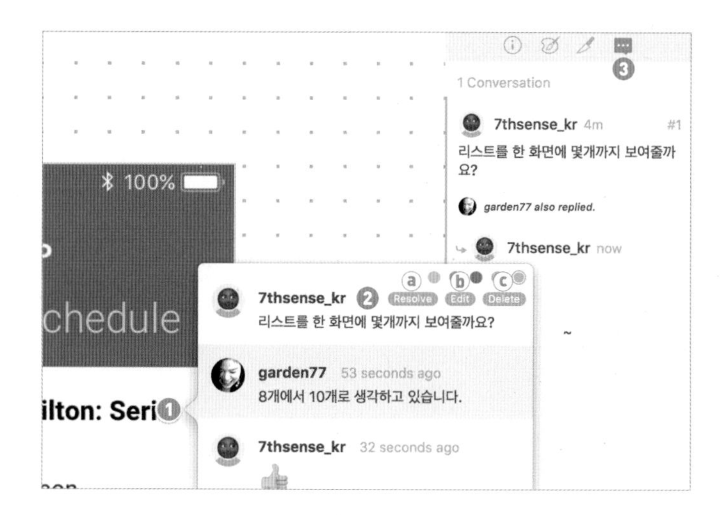


### ① 노트 남기기

노트를 남기고 싶은 영역에서 Cmd를 누른 채 클릭하면 메시지 창이 표시됩니다. 메시지 영역에서 노트 색상을 지정할 수도 있습니다. 팀원에 따라 자신만의 색상을 선택해서 사용할 수 있고, 메모 요청 내용에 색상을 정해서 사용할 수도 있습니다. 예를 들어, 개발 요청이라면 '파란색', 디자인 요청이라면 '빨간색'과 같이 지정할 수 있습니다.

### ② 노트 수정하기

메시지 영역에 커서를 위치시키면 〈Resolve〉, 〈Edit〉, 〈Delete〉의 세 가지 버튼이 나타납니다.

ⓐ **Resolve**: 노트 내용이 해결되었을 때 사용합니다. 〈Resolve〉 버튼을 클릭하면 해당 노트와 관련된 댓글 노트가 모두 삭제됩니다.

ⓑ **Edit**: 노트 내용을 수정합니다.

ⓒ **Delete**: 노트 내용을 삭제합니다.

### ③ 노트 확인하기

화면의 숫자 아이콘을 클릭해서 노트를 확인할 수 있고, 정보 화면 마지막에 있는 노트 탭을 클릭해서 모든 노트 내용을 한꺼번에 확인할 수 있습니다. 노트가 많아질 경우 노트 상태에 따라 구분해서 확인할 수 있습니다.

ⓐ **Open Notes**: 'Resolved'되지 않은 모든 노트 내용을 볼 수 있습니다.

ⓑ **Mentioned Notes**: 사용자에 해당하는 노트만 볼 수 있습니다.

ⓒ **Resolved Notes**: 해결되어 지워진 노트 내용을 확인할 수 있습니다.

알아두기

### 제플린으로 iOS, Android, Web 프로젝트 개발하기

❶ 제플린에서 iOS 프로젝트 개발하기

제플린은 치수를 포함한 에셋 등 iOS 플랫폼에 맞춘 코드 스니펫(Snippet)을 자동으로 만듭니다. 지원 내용은 다음과 같습니다.

- Pt(Points) 치수 지원
- 세 가지(1x, 2x, 3x) PNG 파일과 PDF로 에셋 생성
- 스타일 가이드에서 Swift 또는 Objective-C의 익스텐션 UIColor/UIFont 지원

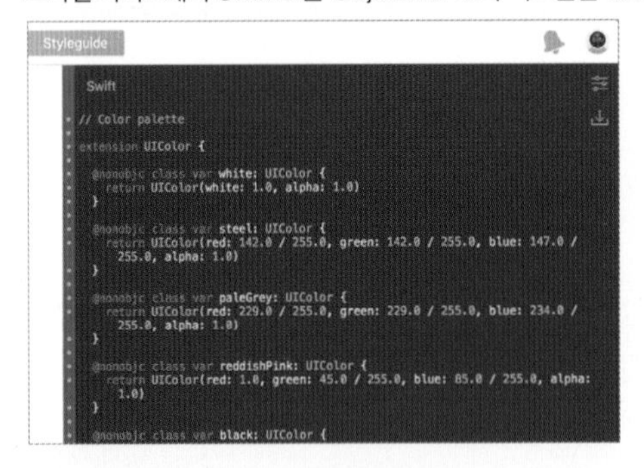


❷ 제플린에서 Android 프로젝트 개발하기

제플린은 치수를 포함한 에셋 등 Android 플랫폼에 맞춰진 코드 스니펫(Snippet)을 자동으로 만듭니다. 지원 내용은 다음과 같습니다.

- dp/sp 치수 지원
- 다섯 가지(mdpi, hdpi, xhdpi, xxhdpi, xxxhdpi)의 SVG 벡터 파일 에셋 생성
- 스타일 가이드의 Color Palette와 텍스트 스타일의 XML 지원
- 텍스트 레이어의 TextView Code Snippets 지원

❸ 제플린에서 Web 프로젝트 개발하기

제플린은 치수를 포함한 에셋 등 웹에 맞춘 코드 스니펫(Snippet)을 자동으로 만듭니다. 지원 내용은 다음과 같습니다.

- Pixels로 치수 변환
- 세 가지(1x, 2x, 3x) PNG 파일, SVGs 그리고 최적화된 Optimized SVGs, JPG 파일 지원
- 반응형 디자인을 위해 치수를 퍼센트(%)로도 지원

- 레이어, 컬러, 텍스트 스타일에서 CSS, Sass, SCSS, Less, Stylus 스니펫 지원
- 에셋으로부터 HTML 스니펫 지원
- 스케치의 그리드 지원(https://support.zeplin.io/zeplin-101/developing-web-projects-using-zeplin)

▲ 픽셀과 퍼센트 지원

▲ 스니펫 지원

◀ 그리드 지원

**알아두기**

### 스케치 49 업데이트에 따른 제플린 링크 지원

프로토타입 링크가 포함된 스케치 파일의 아트보드를 제플린으로 내보낼 때 제플린에서도 링크를 클릭할 수 있도록 지원합니다. 링크 항목을 클릭하면 오른쪽 정보 화면의 Linked to 항목 옆에 링크되는 아트보드 이름이 나타납니다. 이름 옆 '핫스팟' 아이콘(⊖)을 클릭하면 해당 아트보드로 이동합니다. 링크가 연결된 부분을 확인하려면 화면에서 Shift를 누릅니다. 어떤 부분에 핫스팟이 있는지 영역을 보여주고 Shift를 누른 상태에서 링크를 클릭하면 해당 아트보드로 이동합니다.

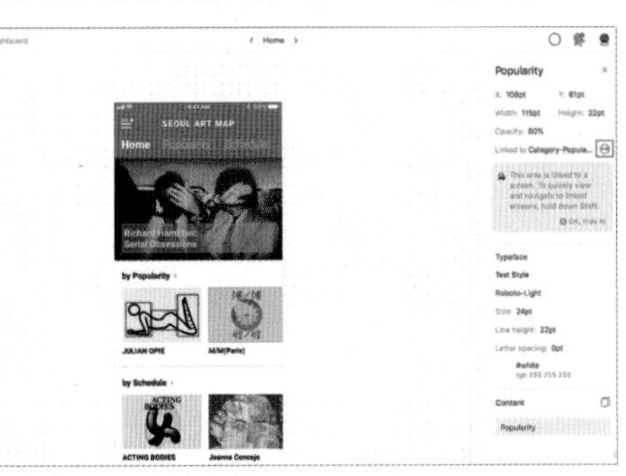

# 플린토로 인터랙션 만들기

플린토와 같은 애니메이션 프로토타입 툴을 이용하면 화면끼리 연결하고, 주요 요소에 다양한 인터랙션을 적용해서 최종 단계에 가까운 디자인 프로토타입을 만들 수 있습니다.

릴리즈 시간이 생명인 애플리케이션 시장에서는 다양한 방법으로 UI/UX를 충분히 테스트하고, 빠르게 의견을 수용해서 개발에 반영하고 있습니다. 한창 개발이 진행 중인 단계에서 문제점을 발견하면 다시 디자인 단계로 돌아가 수정해야 하므로 많은 인력과 시간이 소요됩니다. 하지만, 애니메이션 프로토타입 툴을 이용하면 본격적인 개발 전에 미리 사용성을 테스트할 수 있어 기획이나 디자인 단계에서 발견하지 못했던 UI/UX 문제 등을 사전에 발견하고 수정할 수 있습니다.

애니메이션 프로토타입 툴 시장에는 플린토Flinto를 포함해 프린시플Principle, 프레이머Framer 등 다양한 툴이 있습니다. 툴마다 성격이 뚜렷하고, 사용 목적이 조금씩 다르기 때문에 각 툴의 특징을 알아두면 도움이 됩니다.

## 플린토 이해하기

플린토는 다른 툴보다 비교적 간단하게 원하는 트랜지션과 인터랙션 효과를 구현할 수 있습니다. 스케치에서 디자인한 작업을 연동해서 플린토에 바로 적용 가능하며, 전반적으로 단순하면서도 스케치와 비슷한 느낌의 인터페이스를 가지고 있어 사용자에게 친숙합니다. 또 스케치와 같은 단축키를 지원하므로 조금만 사용해 보면 금방 익숙해질 수 있습니다.

플린토는 정교한 애니메이션 작업까지는 필요 없지만, 빠르게 화면을 연결해서 전체적인 흐름을 확인하거나 간단한 트랜지션을 적용하는 용도로 적합합니다. 앱스토어에서 플린토 뷰어를 내려 받아 작업 내용을 직접 iOS 디바이스와 연동해 모바일 테스트를 할 수 있으며, 공유도 가능합니다.

**Tip**

좀 더 섬세한 애니메이션 작업이 요구된다면 타임라인 기반의 Principle(프린시플), 주요 화면이나 특정 요소의 정확한 인터랙션과 액션이 중요하다면 코드 기반의 Framer(프레이머)를 추천합니다.

## 플린토 설치하기

플린토를 설치하려면 먼저 플린토 공식 사이트https://www.flinto.com에서 〈Download Free Trial〉 버튼을 클릭하고 앱을 내려 받아 설치합니다. 플린토는 14일 동안 시험 버전을 제공하므로 먼저 체험하고 구매하는 것을 권장합니다.

**Tip**

플린토는 스케치처럼 연간 라이선스 모델을 채택하고 있습니다. 일반적으로 라이선스는 개당 99달러이고, 라이선스 등록일부터 1년의 유효기간 및 학생 할인 정책을 가집니다.

## 플린토 살펴보기

플린토를 실행하면 자동으로 안내 화면이 표시됩니다. 오른쪽 아래의 〈새 문서〉 버튼을 클릭해서 새로운 문서를 만듭니다. 안내 화면이 표시되지 않으면 메뉴에서 **[파일] → 새 항목**Cmd+N을 실행하여 새 문서 파일을 만듭니다.

▲ 플린토를 시작할 때 자동으로 표시되는 안내 화면

플린토의 화면 구성을 살펴보겠습니다. 플린토 인터페이스 구성은 스케치와 매우 비슷하므로 친숙할 것입니다.

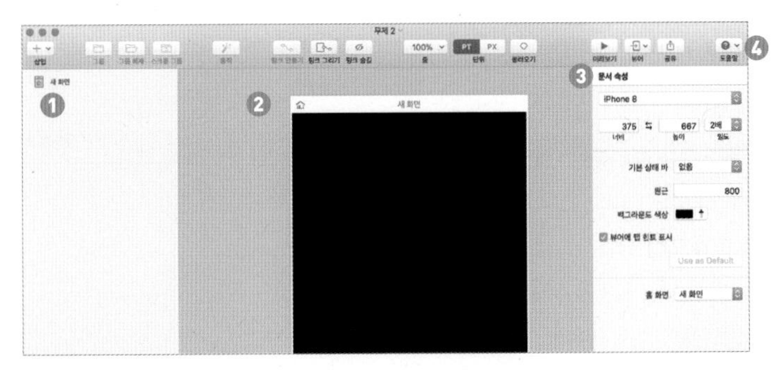


▲ 플린토 새 문서 화면과 인터페이스

❶ **레이어 목록**: 화면(스케치의 아트보드와 같은 개념)의 레이어가 위치합니다.

❷ **캔버스 영역**: 화면의 세부 이미지를 확인할 수 있습니다.

❸ **검사기**: 캔버스에서 선택한 영역에 관한 세부 설정을 할 수 있습니다. 아무것도 선택하지 않았을 때에는 문서 속성 설정을 확인할 수 있습니다.

❹ **툴바**: 자주 사용하는 기능이 아이콘으로 등록되어 간편하게 이용할 수 있습니다.

## 툴바의 기능

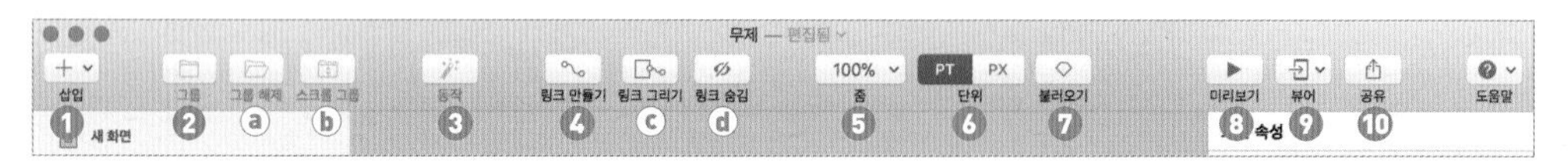


❶ **삽입**: '+' 아이콘을 클릭하고 화면, 도형, 텍스트, 벡터, 이미지를 선택해서 캔버스에 삽입할 수 있습니다. 플린토에서도 기본 디자인이 가능하지만, 보통 스케치에서 작업한 화면(아트보드)을 불러옵니다.

❷ **그룹**: 레이어를 선택해서 그룹으로 만듭니다.

ⓐ **그룹 해제**: 그룹을 해제합니다.

ⓑ **스크롤 그룹**: 그룹으로 설정된 영역을 스크롤 영역으로 지정합니다.

❸ **동작(Behaviors)**: 인터랙션과 애니메이션을 세부적으로 설정할 수 있는 '동작 디자이너' 화면으로 이동합니다.

❹ **링크 만들기**: 플린토의 가장 핵심 기능으로, 오브젝트에 링크를 지정하고 화면으로 연결하여 트랜지션(F)을 지정할 수 있습니다.

ⓒ **링크 그리기**: 오브젝트에 링크를 지정할 수 없다면 영역을 지정합니다.

ⓓ **링크 숨김**: 화면에 표시된 링크 영역(연한 파란색)을 숨깁니다.

❺ **줌**: 캔버스의 화면 보기 비율을 설정합니다.

❻ **단위**: 화면에 표기되는 단위를 선택합니다. 메뉴에서 (**뷰**) → **픽셀 단위 사용**을 실행해도 됩니다.

❼ **불러오기**: 스케치에서 작업한 파일을 불러옵니다.

❽ **미리보기**: 작업 내용을 새 창에서 미리 볼 수 있습니다.

❾ **뷰어**: 전용 앱과 연결해 작업 내용을 디바이스에서 확인할 수 있습니다.

❿ **공유**: 메일, 에어드롭(AirDrop) 등으로 플린토 파일을 공유할 수 있습니다.

Tip

스케치와 같은 방법으로 도구 막대 영역에서 Ctrl을 누른 채 클릭한 다음 **도구 막대 사용자화**를 실행하여 원하는 대로 도구 막대를 설정할 수 있습니다.

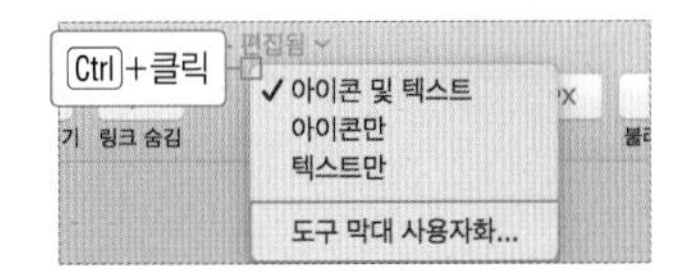


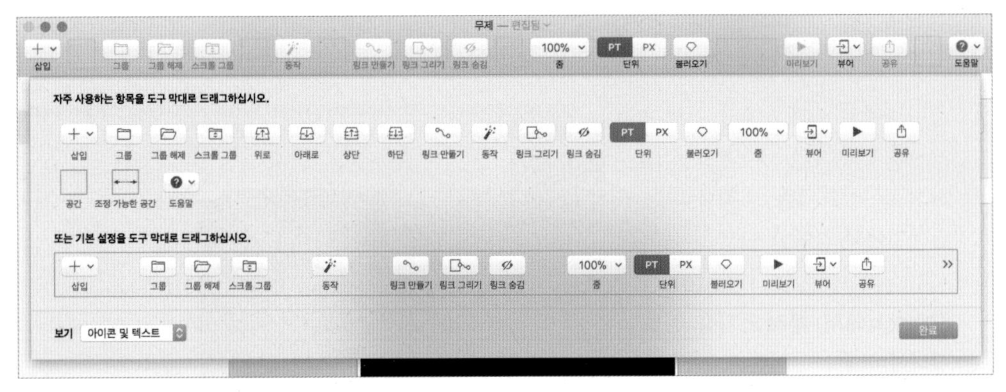


▲ 도구 막대 사용자 설정 레이어

## 플린토 문서 속성 살펴보기

문서 속성을 살펴보겠습니다.

① **크기**: 안드로이드, iOS 디바이스 또는 웹사이트 화면 크기를 선택하거나 직접 화면 크기를 설정할 수 있습니다.

② **밀도**: 화면의 밀도를 의미하며 1배, 2배 등으로 설정할 수 있습니다.

③ **기본 상태 바**: 화면 위쪽에 상태 바 유무와 색상을 선택할 수 있습니다.

④ **원근**: 3D 레이어에서 값이 작을수록 레이어가 가깝게 나타나고, 값이 클수록 레이어가 멀리서 나타납니다.

⑤ **백그라운드 색상**: 화면의 배경색을 설정합니다.

⑥ **뷰어에 탭 힌트 표시**: 체크 표시하면 프로토타입에서 사용자가 링크 근처를 탭했을 때 링크 영역을 하이라이트로 표시합니다. 이 기능은 사용자에게 링크 위치를 쉽게 알려줍니다.

⑦ **〈Use as Default〉 버튼**: 모든 설정을 초기화합니다.

⑧ **홈 화면**: 여러 개의 화면 중에서 홈으로 설정할 화면을 선택합니다. 미리 보기 화면에서 프로토타입을 확인할 때 홈 버튼을 클릭하면 설정 화면으로 바로 이동합니다.

## 무작정 따라하기 | 플린토에서 스케치 파일 불러오기

플린토에서 새로운 파일을 만들고, 작업한 스케치 파일을 연동해서 스케치 디자인 화면을 플린토로 불러오겠습니다.

# 예제 파일 · 05\02\Gallery.sketch

1 플린토에서 스케치에서 작업한 크기와 같은 'iPhone 8'을 선택하여 문서 크기를 지정합니다. 스케치에서 작업한 파일을 불러오기 위해 메뉴에서 [Flinto] → **Sketch에서 불러오기**를 실행합니다.

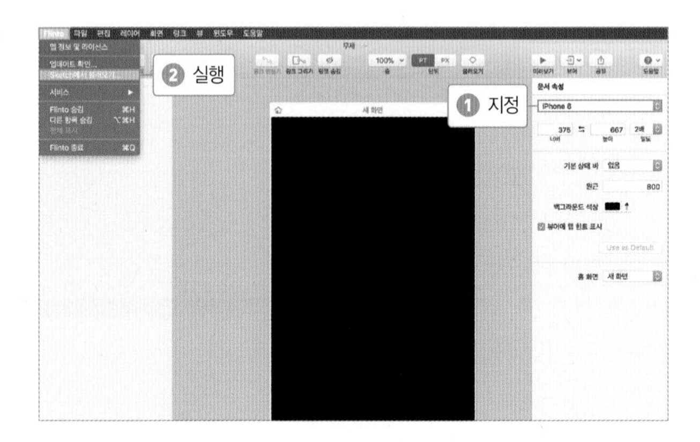


2 Sketch에서 불러오기 대화상자가 표시되면 불러올 스케치 파일을 확인한 다음 〈Import Artboards〉 버튼을 클릭합니다.

3 스케치 아트보드가 플린토로 모두 불러들여집니다.

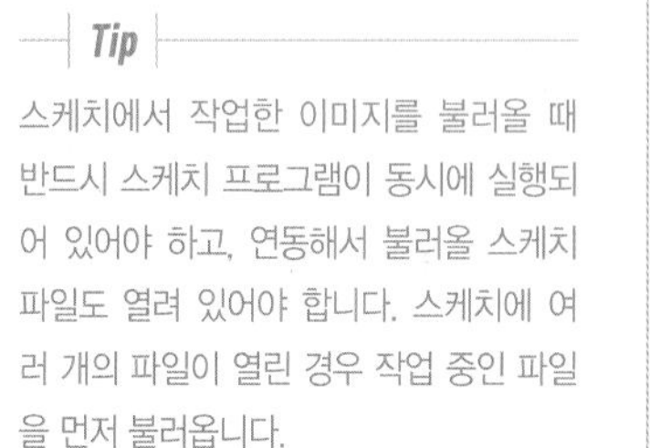
**Tip**

스케치에서 작업한 이미지를 불러올 때 반드시 스케치 프로그램이 동시에 실행되어 있어야 하고, 연동해서 불러올 스케치 파일도 열려 있어야 합니다. 스케치에 여러 개의 파일이 열린 경우 작업 중인 파일을 먼저 불러옵니다.

4 자동으로 'Home'이 홈 화면으로 설정됩니다. 홈 아이콘(⌂)이 'Home' 레이어 목록과 캔버스의 상태 바에 표시됩니다.

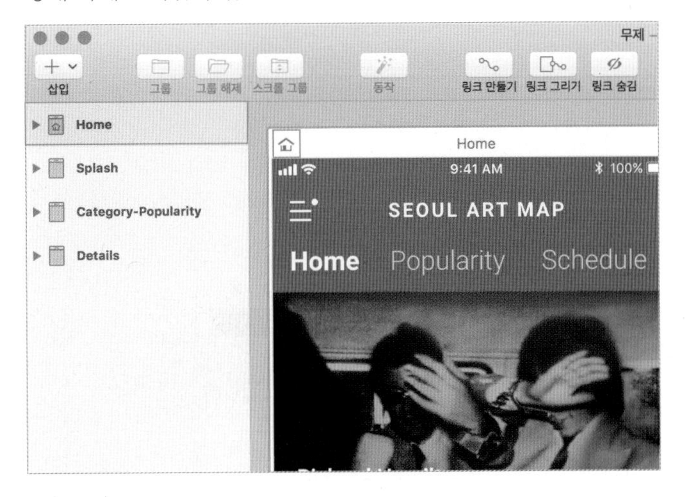


Tip

홈 화면은 링크를 지정할 때 시작 화면을 설정하는 것으로 매우 중요하며, 검사기 또는 선택한 스크린 상태 바에서 Ctrl을 누른 채 클릭해 표시되는 메뉴의 **홈 화면으로 설정**을 실행하여 언제든지 재설정할 수 있습니다.

알아두기

## 버그 – 스케치와 연동해서 들어온 이미지 확인하기

스케치 디자인을 플린토로 가져온 다음 반드시 디자인에서 변경된 부분이나, 레이어가 빠진 부분은 없는지 확인해야 합니다. 특히 텍스트 박스가 한 줄로 풀어지거나, 텍스트 레이어 일부분이 들어오지 않는 경우가 있기 때문입니다. 버그가 생기는 이유는 모두 다르지만, 스케치에서 텍스트 박스로 처리한 텍스트가 풀릴 때와 스케치에서 마스크로 처리한 레이어와 인접한 텍스트 레이어가 인식되지 않아 플린토에 들어오지 않을 때가 있습니다.

스케치에서 작업한 내용대로 플린토에 들어오지 않은 경우에는 스케치로 돌아가 해당 부분을 수정하고 다시 플린토로 해당 화면만 불러와야 합니다. 다음의 경우 두 가지 경우에 해당하는 버그가 'Home' 화면과 'Details' 화면에서 생겼습니다.

'Details' 화면의 전시 설명 부분과 주소의 텍스트 영역이 해제되어 한 줄로 들어왔습니다. 이 부분은 텍스트 영역을 선택한 다음 검사기에서 스케치에서 지정한 것처럼 영역을 다시 똑같이 설정합니다.

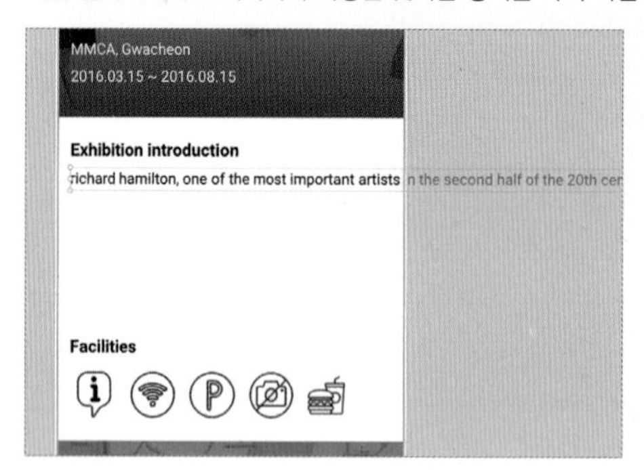

▲ 텍스트 영역의 크기 설정이 해제되어 한 줄로 된 화면

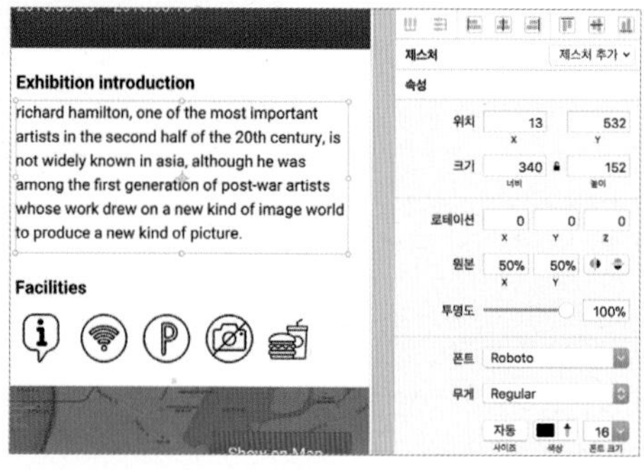

▲ 텍스트 영역을 다시 설정한 화면

다음의 'Home' 화면 버그는 'by Popularity'와 'by Schedule' 영역의 섬네일 아래 전시명 텍스트가 들어오지 않은 경우입니다. 스케치에서 섬네일에 마스크를 적용하고 섬네일과 전시명을 같은 폴더에 넣었는데, 텍스트 레이어만 플린토로 들어오지 않았습니다. 다음과 같이 텍스트 레이어가 빠지면서 섬네일 위치도 조금 다르게 배치되었습니다.

이 경우에는 플린토에 들어온 'Home' 화면을 삭제한 다음 스케치로 돌아가 레이어 목록에서 전시명을 별도의 폴더로 이동하고 다시 플린토에서 스케치 파일을 불러옵니다.

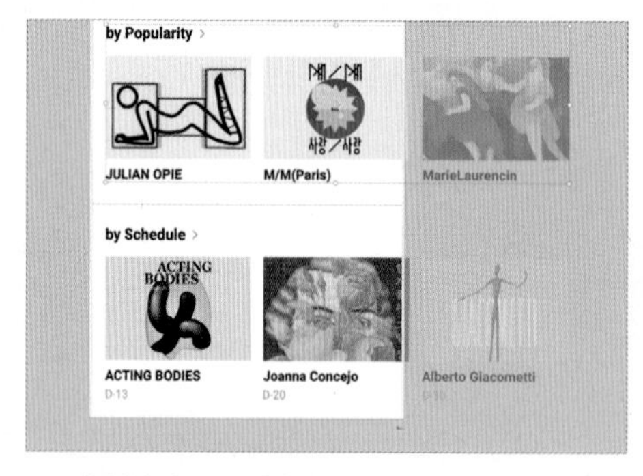

▲ 스케치에서 텍스트에 해당하는 레이어의 위치를 변경하여 다시 플린토로 이미지를 불러온 화면

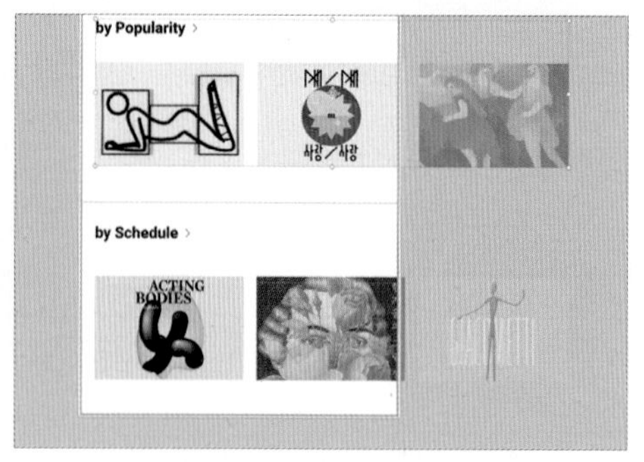

▲ 섬네일 아래의 전시명 레이어가 들어오지 않은 화면

## 무작정 따라하기 | 화면 간 링크 연결하기

1 홈 화면을 잠시 'Splash' 캔버스로 수정하겠습니다.
'Splash' 캔버스를 선택하고 화면 속성 항목에서 '홈 화면'에 체크 표시합니다.

2 검사기에서 '타이머 링크'에 체크 표시하고 다음과 같이 설정합니다.

- 타임아웃: 2000ms
- 타겟: Home
- 트랜지션: 페이드 인

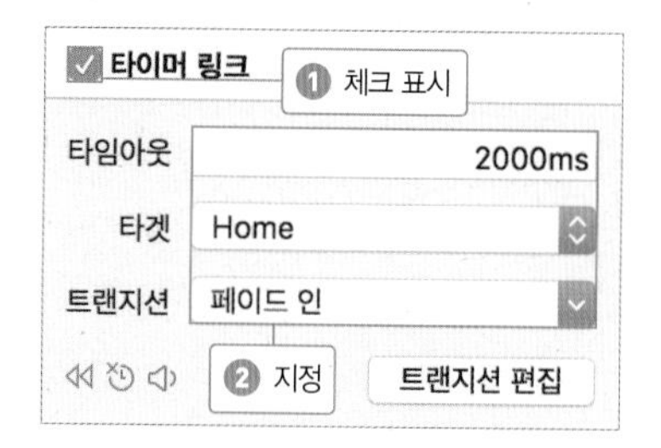


3 'Splash'와 'Home' 캔버스가 연결되면 링크 선 가운데(◎)를 클릭합니다.

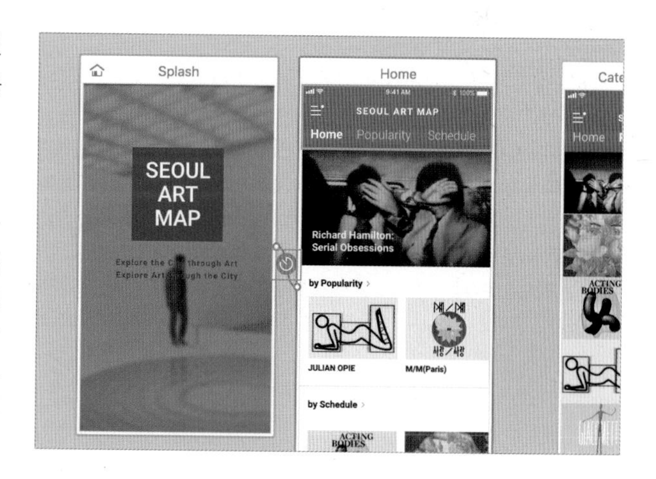


**Tip**

연결선을 '링크'라고 합니다. 링크는 두 화면이 연결되고, 트랜지션이 적용되어 있음을 의미합니다. 'Splash' 캔버스 외곽의 파란색 선은 시작 화면을 의미하고, 'Home' 캔버스의 빨간색 선은 종료 화면을 의미합니다.

4 트랜지션 옵션 창이 표시됩니다. 언제든 작업 중에 아이콘을 클릭해서 빠르게 수정할 수 있습니다.

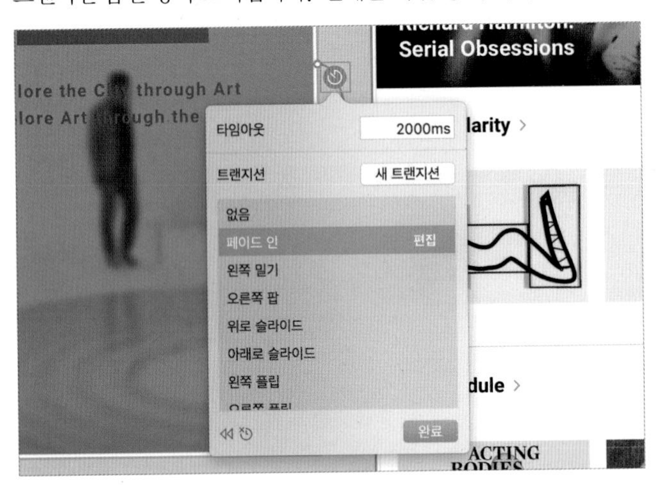


알아두기

### 링크를 연결하는 다양한 방법

플린토에서 화면 간 링크를 연결하는 방법은 다양합니다.

❶ 레이어(또는 캔버스)를 선택하고, 툴바에서 '링크 만들기' 아이콘( )을 클릭합니다.

❷ 레이어(또는 캔버스)를 선택하고 F를 누릅니다.

❸ 레이어(또는 캔버스)를 선택한 다음 메뉴에서 [링크] → 링크 만들기를 실행합니다.

❹ 레이어(또는 캔버스)를 선택한 다음 Ctrl을 누른 채 클릭해서 표시되는 메뉴의 링크 만들기를 실행합니다.

알아두기

### 트랜지션의 종류

트랜지션(Transition)이란, 다른 장면으로 바뀔 때 사용하는 장면 전환 기술을 의미합니다.

- **페이드인**: 이전 화면이 흐려지며 다음 화면으로 자연스럽게 교체되는 효과로 가장 많이 쓰이는 효과 중 하나입니다.
- **왼쪽 밀기**: 새로운 화면이 이전 화면 위에 오른쪽에서 왼쪽으로 들어오며 전환되는 효과입니다.
- **오른쪽 팝**: 이전 화면이 왼쪽에서 오른쪽으로 이동하면서 밑에 있는 새로운 화면을 서서히 드러내는 효과입니다.
- **위/아래로 슬라이드**: 새로운 화면이 위(또는 아래)에서 내려와 전체를 덮는 효과입니다.
- **왼쪽/오른쪽 플립**: 카드를 왼쪽(또는 오른쪽)으로 뒤집는 것 같은 효과입니다.

5 'Splash'와 'Home' 화면 사이에 연결한 링크와 적용한 트랜지션이 실제 어떻게 나타나는지 확인하겠습니다. 툴바의 '미리보기' 아이콘(▶, Cmd+P)을 클릭합니다. 팝업 창이 표시되면서 두 화면 사이에 적용한 트랜지션과 시간 등을 미리 볼 수 있습니다. 화면 사이에 알맞은 시간과 트랜지션이 적용되었는지 확인합니다. 파일 이름을 스케치 파일처럼 'gallery'로 지정하고 지금까지 작업한 내용을 저장합니다.

**Tip**

트랜지션을 수정하려면 미리 보기 창을 닫고, 검사기 화면에서 다시 수정합니다.

**알아두기**

### 툴바 살펴보기

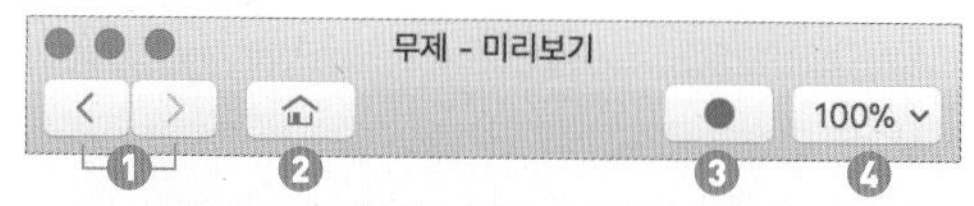


❶ 현재 화면을 중심으로 앞/뒤 캔버스로 이동합니다.
❷ 현재 화면과 상관없이 홈 화면으로 이동합니다.
❸ 미리보기 화면을 녹화해서 MOV 또는 GIF 파일로 저장하거나 드리블(Dribbble: 디자이너 커뮤니티 사이트)로 공유할 수 있습니다.
❹ 미리보기 화면 비율을 설정합니다.

**알아두기**

### Flinto Viewer 앱으로 미리보기

플린토에서 작업한 내용을 모니터뿐 아니라, 앱을 통해 모바일에서도 미리 볼 수 있습니다. 필자는 인터랙션, 제스처, 시간 등이 모바일에서 실제 어떻게 적용되는지 확인하기 위해 미리보기 화면에서 디자인을 확인하고 모바일 앱과 연결해 다시 확인합니다.

❶ iOS 모바일 앱스토어에서 'Flinto' 앱을 검색해 다운로드합니다.
❷ 모바일 디바이스에서 다운로드한 앱을 실행합니다.
❸ 맥에서 플린토가 실행된 상태로 위쪽 툴바의 '뷰어'를 클릭합니다.
❹ 연결한 모바일 기기를 선택합니다(예, Iphone8).
❺ 모바일 앱에서 화면을 직접 미리 볼 수 있습니다.

미리보기 화면에서 두 손가락으로 더블 탭을 하면 선택 메뉴가 표시됩니다. 원하는 명령을 실행해서 화면 밖으로 나가거나 원하는 곳으로 바로 이동할 수 있습니다.

▲ iOS 앱스토어에서 Flinto 다운로드
▲ 미리 보기 화면에서 두 손가락으로 더블 탭

### 무작정 따라하기 | 홈 화면에서 링크 연결하기

'홈' 화면에서 다양한 링크를 처리하고, 스크롤 영역을 어떻게 설정하는지 함께 알아보겠습니다. 일단 각 메뉴를 해당 화면으로 연결하겠습니다.

링크를 연결하는 방법은 크게 두 가지가 있습니다. 링크하려는 오브젝트를 선택하고, '링크 만들기' 아이콘( , F)이나 '링크 그리기' 아이콘( , D)을 클릭하여 자유롭게 원하는 링크 영역을 직접 설정하는 방법입니다. '홈' 화면에서 실행 가능한 두 가지 링크 연결 방식을 함께 사용해 보겠습니다.

1 'Home' 화면의 위쪽 메뉴에서 'Home' 텍스트를 더블클릭해 선택합니다.

2 툴바에서 '링크 만들기' 아이콘( , F)을 클릭합니다. 현재 'Home' 화면에 위치하므로 연결 대상은 바로 자신입니다. 연결선을 위쪽 Home 텍스트에 배치하고 클릭해서 지정합니다. 제스처를 '탭'으로 지정합니다.

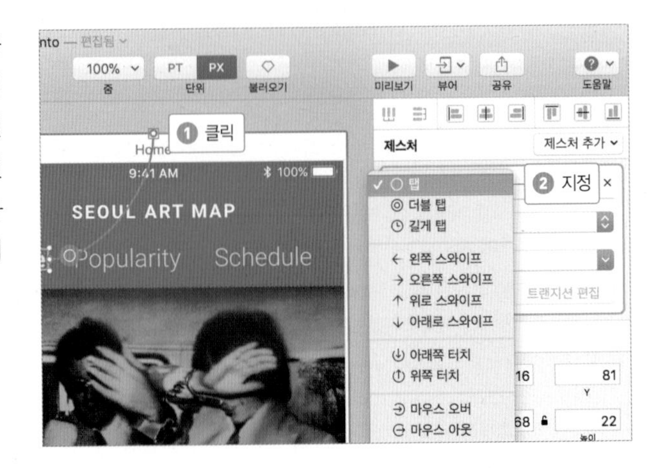

3 트랜지션을 '페이드 인'으로 지정합니다.

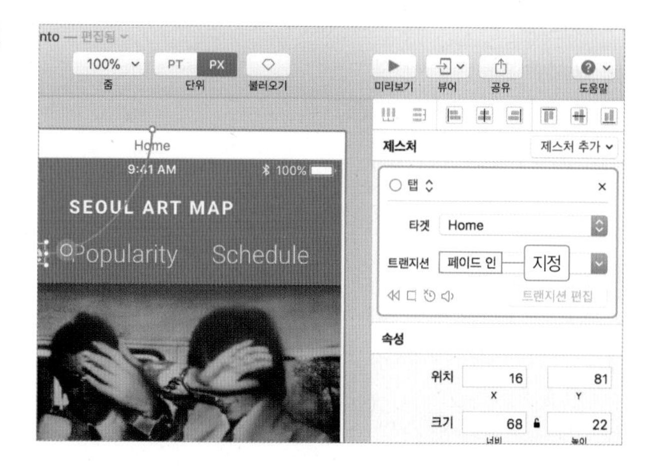


4 플린토 위쪽 툴바에서 '링크 그리기' 아이콘( , D)을 클릭합니다. 'Home' 화면의 슬라이드에서 텍스트 위에 드래그하여 링크 영역을 지정합니다.

5 타겟을 'Details', 트랜지션을 '페이드인'으로 지정하여 작업을 마칩니다.

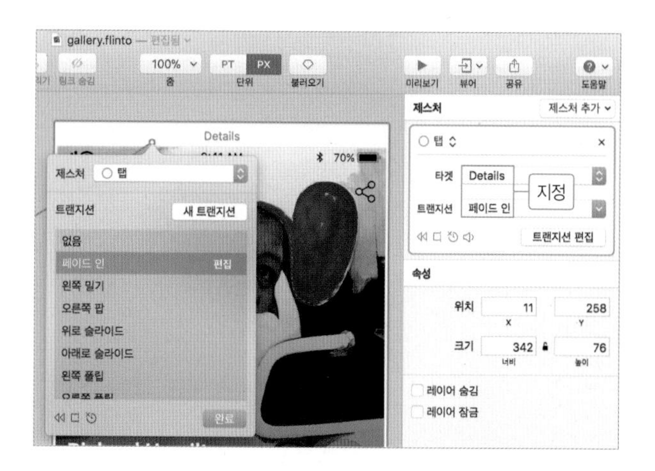

알아두기

### 제스처의 종류

플린토에서는 모바일에서 사용하는 대부분의 제스처[21]를 지원합니다. 제스처의 종류과 특징에 대해 간단히 알아보겠습니다.

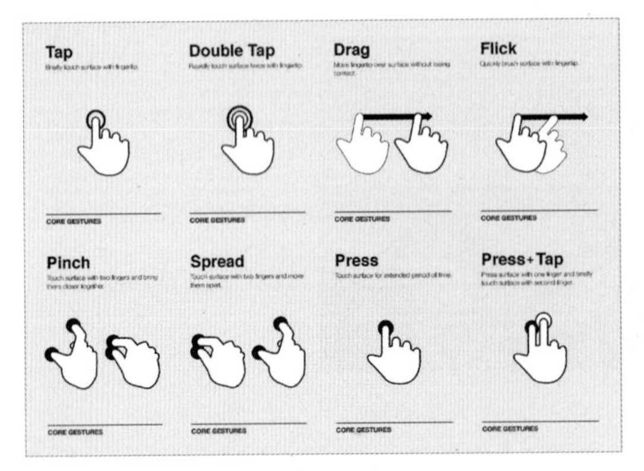


▲ 출처: 터치 제스처 가이드(http://static.lukew.com/TouchGestureGuide.pdf)

❶ **탭(Tap)**: 한 손가락으로 화면을 짧고 가볍게 두드립니다. 콘텐츠를 선택할 때 주로 사용하는 기본 동작입니다.

❷ **더블 탭(Double Tap)**: 같은 영역의 화면을 재빠르게 두 번 두드립니다. 보통 화면이 확대된 상태에서 두 번 두드려 화면을 축소하거나, 반대로 확대할 때 사용합니다.

❸ **길게 탭(Long Tap)**: 손가락으로 움직임 없이 길게 누를 때를 가리킵니다.

❹ **스와이프(Swipe)**: 한 손가락을 화면 위에 터치한 상태에서 일정 거리/방향으로 움직입니다.

❺ **스크롤(Scroll)**: 수직 스와이프는 스크롤(Scroll)이라고도 하며 일반적으로 화면 스크롤 내리기, 화면 전환 등에서 사용합니다.

❻ **아래쪽 터치(Touch Down)**: 손가락(또는 마우스)으로 링크 영역 안에서 눌렀을 때입니다.

❼ **위쪽 터치(Touch Up)**: 손가락(또는 마우스)으로 링크 영역 안에서 눌렀다가 떼었을 때입니다.

❽ **마우스 오버(Mouse Over)**: 마우스가 링크 영역 안으로 들어왔을 때입니다.

❾ **마우스 아웃(Mouse Out)**: 마우스가 링크 영역으로 밖으로 나갔을 때입니다.

❿ **3D Touch**: 3D 터치를 지원하는 iOS 디바이스와 Force Touch를 지원하는 맥에서만 작동합니다. 3D 터치는 화면 터치 강도를 탭, 누르기, 세게 누르기 등으로 감지하고 터치에 따라 미리보기를 수행하거나, 앱 메뉴를 앱 실행 없이 바로 실행하는 등 빠른 동작을 수행합니다.

21 **제스처(Gesture)** 모바일 디바이스를 이용할 때 사용자 동작에 의해 화면을 제어하는 UI의 기본 요소 중 하나입니다. 사용자는 디바이스 화면을 누르거나, 쓸거나 하는 동작으로 콘텐츠를 이용합니다.

## 무작정 따라하기 | 스크롤 영역 지정하기

'Home' 화면에서 'by Popularity'와 'by Schedule' 영역은 손가락을 양쪽으로 스와이프해서 콘텐츠를 볼 수 있도록 디자인된 영역입니다. 미리 보면 일부 섬네일 영역이 디바이스 밖에 위치하므로 화면에 들어온 목록의 앞부분만 보입니다.

플린토에서는 스크롤 영역을 별도의 그룹으로 설정할 수 있으며, 스크롤 그룹으로 지정하면 손가락으로 좌/우 또는 상/하로 스와이프해서 콘텐츠를 볼 수 있습니다. 스크롤 영역을 설정하는 방법은 매우 간단합니다.

1 레이어 목록의 'by Popularity'에 해당하는 영역을 선택합니다. 'Cat 1' 그룹에 타이틀, 전시 섬네일, 전시명이 함께 들어있습니다.

2 스크롤 부분만 따로 그룹을 만들어야 하므로 레이어 목록에서 타이틀 텍스트와 화살표 도형 레이어를 'Cat 1' 그룹 밖으로 이동합니다.

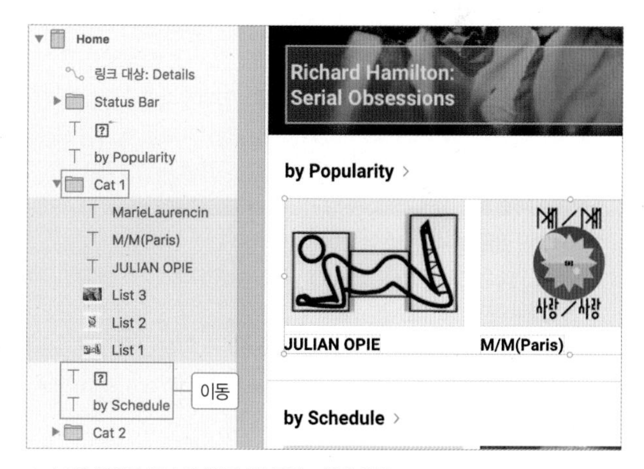


▲ 스크롤 영역인 전시 섬네일과 전시명만 그룹에 위치

3 레이어 목록에서 'Cat 1' 그룹을 선택하고 툴바에서 '스크롤 그룹' 아이콘( , Alt+Cmd+G)을 클릭합니다.
'Cat 1' 폴더 위에 '새 스크롤 그룹' 그룹이 만들어집니다.

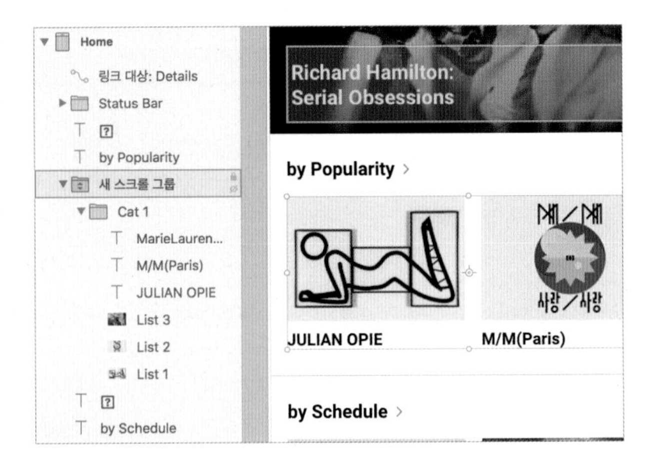


알아두기

### 스크롤 그룹 옵션 살펴보기

스크롤 그룹을 선택하면, 검사기 영역에서 스크롤 그룹에 대한 세부 설정을 할 수 있습니다. 스크롤 그룹 옵션 항목의 세부 설정에 대해 알아보겠습니다.

❶ **클립**: 체크 표시하면 그룹 영역 안에 있는 콘텐츠만 보여줍니다. 마스크를 설정할 때 유용합니다.
❷ **반경(Radius)**: 사각형 모서리의 둥근 정도를 설정합니다.
❸ **스크롤**: 가로 또는 세로의 스크롤 방향을 지정하며 양쪽 모두 설정할 수 있습니다.
❹ **콘텐츠**: 그룹의 콘텐츠 크기를 설정합니다.
❺ **최초 오프셋**: 스크롤 그룹 영역이 로딩되었을 때 시작 위치를 설정합니다.
❻ **스크롤 바**: 스크롤 바의 색상 유무를 설정합니다.
❼ **페이징**: 스크롤 그룹의 가로/세로 크기에 따라 페이지 스냅 여부를 결정하고, 페이지 크기를 설정합니다.
❽ **바운스**: 스크롤의 양끝에서 튕기는 현상을 나타낼지 체크 표시하여 지정합니다.
❾ **방향 고정**: 스크롤 그룹 방향이 양쪽 모두 지정되어 있을 때 체크 표시합니다. 예를 들어, 스크롤을 상하로 움직일 때 양쪽으로 스크롤하지 않습니다.
❿ **레이어 숨김**: 선택한 레이어를 보이지 않게 설정합니다.
⓫ **레이어 잠금**: 선택한 레이어를 잠급니다.
⓬ **아래 제스처 차단**: 링크가 있는 인터랙션이 위아래로 겹쳐있을 때 아래의 인터랙션이 클릭되지 않도록 합니다.
⓭ **나갈 경우 리셋(Leaving Causes Reset)**: 프로토타입을 재생해서 해당 화면을 떠났다가 다시 돌아왔을 때 설정한 값(Default State)으로 돌아갑니다.

**4** 2~3번 과정을 반복해서 'by Schedule' 영역도 스크롤 그룹으로 지정합니다.

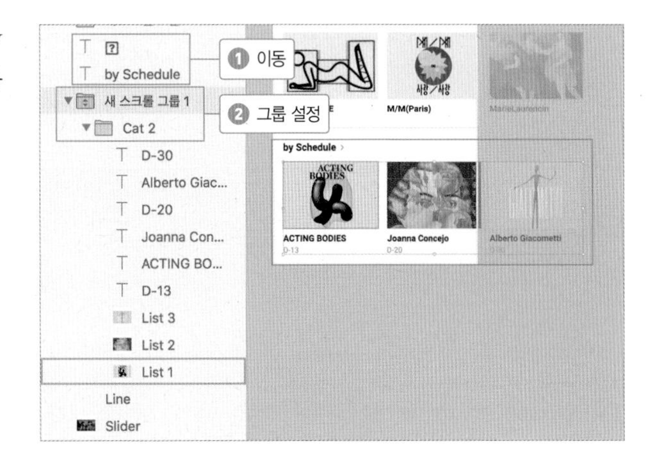


**5** 레이어 목록에서 '새 스크롤 그룹 1' 그룹을 선택하고 스크롤 영역에 해당하는 프레임의 조절점을 움직여 영역을 조정합니다.

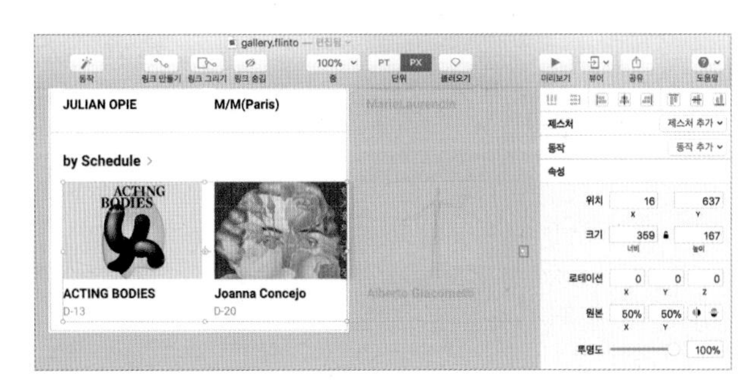


**6** 이번에는 홈 화면 전체에 스크롤 영역을 지정하겠습니다. 레이어 목록에서 'Status Bar' 폴더를 제외하고 나머지 레이어를 모두 선택합니다.
툴바에서 '스크롤 그룹' 아이콘( ), Alt+Cmd+G)을 클릭하고 스크롤 영역을 지정합니다. 콘텐츠 영역이 모두 포함되도록 스크롤 영역이 알맞게 지정되었는지 확인합니다.

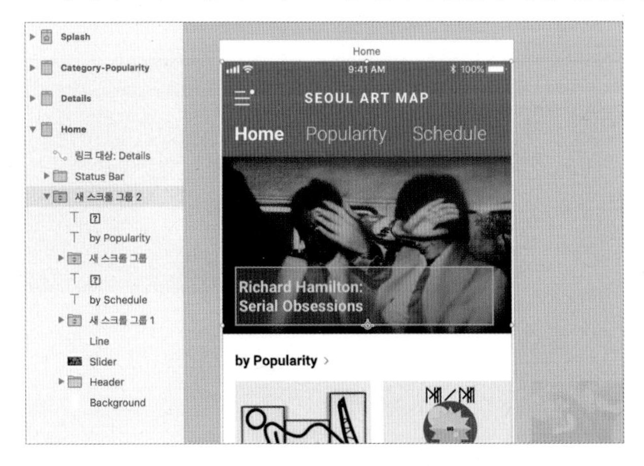

7 검사기의 스크롤 항목에서 '세로'에만 체크 표시합니다.

그룹 옵션
오버플로우 ☑ 클립
반경 0
스크롤 ☑ 세로
☐ 가로
콘텐츠 375 820
너비 높이
최초 오프셋 0 0
X Y

8 툴바에서 '미리보기' 아이콘(▶, Cmd+P)을 클릭합니다. 미리보기 화면에서 1~7 과정에서 적용한 스크롤이 바르게 적용되는지 확인합니다.

9 모바일 디바이스에서 플린토 뷰어를 실행하고, 툴바의 '뷰어' 아이콘을 클릭해 모바일 뷰어가 설치된 디바이스와 연결한 다음 직접 테스트합니다.

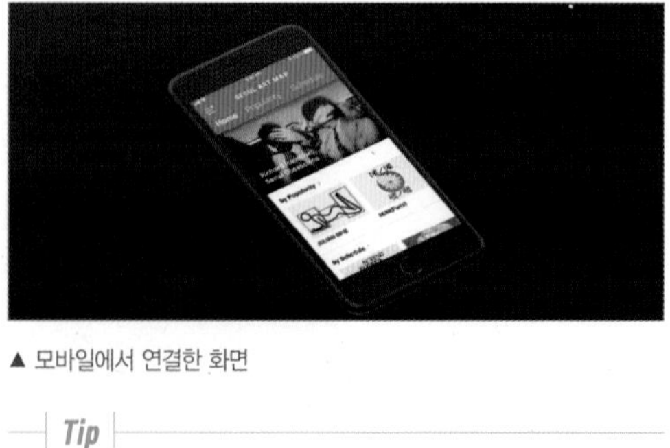

▲ 모바일에서 연결한 화면

Tip

컴퓨터와 모바일 디바이스 뷰어를 연결하려면 같은 WiFi 네트워크에 연결해야 합니다.

**Tip**

플린토 뷰어에서 화면을 빠져나가거나(Exit) 홈 화면(Go to Home Screen), 이전 화면(Go Back)으로 돌아가려면 두 손가락으로 화면을 더블 탭해 표시되는 레이어 창에서 원하는 항목을 선택합니다.

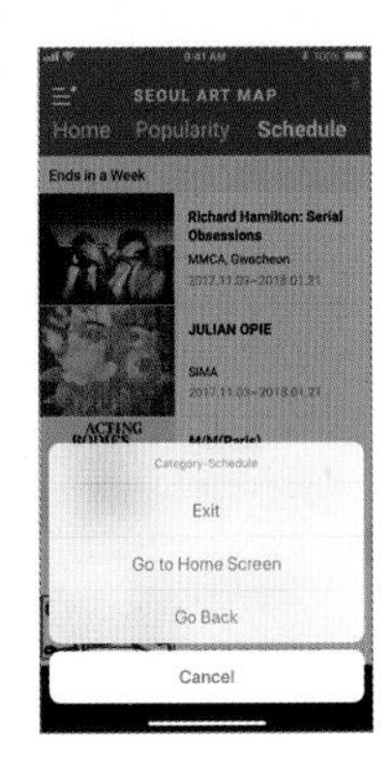


모바일 뷰어 화면 ▶

**10** 마지막으로 'Home' 화면에서 연결되는 모든 링크를 알맞은 화면으로 연결합니다.

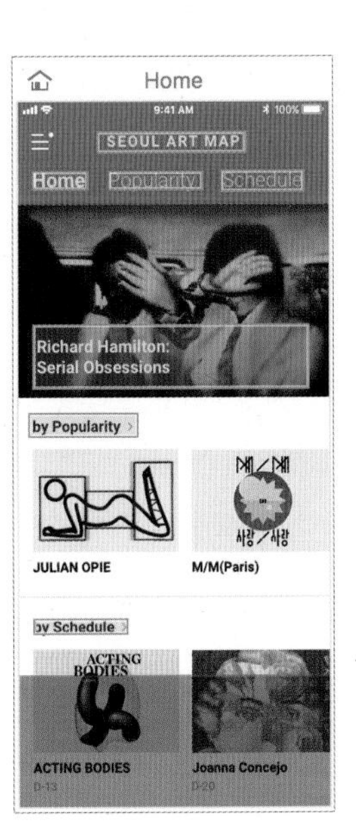

## 트랜지션 디자이너 이용하기

세부적으로 트랜지션을 조정하려면 플린토에서 검사기의 〈트랜지션 편집〉 버튼을 클릭해서 '트랜지션 디자이너' 화면으로 이동합니다.

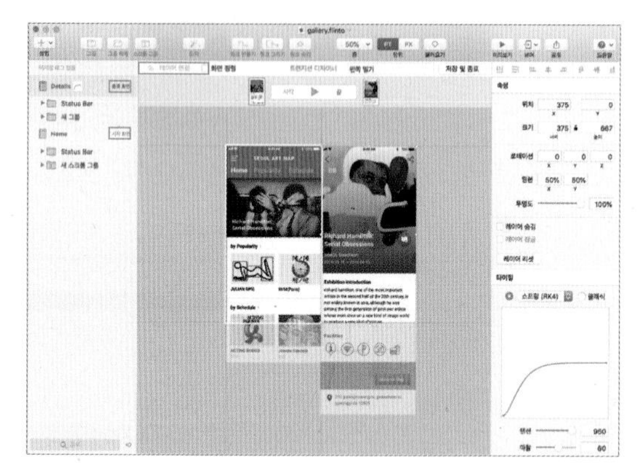

**Tip**

트랜지션 미리보기: Alt+Spacebar

트랜지션을 슬로우 모션으로 보기: Shift+Spacebar

트랜지션 디자이너는 플린토의 가장 핵심적인 기능입니다. 트랜지션 디자이너 화면은 트랜지션이 연결된 두 화면에만 집중해서 볼 수 있도록 캔버스와 다른 별도의 화면으로 구성되어 있으며, 심플하고 직관적인 인터페이스를 통해 자신만의 트랜지션을 설정할 수 있습니다. 트랜지션을 세부적으로 설정한 다음 〈저장 및 종료〉 버튼을 클릭해 캔버스 화면으로 돌아갈 수 있습니다.

레이어 목록

❶ **종료 화면**: 트랜지션의 마지막 상태에 해당하는 레이어 목록입니다.

❷ **시작 화면**: 트랜지션의 시작 상태에 해당하는 레이어 목록입니다.

트랜지션 디자이너 뷰

❸ **레이어 연결**: 서로 다른 화면에 있는 두 개의 레이어를 한번에 선택한 다음 연결하면 두 레이어 사이에 변화되는 트랜지션이 자동으로 만들어집니다.

❹ **화면 정렬**: 시작과 종료 화면을 겹칩니다.

❺ **저장 및 종료**: 트랜지션 설정이 모두 끝나면 〈저장 및 종료〉 버튼을 클릭해 캔버스로 이동합니다.

❻ **시작 ▶ 끝**: 가운데의 '▶' 아이콘을 클릭하면 트랜지션의 시작과 끝 화면을 미리 볼 수 있습니다.

검사기

❼ **속성**: 선택한 오브젝트의 위치, 크기, 투명도 등을 설정합니다.

❽ **타이밍**: 트랜지션의 텐션, 마찰, 속도, 길이, 딜레이 값을 조절할 수 있으며, 애플의 스프링(Spring) 변수와 일반 모드 중에서 지정할 수 있습니다.

## 무작정 따라하기 | 레이어 트랜지션과 애니메이션 만들기

플린토는 화면 사이에 간단한 트랜지션뿐만 아니라 각 화면의 텍스트, 배경 등 모든 레이어와 요소에도 트랜지션과 애니메이션을 적용할 수 있습니다. 먼저 간단한 레이어 트랜지션 애니메이션을 시작하면서 트랜지션 애니메이션 화면에 대해 익숙해집니다.

1 158쪽에서 디자인한 'Sliding Menu' 화면을 'Home' 화면 왼쪽으로 나란히 배열합니다.

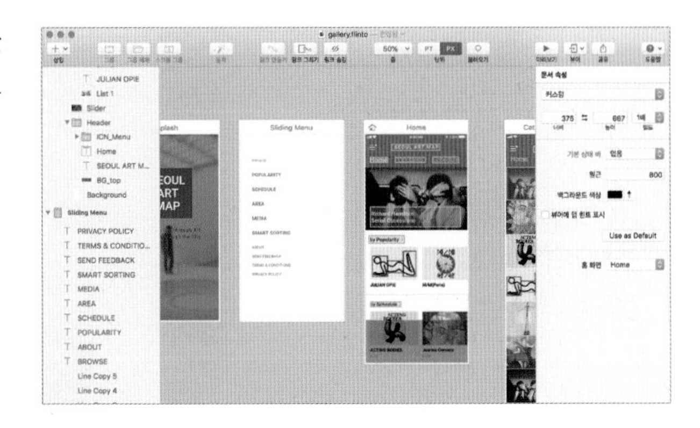

2 홈 화면의 메뉴 아이콘을 클릭하고, 툴바의 '링크 만들기' 아이콘을 클릭한 다음 'Sliding Menu' 화면으로 링크를 연결합니다. 〈새 트랜지션〉 버튼을 클릭합니다.

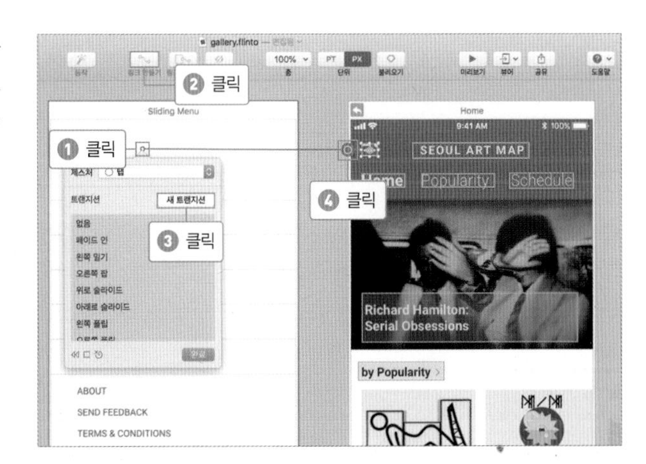

3 '트랜지션 디자이너' 화면으로 이동하고 화면 가운데의 '시작▶끝' 아이콘을 클릭하면서 화면 안내선을 중심으로 시작과 끝 화면이 어떻게 바뀌는지 확인합니다.

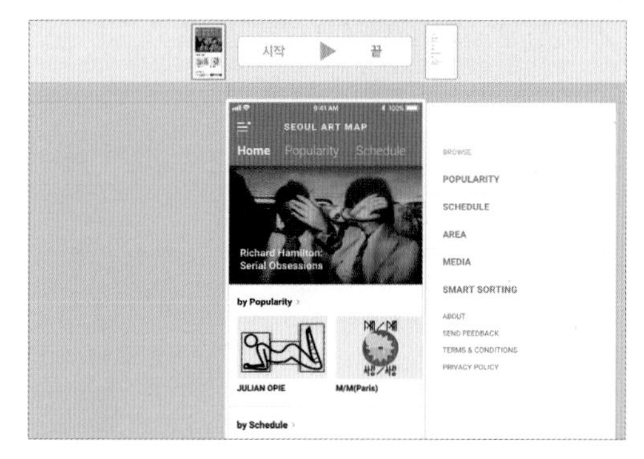


▲ 시작 화면

4 좀 더 확실하게 확인하려면 툴바의 '미리보기' 아이콘(Cmd+P)을 클릭해 별도의 창에서 시작과 끝 화면을 확인할 수 있습니다.

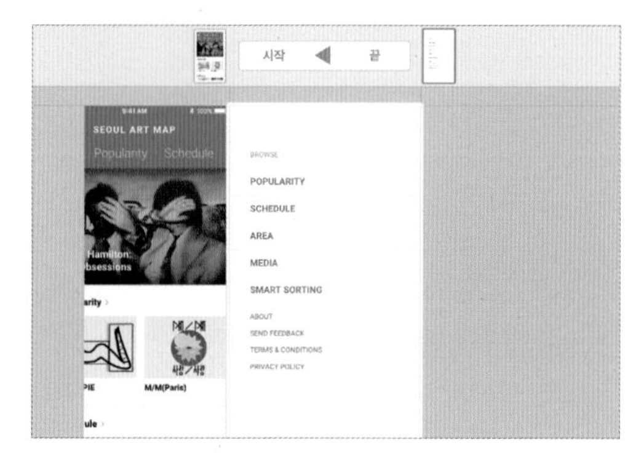


▲ 끝 화면

5 '홈 화면 위로 'Sliding Menu' 화면이 밀면서 들어오는 트랜지션 애니메이션이 간단하게 완성되었습니다.

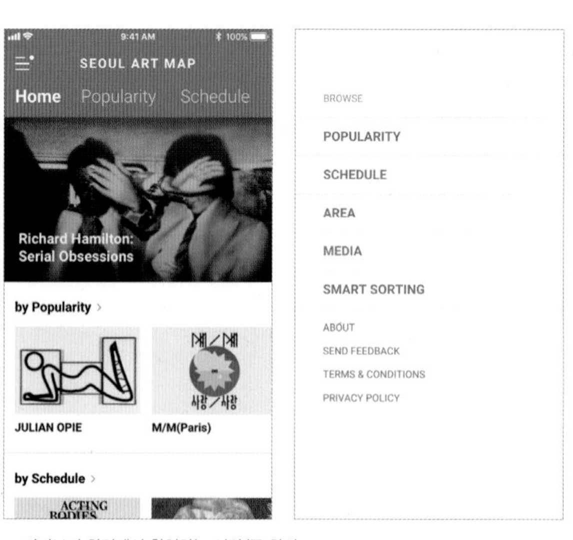


▲ 미리보기 화면에서 확인하는 시작/끝 화면

4 이번에는 홈 화면에서 'Sliding Menu' 화면이 페이드인되고, 메뉴 텍스트가 왼쪽에서 들어오도록 애니메이션 방식을 바꾸겠습니다. 시작 화면에서 'Sliding Menu' 화면을 선택하고 홈 화면과 겹칩니다.

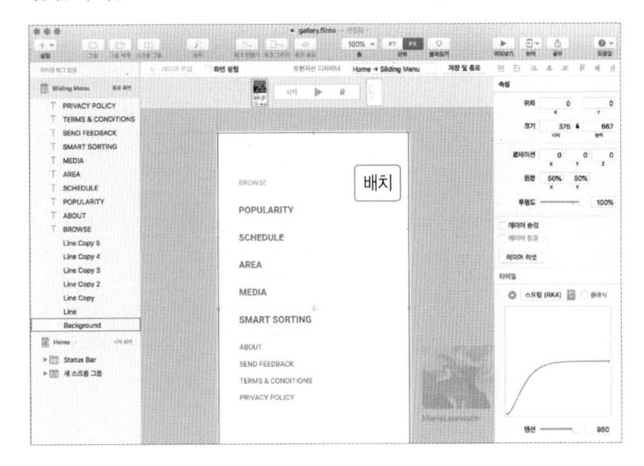


5 시작 화면에서 배경 화면 외의 텍스트와 선을 모두 선택하고 화면 밖으로 이동합니다.

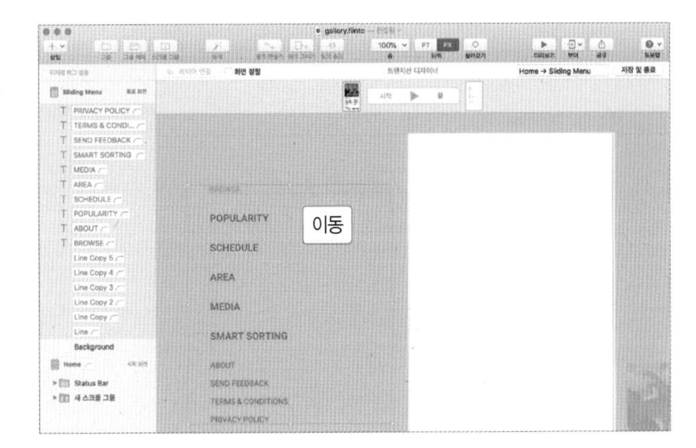


6 'Background' 레이어를 선택하고 투명도를 '0%'로 설정합니다.

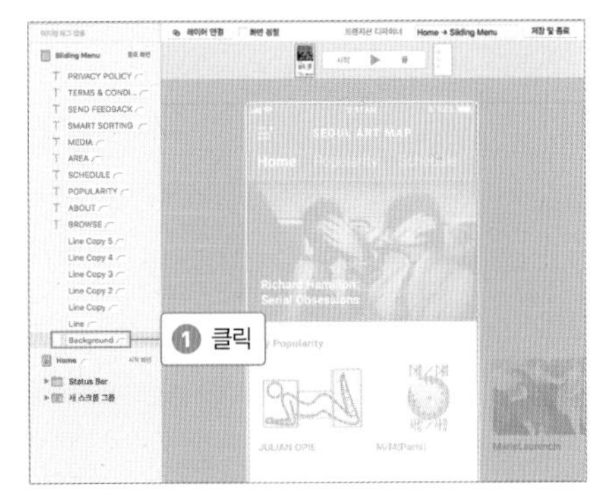


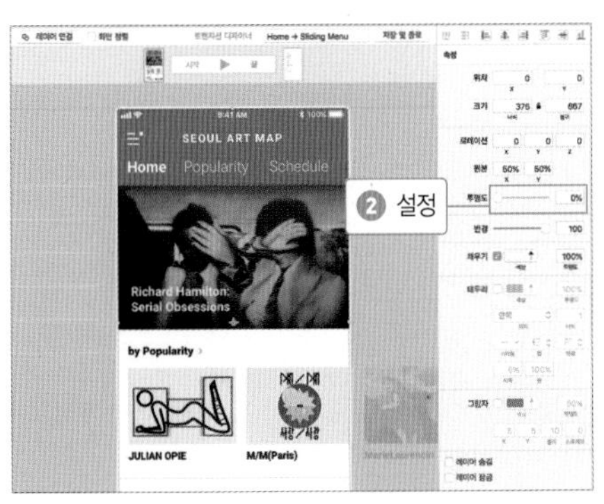

**7** '시작▶끝' 아이콘을 클릭하면서(또는 미리보기 창에서) 트랜지션 화면과 텍스트 애니메이션을 확인합니다. 배경 화면이 빠르게 페이드인되면서 텍스트가 왼쪽에서 빠르게 화면으로 이동합니다.

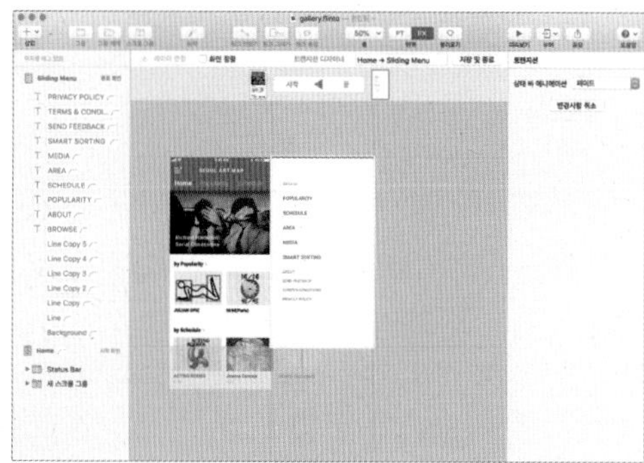

**8** 홈 화면 위에 'Sliding Menu' 화면이 페이드인되도록 설정하기 위해 끝 화면에서 'Home' 화면을 모두 선택한 다음 'Sliding Menu' 화면 뒤로 겹칩니다.
미리 설정된 트랜지션인 '페이드인'을 지정하는 것보다 조금 더 세밀한 페이드인 트랜지션이 만들어졌습니다.

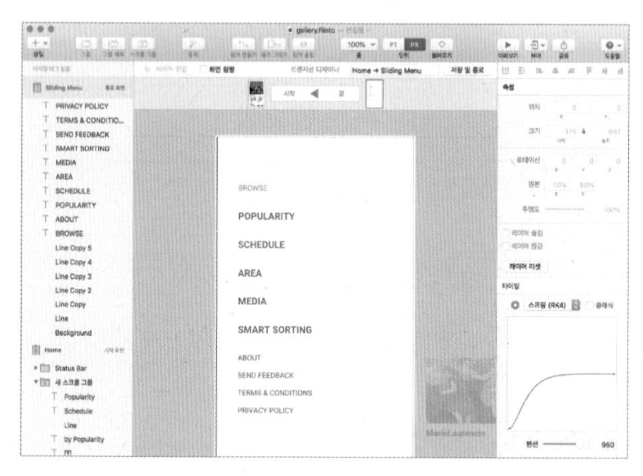

알아두기

## 레이어 애니메이션 만들기

플린토의 트랜지션 디자이너 기능은 시작과 끝 화면만 설정하면 중간에 자동으로 트랜지션을 만들기 때문에 쉽게 자연스러운 애니메이션을 만들 수 있습니다. 레이어 애니메이션에 대한 설정을 조금 더 알아보겠습니다.

❶ **로테이션:** 빨간색 메뉴 텍스트 레이어만 선택한 다음 로테이션의 Z를 '–45'로 설정합니다.

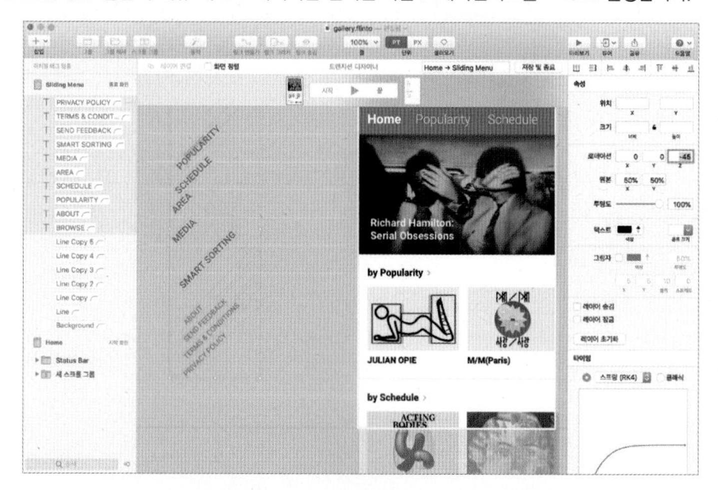


❷ **타이밍**: 텍스트 레이어만 선택하고 타이밍을 '스프링 (UIKit)', 딜레이를 '175ms'로 설정합니다. 선 레이어가 먼저 화면의 메뉴로 배치되고, 잠시 후 텍스트 레이어가 배치됩니다. 트랜지션 애니메이션이 완성되면 위쪽의 〈저장 및 종료〉 버튼을 클릭해서 다시 캔버스로 돌아갈 수 있습니다.

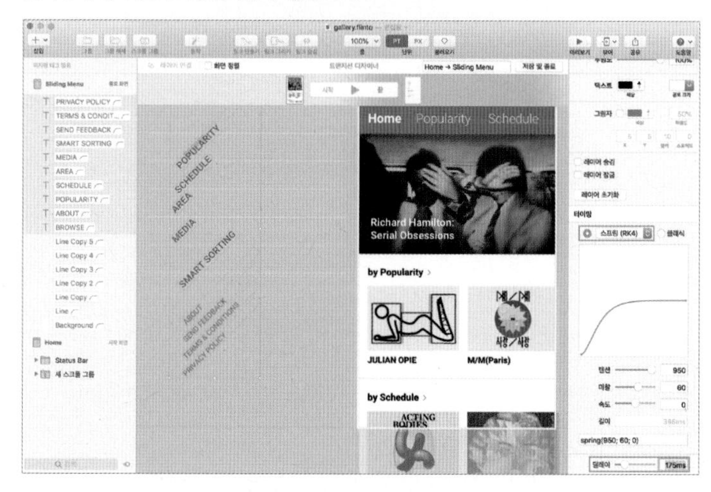

## 무작정 따라하기 | 동작 디자이너(Behavior Designer) 이용하기

트랜지션 디자이너가 화면 사이의 트랜지션과 애니메이션을 설정하는 화면이라면, 동작 디자이너는 같은 화면에서 일어나는 인터랙션과 애니메이션을 설정하는 별도의 화면입니다.

동작 디자이너는 주로 버튼의 Hover/Active 등 상태에 따른 변화, 오버레이 레이어 팝업 등을 설정할 때 사용합니다. 동작 디자이너 화면으로 이동하려면 위쪽의 '동작Behavior' 아이콘( )을 클릭해서 이동할 수 있습니다. 'Splash' 화면을 통해 '동작 디자이너'에 대해 알아보겠습니다.

동작 디자이너를 이용해서 스플래시 화면을 실행했을 때 이미지가 차례로 로딩되다가 홈 화면으로 돌아가는 애니메이션을 만들어 봅니다.

# 예제 파일 · 05\img 폴더

1 'Splash' 화면의 레이어 목록에서 'background Image' 레이어를 선택하고 '동작' 아이콘을 클릭합니다.

2 'background Image' 레이어가 보라색 폴더 아이콘( )으로 바뀌면서 '동작 디자이너' 화면으로 이동합니다.

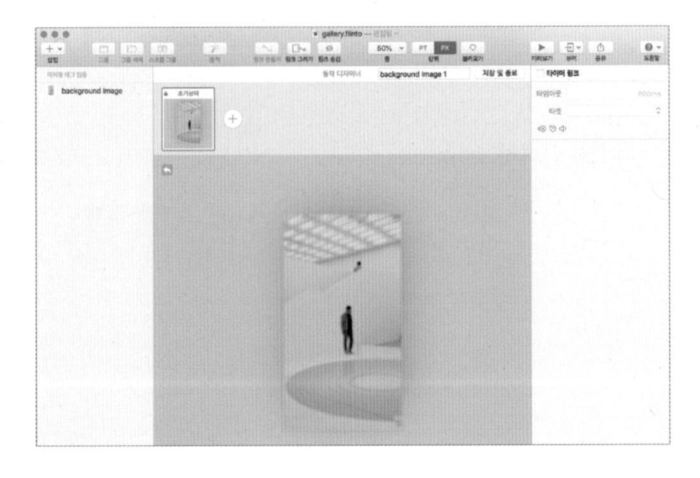

3 위쪽에 상태를 나타내는 섬네일 영역이 있습니다. + 아이콘을 두 번 클릭해서 두 개의 새로운 상태를 만들고, 섬네일 이름을 더블클릭해서 각각 1, 2, 3으로 지정합니다.

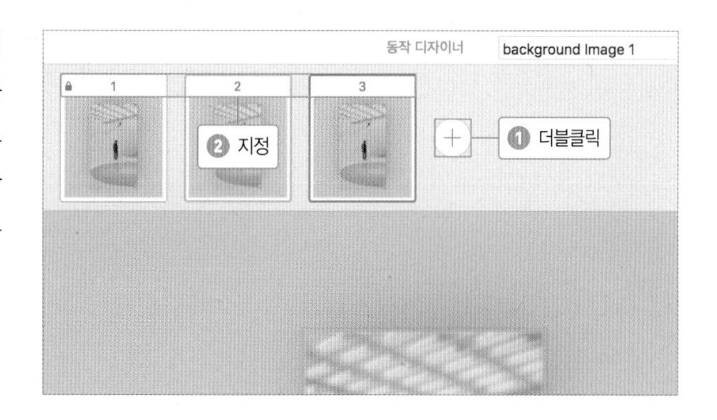


4 각 상태에 해당하는 이미지를 두 개 더 불러오기 위해 '저장 및 종료' 아이콘을 클릭해 동작 디자이너 화면에서 벗어나 다시 캔버스로 돌아옵니다. img 폴더에서 'splash_bg2.jpg' 이미지를 불러오고 스플래시 화면에 맞도록 크기를 조절한 다음 가운데에 배치합니다. 같은 방식으로 'splash_bg3.jpg' 이미지를 불러오고 가운데에 배치합니다.

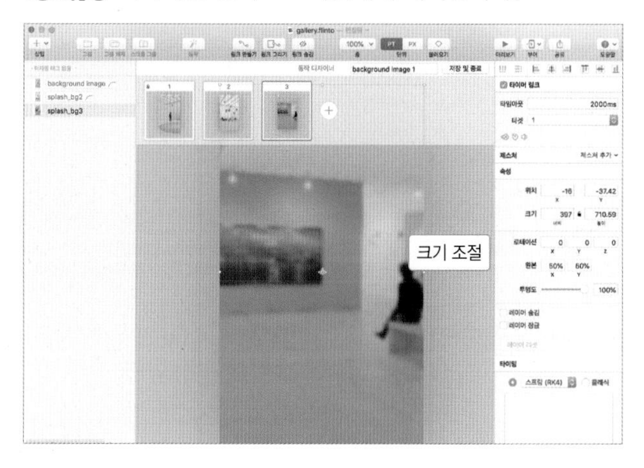


5 레이어 목록에서 'splash_bg2.jpg', 'splash_bg3.jpg' 레이어를 선택하고 'background Image' 레이어 아래로 이동합니다.

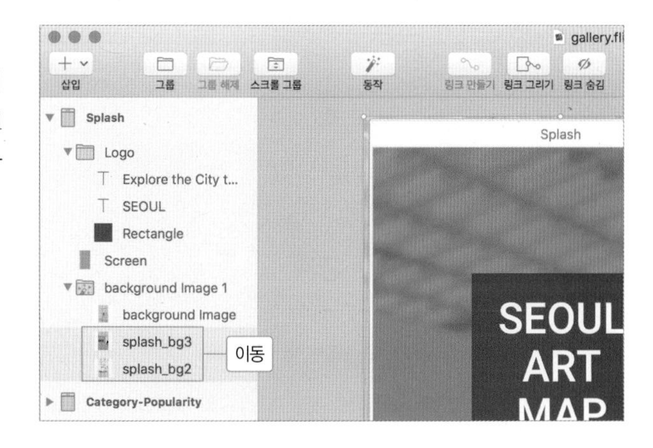

6 레이어 목록에서 보라색 동작 폴더인 Splash 화면을 선택하고, 검사기에서 '홈 화면'에 체크 표시해 Splash 화면을 일시적으로 홈 화면으로 지정합니다.

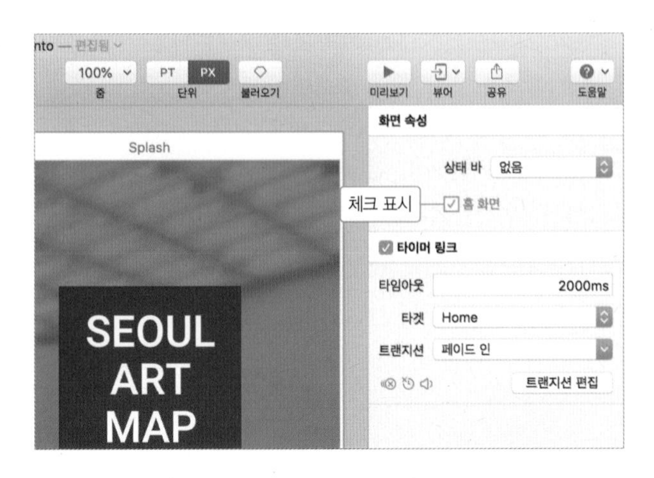


**Tip**

**플린토에서 이미지 추가하기**

이미지를 추가하는 일반적인 방법은 스케치에서 해당 이미지를 추가하고 다시 플린토로 불러오는 것입니다. 하지만 스케치에서는 간단하게 와이어 프레임만 만들고, 플린토에서 프로토타입을 제작할 때 플린토로 이미지를 불러와 사용하는 경우가 종종 있습니다. 플린토에서 바로 이미지를 추가하는 가장 간단한 방법은 Finder에서 폴더의 이미지를 선택하고 플린토로 드래그해 캔버스에 배치하는 것입니다.

**홈 화면으로 지정하기**

플린토에서 프로토타입을 제작할 때 '미리보기'로 동작이나 애니메이션 상태를 수시로 확인합니다. 작업 중 '미리보기'를 실행하면 홈 화면부터 시작되므로 특정 화면을 미리보기로 반복해서 확인해야 하는 경우 해당 화면을 일시적으로 '홈 화면'으로 지정하면 더욱 편리하게 확인할 수 있습니다.

7 레이어 목록에서 'background Image 1' 레이어를 선택하고, 검사기에서 '동작 편집' 아이콘을 클릭해 동작 디자이너 화면으로 이동합니다.
'2' 상태를 선택하고 레이어 목록에서 'background Image'를 선택한 다음 검사기에서 투명도를 '0%'로 설정합니다. 아래 레이어의 'splash_bg2' 이미지가 나타납니다.

8 '3' 상태를 선택하고 7번과 비슷하게 레이어 목록에서 'background Image'와 'splash_bg2'의 투명도를 각각 '0%'로 설정합니다. 아래 레이어의 'splash_bg1' 이미지가 나타납니다.

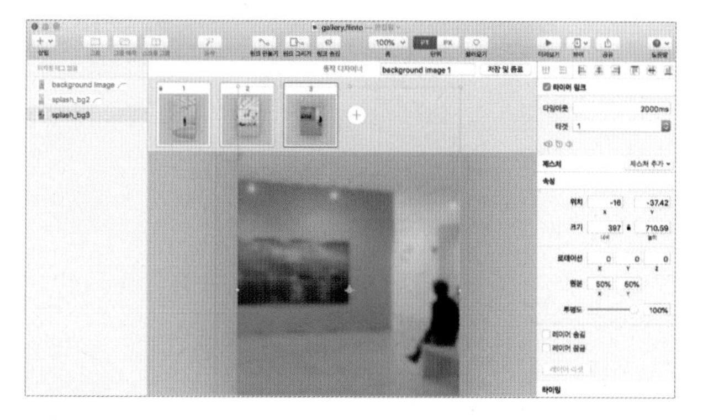

**Tip**

**이미지 선택하기**

레이어가 여러 개 겹쳐있을 때 아래 레이어를 선택하기 힘듭니다. 이때 상위 레이어를 일시적으로 잠그거나 보이지 않도록 설정한 다음 하위 레이어를 선택할 수 있습니다. 좀 더 편하게 선택하려면 각 레이어 위에 커서를 위치시키면 회색 Lock과 Visual 아이콘을 확인할 수 있습니다. 아이콘을 클릭해서 기능을 활성화(아이콘 색상이 진한 회색으로 바뀜)하여 잠그거나 숨깁니다.

9 스플래시 화면을 실행했을 때 세 개의 이미지가 차례로 로딩되다가 홈 화면으로 이동하는 애니메이션을 만들기 위해 '타이머 링크'를 설정하겠습니다.
'1' 상태를 선택하고 검사기에서 '타이머 링크'에 체크 표시합니다. 타임아웃을 '2000ms', 타겟을 '2'로 설정하면 2000ms 시간 후에 자동으로 '2' 상태로 이동합니다.

10 같은 방법으로 '2'의 타겟은 '3', '3'의 타겟은 '1'로 지정하면 스플래시 화면이 1, 2, 3으로 2000m 간격으로 이동합니다. 타이머 설정을 마치고 '저장 및 종료' 아이콘을 클릭해서 캔버스로 이동합니다.

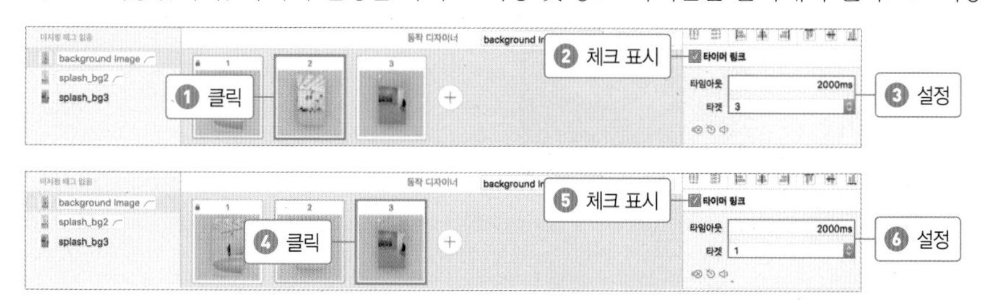

11 'Slpash' 화면을 선택하고, 검사기에서 타이머를 설정합니다. 9번 과정에서 1, 2, 3의 시간 설정을 합치면 6000ms이므로 스플래시 화면의 타임아웃을 '6000ms'로 설정하고 '미리보기' 아이콘을 클릭합니다.

12 Cmd+P를 눌러 스플래시 화면의 배경 트랜지션과 이후 홈 화면으로 이동하는 트랜지션이 모두 자연스럽게 연결되었는지 확인합니다.

13 Splash 화면의 '홈 화면' 설정을 다시 'Home'으로 지정합니다.
캔버스 또는 레이어에서 Home 화면을 선택한 후 검사기에서 '홈 화면' 버튼을 클릭합니다.

## 무작정 따라하기 | 스크롤 동작(Scroll Behavior)하기

동작 디자이너를 활용해서 스크롤 이동에 따른 UI 화면 변화를 적용하는 방식도 알아봅니다.

1 Details 화면으로 이동해서 레이어 목록을 확인합니다. 화면에 보이는 디자인 순서대로 그룹을 만들어 레이어 목록을 정리하면 나중에 알아보기 쉽고, 작업하기도 훨씬 편리합니다. 크게 상태바(Status Bar), Header, Contents, Map으로 나눠 그룹을 만듭니다.

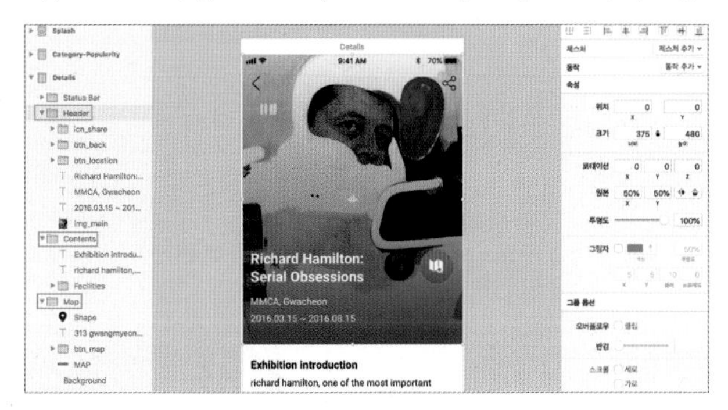


2 레이어 목록에서 'Status Bar'와 'Header' 그룹을 제외한 나머지(Contents, Map), 'Background' 레이어를 선택하고 툴바에서 '스크롤 그룹' 아이콘을 클릭해 스크롤 영역을 지정합니다.

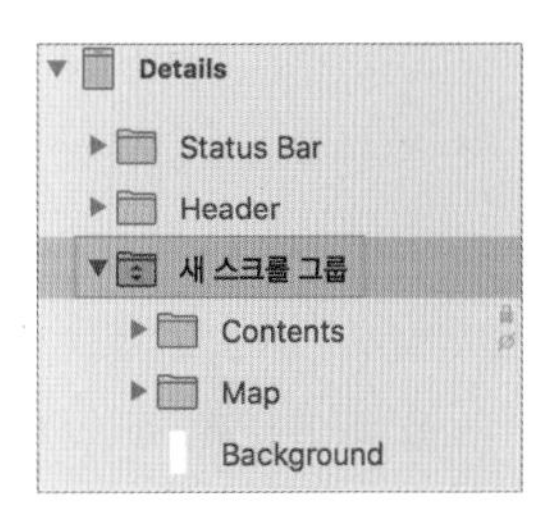


**Tip**

툴바에서 '미리보기(Cmd+P)'를 선택해 앞서 설정한 스크롤 동작과 영역이 잘 설정되었는지 확인합니다. 'Details' 화면 위 'Header' 영역은 고정되어 있고 아래쪽 영역이 스크롤되는 것을 확인할 수 있습니다.

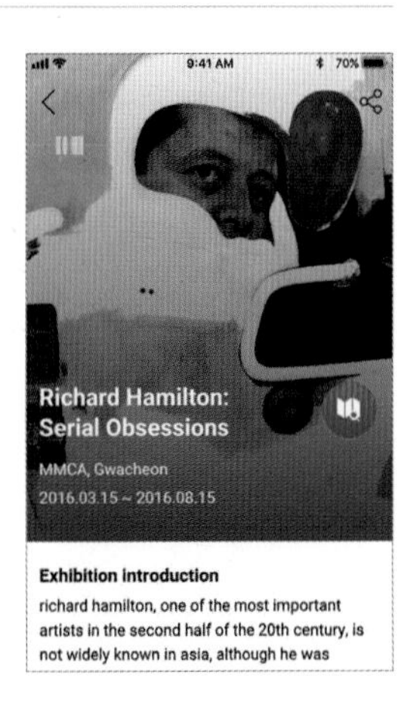

3 레이어 목록에서 'Header'와 '새 스크롤 그룹'을 선택하고 툴바에서 '동작' 아이콘을 클릭해 동작 디자이너 화면으로 이동합니다. ⊞ 아이콘을 클릭해 새 상태를 만들고 상태 이름을 'Scrolled'로 수정합니다.

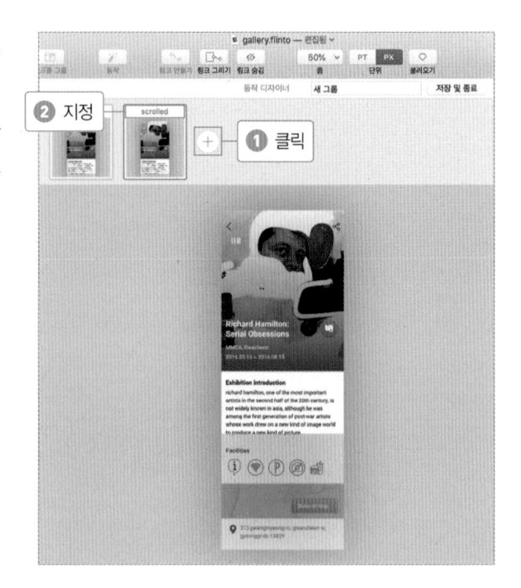


Tip

동작 디자이너 화면에서 첫 번째 상태인 '초기 상태'는 현재 설정을 수정할 수 없도록 자물쇠 아이콘이 표시됩니다. '초기 상태' 섬네일이 선택된 경우 레이어 목록 또는 화면에서 어떤 오브젝트도 선택되지 않습니다. '초기 상태'를 기준으로 바뀔 화면 디자인은 그 다음 상태에서 설정합니다.

4 'Scrolled' 상태가 선택된 것을 확인하고, Header 영역의 'btn_back'과 'icn_share' 레이어를 선택한 다음 여백으로 이동합니다.

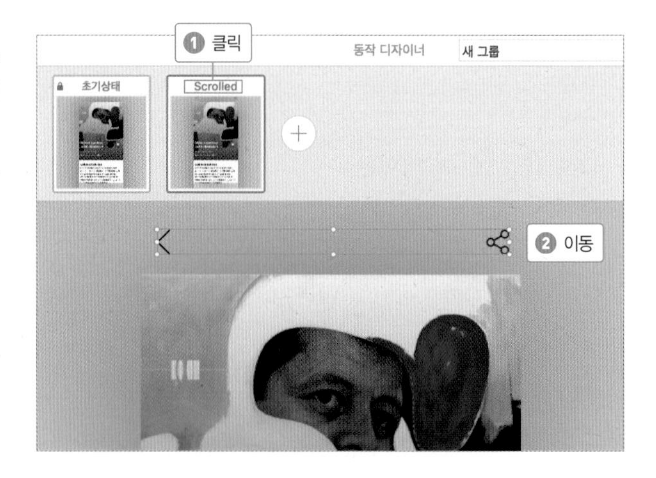

5 검사기에서 'btn_back'과 'icn_share' 레이어의 투명도를 '0%'로 설정합니다.

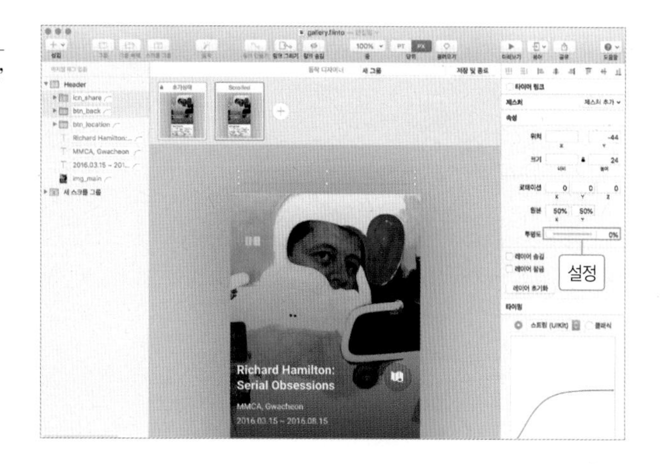


6 전시명, 전시 장소, 전시 일정 텍스트 레이어와 'img_main' 레이어를 선택하고 화면에서 300px 정도 위로 이동합니다.

7 'btn_location' 아이콘을 클릭하고 화면에서 위로 이동해 전시 일정 텍스트와 버튼 아래쪽이 나란히 정렬되도록 배치합니다.

8 '초기상태'와 'Scrolled' 상태 섬네일을 번갈아 선택하면서 UI 화면의 움직임을 확인합니다.

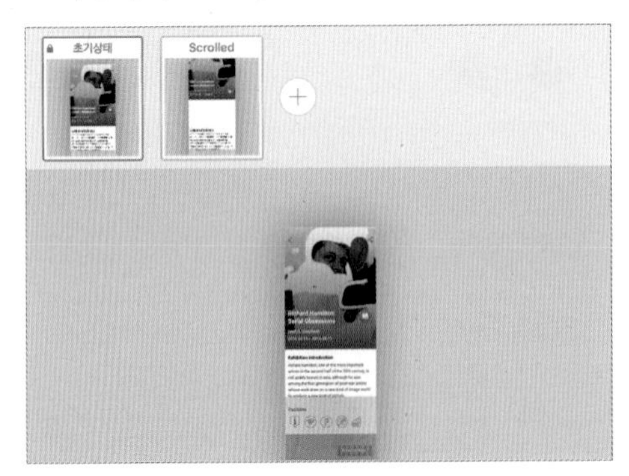


▲ '초기상태' 상태 화면

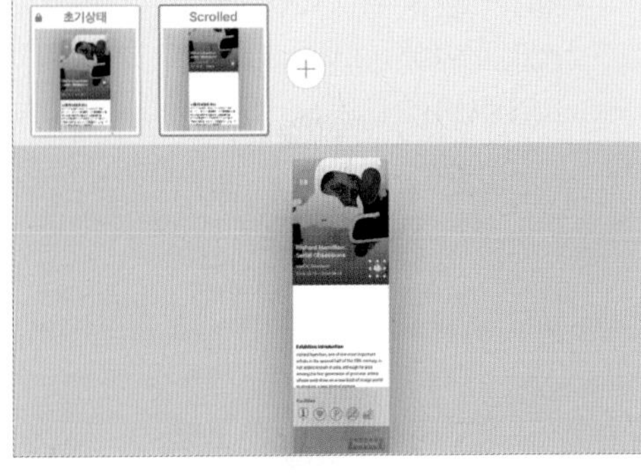


▲ 'Scrolled' 상태 화면

9 툴바에서 '미리보기'를 선택해 5~8번까지 설정한 내용이 제대로 반영되었는지 확인합니다. 아직은 스크롤해도 아무런 변화가 없습니다.

**Tip**

'스크롤 동작(Scroll Behavior)'에서 가장 중요한 작업은 지금부터입니다. 스크롤했을 때 어떻게 동작할지 설정하기 위해 먼저 스크롤 영역에 제스처를 추가한 후 타겟으로 변경되는 UI 동작으로 연결해야 합니다.

10 스크롤 동작에 대한 제스처를 함께 설정하겠습니다. '초기상태' 상태가 선택된 것을 확인하고 레이어 목록에서 '새 스크롤 그룹'을 선택합니다. 검사기에서 〈제스처 추가〉 버튼을 클릭하고 '스크롤' 옵션을 지정합니다.

**11** 스크롤했을 때 보이는 화면을 선택해야 하므로 타겟으로 'Scrolled' 섬네일을 선택해서 선을 연결합니다. 보라색 화살표를 앞으로 가기 버튼과 공유 버튼 아래까지 지정합니다.

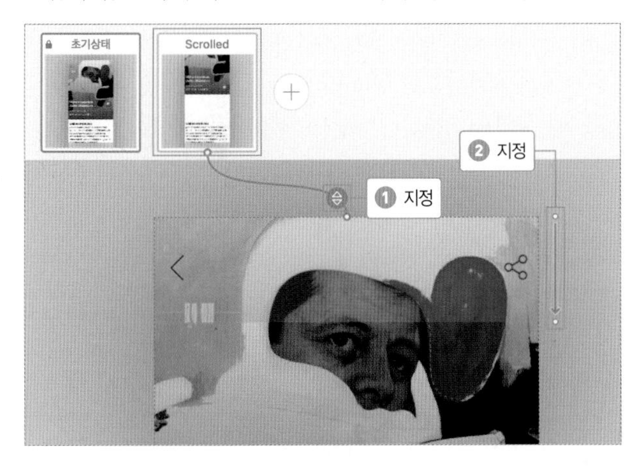


**Tip**

보라색 화살표는 스크롤이 어느 정도만큼 내려왔을 때 타겟으로 설정된 'Scrolled' 화면을 보여주는가를 의미합니다.

**12** 툴바에서 '미리보기' 아이콘(Cmd+P)을 클릭해 스크롤 동작 애니메이션이 잘 적용되었는지 확인합니다. 화면에서 스크롤이 설정한 보라색 화살표만큼 내려갔을 때 헤더 영역이 'Scrolled' 상태에서 설정한 만큼 위로 올라갑니다. 화면에서 스크롤을 다시 위로 올리면 헤더 영역이 원래 위치로 돌아옵니다.

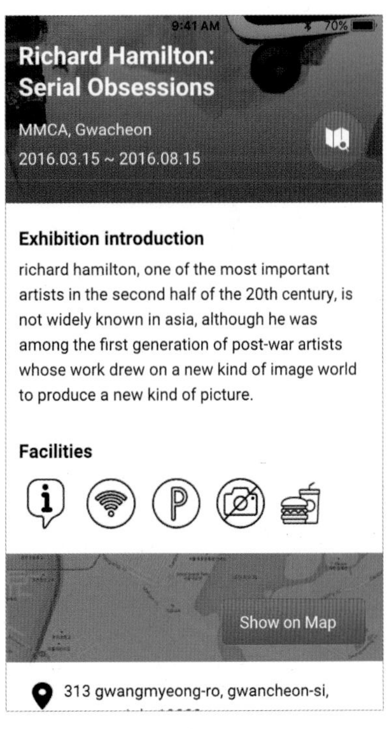


▲ 스크롤이 내려갔을 때 화면 변화

## 무작정 따라하기 | 레이어 연결(Connected layer)하기

레이어 연결은 플린토에서 매우 중요한 애니메이션 방식 중에 하나입니다. 각각 다른 화면에 있는 레이어를 연결하면 두 레이어 사이의 트랜지션을 자동으로 애니메이션으로 만드는 기능입니다. 예를 들어, 한 화면에서 작은 사진을 클릭했을 때 크게 보여줍니다. 레이어 연결 애니메이션을 만드는 과정에 관해 알아봅니다.

# 완성 파일 · 05\gallery.flinto

1 'Details' 화면에서 Map 그룹을 선택하고 검사기에서 〈제스처 추가〉 버튼을 클릭한 다음 '탭'을 선택합니다.

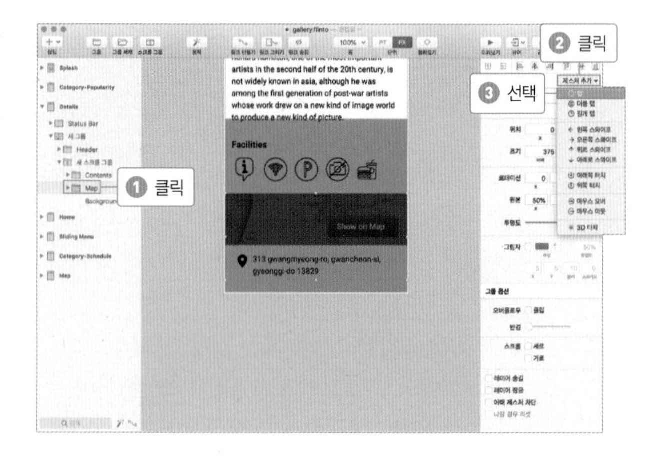


2 타겟을 'Map'으로 지정하고 〈새 트랜지션〉 버튼을 클릭합니다.

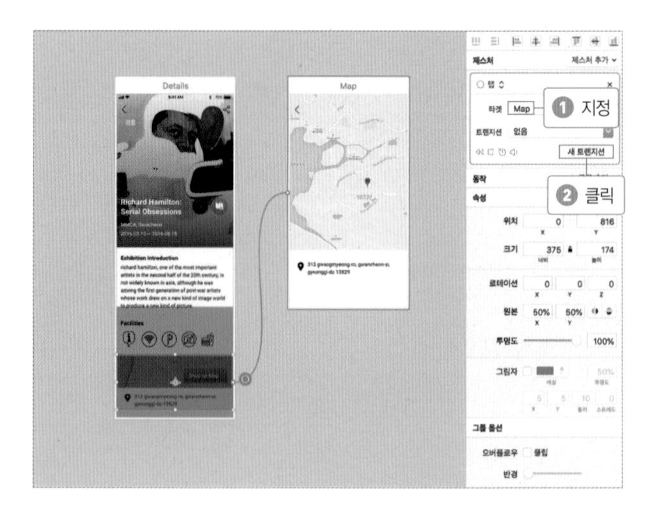

3 트랜지션 디자이너로 이동하면 시작 상태에는 'Details' 화면, 끝 상태에는 'Map' 화면이 설정되어 있습니다.

4 '레이어 연결' 방식은 같은 화면에서 UI 요소 또는 오브젝트를 움직여 트랜지션을 만드는 것이므로 두 화면이 모두 가이드 화면에 위치해야 합니다.
시작 상태에서 'Map' 화면을 가이드 화면 안으로 이동해서 'Details' 화면 위에 겹칩니다.

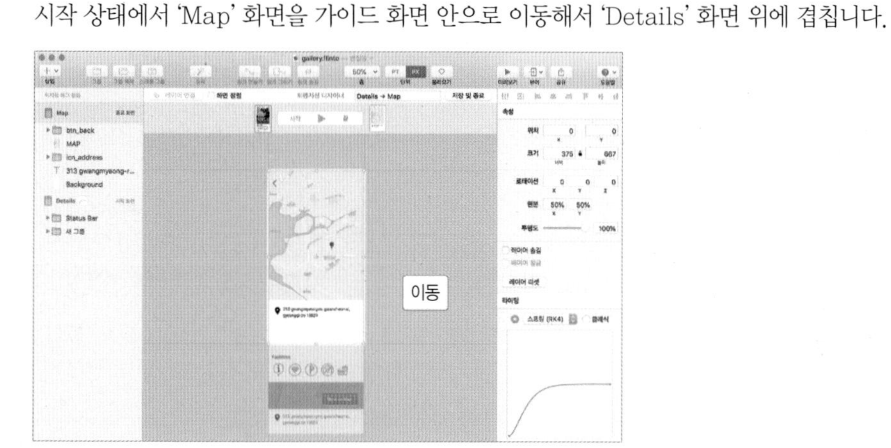


5 끝 화면에서도 'Details' 화면을 가이드 화면 안으로 이동해서 아래에 겹칩니다.

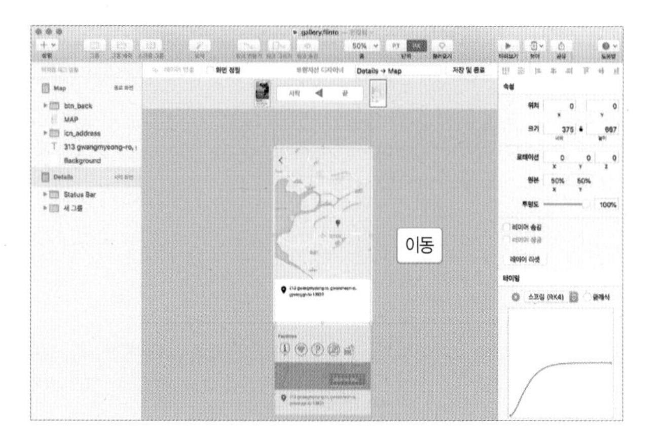

6 시작 화면에서 Cmd를 누른 채 'Details' 화면의 'MAP' 이미지 레이어와 'Map' 화면의 'MAP' 이미지 레이어를 동시에 선택한 다음 위쪽 〈레이어 연결〉 버튼을 클릭합니다.

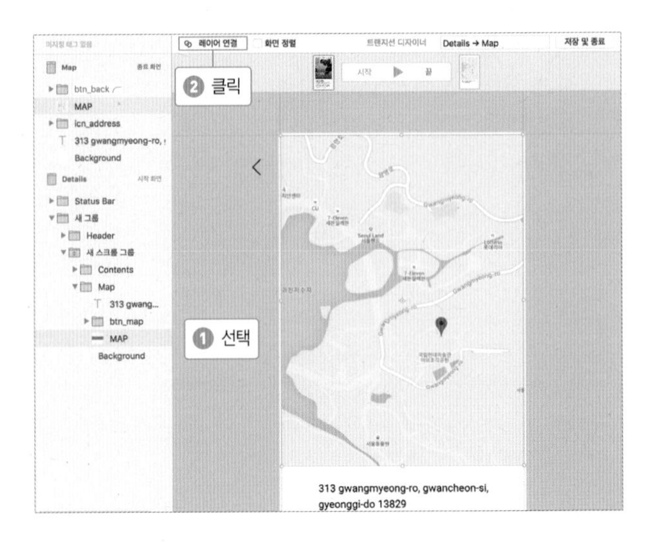


7 레이어 목록에서 확인하면 연결한 두 개의 레이어가 나란히 배치됩니다.

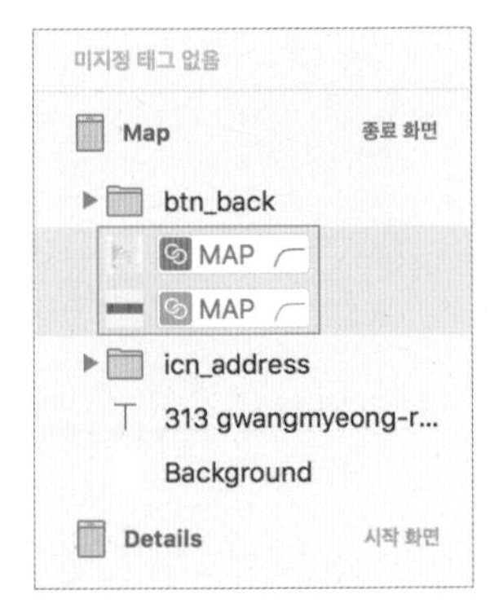


**Tip**

플린토는 자동으로 연결한 두 개의 레이어 사이 트랜지션 애니메이션을 만듭니다.

8 같은 방식으로 'Details' 화면과 'Map' 화면의 주소 텍스트 레이어를 동시에 선택하고 〈레이어 연결〉 버튼을 클릭합니다. 'Details' 화면과 'Map' 화면의 맵 아이콘도 선택하고 〈레이어 연결〉 버튼을 클릭합니다. 총 3세트의 레이어가 연결되었습니다.

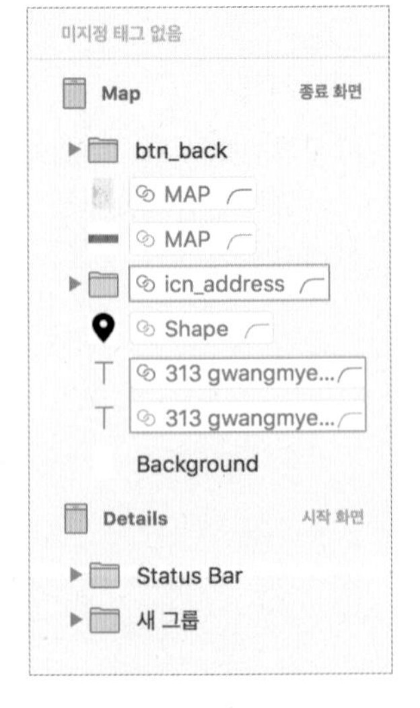


**Tip**

레이어 연결을 해제하려면 연결된 레이어를 동시에 선택하고 위쪽의 〈레이어 연결 해제〉 버튼을 클릭합니다.

9 시작 상태에서 'btn_back' 아이콘을 클릭해 화면 밖으로 이동합니다.

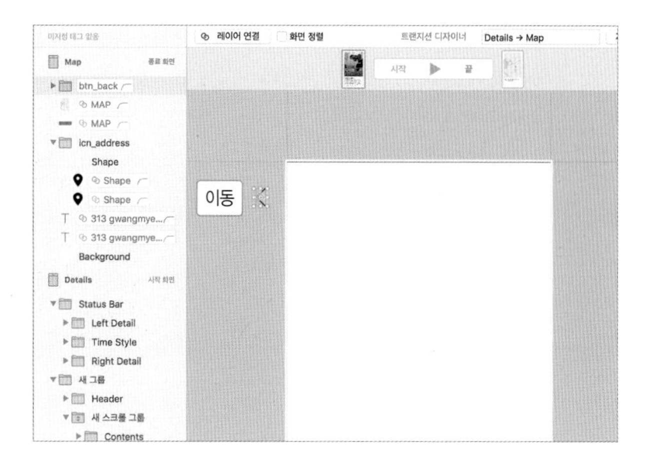


10 'Backgound' 레이어를 선택하고 검사기에서 투명도를 '0%'로 설정합니다.

11 시작과 끝 상태를 각각 클릭해서 서로 연결한 레이어의 트랜지션이 어떻게 반영되었는지 확인합니다.

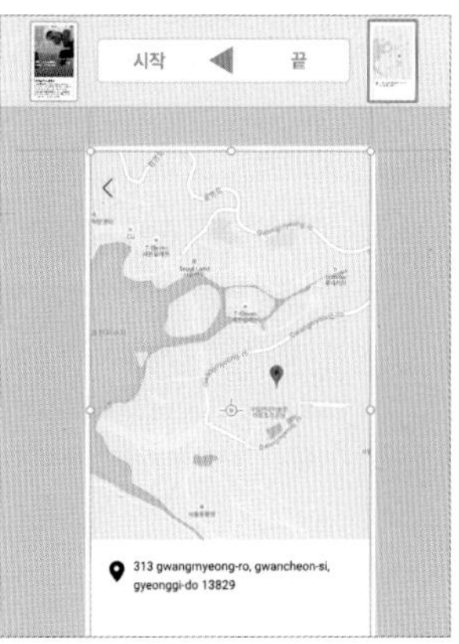

**12** 지도 화면에서 다시 이전 화면으로 돌아가는 제스처가 필요하므로 먼저 〈저장 및 종료〉 버튼을 클릭해서 캔버스로 이동합니다. 'btn_back' 레이어를 클릭하고 검사기에서 〈제스처 추가〉 버튼을 클릭해 '탭'을 선택하고 타겟을 '뒤'로 지정합니다.

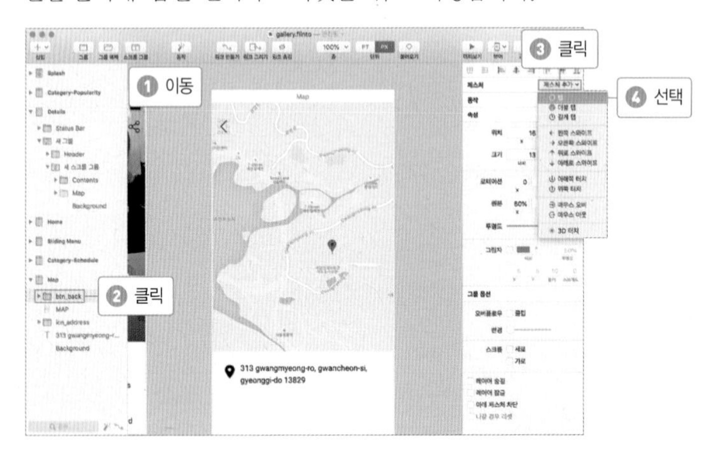


**13** '미리보기' 아이콘(Cmd+P)을 클릭해 별도의 팝업 창에서 레이어 연결 동작과 이전 화면으로 이동하는 제스처가 모두 잘 설정되었는지 확인합니다.

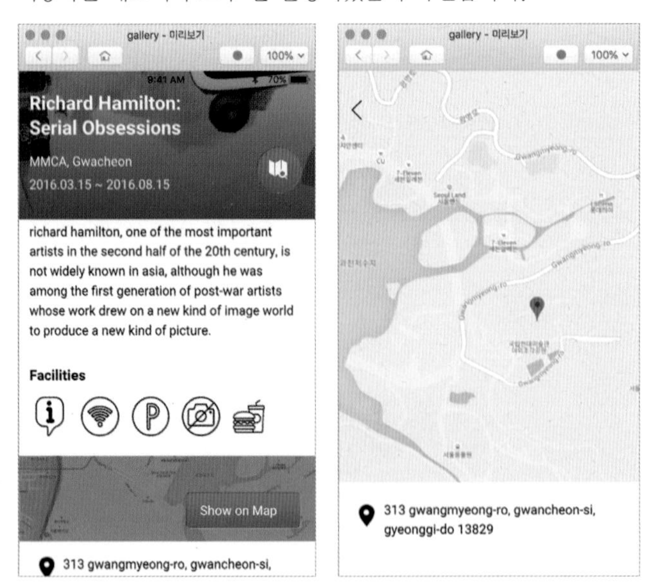

## 미리보기 화면 녹화하기

프로젝트 진행 중에 사용 사례Use Case[22]를 위해 프로토타입 화면을 녹화해야 하는 경우가 있습니다. 사용 사례는 보통 문서로 작성하지만, 플린토를 이용한 프로토타입이 완성되었다면 직접 녹화해서 동영상으로 남길 수도 있습니다.

화면을 녹화하는 방식은 간단합니다. 미리보기 화면 위쪽 '녹화' 아이콘(●)을 클릭하고, 사용 사례에서 기술된 시나리오대로 화면을 직접 클릭해서 인터랙션되는 모든 과정을 녹화합니다. 시연이 끝나면 다시 '녹화' 아이콘을 클릭해서 작업을 중지하고, 영상을 확인한 다음 동영상 또는 움직이는 GIF 파일로 저장합니다.

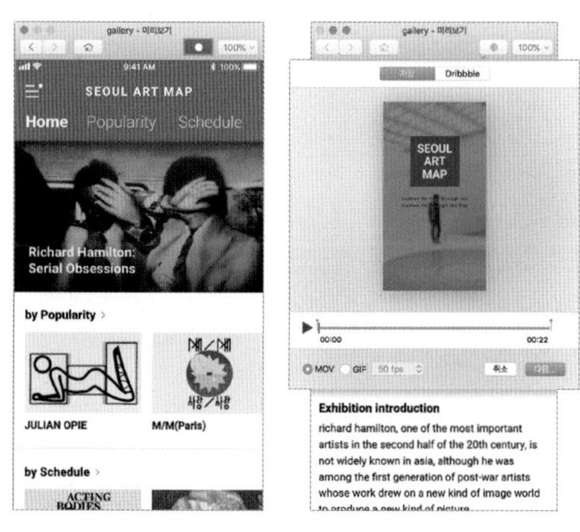

▲ 녹화를 마치면 표시되는 팝업 창에서 동영상을 확인하고 원하는 포맷으로 영상 저장

기본 플린토 트랜지션 방식을 이해하면 상상력을 발휘해 다양한 애니메이션과 인터랙티브한 트랜지션 화면을 만들 수 있습니다.

플린토는 유튜브에 튜토리얼 채널을 운영하며, 다양한 방식으로 트랜지션 애니메이션을 만드는 방법을 소개합니다. 더욱 다양하고, 자세한 트랜지션 기법에 대한 설명은 동영상을 통해 확인할 수 있습니다.

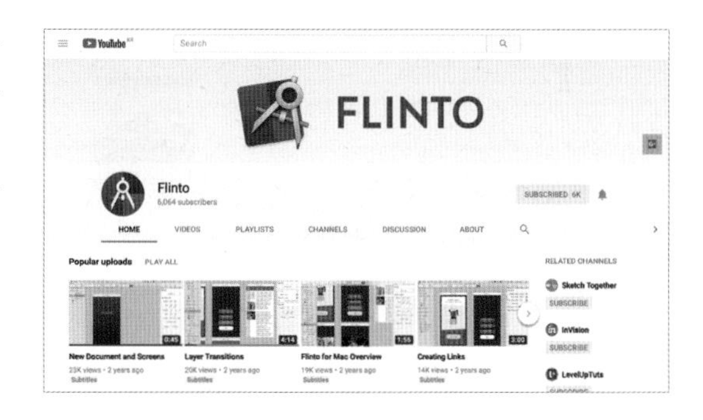


22 **사용 사례(Use Case)** 시스템을 사용하는 줄거리를 의미합니다. 예를 들어, 사용자가 로그인하기 위해 비밀번호를 찾으려는 목적에 따라 시스템과 상호작용하는 절차를 자세히 기술한 것으로, 시스템 사용에서 특정 작업의 이해를 도와줍니다.

## 플러그인 알아두기

Part 3에서 플러그인을 설치하고 관리하는 방법에 대해 알아봤습니다. 플러그인 종류가 많아도 어떤 것을 설치해야 할지 고민하지 마세요. 스케치 공식 웹사이트나 스케치 커뮤니티에서 추천하는 '디자이너 필수 플러그인'에 대해 간략하게 소개합니다.

이 책에서는  크게 생산선 향상을 위한 플러그인, 디자인 작업을 돕는 플러그인, 그리고 협업을 위한 플러그인으로 나누어 알아봅니다. 스케치 커뮤니티 사이트에서 제공하는 플러그인 리뷰를 살펴보거나 직접 설치해서 사용해보고 나만의 숨은 보석같은 플러그인들을 발견해 보세요.

### 플러그인 검색

플러그인을 찾을 때는 스케치 프로그램 또는 다른 플러그인과의 충돌이 생길 수 있으므로 플러그인 업데이트 주기가 꾸준하며, 최신 상태의 프로그램을 선택합니다. 스케치 공식 웹사이트 또는 커뮤니티 추천 위주로 설치합니다.

플러그인은 스케치 공식 사이트의 플러그인 페이지(https://www.sketchapp.com/extensions/plugins/) 또는 스케치 커뮤니티 사이트인 **'Sketch App Sources'**의 플러그인 페이지(https://www.sketchappsources.com/plugins-for-sketch.html)나 **'Sketch Land'**에서 확인할 수 있습니다.

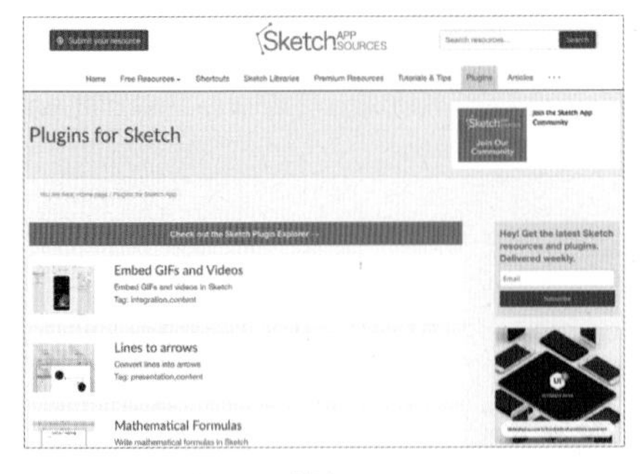

▲ Sketch App Sources 사이트

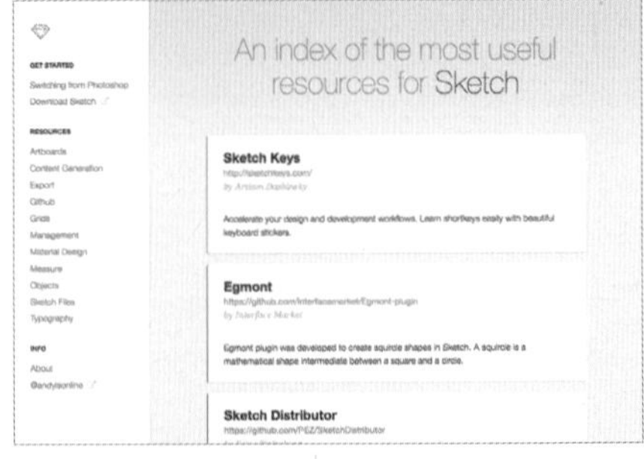

▲ Sketch Land 사이트

꼭 필요한 플러그인인지는 직접 설치하고 적용해야 알 수 있지만, 스케치 커뮤니티 및 블로그 게시글 등에서 많이 추천하는 필수 플러그인들을 사용 목적에 따라 소개하고, 각 플러그인의 특징도 함께 살펴보겠습니다. 'Craft' 플러그인으로 스케치에서 좀 더 스마트하게 오브젝트를 복제하는 방법은 148쪽에서 알아봅니다.

## 생산성 향상을 위한 플러그인

### ❶ Sketch Plugin Manager

플러그인의 설치, 삭제, 업데이트 등 플러그인 관리를 편리하게 도와줍니다. 플러그인을 내려 받는 과정을 한 번의 클릭만으로 간단하게 줄입니다. 검색창에서 플러그인 이름 또는 원하는 키워드를 입력하고, 검색 결과 목록이 표시되면 오른쪽의 〈INSTALL〉 버튼을 클릭해 바로 설치할 수 있습니다.

[Catalog] 탭에서는 플러그인 목록을 확인할 수 있으며, 별점(Stars), 알파벳 등으로 목록을 구분해서 볼 수 있습니다. [Installed] 탭에서는 현재 설치된 플러그인을 목록으로 보여주고, 업데이트 상태를 확인할 수 있으며, 〈UNINSTALL〉 버튼을 통해 플러그인을 바로 삭제할 수도 있습니다. [Updates] 탭에서는 내려 받은 플러그인 중에서 업데이트할 수 있는 플러그인 목록을 보여줍니다. 〈UPDATE〉 버튼을 클릭해서 바로 업데이트할 수 있으며, 위쪽의 〈UPDATE ALL〉 버튼을 클릭해 일괄 업데이트도 가능합니다.

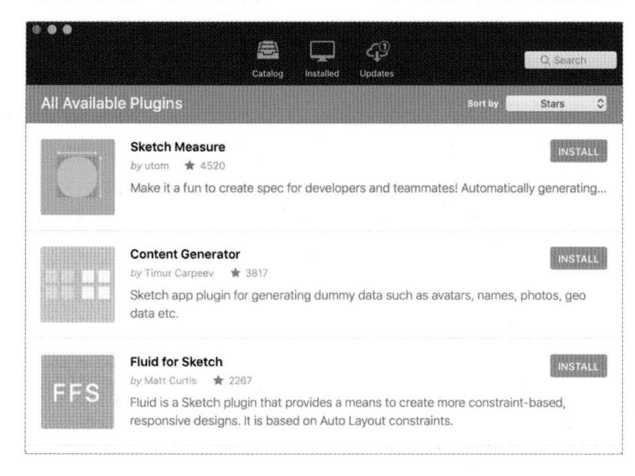


◀ 다운로드 – https://mludowise.github.io/Sketch-Plugin-Manager/

### ❷ Runner

맥 OS의 Spotlight[23]와 같은 기능을 합니다. 스케치의 메뉴 또는 기능을 실행하기 위해 일일이 클릭하지 않아도 스케치 관련 콘텐츠 검색은 물론 플러그인 실행, 스타일이나 심볼 생성, 이미지 불러오기, 페이지, 아트보드, 레이어 간 이동 등의 기능을 Runner에서 제공하는 단순한 인터페이스 검색창을 통해 간단하게 실행할 수 있습니다.

---

23 **Spotlight** 쉽게 설명하면 윈도우의 검색 기능으로 어느 화면에서나 Cmd+Spacebar를 누르면 실행됩니다. Spotlight를 통해 검색 결과를 문서, 이미지를 포함해 iTunes, 동영상 등으로 구분해서 목록으로 보여줍니다.

활용 방법을 알아보겠습니다. 'Runner' 플러그인을 실행(Runner 단축키: Cmd+')하면 여섯 가지 키워드 탭이 나타납니다.

각 탭을 클릭한 다음 원하는 명령어를 입력하거나, 탭을 선택하지 않고도 검색창에 직접 6개의 키워드 중 하나를 입력하고 이어서 원하는 명령어를 입력해도 됩니다. 명령어 키워드를 입력하면 각 키워드와 연관된 기능이나 액션 등을 자동으로 제안합니다. 그중 원하는 기능을 선택합니다. 각 키워드는 다음과 같은 기능을 수행할 수 있습니다.

▲ 다운로드 – http://sketchrunner.com/

ⓐ **run:** 플러그인 또는 스케치 메뉴를 실행할 수 있습니다. 실행하려는 플러그인 이름이나 메뉴 이름을 입력합니다.

ⓑ **goto:** 입력한 이름을 가진 페이지, 아트보드, 그룹, 레이어로 바로 이동합니다.

ⓒ **insert:** 심볼 이름을 입력하면 해당 심볼을 아트보드 위로 불러옵니다.

ⓓ **create:** 선택한 레이어를 심볼 또는 Shared Style로 지정하고, 이름을 설정할 수 있습니다.

ⓔ **apply:** 선택한 레이어에 Shared Style을 지정할 수 있습니다.

ⓕ **install:** 입력한 키워드에 해당하는 플러그인을 설치하거나 업데이트할 수 있습니다.

### ❸ Find and Replace

키워드의 찾기, 모두 바꾸기와 같은 기능입니다. 문서 전체(또는 해당 페이지, 선택한 레이어) 안에 있는 특정 텍스트를 모두 찾아서 일괄 변경합니다.

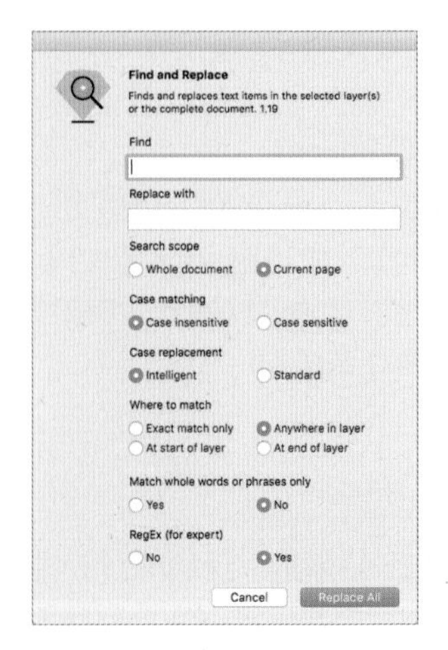


다운로드 – https://github.com/thierryc/Sketch-Find-And-Replace ▶

### ④ Sort Me

레이어 목록에 있는 레이어나 아트보드 순서를 이름순으로 정렬할 수 있습니다. 정렬할 레이어를 선택하고 Ctrl+Shift+O를 누르면 레이어 목록의 위에서부터 Layer 3, Layer 2, Layer 1 순서로 정렬합니다. Ctrl+Shift+P를 누르면 반대로 레이어 목록의 위에서부터 Layer 1, Layer 2, Layer 3 순서로 정렬됩니다.

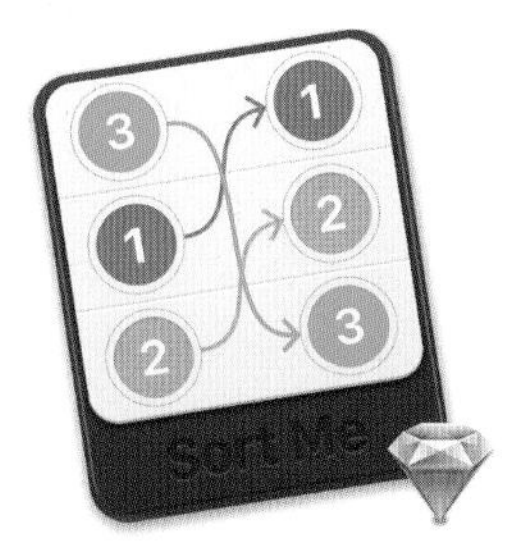


▲ https://github.com/thierryc/Sketch-Find-And-Replace

## 디자인 작업을 돕는 플러그인

### ① Contents generate sketch plugin

랜덤 이미지나 텍스트 즉, 더미(Dummy: 가짜) 데이터를 만듭니다. 이미지를 삽입할 레이어를 선택한 다음 플러그인에서 콘텐츠에 어울리는 이미지(남자, 여자, 자연)를 선택하거나 특정 폴더를 지정 또는 인스타그램, 플리커에서 특정 키워드를 입력해 자동으로 등록합니다. 텍스트의 경우에도 텍스트 박스를 선택하고 환율, 전화번호, 지역명 등의 텍스트를 랜덤하게 입력합니다.

▲ 공식 사이트 – https://github.com/timuric/Content-generator-sketch-plugin

### ❷ Fontily Replacer

스케치 파일 전체에 사용한 폰트 목록과 폰트가 사용된 레이어를 함께 표시합니다. 아트보드에 사용한 특정 폰트를 한꺼번에 다른 폰트로 변경할 때 매우 유용한 플러그인입니다.

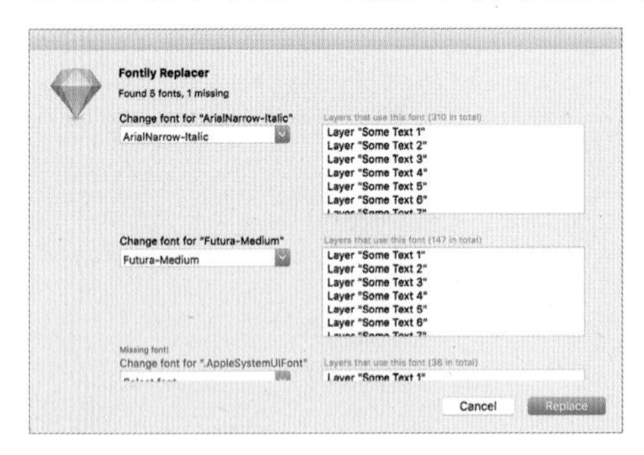


▲ 다운로드 – https://github.com/partyka1/Fontily?ref=thesketchapphub

### ❸ Dynamic symbol button

심볼로 만든 버튼의 글자 길이에 따라서 버튼 크기를 자동으로 맞추는 플러그인입니다. 스케치의 최신 업데이트 기능인 오버라이드와 리사이즈에 대응해서 작업할 수 있습니다.

메뉴에서 〔Plugins〕 → **Dynamic Symbol Button** → **Create Symbol**을 실행하면 양쪽 패딩의 크기, 상하 패딩의 크기, 심볼 이름을 설정하는 창이 표시됩니다. 기본 심볼 버튼이 만들어지면 심볼을 복제한 다음 오버라이드 기능을 이용해서 텍스트를 입력하고, 글자 길이에 맞게 버튼 길이를 수정하기 위해 메뉴에서 〔Plugins〕 → **Dynamic Symbol Button** → **Resize Symbol**을 실행하거나 Option+Cmd+J를 누릅니다. 자동으로 버튼의 길이가 글자 길이에 맞추어집니다.

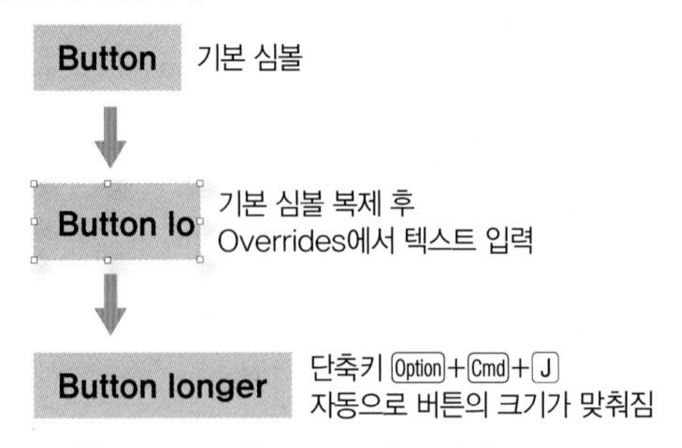


▲ 다운로드 – https://github.com/herrkris/sketch-dynamic-symbol-button

**TIP** 버튼 크기를 자동으로 리사이징하는 플러그인은 많지만, 아쉽게도 스케치의 최신 버전에 맞춰 버전 업되지 않은 것이 많습니다. 그러므로 플러그인을 선택할 때 최종 개발 업데이트 날짜를 확인하고 설치하는 것을 권장합니다.

### ❹ Sketch Distributor

스케치 파일 전체에 사용한 폰트 목록과 폰트가 사용된 레이어를 함께 표시합니다. 아트보드에 사용한 특정 폰트를 한꺼번에 다른 폰트로 변경할 때 매우 유용한 플러그인입니다. 가로 또는 세로 방향으로 선택한 요소들을 지정한 간격으로 정렬합니다. 사용 방법은 52쪽을 참고합니다.

▲ 다운로드 – https://github.com/pez/sketchdistributor

### ❺ Sketch palette

색상은 디자인에서 매우 중요한 요소입니다. Sketch palette 플러그인을 이용하면 컬러 팔레트를 불러오거나 저장할 수 있습니다. 예를 들어, iOS나 Material Design의 컬러 팔레트를 불러와서 작업하면 훨씬 편리합니다.

▲ 다운로드 – https://github.com/andrewfiorillo/sketch-palettes

## ❻ Color Contrast Analyser for Sketch

선택한 두 레이어에 대한 컬러를 계산해 WCAG에서 권장하는 색상 대비를 위반하는지 알려줍니다. 테스트 결과 AAA이면 패스입니다. 디자인 작업 중에 접근성에 대해 고려한다면 매우 유용한 플러그인입니다.

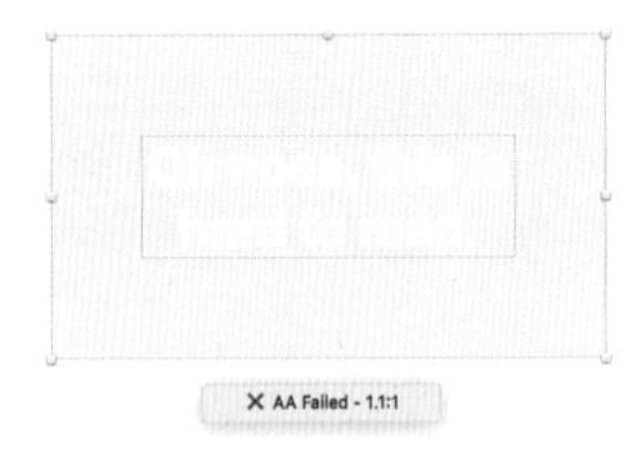


▲ 다운로드 – https://github.com/getflourish/Sketch-Color-Contrast-Analyser

## ❼ Bitmap Compressor

스케치의 공식 플러그인입니다. 이미지를 내보낼 때 PNG와 JPG 파일을 최적화해서 파일 크기를 줄이는 이미지 최적화 플러그인입니다.

다른 스케치 공식 플러그인으로 SVG 이미지를 최적화하는 SVGO Compressor 플러그인(https://www.sketchapp.com/extensions/plugins/svgo-compressor/)도 있습니다.

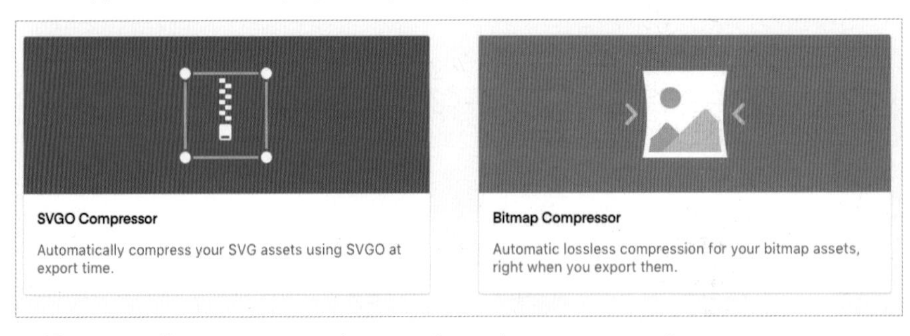


▲ 다운로드 – https://www.sketchapp.com/extensions/plugins/bitmap-compressor/

### 협업을 위한 플러그인

#### ❶ Artboard to pdf

전체 또는 선택한 아트보드를 PDF로 내보낼 수 있습니다.

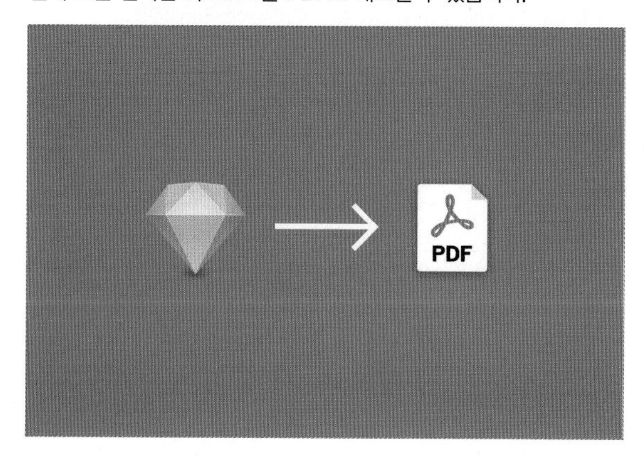


▲ 다운로드 – https://sketchapphub.com/resource/artboards-to-pdf-plugin/

#### ❷ Sketch Measure

디자인 가이드(Design Guide)를 만듭니다. 디자인 가이드 작업 시간을 줄여 일괄적으로 스케치의 모든 요소를 가이드로 만드는 제플린(Zeplin)과 다르게 Measure에서는 가이드를 만들고 싶은 요소만 클릭해 작업 중인 스케치 아트보드 위에 바로 가이드를 표시합니다. 정보를 확인하기 위해 레이어를 일일이 선택하지 않아도 디자인 가이드를 한 눈에 볼 수 있어 편리합니다. Ctrl+Shift+B를 누르면 플러그인이 실행되면서 Sketch Measure의 툴바가 표시됩니다. 툴바를 이용해 다양한 가이드 작업을 할 수 있습니다. 툴바의 기능을 간단히 알아보겠습니다.

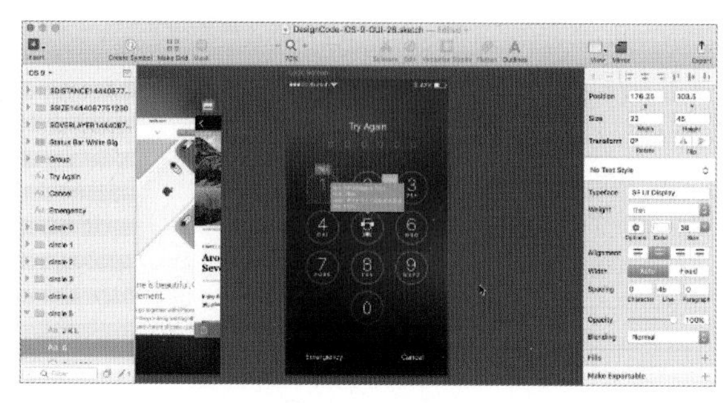

▲ 공식 사이트 – http://utom.design/measure/

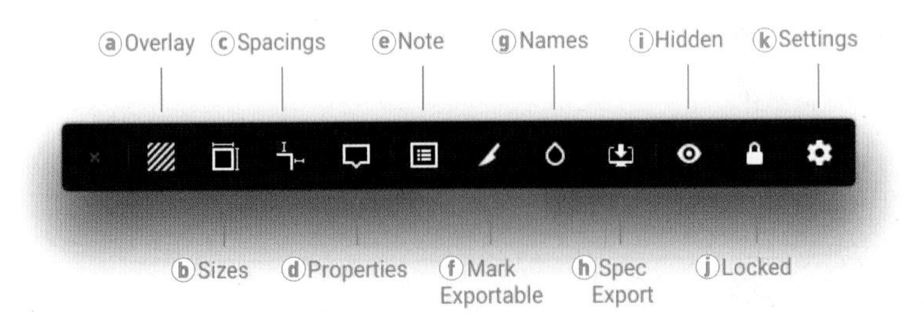


ⓐ **Overlay:** 강조하고 싶은 레이어를 선택하고 Overlay 도구를 선택하면 투명도 30%의 주황색 박스가 선택한 레이어 위에 표시됩니다.

ⓑ **Sizes:** 선택한 레이어의 오브젝트 크기를 표시합니다. 이때 주황색 안내선이 나타납니다.

ⓒ **Spacings:** 선택한 레이어의 오브젝트와 아트보드 사이의 거리를 표시합니다. 이때 민트색 안내선이 나타납니다.

ⓓ **Properties:** 도형 또는 텍스트 레이어의 속성(Fill/Border 색상, 투명도, 텍스트 폰트 패밀리, 자간, 행간, 스타일 이름 등)을 표시합니다.

ⓔ **Note:** 메모를 추가할 수 있습니다. 먼저 메모할 내용을 입력한 다음 Note 도구를 선택합니다.

ⓕ **Mark Exportable:** 선택한 레이어를 에셋으로 내보내기(Export) 할 수 있도록 설정합니다.

ⓖ **Names:** 레이어를 선택해 색상를 등록하고 .xml 파일로 내보낼 수 있습니다(개발자 전달용). 'Spec Export'를 이용해 만들어진 html에 스타일 컬러로 등록됩니다.

ⓗ **Spec Export:** 선택한 아트보드의 페이지 또는 심볼을 클릭 한 번에 자동으로 html 파일로 만듭니다. Html 파일을 브라우저에서 열어 상세 스펙을 확인할 수 있습니다.

**TIP** 브라우저에서 스펙을 확인하는 방식은 제플린과 같지만 CSS뿐만 아니라, iOS나 안드로이드 디바이스에서 참고할 수 있는 코드도 지원합니다.

ⓘ **Hidden:** 아트보드 위에 표시된 모든 가이드를 한꺼번에 안 보이거나 보이게 설정합니다.

ⓙ **Locked:** 아트보드 위에 표시된 모든 가이드 레이어가 선택되지 않도록 잠그거나 잠금 설정을 해제합니다.

ⓚ **Setting:** 가이드로 표기할 화면의 기기 설정, 표시 단위, 색상 포맷 등을 설정할 수 있습니다.

ⓛ **Clear marks:** 툴바에는 없지만 메뉴를 통해 실행할 수 있습니다. 메뉴에서 **[Plugins] → Sketch Measure → Clear Mark**를 실행하면 아트보드의 모든 가이드가 삭제됩니다. 이때 생성된 레이어 목록도 함께 자동으로 삭제됩니다.

**TIP** Sketch Measure를 이용해서 만들어진 가이드들은 레이어 목록에 자동으로 등록됩니다. 물론 이렇게 등록된 레이어는 삭제 및 수정할 수 있습니다.

Size, Spacings, Properties를 선택할 때 Option을 누르면 창이 표시되어 세부 옵션을 설정할 수 있습니다.

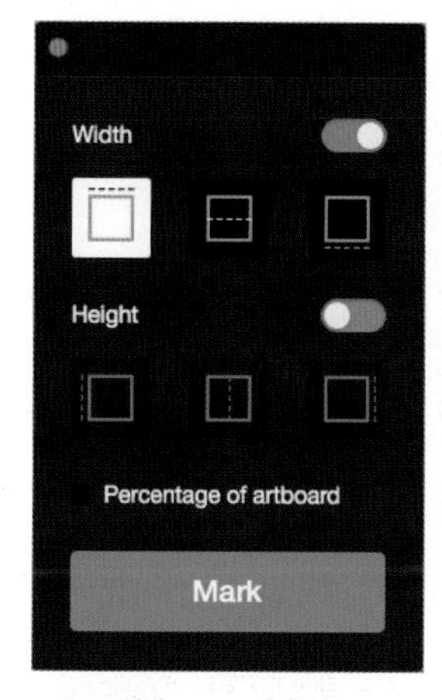

▲ Size 설정

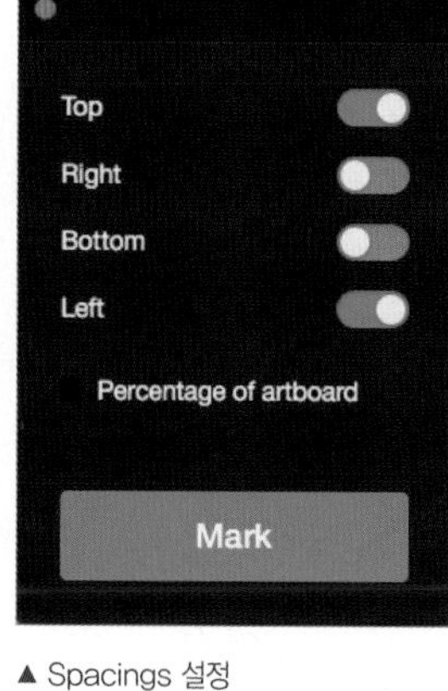

▲ Spacings 설정

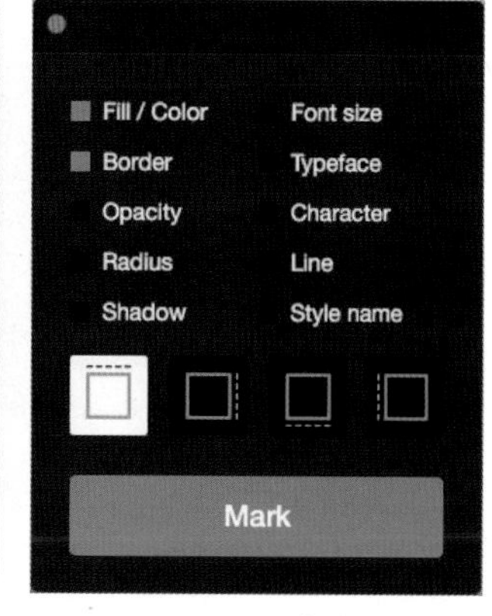

▲ Properties 설정

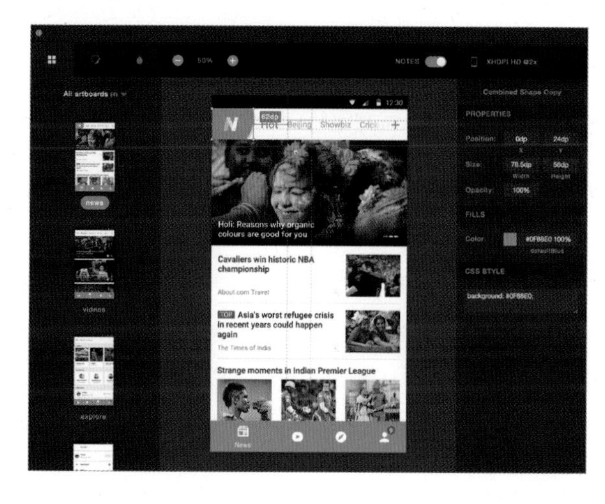

◀ Spec Export를 이용해 만든 html을 브라우저에서 확인합니다. 실제 브라우저에서 확인하려면 http://utom.design/news/에 접속합니다.

### ❸ User Flow

간단하게 작업한 와이어프레임(또는 완성된 디자인)에서 선택한 레이어와 아트보드를 링크로 연결해 플로우를 만들 수 있습니다. 또 If/else와 같은 조건문을 만들어 각 조건에 따른 플로우도 만들 수 있습니다. 이렇게 만들어진 플로우는 별도의 페이지에 플로우 다이어그램도 만들 수 있습니다. 프로젝트의 초반, 정밀하게 디자인하기 전에 간단한 와이어프레임 작업을 만들고 어떻게 동작할지 플로우를 만들어 공유할 때 유용합니다.

▲ 다운로드 – https://abynim.github.io/UserFlows/

### ❹ Marvel

디자인, 프로토타이핑, 협업, 코드셰어까지 다양한 기능을 가지고 있습니다. 프로토타이핑 화면에 직접 주석을 달아서 클라이언트 또는 팀원들의 피드백을 받을 수 있습니다.

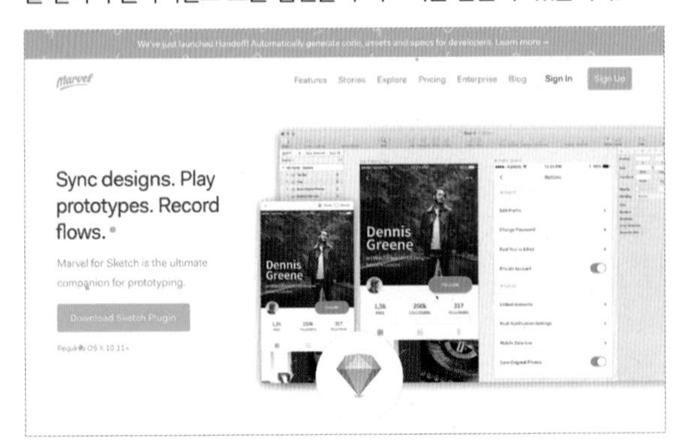


▲ 마블 공식 사이트 – https://marvelapp.com/sketch/

### ❺ Craft by InVision

인비전(InVision)은 스케치와 같은 프로토타이핑 툴입니다. 웹 기반의 프로토타이핑 툴로 간단한 프로토타입 디자인이 가능하며, 팀원들과 실시간으로 피드백을 주고받으면서 프로토타이핑 작업을 발전시키는 협업 기능이 뛰어난 플랫폼입니다. 인비전에서는 스케치와 연동해서 작업할 수 있는 'Craft' 플러그인을 제공합니다.

'Craft' 플러그인을 이용해 스케치에서 작업한 내용을 인비전과 싱크(Sync)한 다음 화면들을 연결해 플로우를 만들고, 팀원들과 실시간으로 피드백을 주고받으며 프로토타이핑 작업을 발전시킬 수 있으며, 좀 더 효율적인 방식으로 오브젝트를 복제하는 기능을 제공합니다.

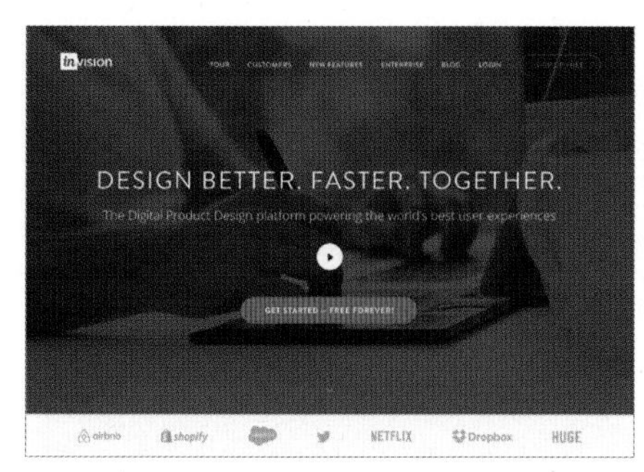

▲ 인비전 공식 웹사이트 – https://www.invisionapp.com/

▲ 'Craft' 플러그인 다운로드 – https://www.invisionapp.com/

## 인터랙션(애니메이션)을 위한 플러그인

### ❶ Flinto(유료 $99, 트라이얼 버전 제공)

코딩 없이도 간단한 인터랙션과 애니메이션을 구현할 수 있도록 도와줍니다. 화면 사이의 트랜지션을 만들고, 스와이프, 스크롤, 3D 터치 등 다양한 제스처를 지원합니다. 동영상과 GIF 파일 내보내기, 전용 iOS 앱인 플린트(Flinto)를 이용해 실시간으로 작업 내용을 확인할 수 있습니다. 비교적 빠르고 쉽게 원하는 인터랙션의 대부분을 표현할 수 있지만, 디테일한 인터랙션을 표현하기에는 한계가 있습니다. 플린토를 이용해서 인터랙션을 만드는 방법은 314쪽에서 다룹니다.

◀ 플린토 공식 사이트 – https://www.flinto.com/

### ❷ Principle(유료 $129)

플린토와 매우 비슷하지만, 다른 점은 타임라인과 키프레임을 지원한다는 것입니다. 플래시나 동영상 제작 툴을 다뤄봤다면 키프레임 기반의 애니메이션 작업 환경이 좀 더 익숙할 수 있습니다. 플린토보다 조금 더 디테일한 인터랙션 작업이 가능합니다.

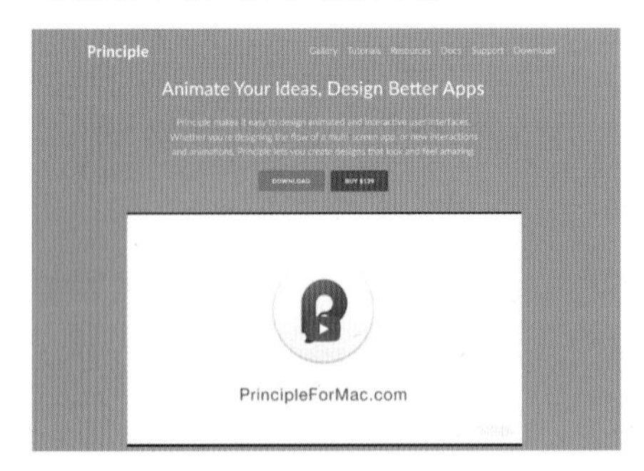


▲ 공식 사이트 – http://principleformac.com/

### ❸ Framer

위의 두 가지 툴과는 다르게 커피스크립트 코드 기반의 툴입니다. 코드 기반 툴의 장점은 바로 디자이너의 머릿속 크리에이티브를 모두 표현할 수 있을 정도로 엄청난 자유성을 가진다는 것입니다. 스케치뿐만 아니라 포토샵과도 연동이 뛰어납니다. 단점은 디자이너에게 익숙한 위지윅 기반이 아니라서 커피스크립트를 배워야 하며, 원하는 인터랙션을 구현하기까지는 상당한 시간이 걸립니다. 그래서인지 커뮤니티에 올라오는 결과물들을 보면 전체 인터랙션 플로우를 작업한다기보다는 메인 콘셉트 화면이 많습니다.

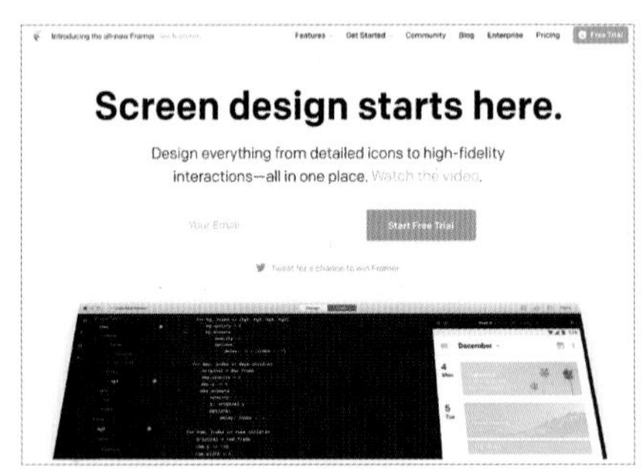


▲ 공식 사이트 – https://framer.com/

## 스케치 커뮤니티

많은 프로토타입 툴 중에 스케치 앱이 가장 활성화될 수 있는 요소로 무한한 플러그인과 함께 활발한 커뮤니티를 꼽을 수 있습니다. 다양한 커뮤니티와 강의 동영상, 블로그를 통해 스케치와 관련된 다양한 정보와 무료 리소스 파일 등을 내려 받을 수 있습니다.

### 그룹&커뮤니티 사이트

#### ❶ 스케치 공식 페이스북 그룹

스케치 공식 페이스북 그룹에서는 스케치와 관련된 최신 정보와 팁들을 가장 빠르고 손쉽게 확인할 수 있습니다.

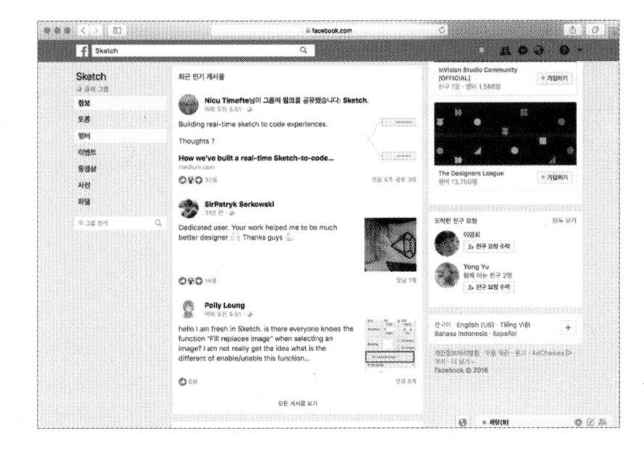

◀ 공식 사이트 – https://www.facebook.com/groups/sketchformac/

#### ❷ 스케치 한국 공식 페이스북 그룹

스케치 한국 공식 페이스북 그룹입니다. 스케치 팀의 허가 및 협력 아래 운영되며 스케치 관련 정보, 뉴스, 번역 등을 지원합니다. 국내에서는 스케치 관련 그룹 중에 가장 많은 멤버가 가입되어 있으며, 스케치 사용 및 팁에 관한 스케치 고수들의 도움을 받을 수 있습니다.

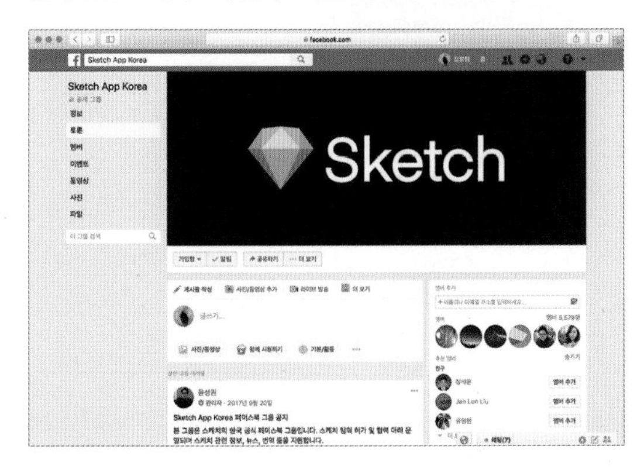


◀ 공식 사이트 – https://www.facebook.com/groups/sketchappkorea/

### ❸ 스케치 밋업

오프라인에서 직접 스케치에 관심 있는 사람들을 만나고, 스케치 관련 정보를 함께 공유하고 배우는 밋업에 대한 정보를 제공하는 사이트입니다.

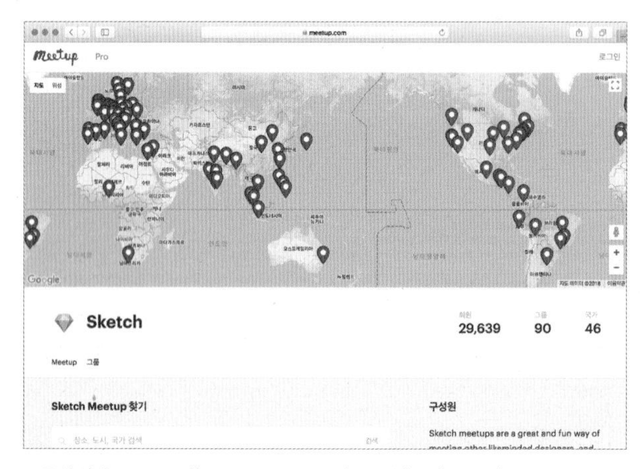


▲ 공식 사이트 – https://www.meetup.com/ko-KR/pro/sketch/

### ❹ 레딧 커뮤니티 사이트

스케치 관련 뉴스나 정보를 공유하고 의견을 나누는 사이트입니다. 댓글이나 추천에 의해 노출 정도가 달라지므로, 추천 수가 많은 글 위주로 정보를 확인하면 도움이 됩니다.

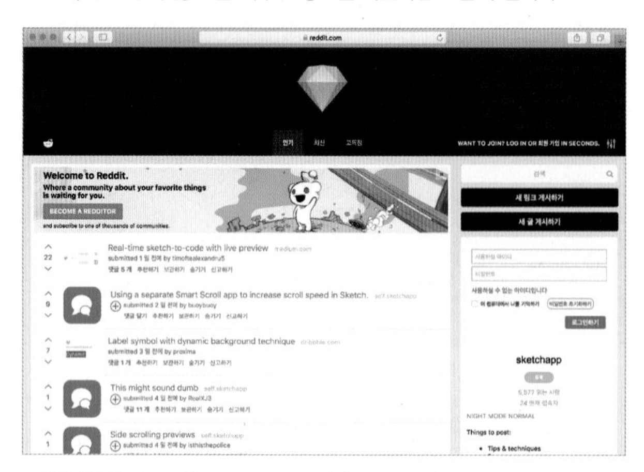


▲ 공식 사이트 – https://www.reddit.com/r/sketchapp/

### ❺ 스케치 트릭스(sketch tricks)

블로그 글을 통해 유용한 스케치 팁과 튜토리얼을 제공합니다.

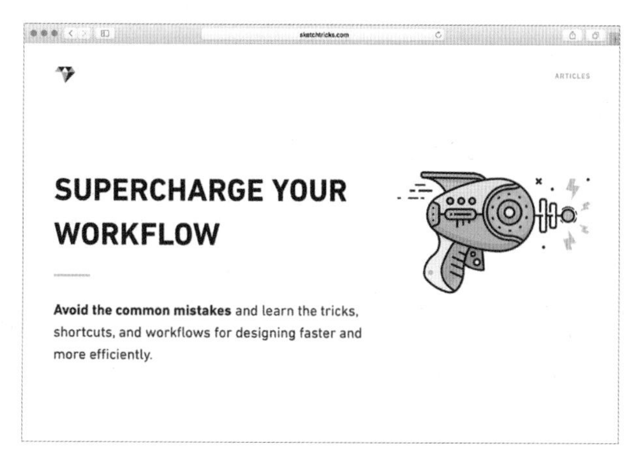


▲ 공식 사이트 – sketchtricks.com

### ❻ 미디엄 스케치 기사 모음

미디엄에서 스케치 앱 관련 전문 작가와 에디터의 글을 모아서 확인할 수 있으며, 새 글이 올라오면 알림 메시지를 받을 수 있습니다.

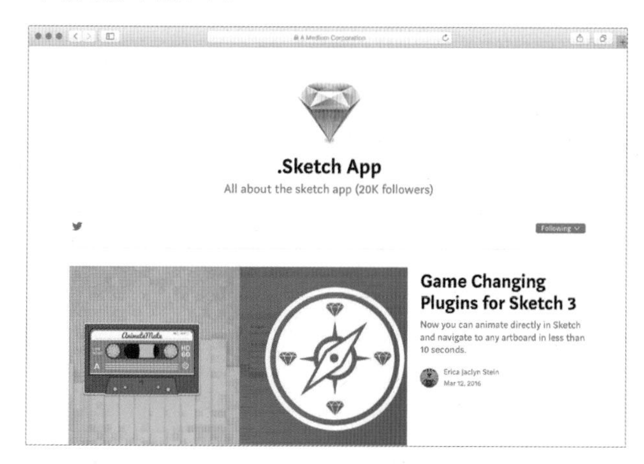


▲ 공식 사이트 – https://medium.com/sketch-app

### ❼ 뉴스피드 사이트

UX 또는 프로덕트 디자인, 프론트앤드 개발자를 위한 뉴스피드 사이트입니다. 스케치 관련 링크, 리소스, 플러그인 등 다양한 정보를 공유합니다.

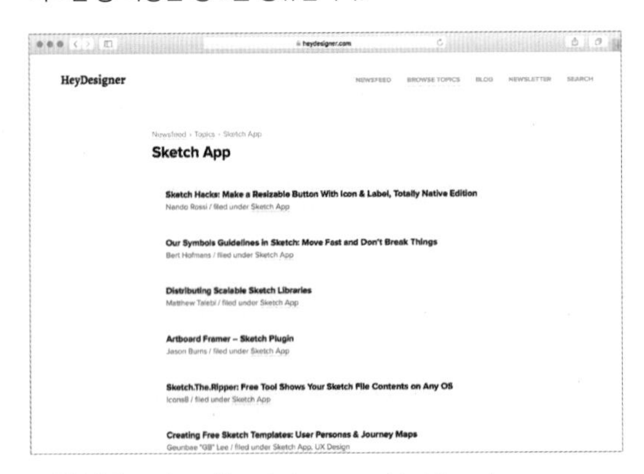


▲ 공식 사이트 – https://heydesigner.com/sketchapp/

## 리소스 사이트

### ❶ 스케치 앱 소스(Sketch APP SOURCES)

스케치 앱 관련 리소스를 제공하는 가장 규모가 큰 사이트입니다. UI Kits, Icons, Wireframes 등의 스케치 파일, 라이브러리 파일, 플러그인 등을 무료로 제공하며, 튜토리얼 관련 블로그와 유튜브 영상을 모아서 제공합니다.

▲ 다운로드 – sketchappsources.com

### ❷ 스케치 앱 티비(Sketcapp.tv)

스케치 강연 영상을 중심으로 무료 UI/UX 템플릿과 디바이스 목업 등 스케치 리소스를 제공합니다.

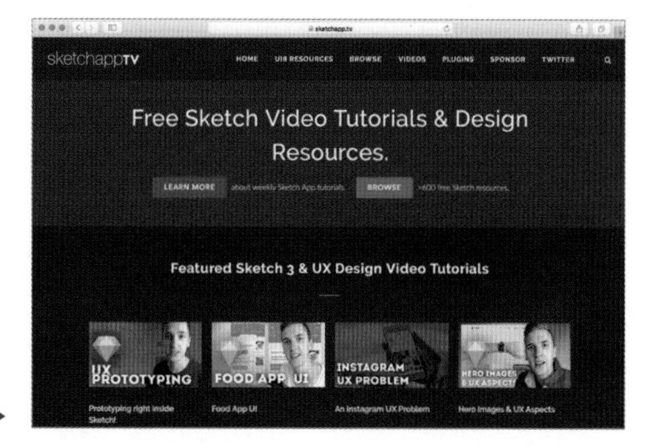


다운로드 – https://sketchapp.tv/ ▶

### ❸ UI8

프리미엄(유료) 스케치 리소스를 제공합니다.

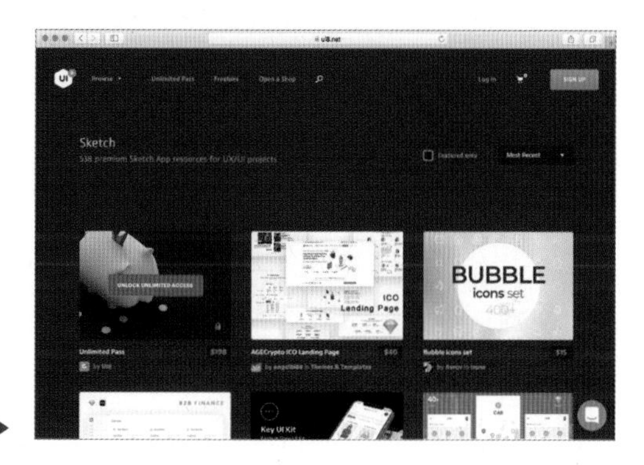


다운로드 – https://ui8.net/category/sketch ▶

### ❹ 스케치 랜드(Sketch Land)

유용한 플러그인을 항목별로 분류해서 제공합니다.

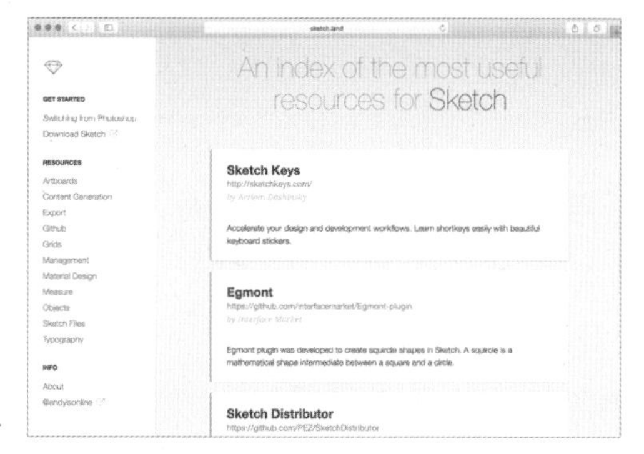


다운로드 – http://sketch.land/ ▶

# 단축키

스케치는 다양한 단축키 기능을 제공합니다. 일부 단축키는 어도비 그래픽 툴에서 사용하는 단축키와 비슷합니다. 스케치에서만 사용하는 단축키를 구분해서 알아두면 좀 더 간편하게 작업할 수 있습니다.

**TIP** 단축키를 입력할 때 항상 키보드가 영문으로 되어 있는지 확인하세요.

| Insert | |
|---|---|
| A | 새로운 아트보드 |
| R | 사각형 |
| U | 모서리가 둥근 사각형 |
| O | 타원 |
| L | 선 |
| T | 텍스트 |
| V | 벡터 펜 |
| P | 연필(자유 곡선) |

| Type | |
|---|---|
| Cmd+B | 두껍게 |
| Cmd+I | 이탤릭 |
| Cmd+U | 밑줄 |
| Alt+Cmd++ | 폰트 크기 키우기 |
| Alt+Cmd+− | 폰트 크기 줄이기 |
| Ctrl+Cmd+Spacebar | 특수문자 |

| 캔버스 보기 | |
|---|---|
| Cmd++ | 줌인 |
| Cmd+− | 줌아웃 |
| Cmd+0 | 실제 크기 |

| | |
|---|---|
| Cmd+1 | 전체 보기 |
| Cmd+2 | 선택한 레이어 줌인 |
| Cmd+3 | 선택한 오브젝트를 화면 가운데에 배치 |
| Ctrl+G | 그리드 활성화/비활성화 |
| Ctrl+R | 눈금자(Ruler) 활성화/비활성화 |
| Ctrl+L | 레이어 가이드 활성화/비활성화 |
| Spacebar+드래그 | 캔버스 이동 |

### 윈도우

| | |
|---|---|
| Alt+Cmd+1 | 레이어 목록 활성화/비활성화 |
| Alt+Cmd+2 | 인스펙터 활성화/비활성화 |
| Alt+Cmd+3 | 레이어, 인스펙터 활성화/비활성화 |
| Alt+Cmd+T | 툴바 활성화/비활성화 |
| Cmd+. | 프레젠테이션 모드 활성화/비활성화 |

### 레이어 다루기

| | |
|---|---|
| Alt | 다른 레이어와의 거리 표시 |
| Alt+Cmd | 그룹 안에 있는 레이어와의 거리 표시 |
| Alt+드래그 | 복제 |
| Ctrl+C | 컬러 선택: Color Picker |

### 레이어, 그룹, 아트보드 정렬하기

| | |
|---|---|
| Alt+Cmd+↑ | 앞으로 가져오기 |
| Alt+Cmd+↓ | 뒤로 보내기 |
| Ctrl+Alt+Cmd+↑ | 가장 앞으로 보내기 |
| Ctrl+Alt+Cmd+↓ | 가장뒤로 보내기 |
| Shift+Cmd+L | 레이어 잠그기 |

| Cmd+R | 레이어/아트보드/그룹 이름 지정하기 |
|---|---|
| Cmd+G | 그룹 만들기 |
| Shift+Cmd+G | 그룹 해제하기 |

### 나만의 단축키 지정하기

스케치에서 단축키를 제공하지만 반복적으로 사용하는 기능이 없다면 자신만의 단축키로 만들어서 사용할 수 있습니다.

메뉴에서 **(시스템 환경설정) → 키보드 → 단축키 → 단축키**를 실행합니다. 응용 프로그램을 'Sketch'로 지정하고 키보드 단축키를 누른 다음 〈추가〉 버튼을 클릭합니다.

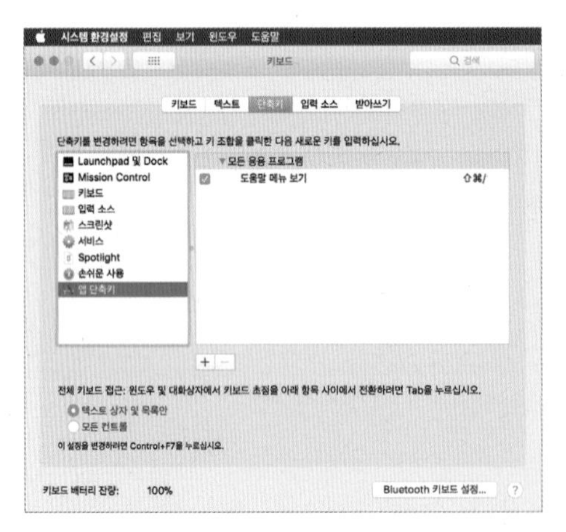


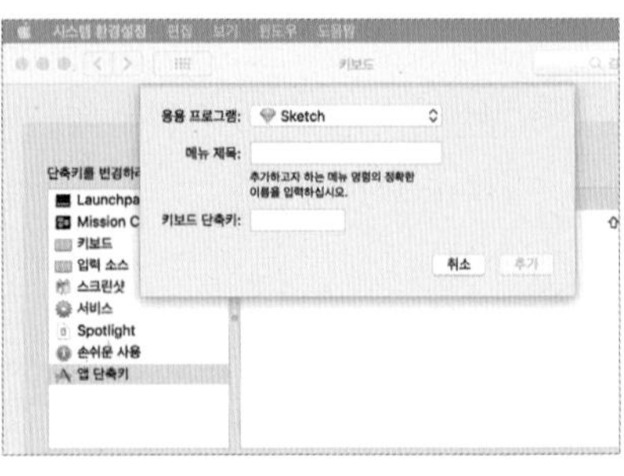


다음과 같은 사용자 정의 단축키는 설정해두면 유용합니다.

| Cmd+[ | 세로 정렬 |
|---|---|
| Cmd+] | 가로 정렬 |
| Ctrl+Cmd+C | 그룹 해제 |
| Shift+Ctrl+U | 대문자(Uppercase) |
| Shift+Ctrl+L | 소문자(Lowercase) |

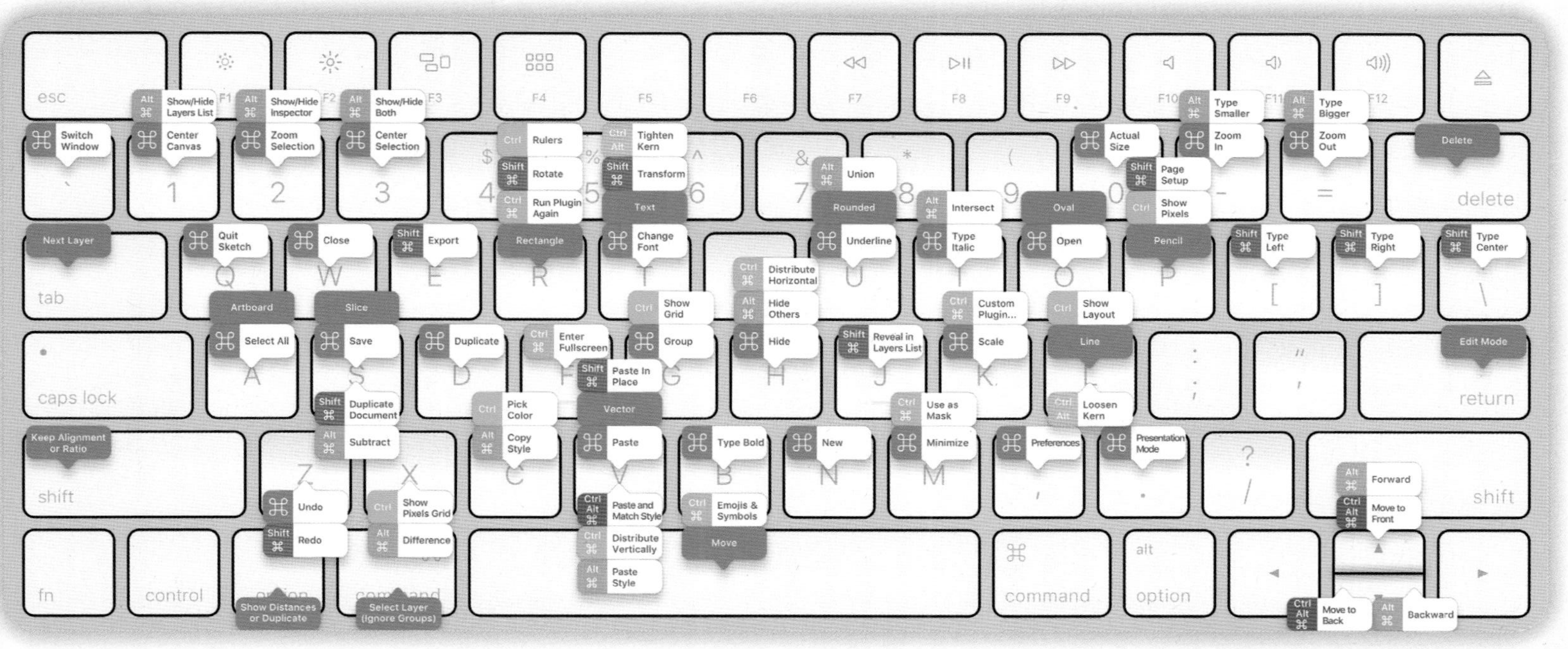

▲ 출처 – http://exception91221.blogspot.com/

# 찾아보기